Ullstein Sachbuch

Ullstein Sachbuch
Ullstein Buch Nr. 34041
im Verlag Ullstein GmbH,
Frankfurt/M – Berlin – Wien

Ungekürzte Ausgabe

Umschlagentwurf: Hansbernd Lindemann

Lizenzausgabe mit freundlicher
Genehmigung des
Econ Verlags, Düsseldorf

Printed in Germany 1980
Druck und Verarbeitung:
Mohndruck Graphische Betriebe GmbH,
Gütersloh
ISBN 3 548 34041 5

Januar 1981

CIP-Kurztitelaufnahme
der Deutschen Bibliothek

Maser, Werner:
Der Sturm auf die Republik: Frühgeschichte
d. NSDAP / Werner Maser. – Ungekürzte
Ausg. – Frankfurt/M, Berlin, Wien:
Ullstein, 1981.
[(Ullstein-Bücher] Ullstein-Buch;
Nr. 34041: Ullstein-Sachbuch)
ISBN 3-548-34041-5

Werner Maser

Der Sturm auf die Republik

Frühgeschichte der NSDAP

Ullstein Sachbuch

Inhalt

Vorwort

Die Geschichte der NSDAP und Hitlers Weg von 1924 bis 1945 sind sowohl in allen wesentlichen Zusammenhängen als auch in den meisten Einzelheiten erforscht und der breiten Öffentlichkeit bekannt. Die Zeit vor 1924 hingegen, in der Hitlers Vorstellungen, seine Grundsätze, seine Pläne und sein politischer und persönlicher Stil entwickelt und die Voraussetzungen für seine Aktionen seit Dezember 1924 geschaffen wurden, kann in Deutschland erst seit 1961/1962 lückenlos erhellt und zuverlässig abgesichert dargestellt werden. Bis 1945 war es nicht möglich, die im Hauptarchiv der NSDAP, in den verschiedenen Dienststellen des Reiches und der NSDAP, im Auswärtigen Amt, bei der SS, bei der Wehrmacht und in der Wirtschaft, in Bürgermeisterämtern, bei der Polizei und bei Gerichten und in anderen öffentlichen und privaten Archiven vorhandenen Unterlagen auszuwerten und maßgebliche Zeugen in Deutschland zum Reden zu bewegen. Nach der von Hitler heraufbeschworenen Katastrophe fielen die Archive mit dem größten Teil der Dokumente in die Hände der Alliierten. Die US-Regierung, die das von der US-Armee erbeutete Hauptarchiv der NSDAP und sehr viel anderes Material über die NSDAP beschlagnahmte, ließ die in die USA gebrachten Dokumente, in Kisten verpackt, bis 1955 in einem Armee-Magazin in Alexandria in Virginia liegen.

Die ausländischen Hitler-Biographen Alan Bullock (1952) und William Lawrence Shirer (1960), denen bereits unmittelbar nach 1945 zahlreiche (bis dahin unveröffentlichte) Dokumente zur Verfügung standen, haben über Hitler und die Frühgeschichte der NSDAP bis 1924 nichts ermittelt, was von den Darstellungen zum Beispiel von Konrad Heiden (1932 und 1936) und Rudolf Olden (1936) abweicht. Allerdings war ihr Thema auch nicht ausschließlich die Frühgeschichte der NSDAP und

Hitlers Weg bis zur Festungshaft im Jahre 1924. Wie für Heiden und Olden, so bildete auch für sie der bis zu seinem Tode (1938 in SS-Haft) in bedauernswerten Verhältnissen lebende und zu Phantasieberichten jederzeit bereite Landstreicher Reinhold Hanisch, dessen Glaubwürdigkeit im Rahmen dieses Buches ausführlich untersucht wird, die entscheidende Quelle für die Beurteilung des jungen Hitler. Alan Bullock betont in den jüngeren deutschen und englischen Ausgaben seiner Hitler-Biographie zwar, nennenswerte Korrekturen im Rahmen der Darstellung der Jugendzeit Hitlers vorgenommen zu haben, verweist dabei jedoch lediglich auf die Veröffentlichungen von August Kubizek (1953) und Franz Jetzinger (1956).

August Kubizek, der von Ende 1904 bis Herbst 1908 mit Hitler in Linz und Wien zusammen war, hat mit seinem Buch *Adolf Hitler – Mein Jugendfreund* einige aufschlußreiche Fakten überliefert, wenn seine 1938 zur Verherrlichung Hitlers (nach Feststellungen wissenschaftlicher Mitarbeiter des ehemaligen Hauptarchivs der NSDAP) begonnene Niederschrift der Erinnerungen auch einseitig artikuliert ist und zahlreiche sachliche Fehler aufweist. Franz Jetzingers Buch über Hitlers Jugend entspricht weder der Tradition der wissenschaftlichen Argumentation noch der wissenschaftlichen Beweisführung. Obwohl Jetzinger, der einige nennenswerte Entdeckungen vorweist, nicht wenige Unterlagen zur Verfügung standen, ist auch er in entscheidenden Punkten den Angaben Hanischs gefolgt. Josef Greiners angeblich autobiographischer Bericht »Das Ende des Hitler-Mythos« (1947) ist so phantasiereich ausgeschmückt, daß er keinen Quellenwert besitzt; auf alliierte Weisung mußte er sogar eingestampft werden. Wilfried Daims anspruchsvolle Behauptung, daß der österreichische Hochstapler »Lanz von Liebenfels« der Mann gewesen sei, der »Hitler die Ideen gab« (1958), ist nicht einmal im Hinblick auf einzelne Feststellungen beweisbar. Die Hitler-Biographie von Hans Bernd Gisevius (1963) ist der »Versuch einer Deutung«, die sich in der Darstellung der Jugend Hitlers nicht auf Dokumente stützt. Georg Franz-Willing, dem für seine Untersuchung *Die Hitlerbewegung* (1962) zahlreiche persönliche Auskünfte und schriftliche Unterlagen, auch aus privater Hand, zur Verfügung standen, war nicht in der Lage, den Standort der von ihm benutzten Quellen überprüfbar nachzuweisen. Ernst Nolte hatte sich nicht die Aufgabe gestellt, in seiner analogisierenden Darstellung *Der Faschismus in seiner Epoche* (1963) unbekannte geschichtliche Details vorzulegen. Eine wertvolle Hilfe bei der Darstellung der Frühgeschichte der NSDAP bilden die von Ernst Deuerlein vortrefflich besorgten Dokumentationen über Hitlers Eintritt in die Politik (1959) und über den Hitlerputsch im November 1923 (1962).

Als ich von 1950 bis 1954 eine Doktorarbeit über die Frühgeschichte der NSDAP schrieb, erhielt ich von US-Behörden die Erlaubnis, einige der in zuletzt 1 923 Bänden und Mappen mit Einzelakten befindlichen Dokumente des ehemaligen Hauptarchivs der NSDAP auszuwerten, die sich im US Berlin Document Center befanden. Befragungen wissenschaftlicher Mitarbeiter des ehemaligen Hauptarchivs der NSDAP schlossen Lücken im Hinblick auf die Möglichkeiten zur Information durch weitere Dokumente, die sich zu der Zeit in den USA befanden und mir zur Auswertung nicht zur Verfügung standen. Unmittelbar nach der Annahme meiner Dissertation wurden die Dokumente in Alexandria auf Initiative der American Historical Association von einer amerikanischen Forschergruppe durchgesehen, fotografiert und katalogisiert, die Filme der internationalen Forschung zur Verfügung gestellt. Einige Forscher nutzten die Möglichkeit zur direkten Quellenauswertung in den USA. Über die Frühgeschichte der NSDAP und Hitlers Weg bis 1924 ist von ihnen jedoch nichts publiziert worden, was nicht schon aus älteren kritischen Darstellungen bekannt war. Der deutschen Forschung stehen die in die USA verlagerten Unterlagen und die bis 1961/1962 im US Berlin Document Center aufbewahrten Dokumente (neben den Dokumentenfilmen) erst seit jüngster Zeit zur Verfügung. Zwar ist sicher, daß die ursprünglich vorhandenen Unterlagen nicht mehr vollständig sind (so fehlen beispielsweise zahlreiche Prozeßakten, die, mit Ausnahme unter anderem der Akten des bayerischen Außenministeriums über den Hitlerputsch und über den Hitlerprozeß im Jahre 1924, von deutscher Seite kurz vor Kriegsende vernichtet wurden), doch im Zusammenhang mit der Darstellung der Frühgeschichte der NSDAP erweist sich ihr Verlust nicht als erheblich.

Die Hauptquelle dieses Buches bilden Dokumente. Wichtige Details und Zusammenhänge, die durch Dokumente nicht erfaßt werden konnten, wurden durch Auskünfte maßgeblicher Zeugen erhellt, wobei die Auskünfte prinzipiell nur dann berücksichtigt wurden, wenn es möglich war, die Angaben mit vorhandenen Dokumenten zu konfrontieren. Entsprechend verhält es sich mit den unveröffentlichten schriftlichen Erklärungen von Hitlers Mitschülern und Lehrern wie zum Beispiel Poetsch, Goldbacher, Prewatzky-Wendt, von Linzer Bekannten Hitlers wie Sepp Bayer und Dr. Eduard Bloch, von Mitbewohnern des Wiener Männerheims wie Karl Honisch und Reinhold Hanisch, von militärischen Vorgesetzten wie Oberstleutnant v. Lüneschloß, Generalmajor Petz, Oberstleutnant Spatny und Ritter Freiherr v. Tabeuf, von Kriegskameraden wie Ernst Schmidt und von »alten NSDAP-Mitkämpfern« in entscheidenden Positionen wie beispielsweise Anton Drexler, Michael Lotter, Hermann Esser und Gottfried Feder und politischen Gegnern wie Josef Strobl, Ernst Niekisch, Otto Strasser und Heinrich Braune, um an dieser Stelle nur diese wenigen Namen zu nennen.

Häufig wird Hitler selbst als Quelle zitiert. In allen Fällen werden seine Angaben mit den vorhandenen Dokumenten und den Zeugenberichten verglichen. Wo sich seine Darstellungen mit den Tatsachen decken, wird darauf verzichtet, seine Glaubwürdigkeit besonders zu bestätigen. Hitlers *Mein Kampf*, so breit und ungenau, peinlich schwülstig, ordinär und mit drastischen Schimpfkanonaden durchsetzt sein Stil auch überwiegend ist, bleibt trotz der seit 1961/1962 zugänglichen Dokumente für Hitler und die Frühgeschichte der NSDAP bis 1924 eine wesentliche Quelle. Die Tatsache, daß bis zur letzten deutschen Ausgabe vor 1945 in beiden Bänden insgesamt mehr als 2 500 Änderungen vorgenommen worden sind, schränkt den Quellenwert nicht ein. Auf sachliche und wesentliche stilistische Abweichungen innerhalb der *Mein-Kampf*-Ausgaben wird im Zusammenhang mit den Zitaten hingewiesen.

Zahlreiche Details und Zusammenhänge im Rahmen der Geschichte der NSDAP und entscheidende Stationen im Leben Hitlers müssen nach der Auswertung des nunmehr zugänglichen Quellenmaterials grundsätzlich anders artikuliert dargestellt werden. An dieser Stelle genügt der Hinweis, daß der in der Literatur existierende faule Sohn armer Eltern, der ziellose, ungebildete Tagedieb und Obdachlosenasylbewohner, der arbeitsscheue, herumlungernde junge Hitler eine inzwischen zu einer »Tatsache« gewordene Erfindung ist. In Hitlers Leben hat es die allgemein in die Zeit zwischen 1914 und 1918 verlegte Wandlung Hitlers vom asozialen Obdachlosenasylbewohner zu einer dynamischen Persönlichkeit, die seit 1919 Massen bewegen, namhafte Politiker sicher und zielstrebig dirigieren konnte und 1923 eine Regierung zu stürzen versuchte, niemals gegeben. Der Parteipolitiker und »Führer« Hitler von 1919 bis 1924 in München war und verhielt sich nicht wesentlich anders als der Kunst-»Student« Hitler von 1908 bis 1913 in Wien und 1914 in München. Der Hitler, der die Festung Landsberg im Dezember 1924 als Autor des ersten Bandes seines Buches *Mein Kampf* vorzeitig verlassen durfte und in seinem Zweiten Buch (S. 191) schrieb, »Ich muß [. . .] betonen, daß vielleicht der Hauptgrund, warum ich so wenig positiven Widerstand fand, für meine Gegner wohl in der vermuteten Harmlosigkeit, Undurchführbarkeit und damit auch Ungefährlichkeit meiner Aktion lag«, glich in den wesentlichsten Zügen bereits dem Hitler, der sich 1945 das Leben nahm und Deutschland als Trümmerfeld zurückließ. Die Phase bis 1924 enthielt sein Leben in nuce. Seine erste Station endete im November 1923 mit rund zwanzig Toten vor der Feldherrnhalle in München, die zweite im April 1945 mit mehr als 35 Millionen Toten nahezu in der ganzen Welt.

Dr. Werner Maser
Frankfurt am Main, am 12. Juli 1965

Vorwort zur revidierten Neuausgabe

Dieses Buch, das im Jahre 1965 nach einer rund 15-jährigen Forschungsarbeit über Hitler und die NSDAP als »Frühgeschichte der NSDAP« erschien und selbst in Japan übersetzt wurde, hat nun, in seinem 8. »Lebensjahr«, mit einem anderen Verlagshaus auch einen neuen Titel bekommen. In der Deutschen Verlags-Anstalt Stuttgart erscheint es von nun an als »Der Sturm auf die Republik« in einer von mir revidierten und ergänzten Ausgabe, die nicht nur die Ergebnisse meiner Hitler-Forschung auch von 1965 bis 1973 enthält.

Dr. Werner Maser
Im April 1973

1. Bayern nach dem Sturz der Monarchie

Aufruhr und Unruhe herrschten in einigen Einheiten der kaiserlichen Marine. Offene Meuterei brach aus, als bekannt wurde, daß die Hochseeflotte am 30. Oktober 1918 aus Wilhelmshaven auslaufen und den rechten Flügel des zurückgehenden Landheeres entlasten sollte. Das Gerücht ging um, daß die Oberste Heeresleitung plane, die Flotte aus strategischen Erwägungen zu »opfern«. Am 4. November war Kiel in der Gewalt der Matrosen. Auf den Kriegsschiffen »Thüringen«, »Helgoland«, »Seydlitz«, »Derfflinger«, »Von der Tann« und »Königsklasse« forderten sie die Einstellung der Kriegshandlungen. Arbeiter- und Soldatenräte konstituierten sich in Stuttgart, Hannover und Köln. Straßenkämpfe beherrschten Magdeburg, Demonstrationen Stuttgart, Hamburg, Braunschweig, Halle und Leipzig, der Generalstreik Berlin. Am 8. November revoltierte die Bevölkerung in Karlsruhe, Essen, Breslau und Königsberg in Preußen.

Die deutsche Monarchie war schwer erschüttert. Der Kaiser sollte zurücktreten. Doch dazu konnte er nur schwer bewogen werden. Noch am 28. Oktober 1918 hatte er in einem Erlaß erklärt, der die neuen Gesetze begleiten sollte, durch die die Verfassung geändert wurde: »Ich [...] trete diesen Beschlüssen der Volksvertretung mit meinen hohen Verbündeten bei in dem festen Willen [...] an ihrer vollen Auswirkung mitzuarbeiten.«[1] Am 5. Oktober 1918 hatte er die (auch von der Obersten Heeresleitung) geforderte parlamentarische Regierungsform durch eine Verordnung gebilligt, die in Deutschland nicht auf revolutionärem, sondern auf gesetzlichem Wege eingeführt wurde, so daß Friedrich Ebert den 5. Oktober 1918 als einen »Wendepunkt in der Geschich-

1 Max, Prinz von Baden, S. 525.

te Deutschlands«, als den »Geburtstag der deutschen Demokratie»,[2] bezeichnen konnte.

Die Oberste Heeresleitung war der Krone bereits durch eine Verfassungsänderung (der der Kaiser am 2. November zustimmte) entzogen worden und unterstand einem parlamentarischen Ausschuß. Weder die Vertreter des bürgerlichen Fortschritts noch die Wortführer der SPD forderten deshalb zunächst die Beseitigung der Monarchie.[3] Wilhelm II. sollte jedoch auf den Thron verzichten. Als der Reichskanzler Prinz Max von Baden den sozialdemokratischen Parteiführer Friedrich Ebert fragte, ob er bereit sei, mit ihm gegen die Revolution zu kämpfen, wenn der Kaiser zurücktrete, erklärte Ebert unmißverständlich: »Wenn der Kaiser nicht abdankt, dann ist die soziale Revolution unvermeidlich. Ich aber will sie nicht, ja, ich hasse sie wie die Sünde.«[4] Doch die Monarchie war nicht mehr zu retten, die Revolution nicht zu verhindern. Bevor Max v. Baden am 9. November durch das Wolffsche Telegraphenbüro in Berlin gegen den ursprünglichen Willen Wilhelm II. verkünden ließ, daß der »Kaiser und König«[5] dem Thron zu entsagen beschlossen habe, und der Sozialdemokrat und kaiserliche Staatssekretär Philipp Scheidemann die Republik ausrief, hatte der sozialistische Journalist Kurt Eisner in der Nacht vom 7. zum 8. November in einem Aufruf an die Bevölkerung Münchens[6] die »soziale Republik« Bayern proklamiert. Als sich die Bayern »am Morgen des 8. November 1918 den Schlaf aus den Augen rieben, vernahmen sie, daß ihr Land eine Republik geworden war«.[7]

Jedoch nicht darauf hatten sie gehofft, sondern auf einen Sonderfrieden. Bereits im Sommer 1918 hatte Kronprinz Rupprecht von Wittels-

2 Ebert, Bd. 2, S. 75.
3 Vgl. Phelps: Aus den Groenerdokumenten, S. 531. Vgl. auch die Aussagen Groeners im Münchener Dolchstoßprozeß 1925. Zit. bei Schreiner, Albert: Zur Geschichte der deutschen Außenpolitik 1871–1945. (Ost-) Berlin 1952, S. 433. Zum Dolchstoßprozeß vgl. Süddeutsche Monatshefte, H. 7, April 1924 und Beckmann, Ewald: Der Dolchstoßprozeß. München 1925. Am 25. November 1918 erklärte Ebert (Bd. 2, S. 119): »Die Oberste Heeresleitung hat uns erklärt, daß sie sich der neuen Regierung restlos unterstellt, daß sie die Regierung anerkennt.«
4 Max, Prinz von Baden, S. 599. Vgl. auch Noske, S. 77 f.
5 Die Deutsche Nationalversammlung, Bd. 1, S. 103.
6 Vgl. Münchener Neueste Nachrichten vom 8. November 1918, ebenso Buchner, S. 104.
7 Sendtner, S. 419.

bach einen separaten Frieden zwischen Bayern und den Feindmächten erwogen, weil er ahnte, daß mit einer deutschen Niederlage auch die letzte Seite Wittelsbachischer Geschichte geschrieben sein würde. Und als der Hohenzollern-Kronprinz sich am 3. November 1918 in das Hauptquartier des deutschen Heerführers und bayerischen Kronprinzen Rupprecht begab, um ihn zu bitten, ein an den Reichskanzler gerichtetes Schriftstück zu unterzeichnen, in dem gefordert wurde, daß der Kaiser auf dem Kaiserthron bleiben solle, weigerte sich Rupprecht, dieser Bitte zu entsprechen. Einen Tag zuvor hatte er bereits in sein Kriegstagebuch notiert: »Es wäre Zeit, daß die deutschen Fürsten sich gemeinschaftlich an den Kaiser wenden, um, sowie es den Anschein gewinnt, daß ein Waffenstillstand anders nicht zu erreichen ist, ihm die Abdankung nahezulegen.«[8]

Daß man »das bayerische Schicksal« im Falle einer deutschen Niederlage »nicht an Preußens Schicksal binden dürfe«,[9] hatte auch der einflußreiche katholische Geheimrat Held, der seit 1914 erster Vorsitzender des bayerischen Zentrums (dann bis 1924 der Bayerischen Volkspartei, nach 1924 Ministerpräsident) war, im Bayerischen Landtag erklärt.[10] Der besonders seit 1916 als bayerischer »Föderalist« hervorgetretene Held, der selbst allerdings nicht aus Bayern, sondern aus Erbach im Taunus stammte, hatte sich seit Juni 1918 systematisch um die Trennung des bayerischen Landtagszentrums vom Reichszentrum bemüht. Eine Woche vor dem Ausbruch der Revolution wurde sein Ziel von dem Bauernführer Dr. Sebastian Schlittenbauer erreicht. 28 Abgeordnete stimmten seinem entsprechenden Antrag zu.[11] Offen erklärte der geschickte, politisch einflußreiche und mächtige Bauernführer Dr. Georg Heim (am 3. Juli 1919) in der Nationalversammlung, daß die Revolution in Bayern »sich in erster Linie [. . .] gegen Berlin, gegen den Unitarismus gewendet«[12] hätte. Aber die Revolution hatte den Sturz der Monarchie – auch in Bayern – zur Folge. Und das war sogar ohne Blutvergießen geschehen, obwohl die maßgeblichen Revolutionäre nicht aus Bayern stammten.

8 Rupprecht, Kronprinz von Bayern, Bd. 2, S. 471.
9 Nach Niekisch: Bayern. In: Weltbühne, Nr. 15.
10 Zu Held vgl. u. a. auch den letzten Absatz des 5. Kapitels.
11 Vgl. Bamberger Volksblatt vom 6. Dezember 1918.
12 Verhandlungen des Bayerischen Landtages, Bd. 327, S. 1240 (C). Zu Heim vgl. auch Bayerischer Kurier vom 1. Dezember 1918 (siehe Anhang).

Während die Abgeordneten des bayerischen Landtages am 7. November 1918 eine »Kartoffelinterpellation« debattierten,[13] hatten rund 2 Dutzend Redner auf einer von den Sozialdemokraten und Gewerkschaften veranstalteten Versammlung auf der Münchener Theresienwiese vor rund 100 000 Menschen die Abdankung des deutschen Kaisers und des Kronprinzen gefordert, aber auch die Forderung nach der Absetzung der Wittelsbacher und die Abberufung der bayerischen Regierung[14] wurde laut. Nach der Versammlung (16 Uhr) strömten die Massen mit Kurt Eisner und Ernst Toller, der sich dem Zug anschloß, zu den Kasernen, wo sie die auf Kommandanturbefehl verschlossenen Tore sprengten und sich mit den herauseilenden Soldaten vereinigten. Eisner schickte sich an, seinen »Kosakenritt«[15] zu starten. Im ersten Stock des »Mattäser« konstituierte sich unter seiner Leitung der Soldatenrat, im Erdgeschoß »mitten unter den Abendgästen«[16] der Arbeiterrat. Eisner selbst wurde Erster, Hans Unterleitner Zweiter Vorsitzender. In wenigen Stunden befand sich die öffentliche Gewalt in den Händen der mit Eisner paktierenden Soldaten. Der Bahnhof, die Kasernen und die öffentlichen Gebäude wurden rasch besetzt, der Telegraphen- und Telephonverkehr gesperrt.[17] Bereits gegen 19 Uhr mußte der Kriegsminister v. Hellingrath vor den im Kriegsministerium versammelten Ministern[18] eingestehen, daß er zur Zeit in München machtlos sei und daß ihm Truppen nicht mehr zur Verfügung stünden, um die Ordnung wiederherzustellen.[19] Der Versuch, mit Hilfe der in Landsberg stationierten preußischen Reservedivision das Blatt zu wenden, schlug fehl. Die preußischen Soldaten verbrüderten sich mit den bewaffneten Wachen der Revolutionäre,[20] während eine randalierende Menschenmenge vor der königlichen Residenz forderte: »Runter mit dem Millibauern, runter mit der Topfenresl«.[21] Der »Millibauer« war König Ludwig, der »Milchbauer«, dem

13 Speckner, S. 4.
14 Escherich-Hefte, H. 1, München 1921, S. 14.
15 Ein von Eisner geprägter ironischer Begriff für seine Revolution.
16 Speckner, S. 4.
17 Sailer, S. 10.
18 Der Verkehrsminister war nicht anwesend.
19 Vgl. Doeberl, Michael: Sozialismus, soziale Revolution und sozialer Volksstaat. In: Allgemeine Zeitung, München, 7. März 1920, S. 86.
20 Vgl. Mann, S. 397 f. und Sendtner, S. 405.
21 Pechmann, Wilhelm Freiherr v.: Revolution und Monarchie in Bayern. In: Süddeutsche Monatshefte, 26. Jg., H. 6, März 1929, S. 441 und Speckner, S. 4.

nachgesagt wurde, daß er die Milch seines Gutes Leutstetten aus finanziellen Gründen nach Preußen lieferte, was vielen Bayern unpatriotisch und nicht selten sogar frevelhaft erschien.

In Bayern hatten die »zugewanderten« Revolutionäre besonders günstige Voraussetzungen nutzen können. Viele Militärs hatten ihre Kommandostellen verlassen. Da sich unter den bayerischen Offizieren weniger Adelige befanden als unter den preußischen Offizieren, konnten sie hoffen, ohne besondere Schwierigkeiten in Zivilberufen unterzukommen. Sie brauchten um ihren künftigen Lebensunterhalt nicht besonders zu bangen. Zudem war den Offizieren im Aufruf des Arbeiter-, Soldaten- und Bauernrates versprochen worden, daß »Offiziere, die sich den Forderungen der veränderten Zeit« nicht widersetzten, »unangetastet ihren Dienst versehen«[22] dürften. In den meisten Fällen waren sie froh, von den neuen politischen Machthabern Weisungen entgegennehmen und weiterhin Dienst tun zu dürfen. General Freiherr v. Speidel, der Wortführer des Offizierkorps, erklärte unmittelbar am 8. November, daß die Offiziere sich unter »Wahrnehmung ihrer Überzeugung rückhaltlos und aufrichtig in den Dienst des Volksstaates«[23] stellen würden. Infolge der politischen Situation hatten sie den offiziellen Kontakt zur Krone abgebrochen und sich nolens volens der neuen Situation angepaßt. Weder die Militärs noch die königlich-bayerische Polizei waren in dieser Situation zur aktiven Parteinahme mit der Waffe in der Hand für das angestammte Herrscherhaus zu bewegen. Die gesamte Beamtenschaft versah ihren Dienst wie zuvor. Am 13. November stellte der geflohene König dann auch offiziell »allen Beamten, Offizieren und Soldaten die Weiterarbeit unter den gegebenen Verhältnissen frei«[24] und entband sie vom Treueid.[25]

Der ehemalige Sozialdemokrat und einstige *Vorwärts*-Redakteur Kurt Eisner, der ursprünglich angeblich Kosmanowsky hieß[26] und als

22 Zit. aus dem Aufruf Eisners vom 8. November 1918 (siehe Anhang).
23 Schricker, S. 21.
24 Münchener Neueste Nachrichten vom 14. November 1918 und Bayerische Staatszeitung vom 15. November 1918. Vgl. auch Aretin, Erwein v.: Die bayerische Königsfrage. In: Süddeutsche Monatshefte, Jg. 30, Januar 1933, S. 233.
25 ebenda.
26 Vgl. Fechenbach, S. 53.

Journalist und Theaterkritiker der *Münchner Post* in Bayern einen guten Namen hatte, war maßgeblich an den Münchener Streiks von Januar 1918 beteiligt gewesen, deshalb verhaftet und Anfang 1918 in ein Hochverratsverfahren verwickelt worden, im September 1918 jedoch auf Betreiben der Sozialdemokraten aus der Untersuchungshaft in Stadelheim entlassen worden.[27]

Eisner wollte Deutschland auf dem Wege über seine Revolution rasch zu internationalem Ansehen verhelfen. Er war der Ansicht, daß eine »demokratische und soziale Republik Bayern« die moralische Kraft aufbringen könnte, für »Deutschland einen Frieden zu erwirken, der es vor dem schlimmsten bewahrt«.[28] Er, der nach eigenen Angaben[29] in Berlin geborene Jude, sowie Ernst Toller, der aus Samotschin bei Bromberg stammende Schriftsteller jüdischer Abstammung, Erich Mühsam, der in Berlin geborene Schriftsteller jüdischer Herkunft, und der aus Karlsruhe stammende Journalist Gustav Landauer hatten sich angeschickt, diese Vorstellungen auf dem Wege über den Arbeiter-, Soldaten- und Bauernrat in die Praxis umzusetzen. Allein die Tatsache, daß nicht einer dieser geistvollen Männer Bayer war und daß es sich bei den Exponenten der Revolutionsführer um antibürgerliche Schriftsteller und Journalisten handelte, hat bewirkt, daß Eisners Revolution oft als ein kecker Streich anarchistischer »ausländischer« Schwabinger Bohemiens dargestellt wird. Über Eisner ist verhältnismäßig viel geschrieben worden. Nur sehr wenige Autoren haben jedoch die Bereitschaft aufgebracht, ihn sachlich und unvoreingenommen beurteilen zu wollen. In der extrem rechtsorientierten Literatur erscheint er als ein verlotterter, prinzipienloser Bohemien und Bolschewist. Das war er zweifellos nicht. Ernst Niekisch, der nach Eisners Ermordung vorübergehend die vollziehende Gewalt in Bayern in seinen Händen vereinigte, charakterisierte Eisner wie folgt: »Eisner war ein feingebildeter Mann, der die westliche Schulung nie verleugnete. Er war mehr Jakobiner als Sozialist. In seinen öf-

27 Vgl. Niekisch: Gewagtes Leben, S. 49 und Speckner, S. 3. Eisner, der das Reichstagsmandat des sozialdemokratischen Reichstagsabgeordneten Georg v. Vollmar übernehmen sollte (Vollmar trat wegen seines Alters zurück. Vgl. Sendtner, S. 373), war nach seiner Entlassung aus der Haft erstmalig wieder am 5. Oktober 1918 mit einer Rede an die Öffentlichkeit getreten (vgl. Escherich-Hefte, H. 1, S. 11).

28 Zit. aus Eisners Aufruf vom 8. November 1918. Zit. bei Maser, S. 192 und Buchner, S. 104.

29 Vgl. Anm. 26.

fentlichen Reden bewährte er sich immer als ein geistreicher Mann, dem mitunter Wendungen von Esprit glückten. Zum Bolschewismus hatte er kein Verhältnis, mit den Spartakus-Leuten wie Leviné und Levin stand er in denkbar schlechten Beziehungen. Einmal hatte er Levin ein paar Tage verhaften lassen. Auch seine Beziehungen zu den Anarchisten von der Art Mühsams und Landauers waren gespannt.«[30]

Eisner war ein hervorragender Journalist mit reicher Phantasie; ein nüchterner Politiker oder gar Staatsmann mit Sinn für Realität war er nicht. Und er war auch nicht unbedingt davon überzeugt, daß der gute Geist in der praktischen Politik siegen müßte. In seinem Gefängnistagebuch, das er nach seiner Verhaftung Anfang 1918 bis Sommer 1918 führte, fand sich die Bemerkung: »[. . .] wo doch dieses deutsche Volk, das von politischer Apathie seit jeher geschlagen ist, wo niemand dich im Grunde braucht, kaum jemand dich auch nur versteht. Ist dieser Glaube an die geheime, große Vernunft, den verborgenen Idealismus, Tatwillen und Opferdrang der Massen nicht wirklich leere Phantasie? Sind nicht die Führer, die du beschuldigst, die Massen wegen ihrer eigenen, unschlüssigen oder ängstlichen Person zu verderben und zu verraten, die besseren Menschenkenner?«[31] Bezeichnend für Eisners Überzeugung – und zugleich auch für sein Schicksal – ist ein Auszug aus einer eigenen Dichtung, die er nach einem Bericht der Münchener Neuesten Nachrichten vom 18. November 1918 am 17. November 1918 zur Revolutionsfeier im Münchener Nationaltheater zur Melodie von »Wir treten zum Beten« singen ließ: »Wir werben im Sterben um neue Gestirne, sie blinken im Sinken und stürzen in Nacht«. Kurt Eisner wollte nicht wahr haben, daß die Wirklichkeit anderen Gesetzen folgt als ein Theaterstück.

Am Wandel seiner Haltung und Maßnahmen läßt sich ablesen, wie er dem Druck der Tatsachen nachgab. Während er sich am 17. November 1918 im Rahmen der Revolutionsfeier noch gegen den alten Wahlmodus und gegen das traditionelle Parlament wandte,[32] forderte er Ende November vor dem Berliner Vollzugsrat »die Ausgestaltung der Arbeiter-, Soldaten- und Bauernräte als Ersatz für den bürgerlichen Parlamentarismus«,[33] dem er allerdings weiterhin bescheinigte, bankerott

30 Niekisch: Gewagtes Leben, S. 52.
31 Menschheit, vom 10. Februar 1928. Zit. bei Noske, S. 236.
32 Vgl. Escherich-Hefte, H. 1, S. 17 und Schricker, Rudolf, S. 30 f.
33 Doeberl: Sozialismus, soziale Revolution und sozialer Volksstaat: In: Allgemeine Zeitung, München, 14. März 1920, S. 95.

gemacht zu haben. Die Nationalversammlung wollte er zunächst erst dann einberufen sehen, wenn Bevölkerung und Regierung von dem neuen Geiste erfüllt seien, den die Arbeiter-, Soldaten- und Bauernräte repräsentierten. Vor den Münchener Arbeiter-, Soldaten- und Bauernräten erklärte er am 29. November: »Der Ruf nach der Nationalversammlung kann nicht der Anfang sein, sondern nur das letzte Ergebnis.«[34] Aber im Dezember 1918 war er bereits anderer Ansicht. Er stimmte der Einberufung der Nationalversammlung zu.[35] Am 12. Januar 1919 wählte das Volk im rechtsrheinischen Bayern die Abgeordenten für den bayerischen Landtag, am 2. Februar die zu Bayern gehörende pfälzische Bevölkerung. Die Wahl zur Verfassunggebenden Deutschen Nationalversammlung[36] fand zwischen diesen beiden Wahlen (am 19. Januar 1919) statt. Eisners Anpassung ging allerdings noch weiter. Bald zeigte sich, daß er auch für den bayerischen Separatismus eintrat, der in Bayern auf einen einfachen Nenner zu bringen war: Loslösung vom Reich und völlige Eigenstaatlichkeit und Unabhängigkeit von Berlin. Eines aber ahnte Eisner nicht früh genug; er durchschaute nicht, daß er nur so lange geduldet wurde, als die Regisseure der bürgerlichen Parteien es für ge-

34 ebenda.

35 Allerdings standen hinter Eisners Entschlüssen z.T. massive Drohungen, z.B. des 1. Pionier-Ersatz-Bataillons, das am 4. Dezember vor dem Gebäude des Außenministeriums für Wahlen zum bayerischen Landtag demonstrierte (vgl. dazu u.a. Münchener Neueste Nachrichten vom 5. Dezember 1918 und Bayerische Staatszeitung vom 5. Dezember 1918). Das bayerische Verkehrspersonal hatte bereits am 1. Dezember energisch mit Maßnahmen gedroht, wenn der bayerische Landtag nicht unverzüglich einberufen würde (vgl. Schmitt, S. 37 f. und Hofmiller, S. 88 f.).

36 Der in 36 Wahlkreisen zugleich als Kandidat aufgestellte Eisner wurde zwar gerade noch in den Landtag gewählt, doch die USPD erhielt von 180 Mandaten nur insgesamt 3 Mandate. Gewählt wurden von der BVP in den Landtag 66 Abgeordnete, in den Reichstag 18 Abgeordnete, von der Mittelpartei (die sich mit den 4 Abgeordneten der Deutschen Volkspartei in der Pfalz zusammenschloß – vgl. Bayerische Staatszeitung vom 28. Februar 1919) 9 in den Landtag, 2 in den Reichstag, von den Demokraten 25 in den Landtag und 5 in den Reichstag, vom Bayerischen Bauernbund 16 in den Landtag und 4 in den Reichstag, von der sozialdemokratischen Mehrheitspartei 61 in den Landtag und 15 in den Reichstag und von der USPD 3 in den Landtag und 1 (durch Listenverbindung mit der MSP) in den Reichstag. Vgl. dazu Herders Staatslexikon, Bd. 1, S. 649. Schulthess' Europäischer Geschichtskalender, 33.–40. Jg., 1917 bis 1924. München 1920–1927, S. 1918 und Würsdörfer, Josef: Die Wahlen zum Bayerischen Landtag am 12. Januar 1919 und ihr Ergebnis. In: Politische Zeitfragen, 1. Jg., H. 3 und 4 vom 15. März 1919, S. 53.

boten hielten. Die Mordkugel traf ihn buchstäblich in der letzten Stunde, in dem Augenblick, in dem es noch möglich war, den Mord politisch zu motivieren: sie tötete ihn, als er sich auf dem Wege zum Landtagsgebäude befand, wo er seinen Rücktritt erklären wollte.

Neben dem geringen Widerstandswillen der Militärs erwies sich der in Bayern als Föderalismus bezeichnete traditionelle Separatismus als einer der besten Verbündeten Eisners. Die Revolution wurde nicht vornehmlich als die revolutionäre Neuorganisation der Staatsführung und der sozialen Verhältnisse, sondern als demonstrative Wahrnehmung der bayerischen Sonderinteressen gegenüber Berlin verstanden. Dafür waren viele Bayern bereit, selbst einen »roten« Ministerpräsidenten in Kauf zu nehmen, der nicht einmal Bayer zu sein brauchte. Die während des Krieges verbreitete Behauptung, daß Bayern zu den »landwirtschaftlichen Kriegslieferungen (vor allem von Vieh) vom Reiche stärker herangezogen« würde als »die übrigen Bundesstaaten«,[37] hatte das Bestreben unterstützt, den Krieg an der Seite des Reiches nicht länger fortsetzen zu wollen. Die Stimmung der kriegsmüden Bevölkerung war darüber hinaus durch die Tatsache gefördert worden, daß Bulgarien am 30. September kapituliert hatte und die dadurch freigewordenen feindlichen Luftstreitkräfte ihre Angriffe gegen Bayern richteten.

Das plötzliche Eingeständnis der militärischen und politischen Führung, trotz aller patriotischen Durchhalteparolen so jäh vor einer Niederlage zu stehen, hatte Beamte und Bürger zu der Ansicht gelangen lassen, bislang an der Nase herumgeführt worden zu sein. Sie waren deshalb froh, sich ohne Blutvergießen in die neue Zeit hinübergerettet zu haben. So war wohl auch die resignierende Erklärung der alten Regierung (Dandl-Brettreich) zu verstehen, daß es besser sei, »daß das Land nach vier Jahren eines blutigen Krieges endlich in Ruhe lebe, als daß der monarchische Staat in Schönheit sterbe«.[38]

Eisner kam vielen Bayern mit seiner Aktion nicht ungelegen. Wenn sie schon nicht für ihren König gegen die Revolution kämpfen wollten, brauchten sie sich so nicht auch vorzuwerfen, ihren König selbst gestürzt und die neuen Verhältnisse durch Revolution und Blutvergießen herbei-

37 Escherich-Hefte, H. 1, S. 7.
38 Busching, Paul: Die Revolution in Bayern. In: Süddeutsche Monatshefte, Jg. 16 (1919), H. 9, S. 218. Vgl. auch Sailer, S. 23.

geführt zu haben. Über die Haltung Eisners, dem während der Haft zwar Zweifel am Sinn und Zweck seiner revolutionären Ambitionen gekommen waren, konnten Unklarheiten nicht bestehen. Mehrfach hatte er in den ersten Novembertagen 1918 öffentlich auf die kommende Revolution hingewiesen.[39] Dem Kriegsminister General v. Hellingrath waren darüber hinaus sogar vom militärischen Nachrichtendienst Ergebnisse aus Recherchen unterbreitet worden, nach denen Eisner staatsgefährdende Beziehungen zu einer internationalen linkssozialistisch-bolschewistischen Gruppe in der Schweiz unterhielt;[40] aber der Bohemien Eisner blieb unbehelligt. Am 6. November hatte der Sozialdemokrat Auer seinen alten Parteigenossen Eisner bereits für »erledigt«[41] gehalten. Und als Eisner dennoch mit »elf Männlein und Weiblein«[42] der »Kosakenritt« gelungen war, beeilte sich Georg Heim, dem Arbeiter- und Soldatenrat zu versichern, daß er loyal[43] sein würde, nachdem er sich bereits am Umsturztage mit Eisner telephonisch in Verbindung gesetzt und seine Unterstützung bei der Versorgung der Bevölkerung zugesichert hatte.[44]

Auch wenn Georg Heim, der im Zusammenhang mit der Geschichte der NSDAP eine bedeutsame Rolle spielte, offiziell ein Staatsamt nicht bekleidete und in seiner Partei offizielle Führungsfunktionen ablehnte, war er zu jener Zeit und auch in den folgenden Jahren einer der einflußreichsten und geschicktesten politischen Regisseure der bayerischen Politik. Obwohl der ehemalige Mittelschullehrer nicht Altbayer,[45] sondern Franke war, wurde er nicht nur von den meisten traditionsbewußten Bayern als ein eingeschworener Landsmann angesehen. Seinen in Bayern viel gerühmten Namen »Bauerndoktor« hat er sich als landwirtschaftlicher Organisator erarbeitet. Doch Heim war nicht nur ein guter

39 z.B. am 2. November 1918 im Löwenbräukeller und am 5. November auf der Theresienwiese. Vgl. dazu Pechmann, Wilhelm v.: Revolution und Monarchie in Bayern. In: Süddeutsche Monatshefte, Jg. 6, März 1929, S. 442.
40 Vgl. Sendtner, Kurt, S. 373.
41 Nach Speckner, S. 3.
42 Eine ironische Redewendung, die von Freunden und Gegnern Eisners gleichermaßen kolportiert wurde.
43 Vgl. Hilpert, S. 35.
44 ebenda.
45 Vgl. Wer ist's?, 8. Aufl., S. 605 und Hilger, Hermann: Hilgers Handbuch der verfassunggebenden deutschen Nationalversammlung 1919. Berlin und Leipzig o. J., S. 360.

»Bauer«, sondern zugleich auch ein ausgezeichneter »Politiker, Diplomat, Redner, Volksmann, Wirtschaftsführer, Organisator«.[46] Die relativ unabhängige Tätigkeit als Führer des Bayerischen Bauernvereins mit (1918) 170 000 Mitgliedern hatte den gewandten und vielseitigen, volkstümlichen und grobschlächtigen, verschlagenen und zugleich geistvollen Heim mit seinem sicheren Instinkt für Macht zu einem selbstherrlichen Politiker gemacht, der auch als Parteimann (zunächst der Zentrumspartei, später der Bayerischen Volkspartei) oft nach eigenem Ermessen handelte. Er war stolz, »der mächtigste Mann in Bayern«[47] genannt zu werden. Heim gab sich nur mit der politisch umsetzbaren Macht zufrieden, nicht mit dem bloßen Schein von Macht. Deshalb schlug er offensichtlich auch die ihm gelegentlich gebotenen Möglichkeiten aus, eine offizielle Funktion als Staatsmann zu übernehmen. Er wollte sich nicht kontrollieren lassen, sondern der »heimliche König der bayerischen Bauern« bleiben. Wie »alle, die mit demagogischen Künsten begabt sind«, neigte er »leicht zu einer gewissen Menschenverachtung, und er erfuhr es an sich, daß gerade dies ein Weg zur Popularität sein kann.«[48]

Eine nicht ganz unwesentliche Rolle bei dem reibungslosen Sturz der Wittelsbacher-Monarchie spielten jedoch auch einige zunächst weniger beachtete Faktoren. Einen bildeten beispielsweise die nichtbayerischen Arbeiter ausgerechnet des Münchener Krupp-Werks, das nach dem Willen König Ludwigs eine größere wirtschaftliche Unabhängigkeit Bayerns vom Reich gewährleisten sollte.[49] Während des Krieges waren zahlreiche Arbeiter zu Krupp nach München gegangen, wo sie sich 1918 noch nicht so weit integriert fühlten, daß sie Bayern als ihre Heimat ansahen.[50] So ließen sie die Revolutionäre gewähren und wirkten nicht selten darüber hinaus selbst destruktiv. Eindeutig zersetzend wirkten die von der Front nach München zurückgekehrten kriegsmüden Soldaten in den Kasernen.[51] Und auch die Münchener Künstlerkolonie Schwabing erleichterte Eisner im November 1918 die Vertreibung des Königs. Zahlreiche Bohemiens lebten, von Schwabing angezogen, in München. Häufig stammten diese betont oppositionellen Elemente im Rahmen der bayeri-

46 Schwend, S. 62.
47 Nach Ilges, S. 105, nannte Löbe im Reichstag Heim so.
48 Schwend, S. 62.
49 Escherich-Hefte, H. 1, S. 9. Vgl. auch Müller, Karl Alexander v., S. 180.
50 Vgl. Bonn, S. 189 und Hofmiller, S. 39.
51 Vgl. Doeberl, S. 85.

schen Hauptstadt nicht aus Bayern. Viele kamen aus dem Ausland. Vom konservativen und zum Teil reaktionären bayerischen Bürgertum wurden sie nicht ernstgenommen. Das rächte sich. Die antibourgeoisen Neigungen und Ambitionen der Bohemiens fanden während der Revolution ein politisches Betätigungsfeld, das sie abenteuerlustig und experimentierfreudig bestellten.[52] Aber auch an der Münchener Universität und an der Technischen Hochschule befanden sich zahlreiche Fremde, ausländische Studenten und Akademiker, von denen nicht wenige aus Rußland kamen. Einige förderten revolutionäre Umtriebe, andere, die vor der bolschewistischen Revolution geflohen waren, engagierten sich im Rahmen der extremen Rechtsfront, in der sie sich einen Namen machten. Einer von ihnen war der spätere Nationalsozialist Alfred Rosenberg, ein anderer der sehr einflußreiche Hitler-Freund Erwin v. Scheubner-Richter.

Offenbar war Eisner anfänglich überzeugt, im Sinne des amerikanischen Präsidenten Wilson zu handeln, der nicht auf einen Verständigungsfrieden mit Berlin wartete, sondern die Kapitulation des deutschen Reiches forderte. »Wenn aber nun in Bayern eine revolutionäre Regierung entsteht«, argumentierte Eisner unmittelbar nach der Vertreibung des Königs, »deren treibende Kräfte von Anfang des Krieges an in einsamer und gefährlicher Opposition die deutsche Kriegspolitik bekämpft haben, so können wir vertrauen, daß eine solche Regierung bei dem amerikanischen Präsidenten einen anderen Eindruck erweckt und mildere Stimmung auslösen kann, als wenn er es zu tun hat mit einer Regierung, die alle Verantwortlichkeit mitübernommen hat«.[53] Ende 1918, nachdem Eisner erfahren hatte, daß weder Wilson noch die Entente mit einer revolutionären deutschen Teilregierung zu verhandeln bereit waren, gab er seine ursprüngliche Haltung gegenüber den bayerischen Separatisten rechter Prägung auf. Die bayerischen Arbeiter-, Soldaten- und Bauernräte begannen die Reichsregierung zu brüskieren. Unverhüllt brachten sie zum Ausdruck, daß Bayern der Reichstreue endgültig überdrüssig sei und auch die Räte diese bayerische Politik zu unterstützen gedächten. Aufmerksamen Beobachtern konnte nicht entgangen sein, daß Eisner be-

52 Vgl. Escherich-Hefte, H. 1, S. 9 f. und Bonn, S. 189. Nicht uninteressant ist, daß auch Lenin und seine Frau (Krupskaja) vor dem 1. Weltkrieg in Schwabing untergetaucht waren. Vgl. Mann, S. 98.

53 Buchner, Eberhard: Revolutionsdokumente, Bd. I. Berlin 1921, S. 116.

reits am 8. November 1918 während der 2. Sitzung des Arbeiter-, Soldaten- und Bauernrates hatte durchblicken lassen,[54] daß er separatistischen Gelüsten nicht gänzlich abhold sei. Die Münchener Neuesten Nachrichten erinnerten den Ministerpräsidenten Eisner denn auch am 20. November 1918 mit dem deutlichen Hinweis auf die bayerische Tradition: »Es wäre eine würdige Aufgabe für die Regierung des Freien Volksstaates Bayern, durch eine unzweideutige Kundgebung die Berliner Machthaber wissen zu lassen, daß man im Süden des Reiches nicht gewillt ist, durch die Spielereien der Berliner Extremisten das Schicksal des ganzen Volkes aufs Spiel setzen zu lassen.« Kurt Eisner war den bayerischen Separatisten schnell erlegen und hatte die diplomatischen Beziehungen zu Berlin abgebrochen.[55] Damit war seine Mission erfüllt. Es war der Beweis erbracht, daß Bayern sich nicht unter den Willen der Berliner Regierung zwingen ließ. Für die Regisseure der künftigen bayerischen Politik war das ein aufschlußreiches politisches Experiment.

Die anfängliche Lethargie wich einer obskuren aktivistischen Tätigkeit. Eisner, als Bolschewist und sowjetrussischer Vasall[56] abgestempelt, wurde zum Mittelpunkt einer systematisch organisierten Hetze und Verleumdung. Sein Auftritt auf der internationalen Berner Sozialistenkonferenz Anfang 1919, wo er von der deutschen Schuld am Kriege gesprochen hatte, war nicht ungehört geblieben. »Die nationalistischen Kreise tobten, die studentische Jugend wurde gegen ihn aufgehetzt. In München bestand eine Geheimgesellschaft, die Thule-Gesellschaft, der damals neben anderen Alfred Rosenberg, der Verleger Lehmann, die Gräfin Westarp und auch Rudolf Hess angehörten. Hier wurde der Plan geschmiedet, Eisner zu ermorden. Ein Handzettel kam in Umlauf, der den Rücktritt Eisners forderte und der mit dem Schiller-Zitat schloß: ›Landvogt, deine Uhr ist abgelaufen‹.«[57] Bereits am 4. Dezember 1918 hatten Angehörige des (am 10. November 1918 gegründeten) Kampfbundes der antisemitischen Thule-Gesellschaft versucht, Eisner in Bad Aibling während einer Kundgebung zu verhaften.[58] Da die von Eisner begeisterten

54 Vgl. ebenda.
55 Vgl. Volkmann, S. 91.
56 Krokow (S. 24) unterstellte Eisner, 164 Millionen Mark vom russischen Gesandten über den Reichstagsabgeordneten Cohn zur Bolschewisierung Bayerns erhalten zu haben.
57 Niekisch: Gewagtes Leben, S. 50.
58 Vgl. Franz-Willing, Georg, S. 30.

Arbeiter von Kolbermoor den Ministerpräsidenten schützten, scheiterte der Thule-Plan.[59] Aber am Morgen des 21. Februar 1919, als Eisner sich mit zwei Begleitern auf dem Wege vom Außenministerium am Promenadenplatz zum Landtagsgebäude in der Prannerstraße befand, wo er von seinem Amt zurücktreten wollte, fiel er der Kugel des Grafen Arco-Valley zum Opfer.

Auch die Sympathien der SPD hatten Eisner längst nicht mehr gehört. Die Sozialdemokraten hatten ihm seine Haltung in Bern und seine häufigen Angriffe auf die sozialdemokratische Kriegspolitik (u. a. Bewilligung der Kriegskredite) nicht verzeihen können. In der Nationalversammlung erklärte Scheidemann, seit dem 16. Februar Kanzler des ersten Reichskabinetts, am 19. Februar 1919: »Eisner, der 25 Jahre lang mit mir Seite an Seite gekämpft hatte, wandelte zuletzt Wege, die nicht mehr meine Wege waren.«[60]

Arco-Valley, in zahlreichen Publikationen als ein »zweiter Tell«,[61] als eine »andere Charlotte Corday«,[62] als ein Held gefeiert, war der Sohn einer Jüdin[63] und Neffe des Generals v. Speidel, der Eisner am 8. November zugesichert hatte, daß das bayerische Offizierskorps loyal sein würde.[64] Der »Held« Arco-Valley, der Eisner von hinten niederschoß und am 15. Januar 1920 vor dem Volksgericht bekannte, daß er von »einer wahnsinnigen Wut gegen Eisner« gepackt worden sei, weil Eisner »den mit Mühe und Not zusammengebrachten Freistaat Bayern verraten wollte an den Spartakus«,[65] war nichts weiter als ein Mörder. Zwar wurde der junge Offizier am 16. Januar 1920 zum Tode verurteilt; aber bereits am folgenden Tage begnadigte ihn ein Beschluß des Gesamtministeriums zu einer lebenslänglichen Festungshaft,[66] die schon am

59 Vgl. Sebottendorff, Rudolf v., S. 64–68.
60 Die Deutsche Nationalversammlung, Bd. 2, S. 597.
61 So Speckner, S. 33.
62 ebenda. Nach Speckner (S. 33) sagte der Staatsanwalt Hahn im Arco-Prozeß: »[...] wäre unsere Jugend insgesamt von solch glühender Vaterlandsliebe beseelt, wir hätten Hoffnung, mit froher Zuversicht der Zukunft unseres Vaterlandes entgegenzusehen«. Vgl. auch Allgemeine Zeitung, München, 25. Januar 1920.
63 Vgl. Weltwoche, 1944, Nr. 574, S. 12.
64 Vgl. Schricker, S. 28 und Münchener Merkur vom 22. Februar 1954.
65 Auszug aus der Aussage Arcos vor dem Volksgericht am 15. Januar 1920. Vgl. Speckner, S. 33.
66 Pranckh, S. 53.

13. April 1924 infolge eines Ministerbeschlusses mit der Freilassung endete.[67]

Als die Abgeordneten des Landtages von der Ermordung Eisners erfuhren, breitete sich Entsetzen aus. Furcht und Panik wurden ausgelöst, als ein Mann namens Lindner[68] im Saal auftauchte und Ehrhard Auer niederschoß, der gerade in einer Rede Eisners Verdienste würdigte und den Mord verurteilte. Ehe die Abgeordneten erfaßten, was geschehen war, fielen Schüsse von der Tribüne, die den Abgeordneten Osel (Bayerische Volkspartei) und einen Offizier töteten. Fluchtartig verließen die Abgeordneten den Landtag – und München. Über München wurde der Belagerungszustand verhängt. Der Generalstreik wurde ausgerufen und die bürgerliche Presse unter Zensur gestellt.[69] Die Regierung Eisner fiel auseinander. Einige Minister, unter ihnen der sozialdemokratische Sozialminister Roßhaupter, kamen mit Nervenschock ins Krankenhaus.[70] Ernst Niekisch, der Präsident des Zentralrates, vereinigte (bis zur Bildung der Regierung Hoffmann am 18. März 1919) die gesamte vollziehende Gewalt in seiner Hand,[71] so daß Bayern vorübergehend diktatorisch regiert wurde. Der radikale Flügel des Rätekongresses, der nach der Ermordung Eisners mit der Ausrufung der Räterepublik

67 Gumbel: Verräter verfallen der Feme, S. 85.
68 Nach Speckner, S. 34, gehörte der Attentäter (Lindner) der USPD an.
69 Vgl. Schricker, S. 60.
70 Vgl. Niekisch: Gewagtes Leben, S. 51.
71 ebenda, S. 51 f.
Da zahlreiche Details und wesentliche Zusammenhänge über die Ereignisse in Bayern vom 21. Februar (Ermordung Eisners) bis zum 6. April 1919 (Beginn der Räte-Diktatur) und vom 6. April bis zur Niederwerfung der Räte in den ersten Maitagen 1919 von persönlich und maßgeblich engagierten Linksintellektuellen (außer von Prof. Ernst Niekisch, der als Präsident des Zentralrates vom 21. Februar bis zum 6. April 1919 die gesamte vollziehende Gewalt in Bayern in seinen Händen vereinigte) nicht ausführlich dargestellt worden sind (Landauer wurde ermordet, Leviné erschossen, Toller beging 1933 Selbstmord. Nach 1945 hat nur Ernst Niekisch sich darüber geäußert), ist die Zeit vom 21. Februar bis 4. Mai 1919 von Chronisten der anderen Seite einseitig dargestellt worden. Der Verfasser hatte die Möglichkeit, einige Jahre hindurch täglich mit Prof. Ernst Niekisch zu sprechen und mit seiner freundlichen Erlaubnis unveröffentlichte Aufzeichnungen einzusehen und auszuwerten. Seit der Veröffentlichung der Erinnerungen von Ernst Niekisch (vgl. Anm. 30) sind die Historiker auf solche Beziehungen nicht mehr angewiesen. Dennoch klafft nahezu in allen Publikationen über die oben fixierte Zeit eine empfindliche Lücke.

liebäugelte, wurde enttäuscht. 234 (gegen 70) Stimmen lehnten Erich Mühsams Antrag ab, Bayern zur sozialistischen Republik zu erklären.[72]

Auch der 30-jährige Handwerkersohn Niekisch war nicht in Bayern, sondern in Trebnitz in Schlesien geboren, hatte jedoch seit seinem 2. Lebensjahr in Bayern gelebt, wo sein Vater in Nördlingen selbständiger Feilenhauer gewesen war. Der ehemalige Lehrer, der immer in geistiger Opposition stand, konnte selbst den wohlwollendsten Bayern nicht als Bayer erscheinen. Niekisch war ein von Kant entscheidend geprägter Preuße, der Preußen geistig-moralisch als Elementarisierung des kategorischen Imperativs verstand. Aber seine politische und publizistische Tätigkeit, die einen ungewöhnlich geistvollen, umfassend gebildeten und philosophisch schöpferischen Mann offenbaren, der mehr Geschichtsphilosoph als Politiker war, galt nicht Preußen, sondern dem Deutschen Reich. Zum erfolgreichen Politiker fehlte Niekisch zeitlebens die Skrupellosigkeit, leugnen zu können, was hinter seiner klugen und offenen Stirn vorging. So hat auch er als praktischer Politiker trotz der perfekten Beherrschung der marxistischen Dialektik nicht so weit von Eisner, Mühsam und Toller entfernt gestanden. 1915 war er Sozialist geworden, 1917 der SPD beigetreten. Im November 1918 war er Redakteur der sozialdemokratischen Volkszeitung in Augsburg. Dennoch hatte auch er erst in den Morgenstunden des 8. November erfahren, daß von Eisner am 7. November in München die Räterepublik ausgerufen worden war.[73] Auf seine Initiative hin hatten die Augsburger Soldaten dann einen Soldatenrat und die Arbeiter den Augsburger Arbeiterrat gebildet, der sich mit dem Soldatenrat zum Arbeiter- und Soldatenrat zusammenschloß. Niekisch wurde zum Vorsitzenden gewählt. Im Januar 1919 war er als Delegierter des Augsburger Arbeiter- und Soldatenrates in den Zentralrat der Arbeiter- und Soldatenräte Bayerns nach München gegangen, der die Tätigkeit der Regierung überwachen, die örtlichen Räte aktivieren und die Kongresse der Arbeiter-, Soldaten- und Bauernräte vorbereiten sollte. Niekisch war, in München bald zum Präsidenten des Arbeiter-, Soldaten- und Bauernrates von Bayern gewählt, konsequenter als Kurt Eisner, der beispielsweise die Entscheidung des Arbeiter-, Soldaten- und Bauernrates für die Wahl der Nationalversammlung auf der

72 Vgl. Escherich-Hefte, H. 3, S. 12.
73 Niekisch: Gewagtes Leben, S. 38.

Tagung der gesamten Räte des Reiches im Dezember 1918[74] begrüßte. Darin sah der sozialistische Revolutionär Niekisch einen Verrat an der Revolution und eine Unterstützung der Restauration der bürgerlichen Herrschaft.[75]

Anfang März 1919 wurde in Nürnberg über die Wahl des neuen Ministerpräsidenten verhandelt. Die Entscheidung fiel auf den bisherigen sozialdemokratischen Kultusminister Johannes Hoffmann aus Kaiserslautern in der Pfalz, der sich bereits während des Kaiserreiches als Land- und Reichstagsabgeordneter der Sozialdemokraten einen Namen gemacht hatte. Der stets eigenwillige und ehrgeizige Hoffmann, der wie Niekisch ursprünglich Lehrer war, galt auch unter seinen politischen Gegnern als ein fleißiger, energischer Mann mit einer raschen Auffassungsgabe.[76] Die Bayerische Volkspartei und das Zentrum warfen ihm vor, radikal antiklerikal zu sein,[77] die Kommunisten und die Unabhängigen Sozialdemokraten, daß er sich eindeutig gegen den Gedanken der Ausrufung der Räterepublik wandte, was den Ausschlag für die Entscheidung der Bürgerlichen bei seiner Nominierung gab.[78] Am 17. März 1919 wurde er in wenigen Minuten einstimmig zum Ministerpräsidenten gewählt.[79]

Zu Johannes Hoffmann pflegte Niekisch ein gutes Verhältnis, obwohl ihre Auffassungen zum Beispiel über die Beziehungen zwischen Reich und Ländern und über die Revolution grundsätzlich voneinander abwichen. Im Hinblick auf die Regierung war in einer »privaten Abmachung [...] zwischen dem Zentralrat der Arbeiter-, Bauern und Soldatenräte und dem Kabinett Hoffmann vereinbart worden, daß vorerst das Parlament nicht einberufen werden sollte. Das Kabinett sollte auf Grund besonderer Vollmachten, die ihm die Fraktionsvorsitzenden auf eigene Verantwortung zugestanden hatten, einige Zeit ohne Parlament regieren. Ende März kamen Gerüchte auf, das Parlament wolle entgegen den Abmachungen doch zusammentreten. Der meisten Mitglieder des

74 ebenda, S. 44.
75 ebenda.
76 Vgl. Speckner, S. 35.
77 ebenda.
78 Eine andere Wahl hatten die Bürgerlichen nicht, wenn sie die kommunistischen Räte künftig unmöglich machen wollten. Sie mußten die Mehrheitssozialisten gegen die extreme Linke unterstützen.
79 Verhandlungen des Bayerischen Landtages, 1919/20, Bd. 1, S. 13 f.

Zentralrats bemächtigte sich eine große Aufregung. Es kam zu einer versteckten Pressekonferenz, in welcher das feige Verschwinden des Landtags am 21. Februar (nach der Ermordung Eisners) boshaft glossiert und dem Landtag bedeutet wurde, daß er sich bis auf weiteres aus München fernzuhalten habe.«[80] Verwirrung und Unsicherheit breiteten sich in allen Parteien und unter der Bevölkerung aus. Eine gefährliche Krise bahnte sich an, die Kommunisten und USPD-Mitglieder nur durch eine Räteregierung abfangen zu können meinten, wie es zum Beispiel Ende März durch Bela Kun in Ungarn geschehen war, was in Bayern aufmerksam registriert wurde. Als Niekisch am 3. April in einer Versammlung in Augsburg über die sogenannte »Zweite Revolution« (das heißt über die Ereignisse nach der Eisner-Ermordung) sprach, wurde plötzlich eine rote Fahne im Saal entrollt und ein USPD-Redner namens Hans Frank forderte unter lebhaftem Beifall eines großen Teiles der Versammlungsteilnehmer die Ausrufung der Räterepublik in Bayern.[81] Auch von Augsburger Streikführern wurde dem Präsidenten des Zentralrats »mit aller Energie die Forderung nach der sofortigen Ausrufung der Räterepublik unterbreitet«.[82] Streiks wurden inszeniert, »Arbeiterversammlungen [...] einberufen. Demagogen peitschten die Menge auf; die Losung des Tages wurde: ›Ausrufung der Räterepublik‹. Verschiedene Partei-, Gewerkschafts- und Organisationsführer schlugen vor, die entstandene Lage auf einer Konferenz zu behandeln.«[83] In der Nacht vom 4. zum 5. April 1919 fand sie im Kriegsministerium statt. Zwischen 80 und 100 Vertreter der SPD, der USPD, des Zentralrats, der Gewerkschaften, des Bayerischen Bauernbundes, einer liberal-demokratischen Oppositionsgruppe[84] und die Minister Schneppenhorst, Unterleitner und Simon nahmen daran teil. Während die Teilnehmer darüber diskutierten, ob Bayern Räterepublik werden sollte oder nicht, erschien der russische Kommunist Eugen Leviné mit einigen Parteigenossen und erklärte, daß die Spartakisten (KPD) mit der SPD nicht zusammenarbeiten würden.[85] Die Konferenzteilnehmer, denen eine Räterepublik ohne Kommunisten unsinnig erschien, entschlossen sich daher, zunächst zu erkunden, wie es

80 Niekisch: Gewagtes Leben, S. 63.
81 Vgl. Buchheim, S. 336.
82 Oertzen, F.W. v., S. 322.
83 Vgl. Niegisch: Gewagtes Leben, S. 65.
84 ebenda. Vgl. auch Buchheim, S. 336.
85 ebenda, S. 66.

um die Stimmung der Arbeiter in Bamberg, Würzburg und Nürnberg bestellt war,[86] wohin Schneppenhorst ging, der dort jedoch im Gegensatz zu seinem Versprechen, sich für die Räterepublik einzusetzen, gegen die Räteidee wirkte.[87] An der auf den 6. April vertagten entscheidenden Beratung, die im Wittelsbacher Palais im ehemaligen Schlafzimmer der Königin Therese von Bayern stattfand, nahmen die gleichen Vertreter teil, die bereits im Kriegsministerium konferiert hatten. Die Kommunisten erschienen erst während der Verhandlungen, die Leviné sofort mit einem Protest gegen den diskutierten Plan der Ausrufung der Räterepublik unterbrach. »Die Kommunistische Partei«, erklärte er in scharfer Form, »beteilige sich nur an den Unternehmungen, deren Führung in ihren Händen liege«.[88] Er beschuldigte die Sozialdemokraten, daß sie durch ihre Kriegspolitik belastet wären und die Räteidee daher nur »besudeln«[89] würden. Ernst Tollers und Erich Mühsams Versuche, Leviné umzustimmen, blieben erfolglos. Erregt und beleidigt verließ er die Beratung. Bei den Kommunisten, Unabhängigen Sozialdemokraten und einigen Sozialdemokraten wog das Urteil Levinés, der in Heidelberg bei Max Weber studiert hatte und auch unter hervorragenden Marx-Interpreten als gründlicher Kenner des Marxismus galt, mehr als die Stimmen ganzer Fraktionen. Niekisch schildert Leviné als einen ungewöhnlich klugen Mann mit hervorragenden charakterlichen Eigenschaften, mit einer eisernen Entschlossenheit und reichen praktischen Erfahrungen in der unterirdischen revolutionären Arbeit.[90]

Nach Levinés Auftritt schlug Ernst Niekisch den bestürzten Teilnehmern vor, den Gedanken der Ausrufung der Räterepublik noch einmal ernstlich zu überdenken. Obwohl er selbst einer Ausrufung der Räterepublik nicht zustimmte,[91] wurde weiter verhandelt. Und bereits während der Debatten gingen Telegramme mit Niekischs Unterschrift, die er selbst nicht geleistet hatte,[92] an alle Bezirksämter hinaus und verkündeten die Umbildung Bayerns zur (ersten) Räterepublik. Bei Hoffmann und

86 ebenda.
87 Vgl. Escherich-Hefte, H. 4, S. 8.
88 Niekisch: Gewagtes Leben, S. 69.
89 ebenda.
90 ebenda, S. 75.
91 Persönliche Auskunft von Ernst Niekisch. Vgl. auch Niekisch: Gewagtes Leben, S. 70.
92 Persönliche Auskunft von Ernst Niekisch. Vgl. auch Münchener Neueste Nachrichten vom 7. April 1919.

in Berlin, wo Niekisch im Auftrage des bayerischen Zentralrats an der 3. Tagung des Kongresses aller Arbeiter-, Bauern- und Soldatenräte des Reiches (am 7. April) teilnehmen sollte,[93] hatten schon die Nachrichten über die Ereignisse vom 3. April in Augsburg Besorgnis ausgelöst.

Bereits am 5. April hatten alle Minister, außer Hoffmann und Innenminister Endres, Niekisch ihre Rücktrittserklärung schriftlich zugehen lassen.[94] Das Hoffmann-Kabinett bestand am 6. April nicht mehr. Nun, in der Nacht vom 6. zum 7. April, war auch Niekisch noch von seinem Posten als Präsident des Zentralrates zurückgetreten, weil er überzeugt war, daß das »Unternehmen [Räterepublik] aus sachlichen und aus persönlichen Gründen scheitern«[95] mußte. Sein Nachfolger wurde Ernst Toller, mit dessen Namen die Aufrufe und Anordnungen nach dem 9. April gezeichnet waren.

Bayern war zu einem Staat ohne eigentliche politische Spitze geworden. Die Räte-»Regierung«, neben der auch Hoffmann und Innenminister Endres noch amtierten, setzte sich aus Mitgliedern zusammen, deren Fähigkeiten als Minister (oder Volksbeauftragte, wie sie genannt werden wollten) nicht erprobt waren. Gustav Landauer (parteilos), einem Journalisten, Theaterkritiker und Übersetzer, war das Ministerium für Erziehung und Unterricht, Dr. Theodor Lipp (USPD), einem ehemaligen Agenten des Kaiserlichen Auswärtigen Amtes in Italien,[96] das Außenkommissariat, dem umständlichen August Hagemeister (USPD) das Innenministerium, dem Landstreicher und Trinker Georg Paulukun (USPD), der gelegentlich als Streckenarbeiter tätig gewesen war, das Verkehrswesen, Silvio Gesell das Finanzwesen, dem aktivistischen Bauernbündler Kübler (Bauernbund) die Landwirtschaft und dem ehemaligen Kellner Reichert, der Mitglied des Soldatenrates war, das Heerwesen übertragen worden.[97] Mit einer größeren Hypothek als mit der Entscheidung für diese Minister hätten sich die Schöpfer der Räterepublik von vornherein kaum belasten können. So hatte beispielsweise der neue

93 Persönliche Auskunft von Ernst Niekisch.
94 Persönliche Auskunft von Ernst Niekisch.
95 Niekisch: Gewagtes Leben, S. 70. Vgl. auch Buchheim, S. 336.
96 Niekisch: Gewagtes Leben, S. 68. Vgl. auch Volkmann, S. 223.
97 Niekisch: Gewagtes Leben, S. 69. Außer den genannten Volksbeauftragten gehörten der Eisner-Regierung an: Soldmann (USPD), Steiner und Dr. Wadler. Der ebenfalls vorgesehene Dr. Jaffe lehnte die Beteiligung ab, ebenso Niekisch.

Außenminister Dr. Lipp einige Zeit in einer Irrenanstalt zugebracht. Jetzt, nach der Übernahme seines Ministeramtes, war er wieder völlig verwirrt. Er sandte ein Telegramm nach Moskau, in dem er den Bolschewisten unter Bezugnahme auf Kants Traktat »Vom Ewigen Frieden« (»Thesen 2–5«) mitteilte, daß das liberale Bürgertum als »preußischer Agent« entwaffnet worden sei, Hoffmann in dieser ereignisreichen Stunde den »Abortschlüssel« mitgenommen habe, »die haarigen Gorillahände Gustav Noskes von Blut« trieften und Preußen den »Waffenstillstand zur Vorbereitung des Rachekrieges«[98] wolle.

Aber weder der notgedrungen in Bamberg in Franken residierende Ministerpräsident Hoffmann noch der Kriegsminister Schneppenhorst waren bereit, die von Noske schon am 4. April 1919[99] angebotene Reichshilfe zu akzeptieren. Vielmehr verboten sie die Einrichtung von Werbestellen für freiwillige Verbände, die Veröffentlichung von Werbeofferten in den Tageszeitungen und auf Plakaten unter Androhung von Gefängnisstrafen bis zu einem Jahr oder Geldstrafen bis 1500 Mark bei Zuwiderhandlungen.[100] Aber der Kampfbund der Thule-Gesellschaft warb dennoch, schleuste Hunderte Freiwillige aus München aus (darunter Rudolf Hess, den späteren Privatsekretär Hitlers), beschaffte Waffen und unterstützte das in Ohrdruf in Thüringen auf Reichskosten aufgestellte bayerische Freikorps Epp.[101] Der zwielichtige Kriegsminister Schneppenhorst, der vermutlich sogar mit einer Ernennung zum Militärminister der Räterepublik einverstanden gewesen wäre,[102] wollte nach einer Äußerung vom 12. April »kein Blut fließen lassen«.[103] »Ruhe und Ordnung« sollten nicht »mit Waffengewalt, auch nicht mit Preußen oder Epp«[104] hergestellt werden. Schneppenhorst, der ohne Epp und Freikorps Herr der Lage werden wollte, wartete auf einen Handstreich des Kommandanten der republikanischen Schutzwehr gegen die Räteregierung in Mün-

98 Zit. nach Fischer, Ruth: Stalin und der deutsche Kommunismus, S. 126.
99 Vgl. Volkmann, S. 223.
100 Vgl. Maser, S. 22 und Oertzen, S. 320.
Nach Feststellungen in Escherich-Hefte, H. 3, S. 18, Oertzen, S. 328, Kanzler, S. 4, Noske, S. 315 und Verhandlungen des Bayerischen Landtages, Bd. 1, S. 161, sind in Erlangen Werber auch tatsächlich verhaftet worden.
101 Vgl. dazu u.a. Maser, S. 22 und Noske, S. 97.
102 Speckner, S. 38.
103 Historisch-politische Blätter für das Katholische Deutschland, Bd. 163 (1919), S. 105.
104 ebenda.

chen.[105] Doch seine Rechnung ging nicht auf. Zwar kam es am 13. April 1919 tatsächlich zu einem besonders vom Kampfbund der Thule-Gesellschaft inszenierten Putsch in München, bei dem unter anderem Lipp, Mühsam, Hagemeister und der linksradikale Rechtsanwalt Wadler verhaftet wurden;[106] aber durch einen Gegenstoß der plötzlich zum Kampf für die »Schein-Räterepublik« bereiten Spartakisten, die bereits unmittelbar nach der Gründung des Spartakusbundes (30. 12. 1918) die Voraussetzungen für das Gelingen einer kommunistischen Revolution fixiert[107] hatten, kam München wieder in die Hand der Räte.[108]

Die im »Hofbräuhaus« tagenden Betriebsräte erklärten sich nun (am 13. April) unter Levins und Levinés Leitung als oberste Instanz in Bayern, beseitigten den Zentralrat und proklamierten die (2.) kommunistische Räterepublik. Der Russe Dr. Leviné stellte sich an die Spitze des neugebildeten Aktionsausschusses. Zwei weitere Russen, Max Levin, »während des Krieges [...] ein eifriger Soldat [...] nach 1918 [...] ein ebenso militanter Revolutionär, wie er vor 1918 ein militanter Patriot gewesen war«,[109] und Tobias Axelrod, traten an seine Seite. Gustav Landauer wurde ausgebootet, Egelhofer, ein 21jähriger ehemaliger Matrose, zum Stadtkommandanten und Oberbefehlshaber der Roten Armee ernannt. Ernst Toller übernahm das Oberkommando über den Nordabschnitt, obwohl er politisch (besonders auf Betreiben Egelhofers, der ihn sogar erschießen lassen wollte) ausgeschaltet worden war.[110] Die Geschäfte des Finanzministers hatte der 25-jährige Männer[111] über nommen. Die Skala der nunmehr straff durchgesetzten Verbote umspannte einen umfangreichen Katalog. Bürgerliche Zeitungen durften nicht mehr erscheinen. Nach einem nicht immer durchschaubaren System wurden Geiseln verhaftet und ebenso wieder freigelassen, Lebensmittel und Brennmaterial den Bürgern vorenthalten, Schmuck und Wohnungen beschlagnahmt, alte Banknoten einfach nachgedruckt. Die Wohnungsmieten waren unmittelbar an die Räteregierung zu entrichten. Nicht ein-

105 Vgl. dazu Kanzler, S. 6.
106 Persönliche Auskunft von Ernst Niekisch.
107 Vgl. dazu die im Anhang S. 467 f. zitierten 10 Forderungen des Spartakusbundes.
108 Vgl. Oertzen, S. 336 f., Escherich-Hefte, H. 4, S. 19 f. und Schricker, S. 83 f.
109 Niekisch: Gewagtes Leben, S. 75. Vgl. auch Volkmann, S. 225.
110 Zu Egelhofers Erschießungsbefehl: persönliche Auskunft von E. Niekisch.
111 Der Volksbeauftragte für Finanzen zu Beginn der Rätediktatur war Gesell.

mal mehr Kuchen durfte gebacken werden.[112] Offen erklärte Leviné: »Was tut's, wenn auch auf einige Wochen weniger Milch nach München kommt. Die Milch erhalten ja doch nur zumeist die Kinder der Bourgeoisie. An ihrem Leben haben wir kein Interesse. Es schadet nichts, wenn sie sterben, aus ihnen werden ja doch nur Feinde des Proletariats.«[113] Die empfindliche Einschränkung der persönlichen Freiheit für Angehörige des Bürgertums, die (im Gegensatz zum Proletariat) anfänglich um 19 Uhr, dann um 20 Uhr, in ihren Wohnungen sein mußten, Plünderungen und räuberische, von Räteorganen inszenierte und durchgeführte Maßnahmen schürten zunehmend Unruhe, Unsicherheit und Unwillen unter der Bevölkerung. Hunger und Not breiteten sich außerdem rasch aus, so daß Hoffmann sich schließlich doch dazu entschloß, die Reichsregierung um Hilfe anzurufen. Da die Aufstellung von Freiwilligenverbänden in Bayern bis dahin verboten war, hatte Oberst Ritter v. Epp, der in Bayern als königstreuer und kampfbewährter Offizier verehrte Kommandeur des bayerischen Infanterie-Leibregiments, auf Noskes Rat[114] und Weisung[115] in Ohrdruf das bereits erwähnte bayerische Freikorps Epp auf Reichskosten aufgestellt. Bei ihm befand sich der spätere Nationalsozialist Ernst Röhm. Zahlreiche Bayern schleuste die Thule-Gesellschaft nach Ohrdruf aus. Dieses Freikorps bot Noske zunächst als Hilfe an. Der in Bamberg residierende, separatistischen Neigungen nicht abholde Hoffmann lehnte das Angebot Noskes jedoch ab[116] und behauptete, daß die bayerische Volksseele den Einmarsch preußischer Exekutionstruppen in München nicht ertragen würde. Aber er rief das bayerische Volk am 14. April 1919, einen Tag nach dem mißlungenen Münchener Putsch, zu den Waffen. Gleichzeitig wurde eine »Volkswehrproklamation« zur Bildung von Volkswehren erlassen,[117] aus denen sich die Einwohnerwehren entwickeln sollten.[118]

Auch der Generalstab der Räte war dabei, eine schlagkräftige Rote

112 Vgl. Hofmiller, S. 205. Vgl. Schricker, S. 102 f. und Escherich-Hefte, H. 5, S. 12 f.
113 Galéra, Bd. 1, S. 128.
114 Vgl. Anm. 101.
115 ebenda.
116 Vgl. Oertzen, S. 327.
117 Vgl. Speckner, S. 43.
118 Vgl. Schweyer, Franz: Rudolf Kanzler, Bayerns Kampf gegen den Bolschewismus. Rezension in: Zeitschrift für bayerische Landesgeschichte, München, Jg. 1932, H. 3, S. 488.

Armee zu organisieren. Die Räte befürchteten, daß sich das Münchener Bürgertum aktiv auf Hoffmanns Seite stellen und gegen die Räte mit der Waffe in der Hand vorgehen könnte. Während Hoffmann zu den Waffen rief, verfügte Egelhofer am 14. April: »Sämtliche Bürger haben binnen 12 Stunden jede Art Waffen in der Stadtkommandantur abzuliefern. Wer innerhalb dieser Zeit die Waffen nicht abgegeben hat, wird erschossen.«[119] Gleichzeitig gab Ernst Toller bekannt: »Alle bewaffneten Arbeiter und alle diejenigen Arbeiter, deren Waffen in den Betrieben lagern, finden sich heute, Sonntag, vormittags 9 Uhr, in ihren Betrieben ein.«[120] Ernst Niekisch, der auch in dieser Situation noch zwischen Hoffmann und Leviné vermitteln zu können hoffte, stellte im Armeemuseum bei Leviné und Levin fest, daß »alles darauf abgestellt [war], Waffen herbeizuschaffen und eine Rote Armee ins Leben zu rufen.«[121] Die Vermittlungsversuche scheiterten an Levinés Starrsinn. Niekisch verließ München, das er erst nach der Niederwerfung der kommunistischen Räte wiedersah.[122] Mitglieder des Zentralrates gaben später an, daß am 18. April 1919 in München und Umgebung rund 38 000 bewaffnete Rotgardisten unter Waffen gestanden hätten, von denen der Zentralrat selbst jedoch nur 12 000 als tatsächlich brauchbare Kampftruppen bezeichnete.[123]

Hoffmann, der den Räten zuvorkommen wollte, gab den Bamberger Truppen den Befehl zum Angriff. Am 15. April kam es bei Freising und Dachau zur ersten »Schlacht«, in der die Soldaten Hoffmanns, kampfesmüde und undiszipliniert, ihre Waffen den Rätetruppen übergaben und nach Hause gingen. Rosenheim, Kaufbeuren, Schongau, Kochel und Starnberg fielen in die Hände der Roten Armee. Nach diesem Waterloo

119 Zitat aus dem Aufruf. Fotokopie in Maser (Erlanger Univ.-Ex.), S. 44.
120 Text des von Ernst Toller gezeichneten Aufrufes. Fotokopie in Maser (Erlanger Univ.-Ex.), S. 45.
121 Niekisch: Gewagtes Leben, S. 76. Vgl. auch Buchheim, S. 336 f.
122 Persönliche Auskunft von Ernst Niekisch. Vgl. dazu auch die Berichte über die Verhandlungen vor dem Münchener Standgericht in der Augsburger Postzeitung vom 24. Juni 1919 (Morgenblatt) und vom 25. Juni 1919 (Vorabendblatt). Das Urteil des Standgerichts vom 23. Juni 1919 ist nicht auffindbar.
123 Vgl. Pitrof, S. 67 und S. 71. Vgl. auch Nachrichtendienst des Oberkommandos West in Ulm, Nr. I a b, S. 302 vom 25. April 1919. Nach Escherich-Hefte, H. 6, S. 9, hat es sich lediglich um 5 000–6 000 Mann gehandelt. Nach den Mitteilungen des Vollzugsrates der Betriebs- und Soldatenräte Nr. 10 sind es 12 000–15 000 Mann gewesen.

wollten schließlich auch Hoffmann und Schneppenhorst, daß »die Preußen kämen!« Kleinlaut war Hoffmann jetzt zur Annahme der Reichshilfe bereit. »Den Oberbefehl führe ich als Reichswehrminister«,[124] telegraphierte ihm Reichswehrminister Noske unmißverständlich. Hoffmann mußte damit einverstanden sein. Schneppenhorst, der gern den Oberbefehl übernommen hätte, spielte in diesem Zusammenhange keine Rolle. Noske, Ritter v. Epp und Kapitän Hermann Ehrhardt, Preußen, Württemberger und Bayern, rückten mit insgesamt ca. 15 000 Mann[125] auf München vor. Dadurch änderte sich die Situation schlagartig. Am 17. April forderte ein von allen politischen Parteien (außer von der USPD) akzeptiertes Flugblatt die Bayern zum sofortigen Eintritt in die freiwillige Volkswehr auf.[126] Und auch der Obergeometer Kanzler, der bereits seit Dezember 1918 über ein gerüttelt Maß von Erfahrungen im Umgang mit Landsknechten verfügte,[127] erhielt am 17. April von der Regierung Hoffmann die Vollmacht zur Aufstellung eines Freikorps.[128]

Der von Mitgliedern und Anhängern der Bayerischen Volkspartei als »›Gottseibeiuns‹ verfluchte gottlose«[129] Hoffmann genoß in dieser Situation die Unterstützung der katholischen Kirche. Das erzbischöfliche Generalvikariat Bamberg forderte alle Pfarrämter Bayerns telegraphisch auf, die von Weihbischof Senger am 19. April 1919 empfohlene Unterstützung der Erlasse der Regierung Hoffmann »kräftigst« zu vertreten.[130] Obwohl die Regierung und die Kirche die Bayern zu den Waffen riefen, waren auch jetzt nicht sehr viele zum Kampf mit der Waffe in der Hand bereit. Die Münchener Bürger, die Hoffmann gegenüber mißtrauisch waren, weil er selbst jetzt nicht nur von der Freiheit, sondern auch von der Sozialisierung sprach,[131] wollten ihr Leben nicht durch einen Ausfall aufs Spiel setzen, zumal sie Hoffmanns Truppen

124 Volkmann, S. 230 und Oertzen, S. 332.
125 Kahr übertrieb maßlos, als er am 2. Dezember 1920 (nach Unterlagen in der repornierten Registratur A. V. XIX., VII. 99. Conv. 1) in einem Schreiben an die Reichsregierung behauptete, daß 35 000 Mann zur Eroberung Münchens nötig gewesen seien. Vgl. dazu u. a. auch Pitrof, S. 89 f., Busching, S. 224, Galéra, Bd. 1, S. 128 und Noske, S. 97 und 315.
126 Vgl. Kanzler, S. 16.
127 ebenda, S. 10.
128 ebenda, S. 13.
129 Vgl. Anm. 78.
130 Vgl. Speckner, S. 44.
131 Vgl. den vom Polizeipräsidenten Vollnhals und vom Stadtkommandanten Schilling unterzeichneten Aufruf. Privatbesitz Dr. Weckerle, Erlangen.

nicht trauten. Die Bauern, die besonders in Nieder- und Oberbayern zunächst mit der Räterepublik sympathisiert hatten,[132] blieben auf ihren Höfen. Der Zustrom zur Volkswehr war auf dem Lande spärlich.[133] Die mißtrauischen Arbeiter blieben den Freikorps fern, weil sie in ihnen ein Werkzeug der Reaktion erblickten. Nur in wenigen Orten, wie zum Beispiel in Rosenheim, ist es zu spontanen Handstreichen gekommen. Dennoch lag auf der Hand, daß die Räte sich nicht mehr lange würden halten können. Ernst Toller, der die Lage erkannte, legte sein Kommando nieder und riet zur Verhandlung mit Hoffmann und den Reichstruppen.[134] Leviné, fanatisch und für Einwände nicht zugänglich, wies Tollers Rat zurück und ließ die Rote Armee weiterkämpfen. Nachdem die katholische Kirche sich öffentlich für die Regierung Hoffmann eingesetzt hatte, erließ das »Oberkommando der Roten Armee«, das Kardinal Faulhaber wegen der kirchlichen Einmischung die Verhaftung als Geisel androhte,[135] einen von Egelhofer gezeichneten Aufruf folgenden Inhalts: »Der Feind steht vor den Toren Münchens. In Schleißheim sind schon die Offiziere, Studenten, Bourgeoissöhne und weißgardistische Söldner des Kapitalismus. Keine Stunde ist zu verlieren. Heraus aus den Betrieben! Sofortiger Generalstreik. Schützt die Revolution! Schützt Euch selbst! Alle Mann zu den Waffen! Auf zum Kampfe! Setzt Eure ganze Kraft ein! Alles steht auf dem Spiele! Der Feind kennt keine Gnade. In Starnberg haben die weißgardistischen Hunde die Sanitätsmannschaften niedergemetzelt. Ihr kämpft für Eure Frauen, Eure Kinder, für Euch selber! Zeigt den Kapitalisten und deren bezahlten Söldner, wie das Proletariat für seine Sache zu kämpfen weiß. Zeigt der weißen Garde wie die Rote Armee zu siegen versteht! Auf zum Kampfe für die Sache des Proletariats!«[136]

Grauenhafte Exzesse waren auf beiden Seiten an der Tagesord-

132 Vgl. dazu u.a. Oertzen, S. 334 und Hundhammer, Alois: Geschichte des bayerischen Bauernbundes. Diss., München 1924, S. 167.
133 Vgl. Wochenbericht des Regierungspräsidenten von Oberfranken vom 22. April, 30. April und 7. Mai 1919. Ebenso Wochenbericht des Regierungspräsidenten der Oberpfalz vom 28. April, 5. und 12. Mai 1919. Ebenso Wochenbericht des Regierungspräsidenten von Mittelfranken vom 29. April 1919 (repornierte Registratur, I. V. IX. C. 20. I.).
134 Vgl. Oertzen, S. 336.
135 Vgl. Speckner, Karl: Die Wächter der Kirche. Ein Buch vom deutschen Episkopat. München 1934, S. 23.
136 Text des Aufrufes. Fotokopie bei Maser (Erlanger Univ.-Ex.), S. 46.

nung. So wurden beispielsweise von den »Weißen« bei Puchheim, in der Nähe von München, 52 russische Arbeiter, von den Räten freigelassene Kriegsgefangene, in einen Steinbruch getrieben und erschossen, bei Starnberg rund 20 Arbeiter-Sanitäter (auf die sich der Aufruf der Räte bezog) ermordet. Empörung breitete sich unter der rätefeindlichen Bevölkerung und unter den »weißen« Truppen aus, als bekannt wurde, daß von Rätesoldaten am 29. April im Luitpold-Gymnasium 10 Mitglieder der rechtsradikalen, antisemitischen und antibolschewistischen Thule-Gesellschaft,[137] darunter die Gräfin v. Westarp, Baron v. Teikert, Prof. Berger, Prinz Maria v. Thurn und Taxis und Baron v. Seydlitz,[138] als Geiseln erschossen worden waren. Geiselerschießungen fanden jedoch nicht erst Ende April und Anfang Mai statt. Als beispielsweise während des Kampfes um Dachau einige Rotgardisten gefallen waren, hatten Angehörige des 1. (Räte-)Infanterie-Regiments eine (fehlerhaft geschriebene) Resolution folgenden Inhalts verfaßt: »Die Mannschaften des 1. Inf. Regt. haben beschlossen nachdem 8 Mann bei Dachau gefallen sind, sofort Geißeln zu erschießen: pro Mann 5 Geißeln, also 40 Geißeln. Diese Resolution muß sofort vollzogen werden. Die Mannschaften des 1. Inf. Regts. der 1. 2. u. 3. Abteilung.« Sie wurde Egelhofer zugeleitet und von ihm mit dem Vermerk versehen: »Meine Zustimmung gebe ich. K. Egelhofer.«[139] Nuntius Pacelli, der spätere Papst Pius XII., nach eigenen Worten »einer der wenigen Augenzeugen des bolschewistischen Regimes, das in München im April 1919 herrschte«, erklärte Jules Sauerwein, dem Schriftleiter des *Matin*, im Oktober 1921: »Die Nuntiatur selbst wurde während des Kampfes zwischen den Kommunisten und republikanischen Regierungstruppen mit Kugeln gespickt. Bewaffnete Spartakisten drangen mit Gewalt hier ein, und als ich energisch protestierte gegen diese Verletzung des internationalen Rechts, hat mich einer von ihnen mit seinem Revolver bedroht. Ich weiß, auf welche verabscheuungswürdige Weise die Geiseln ermordet wurden.«[140]

Nachdem Noskes Truppen Dachau genommen hatten, rückten sie auf München vor. Vom Süden griffen Ritter v. Epp und die Württember-

137 Vgl. S. 146 ff.
138 Vgl. Krokow, S. 192.
139 Registriert beim Ersten Staatsanwalt beim Landgericht München II: VI 608/19.
140 Bayerischer Kurier Nr. 417 und Morgenblatt vom 1. Oktober 1921.

ger an. Erst in dieser Situation waren die Räte zu Verhandlungen mit Hoffmann bereit. Es war jedoch längst zu spät. In erbitterten Kämpfen wurde München gestürmt. Am 1. und 2. Mai rückten Noskes Truppen in München ein. Besonders am Bahnhof, am »Mattäser«, wo Eisner am Abend des 7. November 1918 getagt hatte, und in Giesing, leistete die Rote Armee verbissenen Widerstand. Auf beiden Seiten kam es zu furchtbaren Bürgerkriegsgreueln.[141] Am 4. Mai war das Räteregime gestürzt; aber die Massaker waren noch nicht beendet. Die Befreier Münchens, vom Siegestaumel berauscht, räumten in barbarischer Weise mit den »Roten« auf. Bestialisch schossen, hieben und stachen die Sieger auf ihre Opfer ein, gleichgültig, ob es sich um Kommunisten, Russen oder harmlose Bürger handelte. In einem katholischen Heim fanden sie beispielsweise 21 katholische Gesellen, die sie aus ihrem Heim herausholten und ins Gefängnis am Karolinenplatz brachten, wo sie am 6. Mai von Angehörigen der 2. Gardedivision kurzerhand ermordet wurden.[142] Zwölf unschuldige Arbeiter aus Perlach,[143] die am 4. und 5. Mai festgenommen worden waren, wurden in München von Angehörigen des Freikorps Lützow umgebracht.[144] Wer eine Waffe bei sich führte, wurde erschossen. Nach Angaben des Generalkommandos Oven vom 16. Mai 1919 sind in München insgesamt 77 Deutsche und 58 Russen erschossen worden, weil sie mit der Waffe in der Hand angetroffen wurden.[145] 433 Tote und Verwundete sollen Egelhofers Truppen eingebüßt haben.[146] Mehr als 180 Menschen wurden infolge leichtfertigster Beschuldigun-

141 Vgl. Anm. 142. Ferner Maser, S. 23 ff. und Speckner, S. 45, Anm. 1.
142 Vgl. Münchener Neueste Nachrichten vom 7. Mai 1919, vom 5. November 1921, Bayerische Staatszeitung vom 8. und 9. Mai 1919, vom 13. September 1919 und vom 7. November 1921. Vgl. ferner Oertzen, S. 352, Bonn, S. 217 und Pitrof, S. 102 f. Nach Angaben des Generalkommandos Oven vom 16. Mai 1919 sind 433 Tote und Verwundete bei den Rätetruppen gezählt und 350 Deutsche und 153 Russen festgenommen worden (Bayerische Staatszeitung vom 16. Mai 1919). Otto Graf von der Vereinigten Kommunistischen Partei Deutschlands erklärte am 30. September 1921 im bayerischen Landtag (Verhandlungen . . . 1921/22, IV. Band, S. 66 und 98), daß außer den Rotgardisten, die während der Kämpfe gefallen seien, den 53 Russen in Gräfelfing und den 12 Sanitätssoldaten in Starnberg 186 Menschen ohne Rechtsverfahren von den Truppen umgebracht worden seien. Vgl. auch Gumbel: Verräter verfallen der Feme, S. 36.
143 Vgl. dazu Noske, S. 97 und Gumbel, S. 86 ff.
144 Vgl. Anm. 143.
145 Vgl. Anm. 142.
146 ebenda.

gen von den bayerischen Standgerichten illegal zum Tode verurteilt und hingerichtet,[147] viele ohne ordentliche Verfahren ermordet.

Levin gelang die Flucht über Österreich nach Rußland. Auch Axelrod entkam ins Ausland. Egelhofer wurde unmittelbar nach dem Einmarsch der Befreier aus einem Auto gezerrt und erschlagen, Landauer, der sich bei Eisners Witwe verborgen hatte, festgenommen und von verhetzten Freikorps-Studenten ermordet, obwohl er sich bereits im Gefängnis befand. Leviné, der sich als Vertreter der Spartakisten auf dem Wege zu einer Konferenz nach Moskau befunden hatte, war nicht durchgekommen. Nach seiner Rückkehr wurde er verhaftet und am 4. Juni 1919 standrechtlich erschossen.

In der Nationalsozialistischen Deutschen Arbeiterpartei Adolf Hitlers haben sich bald zahlreiche Angehörige der Truppenverbände und Freikorps wiedergefunden, die an der Niederwerfung der kommunistischen Räte beteiligt waren. Hitler selbst ist nicht unter den Befreiern gewesen, Anton Drexler, der Mitbegründer der Deutschen Arbeiterpartei (aus der sich die NSDAP entwickelte), auch nicht. Während die Kommunisten Anton Drexler als Geisel erschießen wollten, haben Soldaten des Freikorps Epp den Gefreiten Adolf Hitler nach der Befreiung Münchens aus der Kaserne geholt, verhaftet und vor ein Standgericht stellen wollen.[148]

147 Vgl. Gumbel, S. 36.
148 Zu Hitler vgl. S. 132, zu Drexler S. 145.

Chronologische Übersicht

7./8. November 1918	Eisner ruft in München die Republik aus; der König verläßt München.
12. Januar 1919	Wahl des bayerischen Landtags im rechtsrheinischen Bayern.
19. Januar 1919	Wahl der Verfassunggebenden Deutschen Nationalversammlung.
2. Februar 1919	Wahl des bayerischen Landtags in der Pfalz (Bayern).
21. Februar 1919	Ermordung Eisners. Die Regierung Eisner löst sich auf, der Landtag verläßt München.
21. Februar 1919 – 18. März 1919	Niekisch vereinigt als Präsident des Zentralrats die oberste vollziehende Gewalt in Bayern in seinen Händen.
17. März 1919	Zusammentritt des Landtages mit Erlaubnis der Räte.
18. März 1919	Einstimmige Wahl der sozialdemokratischen Regierung Hoffmann.
6./7. April 1919	Proklamation der 1. Räterepublik, Rücktritt Niekischs.
13. April 1919	»Palmsonntagsputsch« der Münchener Garnison und der Gebrüder Löwenfeld.
13./14. April – 27. April 1919	2. Räterepublik unter Leviné: die sogenannte »Herrschaft der Russen« (Leviné, Levin, Axelrod).
14. April 1919	Volkswehrproklamation der Regierung Hoffmann an das bayerische Volk.

17. April 1919	Obergeometer Kanzler erwirkt von der bayerischen Regierung die Vollmacht zur Aufstellung eines Freikorps.
April 1919	Unter den Geiseln, die von Rotarmisten in München erschossen werden sollen, befindet sich auch Anton Drexler, der 2. Vorsitzende der am 5. Januar in München gegründeten Deutschen Arbeiterpartei. Ein Kommunist rettet ihm das Leben.
29. April – 1. Mai 1919	Herrschaft der Roten Armee in München.
1.–4. Mai 1919	Einzug der Befreier in München, zahlreiche Verhaftungen; auch Adolf Hitler wird von Soldaten des Freikorps Epp verhaftet. Offiziere, die ihn kennen, erwirken seine Freilassung.
	Die Regierung Hoffmann übernimmt die Regierungsgewalt über ganz Bayern.

2. Adolf Hitler

In dem Augenblick, in dem die nach der Auffassung der kommunistischen Räte reaktionären Truppen und Freikorps auf München vorrückten, forderte Egelhofer die Münchener Garnisonstruppen auf, sich an die Seite der kommunistischen Räte zu stellen und München zusammen mit der Roten Armee gegen die »Weißen« zu verteidigen. Daß er auch bei den in München kasernierten Truppen auf Ablehnung stieß, wie es bei der Zivilbevölkerung nahezu einhellig geschah, war in dieser chaotischen Situation von vornherein zu erwarten. Dennoch wurde in einigen Einheiten darüber abgestimmt, welche Haltung die Truppe einnehmen sollte. Auch im »königlich« Bayerischen Infanterie-Regiment 2, in dem sich der Gefreite Adolf Hitler befand, ist das nach einer Stellungnahme eines Feldwebels namens Rudolf Schüssler geschehen. Während der lauten Debatten der Soldaten ist der mit dem EK I ausgezeichnete Hitler auf einen Stuhl gestiegen und hat unter anderem erklärt: »Kameraden, wir sind doch keine Revolutionsgarde für die hergelaufenen Juden. Feldwebel Schüssler hat ganz recht, wenn er vorschlägt, daß wir neutral bleiben.«[1] Wie gering die Bereitschaft der Soldaten war, Egelhofers Aufruf zu folgen, beweist die Tatsache, daß diese beiden Sätze Hitlers genügten, die Kameraden seiner Einheit davon abzuhalten, sich den kommunistischen Räten zur Verfügung zu stellen.[2]

Dieser Auftritt Hitlers wurde zugleich sein erster Schritt in die praktische Politik. Er selbst hat über diese Episode zwar nicht berichtet, obwohl er seinen »ehemaligen Kameraden [...] Schüßler«,[3] der später

1 Zit. bei Thor Goote.
2 ebenda.
3 Hitler: Mein Kampf, S. 663. Fortan wird ein Titel hinter Hitler als Autor nur dann zitiert, wenn es sich dabei nicht um *Mein Kampf* handelt.

erster Geschäftsstellenleiter der NSDAP wurde, in *Mein Kampf* erwähnt; aber das Ereignis ist eindeutig bezeugt.[4]

Entscheidend ist jedenfalls, daß in diesem Regiment Hitlers Karriere nach dem Kriege – als politischer Mitarbeiter der Reichswehr – begann. Bereits ein Jahr später war er der Propagandachef einer (sehr) kleinen politischen Partei, der Deutschen Arbeiterpartei (DAP), die unter seiner Führung als Nationalsozialistische Deutsche Arbeiterpartei (NSDAP) ungewöhnlich rasch wuchs, 1923 die bayerische Regierung zu stürzen versuchte und 10 Jahre danach ihre Herrschaft über das Deutsche Reich errichtete. Daher wird zunächst der Weg Adolf Hitlers bis September 1919, bis zu seinem Eintritt in die Deutsche Arbeiterpartei, nachgezeichnet.

Hitlers »rassische« Erscheinung, für Völkische und Nationalsozialisten von entscheidender Bedeutung, wurde von dem völkisch orientierten Münchener Rassenhygieniker Geheimrat Prof. v. Gruber wie folgt beurteilt: »Gesicht und Kopf schlechte Rasse, Mischling. Niedrige fliehende Stirn, unschöne Nase, breite Backenknochen, kleine Augen, dunkles Haar. Eine kurze Bürste von Schnurrbart, nur so breit wie die Nase, gibt dem Gesicht etwas besonders Herausforderndes. Gesichtsausdruck ist nicht der eines in voller Selbstbeherrschung Gebietenden, sondern der eines wahnwitzig Erregten. Wiederholtes Zucken des Gesichtsmuskels. Am Schluß der Ausdruck eines beglückten Selbstgefühls.«[5] Obwohl Gruber fälschlich behauptet, daß Hitler kleine Augen gehabt habe und beziehungslos erklärt, daß sein Gesichtsausdruck »am Schluß« (?) ein beglücktes Selbstgefühl gezeigt hätte, ist das Urteil nicht nur für Anhänger der völkischen Rassentheorien vernichtend.

Die Herkunft Adolf Hitlers galt lange als umstritten. So fand sich in den Biographien die Behauptung, daß »die Hitlers« tschechisch versippt gewesen seien. Als »Beweis« für diese These wurde nicht zuletzt der Vorname »Nepomuk« angeführt, wie der Bruder des offiziellen Großvaters Adolf Hitlers (Johann Georg Hiedler) hieß. Den Namen des tschechischen Nationalheiligen Nepomuk (14. Jahrhundert) haben nach Ansicht einiger Historiker als Vornamen nur die österreichischen Familien gewählt, die mindestens zum Teil tschechischer Abstammung waren. Auch der öster-

4 Schriftliche Auskunft von Ernst Schmidt vom 16. August 1964 (alle Auskünfte von Ernst Schmidt stammen vom 16. August 1964), den Hitler in *Mein Kampf* (S. 226) ausdrücklich erwähnt. Hermann Esser bestätigte diese Darstellung, persönliche Mitteilung. Vgl. auch S. 131 f.

5 Essener Volkswacht vom 9. November 1929.

reichische Hitler-Biograph Franz Jetzinger ist der Ansicht,[6] daß der Name Hitler nicht aus dem deutschen, sondern aus dem tschechischen Sprachraum kommt, wo häufig die Formen Hidlar und Hidlarcek anzutreffen seien. Neben diesen und ähnlichen Behauptungen hat es auch sehr früh schon nicht an Versuchen gefehlt, dem fanatischen Antisemiten Adolf Hitler eine jüdische Abstammung nachzusagen. Ein Johann Salomon, gelegentlich fälschlich als ein Vorfahre Adolf Hitlers bezeichnet, mag dabei zunächst eine nennenswerte Rolle gespielt haben. Auf der ebenso fragwürdigen Ebene bewegte sich die oft nachgeredete Behauptung, daß eine Großtante Adolf Hitlers, deren Name mit Klara Hitler angegeben wurde, am 12. Oktober 1821 im böhmischen Polna als Tochter jüdischer Eltern geboren worden sei und später in Spital in Niederösterreich gelebt habe. Erst nachdem Konrad Heiden 1936 feststellte, daß es eine Klara Hitler in Spital nicht gegeben hat,[7] verschwand dieses Argument aus der Literatur. Ebenso verhielt es sich mit der von Hans Frank während der Nürnberger Haft formulierten Version, daß ein Verwandter Adolf Hitlers (angeblich William Patrik Hitler, der Sohn seines Halbbruders Alois) den Führer der NSDAP im Jahre 1930 mit der Behauptung erpreßt habe, daß sein Vater der unehelich geborene Sohn eines Grazer Juden namens Frankenberger gewesen sei. Hätte diese Behauptung, die eine ganze Historikergeneration irreführte, den Tatsachen entsprochen, hätte Adolf Hitler infolge der Forderungen des NSDAP-Programms nicht deutscher Staatsbürger (Punkt 4) sein können, »nur als Gast in Deutschland« (Punkt 5) und unter Fremdengesetzgebung (Punkt 5) leben dürfen. Darüber hinaus wäre er nicht berechtigt gewesen, ein öffentliches Amt, »gleichgültig welcher Art, gleich ob im Reich, Land und Gemeinde« (Punkt 6) zu bekleiden.

Tatsache ist, daß Adolf Hitlers Vater, Alois Hitler (1837–1903), der unehelich geborene Sohn der Maria Anna Schicklgruber (1795–1847)

6 Jetzinger, S. 11. Diese Behauptung enbehrt jeder Grundlage, vgl. u.a. Anm. 20.
Jetzingers Darstellungen haben nur dort dokumentarischen Wert, wo Jetzinger Faksimiles eingefügt hat. Da er Quellen selten nachweist, ist sein Buch lediglich als Leitfaden für einen Biographen zu betrachten, der Jetzingers Angaben durch Dokumente belegt oder widerlegt. Die für einen Biographen unerläßliche Objektivität fehlt Jetzinger. Sein verständlicher Haß gegen Hitler verführt ihn häufig zu krassen Fehldeutungen und Verzeichnungen der Details und Zusammenhänge.

7 Vgl. Heiden: Adolf Hitler, S. 15.

war, von der die meisten Hitler-Biographen seit Franks Behauptungen berichten, daß sie in Graz bei einem Juden namens Frankenberger angestellt gewesen sei und von ihm bis zum 14. Lebensjahr ihres Sohnes Alois Alimente erhalten habe,[8] was jedoch nicht zutrifft, da es einen Juden Frankenberger niemals gab und auch Maria Anna Schicklgruber niemals in Graz gearbeitet hat.[9]

Seit 1876, seit der 39-jährige Aloys Schicklgruber auf Betreiben von Johann Nepomuk Hüttler vom Pfarrer Zahnschirm in Döllersheim mit Erlaubnis des Bischofs Matthaeus Joseph von St. Pölten als »Alois Hitler« und nachträglich legitimierter Sohn des »Georg Hitler« in das Geburtsbuch eingetragen worden war,[10] nannte er sich nicht mehr Aloys Schicklgruber, sondern Alois Hitler. Die Frage nach den Motiven für diese späte Legitimierung ist mit der Frage nach dem Vater Aloys Schicklgruber identisch. Nach der Auswertung aller Dokumente und Berichte der Verwandten Hitlers war Aloys der außereheliche Sohn Johann Nepomuk Hitlers, der zu Lebzeiten seiner 15 Jahre älteren Ehefrau Eva Maria[11] offensichtlich nicht wagte, seinen einzigen Sohn, der bis zu seinem 16. Lebensjahr als Sohn seines Bruders Johann Georg Hiedler in seinem Hause in Spital gelebt hatte, zu legitimieren.[11a]

8 Vgl. z.B. Jetzinger, S. 28 ff.
9 Vgl. Maser, Werner, Adolf Hitler, Legende–Mythos–Wirklichkeit. München und Eßlingen 1971, S. 25 ff.
10 Vgl. ebenda, S. 32 ff.
11 Eva Maria Hüttler starb am 30.12.1873. Vgl. S. 49.
11a Vgl. Maser, Adolf Hitler . . ., S. 40.

STAMMTAFEL
ADOLF HITLERS

1. Hitler, Adolf
* Braunau am Inn, Vorstadt Nr. 219. 20. IV. 1889 nachm. 6$^1/_2$ Uhr,
~ Braunau 22. IV. 1889, nachm. 3$^1/_4$ Uhr.
† 30. 4. 1945, nachm. 3$^1/_2$ Uhr, Selbstmord in Berlin

2. Schicklgruber, Aloys
k. k. Zollbeamter
* Strones (Nr. 13) 7. VI. 1837 vorm. $^1/_2$11 Uhr,
~ Döllersheim 7. VI. 1837,
1876 in Döllersheim legitimiert: Alois Hitler
† 3. I. 1903,
□ Leonding b. Linz a. D.

∞ Braunau am Inn 7. I. 1885 in 3. Ehe mit Sondergenehmigung der Katholischen Kirche

3. Pölzl, Klara
* Spital (Nr. 37) 12. VIII. 1860,
† Leonding 21. XII. 1907

4. Hüttler, Johann Nepomuk
Bauer in Spital (Nr. 36),
* Spital (Nr. 36), 19. III. 1807,
† Spital (Nr. 36), 17. IX. 1888.
Vgl. Nr. 14

unehelich

5. Schickelgruber, Maria Anna
* Strones (Nr. 1), 15. IV. 1795,
∞ mit Johann Georg Hiedler 10. V. 1842 Döllersheim
† Kleinmotten (Nr. 4) 7. I. 1847

6. Pölzl, Johann Baptist
Bauer in Spital (Nr. 37),
* Spital (Nr. 37) 24,
~ Spital 25. V. 1828,
† Spital (Nr. 24) 9. I. 1902

∞ Spital 5. IX. 1848

7. Hüt(t)ler, Johanna
* Spital (Nr. 36) 19. I. 1830
† Spital (Nr. 24) 8. II. 1906

8. (= 28.) Hiedler, Martin
Bauer in Spital (Nr. 36),
* Walterschlag,
~ Groß-Schönau 11. XI. 1762,
† Spital (Nr. 36) 10. I. 1829

∞ Spital (um 1786)

9. (= 29.) Göschl, Anna Maria.
* Spital (Nr. 15),
~ Spital 2. XII. 1767,
† Spital (Nr. 36) 7. XII. 1854

10. Schickelgruber, Johannes
Bauer in Strones (Nr. 1),
* Strones 29. V. 1764,
† Kleinmotten (Nr. 9) 12. XI. 1847

∞ Döllersheim 5. II. 1793

11. Pfeisinger, Theresia
* Dietreichs . . .
~ Döllersheim 7. IX. 1769,
† Strones (Nr. 18) 25. XI. 1821

12. Pölzl, Laurenz
Bauer in Spital (Nr. 37),
* Spital 15. VII. 1788,
† Spital (Nr. 37) 10. IV. 1841

∞ Spital 20. II. 1827

13. Wallj (später: Walli), Juliana
* Groß-Wolfgers (Nr. 8) 25. XII. 1797,
† Spital (Nr. 37) 23. II. 1831

14. Hüttler, Johann Nepomuk
Bauer in Spital (Nr. 36),
* Spital (Nr. 36) 19. III. 1807,
† Spital (Nr. 36) 17. IX. 1888
Vgl. Nr. 4

∞ Spital 3. XI. 1829

15. Decker, Eva Maria
* Thaures (Nr. 9) 16. XII. 1792,
† Spital (Nr. 36) 28 30. XII. 1873.

Adolf Hitler war später froh, daß sein Vater den Namen Schicklgruber abgelegt und sich für »Hitler« entschieden hatte. Hitlers Jugendfreund August Kubizek erinnerte sich: »Adolf hat mir [. . .] von der Namensänderung, die sein Vater durchgeführt hatte, erzählt. Keine Maßnahme seines ›alten Herrn‹ befriedigte ihn so vollkommen wie diese; denn ›Schicklgruber‹ erschien ihm so derb, zu bäurisch und außerdem zu umständlich, unpraktisch. ›Hiedler‹ war ihm zu langweilig, zu weich. Aber ›Hitler‹ hörte sich gut an und ließ sich leicht einprägen.«[12]

Hans Franks Überlieferung, daß sich im Jahre 1930 bei einer mit Adolf Hitler verwandten Dame ein umfangreicher Briefwechsel befunden habe, der einst zwischen Maria Anna Schicklgruber und einer Grazer Familie namens Frankenberger geführt worden sei,[13] deckt sich nicht mit den Tatsachen, ebensowenig die Behauptung, daß in jenem Briefwechsel von einer Alimentenverpflichtung des Frankenberger gegenüber Maria Anna Schicklgruber die Rede gewesen sei.[14] Die unter der »Obhut« des amerikanischen Franziskanerpaters und Armeepfarrers Sixtus O'Connor in Nürnberg niedergeschriebene Behauptung Franks, »Ich muß (. . .) sagen, daß es nicht vollkommen ausgeschlossen ist, daß der Vater Hitlers (. . .) ein Halbjude war«,[15] hat als variationsreich »begründete« Vermutung allerdings bereits lange vor dem Zweiten Weltkrieg unter »Eingeweihten« heimliche Diskussionen ausgelöst. So kursierten schon 1933 Zeitungsartikel und Fotos von einem Grabstein eines 1892 verstorbenen Juden namens »Adolf Hitler«, der auf dem jüdischen Friedhof in Bukarest beigesetzt worden war.[16] Heinrich Himmler beauftragte am 4. August 1942 die Geheime Staatspolizei, Feststellungen über »die Abstammung des Führers« zu treffen und eventuell herauszufinden, was Adolf Hitler im Sinne des antisemitischen NSDAP-Programms hätte kompromittieren können; aber die »Forschungsergebnisse« der Gestapo enttäuschten. Am 14. Oktober 1942 meldete sie ihrem »Reichsführer SS« unter dem ausdrücklichen Hinweis »Geheim« (B/23/h 22) so belanglose Fakten wie die Feststellungen, daß Adolf Hitlers Vater dreimal verheiratet war und zur Schließung der dritten Ehe, der Adolf Hitler entsproß, einen Ehedispens benötigte, weil er und

12 Kubizek, S. 59
13 Frank, S. 330 f. Vgl. auch Jetzinger, S. 29 ff.
14 Vgl. Maser, Adolf Hitler . . ., S. 17 ff.
15 Frank, S. 331.
16 Vgl. Maser, Adolf Hitler . . ., S. 14 f. und S. 48.

seine dritte Frau verwandt waren.[17] Hitler, der 1928 im Manuskript für sein 1961 veröffentlichtes Zweites Buch festgestellt hatte, daß Matthias Erzberger einer der »Hauptschuldigen am Zusammenbruch unseres Volkes« gewesen sei und »nach verschiedenen Behauptungen außerehelicher Sohn eines Dienstmädchens und eines jüdischen Dienstherrn«[18] war, was Hitler als ungeheuerliche Belastung wertete und als zwangsläufige Folge für Erzbergers (von Hitler unterstelltes) Handeln deutete, wußte genau, daß er diese – unzutreffende – Anspielung nicht auf seinen eigenen Vater zu beziehen brauchte. Seit seiner Jugendzeit war ihm bekannt, wer sein tatsächlicher Großvater war.

Konrad Heidens vielzitierte Feststellung, daß die Vorfahren Adolf Hitlers ihren Namen während ihrer Wohnortverlegung von Walterschlag (Bezirk Weitra) nach Spital von Hiedler in Hüttler umgewandelt und damit die als jüdisch interpretierte Form des Namens angenommen hätten,[19] trifft nicht zu; denn Adolfs angeblicher Großvater (Georg Hiedler) hat sich auch in Spital noch Hiedler genannt, wie es sein 1762 in Walterschlag geborener Vater (Martin Hiedler) seit jeher tat. Von einer Übereinstimmung der jüdischen und »christlichen« Schreibweise, die sich zur gleichen Endform entwickelte, auf eine jüdische Abstammung Hitlers schließen zu wollen, ist einfach paradox. Während der Name häufig von Hütte (Salzbergbau) abgeleitet worden ist,[20] wird er andererseits auch auf Hutmacher oder Huthändler zurückgeführt. Und auch die Ableitung von Hüter und Hirte ist anzutreffen. Franz Jetzinger, der 1956 Einzelheiten über Hitlers Abstammung und Jugend dokumentarisch be-

17 Schreiben der Geheimen Staatspolizei vom 14. Oktober 1922 an den »Reichsführer SS« Himmler (Fotokopie-Negativ vom Original, Maschinenschrift). Ehemaliges Hauptarchiv der NSDAP, Bundesarchiv Koblenz, NS 26/17 a.

18 Hitlers Zweites Buch, S. 104.

19 Heiden stellt in *Adolf Hitler* (S. 15) fest, daß auf dem jüdischen Friedhof in Polna bei Spital eine Rosalie Müller, geborene Hüttler, begraben worden sei.

20 Jetzinger behauptet (S. 10), daß die Ableitung des Namens Hitler von Hütte zu der Form »Hüttler« nicht möglich sei, da er fälschlich von Hütte auf Häuschen schließt und dadurch zu dem Ergebnis kommt: »aus dem Worte ›Hütte‹, im Dialekt ›Hitn‹, wird nie Hüttler, sondern Hittner (Hüttner).« Tatsächlich aber ist mit Hütte nicht ein kleines Haus gemeint, sondern ein Salzbergwerk im Salzburger Salzbergbau, so daß der Name auf einen Mann zurückgeführt wird, der im Salzbergbau angestellt war und das gewonnene Salz verwahrte und verrechnete, also: hütete (Hytler).

legte, führte folgende Schreibweisen des Namens Hitler an: Hydler (1435), Hytler (1457), Hidler (1540), Hietler (1568), Hüetler (1571), Hüttler (1581), Hüettler (1585), Huetler (1609), Hiedler 1627, Hiettler 1640, Hüedler (1681), Hitler (1702), Hütler (1751), Hittler (1755).[21] Die Hitlers, die im Zusammenhang mit der formalen Stammtafel Adolf Hitlers eine Rolle spielen, entschieden sich sämtlich für die Schreibweisen Hüttler, Hiedler und Hitler.[22] Die von Adolf Hitlers Vater gewählte Schreibweise des Namens wird von August Kubizek wie folgt erklärt: »Daß der Vater [Adolfs] nicht die bei seinen Verwandten übliche Schreibweise ›Hiedler‹ wählte, sondern völlig frei die Form ›Hitler‹ erfand, die eigentlich, so wie Hüttler mit doppeltem t geschrieben werden müßte, ist für eine besondere Eigenart an ihm typisch: die Sucht, sich immerfort zu verändern.«[23] Falsch ist daran, daß Alois Schicklgruber »die Form ›Hitler‹ [frei] erfand«; denn bereits im Jahre 1702 findet sich die Schreibweise Hitler in den Akten. Außerdem hatte auch der Pfarrer Zahnschirm aus Döllersheim den Namen Hitler bei dem Legitimierungsakt bereits in der Weise geschrieben, wie Alois Hitler es danach tat.

Der am 20. April 1889 als viertes Kind[24] aus dritter Ehe des k.u.k. Zollamtsoffizials (seit 1875, seit 1892 Zolloberamtsoffizials) Alois Hitler in Braunau am Inn geborene Adolf Hitler verlebte die ersten drei Lebensjahre in seinem Geburtsort und die Zeit bis 1894 in Passau, wo sein Vater bei der Donau-Schiffahrts-Expositurleitung als Zollbeamter beschäftigt war. Nachdem Alois Hitler im Oktober 1894 nach Linz versetzt und im Frühjahr 1895 pensioniert wurde, wohnte die Familie bis 1897 auf dem von Alois Hitler vor seiner Pensionierung erworbenen ansehnlichen Besitz in Hafeld bei Lambach an der Traun.

Nach dem einjährigen Besuch der einklassigen Volksschule in Fischlham von 1895 bis 1896 ging Adolf Hitler von 1896 bis 1898 in die 2. und 3. Klasse der Lambacher Klosterschule des alten Benediktinerstifts.[25] Im Frühjahr 1899 verlegte Adolf Hitlers Vater seinen Wohnsitz nach Leonding bei Linz. Bis zu dieser Übersiedlung war Adolf Hitler Chor-

21 Jetzinger, S. 10. Vgl. auch Volz: Daten der Geschichte der NSDAP, S. 1.
22 Vgl. Stammtafel Adolf Hitlers, S. 49.
23 Kubizek, S. 59.
24 Aus der 2. Ehe Alois Hitlers (mit Franziska Matzelsberger) entsprossen Alois und Angela, aus der 3. Ehe: Gustav, Ida, Otto, Adolf, Edmund und Paula Hitler.
25 Vgl. S. 58 f.

knabe am Sängerknaben-Institut des Benediktinerstifts in Lambach, wo er Gesangunterricht erhielt und als Meßdiener das stilisierte Hakenkreuz kennenlernte, das der Abt Hagen als sein Ring-Wappen auch in seine Kirchen-Kanzlei hatte schnitzen lassen.[26] In Mein Kampf berichtet Hitler, daß der feierliche Prunk der glanzvollen kirchlichen Feste, die er dort erlebte, ihn zeitweilig im Beruf des Abtes das höchst erstrebenswerte Ideal erblicken ließen.[27] Von 1898 bis 1900 absolvierte der junge Hitler die 4. und 5. Klasse der Volksschule in Leonding und ging im September 1900 nach Linz, wo er die Staats-Realschule (1904/05: Staats-Oberrealschule Steyr) besuchte bis zum Tode seines Vaters (Januar 1903) in Pension wohnte.

Der mehrfache Wechsel des Wohnsitzes und der häufige Wechsel der Schule dürften sich nicht gerade förderlich auf Hitlers Verhältnis zur Schule ausgewirkt haben. Obwohl der einhellig als intelligent, zielstrebig, eigenwillig und herrisch geschilderte Vater Adolf Hitlers während seiner 40-jährigen Dienstzeit nur viermal versetzt wurde und seinen Dienst ausschließlich in Saalfelden, Braunau, Passau und Linz versah, wechselte er seine Wohnungen relativ häufig. Kubizeks Behauptung allerdings, daß Alois Hitler allein während seiner Braunauer Zeit, in der Adolf Hitler geboren wurde, zwölfmal umgezogen sei,[28] ist eine ahnungslose Erfindung.

Trotz der ausgezeichneten Leistungen Adolf Hitlers in der Volksschule und seiner auch in der Realschule guten Leistungen in Zeichnen, Geschichte und Geographie, den Fächern, in denen er nach Angaben seines Lehrers Sixtl mehr wußte als mancher Lehrer,[29] blieb er in der ersten Klasse der Linzer Realschule sitzen.[30] Der Wechsel von der kleinen und vertrauten Dorfschule zur großen und fremden Realschule in der Stadt scheint ihm nicht behagt zu haben. Nach Abschluß des ersten Linzer Schuljahres erhielt er folgende Noten: Sittliches Betragen »entsprechend«, Fleiß »ungleichmäßig«, Naturgeschichte und Mathematik »nicht genügend«, weshalb er die Klasse wiederholen mußte. Er selbst sagte später

26 Foto des Wappens im ehemaligen Hauptarchiv der NSDAP, Bundesarchiv Koblenz, NS 26/65.
27 Hitler, S. 4.
28 Vgl. Kubizek, S. 59 f. Schon Jetzinger bezweifelte (S. 75) diese Angaben Kubizeks.
29 Kubizek, S. 67.
30 Vgl. S. 59.

über seine Leistungen: »Meine Zeugnisse in dieser Zeit [der Realschulzeit] stellten, je nach dem Gegenstand und seiner Einschätzung, immer Extreme dar. Neben ›lobenswert‹ und ›vorzüglich‹ ›genügend‹ oder auch ›nicht genügend‹. Am weitaus besten waren meine Leistungen in Geographie und mehr noch in Weltgeschichte. Die beiden Lieblingsfächer, in denen ich der Klasse vorschoß«.[31] Seine Erklärung klingt einfach und stimmt sehr wahrscheinlich auch mit den Tatsachen überein: »Was mich freute, lernte ich [...] was mir [...] bedeutungslos erschien oder mich auch sonst nicht so anzog, sabotierte ich vollkommen.«[32]

Seine schlechten Leistungen stellte Hitler rückblickend als den Ausdruck seines Protests gegen die väterlichen Wünsche dar und behauptete, daß ihm ein Mißerfolg in der Realschule bei der Realisierung seines Planes behilflich sein sollte, Maler werden zu dürfen: »Ich glaubte, daß, wenn der Vater erst den mangelnden Fortschritt in der Realschule sähe, er gut oder übel eben doch mich meinem erträumten Glück würde zugehen lassen.«[33] Seine Feststellung in *Mein Kampf*, daß der Zeichenunterricht nach der Ansicht des Vaters in den österreichischen Gymnasien vernachlässigt worden sei[34], scheint sich jedoch gegen Hitler selbst zu kehren. Der beharrliche Wille des Vaters, aus Adolf einen Staatsbeamten zu machen, wie er (der ehemalige Schuhmachergeselle aus dem kleinen Ort im niederösterreichischen Waldviertel) es geworden war, hatte den kaum elfjährigen Schüler nach eigenen Bekundungen in »Opposition« gedrängt, verbohrt und widerspenstig[35] gemacht. Allerdings bedachte Hitler während seiner Schilderungen offensichtlich nicht, daß sein Vater bereits starb, als er (Adolf) Schüler erst der 2. Klasse der Realschule war. Wahrscheinlicher ist, daß bereits der junge Adolf Hitler systematische Arbeit als Zwang und Bevormundung auffaßte, wenn er sie selbst leisten sollte. An der Intelligenz und Begabung Hitlers hat es offenbar nicht gelegen, daß er in der Realschule die schlechten Zensuren erhielt. Daß sich seine eigene Rechtfertigung jedoch mit den Tatsachen deckt, beweist auch die Eintragung Dr. Huemers in das Klassenbuch nicht, wo es heißt, daß die Schüler »Bruckmann, Brunner, Eibl, Hitler, Kep-

31 Hitler, S. 8.
32 ebenda.
33 ebenda.
34 ebenda, S. 5.
35 Vgl. Hitler, S. 5 ff.

linger und Winter« besonders »unfleißig erscheinen«.[36] Der Hinweis bezeugt nicht, daß Hitler vorsätzlich so schlecht lernte.

Neben dem Widerwillen gegen Zwang und Bevormundung sind hier bereits die Anzeichen für die (für den späteren Parteiführer einhellig bezeugte) Abneigung gegen eine reguläre und kontinuierlich intensive Arbeit zu erkennen. Alle Fächer, die neben der Begabung eine solide Arbeit voraussetzen, wurden von ihm mit unzureichenden Erfolgen absolviert. Andererseits brillierte er auf Gebieten, die eine intensive Auseinandersetzung mit dem Inhalt der Fächer nicht voraussetzten. Seine Leistungen wurden eindeutig von Veranlagung, Interesse und improvisiertem Engagement bestimmt. Professor Dr. Eduard Huemer, von dem Hitler in Linz 3 Jahre lang in den Fächern Deutsch und Französisch unterrichtet wurde, beurteilte seinen ehemaligen Schüler 1924 während des Hitler-Prozesses wie folgt: »Hitler war entschieden begabt, wenn auch einseitig, hatte sich aber wenig in der Gewalt, zum mindesten galt er auch für widerborstig, eigenmächtig, rechthaberisch und jähzornig, und es fiel ihm sicherlich schwer, sich in den Rahmen einer Schule zu fügen. Er war auch nicht fleißig; denn sonst hätte er bei seinen unbestreitbaren Anlagen viel bessere Erfolge erzielen können.«[37]

Möglicherweise hat Hitler, wie in den meisten Fällen, nachträglich aus einer Niederlage einen Sieg gemacht und Fehlschläge als beabsichtigt und inszeniert erscheinen lassen. Die Deutung des Mediziners Johann Recktenwald, nach der das Versagen Hitlers in der Realschule eine Folge krankhaft bedingter Wesens- und Charakterbesonderheiten[38] gewesen sei, ist nicht zu belegen.

Nach dem Abschluß der »dritten Klasse in der Realschule zu Linz erklärte man Adolfs Mutter, er sei zwar zur Versetzung in die vierte Klasse geeignet, aber man gäbe ihm dieses Zeugnis nur unter der Bedingung, daß er die Linzer Anstalt verlasse«,[39] behauptet Thomas Orr[40] fälschlich. Hitler hat die dritte Klasse der Linzer Realschule nicht 1905 absolviert, wie Orr behauptet, sondern bereits im Sommer 1904.[41] Erst

36 Orr, Thomas: Das war Hitler. Artikelserie in der Illustrierten *Revue*, 1952, Nr. 41 vom 11. Oktober 1952, S. 34. Vgl. auch Rektenwald, S. 76 f.
37 Kubizek, S. 69 f.
38 Vgl. Recktenwald, S. 62 ff., S. 75 ff. und S. 83 f. in diesem Band.
39 Orr, Revue Nr. 42 vom 18. Oktober 1952, S. 3.
40 ebenda.
41 Vgl. S. 56.

nach dem Abschluß der vierten Klasse der Staats-Oberrealschule in Steyr am 16. Juli 1905 erhielt er das Zeugnis,[42] auf das Orr sich bezieht. Der Grund für Hitlers Schulwechsel von Linz nach Steyr, wo er vor der Aufnahme eine Wiederholungsprüfung in Französisch zu bestehen hatte, liegt im Dunkel und gibt zu den verschiedensten Vermutungen Anlaß. Sicher ist lediglich, daß Hitler von der Linzer Realschule nicht verwiesen wurde.

Nach dem Tode Alois Hitlers am 3. Januar 1903 hatte Adolfs Mutter »sich wohl verpflichtet« gefühlt, »gemäß dem Wunsche« des Vaters die »Erziehung weiter zu leiten« und ihn »für die Beamtenlaufbahn studieren zu lassen«.[43] Aber »Ich wollte nicht Beamter werden, nein und nochmals nein«, sagte Hitler und fuhr fort: »Mir wurde gähnend übel bei dem Gedanken, als unfreier Mann einst in einem Büro sitzen zu dürfen; nicht Herr sein zu können der eigenen Zeit.«[44]

Die Tatsache, daß Adolf Hitler bis zum Tode seines Vaters, und dann wieder seit dem Wechsel der Schulen von Linz nach Steyr auch in Steyr nicht im Elternhause gelebt hat, so daß er tun und lassen konnte, was ihm beliebte, dürfte ebenfalls zu der ungünstig einseitigen Entwicklung seiner geistigen Fähigkeiten und seines Gesamtbildes beigetragen haben. Einer seiner Steyrer Schul-Professoren, Goldbacher, erklärte am 29. Januar 1941 in einem handschriftlichen Bericht, daß Hitler Anfang 1905 »wohl infolge des Todes seines Vaters und durch den ersten Aufenthalt in der Fremde, zum erstenmale von der [...] Mutter getrennt, ein etwas scheues, gedrücktes Benehmen an den Tag« gelegt habe, und »daß der junge Student damals kränkelte« und als Fremder in der Schule dieser Kleinstadt nur schwer Anschluß fand,[45] was erklärte, daß seine Lehrer nur wenig Freude mit ihm hatten.

Zweifellos ist der Schulwechsel von Linz nach Steyr mehr auf Adolf Hitlers eigene Initiative zurückzuführen gewesen, als seine Biographen bisher angenommen oder überhaupt in Erwägung gezogen haben. Im Jahre 1923 wurde von politischen Gegnern mehrfach behauptet, daß Hit-

42 Handschriftlicher Bericht vom 29. Januar 1941 von Prof. Goldbacher, der Hitler in Steyr unterrichtete. Vgl. Anm. 45.
43 Hitler, S. 16.
44 ebenda, S. 6.
45 Handschriftlicher Bericht von Professor Gregor Goldbacher vom 29. Januar 1941. Original. Ehemaliges Hauptarchiv der NSDAP, Bundesarchiv Koblenz, NS 26/17 a (siehe Anhang).

ler die Linzer Schule habe verlassen müssen, weil er bei einer Schülerkommunion die heilige Hostie ausgespuckt und in seine Tasche gesteckt habe. Nachdem die *Münchner Post* vom 27. November 1923 darüber schrieb, hieß es im *Bayerischen Kurier* vom 30. November 1923, daß dieser Vorfall seinerzeit »in Linz größtes Aufsehen« erregt hätte[46]. Hitler hat sich sowohl unter seinen Parteigenossen als auch in der Öffentlichkeit verärgert gegen diese Behauptungen gewandt. Eine seiner Stellungnahmen veröffentlichte der *Bayerische Kurier* vom 5. Dezember 1923. Wahrscheinlich hat Hitler den Schulwechsel von Linz nach Steyr von sich aus betrieben, weil er sich in Steyr noch mehr der Aufsicht seiner Mutter entziehen und der Realisierung seiner eigenen Pläne und Wünsche widmen konnte. Daß er nicht »›brav‹ im landläufigen Sinne«[47] gewesen ist, hat er freimütig in *Mein Kampf* zugegeben. Vermutlich wollte er durch diese Offenheit vermeiden, daß seine Gegner mit ungünstigen »Enthüllungen« aus seiner Kindheit und frühen Jugendzeit aufwarteten. So schrieb er zum Beispiel in *Mein Kampf* wie beiläufig: »Wenn mir heute durch meine politischen Gegner [...] mein Leben durchgeprüft wird bis in die Zeit meiner damaligen Jugend, um endlich mit Erleichterung feststellen zu können, welch unerträgliche Streiche dieser ›Hitler‹ schon in seiner Jugend verübt hatte«[48] – und fügte diesem Eingeständnis seiner »Streiche« in der Volksschulzeit hinzu: »auch der nun erfolgende Besuch der Realschule konnte dem wenig Einhalt tun«.[49]

Obwohl stets ein sehr herzliches Verhältnis zwischen Mutter und Sohn bestand, konnte sich Adolf Hitler auf direktem Wege nicht gegen den Willen seiner Mutter durchsetzen und die Schule auf eigenen Wunsch einfach für immer verlassen. Wie bis 1903 gegenüber seinem Vater, so reagierte er jetzt auch gegenüber seiner Mutter mit passiver Resistenz. Er erklärte: »in eben dem Maße nun, in dem die Mittelschule sich im Lehrstoff und Ausbildung von meinem Ideal entfernte, wurde ich innerlich gleichgültiger«.[50] In diesem Zusammenhang trifft Hitler eine merkwürdige, für die Art seiner Argumentation allerdings bezeichnende Feststellung: »Da kam mir plötzlich eine Krankheit zu Hilfe und entschied in wenigen Wochen über meine Zukunft und die dauernde Streitfrage

46 Vgl. auch Bayerischer Kurier vom 5. Dezember 1923.
47 Vgl. Hitler, S. 6.
48 ebenda.
49 ebenda, S. 7.
50 ebenda, S. 16.

des väterlichen Hauses. Mein schweres Lungenleiden ließ einen Arzt der Mutter auf das dringendste anraten, mich später einmal unter keinen Umständen in ein Büro zu geben. Der Besuch der Realschule mußte ebenfalls auf mindestens ein Jahr eingestellt werden. Was ich so lange im stillen ersehnt, für was ich immer gestritten hatte, war nun durch dieses Ereignis mit einem Male fast von selber zur Wirklichkeit geworden. Unter dem Eindruck meiner Erkrankung willigte die Mutter endlich ein, mich später aus der Realschule nehmen zu wollen und die Akademie besuchen zu lassen. Es waren die glücklichsten Tage, die mir nahezu als ein schöner Traum erschienen; und ein Traum sollte es ja auch nur sein. Zwei Jahre später machte der Tod der Mutter all den schönen Plänen ein jähes Ende.«[51] Der jüdische Arzt Dr. Eduard Bloch, der Hitlers Mutter behandelt hatte und auch den jungen Hitler persönlich kannte, erklärte am 7. November 1938: »Ich habe in meiner beinahe 40-jährigen ärztlichen Tätigkeit nie einen jungen Menschen so schmerzgebrochen und leiderfüllt gesehen, wie es der junge Adolf Hitler gewesen ist.«[52]

51 ebenda. Volz spricht (Daten der Geschichte der NSDAP, S. 2) von einer schweren Erkrankung. Orr (Revue Nr. 42 vom 18. Oktober 1952, S. 34) schreibt: »Adolf Hitler erkrankte im Herbst 1905 an einem Lungenspitzenkatarrh, mit welchen Zuständen er bis über das Frühjahr 1906 zu tun hatte.« Ebenso heißt es bei Kubizek (S. 74). Jetzinger tut diese Krankheit (S. 148 ff.) als faule Ausrede und Erfindung ab, ohne sich jedoch auf Dokumente stützen zu können. Seine Argumente bedürfen einer weiteren Beachtung nicht. Recktenwald konstruiert (z.B. S. 103) aus der mehrfach bezeugten Kinderkrankheit Hitlers die »Jugendform« der epidemischen Encephalitis, an der Hitler nach seiner Auffassung gelitten haben soll. Vgl. dazu auch Recktenwald, S. 62 ff., 67, 75 ff., 81, 82, 83 und 88.

52 Handschriftlicher Bericht von Dr. Eduard Bloch vom 7. November 1938. Ehemaliges Hauptarchiv der NSDAP, Bundesarchiv Koblenz, NS 26/17 a.

Da über Hitlers Schulzeit die widerspruchsvollsten Behauptungen kursieren, werden die richtigen Daten und einige Angaben über Zensuren an dieser Stelle noch einmal tabellarisch zusammengefaßt:

2. V. 1895	Eintritt in die einklassige Volksschule in Fischlham bei Lambach und Besuch der Schule bis 1896 (Zensuren: in allen Fächern 1)
1896/97	2. Klasse der Klosterschule des alten Benediktinerstifts (Volksschule) in Lambach (Zensuren: in allen Fächern 1)
1897/98	3. Klasse der Klosterschule in Lambach (Zensuren: in allen Fächern 1), Mitglied des Stift-Knabenchors und Meßdiener
1898/99	4. Klasse der Volksschule in Leonding
1899/1900	5. Klasse der Volksschule in Leonding
1900/01	1. Klasse der k. u. k. Staatsrealschule in Linz (Zensuren: Sittliches Betragen = »entsprechend«, Fleiß = »ungleichmäßig«, Naturgeschichte und Mathematik = »nicht genügend«; deshalb mußte die Klasse wiederholt werden)
1901/02	1. Klasse wiederholt
1902/03	2. Klasse der Realschule in Linz
1903/04	3. Klasse der Realschule in Linz
1904/05–16. VII. 1905	Nach Wiederholungsprüfung in Französisch 4. Klasse der Staats-Oberrealschule in Steyr (Zensuren: Deutsch, Chemie, Physik, Geometrie = »ausreichend«, Geschichte und Geographie = »befriedigend«, Zeichnen = »sehr gut«)[53]
Herbst 1905	Infolge einer (von Goldbacher für Anfang 1905 bezeugten) Krankheit verläßt Hitler die Schule für immer

53 Feststellungen nach Originaldokumenten im ehemaligen Hauptarchiv der NSDAP, teilweise im Bundesarchiv Koblenz, u.a. NS 26/65. Vgl. auch Kubizek, S. 66, Shirer, S. 30 und Jetzinger, S. 88–111.

Bis 1953 war nicht bekannt, was Adolf Hitler von seiner Erkrankung im Jahre 1905 bis zum Herbst 1907 tat. Von ihm selbst wurde diese Zeit als »Hohlheit des gemächlichen Lebens«[54] abgetan. Als sicher galt lediglich, daß es ihm bis zum Tode seiner Eltern an nichts fehlte. Alois Hitler, der zuletzt ein Jahresgehalt von 2 600 Kronen bezogen hatte, erhielt eine monatliche Pension von 183 Kronen. Darüber hinaus waren die Hitlers Hausbesitzer in Leonding bei Linz. Nach dem Tode des Alois Hitler am 3. Januar 1903 ging es der Familie finanziell sogar besser als zuvor, da bis dahin der Vater Adolf Hitlers, die Mutter, Johanna, Angela, Adolf und Paula versorgt werden mußten, während nach Alois' Tod zwei Personen (Alois und Angela, die am 14. September 1903 heiratete) nicht mehr zum Haushalt gehörten.[55] Die Kürzung der Pension um 33 Kronen änderte an dem Sachverhalt nichts. Am 21. Juni 1905, 2½ Jahre nach dem Tode Alois Hitlers, verkaufte Frau Klara Hitler ihr Haus für 10 000 Kronen.[56] Allerdings brauchte der Käufer (Wölzl, Linz, Humboldtstraße 31) nur 7 480 Kronen an Frau Hitler zu entrichten, da das Haus noch vom Vorgänger mit einer Hypothek von 2 520 Kronen belastet war. 1 304 Kronen waren als Erbteilforderung für Adolf und Paula Hitler abzurechnen.[57] Nach Jetzingers Feststellungen sind Klara Hitler als bares Vermögen ungefähr 5 500 Kronen[58] verblieben. Neben diesem Vermögen hatte sie jährlich 1 200 Kronen Witwenpension und 220 Kronen Zinsen aus dem Barbetrag, so daß es im Hause Hitler auch bei größeren Ansprüchen an nichts zu mangeln brauchte.

Hitlers Jugendfreund, der 1956 verstorbene August Kubizek, der seit Februar 1908 am Konservatorium der »Gesellschaft der Musikfreunde« in Wien studierte, vor dem ersten Weltkrieg Kapellmeister am Stadt-Theater in Marburg in Österreich und seit 1920 Gemeindesekretär in Eferding in Österreich war, ist zu verdanken, daß einige aufschlußreiche Einzelheiten über den jungen Hitler bekanntgeworden sind. Kubizeks Angaben in *Adolf Hitler – Mein Jugendfreund* sind jedoch nur mit Vor-

54 Hitler, S. 20.
55 Angela Hitler (geb. 1883) stammte aus der 2. Ehe des Vaters von Adolf Hitler mit Franziska Matzelsberger.
56 Kaufvertrag vom 21. Juni 1905; Unterlagen im Bundesarchiv Koblenz, NS 26/65. Die Famalie Hitler zog in die Wohnung des Käufers (Wölzl, Linz, Humboldtstr. 31/III).
57 Handschriftlicher Akt des Bezirksgerichts Linz (V) vom 4. April 1903, der die Erbteile für Adolf und Paula Hitler mit je 652 Kronen angibt.
58 Jetzinger, S. 128.

behalt zu verwenden. Nach erhalten gebliebenen Notizen wissenschaftlicher Mitarbeiter des ehemaligen Hauptarchivs der NSDAP aus dem Jahre 1938 bestand die Übereinkunft zwischen Kubizek und dem Hauptarchiv der NSDAP, daß »Kubizek seine Erinnerungen an den Führer«[59] niederschreiben würde. Bereits 1938 wurden Einzelheiten schriftlich und gesprächsweise festgelegt. Eine Aktennotiz eines Mitarbeiters des Hauptarchivs der NSDAP, der mit Kubizek ausführlich konferiert hatte, ist beredt genug: »Wenn Kubizek seine Erinnerungen an den Führer so aufschreiben kann, wie er sie erzählt«, heißt es dort, »dann [...] wird wohl dieser Bericht einer der bedeutendsten Stücke des Zentralarchivs«, und im gleichen Zusammenhang notierte er unter dem Eindruck der Begegnung mit Kubizek: »Man kann ruhig sagen, daß die ganze Jugendträumerei des Führers schon der visionäre Aufbau Großdeutschlands war.«[60] Nach einem Gespräch mit Kubizek faßte der wissenschaftliche Mitarbeiter des Hauptarchivs der NSDAP sein Urteil in folgendem Satz zusammen: »Schon damals war alle uns unbegreifliche Größe des Führers in seiner Jugend.«[61]

Kubizeks Berichte über die mit Hitler gemeinsam verlebte Zeit sind Aufzeichnungen eines naiven und relativ einseitigen Künstlers, der gefühlvoll und nicht selten phantasiereich bestätigt, was Hitler in *Mein Kampf* (Kubizeks roter Faden) oft nur umrißhaft angedeutet hat. Die Tendenz in Kubizeks Darstellung weicht von den zwischen Kubizek und NS-Historikern (z. B. Dammann) vereinbarten Richtlinien nicht ab.

Obwohl August Kubizek Hitler 4 Jahre kannte, hat er nennenswerte Einzelheiten über die Verhältnisse in Hitlers Familie nicht überliefert. Wo er entsprechende Versuche unternimmt, decken sich die Ausführungen nur teilweise mit den nachprüfbaren Tatsachen. Aufschlußreich ist jedoch sein Bericht über die gemeinsam mit Hitler verlebte Zeit in Linz und Wien, wenn sie in Wien auch nur 4 Monate zusammen waren. Hitler und Kubizek besuchten Theatervorstellungen und Opernaufführungen, das Parlament, eine Synagoge, Büchereien und Bibliotheken und durchstreiften Linz, Wien und die Umgebung.

59 Aktennotiz (Maschinenschrift, Original). Ehemaliges Hauptarchiv der NSDAP, Bundesarchiv Koblenz, NS 26/17 a.

60 ebenda.

61 Maschinenschrift (dort befindet sich u. a. eine Aktennotiz von Dammann vom 8. Dezember 1938). Ehemaliges Hauptarchiv der NSDAP, Bundesarchiv Koblenz, NS 26/17 a.

Hitler politisierte unentwegt, schrieb Gedichte, versuchte eine Oper zu komponieren, malte, zeichnete und entwarf Theater-, Städte- und Straßenbauten und diskutierte große, phantastische Pläne. Bei dem ehemaligen Militärmusiker Josef Prewatzky, der sich seit 1919 Josef Wendt nannte,[62] nahm er vom 2. Oktober 1906 bis 31. Januar 1907 Klavierunterricht, um mit Kubizek sachkundig auch über Musik diskutieren zu können. Prewatzky-Wendt erinnerte sich am 17. November 1938: »Adolf Hitler war ein sympathischer, fast schüchterner junger Mann [...] ernst und ruhig.«[63] Während des Unterrichts, für den Hitler 20 Gulden (das waren 40 Kronen) zahlen mußte, ist Hitler »stets bei der Sache«[64] gewesen. In Gesprächen »vor oder nach dem Unterricht [war er] ziemlich reserviert«.[65]

Fotos von Hitler aus der Zeit in Linz und Wien sind nirgendwo aufgetaucht. Sein Mitschüler Sturmlechner aus der 4. Klasse der Realschule von Steyr zeichnete ihn im Profil. Die Zeichnung ist erhalten geblieben und oft (auch gefälscht als späteres Bild) veröffentlicht worden. Sie zeigt einen schmalen jungen Mann mit fliehender, hoher Stirn, langer spitzer Nase, langem, ausgeprägtem Kinn und ein aufdringliches, das asketisch wirkende Gesicht beherrschendes Auge. Das schlecht gekämmte Haar hängt (wie später auch) von rechts nach links gescheitelt in die Stirn. Das Bild des jungen Hitler, von dem Kubizek sagt, daß er »ein auffallend blasser, schmächtiger Jüngling [...] mit leuchtenden Augen«[66] gewesen sei, deckt sich in seinen Konturen mit der dilettantisch dargestellten Physiognomie des Adolf Hitler auf der Sturmlechner-Zeichnung.

Im September 1907, als sich der Gesundheitszustand der seit langem kränkelnden Mutter gebessert zu haben schien, war Adolf Hitler nach Wien gefahren (wo er sich bereits im Mai und Juni 1906 bei Verwandten aufgehalten hatte), um die Aufnahmeprüfung für die Malschule der Akademie abzulegen. »Ausgerüstet mit einem dicken Pack Zeichnungen«, hatte er sich »auf den Weg gemacht, überzeugt, die Prü-

62 Protokoll einer Erklärung von Prewatzky-Wendt im ehemaligen Hauptarchiv der NSDAP, Bundesarchiv Koblenz, NS 26/65.
63 ebenda.
64 ebenda.
65 ebenda.
66 Kubizek, S. 20.

fung spielend leicht bestehen zu können.«[67] Über die Prüfung ist von Biographen mehrfach berichtet worden, richtungweisend von Konrad Heiden, ausführlicher von Josef Greiner, der die gleiche Prüfung angeblich kurz vor Hitler ablegte. Hitler berichtet nur, daß seine »eigene Zufriedenheit« ihn vor der Prüfung »stolz und glücklich das Beste hoffen« ließ, und daß er »mit brennender Ungeduld, aber auch stolzer Zuversicht auf das Ergebnis«[68] gewartet habe. Nach Greiners Behauptungen haben Hitlers Zeichnungen, die er bei der Prüfung vorlegte, den Anforderungen des Professors Delug nicht genügt. Auch sein Versuch, in Anwesenheit des Professors die Hand einer alten Frau zu zeichnen, soll als unzulänglich beurteilt worden sein.[69] Die »Compositions-Aufgaben für die Probezeichner« enthielten für den ersten Tag folgende Themen: »Austreibung aus dem Paradiese«, »Jagd«, »Frühling«, »Landarbeiter«, »Tod«, »Regen«, »Rückkehr des verlorenen Sohnes«, »Flucht«, »Sommer«, »Holzknechte«, »Trauer«, »Feuer«, »Kain erschlägt Abel«, »Heimkehr«, »Herbst«, »Fuhrknechte«, »Freude«, »Mondnacht«, »Adam und Eva finden den Leichnam Abels«, »Abschied«, »Winter«, »Hirten«, »Tanz« und Gewitter«. Der 2. Tag umfaßte folgenden Themenkatalog: »Episode aus der Sindfluth«, »Hinterhalt«, »Morgen«, »Landsknechte«, »Musik«, »Gebet«, »Die heiligen drei Könige«, »Flucht (Verfolgung)«, »Mittag«, »Bettler«, »Wahrsagerin«, »Verunglückt«, »Der barmherzige Samariter«, »Wallfahrer«, »Feierabend«, »Fischer«, »Märchenerzählerin«, »Schatzgräber«, »Simsons Fesselung«, »Spaziergang«, »Nacht«, »Sklaven«, »Friede« und »Der Lehrer«.[70] In der »Classifikationsliste« der Akademie findet sich nach Konrad Heiden folgendes Urteil: »Die Probezeichnung machten mit ungenügendem Erfolg oder wurden nicht zur Probe zugelassen [...] Adolf Hitler, Braunau am Inn, 20. April 1899, deutsch, kath., Vater Oberoffizial, 4 Realschulklassen. Wenig Köpfe. Probezeichnung ungenügend.«[71] Daß die Ablehnung eines Kunstschülers durch eine Kunstakademie durchaus kein zweifelsfreies Zeugnis für die Unfähigkeit des abgelehnten Prüflings darstellen muß, beweisen eindrucksvolle Beispiele. So wurde beispielsweise der 1887 in Witebsk in

67 Hitler, S. 18.
68 ebenda, S. 18 f.
69 Greiner, S. 36 f.
70 Vgl. dazu die ausführlichen Darstellungen bei Maser, Adolf Hitler. Legende–Mythos–Wirklichkeit, S. 75 ff.
71 Shirer, S. 31.

Rußland geborene große Maler Marc Chagall von der Petersburger Akademie abgelehnt, weil er die Prüfung nicht bestand.

Nach Hitlers Darstellung ist ihm (Hitler) vom Rektor, dem er sich nach der Prüfung vorstellen ließ, erklärt worden, daß aus seinen »mitgebrachten Zeichnungen einwandfrei« die »Nichteignung zum Maler hervorgehe« und daß seine »Fähigkeit doch ersichtlich auf dem Gebiete der Architektur«[72] läge. Diese Darstellungen decken sich offensichtlich mit den Tatsachen; denn Hitlers damalige Zeichnungen und Malstudien verraten in der Tat mehr ein Interesse für die Architektur als ein besonders ausgeprägtes Talent für die schöpferische Malerei. Kubizek berichtet außerdem über die Linzer Zeit: »Malen war für Hitler etwas, daß er nicht allzu ernst nahm, es blieb mehr oder weniger eine Beschäftigung, die sich am Rande des eingeschlagenen Weges vollzog, Malen war das Spiel mit einer Anlage, der er sicher war. Bauen aber bedeutete viel mehr für ihn. Bei dem, was er in der Phantasie baute, stand sein ganzes Wesen. Bis ins Innerste war er davon gepackt.«[73] Hitler selbst erzählt, daß er 1906 zwar nach Wien gegangen sei, um die Gemäldegalerie des Hofmuseum zu studieren, sich dabei aber immer wieder ertappt habe, daß ihn viel mehr das Museum selbst als die Galerie fesselte.[74]

Nach der Ablehnung durch die Malschule bewarb Hitler sich auf Empfehlung Delugs um die Aufnahme in die Architekturschule der Akademie. Greiner berichtet, daß Hitler bei der Prüfung zum Beispiel eine Skizze über die Dächer habe anfertigen sollen, die er von seinem Tisch aus sehen konnte. »[...] da die Zeichnung das Wesentlichste, nämlich die richtige Perspektive [...] vermissen ließ«,[75] hätte der prüfende Professor die Prüfung abgebrochen. Nach Greiner hätten die unzureichende Prüfungsleistung und die Tatsache, daß Hitlers Realschulzeugnis von Steyr ein »Nicht genügend« in darstellender Geometrie aufgewiesen habe (was jedoch nicht der Fall ist), zur Ablehnung geführt.[76] Das Abitur hätte Hitler genützt; aber das besaß er nicht. »Was ich bisher aus Trotz in der Realschule versäumt hatte, sollte sich nun bitter rächen«,[77] schrieb er sechzehn Jahre später. Die Erfüllung seines bishe-

72 Hitler, S. 19. Vgl. auch Kubizek, S. 159 f.
73 Kubizek, S. 118.
74 Vgl. Hitler, S. 18.
75 Greiner, S. 37.
76 ebenda.
77 Hitler, S. 19.

Die Bauernhäuser in Spital bei Weitra, in denen die Eltern Adolf Hitlers aufwuchsen.

Elternhaus Adolf Hitlers von 1892 bis 1895 in Hafeld bei Lambach an der Traun.

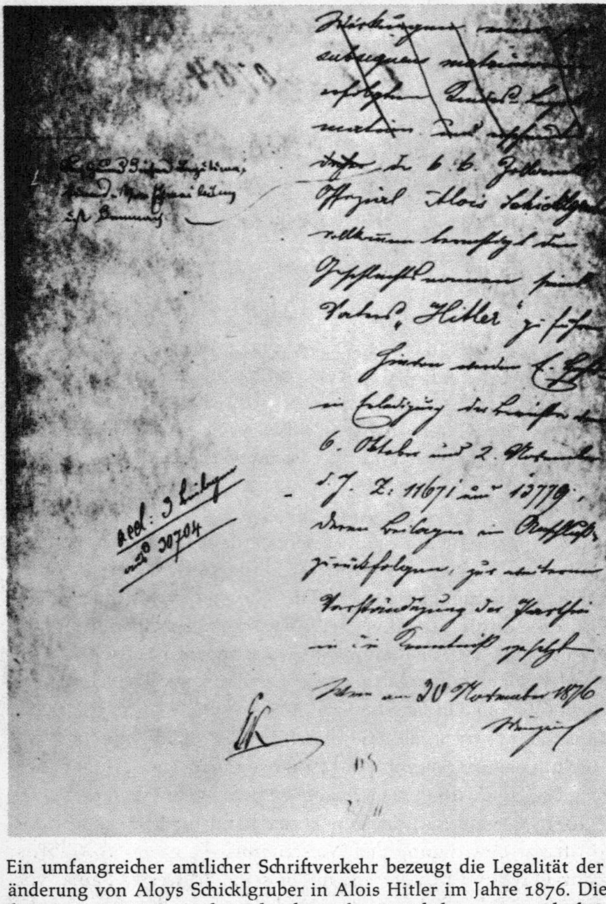

Ein umfangreicher amtlicher Schriftverkehr bezeugt die Legalität der Namensänderung von Aloys Schicklgruber in Alois Hitler im Jahre 1876. Diese Abbildung zeigt eine Seite des Schreibens der Bezirkshauptmannschaft Mistelbach vom 20. November 1876, in dem es heißt: ». . . der k.k. Zollamtsoffizial Alois Schicklgruber (ist) vollkommen berechtigt, den Geschlechtsnamen seines Vaters ›Hitler‹ zu führen. Hievon werden E. Hochw. in Erledigung der Berichte vom 6. Oktober und 2. November d. J. . . . zur weiteren Verständigung der Partei in die Kenntniß gesetzt.« (Niederösterreichisches Landesarchiv Wien).

rigen Künstlertraumes, der Eintritt in die Bauschule der Technik, scheiterte an der Tatsache, daß er es abgelehnt hatte, die Oberschule ordentlich abzuschließen. »Die Bekannten, bei denen er in Wien wohnte, wurden nun [...] energisch und setzten ihm zu, nach Linz zurückzukehren und das Abitur zu machen.«[78] Ob Adolf Hitler selbst diesen Gedanken ernstlich erwogen hat, ist fraglich. Sein elementarer Haß[79] gegen die Schule und seine Abneigung gegen eine systematische Arbeit, seine Gleichgültigkeit gegenüber einigen Schulfächern und die Erkenntnis, daß die von ihm gebotenen Leistungen in der Realschule den Anforderungen der Reifeprüfung nicht genügt hätten, sprechen nicht dafür.

Sicher erscheint dagegen, daß er (wahrscheinlich) Ende November 1907 nach Linz zurückgekehrt ist und die Pflege seiner von Dr. Eduard Bloch bereits als unheilbar aufgegebenen und vom Tode gezeichneten Mutter übernommen hat. Nach Kubizek führte er den Haushalt, überwachte die Schularbeiten seiner Schwester Paula, wusch, scheuerte, kochte das Essen für die Mutter, für seine Schwester und für sich und betreute die todkranke Mutter.[80] Am 23. Dezember 1907, ein Tag vor Heiligabend, begrub er sie neben seinem Vater auf dem Friedhof in Leonding.

Er und Paula waren nun Vollwaisen. Hitler log, als er später in *Mein Kampf* schrieb: »Not und harte Wirklichkeit zwangen mich nun, einen schnellen Entschluß zu fassen. Die geringen väterlichen Mittel waren durch die schwere Krankheit der Mutter zum großen Teile verbraucht worden, die mir zukommende Waisenpension genügte nicht, um auch nur leben zu können, also war ich nun angewiesen, mir irgendwie mein Brot selber zu verdienen.«[81]

Zunächst stimmt nicht, daß die väterlichen Mittel aufgebraucht waren. Darüber hinaus standen ihm und Paula seit dem Tode Alois Hitlers nach § 9 des österreichischen Gehaltsgesetzes von 1896 monatlich je 25 Kronen Waisenrente zu.[82] In der von Hitler handschriftlich geschriebenen Bittschrift zur Bewilligung der Waisenrente, die er am 10. Februar an die Finanz-Direktion richtete, machte er seine Schwester Paula, vorsätzlich oder irrtümlich, 2 Jahre jünger. Nach Jetzinger, der vermutet, daß

78 Orr, Revue Nr. 43 vom 25. Oktober 1952, S. 40 f.
79 Kubizek, S. 72.
80 ebenda, S. 165 f.
81 Hitler, S. 16 f.
82 Vgl. Jetzinger, S. 186.

Hitler auch aus dem Nachlaß seiner Mutter noch einen größeren Betrag erhielt, empfing Adolf Hitler monatlich 58 Kronen aus dem väterlichen Erbteil und zusätzlich 25 Kronen Waisenrente.[83] Ein absolvierter Jurist bekam, wenn er ein volles Jahr am Gericht tätig gewesen war, monatlich 70 Kronen,[84] ein junger Lehrer in den ersten 5 Dienstjahren monatlich 66 Kronen, ein Postangestellter 60 Kronen.[85] Mit monatlich 83 Kronen brauchte Hitler Not also nicht zu leiden, wie er behauptete. Für seine späteren Wiener Zimmer zahlte er durchschnittlich monatlich 10 Kronen Miete.

Mitte Februar 1908, nachdem Hitlers Vormund, der Bauer und Leondinger Bürgermeister Josef Mayrhofer, Hitler das Nachlaßprotokoll zur Unterschrift vorgelegt und die Erbschaftsangelegenheit erledigt hatte, verließ Hitler Linz und ging nach Wien. »Der frühe Trotz war wiedergekommen und mein Ziel endgültig ins Auge gefaßt. Ich wollte Baumeister werden«, berichtet er. Über die Zeit in Wien, die er in *Mein Kampf* als »Wiener Lehr- und Leidensjahre«[86] bezeichnete, schrieb er: »das danke ich der damaligen Zeit, daß ich hart geworden bin und hart sein kann. Und mehr noch als dies preise ich sie dafür, daß sie mich losriß von der Hohlheit des gemächlichen Lebens.«[87] Das sorglos »gemächliche Leben« hörte nur insofern auf, als ihm seit Dezember 1907 die mütterliche Liebe und Fürsorge fehlte.

Die Feststellung Josef Greiners, daß Hitler bereits seit Herbst 1906 »mit kurzen Unterbrechungen« in Wien lebte,[88] ist irreführend. Den Dokumenten Kubizeks[89] folgend, ist Hitler im Februar 1908 nach Wien gegangen, wo er mit Kubizek bis September 1908 bei einer Polin namens Zakreys in der Stumpergasse 29 wohnte.

In diesem Zusammenhang ist zunächst die Feststellung angebracht, daß Hitlers Wiener Jahre in der Literatur vor 1933 und nach 1945 pauschal verzeichnet worden sind. Der junge Hitler war zwar nicht der arme Student, der sich durch seiner Hände Arbeit seinen Lebensunterhalt

83 ebenda, S. 188 f.
84 ebenda, S. 189.
85 ebenda, S. 172.
86 Hitler, S. 18.
87 ebenda, S. 20.
88 Greiner, S. 14.
89 Kubizek, S. 178 ff.

und sein Studium zielstrebig verdiente, wie er selbst es darzustellen versuchte;[90] aber er war auch nicht der hoffnungslos verkommene Tagedieb, der in Obdachlosenasylen hauste und gelegentlich als Hilfsarbeiter und Anstreicher arbeitete.

Hitlers Zeit in Wien, die er die »gründlichste Schule«[91] seines Lebens genannt hat, war nach den Behauptungen einiger Zeugen[92] ein zielloses Vegetieren unter Landstreichern und Tagedieben, unter heruntergekommenen, verkrachten und gestrandeten Elementen, was alle Biographen kritiklos übernahmen. Auch Kubizek schließt sich diesen Feststellungen über die Zeit nach 1908 an, obwohl er selbst nur bis Herbst 1908, bis zu seiner Einberufung zum Militär, mit Hitler zusammen war und über die spätere Zeit nur etwas vom Hören-Sagen weiß. Kubizeks Formulierung, »Es war der Weg in die Einsamkeit, in die Wüste, in das Nichts«,[93] trägt denn auch deutlich diesen Charakter des Berichts aus zweiter Hand.

Für die Zeit von Oktober 1908 bis Ende 1909 gibt es keine Zeugen, die Einzelheiten über Hitlers Leben berichten können. Fest steht lediglich, daß er vom 18. November 1908 bis zum 20. August 1909 in der Felberstraße 22, vom 20. August bis zum 16. September 1909 in der Sechshauser Straße 58 und von da ab bis im November 1909 in der Simon-Denkgasse als Untermieter wohnte. Von November bis Mitte Dezember 1909 übernachtete er im Meidlinger Obdachlosenasyl; bei Tage

90 Vgl. S. 115 ff.
91 Hitler, S. 137.
92 Wozu besonders die Verfasser von »Enthüllungsliteratur« wie Greiner und von »Erinnerungen« (an die gemeinsam verlebte Zeit mit Hitler) wie Kubizek gehören.
Kubizeks Erinnerungen sind eine Mischung aus Dichtung und Wahrheit, wobei der Anteil der Wahrheit gelegentlich eindeutig zu kurz gekommen ist. Dokumentarischen Wert haben die Angaben nur dort, wo Kubizek Faksimiles in seine »Erinnerungen« einfügt. Wo seine Angaben nachprüfbar sind, werden sie zitiert.
Greiners Darstellung ist unseriös. Trotz seiner anderslautenden Behauptungen hat er Hitler möglicherweise niemals persönlich kennengelernt. Er wird hier nur zitiert, wenn seine Angaben zur Vervollständigung der dokumentarisch belegbaren Zusammenhänge und Details (wie z.B. über Honorare für künstlerische Arbeiten vor dem I. Weltkrieg in Wien und über die Verhältnisse im Männerheim) beitragen.
In einem Briefwechsel des ehemaligen Hauptarchivs der NSDAP (30. August 1938) wird auf eine Publikation Greimers hingewiesen (ehemaliges Hauptarchiv der NSDAP, Bundesarchiv Koblenz, NS 26/36).
93 Kubizek, S. 315.

arbeitete er als Hilfsarbeiter. Vor Weihnachten 1909 zog er in das Männerheim in der Meldemannstraße 27, das als große und preiswerte Pension am besten charakterisiert wird. Für die Zeit bis Juni 1910 fehlen für seinen ständigen Aufenthalt in der Meldemannstraße allerdings amtliche Belege. Dokumentarisch bezeugt ist durch einen Meldezettel vom 24. Mai 1913, daß Hitler vom 26. Juni 1910 bis zum 24. Mai 1913[94] im Männerheim in der Meldemannstraße gewohnt hat.

Hitler malte in Wien kleinere Bilder, besonders Postkarten mit Darstellungen des Wiener Parlamentsgebäudes und anderer Bauten, Bildnisse von Personen, Tuschzeichnungen und Aquarelle, aber auch Zeichnungen und Plakate zur Werbung beispielsweise für »Teddy-Schweißpuder«, für Schuhe, Mieder und dergleichen. Der aus dem Sudetenland stammende Radierer Reinhold Hanisch, den Hitler Ende 1909 während seines kurzfristigen Aufenthaltes im Meidlinger Obdachlosenasyl kennenlernte, verkaufte Hitlers Arbeiten an Händler und andere Interessenten. Offensichtlich ist das bereits während ihres gemeinsamen Aufenthaltes im Asyl geschehen. Für die Zeit ab Dezember 1909 wird es von Hanisch bezeugt. Den Erlös teilten sich Hitler und Hanisch nach Hanischs Angaben[95] je zur Hälfte. In *Mein Kampf* berichtet Hitler: »In den Jahren 1909 auf 1910 hatte sich [...] meine [...] Lage insofern etwas geändert, als ich nun selber nicht mehr als Hilfsarbeiter mir mein tägliches Brot zu verdienen brauchte. Ich arbeitete damals schon selbständig als kleiner Zeichner und Aquarellist.«[96]

Hanisch bestätigt diese Angabe Hitlers mit der Feststellung, daß er »mitunter eine ganz gute Bestellung erreichen« konnte, so daß sie »schlecht und recht«[97] hätten leben können. Im Sommer 1910 fand die Geschäftsverbindung Hitler-Hanisch jedoch ein jähes Ende. Hitler erstattete Anfang August bei dem Wiener Polizeikommissariat Brigittenau Anzeige gegen seinen Geschäftspartner, der verschwunden war und Hit-

94 Meldezettel im ehemaligen Hauptarchiv der NSDAP, Bundesarchiv Koblenz, NS 26/65.
95 Handschriftlich (nicht datiert, Original). Ehemaliges Hauptarchiv der NSDAP, Bundesarchiv Koblenz, NS 26/64. Nicht festzustellen ist, für wen Hanisch diese Erklärung schrieb.
96 Hitler, S. 35.
97 Handschriftlich (nicht datiert, Original). Ehemaliges Hauptarchiv der NSDAP, Bundesarchiv Koblenz, NS 26/64.

ler (nach Hitlers Angaben) betrogen hatte.[98] Hitler gab an, daß Hanisch (der sich im Männerheim Fritz Walter nannte) ihn beim Verkauf eines Hitler-Aquarells, das das Wiener Parlament darstellte und nach Hitlers Meinung mindestens 50 Kronen kostete, um 19 Kronen betrogen (und darüber hinaus ein weiteres Aquarell im Werte von 9 Kronen veruntreut) habe. Hanisch mußte 7 Tage ins Gefängnis.[99] »Ich habe die Aussage [Hitlers] nicht enkräftet, weil ich vom Privatkäufer des ›Parlament‹ eine mehrwöchentliche Bestellung erhalten hatte, die Hitler bekommen hätte, wenn ich den Ort des Verkaufs angegeben hätte«,[100] behauptet Hanisch im Mai 1933. Diese Erklärung ist durchsichtig und deckt sich sehr wahrscheinlich nicht mit den Tatsachen. Hanisch gab auch im Jahre 1933 noch an, 1910 das Hitler-Aquarell »Parlament« für 12 Kronen verkauft und Hitler den vereinbarten Prozentsatz (50 Prozent) ausgehändigt zu haben.

Nach der Hanisch-Affaire hat offensichtlich auch der ungarisch-jüdische Händler Neumann, der zeitweilig ebenfalls im Männerheim in der Meldemannstraße wohnte, Hitler-Bilder verkauft.

Die Kunden Hitlers, der seine gewöhnlich mit »A. Hitler« gezeichneten Arbeiten seit August 1910 meistens selbst den Bestellern und anderen Interessenten brachte, scheinen häufig jüdische Intellektuelle und Geschäftsleute gewesen zu sein. Noch 1938/39, als Hitler-Aquarelle mit 2 000 bis 8 000 Mark geschätzt und verkauft wurden,[101] besaßen Bilder von Hitler aus der Zeit von 1909 bis 1913 unter anderem: der jüdische Arzt Dr. Bloch, der Hitlers Mutter behandelt hatte, der ungarisch-jüdische Oberingenieur Retschay, der Wiener Rechtsanwalt Dr. Josef Feingold, von dem bekannt ist, daß er zwischen 1910 und 1914 begabte junge Maler unterstützte[102] und der (Bilder-) Rahmenhändler Morgenstern.[103]

98 Bullock, S. 29 f.
99 Vgl. dazu auch Jetzinger, S. 224 ff. und Greiner, S. 109 f.
100 Handschriftlich (Mai 1933, Original). Ehemaliges Hauptarchiv der NSDAP, Bundesarchiv Koblenz, NS 26/64. Hanischs Fehler wurden vom Verfasser korrigiert.
101 Liste (Maschinenschrift) mit Bildtiteln, Besitzern und Preisen. Bundesarchiv Koblenz, NS 26/36.
102 Gedächtnisprotokoll von Hannele Lohmann vom 23. Mai 1938 (Abschrift). Ehemaliges Hauptarchiv der NSDAP, Bundesarchiv Koblenz, NS 26/36.
103 ebenda.

Hanisch hat sich für die 7 Tage Gefängnis und für den Verdienstverlust durch negative Tendenzberichte auf billige Weise an Hitler gerächt. Konrad Heiden, Rudolf Olden und ungezählte Journalisten, die später über Hitler schrieben, fanden in Hanisch einen »Zeugen«, der die eigenen Erlebnisse seines erbärmlichen Landstreicherlebens für Geld als Schilderungen über Hitler verkaufte. In einem undatierten Brief an den Schaffner Hans Feiler, mit dem Hanisch seit 1924 befreundet war, berichtete er, daß er große Not litte, von insgesamt nur 3 Schillingen in der Woche lebe, die Miete nicht bezahlen könne und nicht wisse, »wie das enden soll, es ist ja ganz gleich wo man verreckt«.[104] Hanischs Prinzipienlosigkeit wird am besten durch die Tatsache demonstriert, daß er sich im Mai 1933, kaum daß Hitler in Deutschland »die Macht ergriffen« hatte, für den Preis von 150 bis 170 Schillingen erbot, Mitgliedern der NSDAP behilflich zu sein, durch besonders positiv gefärbte Hinweise auf Hitlers Beziehungen zur Kunst während der Wiener Zeit, »Hitler eine Freude«[105] zu bereiten. Aber die Gestapo präsentierte ihm 1938 für seine früheren Erzählungen Hitlers Rechnung. Unmittelbar nach dem Einmarsch der deutschen Wehrmacht in Österreich wurde Hanisch verhaftet. Am 11. Mai 1938 erklärte Feiler in einem mutigen Brief an das Hauptquartier der NSDAP, daß Hanisch während der Untersuchungshaft an Lungenentzündung gestorben sei.[106] Martin Bormann behauptete dagegen am 17. Februar 1944: »Nach der Übernahme Österreichs hat sich Hanisch erhängt.«[107] »Es war mir nicht unbekannt«, schrieb Feiler 1938, »daß gewisse Zeitungsleute Hanisch des öfteren über Adolf Hitler ausgefragt haben, die erfahrene Wahrheit mit den ihnen notwendig erscheinenden Zwecklügen ergänzten und Hanisch mußte dann für das Ganze mit seinem Namen einstehen.«[108] Den Tendenzgeschichten Hanischs sind jedoch nicht nur Zeitungsleute gefolgt, sondern auch Biographen wie Rudolf Olden und Konrad Heiden – und nach ihnen eine

104 Handschriftlich (nicht datiert, Original). Ehemaliges Hauptarchiv der NSDAP, Bundesarchiv Koblenz, NS 26/64.
105 Handschriftlich (Mai 1933, Original). Ehemaliges Hauptarchiv der NSDAP, Bundesarchiv Koblenz, NS 26/64.
106 Handschriftlich (11. Mai 1938, Original). Ehemaliges Hauptarchiv der NSDAP, Bundesarchiv Koblenz, NS 26/64.
107 Maschinenschrift auf Kopfbogen, Aktenvermerk vom 17. Februar 1944. Ehemaliges Hauptarchiv der NSDAP, Bundesarchiv Koblenz, NS 26/64.
108 Handschriftlich (11. Mai 1938, Original). Ehemaliges Hauptarchiv der NSDAP, Bundesarchiv Koblenz, NS 26/64.

ganze Historikergeneration. Bullocks Hitler-Biographie[109] ist ein treffender Beweis dafür.

Hanischs (bislang nicht veröffentlichter) handschriftlicher Bericht, der den Titel »Meine Begegnung mit Hitler« trägt, wird an dieser Stelle (mit allen Fehlern) ungekürzt zitiert.

»Es war im Herbst 1909«, schrieb Hanisch, »als ich nach langer Irrfahrt auf den Landstraßen Deutschlands und Österreichs als müder Handwerksbursch das Asyl für Obdachlose in Meidling auf suchte. Zur linken auf der Drathpritsche war ein magerer junger Mensch mit ganz wund gelaufenen Füßen. Da ich noch Brod von den Bauern hatte teilte ich mit ihm. Ich sprach damals stark den Berliner Dialekt, er schwärmte für Deutschland. Seine Heimath Braunau am Inn hatte ich durchwandert, so konnte ich leicht seinen Erzählungen folgen.

Dort hatte sein Vater als Zollbeamter Dienst gemacht, in Linz hatte er eine Realschule besucht. Die folgenden Wochen brachten uns mehr noch zusammen. Beim Besuch des Asyls erhielt jeder eine Karte die zu einer wöchentlichen Nächtigung nebst Bad und Suppe und Brod berechtigte. Doch war ein schwunghafter Handel mit diesen Karten im Gang so daß man durch Kauf nach ablauf der einen zum weiteren Verbleib eine andre erwarb. Ich suchte durch Gelegenheitsverdienst mein Stück Brod. Hitler mein Nachbar gieng meist in die Sumpendorferstr. wo bei einem Spital Suppe verteilt wurde. Der erste Schnee sah uns als Schneeschaufler. Über ein fortgesetztes Ermahnen entschloß sich Hitler seiner Schwester zu schreiben. Er hatte keinen Winterrock und sah erbärmlich blaugefroren oft aus. Seine Schwester sandte ihm 50 Kronen ein schönes Stück Geld damals. Im Dorotheum lizitirte er einen Winterrock und wohnte von nun an es war zur Weihnacht 1909 im Männerheim Wien XX. Bezirk Meldemanngasse. Da er mir erzählte daß er Academie besucht habe sagte ich ihm er solle Postkarten malen. Ich gieng diese verkaufen. Er malte auch Ansichten von Wien die ich bei Bilderhändlern und Tapezirern verkaufte. Ich konnte mitunter eine ganz gute Bestellung erreichen. So daß wir schlecht und recht leben konnten. Doch in besseren Geschäften des Kunsthandels wurden die Arbeiten immer abgewiesen. Ich redete Hitler zu sich mehr Mühe zu geben. Zum Zweck des weiteren Fortschritts besuchten wir die Museen. Architektur begeisterte

109 Bullock, S. 28 ff.

Hitler besonders. Und wenn er von Gottfried Semper sprach konnte mann ihm stundenlang zuhören. Auch in Musick Richard Wagner brachte ihn in helle Flammen. So zogen die wochen dahin. Im Männerheim gab es auch Kochgelegenheit. Doch unser Menü bestand zumeist in Polenta. Einmal wollte mir Hitler eine Oberösterreichische Milchsuppe kochen lehren, aber es wurde eine saure Milchsuppe.

So wie wir waren im Männerheim mehrere Leute die Kunstgewerblich tätig waren. Da war ein Notenschreiber, Adressenschreiber, andre malten Preiß und Recklametäfelchen. Ein andrer (das Wort »malte« ist durchgestrichen) schnitzte mit dem Messer in Postkarten Monogramme etc. Es war eine große Familie die die gleiche Not zusammen hielt die Politik wurde stark besprochen. Dr. Lueger war im Sterben, die Arbeiterzeitung brachte starke angriffe gegen seine Nachfolger. Hitler hatte in einem Kino einen Film der Tunnel benannt gesehen, der ihn ganz berauschte. Ein Redner reißt die Massen mit sich, wird der gefeierte Volkstribun. Schwungvolle Reden gabs num im Männerheim. Die Arbeit wurde vernachlässigt. Eine neue Partei muß aufstehen, es gieng heiß oft her. Feindliche Blicke flogen, recht ungemütlich mitunter. Um diese Zeit erhielt ich einige Aufträge in Radirung die ich selbst versuchte da Hitler die Arbeit gänzlich vernachlässigte. [Hanisch fälschte später Hitler-Bilder; der Verf.] Und da es mir gut gelungen war und ich ständige Aufträge erhielt, verließ ich das Männerheim, da dieses Zusammenleben in dem Massenquatier ein fleißiges Arbeiten nur stört. Das letztemal sah ich Hitler 1913 er gieng ein Aquarell das er gemalt hatte verkaufen. Erst nach dem Krieg durch Zeitungsberichte kam mir sein Name wieder zur Kenntniß. So hat er denn sein Ziel erreicht. Über seine damalige Politische Einstellung, ist vieles seiner heutigen gleich. Er war ein großer Verehrer von Schönerer. Auch Karl Herrmann Wolf war sein Mann. Doch ist das Politische Niveau heut ja ein ganz anderes. So viele Erscheinungen des heutigen Lebens waren damals unbekannt. Wer kannte damals den Begriff Kommunist. Derartiges hätte nur im Irrenhaus existieren können. Der Zusammenbruch des Staates war auch ein Zusammenbruch der Moralischen Begriffe. Nur so entstand der nährboden für unsre heutige Zeit.«[110]

Nach den von Hanischs Berichten ausgehenden Darstellungen von

110 Handschriftlich (nicht datiert, Original). Ehemaliges Hauptarchiv der NSDAP, Bundesarchiv Koblenz, NS 26/64.

Heiden und Olden hat der im Elternhaus in Linz und nach Kubizek auch in Wien betont vornehm gekleidete und sorgfältig gepflegte Hitler[111] 1910 in Wien wie folgt ausgesehen: er trug einen bis an die Knie reichenden Gehrock, den er (nach Hanisch) von dem ungarischen Juden Neumann geschenkt bekommen haben soll. Den Kopf bedeckte meistens eine schmutzige »Melone«, die Art von Hüten, die er nach Kubizek in Linz verspottete.[112] Seine Haare waren schlecht geschnitten. Das bleiche, schmale Gesicht mit den auffallenden Augen wurde von einem schwarzen Bart umrahmt. Hitler war nach der Darstellung von Hanisch eine Erscheinung, »wie sie eigentlich bei Christen selten vorkommt«.[113] Unwesentlich variiert findet sich diese Schilderung in der gesamten Literatur seit Konrad Heiden über Hitler. Überall wird sie gleichsam als Zeugnis dafür angeführt, daß der junge Hitler in Wien ein Vagabundendasein geführt habe. In den handschriftlichen Berichten von Hanisch ist jedoch nirgendwo die Rede davon, daß Hitler zerlumpt oder auch nur schlecht gekleidet gewesen sei. Die Tatsache, daß er keinen Mantel besaß, den er beim Schneeschaufeln anziehen konnte, bezeugt eher das Gegenteil. Seine Feststellung, daß Hitler sich bei der Herstellung der Bilder, die Hanisch verkaufte, keine besondere Mühe gab, deutet darauf hin, daß Hitler als Maler mehr konnte, als zahlreiche Arbeiten von ihm vermuten lassen. Hanischs Formulierung »So hat er [Hitler] denn sein Ziel erreicht«, widerspricht gerade den Berichten, die von einem in Wien herumvagabundierenden, ziellosen jungen Hitler reden – und sich dabei ausgerechnet auf Hanisch berufen.

Hitler fühlte sich in Wien nicht nur als ein politisch besonders interessierter junger Mann, sondern auch als junger Künstler, als Bohemien, wie sehr viele andere Maler es seit der Jahrhundertwende besonders in Paris und Wien auch taten, was sie nicht zuletzt auch durch ihre betont lässige Kleidung und unregelmäßige Lebensführung demonstrativ ausdrückten. Wer zum Beispiel das Selbstbildnis des großen Malers Piet Mondrian[114] von 1908 betrachtet, wird Piet Mondrian kaum anders schildern können als Hitler von Hanisch (nach Berichten von Heiden und Olden) und Greiner[115] beschrieben wurde. Daß andererseits ein Maler,

111 Kubizek, S. 37.
112 ebenda, S. 34.
113 Olden, S. 50, zit. nach Bullock, S. 30.
114 Vgl. Seuphor, Michel: Piet Mondrian. Köln 1957, S. 357.
115 Greiner, S. 20 ff.

der mit Aquarell- und Ölfarben umgeht, wie Hitler es vorzugsweise tat, nicht mit gepflegter Kleidung arbeitet, ist selbstverständlich. Hitler, der als ständiger Heimbewohner auch im Heim zeichnete und malte, trug nach Angaben des Heiminsassen Karl Honisch bei der Arbeit einen »abgetragenen dunklen Anzug«.[116] Ihm ist es in jenen Jahren, die er am 4. August 1933 in einem Brief an seinen einstigen Gefährten Kubizek sogar die »schönsten Jahre«[117] seines Lebens nannte, zweifellos gut gegangen. Selbst der nach 1945 auf die Diffamierung Hitlers erpichte, sehr erfindungsreiche Greiner gibt zu, »daß er [der junge Hitler in Wien] offenbar [...] Geld [...] besaß«.[118]

Aus welchem Grunde Hitler im November/Dezember 1909 im Meidlinger Obdachlosenasyl übernachtete, ist bislang nicht nachgewiesen. Bullock schreibt in der 1965 herausgegebenen und überarbeiteten englischen Ausgabe seiner Hitler-Biographie: »Im Sommer konnte er [Hitler] im Freien schlafen [...] zu Beginn des Herbstes bekam er ein Bett im Obdachlosenasyl in Meidling.«[119] Bullocks Quelle ist zweifellos Jetzinger, der sich auf falsche Angaben Konrad Heidens – mit Reinhold Hanisch als Quelle – stützt und fälschlich behauptet, daß Hitler sich »ab Frühjahr 1909 kein Zimmer mehr leisten« konnte, »im Frühjahr [...] im Freien auf Bänken und unter Torbögen« schlief und als »die Nächte empfindlich kalt wurden [...] im Asyl für Obdachlose in Meidling«[120] landete. Shirer behauptet sogar, daß Hitler «aus Geldmangel [...] vier Jahre [...] in Obdachlosenasylen«[121] gelebt hätte.

Diese Feststellungen, die seit Konrad Heiden und Rudolf Olden in der Hitler-Literatur den Rang einer Tatsache haben, gehen von der durch unglaubwürdige »Zeugen« gestützten Vermutung aus, daß Hitler nicht über das nötige Geld zur Deckung des Lebensunterhalts verfügte.

Nach Jetzinger, der den jungen Hitler – wie alle anderen Biographen – als ziellosen Tagedieb darstellt, »mußte« Hitlers Anteil aus dem väterlichen Erbteil im Jahre 1908, der ihm nach dem Tode der Mutter ausgehändigte Barbetrag spätestens im Frühjahr 1909 verbraucht sein.[122]

116 Handschriftlich (Original). Ehemaliges Hauptarchiv der NSDAP, Bundesarchiv Koblenz, NS 26/17 a.
117 Kubizek, S. 325. Zweifelhaft ist, daß er nur 1904–1908 meinte.
118 Greiner, S. 110.
119 Bullock: Hitler. A Study in Tyranny, S. 32.
120 Jetzinger, S. 219.
121 Shirer, S. 33; dort weiter: »und in dem fast ebenso elenden Männerheim.«
122 Jetzinger, S. 219.

Die monatliche Waisenrente von 25 Kronen, die Hitler auch weiterhin erhielt, reichte allein nicht aus, um in Wien angemessen existieren zu können. Die Feststellung Hitlers, daß er aus seiner Tätigkeit als Zeichner und Maler hinreichende Einnahmen hatte, werden ihm von den Biographien abgestritten, obwohl sie entsprechende Beweise für ihre Behauptungen nicht vorlegen können.

Nach der Auswertung der Angaben von Hanisch und Honisch kann es Hitler nicht schwergefallen sein, sich als Maler und Zeichner zu seiner nicht unbeträchtlichen Waisenrente zusätzlich erhebliche Beträge zu verdienen. Nach den Berichten seiner damaligen Weggenossen soll er täglich ein Bild zum Verkauf gemalt haben. Da Hitler als Bohemien nur sehr wenig Geld für Kleidung benötigte, nicht rauchte,[123] nicht trank und auch mit Frauen nicht verkehrte, hätten ihm 25 bis 30 Kronen (zu den 25 Kronen Waisenrente) monatlich zur Deckung seines Lebensunterhaltes vollauf genügt. Zweifellos hat er jedoch wesentlich mehr verdient.

Durch seinen kurzfristigen Aufenthalt im Obdachlosenasyl, nicht nur für Heiden, Olden, Bullock und Shirer das Prisma zur entscheidenden Analyse für die Entwicklung Hitlers, verlor Hitler sogar den Verdienst aus seinen künstlerischen Arbeiten, weil das Asyl während des Tages von den Bewohnern verlassen werden mußte. Während dieser Zeit arbeitete er vorübergehend als Hilfsarbeiter auf Baustellen und verrichtete möglicherweise auch andere Gelegenheitsarbeiten.

Die einzige Primärquelle für die Behauptung, daß Hitler in Wien systematisch arbeitender Hilfsarbeiter gewesen sei, ist Adolf Hitler selbst geblieben. Bereits am 29. November 1921, rund 12 Wochen nachdem er die Führung der NSDAP an sich gerissen hatte, erklärte er: ich war (in Wien) gezwungen, »sofort als gewöhnlicher Arbeiter mir mein Brot zu verdienen. Ich ging als noch nicht 18-jähriger als Hilfsarbeiter auf einen Bau und habe [...] im Laufe von 2 Jahren so ziemlich alle Arten von Beschäftigungen des gewöhnlichen Taglöhners durchgemacht. Nebenbei studierte ich ...«[124] Zeugen, die den jungen Hitler in Wien auf einer Baustelle oder anderswo als Hilfsarbeiter gesehen haben, konnten nicht

123 Nach eigenen Angaben vom 11. März 1942 hat Hitler anfänglich in Wien täglich 25–40 Zigaretten geraucht. Dann habe er »die Zigaretten in die Donau geworfen und nie mehr danach gegriffen«. Picker, Henry: Hitlers Tischgespräche im Führerhauptquartier 1941–1942. 2. Aufl. Stuttgart-Degerloch 1965, S. 195.

124 Vgl. Anm. 180 in diesem Kapitel.

aufgespürt werden, nicht einmal vor 1945 von den Mitarbeitern des Hauptarchivs der NSDAP. Diejenigen, die vor und nach 1945 behaupteten, den jungen Hitler als Hilfsarbeiter gesehen zu haben, Hanisch und Greiner, sind unglaubwürdig. Schulkameraden, Lehrer, Geistliche, ein Arzt, Café-Haus-Besitzer (wie zum Beispiel vom Café Kubata, Wien 15, Schweglerstraße 25), Käufer von Bildern, die Hitler gemalt hat, Geschäftsleute und Mitbewohner des Männerheims in der Meldemannstraße fanden sich dagegen bereits 1938. Nach den erhalten gebliebenen Protokollen und Aktennotizen wurden die Zeugen während ihrer Berichterstattungen weder genötigt, noch besonders bedrängt oder beeinflußt. Gewöhnlich schrieben sie ihre Erinnerungen an Einzelheiten der gemeinsamen Zeit mit Hitler handschriftlich nieder und ließen sie von einem Notar bestätigen. Bei Karl Honisch, der 1913 zusammen mit Hitler im Männerheim in der Meldemannstraße wohnte, nahm das mehr als 14 Tage in Anspruch. Die Geheime Staatspolizei wurde dabei nicht eingeschaltet.

An der Feststellung, daß der junge Hitler vorübergehend Hilfsarbeiter war, ist trotz der ungünstigen Quellenlage nicht zu zweifeln. Jetzingers Behauptung, daß Hitler niemals Hilfsarbeiter gewesen sei,[125] stützt sich auf ein Indiz, das nicht stichhaltig ist, nämlich auf einen Hitler-Brief vom April 1908, in dem Hitler Kubizek mitteilte, daß er ihn an einem Donnerstag Vormittag vom Bahnhof abholen würde. Jetzingers Argument, »Hilfsarbeiter kann er [Hitler] nicht gewesen sein, sonst hätte er nicht Zeit gehabt, am Donnerstag am Bahnhof zu warten«,[126] ist nicht überzeugend. Das endgültige Urteil Jetzingers ist denn auch entsprechend unsinnig: »es steht [...] unbestreitbar fest: Entweder war der damalige Hitler nicht Hilfsarbeiter oder er hat nie gehungert!«[127]

Daß der im Elternhaus an einen gehobenen bürgerlichen Lebensstandard gewöhnte Hitler sich vorübergehend in Wien und später auch in München durch »außerberufliche« Arbeitsleistungen zusätzlich Geld verdiente, ist erwiesen – und wird nicht einmal von Hanisch und Greiner bestritten. Selbst Anfang 1919, als er Soldat war, seine kostenlose Unterkunft hatte und seine Verpflegung, den Wehrsold und die Beklei-

125 Jetzinger, S. 193 und 201.
126 ebenda, S. 201.
127 ebenda, S. 194.

dung regelmäßig erhielt, arbeitete er freiwillig als Bekleidungssortierer in München, um sich zusätzlich Geld zu verdienen.[128]

Hitlers kurzfristiger Aufenthalt im Obdachlosenasyl hat ohne Zweifel andere Gründe als den, der bisher in der Literatur genannt wird. Materielle Not zwang ihn mit Sicherheit nicht dazu, im Asyl zu kampieren. Im Herbst 1909 hätte er als Zwanzigjähriger nach dem Gesetz-Blatt Nr. 41 des österreichischen Wehrgesetzes vom 11. April 1889 zur »Verzeichnung« und im Frühjahr 1910 zur »Hauptstellung« erscheinen müssen. Er hat diese beiden und auch den dritten und letzten Termin im Frühjahr 1912 vorsätzlich versäumt. Er entzog sich sowohl der »Verzeichnung« als auch der »Hauptstellung« und der dann zwangsläufigen »Nachstellung« und galt als »Stellungsflüchtling«. Sehr wahrscheinlich ging er Ende 1909, nachdem er bis dahin ständig seine Zimmer gewechselt hatte, in das Obdachlosenasyl, weil er offensichtlich hoffte, dort von den österreichischen Behörden nicht gefunden zu werden.[128a]

In Österreich, dem »Rassenbabylon«, hat er nach eigenen (auch späteren) Äußerungen nicht Soldat sein wollen. Daß das nicht eine nachträglich konstruierte Phrase war, bezeugte beispielsweise sein Verhalten gegenüber August Kubizek. Als Kubizek den Gestellungsbescheid erhielt, empörte Hitler sich: »Auf keinen Fall darfst du dich stellen, Gustl' ... du bist ein Narr, wenn du dich stellst. Am besten ist es, man zerreißt diesen blöden Wisch.«[129] Kubizek kam seiner Pflicht jedoch im September 1908 nach, obwohl Hitler ihn eindringlich beschworen hatte, heimlich über die Grenze nach Deutschland zu gehen und dort seinen Militärdienst zu leisten.[130] Als Kubizek 8 Wochen später nach abgeleisteter Übung in die Stumpergasse zurückkehrte, fand er seinen Freund Hitler nicht mehr vor. Nicht einmal eine Notiz hatte er Kubizek hinterlassen. Wahrscheinlich hat Hitler ihm nicht verziehen, dem Habsburgerstaat gegenüber seiner Pflicht als Soldat nachgekommen zu sein. Kubizek ist dieser Gedanke offensichtlich nicht gekommen, auch später in seinen »Erinnerungen« nicht.[131] Er erklärt Hitlers Verhalten als Scham, die aus einer

128 Schriftliche Auskunft von Ernst Schmidt (vgl. Anm. 4 in diesem Kapitel). Unterlagen im Besitz des Autors.

128a In einem handschriftlich verfaßten Schreiben an den Linzer Magistrat (vgl. Anm. 355 in diesem Kap.) gab Hitler 1914 zu: »Ich unterließ es mich im Herbste 1909 zu melden.«

129 Kubizek, S. 262.

130 ebenda.

131 Wie Kubizeks Darstellungen (S. 312 ff.) bezeugen. Hätte Hitler in Wien

angeblichen Notlage Hitlers resultieren sollte. Da Hitler sofort wieder ein Zimmer in einer Privatwohnung mietete, ist Kubizeks Erklärung durchsichtig.
Andere Anlässe und Motive können in Hitlers Entschluß hineingespielt haben, im Obdachlosenasyl zu übernachten. Entscheidend für sein Handeln waren sie gewiß nicht, wenn zwei Aspekte auch nicht ganz abwegig erscheinen. Der junge Hitler könnte zum Beispiel in das Meidlinger Obdachlosenasyl gegangen sein, weil er dort das Milieu studieren wollte, nachdem er sich bereits ein Jahr zuvor besonders für die Situation der Arbeiter in Meidling interessiert hatte, wie Kubizek berichtet.[132] In *Mein Kampf* beklagt Hitler geradezu: »Die Umgebung meiner Jugend setzte sich zusammen aus den Kreisen kleinen Bürgertums, also aus einer Welt, die zu dem reinen Handarbeiter nur sehr wenig Beziehungen besitzt.«[133] Von seinen Mitschülern der Staats-Oberrealschule Steyr wurden Rudolf Bachleitner, Franz Eder und Karl Ehler Bahnbeamte, Johann Schreiberhuber Postbeamter, Otto Kiderle Beamter am Steyrer Tierpark, Wilhelm Heindl Dipl.Ing. und Engelbert Schnurpfeil und Ferdinand Höflinger Lehrer (NS 26/17a). Seine Linzer Mitschüler wählten entsprechende Berufe. Sturmberger wurde Architekt, Oberhammer Ingenieur, Reindl Oberforstrat und Balduin v. Wilhering Abt (NS 26/36). Hitler selbst hat allerdings auch keine Beziehungen zu den Arbeitern gesucht. Er hat sie nur beobachtet, mit Distanz und ohne Mitgefühl. Zu übersehen waren sie in Wien nicht: »Vor den Palästen der Ringstraße lungerten Tausende von Arbeitslosen, und unter dieser via triumphalis des alten Österreich hausten im Zwielicht und Schlamm der Kanäle die Obdachlosen.«[134] Hitlers Äußerung, »Wer nicht selber in den Klammern dieser würgenden Natur sich befindet, lernt ihre Giftzähne niemals kennen«,[135] könnte für ein besonders artikuliertes Informationsbedürfnis sprechen.

Ausgeschlossen wäre allerdings auch nicht, daß Hitler sich vorübergehend aus der Einsamkeit der Zimmer der Privatwohnungen flüchten

tatsächlich unter Hunger und materieller Not gelitten, hätte ihm der im Vergleich z. B. zur preußischen Armee sehr gemütliche Dienst in der k. u. k. Armee als eine willkommene Lösung erscheinen müssen.
132 Kubizek, S. 205.
133 Hitler, S. 22.
134 ebenda, S. 23.
135 ebenda.

wollte, in denen er seit Oktober 1908 allein wohnte. Nachdem er sich von seinem stets geduldigen, aufmerksamen und zur Bewunderung und Verwunderung bereiten Freunde Kubizek getrennt hatte, fehlte ihm jemand, der ihn anhörte, ohne in ihn zu dringen und ihn zu Konsequenzen zu zwingen, die nicht er selber bestimmte. Da Hitler sich im Obdachlosenasyl nicht länger als ungefähr einen Monat verbarg, ist sicher, daß ihm die Bewohner des Asyls als geeignete Nachbarn auf die Dauer nicht erschienen sein mögen. Der »Auswurf«, wie er die Sozialdemokraten und Gewerkschaftler im Zusammenhang mit der Darstellung seiner frühen Wiener Zeit bezeichnete, sind wohl eher die Insassen des Obdachlosenasyls als die Bauarbeiter gewesen. So überzeugend diese beiden Möglichkeiten für sich auch sein mögen, so wenig wiegen sie doch im Vergleich zu der Folgerung, daß Hitler sich im Herbst 1909 im Obdachlosenasyl lediglich vor den Behörden verbarg, weil er sich der Wehrpflicht entzog.

Im Männerheim in der Meldemannstraße, das Hitler im Dezember 1909 bezog,[136] obwohl dort eine Kabine (mit dem Mietpreis von 50 Hellern pro Tag; 100 Heller = 1 Krone) teurer war als ein Zimmer in einer Privatwohnung, fand Hitler, dem in der Jugendzeit einhellig Kontaktschwierigkeiten attestiert werden, unter den bunt zusammengewürfelten Insassen offensichtlich das Milieu, das er suchte oder brauchte. Das waren zum Beispiel unverheiratete entlassene Offiziere (gelegentlich sogar Stabsoffiziere), Kaufleute, Angestellte und Akademiker, kleine Händler und Arbeiter, aber auch gescheiterte Existenzen, Abenteurer und andere zweifelhafte Gestalten. Nach der am 31. Mai 1939 handschriftlich verfaßten, jedoch nicht veröffentlichten Schilderung eines Mitbewohners (1913) des Männerheimes in der Meldemannstraße, Karl Honisch, der seinen einstigen Männerheim-Mitbewohner Reinhold Hanisch als Lügner charakterisierte, handelte es sich bei diesem Männerheim, einer Art Großhotel, um das »für die damalige Zeit ... Modernste auf dem Gebiete der Massenbeherbergung.«[137] Nach Honisch waren die Schlafkabinen mit ca. 1½ mal 2½ m zwar klein, aber peinlich sauber und mit einem Bett, das bei Tagesgästen wie in jedem Hotel täglich und bei Dauergästen alle 7 Tage neu bezogen wurde, mit einem Tisch, einem Kleiderrechen und einem Spiegel ausgestattet. Waschräume und Räume,

136 Vgl. S. 71.
137 Vgl. Anm. 116 in diesem Kapitel.

in denen die Gäste ihre Schuhe und Kleider bürsten konnten, befanden sich außerhalb der Schlafkabinen. Ein Speisesaal, eine Kantine, ein Raum mit Gaskochern zur selbstständigen Zubereitung von Speisen, ein Schreibzimmer, eine Bücherei, ein Besucherraum und Bäder standen den Heimbewohnern zur Verfügung. Im Kellergeschoß befanden sich eine Schneiderei, eine Schusterwerkstatt und eine Wäscherei, die für wenig Geld in Anspruch genommen werden konnten. Da die Bewohner des Heims sich während des Tages meistens außerhalb des Hauses aufhielten, fielen diejenigen besonders auf, die nicht berufstätig im allgemeinen Sinne waren und im Hause blieben. Zu ihnen gehörte Adolf Hitler, der nach den Angaben von Honisch »fleißig von früh bis tief in den Nachmittag hinein«[138] arbeitete und als Exponent der (Honisch sagt:) »Intelligenz« des Heims bezeichnet wurde. Nach den Schilderungen von Honisch, der berichtet, daß Hitler 1913 gewöhnlich täglich ein Bild gemalt habe, was zum größten Teil auf fortlaufende Bestellungen geschehen sein soll,[139] hat sich um Hitler stets ein Kreis von Interessenten versammelt, wenn er über politische Fragen diskutierte oder den politisch interessierten Heimbewohnern Vorträge in der Form von Beiträgen in Diskussionen hielt, die er souverän beherrschte. Ältere, auch akademisch gebildete Hausinsassen, erbaten seinen Rat angeblich selbst in Fragen, die sich ausschließlich auf ihren Beruf bezogen.[140]

Wäre es Hitler in Wien tatsächlich so schlecht ergangen, wie die Biographen behaupten, hätte er 1911 nicht freiwillig auf die ihm bis April 1913 monatlich zustehenden 25 Kronen Waisenrente zugunsten seiner Schwester Paula verzichtet.[141] Er hat es jedoch getan, wie die folgenden Ausführungen zeigen. Ein (mit PV 49/3–24 gezeichnetes) Schreiben des Bezirksgerichts Linz (Abt. V) vom 4. Mai 1911 bekundet: »Da nun Adolf Hitler, der in Wien XX. Meldemannstraße 27 als Kunstmaler lebt [...] protokollarisch die Erklärung abgab, er könne sich selbst erhalten und sei mit der Verwendung der vollen Waisenpension für seine Schwester einverstanden [...] wird [...] der Vormund (Mayrhofer)

138 ebenda.
139 ebenda.
140 ebenda.
141 Das Dokument wurde von der Familie Mayrhofer (Leonding bei Linz) zur Verfügung gestellt. Joseph Mayrhofer war als Bürgermeister von Leonding der Vormund der verwaisten Hitler-Kinder Adolf und Paula. Dok. im Anhang zitiert.

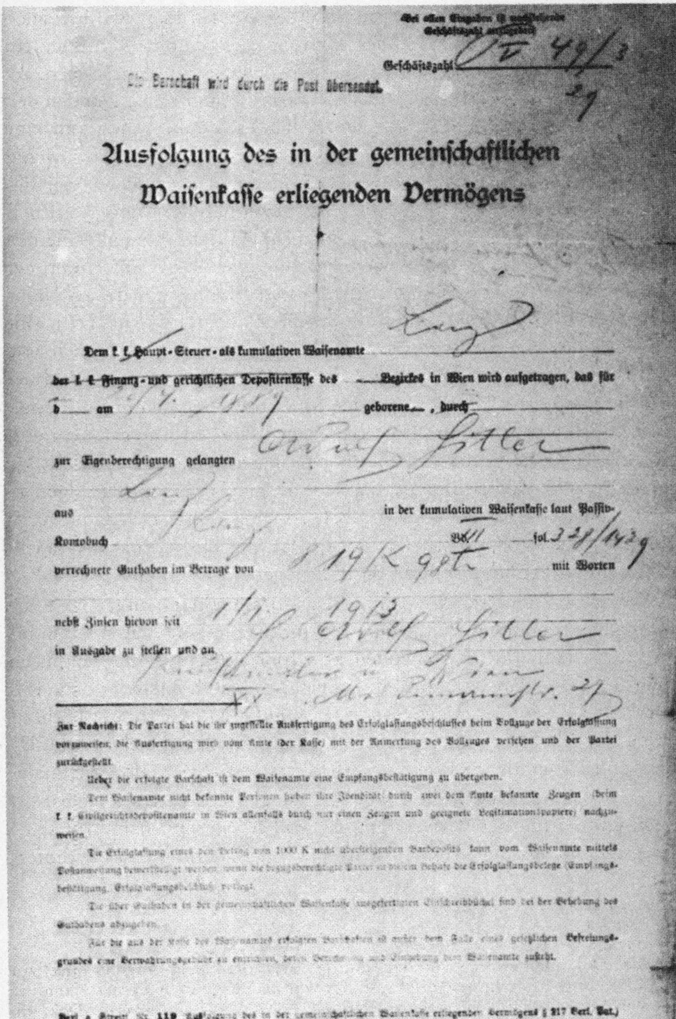

Bei allen Eingaben ist nachstehende Geschäftszahl anzugeben

Geschäftszahl: P V 49/3 27

Die Barschaft wird durch die Post übersendet.

Ausfolgung des in der gemeinschaftlichen Waisenkasse erliegenden Vermögens

Dem k. k. Haupt-Steuer- als kumulativen Waisenamte Linz

der k. k. Finanz- und gerichtlichen Depositenkasse des ___ Bezirkes in Wien wird aufgetragen, daß für

d ___ am 20. 4. 1889 ___ geborene ___, durch

Adolf Hitler

zur Eigenberechtigung gelangten

aus Linz

in der kumulativen Waisenkasse laut Passiv-

Kontobuch Bd. II fol. 321/1429

verrechnete Guthaben im Betrage von 819 K 98 h mit Worten

nebst Zinsen hievon seit 1/1 1913

in Ausgabe zu stellen und an Adolf Hitler

Kunstmaler in Wien XX Meldemannstr. 27

Zur Nachricht: Die Partei hat die ihr zugestellte Ausfertigung des Erfolglassungsbeschlusses beim Vollzuge der Erfolglassung vorzuweisen, die Ausfertigung wird vom Amte (der Kasse) mit der Anmerkung des Vollzuges versehen und der Partei zurückgestellt.

Ueber die erfolgte Barschaft ist dem Waisenamte eine Empfangsbestätigung zu übergeben.

Dem Waisenamte nicht bekannte Personen haben ihre Identität durch zwei dem Amte bekannte Zeugen (beim k. k. Zivilgerichtsdepositenamte in Wien allenfalls durch nur einen Zeugen und geeignete Legitimationspapiere) nachzuweisen.

Die Erfolglassung eines den Betrag von 1000 K nicht übersteigenden Bardepositums kann vom Waisenamte mittels Postanweisung bewerkstelligt werden, wenn die bezugsberechtigte Partei zu diesem Behufe die Erfolglassungsbelege (Empfangsbestätigung, Erfolglassungsbeschluß) vorlegt.

Die über Guthaben in der gemeinschaftlichen Waisenkasse ausgefertigten Einlagebüchel sind bei der Erhebung des Guthabens abzugeben.

Für die aus der Kasse des Waisenamtes erfolgten Barschaften ist außer dem Falle eines gesetzlichen Befreiungsgrundes eine Verwahrungsgebühr zu entrichten, deren Berechnung und Einhebung dem Waisenamte zusteht.

Verl. d. Staatsdr. Nr. 119 Ausfolgung des in der gemeinschaftlichen Waisenkasse erliegenden Vermögens (§ 217 Verl. Pat.)

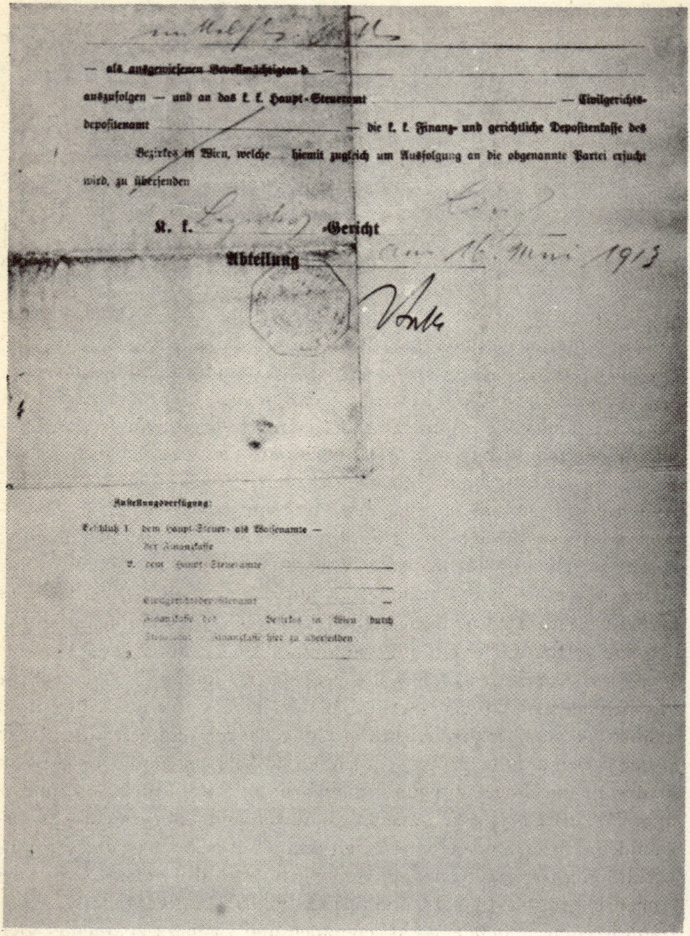

— als ausgewiesenen Bevollmächtigten d. —

auszufolgen — und an das k. k. Haupt-Steueramt — Zivilgerichts-depositenamt — die k. k. Finanz- und gerichtliche Depositenkasse des Bezirkes in Wien, welche hiemit zugleich um Ausfolgung an die obgenannte Partei ersucht wird, zu übersenden

K. k. -Gericht

Abteilung am 16. Mai 1913

Zustellungsverfügung:

Beschluß 1. dem Haupt-Steuer- als Waisenamte — der Finanzkasse

2. dem Haupt-Steueramte —

Zivilgerichtsdepositenamt —

Finanzkasse des Bezirkes in Wien durch Steueramt Finanzkasse hier zu übersenden

3.

Anweisung des Linzer k.k. Bezirksgerichts vom 16. Mai 1913, dem von 1908 bis Ende Mai 1913 durchgehend in Wien lebenden Kunstmaler Adolf Hitler sein bei der gemeinschaftlichen Waisenkasse vorhandenes Barvermögen von rund 810 Kronen »mittels Postanweisung« auszuzahlen (Dok.: Dr. Maser).

[...] ermächtigt [...] die von ihm bisher zurückbehaltenen monatlichen Pensionsraten des Adolf Hitler für dessen Schwester Paula Hitler zu verwenden.« Wenn auch die seit August 1910 verwitwete Angela Raubal, die Halbschwester Hitlers, beim Vormundschaftsgericht auf eine solche Entscheidung gedrängt haben mag, wie Jetzinger behauptet[142] – obwohl Beweise nicht vorliegen, daß Hitler vom Gericht vorgeladen wurde –, war Hitler nicht gezwungen, auf den ihm gerichtlich zugestandenen Anteil zu verzichten.

Der Verzicht fiel Hitler nicht schwer; denn Ende März 1911 war seine Tante Johanna Pölzl verstorben, die ihm nach dem eben zitierten Bescheid des Linzer Bezirksgerichts »größere Beträge [...] ausgefolgt« hat. Jetzinger ist der Ansicht, daß Johanna Pölzl insgesamt rund 3 800 Kronen hinterlassen und Hitler »den größten Teil des [...] Betrages«[143] ausgehändigt habe. Zu belegen ist diese Behauptung allerdings nicht.

So sehr die veröffentlichten Augenzeugenberichte über den Hitler der Linzer und Wiener Jahre zum Beispiel von August Kubizek und Josef Greiner und die unveröffentlichten Erklärungen zum Beispiel von Dr. Bloch, Prewatzky-Wendt, von Hanisch, Karl Honisch und seinen Mitschülern und Lehrern in einzelnen Punkten auch voneinander abweichen mögen, so unbestreitbar stimmen sie doch im wesentlichen überein: Hitler las sehr viel, für kritische Beobachter jedoch unsystematisch, arbeitete körperlich und kontinuierlich nur dann, wenn die Verhältnisse ihn offensichtlich dazu zwangen, politisierte sehr gern und leidenschaftlich und verfügte über ein ungewöhnliches Talent, durch seine Sprache, Argumente und Gestik, zu überzeugen. Einstimmig bekunden die vorübergehenden Weggefährten, daß Hitlers Zuhörer manchmal nicht wußten, ob sie über den leidenschaftlich redenden und gestikulierenden Hitler lachen oder betroffen sein sollten. Er selbst sagte über sich: »Ich glaube, meine Umgebung von damals hielt mich wohl für einen Sonderling.«[144] Anstatt seine Fähigkeiten zu nutzen und sich systematisch auszubilden, verschwendete er viel Zeit und Kraft mit der visionären Verwirklichung irrealer Wunschvorstellungen. Nach den Schilderungen der Augenzeugen wirkte er zurückhaltend, linkisch und verschlossen. Vertraulichkeiten duldete er nicht. Freunden und Gegnern erschien er glei-

142 Jetzinger, S. 226 ff.
143 ebenda, S. 231.
144 Hitler, S. 35.

chermaßen als unbeirrbar, starrsinnig, launisch und streitsüchtig. Wer mit ihm unmittelbar zu tun hatte, war über den manchmal krankhaften Ehrgeiz, die phantastisch anmutenden Pläne, das unerschütterliche Selbstbewußtsein und die rastlose Energie des jungen Mannes überrascht. Frauen interessierten ihn nicht.[145]

Hitler hat die Erfahrungen seiner Wiener Jahre nicht nur registriert, sondern auch konsequent ausgewertet, die Ergebnisse besonders artikuliert und schließlich zu grundsätzlichen Richtlinien nicht nur für sein politisches Leben erhoben. »Wien [...] war und blieb für mich die schwerste Schule meines Lebens«, schrieb er in Landsberg: »Ich erhielt in ihr die Grundlage für eine Weltanschauung im großen und eine politische Betrachtungsweise im kleinen, die ich später nur noch im einzelnen zu ergänzen brauchte, die mich aber nie mehr verließen.«[146] Mit einer fest gefügten »Weltanschauung«, ein Begriff, den er bereits 1908 in Wien ständig im Munde führte,[147] ist der 24-jährige Hitler nach Deutschland gegangen. Ihm selbst erschien dabei am wesentlichsten, daß er alldeutsch, Antisemit und Antimarxist war. »Ich ging von Wien weg als absoluter Antisemit, als Todfeind der gesamten marxistischen Weltanschauung, als alldeutsch in meiner Gesinnung«, [148] sagte er während des Hitler-Prozesses nach seinem Putsch im November 1923 in München und formulierte noch vor der Niederschrift seines Buches *Mein Kampf* die Bilanz, die er aus seiner Wiener »Schule« zog. Alle drei Entscheidungen sind Ausdruck einer Anti-Haltung und Demonstration einer (unsinnigen) Kampfbereitschaft. Hitler haßte die Juden, die Sozialdemokratie, die Gewerkschaften, das Parlament, die Donaumonarchie, die Demokratie, die »Masse« und die Menschen schlechthin. Er haßte alles – ohne Mitgefühl. Aus seinen Analysen, die sich mit den damaligen Verhältnissen der Wiener Arbeiterschaft befassen, ist ein Mitgefühl nicht herauszulesen. Ihn »entsetzte«[149] lediglich das Elend seiner damaligen »Mitgefährten, die sittliche und moralische Roheit [und] [...] der Tiefstand ihrer geistigen

145 Vgl. dazu auch Kubizek, S. 273 ff. Die von Kubizek sentimental und detailliert geschilderte romantische Zuneigung Hitlers zu einer Abiturientin namens Stefanie, die er niemals gesprochen und schon gar nicht näher gekannt hat, gleicht sehr einer Erfindung.
146 Hitler, S. 137.
147 Vgl. dazu auch Kubizek, S. 301 (»Weltbild«).
148 Der Hitler-Prozeß, Auszüge aus den Verhandlungsberichten. München 1924, S. 18.
149 Hitler, S. 30.

Kultur«.[150] So schloß er denn auch während seiner »Studien«–Besuche in der Gegend des Meidlinger Obdachlosenasyls keine Bekanntschaften.[151] Seine Entschuldigung: der »häufig sehr herbe Kampf [läßt] das Mitleid absterben. Das eigene schmerzliche Ringen um das Dasein tötet die Empfindung für das Elend der Zurückgebliebenen«.[152] Nur die brutale Gewalt und Rücksichtslosigkeit imponierten ihm. Ein einziger seiner ungewöhnlich zahlreichen Sätze darüber genügt als Beispiel: »Wenn die Kraft zum Kampfe um die eigene Gesundheit nicht mehr vorhanden ist, endet das Recht zum Leben in dieser Welt des Kampfes.«[153]

Hitler glaubte, in Wien erkannt zu haben, daß das Leben nur ein ständiger und unerbittlicher Kampf zwischen Schwachen und Starken sei, daß in diesem Kampf immer der Stärkere und Fähigere siege und daß das Leben nicht durch die Prinzipien der Humanität, sondern durch Sieg und Niederlage geordnet werde. Entsprechend waren denn auch die Urteile und politischen Lehren, die er aus diesen Feststellungen zog: »Welches Ziel auch immer der Mensch erreicht hat, er verdankt es seiner Schöpferkraft und seiner Brutalität«.[154]

Hitler ist während seiner Wiener Zeit zu dem Schluß gelangt, daß die Menschen grundsätzlich nicht gut seien. Während er dem Wiener Bürgermeister Karl Lueger nachrühmte, sich gehütet zu haben, »die Menschen besser zu sehen, als sie nun einmal sind«,[155] offenbarte er zugleich auch seine ungeheuerliche Vorstellung vom Wesen des Menschen.

Johann Recktenwald versuchte 1963 in einer neuropsychiatrischen Deutung[156] nachzuweisen, daß die besonders häßlichen Denk- und Verhaltensweisen Hitlers Symptome einer Krankheit gewesen seien, die sein ursprüngliches Wesen und seinen Charakter bereits während seiner Realschulzeit[157] zu verwandeln begann und spätestens seit seinem 52. Lebensjahr für jedermann eindeutig sichtbar wurde. Zu den Symptomen dieser Krankheit, die Recktenwald als epidemisch-encephalitischen Folgezustand (organisches Hirnleiden) bezeichnet, zählt er unter anderem den

150 ebenda.
151 Kubizek, S. 205.
152 Hitler, S. 22.
153 ebenda, S. 282.
154 Hitler, am 2. April 1928, zit. bei Bullock, S. 32.
155 Hitler, S. 107.
156 Recktenwald, Johann: Woran hat Adolf Hitler gelitten? Vgl. Bibliographie und Anm. 39.
157 Recktenwald, S. 81.

Verlust des Autoritätsgefühls, krasseste Egozentrität oder radikale »Ich-Besessenheit«,[158] den Mangel an sittlicher Urteilskraft,[159] Gefühlskälte, die Einbuße des natürlichen sozialen Verantwortungsinstinkts, Boshaftigkeit, Skrupellosigkeit,[160] Lieblosigkeit und einen »Drang«[161] zum Reden (»Redegier«).

Recktenwalds Hitler-Analyse, deren Darstellung der wissenschaftlichen Beweisführung im Hinblick auf die Dokumentation leider nicht genügt, trifft sicherlich für den (sehr viel) älteren Hitler zu. Die Krankengeschichte des jungen Hitler allerdings wird gelegentlich auf ein Prokrustesbett gezwungen, dessen Maße die ärztliche Kenntnis einer für später erwiesenen Krankheit setzt. So deutet Recktenwald zum Beispiel selbst den für Hitler einhellig bezeugten Leseeifer nicht als die Befriedigung eines besonderen intellektuellen Bedürfnisses, sondern als eine Begleiterscheinung eines »pathologischen Dranges«.[162] Für Recktenwald ist Hitlers Leseeifer »Lesewut« und bezeichnendes Krankheitssymptom.[163] Auch Hitlers künstlerische Betätigungsweise erklärt der Laie Recktenwald, dem Künstler offenbar fremd sind, als ein Krankheitssymptom. Die Schilderung der künstlerischen Versuche Hitlers durch einen anderen Laien als »rein pathologisch dranghafte, völlig systemlose Weise seines Zeichnens, Malens, grotesk-phantastischen Architekturentwerfens«,[164] sind für Recktenwald »nur zu gewiß«[165] eine Beschreibung eines pathologischen Dranges.[166]

Dennoch trägt die neuropsychiatrische Deutung zur Erklärung des Phänomens Hitler bei, dessen »Weltanschauung« nicht einfach als »Philosophie des Obdachlosenasyls«[167] abgetan werden kann, wie das zum Beispiel bei Alan Bullock geschieht.

Was Hitler in seiner Jugend vornehmlich gelesen und woran er sich gebildet hat, ist eine Frage, die infolge der diesbezüglich recht ungenauen und unzulänglichen Quellen nicht leicht beantwortet werden kann.

158 ebenda, S. 88.
159 ebenda, S. 67.
160 ebenda.
161 ebenda, S. 83.
162 ebenda.
163 ebenda.
164 ebenda, S. 82.
165 ebenda.
166 ebenda.
167 Bullock, S. 32.

Außer einigen Büchern militärischen Inhalts und einer *Volksausgabe des Deutsch-Französischen Krieges 1870/71*, die Hitler in *Mein Kampf* als Kinderlektüre erwähnte,[168] ist weder von ihm noch von seinen Biographen zu erfahren, was er neben den obligatorischen Schulbüchern las. An Zeitungen, die ihn nach der Schulentlassung beeindruckt hätten oder interessierten, erwähnte er in *Mein Kampf* zum Beispiel die österreichische *Neue Freie Presse*, das *Wiener Tageblatt* und das *Deutsche Volksblatt*.[169] Darüber hinaus berichtet er, daß er sich in Wien die ersten antisemitischen Schriften gekauft und mit dem Judentum auseinanderzusetzen begonnen habe.[170] Diese Feststellung Hitlers hat nicht wenige Autoren[171] dazu verleitet, einfach zu behaupten, daß Hitlers antisemitische Eindrücke von der ungewöhnlich primitiven Schriftenreihe *Ostara* des Georg (Jörg) Lanz von Liebenfels bestimmt worden seien, und daß er in seiner Wiener Zeit Lanz sogar persönlich aufgesucht habe[172], obwohl für diese Argumente Beweise nicht vorliegen, wie noch gezeigt wird.

August Kubizek schließt sich den allgemein gehaltenen Äußerungen Hitlers über seinen großen Leseeifer an und erklärt, daß Hitler sowohl in Linz, wo er sich gleichzeitig in 3 Büchereien eingetragen habe, als auch in Wien (Hofbibliothek) »ungeheuer viel« gelesen habe, und daß er fast täglich ins Theater und in die Oper gegangen sei. Detaillierte Angaben über Autoren und Werke, mit denen Hitler sich beschäftigte, macht Kubizek nicht. Er erklärt entschuldigend: »Wenn ich nun aus der ungeheuren Fülle dessen, was Adolf in Linz und später in Wien gelesen hat, aufzählen soll, welche Bücher ihm besonders Eindruck machten, gerate ich in Verlegenheit.«[173] Zwar werden einige Namen genannt und gelegentlich auch kurze Bemerkungen dazu gemacht, doch aufschlußreich

168 Hitler, S. 4.
169 ebenda, S. 56.
170 ebenda, S. 54 ff., besonders S. 59.
171 So z. B. Joachim Besser, Wilfried Daim, Helmut Heiber, und Leiser, Erwin: Mein Kampf. Eine Dokumentation. Frankfurt/M. und Hamburg 1961. Die Autoren stützen sich dabei auf Vermutungen und bloße Behauptungen, wofür beispielsweise die Formulierungen Heibers (S. 15) typisch sind: »Es ist ziemlich sicher«, daß Hitler die Schriften des Jörg Lanz von Liebenfels gelesen habe, und: »[...] Hitler, der damals sogar Lanz aufgesucht haben soll.«
172 Heiber, S. 15 und Daim, S. 21.
173 Kubizek, S. 226.

sind diese Hinweise nicht, was 40 bis 50 Jahre nach der gemeinsamen Zeit mit Hitler nicht verwunderlich ist, zumal Kubizek nur Volksschüler war und zu jener Zeit über nennenswerte Literaturkenntnisse nicht verfügte. Der Leser begegnet bei Kubizek zum Beispiel den Namen Frank Wedekind, Otto Ernst, Arthur Schopenhauer, Friedrich Nietzsche, Dante, Stifter, Schiller, Lessing und Peter Rosegger. Von Ibsen, der ebenfalls in dem Zusammenhang genannt wird, hat Hitler – nach Kubizek – einen besonderen Eindruck jedoch nicht empfangen.[174] Auf Hitler, der bis 1922[175] häufig boshaft von der »verrotteten bürgerlichen Gesellschaft« sprach und sich als ihr »unerbittlicher« Feind ausgab, machte der antibürgerliche Autor der *Stützen der Gesellschaft* keinen nennenswerten Eindruck. Kubizeks Bemerkung, daß er Hitler »kaum [...] mit naturwissenschaftlichen Büchern gesehen«[176] habe und daß sein »sonst so unstillbarer Wissensdrang [...] hier an eine deutliche Grenze gekommen zu sein«[177] schien, sagt bestenfalls, daß Hitler sich zu der Zeit für naturwissenschaftliche Fragen »kaum« intensiver interessierte.

Josef Greiner, der zweifellos über umfassendere Literaturkenntnisse als Kubizek verfügte und mit dem jungen Hitler angeblich in Wien und in München zusammen war, obwohl er Beweise nicht vorlegen kann, berichtet unter anderem: Hitler »vergrub sich in Übersetzungen der altgriechischen und altrömischen Literatur, wie Sophokles, Homer und Aristophanes sowie Horaz und Ovid. Besonders liebte er die Göttersagen der altgermanischen Literatur, und den Inhalt der 25 000 Verse des ›Parzival‹ hatte er besser im Gedächtnis als so mancher Professor. Sehr am Herzen lag ihm Martin Luther und die ganze Reformationsgeschichte, auch der Dominikaner Savonarola begegnete seinem lebhaften Interesse. Er wußte Bescheid über die Tätigkeit Zwinglis in Zürich und Calvins in Genf, und die Lehre des Konfuzius hatte er genau so gelesen wie die Buddhas und ihrer Epochen. Mit den Lehren des Moses und Jesus sowie mit der Entstehungsgeschichte des jüdisch-christlichen Glaubens machte er sich aus umfangreichen Büchern vertraut und studierte in diesem Zusammenhang auch die Werke Renans und Rosaltis. Von den Klassikern las er Shakespeare, Goethe, Schiller, Herder, Wieland,

174 ebenda, S. 227.
175 Vgl. dazu die diesbezüglichen Ausführungen im 4. Kapitel.
176 Kubizek, S. 37.
177 ebenda.

Rückert und Dante, dann Scheffel, Stifter, Hämmerling, Hebbel, Rosegger, Hauptmann, Sudermann, Ibsen und Zola.«[178]

Otto Dietrich erinnerte sich, daß Hitler häufig berichtete, nicht nur als Kind und Jugendlicher eine besondere Vorliebe für Karl May empfunden zu haben. 1933/34 soll er alle Bände von Karl May angeblich »noch einmal« gelesen haben.[179]

Zwar hat auch Hitler selbst häufig davon gesprochen, daß er »sehr viel gelesen« und »studiert« hätte; aber in fast allen Fällen handelte es sich bei solchen Äußerungen um recht allgemeine Andeutungen, die eine solide Grundlage für eine verbindliche Schlußfolgerung nicht bieten können. Nachdem er von 1919 bis 1921 die sehr umfangreiche »nationalsozialistische Bibliothek« des Münchener Nationalsozialisten Dr. Friedrich Krohn durchgearbeitet hatte, erklärte er beispielsweise am 29. November 1921: »[...] von 20 bis 24 hatte ich mich mehr und mehr mit politischen Dingen beschäftigt, weniger durch Besuch von Versammlungen als vielmehr durch gründliches Studium volkswirtschaftlicher Lehren, so wie der damals zur Verfügung stehenden gesamten antisemitischen Literatur [...] Seit meinem 22. Jahr warf ich mich mit besonderem Feuereifer über militärpolitische Schriften und unterließ die ganzen Jahre niemals, mich in sehr eindringlicher Weise mit der allgemeinen Weltgeschichte zu beschäftigen.«[180] Davor, so behauptete er im selben Zusammenhang, habe er sich mit Kunstgeschichte, Kulturgeschichte, Baugeschichte und mit politischen Problemen auseinandergesetzt.

Hans Frank berichtet in seiner Lebensbeichte *Im Angesicht des Galgens*, daß Hitler sich während seiner Landsberger Festungshaft, zu der er nach dem Putsch vom 9. November 1923 verurteilt wurde, besonders zum Beispiel mit Nietzsche, Treitschke, Chamberlain, Ranke, Marx, Bismarck *(Gedanken und Erinnerungen)* und anderen Denkern und Poli-

178 Greiner, S. 83.
179 Dietrich, Otto: Zwölf Jahre mit Hitler. München 1955, S. 164. Vgl. auch: Libres propos sur la guerre et la paix. Paris 1952, S. 306.
180 Hitler am 29. November 1921 an einen Adressaten, den er nicht mit Namen, sondern mit »Lieber Herr Doktor« anredet (Abschrift, Maschinenschrift). Er beruft sich dabei auf Dietrich Eckart als Mittelsmann. Als prägend für seine Entwicklung zeigt er in dieser Kurzbiographie auf: 1: 5 Klassen Volksschule, 4 Klassen Realschule; 2: die Tätigkeit »als gewöhnlicher Arbeiter«; 3: ausführliches Literaturstudium; 4: Kriegsdienst; 5: seine Tätigkeit nach 1918. Ehemaliges Hauptarchiv der NSDAP, Bundesarchiv Koblenz, NS 26/17 a. Dok. im Anhang zitiert.

tikern befaßt und auch »viele bis dahin veröffentlichte Kriegserinnerungen deutscher und alliierter Feldherrn und Staatsmänner«[181] gelesen habe. Er betrachtete Landsberg denn auch als seine »Hochschule auf Staatskosten«.[182]

Hermann Esser, der mit Hitler seit Herbst 1919 in einer Dienststelle der Reichswehr zusammenarbeitete und von 1921 bis 1924 einer der einflußreichsten Mitarbeiter Hitlers in der NSDAP war, beurteilte Hitlers Art, Bücher zu lesen, wie folgt: »Hitler las ungeheuer viel. Er war zwar nicht in der Lage, mehr als eine Stunde am Schreibtisch zu sitzen, lag jedoch ganze Nächte hindurch wach und arbeitete Bücher und Schriften durch. Auf seine Art war er sehr gewissenhaft. Kritiklos übernahm er nichts, besonders dann nicht, wenn die Aussagen nicht in sein Bild hineinpaßten.«[183]

Ein kontinuierliches Studium betrieb er offensichtlich auch nicht, und niemals studierte er ohne Zorn und Eifer. Bis Sommer 1921 (und dann besonders von Dezember 1923 bis Dezember 1924) hat er zweifellos mehr gelesen als die meisten Akademiker seines Alters. In der Zeit von August 1921 bis November 1923 blieb ihm wenig Zeit zum Literaturstudium, da er sich während der Phase total in den Dienst seiner Partei stellte. Seine besonders artikulierte Belesenheit und sein hervorragendes Gedächtnis verblüfften viele gebildete bürgerliche und adelige Gönner, die ihn und seine Partei unterstützten, weil sie ihm – nicht nur wegen seiner Rednergabe – zutrauten, eine Änderung der politischen Verhältnisse in Deutschland herbeiführen zu können. In Notizen und Dispositionen für Reden – vor 1924 gab es kaum ein politisch artikulierbares Thema, über das er nicht sprach – finden sich im Vergleich zu später überraschend häufig Hinweise, die eine umfangreiche Literaturkenntnis bezeugen.

In der 1924 im Hoheneichen-Verlag in München erschienenen Broschüre *Der Bolschewismus von Moses bis Lenin. Zwiegespräch zwischen Adolf Hitler und mir*, einer unvollendeten Arbeit des Hitler-Freundes Dietrich Eckart, werden sechs größere Werke immer wieder als bekannt vorausgesetzt und genannt: Otto Hauser: *Geschichte des Judentums*, Werner Sombart: *Die Juden und das Wirtschaftsleben*, Henry Ford:

181 Frank, S. 46.
182 ebenda.
183 persönliche Auskunft, 1953.

Der internationale Jude, Gougenot des Mousseaux: *Der Jude, das Judentum und die Verjudung der christlichen Völker* (1920 von Alfred Rosenberg ins Deutsche übersetzt), Theodor Fritsch: *Handbuch der Judenfrage* und Friedrich Delitzsch: *Die große Täuschung.* Die *Archives Israelites,* der *Jewish Chronicle* und die *Jewish World* werden als Zeitungen zitiert. Vielfach erscheinen Hinweise auf das Alte Testament und auf den Talmud.

Die häufigen Zitate aus Werken Ciceros, Thomas von Aquins, Luthers, Goethes und Fouriers sagen wenig über den Grad der Kenntnis. Daß Hitler dagegen Schopenhauer gut kannte, der während des Gespräches mit Eckart ebenfalls oft genannt wird, ist erwiesen. Sehr wahrscheinlich hat er auch Werner Sombarts *Die Juden und das Wirtschaftsleben* auf seine Weise durchgearbeitet, ebenso das Buch des österreichischen Juden Ludwig Gumplowicz, *Der Rassenkampf* (Innsbruck 1883) und vermutlich auch Georges Vacher de Lapouge *(L'Aryen, son rôle social,* 1899; deutsche Übersetzung 1939: *Der Arier und seine Bedeutung für die Gemeinschaft),* dessen »Erkenntnisse«: »Der Gedanke der Gerechtigkeit [...] ist ein Trug. Es gibt nichts als Gewalt« (S. 349) und »Die Rasse, die Nation ist alles« (S. 340), in Hitlers Denken seit der Wiener Zeit eindeutig nachweisbar sind.

Mit Ratzels, Haushofers und Mackinders Theorien vom Lebensraum war er zweifellos vertraut. Dagegen bezeugt die gelegentliche Wiedergabe des Mommsen-Wortes über die Juden als Ferment der Dekomposition (in *Mein Kampf* z. B. S. 743) noch nicht, daß er auch Mommsens Werk wirklich kannte. Inwieweit er mit Treitschke und Fichte vertraut war, läßt sich ebenfalls nicht zweifelsfrei nachweisen.

Meistens gab Hitler die Ergebnisse seines Literaturstudiums als die ausschließliche Bilanz eigener Überlegungen aus. In der Tat waren seine Analysen geschichtlicher Zusammenhänge gelegentlich so originell, daß schwer herauszulesen ist, woher die Einflüsse wirkten. So erscheint in seiner (auf Jesaja 19, 2–3 und Exodus 12, 38 verweisenden) Deutung beispielsweise der Auszug der Josephstämme unter Moses Führung aus Ägypten im Rahmen der bis Ende 1923 mit Eckart geführten Gespräche (die in der von Eckart überlieferten Form einen Anspruch auf ein akzeptables intellektuelles Niveau nicht erheben können, wenn einige Feststellungen auch durch Originalität überraschen) als die Folge eines hinterhältigen revolutionären Anschlages der Juden auf die ägyptische

Führungsschicht und Moses als der erste Führer des Bolschewismus (S. 6–7).

Die Tatsache, daß Hitler von August 1921 bis November 1923 große Erfolge als Redner und Parteipolitiker auch ohne besondere (Literatur-) Vorbereitungen erzielen konnte, hat seine vielleicht bereits seit seiner Wiener Zeit vorhandene Auffassung bestärkt, daß in der praktischen Politik mit zündenden Reden, eindringlichen Appellen, leicht einprägsamen Erklärungen und Schlagworten wie beispielsweise »Freiheit, Gleichheit, Brüderlichkeit« und »Alle Macht den Sowjets« mehr begonnen werden könnte als mit gründlichen akademischen Analysen und Hinweisen auf weiterführende Literatur. Infolge seiner Erfahrungen hat er dem gesprochenen Wort in *Mein Kampf* eine wesentlich größere Bedeutung zuerkannt als den »limonadigen Ergüssen ästhetisierender Literaten«,[184] die er geringschätzig und boshaft als »schriftstellernde Ritter und Gekken«[185] bezeichnete, wenn sie anderer Meinung waren als er selbst.

Sein einseitig akzentuiertes Geschichtsbild hat Hitler bereits in der Realschule unter dem Einfluß seines Geschichtslehrers Professor Dr. Leopold Poetsch zu formen begonnen. Der als Vertreter der Deutschnationalen im Linzer Gemeinderat politisch aktive Poetsch hatte seine Schüler mit den Theorien des Alldeutschen Verbandes zu infizieren und darüber hinaus zu österreichfeindlichen »Landeskindern« zu erziehen verstanden. Hitler selbst sagte: »Wer konnte auch unter einem solchen Lehrer deutsche Geschichte studieren, ohne zum Feinde des Staates zu werden, der durch sein Herrscherhaus in so unheilvoller Weise die Schicksale der Nation beeinflußte?«[186] Hitlers Feststellung allerdings, daß er bereits in der Schule in Linz die »Geschichte ihrem Sinne nach verstehen und begreifen«[187] gelernt und erkannt habe, daß »Geschichte ›lernen‹ [. . .] die Kräfte suchen und finden heißt, die als Ursachen zu jenen Wirkungen führen, die wir dann als geschichtliche Ereignisse vor unseren Augen sehen«,[188] dürfte nichts weiter als eine nachträgliche Konstruktion sein.

Durch den unheilvollen Einfluß von Poetsch, dessen nationalisti-

184 Hitler, S. 116.
185 ebenda.
186 ebenda, S. 13.
187 ebenda, S. 8.
188 ebenda, S. 12.

sche Einstellung im deutsch-slawischen Sprachraum im Süden des Landes geformt worden war, begann Hitler nach seinen eigenen Worten »von nun an [...] mehr und mehr für alles, was irgendwie mit Krieg oder doch mit Soldatentum zusammenhing«,[189] zu schwärmen. Einer seiner Mitschüler, der spätere Abt Balduin von Wilhering, bestätigte diese Feststellung mit den Worten »Kriegsspiel'n war ihm das Liebste«[190] und schilderte seinen Schulkameraden Adolf Hitler als humorlosen, ernsten, leicht verletzbaren und empfindlichen Knaben. Ein anderer Mitschüler, Weinberger, bezeugte Hitlers Hang zu kriegerischen Spielen mit der Erklärung, daß die Schüler von Leonding und Untergamberg häufig gegeneinander »Krieg« führten: »Wir Leondinger waren unter Führung Hitlers die Buren, die Untergamberger waren die Engländer.«[191] Kubizek, der der Welt nach 1938 einen im Grunde friedliebenden, zartfühlenden Hitler vorstellen wollte, behauptet dagegen, daß der junge Hitler »nicht das geringste«[192] von dem wissen wollte, »was irgendwie mit Krieg oder doch Soldatentum zusammenhing«[193] und erklärt, daß Hitler diese Tendenz offensichtlich erst während seiner Haft in Landsberg in seine Jugendzeit zurückprojiziert hätte.[194] Die gelegentlichen Hinweise Hitlers auf die bei ihm bereits zur Schulzeit vorhandenen rednerischen Fähigkeiten werden von Mitschülern ebenfalls bestätigt. Hitler selber sah die Konsequenz wie folgt: »Ich glaube, daß schon damals mein rednerisches Talent sich in Form mehr oder minder eindringlicher Auseinandersetzungen mit meinen Kameraden schulte. Ich war ein kleiner Rädelsführer geworden.«[195] Ein allgemein bekanntes Foto, das Hitler mit seinen Mitschülern der 4. Volksschul-Klasse zeigt, spricht für sich. Schon da ist er in Habitus und Pose: der »Führer«.

Alldeutsch ausgerichtet, mit den Sozialdemokraten sympathisierend, Gegner des Antisemitismus,[196] Verehrer des Parlaments und außerordentlich kunstinteressiert[197] war er angeblich, als er im Februar 1908

189 ebenda, S. 4.
190 Orr, Revue Nr. 40 vom 4. Oktober 1952, S. 35.
191 Maschinenschrift (Original). Ehemaliges Hauptarchiv der NSDAP, Bundesarchiv Koblenz, NS 26/17 a.
192 Kubizek, S. 111.
193 ebenda.
194 ebenda.
195 Hitler, S. 3.
196 Vgl. S. 96 ff.
197 Vgl. S. 62 ff.

nach Wien ging. »Daß ich nebenbei auch das größte Interesse für alles, was mit Politik zusammenhing, besaß«, schreibt er in *Mein Kampf*, schien »mir nicht viel zu bedeuten. Im Gegenteil: dies war in meinen Augen ja die selbstverständliche Pflicht jedes denkenden Menschen überhaupt. Wer dafür kein Verständnis besaß, verlor eben das Recht zu jeglicher Kritik und jeglicher Beschwerde«, sagte er und folgerte: »auch hier las und lernte ich also viel«.[198]

Seine Wendung »nebenbei« ist hier deplaziert; denn offensichtlich nahm die Beschäftigung mit der Politik in Wien einen großen Teil seiner Zeit in Anspruch. Kubizek rekonstruierte: »Man kann es etwa so formulieren: Die Linzer Jahre standen im Zeichen der Kunst, die nachfolgenden Wiener Jahre im Zeichen der Politik.«[199] Das betont mitgeteilte Interesse »für alles, was mit Politik zusammenhing«, hat Hitler jedoch nicht dazu veranlaßt, sich vorurteilslos, intensiv und systematisch mit politischen Detailfragen auseinanderzusetzen. Er befaßte sich offenbar, wie aus einigen Bemerkungen in *Mein Kampf* herauszulesen ist, intensiv immer nur mit den Problemen, denen er nicht ausweichen konnte.

Die politische Situation der Donaumonarchie zu Beginn des zwanzigsten Jahrhunderts bot Hitler in Wien eindrucksvolle Möglichkeiten zur theoretischen Auseinandersetzung mit der Politik. Daß er sein besonderes Interesse zunächst auf die politischen Strömungen richtete, die in der Angliederung Österreichs an das Deutsche Reich ihr Ziel sahen, war zum großen Teil von seinen Linzer Schuleindrücken abhängig. Mit einiger Sicherheit kann sein Linzer Geschichtslehrer Poetsch bereits als ein bewußter Schönerer-Anhänger bezeichnet werden. Daß Hitler in Wien alles überspitzt sah, hing wahrscheinlich weniger von seiner Jugend als von seinem Charakter ab. Die 1902 von Georg Ritter von Schönerer gegründete Alldeutsche Partei für Österreich und Böhmen interessierte ihn bereits seit seiner Linzer Schulzeit, in der er eifrig die alldeutsch-antisemitischen *Linzer Fliegenden Blätter* las.[200] Auf die Möglichkeiten zur Umsetzung und Elementarisierung politischer Tendenzen in die praktische Politik wurde er bis März 1910 täglich durch die Politik des profilierten Wiener Bürgermeisters und Führers der Christlich-Sozialen Partei, Karl Lueger, hingewiesen. Mit den österreichischen Sozialdemokra-

198 Hitler, S. 36.
199 Kubizek, S. 104.
200 Vgl. S. 99, 103 und Anm. 236.

ten[201] und Gewerkschaften[202] mußte er sich notgedrungen auseinandersetzen, nicht nur als er kurzfristig auf Baustellen als Hilfsarbeiter tätig war. Die Erkenntnisse und Schlüsse allerdings, die er bereits zu jener Zeit aus seinen Beobachtungen und Überlegungen gezogen zu haben vorgibt,[203] dürften zum Teil indes aus den Nachkriegsjahren stammen. In *Mein Kampf* gesteht er selbst einmal: »Wenn ich nun versuchen will, die Reihe meiner damaligen Empfindungen heute wiederzugeben, so kann dies niemals auch nur annähernd vollständig sein; nur die wesentlichsten [...] Eindrücke sollen hier dargestellt werden mit den wenigen Lehren, wie ich sie in dieser Zeit schon zog.«[204] Es ist nicht sehr wahrscheinlich, daß Poetsch seinem Schüler Hitler bereits in der Schule ein so sicheres politisches Urteilsvermögen vermittelte, daß Hitler über seine Wiener Zeit behaupten konnte, daß ihm Schönerer »schon damals [...] als [sic!] der bessere und gründlichere Denker [als Lueger] in prinzipiellen Problemen zu sein schien«.[205]

Georg Ritter v. Schönerer, der wie Hitler aus der Nähe von Spital stammte, repräsentierte den Teil der Bevölkerung im Rahmen der Donaumonarchie, der in den Grenzbezirken lebte und ein besonders betontes Deutschbewußtsein im täglichen politischen Leben zur Schau trug. Sein Nationalismus im Nationalitätenstaat, dem »Rassenbabylon«, wie Hitler sich oft ausdrückte, wurde von einem affektgeladenen »Deutschbewußtsein« getragen, das Objektivität nicht duldete. Die im Grenzland entwickelten politischen Methoden haben die Agitatoren des Alldeutschen Verbandes in einfache Formeln zu kleiden und bereits vor dem I. Weltkrieg auch nach Deutschland zu übertragen versucht.[206] Bei Adolf Hitler sind sie in Wien auf aufnahmebereiten Boden gefallen.

Als Hitler nach Wien kam, war die Konzeption der Österreich-Politik des Alldeutschen Verbandes im Deutschen Reich eben erst aus der gewiß nicht mäßigend wirkenden Hand des Professors für Statistik an der Leipziger Universität, Ernst Hasse, in die geradezu brutale und rigorose Obhut des Mainzer Rechtsanwalts Heinrich Claß gelangt. Während Hasse zunächst noch relativ vorsichtig erklärte, daß es dem All-

201 Vgl. S. 107 ff.
202 Vgl. S. 107 ff.
203 Hitler, S. 107 ff. Vgl. dazu auch Tafel 4 und S. 106.
204 Hitler, S. 24.
205 ebenda, S. 107.
206 Vgl. Ritter, S. 146.

deutschen Verband »weder auf die Zertrümmerung noch auf den Wiederaufbau des Donaustaates«[207] ankäme, und daß ihm »der Fortbestand dieses Gebildes [...] das Liebste« und das »Entscheidende [...] die Zukunft des deutschen Volkstums in diesem [...] kolonialen Grenzlande«[208] wäre, hatten sich parallel mit der immer rücksichtsloser werdenden imperialistischen Politik auch die Parolen und Forderungen des Alldeutschen Verbandes entwickelt. Es war nicht schwer vorauszusagen, daß es bald nicht mehr wie bis dahin »hie Hohenzollern, hie Habsburg«, sondern »Hohenzollern und Habsburg, Habsburg und Hohenzollern«[209] heißen sollte, wie Heinrich Claß es 1909 auf dem Alldeutschen Verbandstag in Schandau formulierte. Weder Hasse noch Claß wollten auf die nichtdeutschen Länder der Donaumonarchie verzichten. Während Hasse eine staatsrechtliche Vereinigung ohne Vernichtung Österreichs für möglich hielt und seine politischen Äußerungen von diesen Gedanken leiten ließ, trat Claß für die bundesrechtliche Vereinigung Österreichs mit dem Deutschen Reich ein.

In dem Maße, in dem Hitler sich innerlich von der Alldeutschen Bewegung in Österreich entfernte, näherte er sich den Vorstellungen des Alldeutschen Verbandes, der allgemein folgendes Programm verfocht: »1. Belebung des vaterländischen Bewußtseins in der Heimat und Bekämpfung aller nationalen Entwicklung entgegengesetzten Richtungen. 2. Lösung der Bildungs-, Erziehungs- und Schulfragen im Sinne des deutschen Volkstums. 3. Pflege und Unterstützung deutsch-nationaler Bestrebungen in allen Ländern, wo Angehörige unseres Volkes um die Behauptung ihrer Eigenart zu kämpfen haben, und Zusammenfassung aller Deutschen auf der Erde für diese Ziele. 4. Förderung einer tatkräftigen deutschen Interessenpolitik in Europa und Übersee, insbesondere auch Fortführung der deutschen Kolonialbewegung zu praktischen Ergebnissen.«[210] In den Schriften *Großdeutschland* und *Deutsche Weltpolitik* wurde deutlich formuliert, was im Punkt 4 der Satzungen nur sehr allgemein gehalten worden war. In »Großdeutschland« sollten eingegliedert

207 Hasse, Ernst: Deutsche Weltpolitik. München 1897, H. 5, zit. aus Bd. 1, H. 3, S. 146.
208 ebenda.
209 Zit. aus Sondernummer der *Alldeutschen Blätter*, 1909.
210 Salomon, F.: Die deutschen Parteiprogramme. Berlin 1932. Zit. nach Schreiner, Albert: Zur Geschichte der deutschen Außenpolitik 1871–1945. (Ost-)Berlin 1952, S. 172.

werden: 1. das »kleindeutsche Kaiserreich nebst Luxemburg; 2. Holland und Belgien; 3. der deutsche Teil der Schweizer Eidgenossenschaft; 4. das österreichische Kaiserreich.«[211] Hasse forderte 1895, daß »Großdeutschland« sich bis zum Persischen Golf erstrecken sollte.[212] Einbezogen sehen wollten die Alldeutschen jedoch auch die ganze Schweiz, die Balkan-Halbinsel, Kleinasien und die 7 östlichen französischen Departements.

Schönerers »Bewegung« war weder als Organisation noch als ideologisch ausgerichtete Partei mit dem Alldeutschen Verband im Deutschen Reich zu identifizieren. Der österreichische Alldeutsche Verband forderte den Anschluß Österreichs an das Deutsche Reich unter Verzicht auf die nichtdeutschen Länder der Donaumonarchie, wodurch er sich in Widerspruch zu den Alldeutschen des Deutschen Kaiserreiches setzte. Bevor der antisemitische Heinrich Claß »im Februar 1908 [...] einstimmig«[213] zum Führer des Alldeutschen Verbandes gewählt wurde, hatte Schönerer seine Bewegung bereits mit »dem Antisemitismus und der Parole ›Los von Rom!‹ – in Verbindung«[214] gebracht, die später in der NSDAP eine wesentliche Rolle spielten. Allerdings ist auch der Alldeutsche Verband im Deutschen Reich nicht erst nach 1908 mit antisemitischen Strömungen durchsetzt worden. Zwar hatte eine alldeutsche Protestwelle gegen Schönerer eingesetzt, als er seiner Fraktion den Namen »Alldeutsche Vereinigung« gab und sie mit »Sonderzielen«[215] in Verbindung zu bringen versuchte, doch waren die Proteste nicht durch die betont antisemitischen Ideen Schönerers ausgelöst worden.

Im Februar 1919 propagierte der Alldeutsche Verband auf seiner »Bamberger Tagung« den biologischen Antisemitismus. In Punkt 5 des Programms hieß es: »Bekämpfung des jüdischen, zersetzenden, verhetzenden Einflusses, einer Rassenfrage, die mit Glaubensfragen gar nichts zu tun hat.«[216] Seitdem der Alldeutsche Ludwig Schemann den in den fünfziger Jahren des neunzehnten Jahrhunderts entstandenen *Essai sur*

211 Hammann, Otto: Der neue Kurs. Berlin 1918, S. 165.
212 Vgl. Schreiner (siehe Anm. 210), S. 173.
213 Werner, S. 38.
214 ebenda, S. 127.
215 Damit waren besonders gemeint: der Antisemitismus und die sogenannte »Los von Rom«-Parole.
216 Vgl. Kuczynski, Jürgen: Studien zur Geschichte des deutschen Imperialismus. (Ost)-Berlin 1948/1950, S. 28. Vgl. auch Werner, S. 127.

l'inégalité des races humaines (Versuch über die Ungleichheit der Menschenrassen) des Grafen Gobineau ins Deutsche übersetzt und Houston Stewart Chamberlains *Grundlagen des 19. Jahrhunderts* erschienen waren, hatten sich sofort auch im Alldeutschen Verband die Verfechter des Rassengedankens zu Wort gemeldet. An »die Stelle der herrschenden liberalen Lehre von der Gleichheit alles dessen, was Menschenantlitz trägt« war »das Verständnis für die Bedeutung der rassenmäßigen Zusammensetzung einer Nation«[217] getreten. Gobineau und Chamberlain, bei den Alldeutschen besonders verehrt, sind Namen, die später auch bei den Nationalsozialisten neben Oswald Spengler, Othmar Spann und Adam Müller eine Rolle spielten. Zwar hatte Hasse schon in seiner Publikation *Deutsche Weltpolitik*[218] festgestellt, daß »unsere Zukunft [...] im Blute« liege und daß es wundersam genug sei, »daß man diese scheinbar einfache Tatsache so lange Zeit wenig beachtet«[219] habe, doch hatte er sich 1902 noch gegen die Einbeziehung des Antisemitismus in die Verbandsarbeit gewandt, weil in diesem Punkt zunächst eine Übereinstimmung innerhalb des Verbandes noch nicht herrschte. Mit der Übernahme des Vorsitzes durch den Mainzer Rechtsanwalt Claß einerseits und durch die Entscheidungen in der »Bamberger Erklärung« andererseits waren jedoch bereits offiziell die Voraussetzungen gegeben, den jüdischen Einfluß »auf dem Gebiete innerpolitischer, sittlicher und kultureller Fragen [...] zurückzudämmen«[220] und den biologischen Antisemitismus zum Bestandteil des Programms zu erheben.

Nach Kubizek hat Hitler sich in seiner Wiener Zeit des öfteren selbst als »mit Leib und Seele Schönerianer«[221] bezeichnet; aber der Alldeutschen Bewegung Schönerers schloß er sich nicht an. Vielmehr kritisierte der existenzlose junge Mann sie, zu wenig sozialistisch und damit nicht fähig zu sein, die breiten Massen zu gewinnen. Außerdem verurteilte er den »taktisch« falschen Kampf gegen eine bestimmte Konfession.[222] Den Antisemiten Karl Lueger, den er den gewaltigsten deutschen Bür-

217 Werner, S. 82.
218 Vgl. Anm. 207.
219 Hasse, Bd. 1, H. 4, S. 46.
220 Alldeutsche Blätter, 1919, Nr. 9.
221 Kubizek, S. 297.
222 In *Mein Kampf* schreibt Hitler (S. 127): »Dem politischen Führer haben religiöse Lehren und Einrichtungen seines Volkes immer unantastbar zu sein, sonst darf er nicht Politiker sein, sondern soll Reformator werden, wenn er das Zeug hierzu besitzt!«

germeister aller Zeiten[223] nannte, bewunderte er; aber auch Luegers Partei blieb er fern. Ihn störten Luegers »Bindungen an den Klerus, der in die Politik dauernd eingriff«,[224] wie Kubizek sich erinnert. Hitler selbst jedoch sagte: Luegers »unendlich klug ausgestaltetes Verständnis zur katholischen Kirche [...] gewann ihm [...] die jüngere Geistlichkeit in einem Umfange, daß die alte klerikale Partei entweder das Kampffeld zu räumen gezwungen war oder, noch klüger, sich der neuen Partei anschloß, um so langsam Position um Position wieder zu gewinnen.«[225] Hitler warf Lueger dagegen vor, in der Frage des Antisemitismus im konfessionellen Streit verharrt zu sein und das nationalistische Element zur Änderung des deutschen Schicksals zu wenig beachtet zu haben.[226] So fand »Adolf in dieser Zeit für die Ideale, die ihn erfüllten, nirgends eine geistige Heimat. Er blieb in seinem politischen Denken ein Einsamer.«[227]

Mitglied wurde er nur beim Antisemitenbund.[228] Einige seiner Linzer Lehrer,[229] die von ihm aufmerksam beobachteten Antisemiten Georg Ritter v. Schönerer und Dr. Karl Lueger, dessen Familie ebenfalls aus Niederösterreich stammte, und falsche Schlüsse aus Erlebnissen, Beobachtungen und theoretischen Studien in Wien haben den jungen Hitler auf den Weg zum aktivistischen Antisemitismus geführt. Er selbst schildert den Vorgang der Entwicklung zu dieser primitiven und krankhaften Einstellung, die er fälschlich den Sieg des Verstandes über das Gefühl[230] nennt, relativ ausführlich. Es lohnt sich, seine Darstellung zu lesen:

»Es ist für mich heute schwer [...] zu sagen, wann mir zum ersten Male das Wort ›Jude‹ Anlaß zu besonderen Gedanken gab. Im väterlichen Hause erinnere ich mich überhaupt nicht, zu Lebzeiten des Vaters das Wort auch nur gehört zu haben. Ich glaube, der alte Herr würde schon in der besonderen Betonung dieser Bezeichnung eine kulturelle Rückständigkeit erblickt haben. Er war im Laufe seines Lebens zu [...] weltbürgerlichen Anschauungen gelangt [...] Auch in der Schule fand

223 ebenda, S. 59.
224 Kubizek, S. 297.
225 Hitler, S. 109.
226 ebenda, S. 108 f.
227 Kubizek, S. 297.
228 Vgl. Kubizek, S. 301.
229 Besonders Prof. Poetsch. Vgl. dazu auch Kubizek, S. 112 f.
230 Hitler, S. 59.

ich keine Veranlassung, die bei mir zu einer Veränderung dieses übernommenen Bildes hätte führen können.

In der Realschule lernte ich wohl einen jüdischen Knaben kennen, der von uns allen mit Vorsicht behandelt wurde [...] irgendein Gedanke kam mir dabei so wenig wie den anderen. Erst in meinem vierzehnten bis fünfzehnten Jahre stieß ich öfters auf das Wort Jude, zum Teil im Zusammenhange mit politischen Gesprächen. Ich empfand dagegen eine leichte Abneigung und konnte mich eines unangenehmen Gefühls nicht erwehren, das mich immer beschlich, wenn konfessionelle Stänkereien vor mir ausgetragen wurden.

Als etwas anderes sah ich aber damals die Frage nicht an.

Linz besaß nur sehr wenig Juden.[231] Im Laufe der Jahrhunderte hatte sich ihr Äußeres europäisiert und war menschlich geworden; ja ich hielt sie sogar für Deutsche. Der Unsinn dieser Einbildung war mir wenig klar, weil ich das einzige Unterscheidungsmerkmal ja nur in der fremden Konfession erblickte. Daß sie deshalb verfolgt worden waren, wie ich glaubte, ließ manchmal meine Abneigung gegenüber ungünstigen Äußerungen über sie fast zum Abscheu werden [...]
So kam ich nach Wien.

Befangen von der Fülle der Eindrücke auf architektonischem Gebiete [...] besaß ich in der ersten Zeit keinen Blick für die innere Schichtung des Volkes in der Riesenstadt [...]. Erst als allmählich die Ruhe wiederkehrte und sich das aufgeregte Bild zu klären begann, sah ich mich in meiner neuen Welt gründlicher um und stieß nun auch auf die Judenfrage [...] Noch sah ich im Juden nur die Konfession und hielt deshalb aus Gründen menschlicher Toleranz die Ablehnung religiöser Bekämpfung auch in diesem Falle aufrecht. So erschien mir der Ton, vor allem

231 Aufschlußreich ist hier die Darstellung von Kubizek (S. 112 f.): »Bei der Darstellung der Schulzeit wird verschwiegen, daß es an der Realschule ausgesprochen antisemitisch eingestellte Lehrer gab, die auch vor den Schülern ihren Judenhaß offen bekannten. Schon der Realschüler Hitler muß also von den politischen Aspekten der Judenfrage einiges geahnt haben. Ich kann es mir gar nicht anders denken; denn als ich Adolf Hitler kennenlernte, war er bereits ausgesprochen antisemitisch eingestellt. Ich erinnere mich genau, wie wir einmal, als wir durch die Bethlehemstraße gingen und an der kleinen Synagoge vorbeikamen, er zu mir sagte: ›Das gehört nicht nach Linz.‹ Meiner Erinnerung nach ist Adolf Hitler bereits als ausgeprägter Antisemit nach Wien gekommen. Er brauchte es nicht erst zu werden, wenngleich die Erlebnisse in Wien ihn über diese Fragen noch radikaler denken ließen als bisher.«

der, den die antisemitische Wiener Presse anschlug, unwürdig der kulturellen Überlieferung eines großen Volkes. Mich bedrückte die Erinnerung an gewisse Vorgänge des Mittelalters, die ich nicht gerne wiederholt sehen wollte. Da die betreffenden Zeitungen allgemein als nicht hervorragend galten [...] sah ich in ihnen mehr die Produkte ärgerlichen Neides als Ergebnisse einer grundsätzlichen, wenn auch falschen Anschauung überhaupt.«[232]

Kubizek dagegen ist überzeugt,[233] daß Hitlers Vater keineswegs Weltbürger, sondern Schönerianer und damit »entschieden«[234] Antisemit gewesen sei. Und auch die Behauptungen Hitlers, daß er in der Schule antisemitische Tendenzen nicht kennengelernt habe (sein Deutschlehrer in Steyr, Robert Siegfried Nagel, war Jude; NS 26/17a), wird von Kubizek bestritten. Kubizek erinnert sich, daß Hitler bereits »ausgesprochen antisemitisch eingestellt«[235] gewesen sei, als sie sich 1904 kennenlernten, zur Zeit also, in der Hitler noch die Schule besuchte. Nach Aussagen gut informierter Zeugen hat Hitler bereits während seiner Linzer Realschulzeit die alldeutsch und radikal antisemitisch ausgerichteten *Linzer Fliegenden Blätter* ständig aufmerksam gelesen.[236]

Hitler brauchte in Wien nicht erst Antisemit zu werden. Sicher stimmt, daß er sich in Wien ausführlicher als in Linz mit diesen Fragen beschäftigte. Nach seinen Aufzeichnungen in *Mein Kampf* las er in Wien vor seiner »Bekehrung« zum Antisemiten besonders die in jüdischen Händen befindliche *Neue Freie Presse* und das *Wiener Tageblatt*, die ihm wegen ihres vornehmen Tones und wegen der »Objektivität der Darstellung im einzelnen«[237] zunächst imponierten. Nur fand er, daß diese Presse eine geradezu sklavische Buhlpolitik um den Hof trieb, »vor dem letzten Hofgaul noch die ehrerbietigste Verbeugung riß und über ein zufälliges Schweifwedeln außer Rand und Band geriet«.[238] Was »mir weiter auf die Nerven ging«, schrieb er, »war der [...] widerliche Kult, den die große Presse schon damals mit Frankreich trieb. Man mußte sich

232 Hitler, S. 54 ff.
233 Kubizek, S. 112.
234 ebenda.
235 ebenda, S. 113.
236 Maschinenschrift. Ehemaliges Hauptarchiv der NSDAP, Bundesarchiv Koblenz, NS 26/17 a. Herausgeber der *Linzer Fliegenden Blätter* war Sepp Bayer.
237 Hitler, S. 56.
238 ebenda, S. 57 f.

geradezu schämen, Deutscher zu sein«.[239] So griff der alldeutsch eingestellte Hitler zu Zeitungen, die seiner Auffassung mehr entsprachen. Bei der Lektüre des betont antisemitisch eingestellten *Deutschen Volksblattes*, das ihn besonders auch auf Karl Lueger und dessen Partei aufmerksam machte, gewann er den Eindruck, daß diese Zeitung »etwas reinlicher«[240] als die große Wiener Presse wäre, weil sie beispielsweise darauf verzichtete, den deutschen Kaiser anzugreifen, in dem Hitler »nicht nur den Deutschen Kaiser« sah, sondern »in erster Linie den Schöpfer einer deutschen Flotte«.[241] Aber ihm behagte, wie er später behauptete, anfänglich der scharfe antisemitische Ton des *Volksblattes* nicht. Doch begann er sich durch dieses Blatt mit Lueger und der Christlich-Sozialen Partei zu beschäftigen, die er noch entschieden abgelehnt hatte, als er nach Wien gekommen war. Aus dem Feinde[242] Luegers war durch einen besonders artikulierten Bildungsprozeß ein Bewunderer Luegers geworden.[243] Hitler, der in dieser Wandlung vor allen Dingen einen Fortschritt in der Erkenntnis und Beurteilung des Judentums erblickte,[244] sagte dazu:

»Wenn dadurch langsam auch meine Ansichten in bezug auf den Antisemitismus dem Wechsel der Zeit unterlagen, dann war dies wohl meine schwerste Wandlung überhaupt.

Sie hat mir die meisten inneren seelischen Kämpfe gekostet, und erst nach monatelangem Ringen zwischen Verstand und Gefühl begann der Sieg sich auf die Seite des Verstandes zu schlagen. Zwei Jahre später war das Gefühl dem Verstande gefolgt, um von nun an dessen treuester Wächter und Warner zu sein.

In der Zeit dieses bitteren Ringens zwischen seelischer Erziehung und kalter Vernunft hatte mir der Anschauungsunterricht der Wiener Straße unschätzbare Dienste geleistet. Es kam die Zeit, da ich nicht mehr wie in den ersten Tagen blind durch die mächtige Stadt wandelte, sondern mit offenem Auge außer den Bauten auch die Menschen besah.

Als ich einmal so durch die innere Stadt strich, stieß ich plötzlich auf eine Erscheinung in langem Kaftan mit schwarzen Locken.«[245]

239 ebenda, S. 58.
240 ebenda.
241 ebenda, S. 57.
242 ebenda, S. 58.
243 ebenda, S. 59.
244 ebenda.
245 ebenda.

Kubizek vervollständigt das Bild durch die Mitteilung, daß Hitler, der während seines Wiener »Juden-Studiums« selbst eine Synagoge besucht haben soll,[246] sich eines Tages freiwillig bei der Polizei als Zeuge gegen einen festgenommenen »Handelee« (mit Kaftan und Stiefeln bekleidete Ostjuden, die auf Straßen und Plätzen mit Knöpfen, Schnürsenkeln, Hosenträgern und entsprechenden Dingen handelten) gemeldet habe. In den Taschen des »Handelee«, der nach Kubizek gegen das Verbot verstoßen haben soll, Passanten anzubetteln, soll die Polizei 3 000 Kronen gefunden haben.[247]

Hitler, der das Erlebnis mit diesem »Handelee« auf alle Juden übertrug, studierte nach eigenen Angaben besonders seitdem antisemitische Schriften, um sich eingehend über »die Juden« zu informieren. Der in den Pamphleten vertretene Antisemitismus »schien mir so unglaublich, die Bezichtigung so maßlos zu sein, daß ich gequält von der Furcht, Unrecht zu tun, wieder ängstlich und unsicher wurde«,[248] berichtet er. Er behauptet, daß er seit der Zeit nicht mehr an einen bloß konfessionellen Unterschied zwischen Deutschen und Juden geglaubt habe, wenn er auch die Argumente in den antisemitischen Schriften nicht immer verstand; denn sie gingen (nach Hitler) »leider nur alle von dem Standpunkt aus, daß im Prinzip der Leser wohl schon die Judenfrage bis zu einem gewisse Grade mindestens kenne oder gar begreife«.[249]

Nach der Auffassung von Wilfried Daim hat es sich bei diesen Schriften um Ausgaben der seit 1905 von dem Rassenfanatiker Georg (Jörg) Lanz v. Liebenfels herausgegebenen und nicht selten mit Hakenkreuz-Abbildungen versehenen Zeitschrift *Ostara*[250] gehandelt. Die Aufgabe der Zeitschrift, die zeitweilig angeblich eine Auflagenhöhe von 100 000 Exemplaren erreicht haben soll, wurde im Heft 29 (Herbst 1908) unter Anlehnung an wegweisende Feststellungen zum Beispiel

246 Vgl. Kubizek, S. 300 f.
247 ebenda, S. 299 f.
248 Hitler, S. 60.
249 ebenda.
250 Unter Jörg Lanz v. Liebenfels' *Ostara*-Heften, die als »Bücherei der Blonden und Menschenrechtler« bezeichnet wurden, erschienen zwischen 1911 und 1914 u. a.: *Die Blonden als Musik-Schöpfer, Die Blonden als Schöpfer der Sprachen, Die Blonden als Schöpfer der technischen Kunst, Die Blonden und Dunklen im politischen Leben der Gegenwart, Die Blonden und Dunklen als Heer- und Truppenführer, Genesis oder Moses als Antisemit . . . Bekämpfer der Affenmenschen und Dunkelrassen* und *Der Aufstieg der Blonden zu Reichtum und Macht* (in Deutschland je 0,35 Mark).

in den Heften 3 (1906), 14 (1907) und 18 (1907) wie folgt beschrieben: »Die ›Ostara‹ ist die erste und einzige Zeitschrift zur Erforschung und Pflege des heroischen Rassentums und Mannesrechtes, die die Ergebnisse der Rassenkunde tatsächlich in Anwendung bringen will, um die heroische Edelrasse auf dem Wege der planmäßigen Reinzucht und des Menschenrechtes vor der Vernichtung durch sozialistische und feministische Umstürzler zu bewahren.«[251] Ein Kommentar erübrigt sich. Das Selbstzeugnis ist beredt genug.

Das eigentliche Hauptwerk des publizistisch ungemein produktiven *Ostara*-Herausgebers Lanz v. Liebenfels, der 1900 einen »Orden des Neuen Tempels« (ONT) gründete, dem nur »blond-blaue« Männer angehören durften, die sich verpflichten mußten, »blond-blaue« Frauen zu heiraten, war das 1905 erstmals erschienene und zwischen 1928 und 1930 noch einmal in den *Ostara*-Heften abgedruckte Pamphlet *Theozoologie oder Die Kunde von den Sodoms-Äfflingen und dem Götter-Elektron. Eine Einführung in die älteste und neueste Weltanschauung und eine Rechtfertigung des Fürstentums und des Adels.* »Sodoms-Äfflinge« waren für Lanz die dunklen »Minderrassigen«, die er als Pfuschwerk der Dämonen im Gegensatz zu den »blau-blonden« Arioheroikern als Meisterwerk der Götter bezeichnete, die für ihn mit elektrischen Organen und elektrischen Kraft- und Sendestationen begnadete Wesen und ältere Stammformen des Menschengeschlechts und der Menschenrasse waren. Durch rassische »Reinzucht« wollte er die nach seiner Auffassung »in den fleischlichen Särgen der Menschenleiber«[252] zwar fortlebenden, aber schlummernden Götter zum Leben erwecken und der sich aus der arioheroischen Rasse entwickelnden neuen Menschenrasse zu den einstigen göttlichen »elektro-magnetisch-radiologischen« Organen verhelfen, durch die sie »allwissend, allweise und allmächtig«[253] würde – wie einst in der Urzeit die Götter

Lanz, der den Anspruch erhob, maßgeblicher Lehrer weltgeschichtlich wirksamer Politiker zu sein, bezeichnete nicht nur Hitler,[254] sondern auch Lenin als seinen Schüler, dem er attestierte, neben Lord Kit-

251 H. 29, 1908, Rückseite des vorderen Umschlagblattes.
252 Theozoologie oder Naturgeschichte der Götter IV.: Der neue Bund und neue Gott. Wien 1929, S. 11. Zit. nach Daim, S. 91.
253 Theozoologie V.: Der Götter-Vater und Götter-Geist oder die Unsterblichkeit in Materie und Geist. Wien 1929, S. 15. Zit. nach Daim, S. 91.
254 Daim, S. 21 ff.

chener der einzige gewesen zu sein, der seine »Lehre« vor »dem Krieg [...] verstanden und daraus« seine »Folgerungen«[255] gezogen habe. Diese absurde Feststellung des Lanz von Liebenfels, eines 1899 aus dem Stift Heiligenkreuz im Wiener Wald ausgetretenen Zisterziensers, der sich selbst den Adelstitel (Baron), einen Doktortitel und einen falschen Geburtsort zulegte und sich um 2 Jahre älter machte, spricht für sich.

Daims Feststellung, daß dieser Hochstapler, der in Wirklichkeit Adolf Josef Lanz (1874–1954) hieß und der Sohn eines Lehrers namens Johann Lanz aus Penzing im 14. Wiener Gemeindebezirk war, nicht nur der Verfasser der Schriften gewesen sei, die dem jungen Hitler Schwierigkeiten bereiteten, sondern auch der »Mann, der Hitler die Ideen gab«,[256] enthält zwei unbewiesene Behauptungen. Daß Hitler, der bereits während seiner Linzer Schulzeit die von Sepp Bayer herausgegebenen antisemitischen *Linzer Fliegenden Blätter* las, in Wien die Lanz-Pamphlete kennengelernt hat,[257]ist sehr wahrscheinlich, wenn er Lanz und dessen Publikationen auch nirgendwo erwähnt – im Gegensatz zum Beispiel zu den Protokollen der »Weisen von Zion«, als deren Schüler er 1936 von Alexander Stein[258] bezeichnet wurde. Die »Lehren« des Lanz dagegen, der nach dem Einmarsch der deutschen Wehrmacht in Österreich nichts mehr veröffentlichen durfte[259] waren für die geistige Entwicklung Hitlers ohne Zweifel viel weniger bedeutungsvoll, als Daim behauptet.

Jeder Versuch, Hitler, der über eine (für später einhellig bezeugte) erstaunlich umfangreiche Kenntnis von Einzelfakten verfügte, zu einem Denker oder Forscher so in Beziehung zu setzen, daß er als dessen

255 ebenda, S. 100.
256 Titel des Buches von Wilfried Daim (Bibliographie).
257 Da August Kubizek sich auf Befragen von Daim (Daim, S. 29) nicht erinnerte, bei Hitler jemals *Ostara*-Hefte gesehen zu haben, dürfte Hitler die Bekanntschaft mit den *Ostara*-Heften nach seiner Trennung von Kubizek im Spätsommer 1908 gemacht haben. Von Oktober 1908 bis Anfang 1909, der Zeit, die als Phase der Begegnung mit den Heften als wahrscheinlich angesehen werden kann, erschienen folgende *Ostara*-Aufsätze: *Antlitz der Rasse, ein Abriß der rassenkundlichen Physiognomik* (Heft 28), *Allgemeine rassenkundliche Somatologie* (Heft 29), *Besondere rassenkundliche Somatologie I* (Heft 30) und *Besondere rassenkundliche Somatologie II* (Heft 31). Vgl. aber auch Anm. 51 im 3. Kapitel.
258 Stein, Alexander: Adolf Hitler, Schüler der »Weisen von Zion«. Karlsbad 1936.
259 Daim, S. 21.

Schüler bezeichnet werden kann, muß zwangsläufig zur Verzeichnung der tatsächlichen Zusammenhänge führen. Im Rahmen der Vorstellungen Hitlers spielten (bis zum Schluß) der Biologismus, besonders der Pseudo-Darwinismus, der religiöse Monotheismus und der kirchenfeindliche Vulgärliberalismus eine deutlich spürbare Rolle. Diese Tatsache bestätigt Hitlers Feststellung, daß sein geistiger Standort vor 1914 entscheidend gebildet worden ist. Was später hinzukam, nach seiner sogenannten »Wiener Schule«, wurde – mit Ausnahme von technischen Kenntnissen – in das »fertige« Bild (manchmal vereinfachend, oft gewaltsam) eingefügt. Wilhelm Bölsche (1861–1939), Houston Stewart Chamberlain (1855–1927), Ernst Haeckel (1834–1919), Sven Hedin (1865–1952), Fridtjof Nansen (1861–1930) und Hanns Hörbiger (1860 –1931) lassen sich nicht selten als Quellen seiner Auffassungen und auch Formulierungen (wie beispielsweise »Vorsehung«) nachweisen.

Während der Wiener Zeit dürfte Hitler neben den *Ostara*-Heften des »Lanz von Liebenfels« auch die Schriften des Lanz-Anhängers Guido v. List kennengelernt haben. Lists zweibändiger Roman *Carnutum,* die *Alraunen-Märchen* und die von ostentativ betonten Intuitionen getragenen und mit finanzieller Unterstützung der »Guido von List-Gesellschaft« (der »Lanz von Liebenfels« und angeblich auch Dr. Karl Lueger angehörten) herausgegebenen »Forschungsergebnisse« wie *Deutsch mythologische Landschaftsbilder, Die Armanenschaft der Ario-Germanen, Das Geheimnis der Runen* (mit einem stilisierten Hakenkreuz als Titel), *Die Rita der Ario-Germanen, Die Namen der Völkerstämme Germaniens und deren Deutung* und *Die Bilderschrift der Ariogermanen: Ariogermanische Hieroglyphik* sollten das nach Lists Auffassung verdeckte Urgermanische an das Tageslicht fördern und von der christlichen Überschichtung befreien und eine okkultistische Terminologie als Lehre für Eingeweihte »kultivieren«.

Nach den Darstellungen Hitlers, der seiner Gewohnheit entsprechend Guido v. List ebensowenig wie »Lanz v. Liebenfels« erwähnt, ließen die theoretischen antisemitischen Studien ihn mehrfach »rückfällig«[260] werden, wie er es nannte, d. h. den Antisemitismus für Torheit und gefährlichen Unsinn halten. Sein radikaler Antisemitismus ist nach seinen eigenen Worten erst »entflammt«, als er zu erkennen glaubte, daß der

260 Hitler, S. 60.

Jude der Dirigent der Prostitution und des Mädchenhandels in Wien gewesen sei.[261] Da Hitlers Entschlüsse, Urteile und Meinungen sehr oft auf persönliche und meist negative Erlebnisse zurückzuführen sind, ist zunächst zu fragen, wieso er ausgerechnet auf die Prostitution kam. Sein Jugendfreund Kubizek rechtfertigt den Zusammenhang mit einem gemeinsamen Studiengang durch den »Pfuhl des Lasters«,[262] was nicht gerade sehr überzeugend klingt. Erst nach seiner (angeblich doch nur oberflächlichen) Erfahrung mit der Prostitution entdeckte Hitler, daß im Film, im Theater, in der Kunst, in der Literatur und im gesamten kulturellen und sittliche Werte schaffenden Leben Juden die maßgebliche Rolle spielten.

Der junge Antisemit, der nahezu täglich die Wiener Hofoper besuchte, obwohl ihr Direktor, der Dirigent der Philharmoniker und Komponist Gustav Mahler, Jude war, konnte in Wien tatsächlich bestätigt finden, daß sich unter den hervorragenden Exponenten der Wissenschaft, Kunst, Literatur, Wirtschaft und Presse zahlreiche Juden[263] befanden. Er nannte in *Mein Kampf* in dem Zusammenhang allerdings nur die Namen »Austerlitz, David, Adler, Ellenbogen usw.«[264] Mit Austerlitz meinte Hitler offenbar Friedrich Austerlitz, den Chefredakteur der sozialdemokratischen *Arbeiterzeitung*, mit Adler vermutlich Max und Viktor Adler, die profiliertesten österreichischen Marxisten, mit David wahrscheinlich den Komponisten Johann Nepomuk David, der die Vornamen des Pflegevaters von Hitlers Vater trug.

Der jüdische Einfluß auf die gesamte Presse zur Zeit der Monarchie war in der Tat ungewöhnlich groß[265], was ein besonders guter Kenner der Verhältnisse, der jüdische Autor Arthur Freud, mit der Feststellung bestätigt: »Die große Presse war weitgehend, wenn auch nicht völlig, in jüdischen Händen, angefangen von der ›Neuen Freien Presse‹, die damals eine wirkliche Macht darstellte. Jüdische Journalisten hatten [...] eine vorherrschende Stellung.«[266] Allerdings waren es in Österreich gerade

261 ebenda, S. 63 f.
262 Kubizek, S. 282.
263 Vgl. Anm. 265 und 266 in diesem Kapitel.
264 Hitler, S. 66.
265 Vgl. Freud, Arthur: Um Gemeinde und Organisation. Zur Haltung der Juden in Österreich. In: Publikationen des Leo Baeck Instituts, Bulletin für die Mitglieder der Gesellschaft der Freunde des Leo Baeck Instituts. Tel-Aviv 1960, H. 10, S. 98 f. Nach Freud (S. 98) studierten 1910 in Österreich insgesamt 5762 jüdische Studenten.
266 Freud, ebenda, S. 84.

die Juden, die in der Presse für das Deutschtum und gegen die (auch von Hitler abgelehnte) österreichische Slawenfreundlichkeit argumentierten.[267]

Für Hitler bestand die »Auserwähltheit« des Judentums[268] in der für ihn unbezweifelbaren Tatsache, daß »die Juden« in »allen« Schlüsselstellungen säßen und »zersetzend« wirkten. So definierte er die »Auserwähltheit« denn auch als »Pestilenz, geistige Pestilenz, schlimmer als der schwarze Tod von einst, mit dem man das Volk infizierte«.[269] Unsachlich und affektgeladen, wie Hitler in allen Details und Zusammenhängen urteilte, die er ablehnte, behauptete er, daß etwa neun Zehntel alles »literarischen Schmutzes, künstlerischen Kitsches und theatralischen Blödsinns auf das Schuldkonto eines Volkes zu schreiben sind, das kaum ein Hundertstel aller Einwohner im Lande beträgt.«[270] Nach dieser »Erkenntnis« erschien ihm das einst geliebte Wien plötzlich in einem anderen Licht. Jetzt bedeutete ihm diese Stadt nichts mehr. Sie war ihm nur noch »die Verkörperung der Blutschande«,[271] das üble »Völkergemisch von Tschechen, Polen, Ungarn, Ruthenen, Serben und Kroaten usw., zwischen allen aber – als ewiger Spaltpilz der Menschheit – Juden und wieder Juden«.[272] Und seitdem wünschte er nur noch, daß dieser Staat bald zerfallen möchte. »Der Gedanke [. . .] daß dieser Staat noch längere Zeit zu halten wäre, erschien mir geradezu lächerlich.«[273] schrieb er in *Mein Kampf*. Diese Feststellung ist bislang stets als ein in die Vergangenheit zurückprojiziertes Urteil ausgelegt worden. Aufzeichnungen Hitlers aus seiner Wiener Zeit liegen nicht vor. Erhalten geblieben ist jedoch ein Feldpostbrief, den Hitler im Februar 1915 von der Front an den Münchener (Justiz-) Assessor Ernst Hepp schrieb. »Mit Österreich«, heißt es dort eindeutig, »wird die Sach kommen wie ich es immer sagte« (Dokument Tafel 4).

Daß die österreichische Sozialdemokratie nach Hitlers Ansicht durch Slawisierung und Parlamentarismus auf den Zerfall des ihm »so sehr

267 ebenda, S. 87.
268 Hitler, S. 62.
269 ebenda.
270 ebenda.
271 ebenda, S. 135.
272 ebenda.
273 ebenda, S. 135.

verhaßten Habsburgerregiments« hinarbeitete, fand er anfänglich »nicht unsympathisch«.[274] Was er seit jeher an der Sozialdemokratie jedoch verurteilte, war die nach seiner Meinung feindselige Haltung gegenüber dem Kampf um die Erhaltung des Deutschtums und »das jämmerliche Buhlen um die Gunst der slawischen ›Genossen‹.«[275] »Was ich in meiner Jugend von der Sozialdemokratie wußte, war herzlich wenig und reichlich unrichtig«,[276] sagt er: »im Alter von siebzehn Jahren [war mir] das Wort ›Marxismus‹ noch wenig bekannt, während mir ›Sozialdemokratie‹ und ›Sozialismus‹ als identische Begriffe erschienen.«[277] Sein späteres (und endgültiges) Urteil über die Sozialdemokratie bildete Hitler sich, als er eine kurze Zeit als Hilfsarbeiter arbeitete. Es »bedurfte [...] erst der Faust des Schicksals, um mir das Auge [...] zu öffnen.«[278]

Auf den Baustellen, auf denen er Ende 1909 nach eigenen Angaben als Hilfsarbeiter tätig war, angeblich um sich den aus dem Rhythmus geratenen Lebensunterhalt zu sichern,[279] ist es zwischen ihm und gewerkschaftlich organisierten Bauarbeitern zu scharfen Auseinandersetzungen gekommen.[280] Hitler fand, daß seine äußerliche Erscheinung bereits dazu beigetragen habe: »Meine Kleidung war noch etwas in Ordnung, meine Sprache gepflegt und mein Wesen zurückhaltend.«[281] Den Berichten zufolge ist er nicht selten als eigentümlicher Sonderling oder Querulant aufgefallen. Die Leute, die Hitler in Wien (bis 1909) begegneten, bestätigt Kubizek, »konnten den Widerspruch, der zwischen seiner gepflegten äußeren Erscheinung, seiner wohlgesetzten Sprache, seinem sicheren Auftreten einerseits und dem Hungerdasein, das er führte, andererseits, bestand, nicht begreifen und hielten ihn entweder für hochmütig oder angeberisch. Er war keines von beiden. Er paßte einfach in kein bürgerliches Schema«.[282] Die organisierten Bauarbeiter forderten den mißtrauischen und zurückhaltenden Hitler am 3. oder 4. Arbeitstage auf, so berichtet er, in die Gewerkschaft einzutreten. Das aber wollte Hitler nicht. »Ich begründete dies damit«, sagt er, »daß ich die Sache

274 ebenda, S. 39.
275 ebenda.
276 ebenda.
277 ebenda, S. 40.
278 ebenda.
279 ebenda.
280 ebenda.
281 ebenda.
282 Kubizek, S. 37.

nicht verstünde, mich aber überhaupt zu nichts zwingen«[283] ließe. 14 Tage lang versuchten die Arbeiter ihn von der Notwendigkeit seines Eintritts zu überzeugen. Aber die Bemühungen blieben fruchtlos.

Hitler, der erstmalig konsequent körperlich arbeitete, beobachtete seine Umgebung besonders in den Arbeitspausen und gelangte zu folgender Einsicht: nach der Lohnzahlung gingen einige Arbeiter während der Mittagspause in die Gasthäuser, der Rest blieb auf dem Arbeitsplatz zurück und verzehrte dort »ein meist sehr ärmliches Mittagsmahl«[284] aus »armseligen Geschirren«.[285] Wieso das der Fall war, fand Hitler bald heraus: die Arbeiter, die nicht in die Lokale gingen, waren verheiratet. Je mehr sich die Woche dem Ende näherte, um so mehr Arbeiter blieben während der Mittagszeit auf der Baustelle: »Nun wurde politisiert«.[286] Hitler hörte zu und war entsetzt: »Man lehnte da alles ab: die Nation, als eine Erfindung der ›kapitalistischen‹ [...] Klassen; das Vaterland, als Instrument der Bourgeoisie zur Ausbeutung der Arbeiterschaft; die Autorität des Gesetzes, als Mittel zur Unterdrückung des Proletariats; die Schule, als Institut zur Züchtung des Sklavenmaterials, aber auch der Sklavenhalter; die Religion, als Mittel zur Verblödung des zur Ausbeutung bestimmten Volkes; die Moral, als Zeichen dummer Schafsgeduld usw. Es gab da aber rein gar nichts, was so nicht in den Kot einer entsetzlichen Tiefe gezogen wurde.«[287]

Im Laufe der Zeit griff auch er in die Diskussion ein, aber er mußte erkennen, daß ihm zur Verteidigung der eigenen Position und zur Widerlegung der Argumente der gewerkschaftlich geschulten Arbeiter die nötigen Kenntnisse fehlten. »So begann ich in den Quellen zu spüren [...] Buch um Buch, Broschüre um Broschüre kam jetzt an die Reihe«.[288] Dann ging es »oft heiß her. Ich stritt,« so berichtet er, »von Tag zu Tag besser auch über ihr eigenes Wissen informiert als meine Widersacher selber, bis eines Tages jenes Mittel zur Anwendung kam, das freilich die Vernunft am leichtesten besiegelt: der Terror, die Gewalt. Einige der Wortführer der Gegenseite zwangen mich, entweder den Bau sofort zu verlassen oder vom Gerüst hinunterzufliegen. Da ich allein war, Wider-

283 Hitler. S. 41.
284 ebenda.
285 ebenda.
286 ebenda.
287 ebenda, S. 41 f.
288 ebenda, S. 42.

stand aussichtslos erschien, zog ich es, um eine Erfahrung reicher, vor, dem ersten Rat zu folgen.«[289] Von »Ekel erfüllt«[290], hatte Hitler den Bau nach diesem Erlebnis verlassen. Doch er ging wieder auf eine Baustelle, und »das Spiel ging denn auch wieder von vorne los, um ähnlich wie beim ersten Male zu enden.«[291]

Nach diesen Episoden sah Hitler die Sozialdemokratie anders als zu Beginn seines Wiener Aufenthaltes: dieser »Auswurf«,[292] lautete sein neues Urteil. »Damals rang ich mit meinem Inneren«, sagte er, »sind dies noch Menschen, wert, einem großen Volke anzugehören?!«[293] Doch er hatte erkannt, daß die »dumme Schafsgeduld« ihrer Anhänger einen politischen Machtfaktor darstellte, der nicht einfach ignoriert werden konnte: »Mit welch anderen Gefühlen starrte ich nun in die endlosen Viererreihen einer [...] Massendemonstration Wiener Arbeiter. Fast zwei Stunden lang stand ich [...] da und beobachtete mit angehaltenem Atem den ungeheuren menschlichen Drachenwurm, der sich [...] langsam vorbeiwälzte. In banger Gedrücktheit verließ ich endlich den Platz und wanderte heimwärts«.[294] Nach diesem eindrucksvollen Erlebnis gab er augenblicklich die Ignoranz gegenüber der *Arbeiterzeitung*, dem Zentralorgan der alten österreichischen Sozialdemokratie, auf. In einem billigen »Volkscafé«, in dem er häufig die ausgelegten Zeitungen las, studierte er von nun an besonders aufmerksam die sozialdemokratische Zeitung. Niemals vorher hatte er nach eigenen Worten länger als zwei Minuten in das »elende Blatt«[295] hineinsehen können. »Unter dem deprimierenden Eindruck der Demonstration trieb mich nun eine innere Stimme an«, erinnerte er sich, »das Blatt einmal zu kaufen und es dann gründlich zu lesen. Abends besorgte ich dies denn auch unter Überwindung des in mir manchmal aufsteigenden Jähzorns über diese konzentrierte Lügenlösung.«[296]

In der Folgezeit beschäftigte er sich dennoch ständig mit der sozialdemokratischen Presse, aus der er »das innere Wesen«[297] der sozialde-

289 ebenda.
290 ebenda.
291 ebenda. Mehr als 1 Monat Bauarbeit insges. ist unwahrscheinlich.
292 Hitler, S. 42.
293 ebenda.
294 ebenda, S. 43.
295 ebenda.
296 ebenda.
297 ebenda.

mokratischen Gedankengänge besser studieren zu können meinte »als aus aller theoretischen Literatur«.[298] Die Praxis war für ihn entscheidend, nicht die Theorie mit den »schillernden Phrasen von Freiheit, Schönheit und Würde, dem irrlichternden, scheinbar tiefste Weisheit mühsam ausdrückenden Wortgeflunker, der widerlich humanen Moral«.[299] So setzte er sich denn auch nicht mit der gebotenen Bereitschaft zum Studium ohne Zorn und Eifer mit den Lehren von Marx und Engels auseinander. Nach seinen eigenen Feststellungen hat er in ungefähr 2 Jahren – bei intensiver Arbeit tatsächlich Zeit genug für ein hinreichend informatives Marx-Engels-Studium – »sowohl die Lehre als auch das technische Werkzeug der Sozialdemokratie«[300] auf seine Weise, voreingenommen und schematisierend, kennengelernt. Dabei ist er zu dem Schluß gelangt, daß man »die Opfer« nicht verdammen dürfe; denn »nur ein Narr vermag bei Kenntnis dieser ungeheuren Vergiftungsarbeit das Opfer auch noch zu verdammen«.[301]

Als entschiedener Feind der Sozialdemokratie entwickelte Hitler in *Mein Kampf* dann Richtlinien, die er für geeignet hielt, der »Verdummung« der Massen zu begegnen. Sein Rezept:

»Wird der Sozialdemokratie eine Lehre von besserer Wahrhaftigkeit, aber gleicher Brutalität der Durchführung entgegengestellt, wird diese siegen, wenn auch nach schwerstem Kampfe [...] Da die Sozialdemokratie den Wert der Kraft aus eigener Erfahrung am besten kennt, läuft sie auch am meisten Sturm gegen diejenigen, in deren Wesen sie etwas von diesem ohnehin so seltenen Stoffe wittert. Umgekehrt lobt sie jeden Schwächling der anderen Seite, bald vorsichtig, bald lauter, je nach der erkannten oder vermuteten geistigen Qualität.

Sie fürchtet ein ohnmächtiges, willenloses Genie weniger als eine Kraftnatur, wenn auch bescheidenen Geistes. Am eindringlichsten empfiehlt sie Schwächlinge an Geist und Kraft zusammen [...] Der Terror auf der Arbeitsstätte, in der Fabrik, im Versammlungslokal und anläßlich der Massenkundgebung wird immer von Erfolg begleitet sein, solange ihm nicht ein gleich großer Terror entgegentritt [...] Je mehr ich vor allem die Methoden des körperlichen Terrors kennenlernte, um so größer

298 ebenda.
299 ebenda.
300 ebenda, S. 45.
301 ebenda, S. 44.

wurde meine Abbitte den Hunderttausenden gegenüber, die ihm erlagen.«[302]

Mit »Feuereifer«[303] verfolgte der alldeutsch eingestellte Hitler vor allen Dingen die Entwicklung im Deutschen Reich. Die außenpolitischen Vorgänge erregten seine ungeteilte Freude,[304] einige innenpolitische Zustände jedoch nicht. »Der Kampf, der zu dieser Zeit gegen Wilhelm II. geführt wurde«, erinnerte er sich in Landsberg, »fand damals nicht meine Billigung [. . .] Die Redeverbote, die dem Kaiser vom Reichstag auferlegt wurden, ärgerten mich deshalb so außerordentlich, weil sie von einer Stelle ausgingen, die in meinen Augen dazu aber auch wirklich keine Veranlassung besaß, sintemalen doch in einer einzigen Sitzungsperiode diese parlamentarischen Gänseriche mehr Unsinn zusammenschnatterten, als dies eine ganze Dynastie von Kaisern in Jahrhunderten, eingerechnet ihre allerschwächsten Nummern, je gelingen konnte.«[305] Am 28. Oktober 1908 war im *Daily Telegraph* eine provokatorische, politisch ungeschickte und gegen England gerichtete Äußerung Kaiser Wilhelms als angebliches Kaiserinterview erschienen, das sowohl in England als auch in Deutschland mit Recht Bestürzung und Empörung hervorgerufen hatte und den Reichskanzler v. Bülow dazu bewog, dem Kaiser auch in Privatgesprächen künftig Zurückhaltung zu empfehlen.[306] Hitler war diese Empörung nicht entgangen, zumal der Kaiser während der Pressekampagne nicht in Berlin war, sondern bei Erzherzog Franz Ferdinand in Eckardsau Hirsche schoß und mit Kaiser Franz Joseph in Schönbrunn soupierte. Hitler hatte besonders nach diesem Zwischenfall Gelegenheit, die österreichischen Zeitungen herauszufinden, die seiner persönlichen Einstellung entsprachen. Die nach seiner Meinung »fast ausschließlich in den Händen eines fremden Volkes [d. h. der Juden]«[307] befindliche sozialdemokratische Presse war es nicht. Ihm war »klar«, daß Judentum und Sozialdemokratie ein und dasselbe seien.[308]

302 ebenda, S. 44 ff.
303 ebenda, S. 57.
304 ebenda.
305 ebenda.
306 Vgl. dazu Schüssler, W.: Die Daily-Telegraph-Affaire, Fürst Bülow, Kaiser Wilhelm und die Krise des Zweiten Reiches 1908. Göttingen 1952.
307 Hitler, S. 66.
308 ebenda, S. 54.

Hitlers Zeit in Wien: Überblick

Mitte Mai 1906	Hitlers erster Aufenthalt in Wien.
Mitte September 1907	Hitlers zweiter Aufenthalt in Wien. Er beteiligt sich an der Aufnahmeprüfung der Kunstakademie, besteht sie jedoch nicht.
Mitte Februar 1908	Hitler geht von Linz nach Wien, wo er in der Stumpergasse 29 wohnt. Dort wohnt er mit August Kubizek (seit Ende Februar 1908) bis September 1908 zusammen: Hinterhaus II. Stock, Wohnung Nr. 17. Hitler lebt ohne »Brotverdienst«. Waisenrente und Erbteil gestatten ihm ein sorgloses Leben. Er beschäftigt sich besonders mit Politik, Kunst und Literatur.
September 1908	Hitler meldet sich erneut zur Aufnahmeprüfung an der Kunstakademie, wird jedoch nicht zugelassen.
September/November 1908	Hitlers Freund und Zimmergenosse Kubizek leistet seine gesetzlich vorgeschriebene Wehrdienstübung, obwohl Hitler ihn beeinflußt hatte, das nicht zu tun. Kubizek kehrt aus der Kaserne zurück. Adolf Hitler hat seinen Mietanteil bezahlt und ist aus der Wohnung verschwunden. Auch die Wirtin, Frau Zakreys, weiß nicht, wohin er verzogen ist.

Bis 20. August 1909	Hitler wohnt seit dem 18. November 1908 in der Felberstraße 22/III. Einzelheiten über diese Zeit sind nicht zu ermitteln. Er entzieht sich der nach dem Gesetz-Blatt Nr. 41 des österreichischen Wehrgesetzes vom 11. April 1889 wahrzunehmenden »Verzeichnung« zum Wehrdienst und wechselt seine Wohnungen im Herbst 1909 kurzfristig, wahrscheinlich um sich dem Zugriff der Behörden zu entziehen.
16. September 1909	Hitler gibt sein Zimmer in der Sechshauser Straße 58/II auf. Bis im November 1909 wohnt er in der Simon-Denk-Gasse. Einzelheiten sind nicht zu ermitteln.
Ende 1909	Hitler übernachtet im Obdachlosenasyl in Meidling, wo er Reinhold Hanisch (den Informanten Konrad Heidens und Rudolf Oldens) kennenlernt. In dieser Zeit hat er wahrscheinlich als Hilfsarbeiter auf einigen Baustellen gearbeitet, da die Insassen das Asyl während des Tages räumen mußten.
Dezember 1909	Hitler zieht in das Männerheim in der Meldemannstraße 27. Dort malt und zeichnet er Bilder und Werbeplakate. Der Landstreicher Reinhold Hanisch verkauft sie und teilt den Erlös mit Hitler.
August 1910	Hitler erstattet eine Anzeige gegen Hanisch, der Hitler betrogen haben soll. Hanisch wird zu einer Woche Gefängnis verurteilt. Seitdem verkauft Hitler seine Arbeiten selber. Karl Honisch, der Anfang 1913

	im Männerheim wohnte, gab an, daß Hitler meistens auf Bestellung arbeitete und die Arbeiten am späten Nachmittag bei den Kunden ablieferte. Seine Arbeiten bringen ihm (zu seiner Erbschaft von seiner Tante) offensichtlich so viel Geld ein, daß er im Mai 1911 auf seine Waisenrente von monatlich 25 Kronen zugunsten seiner Schwester Paula verzichten kann; die Rente stand ihm bis einschließlich April 1913 zu.
Mai 1911	Josef Greiner, der Hitler angeblich im September 1907 im Männerheim in der Meldemannstraße kennengelernt hat, behauptet, daß er Hitler 1911 im Männerheim in der Wurlitzergasse getroffen habe.
Anfang 1913	Hitler malt nach Angaben von Karl Honisch gewöhnlich täglich ein kleines Bild.
24.Mai 1913	Hitler verläßt Wien und geht nach München.

Nach seinen eigenen Angaben ist Hitler im »Frühjahr 1912 [...] nach München«[309] gegangen. Das entspricht jedoch nicht den Tatsachen. Erst im Mai 1913 verließ er Wien.[310] Bullock hält es für möglich, daß Hitler in *Mein Kampf* in diesem Zusammenhang nicht absichtlich falsche Angaben machte. In seiner Hitler-Biographie stellt er fest: »Daten und Tatsachen behandelt Hitler in seinem Buch so unachtsam, daß man das spätere Datum (1913; der Verf.) für das richtige halten muß.«[311] Es ist jedoch nachweisbar, daß Hitler vorsätzlich ein falsches Datum für seine Übersiedlung nach München angab. Bereits am 29. November 1921 behauptete er in einem Brief an einen nicht namentlich genannten Empfänger, der ein besonderes Interesse an Hitlers »Entwicklung zum Parteiführer« zeigte: »1912 ging ich [...] dauernd nach München«.[312]

Seine Münchener Zeit von 1913–1914 erschien ihm aus der Rückschau als »die (»vor dem Kriege«) glücklichste und weitaus zufriedenste [...] [seines] Lebens«.[313] In materieller Hinsicht hatte sich für ihn wenig geändert. Er verdiente monatlich die damals beträchtliche Summe von durchschnittlich 100 Mark, wie er im Januar 1914 in einem aufschlußreichen Brief an den Linzer Magistrat feststellte, der an dieser Stelle wörtlich (mit den Fehlern) auszugsweise zitiert wird:

»Ich werde in der Vorladung (zur Musterung) als Kunstmaler bezeichnet. Führe ich auch diesen Titel zu Recht, so ist er aber dennoch nur bedingt richtig. Wohl verdiene ich mir meinen Unterhalt als selbständiger Kunstmaler jedoch nur, um mir, da ich ja gänzlich vermögenslos bin, (mein Vater war Staatsbeamter) meine weitere Fortbildung zu ermöglichen. Nur einen Bruchteil meiner Zeit kann ich zum Broterwerb verwenden, da ich mich als Architektur Maler noch immer erst ausbilde. So ist denn auch mein Einkommen nur ein sehr bescheidenes, gerade so groß daß ich eben mein Auskommen finde.

Ich lege als Zeugniß dessen meinen Steuerausweis bei, und bitte gleich hier ihn mir wieder gütig zusenden zu wollen. Mein Einkommen

309 Hitler, S. 138.
310 Vgl. Anm. 94 in diesem Kapitel und den dazugehörigen Text.
311 Bullock, S. 43. Diese Feststellung findet sich auch in der englischen Ausgabe von 1965, S. 46.
312 Brief Hitlers an den Empfänger, den er mit »Lieber Herr Doktor!« anredete. Maschinenschrift (Abschrift vom 26. August 1941). Ehemaliges Hauptarchiv der NSDAP, Bundesarchiv Koblenz, NS 26/17 a (Anhang).
313 Hitler, S. 138.

ist hier mit 1 200 M[ark] angenommen, eher zu viel als zu wenig, und es ist dies nicht so zu verstehn, daß da nun genau auf den Monat 100 M[ark] fallen.«[314] In *Mein Kampf* schrieb er rund 10 Jahre später übereinstimmend: »Wenn auch mein Verdienst immer noch sehr kärglich war, so lebte ich ja nicht, um malen zu können, sondern malte, um mir dadurch nur die Möglichkeit meines Lebens zu sichern, besser, um mir damit mein weiteres Studium zu gestatten.«[315]

Franz Jetzinger, der Hitler vorwirft, sich den »Titel ›Kunstmaler‹ [...] selber verliehen«[316] zu haben, behauptet (auch im Widerspruch zu seinen sonstigen eigenen Darstellungen), daß es Hitler »in München noch schlechter ging als in Wien«.[31] Neben der Tatsache, daß es einen amtlich geschützten Titel »Kunstmaler« nicht gab (und auch heute nicht gibt), so daß ein solcher Vorwurf deplaziert erscheint, ist der Österreicher Jetzinger über die Vorkriegsverhältnisse im Deutschen Reich nur sehr unzureichend orientiert. Wenn Hitlers jährliches Einkommen in München mit 1 200 Mark angesetzt war, was das amtliche Zeugnis belegt, kann sein Lebensstandard durchaus nicht so schlecht gewesen sein, wie Jetzinger und andere Biographen fälschlich behaupten. 100 Mark monatlich, und das ist mit Sicherheit der Mindestbetrag, waren sogar noch mehr als der Betrag, der Hitler durchschnittlich in Wien monatlich zur Verfügung stand. Während ein Mittagessen in einem bürgerlichen Gasthaus in Wien monatlich rund 25 Kronen kostete, bezahlte Hitler 1913 in München dafür 18 bis 25 Mark. Das Zimmer in einer Privatwohnung in Wien kostete 10 Kronen, der Aufenthalt im Männerheim sogar 11,20 bis 12 Kronen (für kurzfristige Gäste sogar 15 Kronen); in München zahlte ein Untermieter 18 bis 25 Mark für ein ansehnliches Zimmer in einem gut bürgerlichen Haushalt. Nach Abzug der Kosten für Frühstück und Abendessen blieben Hitler mindestens rund 30 Mark für andere Ausgaben. Die damals relativ teuren Zeitungen las er nach eigenen Angaben stets in Cafés. Da Hitler Einzelgänger und sehr anspruchslos war, hat sein Geld mit Sicherheit ausgereicht. Ein in Hitlers Alter stehender Bankangestellter beispielsweise erhielt in München 1913 monatlich rund 70 Mark. Während eines Gespräches mit Professor Hoff-

314 Abgedruckt bei Jetzinger, S. 262 ff.
315 Hitler, S. 138.
316 Jetzinger, S. 267.
317 ebenda.

mann sagte Hitler nach einem erhaltengebliebenen Protokoll vom 12. März 1944: »Mehr als etwa 80 Mark habe ich im Monat nicht gebraucht.«[318] Für das tägliche Mittag- und Abendessen reichte eine Mark aus.[319]

Als Untermieter des Schneidermeisters Popp in der Schleißheimer Straße in München war Hitler 1913/14 zweifellos ebenso gewählt gekleidet wie (nach Kubizek) in Linz. Ein Bohemien mit schmutzigen, ungepflegten und womöglich zerschlissenen Kleidern wäre für die in der Umgebung wohnenden Kunden des Schneiders keine gute Empfehlung gewesen. Ein Foto, das Hitler am 1. August 1914 unter zahlreichen Menschen auf dem Münchener Odeonsplatz zeigt, bestätigt diese Feststellung. Hitlers Haar ist korrekt von rechts nach links gescheitelt, der »Wiener« Bart um Wange und Kinn verschwunden. Der hohe Kragen eines gepflegten Hemdes und die Krawatte sind deutlich zu erkennen. Das Gesicht Hitlers, der sehr gut genährt aussieht, wirkt betont gepflegt. Hitler muß dem Schneidermeister Popp bereits 1913/14 als eine Persönlichkeit erschienen sein, deren Fähigkeiten zu großen Hoffnungen berechtigten. Im Jahre 1919 schloß er sich der Deutschen Arbeiterpartei (mit der Mitgliedsnummer 609) an,[320] in der 1919 Hitlers ungewöhnliche Karriere begann. Popp folgten andere Handwerker und Geschäftsinhaber aus der Schleißheimer Straße, wie beispielsweise der Maler Ernst Schmidt (ein Kriegskamerad Hitlers) mit der Mitgliedsnummer 885 und ein Fleischermeister.

Hitlers künstlerische Richtung stand fest, als er nach München kam. Bis an sein Lebensende hat er sie nicht revidiert. »Fremdes« und »Unbekanntes« in der Kunst lehnte er ab. »Schon vor der Jahrhundertwende begann sich in unsere Kunst ein Element einzuschieben«, urteilte er, »das bis dorthin als vollkommen fremd und unbekannt gelten durfte«.[321] Es erschien ihm im Gegensatz zu gelegentlichen »Verwirrungen des Geschmacks«[322] in »früheren Zeiten«[323] als eindeutig geistige »Entar-

318 Zit. nach dem Original-Protokoll, ehemaliges Hauptarchiv der NSDAP, Bundesarchiv Koblenz, NS 26/36.
319 ebenda.
320 Aus der Deutschen Arbeiterpartei (vgl. das nächste Kapitel) ging die NSDAP hervor (vgl. das 4. Kapitel).
321 Hitler, S. 282.
322 ebenda.
323 ebenda.

tung«[324], in der sich der »politische Zusammenbruch schon kulturell anzuzeigen«[325] begann.

Wie in Wien, so bestritt Hitler auch in München seinen Lebensunterhalt hauptsächlich durch den Verkauf seiner gefällig gemalten und gezeichneten Bilder. Zu Hoffmann sagte er laut Protokoll vom 12. März 1944: »Ich wollte ja kein Maler werden, ich habe diese Sachen nur gemalt, damit ich meinen Lebensunterhalt bestreiten und studieren konnte [...] Gemalt habe ich immer nur so viel, damit ich gerade das Notwendigste zum Leben hatte.«[326] Skizzen, Plakate und Werbeentwürfe für Anzeigen für Händler und Kaufleute gestaltete und verkaufte er gelegentlich nebenbei. Seine architektonischen Zeichnungen, nach seinen eigenen Worten sein »kostbarer Besitz«,[327] hat er nicht »hergegeben«, wie er »die Bilder losgab«.[328] Die Motive seiner architektonischen Darstellungen in München unterschieden sich zwangsläufig von den Wiener Vorlagen. In München zog ihn besonders »die wunderbare Vermählung von urwüchsiger Kraft und [...] künstlerischer Stimmung, diese einzige Linie vom Hofbräuhaus zum Odeon, Oktoberfest zur Pinakothek [...] an«.[329]

Wenn Hitler im Jahre 1924 die Münchener Zeit von Mai 1913 bis August 1914 seine glücklichste Zeit vor dem Kriege nannte, resultierte das nicht nur aus der Tatsache, daß er endlich in einer deutschen Stadt lebte.[330] Wegen seines blutigen Putsches vom 8./9. November 1923 sollte er, wie wegen seiner politischen Tätigkeit bereits 1922,[331] von der bayerischen Regierung nach Österreich ausgewiesen werden, weil er zu der Zeit noch österreichischer Staatsbürger war.[332] Diese Furcht im Nacken, erklärte Hitler beschwörend in seinem Schlußwort am 25. Verhandlungstag vor dem Münchener Gericht: »Ich bitte [...] Sie um etwas, auch nicht für mich, um etwas, das in meinen Augen für das deutsche Volk dereinst schmachvoll und schändlich sein würde. Die Anklageschrift sieht auch die Anwendung des § 9 des Republikschutzgesetzes

324 ebenda, S. 283.
325 ebenda.
326 Vgl. Anm. 318.
327 ebenda.
328 ebenda.
329 Hitler, S. 139.
330 ebenda.
331 Vgl. die diesbezüglichen Ausführungen im 4. Kapitel.
332 ebenda.

vor. Wenden Sie ihn nicht an! Sie haben als Knaben auch die deutsche Geschichte studiert und Sie werden von Scham erfüllt umgeblättert haben die Zeit, da die Besten unseres Volkes, wenn sie den Ministern unbequem wurden, ausgewiesen wurden ... Sorgen Sie dafür, daß sich die größte Schmach der deutschen Nation in Zukunft nicht wiederholt. Es ist das Zeichen eines minderwertigen Volkes, wenn es nicht mehr imstande ist, sich gegenseitig so zu achten, daß es nicht zu Ausweisungen greift.«[333] Er hielt es für nötig, diese Gedanken, ein wenig anders artikuliert, auch in *Mein Kampf* wieder aufzugreifen. Um die Gunst der bayerischen Monarchisten werbend, schrieb er: »Daß ich heute an dieser Stadt hänge, mehr als an irgendeinem anderen Fleck der Erde auf dieser Welt, liegt wohl mitbegründet in der Tatsache, daß sie mit der Entwicklung meines eigenen Lebens unzertrennlich verbunden ist und bleibt; daß ich aber damals schon das Glück einer inneren Zufriedenheit erhielt, war nur dem Zauber zuzuschreiben, den die wunderbare Wittelsbacherresidenz wohl auf jeden nicht nur mit einem rechnerischen Verstande, sondern auch mit gefühlvollem Gemüt gesegneten Menschen ausübt.«[334]

Wie in Wien, so galt auch in München sein besonderes Interesse den politischen Tagesereignissen. Dabei beschäftigten ihn 1913/14 in Deutschland nicht vornehmlich der Antisemitismus und der Marxismus, sondern die Außenpolitik und das Österreichverständnis der deutschen Bevölkerung. Die deutsche Bündnispolitik, das österreichisch-deutsche Bündnis vom 7. Oktober 1879, das Dreikaiserbündnis vom 18. Juni 1881 und den Dreibund zwischen Deutschland, Österreich-Ungarn und Italien vom 20. Mai 1882,[335] hielt er – nach eigenen Angaben bereits in Wien – für »unbedingt falsch«.[336] Hitler glaubte fest, daß man den Bündnispartner Österreich-Ungarn in Deutschland allgemein für »eine ernste Macht«[337] hielt, die »in der Stunde der Not sicher sofort ihren Mann stellen würde«,[338] während er ebenso fest davon überzeugt war, daß »Österreich [...] längst aufgehört hatte, ein deutsches Staatswesen zu sein«[339] und daß die »inneren Verhältnisse dieses Reiches von Stun-

333 Der Hitler-Prozeß, S. 268.
334 Hitler, S. 139.
335 Vgl. dazu u.a.: Die Große Politik der Europäischen Kabinette. Bd. III, Nr. 466, Nr. 485, Nr. 509, Nr. 532 und Nr. 571.
336 Hitler, S. 139. Vgl. dazu auch Hitlers Brief an Ernst Hepp, Auszug Faks.
337 Hitler, S. 140.
338 ebenda.
339 ebenda.

de zu Stunde mehr der Auflösung entgegendrängten«.[340] Den österreichisch-ungarischen Versicherungen mißtraute er; denn nach seiner Auffassung waren die »Träger des Bündnisgedankens [...] in Österreich nur die Habsburger und die Deutschen. Die Habsburger aus Berechnung und Zwang, die Deutschen aus gutem Glauben und politischer Dummheit.«[341] Hitler zweifelte nicht daran, daß Deutschland sich durch den Dreibund »an einen Staatskadaver«[342] gekettet hatte, der »beide [Vertragspartner] in den Abgrund reißen mußte«.[343]

Obwohl Hitler den Anschein erweckte, als habe er bereits in München »besser [...] als [die] sogenannte offizielle ›Diplomatie‹«[344] erkannt, daß die »deutsche Bündnispolitik ebenso sinnlos wie gefährlich«[345] gewesen sei, erscheint die Behauptung, daß er diese Einsicht bereits zu der Zeit gewonnen habe, nicht sehr wahrscheinlich. Dagegen ist verständlich, daß den politisch sehr interessierten, alldeutsch eingestellten jungen Österreicher das mangelnde Interesse der deutschen Bevölkerung für die Situation der Deutschen in der Donaumonarchie verblüffte: »Zu meinem Erstaunen mußte ich überall feststellen«, sagte er »daß über das Wesen der Habsburger-Monarchie selbst in den sonst gut unterrichteten Kreisen aber auch kein blasser Schimmer vorhanden war.«[346] Einer der Vertreter der »sonst gut unterrichteten Kreise« scheint auch der Justizassessor Ernst Hepp gewesen zu sein, wie Hitlers Bemerkung in seinem Feldpostbrief an Hepp (Dokument Tafel 4) vermuten läßt.

Wie in Wien, so war Hitler auch in München ein Einzelgänger. Seine Umgebung verstand ihn nicht. In den Augen eines »normalen« Bürgers lebte der Künstler Adolf Hitler sinn- und ziellos in den Tag hinein. Was normalerweise unter Beruf verstanden wird, interessierte ihn nicht. Als Greiner, der in München angeblich zwei Monate mit Hitler das Zimmer teilte,[347] ihn nach seinen Zukunftsplänen fragte, soll Hitler ihm erklärt haben, daß »es ohnedies in Kürze Krieg gäbe« und daß es »ganz gleichgültig« sei, ob er »vorher einen Beruf habe oder nicht, denn

340 ebenda.
341 ebenda, S. 141.
342 ebenda.
343 ebenda.
344 ebenda, S. 140.
345 ebenda, S. 143.
346 ebenda, S. 139.
347 Greiner, S. 116.

beim Militär bedeute ein Generaldirektor nicht mehr als ein Pudelscherer«.[348]

Österreich hatte Hitler »in erster Linie« aus »politischen Gründen«[349] verlassen, schrieb er in *Mein Kampf*. Für den Habsburgischen Staat hat er nicht »fechten«, jederzeit aber für das Deutsche Reich sterben wollen.[350] Das war sicher nicht nur eine auf propagandistische Wirkung zielende Redewendung. Hitler wollte zwar nicht sterben, sondern in einer Umgebung leben, die ihm eine Heimat bot; aber wenn er, der fanatische Alldeutsche, schon Soldat werden mußte, dann sollte das nur im Deutschen Reich geschehen. Was er Kubizek im Jahre 1908 beschwörend geraten hatte, setzte er nun selbst in die Tat um. Mit Tschechen und Juden wollte er nicht in einer Armee dienen. Aber die österreichische Polizei, die sich am 29. Dezember 1913 an die Münchener Polizeidirektion mit der Bitte wandte, den stellungsflüchtigen Hitler in München zu suchen,[351] brachte seinen Aufenthalt in Erfahrung. Am 10. Januar 1914 erfuhr die Linzer Polizei aus München: »Der Gesuchte ist seit 26. V. 1913 Schleißheimer Straße 34/III. bei Popp gemeldet.«[352] Bereits acht Tage danach erhielt Hitler eine Vorladung durch die Kriminalpolizei mit der Weisung, sich am 20. Januar in Linz zur Musterung einzufinden. Am 19. Januar führte die Münchener Kriminalpolizei ihn dem österreichischen Konsulat in München vor, wo ein Protokoll aufgenommen wurde. Das k. u. k. Konsulat München befürwortete die Angaben Hitlers, der offensichtlich einen geradezu bemitleidenswerten Eindruck zu erwecken verstand, wohlwollend und erklärte: »Nach den Beobachtungen der Polizei der nach dem hieramts gewonnenen Eindruck dürften seine im beiliegenden Rechtfertigungsschreiben gemachten Angaben vollkommen der Wahrheit entsprechen. Auch soll er mit einem Leiden behaftet sein, das ihn zum Militärdienst untauglich macht [. . .] Da Hietler sehr berücksichtigungswert erscheint, wurde von der Durchführung der Auslieferung vorläu-

348 ebenda, S. 119.
349 Hitler, S. 179.
350 ebenda.
351 Schreiben des Magistrats der Landeshauptstadt Linz, Zeichen: (handschriftlich) 337 IV. Text des Schreibens: »Der im Jahre 1889 in Braunau am Inn [. . .] Donau zuständige Kunstmaler Adolf Hietler ist am 24. Mai 1913 von Wien nach München übersiedelt. – Es wird dienstfreundlichst ersucht [. . .] bekannt zu geben, ob Genannter dort gemeldet ist. –«
352 Vermerk der Münchener Polizei (vom 8. Januar 1914) auf dem Schreiben des Linzer Magistrats.

fig Abstand genommen und Genannter angewiesen, unbedingt bei der Nachstellung am 5. Februar in Linz zu erscheinen [...] Hietler wird also die Reise nach Linz antreten, falls sich der Magistrat durch die vorgeschilderte Sachlage und die Armut desselben sich nicht veranlaßt sieht, ihm die Nachstellung in Salzburg zu bewilligen.«[353] Hitler bat den Linzer Magistrat telegraphisch um den Aufschub der Musterung bis zum 5. Februar 1914. Die Heimatbehörde entsprach seiner Bitte jedoch nicht: »Hat [...] zu erscheinen«[354] war die offensichtlich verärgerte Antwort aus Linz, die Hitler allerdings erst am 21. Januar erhielt. Daraufhin ersuchte er den Linzer Magistrat, ihm aus finanziellen Gründen zu gestatten, sich in dem näher bei München liegenden Salzburg zur Musterung stellen zu dürfen. In seinem sehr höflich gehaltenen Schreiben heißt es u. a.:

»Ich sende dieses Schreiben unabhängig von einem ebenfalls heute abgefaßten Protokoll daß ich am Konsulate unterzeichnete. Ich bitte auch daß man mir die weiteren Verfügungen durch das Konsulat zugehen läßt, und bitte überzeugt zu sein daß ich Ihre pünktliche Erfüllung nicht versäumen werde. Was endlich meine Angaben in der Stellungs Vorlage anlangen so werden diese durch die Konsulatsbehörde bestätigt. Diese war großherzig genug, und sprach mir die Hoffnung aus sich dafür zu verwenden, daß ich meiner Stellungspflicht in Salzburg genügen könne. Wenn ich dies nun auch kaum mehr zu hoffen wage, so bitte ich doch mir die Sache nicht unnötig zu erschweren.

Ich bitte sehr ergeben dieses Schreiben gütig zur Kenntniß nehmen zu wollen, und unterzeichne

sehr ehrerbietig
Adolf Hitler
Kunstmaler ...«[355]

Obwohl Hitler »kaum mehr zu hoffen« wagte, daß die Linzer Behörde seiner Bitte entsprechen würde, tat sie es. Am 5. Februar 1914 erschien er in Salzburg, wo er wegen seines schlechten Gesundheitszustandes mit der Beurteilung vom Wehrdienst befreit wurde: »Zum Waf-

353 Schreiben Nr. 248 des k. u. k. österr.-ung. Konsulats vom 23. 1. 1914.
354 Jetzinger, S. 260
355 Zit. bei Jetzinger, S. 262 ff. Hitlers Fehler wurden nicht korrigiert.

fen- und Hilfsdienst untauglich, zu schwach. Waffenunfähig.«[356] Er kehrte nach München zurück.

In München wartete Hitler, der zum Wehrdienst Untaugliche, auf einen Krieg. Unzufrieden hatte er sich schon als Kind gefragt: »Warum konnte man denn nicht hundert Jahre früher geboren sein? Etwa zur Zeit der Befreiungskriege, da der Mann wirklich, auch ohne ›Geschäft‹, noch etwas wert war?!«[357] Nach der Lektüre von *Mein Kampf* gehört nicht viel Phantasie dazu, sich vorzustellen, daß Hitler sich diese Frage auch in München nicht selten vorgelegt haben dürfte. Das später von den Nationalsozialisten viel gerühmte Kollektiverlebnis des Krieges, in dem der junge Graf neben dem Arbeiter focht und alle sozialen Unterschiede aufgehoben wurden, konnte einem Manne ohne Eltern, ohne Heimat, ohne sichere Existenz und ohne Freunde durchaus begrüßenswert erscheinen. »Was der Mensch will, das hofft und glaubt er. Die überwältigende Mehrheit der Nation war des ewigen unsicheren Zustandes schon längst überdrüssig«,[358] schrieb Hitler und offenbarte damit zugleich auch seinen damaligen Gemütszustand. So konnte er denn auch sagen: »Der Kampf des Jahres 1914 wurde den Massen, wahrhaftiger Gott, nicht aufgezwungen, sondern von dem gesamten Volke begehrt.«[359]

Als Hitler erfuhr, daß Erzherzog Franz Ferdinand am 28. Juni 1914 ermordet worden war, erfaßte ihn »zunächst Sorge, die Kugeln möchten vielleicht aus den Pistolen deutscher Studenten stammen, die aus Empörung über die dauernde Verslawungsarbeit des Thronfolgers das deutsche Volk von diesem inneren Feinde befreien wollten [...] Als ich jedoch gleich darauf schon die Namen der vermutlichen Täter hörte und außerdem ihre Feststellung als Serben las, begann mich leises Grauen zu beschleichen über diese Rache des unerforschlichen Schicksals. Der größte Slawenfreund fiel unter den Kugeln slawischer Fanatiker.«[360] Aber das »leise Grauen« währte nicht lange. Auf dem Foto, das ihn am 1. August 1914 unter den Menschen zeigt, die auf dem Odeonsplatz stehen und die Proklamation der Kriegserklärung erfahren, ist zu erkennen,

356 Maschinentext (Abschrift). Ehemaliges Hauptarchiv der NSDAP, Bundesarchiv Koblenz, NS 26/17 a.
357 Hitler, S. 172.
358 ebenda, S. 177.
359 ebenda, S. 176.
360 ebenda. S. 173 f.

daß seine Augen leuchten und dem freudig erregten Gesicht geradezu einen merkwürdigen Glanz verleihen.

Hitler war glücklich über die Nachricht, daß der Krieg ausgebrochen war: »Mir [...] kamen die damaligen Stunden wie eine Erlösung aus den ärgerlichen Empfindungen der Jugend vor. Ich schäme mich [...] nicht, es zu sagen, daß ich, überwältigt vor stürmischer Begeisterung, in die Knie gesunken war und dem Himmel aus übervollem Herzen dankte, daß er mir das Glück geschenkt, in dieser Zeit leben zu dürfen.«[361] Sofort reichte er ein Immediatgesuch an Ludwig III. ein, um als Österreicher in das bayerische Heer eintreten zu dürfen. Bereits am nächsten Tage erhielt er von der Kabinettskanzlei die Mitteilung, daß er sich bei einem bayerischen Regiment melden könne. Hitler entschied sich für das Reserve-Infanterie-Regiment Nr. 16, das nach seinem ersten Kommandeur den Beinamen List[362] erhielt. Am 16. August trat er in das Regiment ein. Dort ist er am 8. Oktober 1914 zunächst auf den König von Bayern und anschließend auf seinen Kaiser Franz Josef vereidigt worden.[363]

Nach einer sehr kurzen Ausbildungszeit kam Hitler im Oktober 1914 an die Front. Zweimal, am 5. Oktober 1916 und am 15. Oktober 1918, wurde er verwundet.[364] Er war ein tapferer Soldat und erhielt mehrere Auszeichnungen. Im Frühjahr 1922, in einer Zeit also, in der es den Zwang noch nicht gab, Hitler hervorragend beurteilen zu müssen, bezeichneten Oberstleutnant a. D. v. Lüneschloß, Generalmajor Petz, ein ehemaliger Kommandeur des königlich-bayerischen Reserveinfanterie-Regiments Nr. 16, Oberstleutnant a. D. Spatny und Max Josef, Ritter Freiherr v. Tabeuf, den ehemaligen Meldegänger Adolf Hitler übereinstimmend als schneidig, opferbereit, kaltblütig und unerschrocken.[365]

Laut Kriegsstammrolle der 7. Ersatzkompagnie/2. Bayerisches Infanterie-Regiment (Bd. 23, Nr. 7111) wurden ihm am 2. Dezember 1914 das Eiserne Kreuz II. Klasse, später das Militärverdienstkreuz III. Klasse

361 ebenda, S. 177.
362 In demselben Regiment befanden sich während des Krieges auch Rudolf Hess (eine kurze Zeit) und Max Amann, die in der Frühgeschichte der NSDAP eine wesentliche Rolle spielten.
363 Vgl. Orr, Revue Nr. 46 vom 15. November 1952, S. 42.
364 Kriegsstammrolle der 7. Ers. Kp. / 2. Bayer. Inf. Rgt. Bd. 23 Nr. 7111.
365 Maschinenschrift (Abschrift): v. Lüneschloß am 20. Februar 1922, Petz am 28. Februar 1922, Spatny am 20. März 1922, v.Tabeuf am 20. März 1922. Ehemaliges Hauptarchiv der NSDAP, Bundesarchiv Koblenz, NS 26/17 a.

mit Schwertern, ein Regimentsdiplom für hervorragende Tapferkeit während des Einsatzes bei Fontaine, die Dienstauszeichnung III. Klasse und am 4. August 1918 das Eiserne Kreuz I. Klasse verliehen. Trotz der zahlreichen Auszeichnungen und der besonderen Tapferkeit ist Hitler dennoch während des ganzen Krieges nicht mehr als Gefreiter geworden. Sein ehemaliger Kompaniefeldwebel Georg Schnell behauptete, daß Hitler als Ausländer einen höheren Dienstgrad nicht erreichen konnte, was den Tatsachen jedoch nicht entspricht.[366]

Hitlers politische Gegner haben zur Zeit der Weimarer Republik ein – auch nach 1945 wieder verbreitetes – Gerücht konstruiert, nach dem Adolf Hitler das Eiserne Kreuz I. Klasse zu Unrecht getragen habe. Georg Schnell, auf den diese Behauptungen nahezu ausnahmslos zurückgehen, erklärte beispielsweise: »[...] Hitler hat die Auszeichnung EK I zu Unrecht getragen. Am 8. August 1918 wurde durch Regimentsbefehl bekannt gegeben: ›Ausgezeichnet mit dem EK I werden unter anderem Hitler Adolf, überzähliger Gefreiter der 3. Kompanie‹. Nachdem von Seiten der Kompanie ein Vorschlag zu dieser Auszeichnung nicht gemacht wurde, habe ich mich sofort mit dem damaligen Regiments-Schreiber Vizefeldwebel Amann Max (später Reichsleiter der NSDAP) telefonisch ins Benehmen gesetzt. Auch habe ich den derzeitigen Kompanieführer Rudolf Hess, Leutnant, Meldung gemacht. Alle Monate am 1. war Termin zum Vorschlag zum bayerischen Verdienstkreuz. Und am 5. (jedes Monats) Vorschlag zu EK I. Diese Vorschläge gingen zum Regiment, und auf dieses Vorschlagsverzeichnis hat Amann seinen und Hitlers Namen mit vermerkt. Also ein ganz gemeiner Betrug [...]«[367]

Auch das entspricht nicht den Tatsachen.[368] Das EK I wurde Hitler auf Vorschlag des jüdischen Regimentsadjutanten Hugo Gutmann[369] von Oberstleutnant Anton v. Tabeuf verliehen, weil Hitler unter beson-

366 Prof. Dr. Fridolin Solleder, der Herausgeber der Regimentsgeschichte, nennt Schnells Darstellung »eine Erfindung«. Persönliche Mitteilung (1953).

367 Schriftliche Erklärung des Georg Schnell vom 8. Dezember 1952 an den Autor. Hess war 1918 nicht mehr im Regiment.

368 Vgl. auch Anm. 365, 366 und 369 in diesem Kapitel. Aufschlußreich ist in diesem Zusammenhang das Urteil des Landgerichts Hamburg (Z. II. 313/32, Eingangsstempel vom 10. März 1932) in Sachen Hitler gegen Heinrich Braune und Fa. Auer & Co. (Original, Maschinenschrift). Ehemaliges Hauptarchiv der NSDAP, Bundesarchiv Koblenz, NS 26/17 a.

369 Persönliche Mitteilung von Ernst Niekisch, dem Gutmann die Geschichte der Verleihung des EK I. an Hitler berichtete.

ders schwierigen Bedingungen mit einer Meldung zur Artilleriestellung gelangte und dadurch den Beschuß der eigenen Infanterie durch eigene Artillerie verhindern half.[370] Gutmann hatte dem Meldegänger Hitler das EK I für den Fall versprochen, daß er den wichtigen Auftrag in der ihm zur Verfügung stehenden kurzen Zeit ausführe. Allein die Tatsache, daß Gutmann ein so ungewöhnliches Versprechen leistete, mag für die Schwierigkeit dieser Aufgabe sprechen. Im Verleihungsvorschlag des Regimentskommandeurs Freiherr v. Godin vom 31. 7. 1918 heißt es nach Philipp Bouhler unter anderem: »Als Meldegänger leistete er [Hitler] sowohl im Stellungskrieg als auch im Bewegungskrieg Vorbildliches an Kaltblütigkeit und Schneid und war stets freiwillig bereit, Meldungen in schwierigsten Lagen unter größter Lebensgefahr durchzubringen. Nach Abreißen aller Verbindungen in schwierigen Gefechtslagen war es der unermüdlichen und opferbereiten Tätigkeit des Hitler zu verdanken, daß wichtige Meldungen trotz aller Schwierigkeiten durchdringen konnten«.[371] Daß gerade die Tatsache in den nationalsozialistischen Hitler-Biographien verschwiegen wurde, daß Hitler sein EK I, das er stolz bis ans Lebensende trug, einem Juden verdankte, ist aus der antisemitischen Perspektive der Biographen und dem »gesetzlichen« Antisemitismus des nationalsozialistischen Regimes zu erklären.

Die Zeit des Weltkrieges hat Hitler trotz des Grauens, das im Laufe der Zeit an die »Stelle der Schlachtenromantik«[372] trat, die »unvergeßlichste und größte Zeit [. . .] (seines) irdischen Lebens«[373] genannt. Nirgendwo sonst ist seine Sprache so gewählt, sein Stil so gekünstelt und eindruckheischend wie in diesem Zusammenhang.[374] Sachlich ist mit

370 Vgl. Anm. 369.
371 Zit. nach Bouhler, Philipp: Kampf um Deutschland, S. 30.
372 Hitler, S. 181.
373 ebenda, S. 179.
374 Hitlers Äußerungen in *Mein Kampf* über einzelne Phasen seines Lebens von 1904–1918:
Über die Zeit, in der er der Realschule fernbleiben mußte, weil er krank war und die Mutter einwilligte, ihn die Akademie besuchen zu lassen, sagte er: »Es waren die glücklichsten Tage, die mir nahezu als ein schöner Traum erschienen [. . .]« (S. 16).
Über die Jahre in Wien (dem »Rassenbabylon«) äußerte er sich wie folgt: »[. . .] das danke ich der damaligen Zeit, daß ich hart geworden bin und hart sein kann. Und mehr noch als dies preise ich sie dafür, daß sie mich losriß von der Hohlheit des gemächlichen Lebens« (S. 20). »Wien war für

seinen Weltkriegsschilderungen (abgesehen von der meisterhaften Behandlung der Kriegspropaganda) wenig zu beginnen. Daß er im Zusammenhang mit seinen Kriegserlebnissen gelegentlich übertrieb, läßt sich nachweisen. So schrieb er zum Beispiel seinem ehemaligen Münchener Zimmervermieter Popp,[375] daß das Regiment infolge von Feindeinwirkungen innerhalb von 4 Tagen von 3 600 Mann auf 611 Mann zusammengeschmolzen sei. Die zahlenmäßige Zusammenstellung der durch Tod bedingten Verluste des gesamten Regiments List ergibt folgendes Bild: am 29. Oktober 1914, am Tage der »Feuertaufe«, fielen vom Regiment 349 Mann, in der Zeit vom 30. Oktober 1914 bis zum 24. November 1914 insgesamt 373 Mann. Während des ganzen Krieges fielen vom Regiment 3 754 Offiziere, Unteroffiziere und Mannschaften.[376]

Ähnlich wie mit der Behauptung, daß Hitlers EK I erschwindelt worden sei, verhält es sich mit der (auf General v. Bredow zurückgehenden) Darstellung, daß Hitlers (vorübergehende) Erblindung im Oktober 1918 ausschließlich »hysterischer Art« gewesen sei.[377] Sicherlich hat Hitler, der seine Zukunft in der Gestaltung künstlerischer Werte sah, während des Aufenthaltes im Lazarett seelisch besonders gelitten und »unter dem Schrecken, für immer zu erblinden, einen Augenblick«[378] tatsächlich seine Fassung verloren; aber seine Augen-Erkrankung hatte mit Hysterie nichts zu tun, sondern war nach seinen Militärpapieren die Folge eines feindlichen Gasbeschusses bei La Montagne. Während Hitler einerseits von der Furcht gepeinigt wurde, eventuell einmal blind zu sein oder nur unzureichend sehen zu können, beunruhigte ihn andererseits die politische Situation in der Heimat, die eindeutig kriegsmüde

mich die schwerste, wenn auch gründlichste Schule meines Lebens« (S. 137).
Die Zeit in München erschien ihm als »die (»vor dem Kriege«) glücklichste und weitaus zufriedenste« Zeit seines Lebens (S. 138).
Den Weltkrieg bezeichnete er als die »unvergeßlichste und größte Zeit [...] [seines] irdischen Lebens« (S. 179).

375 Hitler in einem Feldpost-Brief (ohne Datum) an die Familie Popp.

376 Vgl.: Vier Jahre Westfront. Die Geschichte des Regiments List R.I.R. 16. München 1932, S. 381. Vgl. auch Meyer, Adolf: Mit Adolf Hitler im Bayerischen Reserve-Infanterie-Regiment 16 List. Neustadt/Aisch 1934.

377 Persönliche Mitteilung von General Vincenz Müller, dem v. Bredow berichtete, im Auftrage Schleichers Nachforschungen angestellt zu haben. In der Kriegsstammrolle (7. Ers. Kp./2. Bayer. Inf. Regt. Bd. 23 Nr. 7111) wird Hitlers Verwundung als »gaskrank« bezeichnet.

378 Hitler, S. 223.

geworden war. »Ungünstige Gerüchte kamen dauernd aus der Marine«, erinnerte Hitler sich, »in der es gären sollte«.[379] Er glaubte jedoch, daß das nur Gerüchte seien: »mir [schien das] mehr die Ausgeburt der Phantasie einzelner Burschen als Angelegenheit größerer Massen zu sein. Im Lazarett selbst redete wohl jeder von der hoffentlich doch bald herbeieilenden Beendigung des Krieges, allein auf ein ›Sofort‹ rechnete niemand. Zeitungen konnte ich nicht lesen.«[380] Doch die Unsicherheit währte nicht lange: »Im November nahm die allgemeine Spannung zu. Und dann brach eines Tages plötzlich und unvermittelt das Unglück herein. Matrosen kamen auf Lastkraftwagen und riefen zur Revolution auf, ein paar Judenjungen waren die ›Führer‹ in diesem Kampfe um die ›Freiheit, Schönheit und Würde‹ unseres Volksdaseins. Keiner von ihnen war an der Front gewesen. Auf dem Umweg eines sogenannten ›Tripperlazaretts‹ waren die drei Orientalen aus der Etappe der Heimat zurückgegeben worden. Nun zogen sie in ihr den roten Fetzen auf.«[381] Was folgte, »waren entsetzliche Tage und noch bösere Nächte – ich wußte, daß alles verloren war. Auf die Gnade des Feindes zu hoffen, konnten höchstens Narren fertigbringen oder – Lügner und Verbrecher. In diesen Nächten wuchs mir der Haß, der Haß gegen die Urheber dieser Tat. In den Tagen darauf wurde mir auch mein Schicksal bewußt. Ich mußte nun lachen bei dem Gedanken an meine eigene Zukunft, die mir vor kurzer Zeit noch so bittere Sorgen bereitet hatte. War es nicht zum lachen, Häuser bauen zu wollen auf solchem Grunde? Endlich wurde mir auch klar, daß doch nur eingetreten war, was ich so oft schon befürchtete, nur gefühlsmäßig nie zu glauben vermochte.«[382]

Am 7. November 1918, angeblich eher als die meisten Münchener, erfuhr Hitler im Lazarett in Pasewalk in Pommern, daß der Krieg beendet und Bayern Republik geworden war.[383] »Es war also alles umsonst gewesen«, meditierte er literarisch, »umsonst all die Opfer und Entbehrungen, umsonst der Hunger und Durst von manchmal endlosen Monaten, vergeblich die Stunden, in denen wir von Todesangst umkrallt, dennoch unsere Pflicht taten, und vergeblich der Tod von zwei Millionen,

379 ebenda, S. 221.
380 ebenda.
381 ebenda.
382 ebenda, S. 225.
383 Der Hitler-Prozeß, S. 18. Vgl. auch Hitler, S. 221 ff.

die dabei starben.«[384] In *Mein Kampf* verfocht Hitler die Auffassung, daß die deutsche Niederlage eingetreten sei, weil Kaiser Wilhelm II. als »erster deutscher Kaiser den Führern des Marxismus die Hand zur Versöhnung gereicht«[385] hatte und nicht ahnte, »daß Schurken keine Ehre besitzen«.[386] Er beschuldigte die »Marxisten«, »die kaiserliche Hand [...] in der ihren« gehalten und mit der anderen Hand »schon nach dem Dolche«[387] gegriffen zu haben, mit dem sie ihre »jüdische Mission« zu erfüllen trachteten.[388]

Aber er belastete nicht nur den Kaiser und die Marxisten, sondern auch die deutsche Propaganda während des Krieges. Ihr warf er vor, im Gegensatz zur Feindpropaganda vollständig versagt zu haben. »Mit dem Jahre 1915 hatte die feindliche Propaganda bei uns eingesetzt«, schrieb er, »seit 1916 wurde sie immer intensiver, um endlich zu Beginn des Jahres 1918 zu einer förmlichen Flut anzuschwellen. Nun ließen sich auch schon auf Schritt und Tritt die Wirkungen dieses Seelenfanges erkennen. Die Armee lernte allmählich denken, wie der Feind es wollte. Die deutsche Gegenwirkung aber versagte vollständig [...] Auch psychologisch war es falsch«, die »Aufklärung durch die Truppe selber vornehmen zu lassen. Sie mußte, wenn sie wirkungsvoll sein sollte, aus der Heimat kommen«.[389] So hat Hitler als Soldat zunächst auch »nicht politisieren«[390] wollen. »Ich wollte [...] damals von Politik nichts wissen, konnte aber doch nicht anders, als zu gewissen Erscheinungen Stel- zu nehmen.«[391]

Am 21. November 1918 wurde Hitler aus dem Lazarett in Preußen entlassen, in dem er sich entschlossen hatte, »Politiker zu werden«,[392] wie er später in *Mein Kampf* schrieb. Bereits an der Front hatte er mit einem Kriegskameraden, dem Maler Ernst Schmidt, den er in *Mein Kampf* fälschlich »Schmiedt« nennt,[393] oft über seine berufliche Zukunft

384 Hitler, S. 320 f.
385 ebenda, S. 225.
386 ebenda.
387 ebenda.
388 Hitler behauptet beispielsweise in *Mein Kampf* (S. 212), daß 1916/17 »fast die gesamte Produktion unter der Kontrolle des Finanz-Judentums« gestanden habe.
389 Hitler, S. 205.
390 ebenda, S. 182.
391 ebenda.
392 ebenda, S. 225.
393 ebenda, S. 226.

diskutiert. Bis Kriegsende war er sich allerdings nicht klar darüber, ob er nach dem Kriege Architekt oder Politiker werden würde.[394] Erst im Lazarett entschied er sich offensichtlich wieder für die Politik, der bis 1914 sein besonderes Interesse gegolten hatte.

Von Pasewalk ging er nach München zum Ersatz-Bataillon seines Regiments, das sich »in der Hand von ›Soldatenräten‹ befand«.[395] Das dem monarchistisch gesinnten radikalen Antisemiten »der ganze Betrieb [...] widerlich«[396] erschien, ist verständlich. Aber er blieb mit Schmidt dennoch einige Zeit in der Kaserne der 7. Ersatz-Kompanie des 2. Bayerischen Infanterie-Regiments, wo beide zunächst zum Wachdienst herangezogen wurden. Um sich zusätzlich Geld zu verdienen, meldeten sie sich freiwillig zur Aussortierung militärischer Bekleidungsstücke.[397]

Als während eines Appells Anfang Februar 1919 bekanntgegeben wurde, daß sich rund zwei Dutzend Soldaten zur Gefangenenbewachung nach Traunstein melden könnten, weil die dort eingesetzten Angehörigen des Landsturms entlassen werden sollten, meldeten sich auch Hitler und Schmidt freiwillig für den von der 2. Demobilmachungs-Kompanie des 2. Bayerischen Infanterie-Regiments eingerichteten Wachdienst im Gefangenenlager.[398] Am 12. Februar traten sie als Angehörige dieser Einheit ihren Dienst in Traunstein an, wo sich anfänglich einige hundert französische und russische Kriegsgefangene befanden.[399] Später waren es nur noch russische Gefangene, die zum Teil außerhalb des Lagers arbeiteten.[400] Das Lager wurde jedoch bald aufgelöst, und Hitler ging im März wieder nach München zurück, wo nach seinen Worten eine »Judenherrschaft« (der Räte) errichtet worden war, »wie sie ursprünglich den Urhebern der ganzen Revolution als Ziel vor Augen

394 Schriftliche Mitteilung von Ernst Schmidt. Unterlagen im Besitz des Autors. Sämtliche Auskünfte von E. S.: August 1964.
395 Hitler, S. 226.
396 ebenda.
397 Schriftliche Mitteilung von Ernst Schmidt. Unterlagen im Besitz des Autors.
398 Schriftliche Mitteilung von Ernst Schmidt. Unterlagen im Besitz des Autors.
399 Schriftliche Mitteilung von Ernst Schmidt. Unterlagen im Besitz des Autors.
400 Schriftliche Mitteilung von Ernst Schmidt. Unterlagen im Besitz des Autors.

schwebte«.[401] Richtig ist an Hitlers Behauptung über die »Judenherrschaft«, daß einige maßgebliche Mitglieder der Revolutionsregierung, unter anderem Eisner, Toller und Mühsam, tatsächlich Juden waren. Die Ereignisse im Frühjahr 1919 in Bayern haben seinen Entschluß, Politiker zu werden, nur noch gefestigt.

In München ist er nach eigenen Angaben »zum ersten Male so«[402] aufgetreten, daß er sich »das Mißfallen des Zentralrates zuzog«[403] und am 27. April 1919 verhaftet werden sollte. Am Tage zuvor hatten die österreichischen und deutschen Zeitungen berichtet, daß die Wiener Polizei einen Russen festnahm, während er bei einer Bank einen Scheck einlösen wollte. Mehrere »Millionen Rubelnoten, sowie vollständig ausgearbeitete Pläne zur Organisierung einer bolschewistischen Republik in Wien und Paris«,[404] sollen sich in seinem Besitz befunden haben. Die nicht nur im besiegten Deutschland grassierende Furcht vor den »Bolschewisten« inspirierte die kuriosesten Gerüchte, zu deren Entstehung die Bolschewisten selbst allerdings durch ihre noch unerfahrenen Agenten erheblich beitrugen. Überall wurden bolschewistische Agenten vermutet. Nicht selten haben Lenins russische und deutsche Anhänger jedoch nachweislich umstürzlerisch und staatsgefährdend gewirkt, so daß die Besorgnis nicht ganz unberechtigt war. Aber die Unsicherheit und das Mißtrauen waren auf beiden Seiten gleichermaßen verbreitet.

Dennoch ist nicht wahr, daß Hitler am 27. April verhaftet werden sollte; denn der »Zentralrat« hat seit dem Rücktritt von Ernst Niekisch in der Nacht vom 6. zum 7. April 1919 nicht mehr existiert, so daß der Gefreite Hitler dessen »Mißfallen« auch nicht mehr zu erregen in der Lage gewesen ist.[405] Um ein verschlepptes, vom Zentralrat eingeleitetes Verfahren konnte es sich also nicht handeln. Ernst Niekisch, der ehemalige Präsident des Zentralrates, sagt dazu: »Wenn Hitler behauptet, einige Beauftragte des Zentralrats der Räte hätten ihn am 27. April 1919 festnehmen wollen, so hat er die Geschichte wohl erdichtet. Der Zentralrat trat, nachdem ich am 7. April 1919 vom Präsidium zurückgetreten war, überhaupt nicht mehr in Funktion. Außerdem kann ich mit Si-

401 Hitler, S. 226.
402 ebenda.
403 ebenda.
404 Vgl. Mannheimer General-Anzeiger (Abendausgabe) vom 26. April 1919.
405 Vgl. Anm. 406.

cherheit sagen, daß der Zentralrat, solange ich ihm angehörte, niemals die Anweisung gegeben hat, eine Verhaftung vorzunehmen.«[406]

Trotz aller anderslautenden Darstellungen[407] ist Hitler von März 1919 bis zum Eintreffen der Truppen von Epp und Noske am 1. und 2. Mai 1919 in München-Oberwiesenfeld in der Max II.-Kaserne geblieben.[408] Das wäre jedoch nicht möglich gewesen, wenn er sich den gegebenen Verhältnissen nicht angepaßt hätte. Da die Truppen der kommunistischen Roten Armee rote Armbinden trugen, dürfte auch Adolf Hitler (wahrscheinlich bis zu der »Schüssler«-Abstimmung) die rote Armbinde der Kommunisten getragen haben.[409] Er wurde nach dem Einmarsch der Angehörigen des Freikorps Epp sogar verhaftet, weil aus der Kaserne einige Gewehrschüsse auf die in München einrückenden Befreiungstruppen abgegeben worden sein sollten.[410] Der Fürsprache einiger Offiziere, die Hitler kannten, verdankte er schließlich seine Freilassung.[411] Offensichtlich hat Hitler einige Jahre später die Verhaftung durch Epps Soldaten in einen Verhaftungsversuch durch Egelhofersche Rotarmisten umgewandelt. Nach unveröffentlichten Feststellungen von Ernst Deuerlein soll Hitler vor der Niederwerfung der Räte vergeblich versucht haben, sich sowohl der USPD als auch den Kommunisten anzuschließen.[412]

»Wenige Tage nach der Befreiung Münchens«, wo die eigentliche (militärische, politische und verwaltungsmäßige) Macht dann in den Händen des Reichswehrgruppenkommandos 4 lag,[413] »wurde ich«, so berichtet Hitler, »zur Untersuchungskommission über die Revolutionsvorgänge beim 2. Infanterieregiment kommandiert«.[414] Der zweifellos gut informierte Ernst Schmidt vermutet, daß dafür die Offiziere gesorgt

406 Schriftliche Mitteilung von Ernst Niekisch. Unterlagen im Besitz des Autors.
407 z.B. Bouhler: Kampf um Deutschland, S. 32 und Hasselbach, S. 23. Hitler selbst übergeht diese Details, vgl. Hitler, S. 226 f.
408 Schriftliche Mitteilung von Ernst Schmidt. Unterlagen im Besitz des Autors.
409 Nach einer schriftlichen Mitteilung von Otto Strasser hat Hitler die rote Binde getragen. In einer persönlichen Mitteilung von Hermann Esser wurde die gleiche Vermutung ausgesprochen.
410 Schriftliche Mitteilung von Ernst Schmidt. Unterlagen im Besitz des Autors.
411 Schriftliche Mitteilung von Ernst Schmidt. Unterlagen im Besitz des Autors.
412 Persönliche Auskunft von Ernst Deuerlein (12. Mai 1965).
413 Vgl. S. 137 und 153 f.
414 Hitler, S. 227.

haben, die Hitlers Freilassung nach der Verhaftung durch Epp-Soldaten bewirkt hatten.[415] Hitlers »rein politische aktive Tätigkeit«[416] hat spätestens damit begonnen. Ein ehemaliger Bewunderer Hitlers, Adolf Viktor v. Koerber, sagte über die Tätigkeit Hitlers unmittelbar nach der Niederwerfung der Räte: » Zur Untersuchungskommission kommandiert, bringen seine Anklageschriften rücksichtslose Klarheit in die unsagbare Schändlichkeit militärischer Verrätereien der Judendiktatur der Rätezeit Münchens.«[417]

Da Hitler eine juristische Ausbildung nicht besaß, konnte er mit rein juristischen Aufgaben von den bayerischen Militärgerichten auch nicht betraut werden. Er selbst hat nicht einmal seinem inzwischen aus der Armee ausgeschiedenen Freunde Schmidt Einzelheiten über seine Tätigkeit berichtet, als er ihn während dieser Zeit in München besuchte.[418] Mit Sicherheit war Hitler, der sich während der Rätezeit in München aufgehalten hat, damit beauftragt, die Unteroffiziere und Mannschaften ausfindig zu machen, die während der Rätezeit auf der Seite der kommunistischen Räte gestanden hatten. Er erfüllte die ihm übertragene Aufgabe zur vollen Zufriedenheit seiner vorgesetzten Dienststelle und wurde schließlich zu einem Aufklärungskurs (vom 5. bis 12. Juni 1919) kommandiert, in dem unter anderem die zu demobilisierenden und aus der Gefangenschaft heimkehrenden Soldaten »bestimmte Grundlagen zu staatsbürgerlichem Denken«[419] erhalten sollten.

Für diese antibolschewistischen Lehrgänge, die vom Reichswehrgruppenkommando 4 (der bayerischen Reichswehr) mit Mitteln der Berliner Reichswehrverwaltung und mit privaten Zuwendungen[420] für besonders geeignete und ausgewählte Offiziere und Mannschaften eingerichtet wurden, galten folgende Grundsätze: »Unter dem Schutz der jungen Reichswehr muß eine sinnvolle Neubegründung aller innerstaat-

415 Schriftliche Mitteilung von Ernst Schmidt. Unterlagen im Besitz des Autors.
416 Hitler, S. 227.
417 Koerber, Victor v.: Hitler, sein Leben und seine Reden. München 1923. Diese Schrift wurde unmittelbar nach dem Erscheinen beschlagnahmt. Koerber sagte sich 1927 von Hitler los und griff ihn öffentlich an, u. a. in der *Vossischen Zeitung* vom 6. Mai 1927.
418 Schriftliche Mitteilung von Ernst Schmidt. Unterlagen im Besitz des Autors.
419 Hitler, S. 227.
420 Vgl. Franz-Willing, S. 37.

lichen Verhältnisse unseres Vaterlandes durchgesetzt werden können; erst wenn der Staat wieder Herr im eigenen Haus ist, wird eine Besserung der außenpolitischen Verhältnisse möglich werden. Die Reichswehr ist also der Eckpfeiler, an dem die [...] Reste und die [...] Anfänge unseres sozialen, wirtschaftlichen und staatlichen Selbstbestimmungsrechtes festgeknüpft werden müssen. So ergibt sich die Notwendigkeit, in der Reichswehrtruppe ein hochgesteigertes Gefühl der Verantwortlichkeit und Selbstlosigkeit einerseits, das Verständnis für die politischen Grundgedanken und nationales Selbstvertrauen andererseits zu wecken. Die politische Aufklärung im Heer muß über den Parteien stehen, sie muß volkstümlich, aber wissenschaftlich einwandfrei sein ...«[421]

»Für mich lag der Wert der ganzen Veranstaltung darin«, schreibt Hitler, »daß ich die Möglichkeit erhielt, einige gleichgesinnte Kameraden kennenzulernen, mit denen ich die augenblickliche Lage gründlich durchzusprechen vermochte.«[422] Zu den »gleichgesinnten Kameraden« gehörte vor allen Dingen der seit Herbst 1918 öffentlich in der Zeitschrift *Süddeutsche Monatshefte* hervorgetretene rechtsradikale Dozent, der Finanz-»Fachmann« Diplom-Ingenieur Gottfried Feder, dessen politische Karriere in der Thule-Gesellschaft begonnen hatte. Feder hielt in den Aufklärungskursen für die auserkorenen Angehörigen der Truppe Vorträge über Wirtschaftsfragen und bemühte sich gleichzeitig, die von ihm entwickelte Theorie zur »Brechung der Zinsknechtschaft«[423] populär zu machen. Hitler, der wahrscheinlich am 1. Kurs teilnahm, hatte sich nach den Unterlagen im Hauptstaatsarchiv München im Rahmen der vorgeschriebenen Vorlesungen und Seminare in der Universität über folgende Probleme zu informieren:

1. Die deutsche Geschichte seit der Reformation (Prof. Karl Alexander v. Müller, 1964 †).

2. Die politische Geschichte des Krieges (derselbe).

3. Der Sozialismus in Theorie und Praxis (Karl Graf v. Bothmer, Schriftsteller und Journalist).

4. Unsere wirtschaftliche Lage und die Friedensbedingungen (Dr. Michael Horlacher, Geschäftsführer des Zweckverbandes landwirtschaftlicher Vereine und der Agrarindustrie in Bayern).

421 ebenda.
422 Hitler, S. 227.
423 Vgl. S. 185 ff.

5. Der Zusammenhang zwischen innerer und äußerer Politik (Graf v. Bothmer).

Im 2. Kurs, der vom 26. Juni bis zum 5. Juli dauerte und von Hitler ebenfalls besucht werden konnte (und wahrscheinlich auch besucht worden ist), lasen Graf v. Bothmer über die auswärtige Politik seit dem Kriegsende, Dr. Pius Dirr (bayerischer Abgeordneter und Leiter des Münchener Stadtarchivs) über »Rußland und die Bolschewikiherrschaft«, Dr. Hasselberger (Regierungsassessor) über die »Zwangswirtschaft in Brot und Getreide«, Prof. Erich Marcks über »Deutschland von 1870–1900«, Hauptmann i. G. Karl Mayr über die Bedeutung der Reichswehr, Dr. Merz (Regierungsassessor) über »Preispolitik in der Volkswirtschaft« und Prof. Zahn (Präsident des Statistischen Landesamtes) über »Bayern und die Reichseinheit«.[424]

»Zum ersten Male« in seinem Leben, sagt Hitler, habe er in den Kursen »eine prinzipielle Auseinandersetzung mit dem internationalen Börsen- und Leihkapital«[425] erlebt. Damit hatte er sich im Rahmen seiner Marxismusstudien in Wien also nicht auseinandergesetzt. Was er immer nur geahnt und »gefühlt« hatte, wurde hier »wissenschaftlich einwandfrei«[426] »bewiesen« und in einprägsame Worte gekleidet. Mehr noch, es wurden, besonders von Gottfried Feder, Formeln und Schablonen geliefert, die einen unbestreitbaren Eindruck auf die durch den Krieg ruinierten Bevölkerungsschichten hinterließen, wenn sie sicher und überzeugend vorgetragen wurden.

Einige der maßgeblichen Angehörigen dieses Kreises, zu denen von den Teilnehmern besonders Hitler und von den Lehrkräften Gottfried Feder gehörten, waren sich einig, daß »Deutschland durch die Parteien des Novemberverbrechens«,[427] durch das Zentrum, durch die Sozialdemokratie und durch die bürgerlich-nationalen Parteien nicht »mehr aus dem heranreifenden Zusammenbruche gerettet werden würde«,[428]

424 Nach Aufzeichnungen im Hauptstaatsarchiv München, Abt. II (ehemaliges Bayerisches Kriegsarchiv), Gruppen-Kdo. 4, Bd. 50/6 (gedruckt). Die Akten des Hauptstaatsarchivs werden fortan wie folgt zitiert: HStA. Mü., Abt. II., Gruppen-Kdo. 4 (folgt Bd., Ziffer und der Hinweis, ob das Dokument gedruckt oder handschriftlich vorliegt).
425 Hitler, S. 229.
426 Vgl. S. 134.
427 Hitler, S. 227.
428 ebenda.

und so wurde in kleinem Kreise die »Bildung einer neuen (sozialrevolutionären) Partei erörtert.«[429] Um an die »Masse heranzukommen«, sollte ein neuer Name für die Partei, eine neue Bezeichnung gefunden werden, die schon äußerlich etwas grundsätzlich Neues ahnen und erwarten ließ. »So kamen wir«, erinnerte Hitler sich später, »auf den Namen ›Sozialrevolutionäre Partei‹«.[430] Doch zu der geplanten Parteigründung, die Hitler erstmalig nach einem Vortrag von Gottfried Feder erwog,[431] ist es nicht gekommen. Hitler hat in dieser Umgebung allerdings Eindrücke und vor allen Dingen Startmöglichkeiten gefunden, die für seinen Lebensweg ebenfalls bestimmend wurden.

Hitler, der später einmal erklärte, gegen seinen »Willen [...] Politiker geworden«[432] zu sein, war 1918 heimatlos. Er hatte weder eine amtlich bescheinigte, abgeschlossene Berufsausbildung noch eine zivile Existenz. Jetzt drängte sich ihm der Gedanke auf, sich parteipolitisch zu betätigen und seine Zukunft in der praktischen Politik zu suchen. Wenige Monate nach Kriegsschluß war er auch nicht mehr Monarchist. Der von ihm einst verehrte deutsche Kaiser Wilhelm II. hatte versagt. Das Heil fand Hitler nun anderswo: in der Wiener Anti-Haltung, der nun ein noch weiteres »Anti« hinzugesellt worden war. Entscheidend für sein ferneres Leben wurde sein weiterhin unbeirrbares Bekenntnis zum Antisemitismus. Als »eines Tages [...] einer der Teilnehmer [...] [des Kurses] für die Juden eine Lanze brechen zu müssen« meinte und »sie in längeren Ausführungen zu verteidigen«[433] begann, meldete sich Hitler zur Aussprache und griff den Kameraden an. Jetzt konnte er zeigen, was er in Wien gelernt hatte. Das »Ergebnis [...] war«, so schilderte er, »daß ich wenige Tage später dazu bestimmt wurde, zu einem damaligen Münchener Regiment als sogenannter ›Bildungsoffizier‹ einzurücken«.[434] In einem Brief vom 29. November 1921 berichtete er über seine Tätigkeit als »Bildungsoffizier«: »Ich hielt in diesem Regiment [Schützenregiment 41, der Verf.] sowie in anderen Formationen nun zahlreiche Aufklärungsvorträge über den Wahnsinn der roten Blutdiktatur und konnte mit Freude erleben, daß aus den infolge der allgemeinen Reichswehrver-

429 ebenda.
430 Hitler, S. 227.
431 ebenda, S. 229.
432 Picker, Henry: Hitlers Tischgespräche, S. 415.
433 Hitler, S. 235.
434 ebenda, S. 180.

minderung aus dieser ausscheidenden Heeresangehörige [sic!] die 1. Truppe meiner späteren Anhänger entstand.«[435]

Aus den Akten des Bayerischen Reichswehrgruppenkommandos 4, das am 11. Mai 1919 die Nachfolge des Oberkommandos Möhl in München angetreten hatte,[436] läßt sich herauslesen, welche Funktionen Hitler übertragen worden sind. Im Rahmen der Abteilung I b/P, die wechselweise als »Nachrichtenabteilung«, »Presse- und Propagandaabteilung« und »Aufklärungsabteilung« bezeichnet wurde und unter der Leitung des bayerischen Richtersohnes Hauptmann i. G. (im Generalstab) Karl Mayr (1883–1945, gestorben im KZ Buchenwald) stand, wurde Hitler nicht als »Bildungsoffizier«, wie er schreibt, sondern als »Vertrauensmann« (»V-Mann«) eingesetzt. »Bildungsoffiziere« waren in der Regel vom Heeresdienst beurlaubte Offiziere, die in München studierten. Der überzeugend vorgetragene antisemitische Diskussionsbeitrag Hitlers hatte bei den Kursteilnehmern und Dozenten einen so imponierenden Eindruck hinterlassen, daß der über derartige Einzelheiten stets informierte Mayr den Gefreiten Hitler dazu ausersah, im Rahmen der Reichswehr eine politische Funktion zu übernehmen. Bereits Prof. Karl Alexander v. Müller, der im 1. Aufklärungskurs über die deutsche Geschichte seit der Reformation und über die politische Geschichte des Krieges referierte, hatte seinen Schulkameraden Karl Mayr auf Hitlers rhetorisches Naturtalent aufmerksam gemacht.[437] Hitlers politische Karriere, die in der Reichswehr begann, hatte eine weitere Zäsur erreicht.

Am 22. Juli 1919 erließ das Gruppenkommando 4/I b/P einen Befehl zur Aufstellung eines Aufklärungskommandos unter Leitung von Rudolf Beyschlag für das Militär-Lager Lechfeld, durch das die aus der Gefangenschaft heimkehrenden Soldaten geschleust wurden. In dem vom Chef des Generalstabes Major v. Prager gezeichneten Befehl hieß es unter anderem:

»1. Im Durchgangslager Lechfeld ist von der nächsten Zeit an mit dem regelmäßigen Eintreffen [...] von Heimkehrern zu rechnen.

435 Brief Hitlers an den Empfänger, den er mit »Lieber Herr Doktor!« anredete. Maschinenschrift (Abschrift vom 26. August 1941). Ehemaliges Hauptarchiv der NSDAP, Bundesarchiv Koblenz, NS 26/17 a (Anhang).
436 Generalleutnant Möhl war Oberbefehlshaber des Reichswehrgruppenkommandos 4.
437 Vgl. Deuerlein: Hitlers Eintritt in die Politik, S. 182.

2. Die derzeitigen Verhältnisse im Lager Lechfeld scheinen [...] nicht günstig zu sein. Die zurückkehrenden Kriegsgefangenen werden in 12 Kompanien eingeteilt, bei denen der Arbeitsdienst von je 40 Stamm-Mannschaften geleistet werden soll. Diese Stamm-Mannschaften, ebenso die vielen Zivilarbeiter, die sich in dem jedermann zugänglichen Lager befinden, sollen unzuverlässig sein.

3. Dem im Lager eingeteilten Wachkommando [...] wird ein Aufklärungskommando zugeteilt. Hierzu werden die einschlägigen Kommandobehörden gebeten, nachstehende Leute, die an den Kursen des Gruppenkommandos beteiligt waren, abzustellen; die Abstellung dauert zunächst 4 Wochen und darf gleichzeitig als praktischer Redner- und Agitationskurs betrachtet werden. Es wird weiterhin ersucht, jedem nachstehend bezeichneten Teilnehmer zu gestatten, einen von ihm als Hilfsdienst im praktischen Aufklärungsdienst (Verteilen von Flugblättern, kameradschaftl. Beeinflussung) als geeignet angesehenen Kameraden zur Einteilung vorzuschlagen [...] Bei der besonderen Bedeutung der Vorsorge für die Kriegsgefangenen, auch im Interesse der Reichswehr, muß die Notwendigkeit der Abstellung besonders betont werden [...]«[438]

Unter den insgesamt 23 aufgeführten Namen der Männer, die dem ausgewählten Aufklärungskommando angehörten, findet sich als Nr. 17 die Eintragung: »Inf. Hitler Adolf, 2. Inf. Regt. Abwicklungsstelle (I.A.K.)«.[439] Die Tätigkeit des Aufklärungskommandos ist durch Akten belegt, die Rolle Hitlers, den der profilierte Generalstabs-Offizier Karl Mayr in einem Brief vom 10. September 1919 respektvoll mit »Sehr verehrter Herr Hitler«[440] anredete, eindeutig bezeugt. Die im folgenden zitierten Auszüge aus Berichten von Soldaten, die zum Aufklärungskommando Beyschlag kommandiert worden waren, sind beredt genug:

»[...] Die geschichtlichen historischen Vorträge des Herrn Beyschlag fanden bei weitem nicht den Anklang wie die temperamentvollen Vorträge (mit Beispielen aus dem Leben) des Herrn Hitler.

438 HStA Mü., Abt. II, Gruppen-Kdo. 4, Bd. 50/3; unter dem Vermerk der Weiterleitung an das Bayr. 2. Inf. Rgt. steht der Satz: »G. R. Beschl. zum Dem. Btl. (Kdtr. Kp) zur Verständigung des Hitler«. Daneben steht »Verständigt« und eine unleserliche Paraphe.
439 ebenda.
440 HStA. Mü., Abt. II, Gruppen-Kdo. 4, Bd. 50/8.

Während bei letzterem Rede und Gegenrede alle Anwesenden mitriß, fehlte dieser Moment bei den ersteren Vorträgen [. . .]«[441]

»[. . .] Besonders waren die Vorträge wirksam und leicht fassend, die Herren Hitler und Beyschlag sind [. . .] sehr geeignet für diesen Zweck [. . .]«[442]

»[. . .] Herr Beyschlag und auch Herr Hitler haben es verstanden durch ihre lehrreichen und leicht begreiflichen Vorträge die Leute in eine geradezu begeisterte Stimmung zu bringen [. . .]«[443]

»[. . .] ›Ende gut, alles gut‹, so möchte ich auch hier sagen, denn ich bin sowohl überrascht, aber noch mehr erfreut über die Erfolge, die unser Aufklärungskommando in den 5 Tagen hier erzielt hat. Den Heldenanteil des Erfolges haben zweifelsohne die Herren Hitler und Beyschlag, die durch ihre hervorragenden Vorträge die Aufmerksamkeit und das Interesse der Kompagnie Bendt, auf die ich nachher noch zu sprechen komme, erweckt haben. Besonders Herr Hitler ist, ich darf wohl sagen, ein geborener Volksredner, der durch seinen Fanatismus und sein populäres Auftreten in einer Versammlung die Zuhörer unbedingt zur Aufmerksamkeit und zum Mitdenken zwingt. Ich für meine Person suchte mein Tätigkeitsfeld in Kantinen, umliegenden Wirtschaften und als Zuschauer bei den Sportspielern [. . .]«[444]

«[. . .] Was nun die Aufklärungstätigkeit während unseres 5-tägigen Aufenthaltes bei der Komp. Bendt betrifft, so war ein ganz befriedigendes Resultat zu verzeichnen, da die Mannschaften den verschiedenen Vorträgen mit großem Interesse folgten namentlich bei H. Beyschlag und Hitler. Letzterer namentlich entpuppte sich als hervorragender und temperamentvoller Redner und fesselte die Aufmerksamkeit der ganzen Zuhörer für seine Ausführungen. Einmal nun war es ihm nicht möglich, einen langen Vortrag zu beenden; er fragte die Leute, als er abbrechen mußte, ob sie vielleicht nach Dienst denselben zu Ende hören wollten und sofort waren alle einverstanden [. . .]«[445]

»[. . .] Es folgte [. . .] eine Auslegung der Friedensbedingungen durch Herrn Hitle(r) in zwei Fortsetzungen. Dieses Thema zündete ein be-

441 Bericht von Ewald Bolle vom 24. August 1919, HStA. Mü., Abt. II, Gruppen-Kdo. 4, Bd. 50/3 (handschriftlich).
442 Bericht von Dachs vom 24. August 1919, ebenda.
443 Bericht von Karl Eicher vom 24. August 1919, ebenda.
444 Bericht von Lorenz Frank vom 23. August 1919, ebenda.
445 Bericht von Hans Knoden vom 24. August 1919, ebenda.

sonderes Interesse bei den Teilnehmern, man konnte es von den Gesichtern lesen . . .«[446]

Entsprechend beurteilte auch der Kompanieführer und Führer des Wachkommandos, Oberleutnant Bendt (2. Bayerisches Schützenregiment 42, Jäger-Batl., 10. Kp., Lager Lechfeld) in seinen Berichten vom 21. und 25. August 1919 an das Gruppenkommando 4 Hitlers propagandistische und rhetorische Fähigkeiten.[447] Rasch wurde Hitler einer der wichtigsten Mitarbeiter der Abteilung I b/P, von deren Leiter Mayr er Anfang 1920 sogar in Umsturzpläne eingeweiht und im März 1920 auch in die Aktion zum Sturz der sozialdemokratischen Regierung Hoffmann in Bayern und beim Kapp-Putsch in Berlin eingeschaltet wurde.[448]

446 Bericht von Ottmar Stadler vom 24. August 1919, ebenda.
447 Bericht von Oberleutnant Bendt, ebenda.
448 Vgl. S. 214 f.

3. Die Deutsche Arbeiterpartei

Zu viele Deutsche wollten nach 1918 nicht begreifen, warum Deutschland den Krieg verloren hatte. Sie gaben vor allem »den Juden« die Schuld und unterstellten ihnen, Deutschland durch »Herrsch- und Geldgier [...] in der ganzen Welt unbeliebt gemacht«,[1] während des Krieges bei Heereslieferungen und durch die Kriegswirtschaft Milliarden verdient,[2] Deutschland systematisch zermürbt, auf die »Judenherrschaft« vorbereitet[3] und die Revolution lediglich zur Ablenkung von der Entdeckung dieser angeblichen Tatsachen inszeniert zu haben. Überall, nicht nur in Bayern, regten sich die aktivistischen Antisemiten mit fanatischem Eifer in Wort und Tat und versuchten das durch die Niederlage und ihre Folgen belastete deutsche Nationalgefühl durch neurotisch artikulierte Ausflüchte von dem Vorwurf zu befreien, diese Situation zum großen Teil selbst verschuldet zu haben. Pamphlete mit krankhaft verzeichnetem Nationalbewußtsein wirkten mit bemerkenswertem Erfolg besonders unter der männlichen Bevölkerung. Eine bezeichnende Rolle spielten dabei zum Beispiel die vom Deutschvölkischen Bund[4] in Hamburg herausgegebenen *Deutschvölkischen Blätter*,[5] die nach Angaben der Herausgeber »in stramm deutschvölkischem Geiste geleitet«[6] wurden und seit

1 Flugblatt des Deutschvölkischen Bundes: Von der Hohenzollern- zur Judenherrschaft, Dezember 1918. Zit. nach Jochmann, S. 6.
2 ebenda.
3 ebenda.
4 Nach dem Zusammenschluß der Deutschvölkischen Partei mit der Deutschnationalen Volkspartei Ende 1918 schlossen sich ehemalige Mitglieder der Deutschvölkischen Partei zum Deutschvölkischen Bund zusammen. Der 1. Bundestag fand am 30. März 1919 in Kassel statt.
5 Sie erschienen in der Deutschvölkischen Verlagsanstalt, Hamburg 6, Karolinenstraße 16, als Wochenschrift (Einzelnummer 20 Pfennig, 10 Ex. 75 Pfennig, 50 Ex. 2,75 Mark, 500 Ex. 27,50 Mark und 1000 Ex. 40 Mark).
6 ebenda.

Januar 1917 als Symbol ihres antisemitischen Kampfes das Hakenkreuz trugen. Während sie im Dezember 1918 beispielsweise erklärten, daß Deutschland »schon unter den Hohenzollern [...] unter der Judenherrschaft«[7] gestanden habe und der Kaiser nunmehr über das Wort nachdenken müßte, »Wer vom Juden ißt, der stirbt daran!«,[8] klagten sie zahlreiche Persönlichkeiten jüdischen Namens als »neue Regierungsmänner«[9] für Zustände an, die sie nicht verschuldet hatten. Daß sich unter den »neuen Regierungsmännern« zum Beispiel die Kommunisten Rosa Luxemburg und Leviné befanden,[10] von denen Rosa Luxemburg niemals ein Regierungsamt bekleidete und auch Leviné im Dezember 1918 noch nicht »Regierungsmann« war, störte die hetzenden Antisemiten nicht. Haß und Schuld wurden auf »die Juden« gehäuft. Kämpfer gegen das Judentum und gegen den Bolschewismus, »Retter des Vaterlandes«, fanden sich allerorts in Deutschland. Ständige Unruhen, Streiks, kommunistische Umsturzversuche, die allgemeine wirtschaftliche Not, der neue, noch ungewohnte politische Status, die aggressive Ablehnung der Siegermächte durch die Bevölkerung, die soziale Umschichtung und der negative Einfluß der Landsknechtsorganisationen nährten Unfrieden und sorgten dafür, daß den Antisemiten und unverbesserlichen Nationalisten der Atem nicht ausging. Politische Parteien, Bünde, Interessengemeinschaften, Verbände und Organisationen, die häufig militärisch oder halbmilitärisch organisiert wurden, entstanden überall in bunter Folge.

Unter dem Einfluß des Vorsitzenden (Wahl) der seit August 1916 in Bremen bestehenden antisemitischen Organisation »Freier Ausschuß für einen deutschen Arbeiterfrieden«[11] hatte auch der Münchener Eisenbahnschlosser Anton Drexler (1884–1942) zusammen mit Gesinnungsgenossen bereits am 7. März 1918 im Münchener Gasthaus »Mething« in der Methingstraße einen Freien Arbeiterausschuß für einen guten Frieden[12] als Münchener Ortsgruppe des norddeutschen Ausschusses ins Leben gerufen. Wie der Bremer »Ausschuß«, der Anfang 1918 nach Anton Drexlers Angaben 290 000 Mitglieder zählte und die Mar-

7 Vgl. Anm. 1.
8 ebenda.
9 ebenda.
10 ebenda.
11 Drexler, S. 20. Vgl. Volz: Daten der Geschichte der NSDAP, S. 4 und Franz-Willing, S. 62.
12 Vgl. das Dokument Tafel 4 unten.

xisten, Bolschewisten, Pazifisten, Juden und Freimaurer bekämpfte, so verfocht auch die von Drexler geleitete Münchener Ortsgruppe grundsätzlich die gleichen Ziele. Drexler hatte sich zur Gründung einer Münchener Ortsgruppe nur unter der Bedingung bereit erklärt, daß »auch der Ausschuß in Bremen den Kampf gegen Kriegswucherer und Schleichhandel aufnimmt«.[13] 1936 bezeichnete er seine Gründung aus der Rückschau denn auch eindeutig als »Arbeitsausschuß gegen Wucherer und Schiebertum«,[14] was in seinem Prisma eine Organisation zur systematischen Bekämpfung des Judentums war.[15] Nach Drexlers handschriftlichem Protokoll über die entscheidende Zusammenkunft im Gasthaus »Mething« wurde am 7. März 1918 folgender Beschluß gefaßt: Zur besseren Wirkung eines Aufrufes, der unten zitiert wird, »sollten Kollegen und Kameraden der größeren Betriebe, nach einer vorhergehenden Besprechung den Aufruf ebenfalls unterzeichnen, um dann in einer allgemeinen Versammlung mit Herrn Dr. Dingfelder als Redner, die endgültige Gründung des ›Freien Arbeiterausschusses für einen guten Frieden‹ durchzuführen. Der Gründung soll die Verbreitung des Aufrufes durch Presse und Flugblätter vorausgehen.«[16]

Drexlers Aufruf hatte folgenden Wortlaut:

»Kollegen, Kameraden!

Der Januar des Jahres 1918 hat uns eine große Enttäuschung gebracht. Die Westmächte haben die Teilnahme an den Verhandlungen in Brest-Litowsk abgelehnt, trotzdem es unsere Regierung deutlich genug gesagt hatte: Friede, ohne gewaltsame Annexion, ohne Entschädigungen. Als Antwort auf unsere Einladung, hat das französische Parlament, mit 411 Stimmen die Fortsetzung des Krieges, mit dem Ziele Elsaß-Lothringen beschlossen.

Das ist das Ergebnis unserer 14 monatlichen Verständigungsversuche. Für uns gibt es nur noch Eins: Siegen, oder in Not und Elend zugrunde gehen. Die Stunde gebietet die ganze Kraft des deutschen Volkes, wenn es sein muß, zum letzten entscheidenden Schlag zu sammeln. Es hilft uns alles nichts, wir müssen den Willen auf das eine Ziel richten, den Krieg durch Sieg zu beenden und uns einen guten deutschen Frieden er-

13 Drexler, S. 20.
14 In einem Brief vom 16. Oktober 1936 an den Münchener Oberbürgermeister Fiehler, unveröffentlicht, Stadtarchiv München.
15 Vgl. dazu S. 160 ff., 165 und 256.
12 Vgl. das Dokument Tafel 4 unten.

kämpfen, der Sicherheit, freie Entwicklung, und damit eine gedeihliche Zukunft verbürgt. Dieser Friede soll kein brutaler Gewaltfrieden, kein wilder Annexions und Eroberungsfriede sein; diesen lehnen wir ab; aber auch ebenso jede Vergewaltigung zu einem uferlosen Verzicht, oder gar eine Verhandlung über die Herausgabe Elsaß-Lothringens, mit dem sich die englische Arbeiterschaft erst neuerdings beschäftigte.
Mit demselben Rechte, mit dem sich jede politische Partei gebildet hat, treten am [folgt eine Lücke für das Datum] März Bürger und Arbeiter zusammen, um in Bayern einen ›Freien Arbeiterausschuß für einen guten Frieden‹ zu gründen. Dieser hat sich als Ziel gesetzt: Das schamlose Treiben der Kriegswucherer und Schleichhändler [über Schleichhändler steht das Wort »Massen-Aufkäufer«], sowie überhaupt Hemmungen des Durchhaltens, durch entsprechende Schritte bei den Behörden zu bekämpfen; besonders der Arbeiterschaft den Siegeswillen der Bayern zu stärken und die Zuversicht zum Endsieg zu heben.
Der ›Freie Arbeiterausschuß für einen guten Frieden‹ will nicht trennen, sondern die Eintracht unter den Volksgenossen, und unter uns Arbeitern herstellen, die zum Wohle unseres Vaterlandes unbedingt notwendig ist. Jeder von Euch, welcher politischen Partei er auch angehören möge, muß Interesse an dem Ziele des ›Freien Ausschusses‹ haben, darum versäume keiner, der Vereinigung beizutreten.
Da England uns mit den Waffen nicht schlagen kann, sät es Zwist in die Reihen des deutschen Volkes. Seht Ihr nicht, daß die englische Regierung, den für jeden deutschen Sozialisten heiligen Gedanken der ›Internationale‹ für ihre Kriegsziele ausnützt? Glaubt Ihr, daß England uns besser behandeln würde, als es die anderen Völker in seiner dreihundertjährigen Raubpolitik behandelt hat? Glaubt jemand ernstlich, England würde seine stärkste Waffe – Deutschlands wirtschaftliche Abschnürung aufgeben, und damit auf sein [das nächste Wort ist unleserlich, heißt vermutlich jedoch: Hauptkriegsziel] verzichten?
England, der Welttyrann muß bezwungen werden. Und es geht! nach dem Urteil der Fachmänner.
Nur der Wille und die Kraft im Innern sind zu stärken.
Für den Endsieg bürgen uns dann, Hindenburg-Ludendorff und unsere glorreiche Armee.«[17]

17 Dokument im Bundesarchiv Koblenz, NS 26/76.

28 Personen, im wesentlichen Arbeitskollegen des Eisenbahnschlossers Drexler, der als Werkzeugausgeber in den Münchener Eisenbahnwerkstätten tätig war, trugen sich in eine von Drexler vorbereitete Liste ein und erklärten sich mit »den Zielen des ›Freien Arbeiterausschusses für einen guten Frieden‹ einverstanden.«[18] Von ihnen hat in der späteren NSDAP nur Drexler eine Rolle gespielt.

Der Eisenbahnschlosser Drexler, der eindeutig von dem Akademiker Dr. Ing. Paul Tafel »gesteuert« wurde, bezeichnete sich stolz als Arbeiter; aber er rechnete sich nicht zur »Arbeiterklasse«. Nach einem Bericht des *Völkischen Beobachters* vom 13. Juni 1934 war er im Jahre 1902, ähnlich wie Hitler während seiner Wiener Zeit, mit marxistischen Arbeitern in handgreiflichen Konflikt geraten. Auf den schwächlichen, schmalbrüstigen und kurzsichtigen Mann hat das jedoch nicht wie auf Hitler gewirkt, der den Terror zum systematisch organisierten politischen Instrument entwickelte. Während des Krieges, an dem Drexler wegen körperlicher Untauglichkeit nicht teilzunehmen brauchte, hatte er sich einem antisemitischen Kreis und 1917 auch der Vaterlandspartei angeschlossen, der er jedoch nur drei Monate angehörte. Als die Arbeiter der Munitionsfabriken im Januar 1918 streikten und sozialdemokratische Sprecher zur Beendigung des Krieges aufriefen, war Drexler mit einem Artikel in der nationalliberalen (nach der Revolution deutschnationalen) *München-Augsburger-Abendzeitung*[19] an die Öffentlichkeit getreten und hatte zum »Durchhalten« aufgefordert. Unbeholfen mahnte er: »Wenn die drüben mal so ständen wie wir, der alte Napoleon würde wach in dem Ruf: Europa ist unser! ... Hand auf's Herz! Der Wille stählt die Kraft.«[20] Als die »jüdischen« Räte in Bayern herrschten und Geiselerschießungen die Bevölkerung ängstigten und beunruhigten, war der antisemitische Schlosser aufgefallen. Nur einem Kommunisten namens Schlaffer verdankte er es, daß Egelhofers Soldaten ihn nicht als Geisel »an die Wand« stellten und erschossen. »Was wollt ihr denn mit dem, den kann man doch nicht erschießen, der spinnt ja«, hatte Schlaffer seinen Genossen zugerufen und Drexler vor der Erschießung gerettet, wie Drexler 1936 in einem Brief berichtete.[21] Wenige Monate vor dem

18 Dokument im ehemaligen Hauptarchiv der NSDAP, Bundesarchiv Koblenz, NS 26/76. Vgl. Anm. 25 in diesem Kapitel.
19 vom 9. Januar 1918.
20 Zit. nach Hasselbach, S. 11.
21 Drexler-Brief an Fiehler, Vgl. Anm. 14.

Erlebnis mit den Räte-Soldaten hatte er noch die Soldaten an der Front und die Bevölkerung in der Heimat über die angeblich obskuren Machenschaften der jüdischen »Kriegsgewinnler und Schieber« aufklären wollen. »Vertrauen zur Regierung! Aushalten bis zum Ende!«,[22] war seine Devise. Die chaotischen Zustände zur Zeit der Räteherrschaft sah er besonders als Bestätigung für die Richtigkeit seiner antisemitischen Auffassung an, was er in einem Vortrag am 3. Mai 1919, unmittelbar nach der Niederwerfung der Räte, in scharfer Form bezeugte.[23]

Drexlers Freier Arbeiterausschuß für einen guten Frieden kam jedoch nicht recht voran. Erst am 2. Oktober 1918 hatte Drexler sich in Anwesenheit seines norddeutschen Mentors Wahl im Münchener Wagner-Saal mit einem Vortrag über »Arbeiterfrieden und Heimatfront«[24] an die Öffentlichkeit gewagt. Eine große Resonanz hat der Verein, dem sich nach Drexlers Gründungsaufruf 28 Personen anschlossen, in München nicht gefunden. Niemals zählte er mehr als rund 40 Mitglieder.[25] Die »Kriegsverlängerungsparole« war nicht mehr populär. Andere Schlagworte mußten gefunden, neue Akzente und Ziele gesetzt und die noch vorhandenen nationalistischen Energien in neue Bahnen gelenkt werden.

Die in Bayern rund 200 Mitglieder zählende Thule-Gesellschaft, die Tarnorganisation des 1912 gegründeten Germanenordens, dessen bayerische Ordensprovinz Rudolf Freiherr v. Sebottendorff bereits im Januar 1918 ins Leben gerufen hatte, propagierte die »neue« Formel zur rechten Zeit: »[...] jetzt wollen wir sagen, daß der Jude der Todfeind ist, von heute ab werden wir handeln.«[26] Daß dieses »Handeln« der Thule-Gesellschaft vor nichts zurückschreckte, bezeugt beispielsweise eine Drohung Sebottendorffs an den Münchener Polizeipräsidenten, den Sebottendorff davor warnte, Mitglieder der Thule-Gesellschaft verhaften zu lassen. Für den Fall, daß das dennoch geschehen sollte, drohte der geheimnisumwitterte Freiherr Rudolf v. Sebottendorff, der eigentlich Adam Alfred Rudolf Glauer hieß, 1875 in Hoyerswerda geboren wurde, vor dem

22 Hasselbach, S. 11. In der *Münchener Zeitung* vom 1. Februar 1918 schrieb Drexler: »[...] beißt die Zähne zusammen. Es geht um unser Volk, um die Existenz des deutschen Arbeiters«.

23 Vgl. Franz-Willing, S. 80.

24 Drexler-Brief an Fiehler. Vgl. Anm. 14.

25 28 Interessenten (einschließlich Drexler) trugen sich unmittelbar am 7. März 1918 in die Liste ein Vgl. Anm. 18. Vgl. auch Drexler, S. 20.

26 Sebottendorff, S. 60. Vgl. ebenda, S. 57 ff.

ersten Weltkrieg in den Vorderen Orient auswanderte, von einem im Orient lebenden Träger des Namens Freiherr v. Sebottendorff adoptiert wurde, während des Balkankrieges 1912/13 als Leiter des türkischen Roten Halbmondes eine maßgebliche Rolle spielte, unter der Betreuung eines jüdischen Kaufmannes namens Termudi zum Meister des Rosenkranz-Ordens avancierte und 1917 mit viel Geld aus unbekannten Quellen nach Deutschland zurückgekehrt war: »[...] dann nehmen meine Leute, wo immer sie einen finden, einen Juden hoch, schleifen ihn durch die Straßen und behaupten, er habe eine Hostie gestohlen. Dann, Herr Polizeipräsident, haben Sie einen Pogrom, der auch Sie hinwegfegen wird.«[27]

In der »Thule-Gesellschaft ging es [seit November 1918] zu wie in einem Taubenschlag: hier konstituierte sich von neuem die Nationalliberale Partei unter Hans Dahn, hier tagten die Alldeutschen unter Verlagsbuchhändler Lehmann, der deutsche Schulverein unter Rohmeder, die Fahrenden Gesellen, der Hammerbund, dessen aktivstes Mitglied Dannehl war, kurz, es gab keinen Verein in München, der irgendwelche nationale Belange vertrat, der nicht in der Thule Unterkunft fand.«[28] Gottfried Feder, den Hitler nach der Niederwerfung der Räte kennenlernte, verfocht hier erstmalig seine Theorien, der Verleger Lehmann, der Führer der Münchener Alldeutschen, spielte eine entscheidende Rolle. Die Thule-Gesellschaft stellte nationalen Kreisen nicht nur ihr Hotel Vier-Jahres-Zeiten zur Verfügung. Sie steuerte auch zahlreiche politische Vereinsgründungen unter harmlosen Tarnbezeichnungen und unterstützte antisemitische und antikommunistische Publikationen. Der Eisenbahner Walter Daumenlang »gründete einen Ring für Familienforschung und Wappenkunde, Walter Neuhaus [...] erweiterte seinen Ring für nordische Kultur, Johann Hering bildete einen Ring zur Erforschung alten deutschen Rechts [...] [dem sich der spätere Nationalsozialist Hans Frank 1919 anschloß]. Im Dezember 1918 wurden [...] Flugblätter antisemitischen Inhalts verteilt, neben periodisch erscheinenden Druckschriften. Der ›Münchener Beobachter‹ war seit Juli 1918 völkisches Organ im Besitz Sebottendorffs. Dietrich Eckart [Hitlers Freund und Mentor] verteilte am 7. Dezember 1918 die erste Nummer seiner radikal antisemitischen

27 ebenda, S. 92. Zu den Angaben über Sebottendorffs Vergangenheit bis 1917 vgl. Bronder, S. 232 f.
28 Sebottendorff, S. 62.

Zeitschrift ›Auf gut deutsch‹, die ›Rote Hand‹ wurde herausgegeben, und Dannehl verfaßte die ersten Flugblätter.«[29] Bei der Gründung der Bürgerwehr (Ende 1918), die in dem von der Thule-Gesellschaft intensiv betriebenen Sabotage- und Nachrichtendienst eingesetzt wurde, hatte die Thule-Gesellschaft ihre Hände entscheidend im Spiele, das politisch und militärisch bedeutsame Freikorps »Oberland« stellte Rudolf v. Sebottendorff auf. Alle Vereinigungen, die gegen »die Juden« kämpften, wurden von dort gefördert.

Ein Mitglied der Thule-Gesellschaft, der Sportjournalist Karl Harrer (1890–1926), wurde beauftragt, mit Anton Drexler in Verbindung zu treten. Am 2. Oktober 1918 besuchte er die erste Drexler-Versammlung im Wagner-Saal, setzte sich mit Drexler in Verbindung und gründete gemeinsam mit ihm noch im Oktober 1918 im Auftrage der Thule-Gesellschaft einen Politischen Arbeiterzirkel,[30] der nach der Satzung vom 24. März 1919 »eine Vereinigung ausgewählter Persönlichkeiten zwecks Besprechung und Studium politischer Angelegenheiten«[31] sein sollte. Die Namen der Mitglieder, die Beiträge nicht zu zahlen brauchten, die Zeit und der Ort der jeweiligen Veranstaltungen und die internen Anliegen durften an Außenstehende nicht preisgegeben werden.[32] Die Mitglieder mußten sich verpflichten, der Deutschen Arbeiterpartei beizutreten, die Anton Drexler und der im November 1918 aus der Marine entlassene Lokomotivführer Michael Lotter nach vorbereitenden Besprechungen im »Café Gasteig« am Rosenheimer Berg am 5. Januar 1919, acht Tage bevor das bayerische Volk im rechtsrheinischen Bayern den bayerischen Landtag wählte, in Anwesenheit von ungefähr 25 Kollegen Drexlers und Lotters von der Eisenbahn-Hauptwerkstätte, in dem Münchener Lokal »Fürstenfelder-Hof« in der Fürstenfelderstraße gegründet hatten.[33] Kurz nach der Gründung der Deutschen Arbeiterpartei, der Harrer als Mitglied des Arbeitsausschusses angehörte, rief er im Thule-Hotel Vier-Jahres-Zeiten, wiederum im Auftrage seiner Geheimverbindung,[34] zusammen mit Drexler einen nationalsozialistischen deutschen Arbeiterverein ins Leben, dessen Reichsvorsitzender er wurde.

29 Franz-Willing, S. 30.
30 Vgl. Sebottendorff, S. 74.
31 § 2 der Satzung.
32 § 3 der Satzung.
33 Vgl. Hasselbach, S. 13 und Franz-Willing, S. 65.
34 Vgl. Sebottendorff, S. 74 und 81.

Dem von ihm in die Thule-Gesellschaft eingeführten Drexler war das Amt des Leiters der Münchener Ortsgruppe und des stellvertretenden Reichsvorsitzenden übertragen worden. Mitglieder der Thule-Gesellschaft und des Germanenordens, Dr. Paul Tafel, Dietrich Eckart, Gottfried Feder und Dr. Friedrich Krohn, der über eine »nationalsozialistische« Bibliothek mit ca. 2 500 Bänden verfügte, die besonders Hitler von 1919 bis Sommer 1921 eifrig benutzte, beeinflußten nun Drexlers politisches Denken in ihrem Sinne.

In den Zusammenkünften, die der Politische Arbeiterzirkel veranstaltete, wurde gegen das Judentum gehetzt, dem die Schuld an der deutschen Niederlage zugeschrieben wurde. So lauteten beispielsweise die Vortragsthemen[35] Harrers in der Zeit vom 11. Dezember 1918 bis zum 11. Februar 1919: »Deutschlands größter Feind der Jude!« (11. Dezember 1918), »Warum der Krieg gekommen!« (17. Dezember 1918), »Warum wir den Krieg gewinnen mußten!« (16. Januar 1919), »Hätten wir den Krieg gewinnen können?« (22. Januar 1919), »Wodurch wurde der Krieg verloren?« (30. Januar 1919), »Was sind die Folgen des verlorenen Krieges?« (5. und 11. Februar 1919). »Wie ist eine Besserung der Lage Deutschlands möglich?« (11. Februar 1919).

Fünf Tage nach diesem Harrer-Vortrag befahl Marschall Foch die Einstellung der deutschen Gegenoffensive in Polen und setzte im Osten die Demarkationslinie fest, die auch bei der Grenzbestimmung im Friedensvertrag die entscheidende Grundlage blieb. Die am gleichen Tage in Weimar zusammengetretene National-Versammlung mußte am 20. Februar 1919 der Entscheidung der Alliierten nachgeben[36] und die Unterzeichnung des Friedensvertrages beschließen, der verhängnisvolle Folgen hatte und die Geschichte der Weimarer Republik und der NSDAP bestimmte.

Der weitaus größte Teil der deutschen Bevölkerung war über die überraschend harten alliierten Bedingungen empört. So lautet beispielsweise der Paragraph 231 des Versailler Vertrages, von dem Adolf Hitler während seiner Vortragsreisen über den »Schandfrieden« meist ein

35 Nach handschriftlichen Sitzungsprotokollen im ehemaligen Hauptarchiv der NSDAP, Bundesarchiv Koblenz, NS 26/76. Vgl. auch Anm. 37 im 4. Kapitel.

36 Vgl. Benoist-Méchin, Jacques: L'histoire de l'armée allemande. 2 Bde. Paris 1936/38. Bd. 1, S. 176.

Exemplar bei sich trug, das er mit Randbemerkungen versehen hatte,[37] wie folgt: »Die alliierten und assoziierten Regierungen erklären und Deutschland erkennt an, daß Deutschland und seine Verbündeten als Urheber für alle Verluste und Schäden verantwortlich sind, die die alliierten und assoziierten Regierungen und ihre Staatsangehörigen infolge des Krieges, der ihnen durch den Angriff Deutschlands und seiner Verbündeten aufgezwungen wurde, erlitten haben.«[38]

Während der Politische Arbeiterzirkel eindeutig als Thule-Schöpfung zu gelten hatte, sollte die Deutsche Arbeiterpartei dagegen aus taktischen Erwägungen als Gründung Drexlers erscheinen, dessen *Richtlinien der Deutschen Arbeiterpartei* nach außen hin auch konzeptionelle Grundlage blieben. In den vornehmlich von Drexler ausgearbeiteten *Richtlinien* hieß es unter anderem: »Die DAP ist eine aus allen geistig und körperlich schaffenden Volksgenossen zusammengesetzte sozialistische Organisation, die nur von deutschen Führern geleitet sein darf, welche alle eigennützigen Ziele zur Seite stellen, und nationale Notwendigkeiten als höchsten Programmsatz gelten lassen.« »Die DAP will die Adelung des deutschen Arbeiters. Die gelernten und ansässigen Arbeiter haben ein Recht, zu dem Mittelstand gerechnet zu werden. Zwischen Arbeiter und Proletarier soll ein scharfer Trennungsstrich gezogen werden [...] Das Großkapital ist als Brot- und Arbeitgeber zu schützen, sofern nicht rücksichtsloseste Ausbeutung des Arbeiters diesem ein menschenwürdiges Dasein unmöglich macht. Die DAP sieht in der Sozialisierung des deutschen Wirtschaftslebens einen Zusammenbruch der deutschen Volkswirtschaft [...] Darum darf es nicht Sozialisierung, sondern die Gewinnbeteiligung für den deutschen Arbeiter heißen [...] Die DAP kämpft mit aller Kraft gegen Wucherer und Preistreiberei. Gegen alle diejenigen, die keine Werte schaffen, die ohne jegliche geistige und körperliche Arbeit hohe Gewinne machen.«[39] In einem handschriftlichen Programmentwurf findet sich der sehr aufschlußreiche Passus: »Eine Hauptaufgabe sieht die Partei in der Hebung des Handwerkes.

37 Persönliche Mitteilung von Dr. Werner aus dem ehemaligen Hauptarchiv der NSDAP (Oktober 1953). Vgl. dazu auch Hitlers Notizen zu einer Rede über den Vertrag von Versailles (Faks. Tafel 8). Ehemaliges Hauptarchiv der NSDAP, Bundesarchiv Koblenz, NS 26/49.

38 § 231 des Vertragstextes. Zit. nach Franz-Willing, S. 19.

39 Dokumente der deutschen Politik, VIII, 1. Teil, 1942, S. 283 ff.

Dem Fähigsten auch die größere Verdienstmöglichkeit, sei hier Richtschnur. Der gelernte Arbeiter soll sich nicht als Proletarier fühlen, sondern als ein, dem Mittelstande gleichgestellter, Staatsbürger. Keine [unleserliches Wort] Versklavung des Arbeiters durch Vernichtung des Mittelstandes, sondern Vergrößerung und Festigung des Mittelstandes auf Kosten des Großkapitalismus.«[40]

Im Deutschen Reich sollte allein dem »deutschen Volksgenossen« das »Hausrecht« vorbehalten bleiben. Im »freien Volksstaat«, an dessen Regierung eine berufsständische Volksvertretung beteiligt sein sollte, müsse die allgemeine Arbeitspflicht proklamiert werden. Andersdenkende dürften nicht gewaltsam bekehrt und konfessionelle Unterschiede nicht in den Raum politischer Erörterungen hineingezogen werden, aber »Religionslehren, die mit den in Deutschland herrschenden Gesetzen von Moral und Ethik in unvereinbarem Gegensatz stehen, können staatlich nicht unterstützt, solche, die den Bestand des deutschen Volkes bedrohen, überhaupt nicht geduldet werden.«[41] Dieser Teil des Programms betraf die Juden. Der vorsichtige Drexler, dessen Schrift *Mein politisches Erwachen* noch 1919 erschien und neben Jungs und Feders Publikationen eine bemerkenswerte programmatische Bedeutung (auch für Hitler und sein Buch *Mein Kampf*) hatte, hielt es offensichtlich nicht für opportun, während der »jüdischen« Eisner-Regierung die Juden im Programm einer als »Arbeiterpartei« deklarierten »Tochter« der Thule-Gesellschaft als Feinde zu bezeichnen, die so bekämpft werden müßten, wie Sebottendorff es sonst propagierte und arrangierte. Erst unmittelbar nach der Niederwerfung der kommunistischen Räte, am 3. Mai 1919, erklärte Drexler offen, daß das Judentum der »Feind der ganzen nichtjüdischen Menschheit«[42] sei, und beschuldigte die jüdischen Führer der Sozialdemokratie, einen »unerhörten Mißbrauch«[43] mit der Idee des Sozialismus getrieben zu haben.

Tatkräftig wurden dann die gesamten antisemitischen Publikationen gefördert, nicht nur von der Thule-Gesellschaft. Allein im Verlag des maßgeblichen Münchener Alldeutschen Lehmann, der unter Mitwirkung des Rassenhygienikers v. Gruber, des Alldeutschen v. Claß und des eng-

40 Handschriftliche Aufzeichnungen, vermutlich von Anton Drexler. Ehemaliges Hauptarchiv der NSDAP, Bundesarchiv Koblenz, NS 26/76.
41 Hasselbach, S. 12.
42 Zit. nach Franz-Willing, S. 80.
43 ebenda.

lischen antisemitischen Schriftstellers Houston Stewart Chamberlain (1855–1927), den Hitler später persönlich kennenlernte, die Monatsschrift *Deutschlands Erneuerung* herausgab, kamen noch 1919 unter anderem heraus: Gruber, *Rassenhygiene, die wichtigste Aufgabe völkischer Innenpolitik*, Jung, *Europäischer Kultureinfluß*, Klein, *Das Aufkommen der Macht des Judentums*, Krellmann, *Statistisches zur Judenfrage*, Kühn, *Die Juden und die unsittliche Weltordnung*, Liek, *Der Anteil des Judentums am Zusammenbruche Deutschlands* und H. St. Chamberlains *Rasse und Nation* – bereits in 7. Auflage. Die zahlreichen Flugschriften, die besonders den heimkehrenden Soldaten empfohlen wurden und durchschnittlich nur 50 Pfennige, im Rahmen von Sammelbestellungen von 100 Exemplaren je Exemplar nur 15 Pfennige und bei der Abnahme von 1 000 Exemplaren sogar nur je 10 Pfennige kosteten, wirkten im Sinne der extremen und militanten Rechtsfront, die das Judentum nicht erst seit Chamberlains Pamphlet *Rasse und Nation* als Rasse ansah.

Die dirigierten Ausschuß-, Zirkel- und Parteigründer hatten keine Mühe, interessante Anlässe für politische Debatten zu finden, zumal die politischen Ereignisse sich leicht als Beweise für die »Richtigkeit« der Thule-Grundsätze deuten ließen. Die Situation war turbulent. Am 25. Dezember 1918 waren Truppen des alten Heeres gegen Demonstranten von links in Berlin eingesetzt worden, wo sich am 30. Dezember die »Kommunistische Partei Deutschlands (Spartakusbund)« konstituierte. Die Bergarbeiter streikten im Ruhrgebiet, die Eisenbahner in Danzig. Am 5. und 6. Januar 1919 herrschte in Berlin der Generalstreik, zu dessen Niederschlagung Freiwilligenformationen eingesetzt wurden. Die deutschen Zeitungen, die sich zu diesem Zeitpunkt zwar einhellig, aber nicht immer sachkundig darum bemühten, den Kommunismus zu analysieren, malten ihn in den krassesten Farben aus und berichteten von Unruhen gelegentlich bereits in den Überschriften im verallgemeinernden Plural, wie »Die neuen Putsche in Berlin«.[44] Die deutsche Regierung war wegen der bolschewistischen Unruhen besorgt und übermittelte einen Funkspruch folgenden Inhalts nach Moskau: »Vor einigen Tagen ist Karl Radek[45] nebst einigen Genossen [besonders Joffe, der Verf.] zu Zwecken

44 Vgl. beispielsweise Mannheimer General-Anzeiger vom 6. Januar 1919 (Mittags-Ausgabe).

45 Der russisch-jüdische Altkommunist Karl Radek (eigentlich Sobelsohn) verfügte über hervorragende Verbindungen in Sowjet-Rußland. Im Auftrage Lenins nahm er als Vertreter der Bolschewiki an den Verhandlungen

der russischen Propaganda unter Umgehung der Grenzkontrolle in Berlin eingetroffen. Er ist in einer Versammlung für den Bürgerkrieg in Deutschland und für die Wiederaufnahme des Kampfes gegen die Entente eingetreten. Radek und Genossen werden die Folgen [. . .] zu tragen haben [. . .]«[46] Maßgebliche Stimmen aus dem Ausland forderten die deutsche Regierung auf, unbedingt »den Bolschewismus fernzuhalten«[47] und »in kürzester Frist« mit der Sowjetregierung zu brechen, wenn Deutschland sich nicht der Gefahr aussetzen wolle, von den Ententeländern, besonders von den Vereinigten Staaten, unter »stärkste Blockade [. . .] und [. . .] sogar unter Quarantäne«[48] gestellt zu werden. Die Pariser *Temps* drohte damit, daß Frankreich nicht vollständig demobilisieren würde, wenn Radek und Genossen in Deutschland geduldet würden: »Die Anwesenheit der Russen in Berlin bedeutet die Androhung eines neuen Krieges, den die Russen auf deutschem Boden gegen die Alliierten versuchen möchten.«[49] Kampfbereiter Bolschewismus und Antibolschewismus standen einander nicht nur in Rußland gegenüber.

Die Entfaltung der kleinen antisemitisch und antibolschewistisch ausgerichteten Deutschen Arbeiterpartei wurde in München vorübergehend gehemmt, vornehmlich von Anfang April bis Mai 1919, weil in der Zeit die kommunistischen Räte herrschten, deren Mitglieder zum Teil Juden und Russen (Leviné, Levin, Axelrod) waren. So sind nach Drexlers Angaben während der Rätezeit denn auch einige Mitglieder »abgesprungen«.[50] Nach der Niederwerfung der Räte änderte sich das Bild entscheidend. Jetzt spielte unter anderem Hauptmann Karl Mayr, der als Leiter der Dienststelle I b/P nicht nur militärische Bildungskurse für Offiziere, Unteroffiziere und Mannschaften einrichten, sondern auch die Tätigkeit der 49 politischen Parteien und Organisationen in München überwachen ließ[51] und nationalistische Verlage und Organisationen finanziell unter-

in Brest-Litowsk teil. In Deutschland, wo er bereits unmittelbar nach der Revolution im Sinne Lenins wirkte, der große Hoffnungen auf eine kommunistische Revolution in Deutschland setzte, agitierte er während der Ruhr-Besetzung im Sinne der Nationalsozialisten, ebenso wie die Kommunistin Ruth Fischer. Vgl. dazu auch Rote Fahne vom 26. 6. 1923.

46 Zit. nach Mannheimer General-Anzeiger vom 3. Januar 1919 (Mittags-Ausgabe).

47 Mannheimer-General-Anzeiger vom 2. Januar 1919.

48 Mannheimer General-Anzeiger vom 2. Januar 1919.

49 Nach Mannheimer General-Anzeiger vom 3. Januar 1919.

50 Drexler in seinem Brief an Fiehler. Vgl. Anm. 14.

51 Dazu gehörten nach HStA. Mü., Abt. II, Gruppen-Kdo. 4, Bd. 46/6, 46/7,

stützte, mit seinen Mitarbeitern Adolf Hitler und dem Pressereferenten Hermann Esser[52] eine wesentliche Rolle.

Hermann Esser, der nach 1933 Staatsminister und Chef der Bayerischen Staatskanzlei wurde, war ebenso wie Hitler durch einen Aufklärungskurs des Reichswehrgruppenkommandos (vom 30. Juli bis 9. August 1919) gegangen und dort zunächst (wie Hitler) durch seinen radikalen Antisemitismus aufgefallen[53] und mit Karl Mayr bekannt geworden.[54] Während der sehr junge Esser, nach den vorhandenen Akten zwielichtig und machiavellistisch, sich vorübergehend Mayrs Unwillen zuzog,[55] hatte Hitler seine Position so zielstrebig ausgebaut, daß er von

46/8 und 46/9: die »Kommunistische Arbeiter-Partei«, »Roter Soldatenbund«, »Syndikalisten« (Anarchisten) und ihre Jugendorganisation, »Verein Kommunistischer Sozialisten«, aber auch »Bibelforscher«, »Schutz- und Trutzbund«, »Siegfriedring«, »DAP« und auch die großen Parteien, wie z.B. die Bayerische Volkspartei, die Bayerische Mittelpartei, die Bayerische Königspartei und der Bauernbund, ebenso ein »Ostara-Bund«.

52 Vgl. dazu den Briefwechsel zwischen Hermann Esser und Hauptmann Karl Mayr: HStA. Mü., Abt. II, Gruppen-Kdo. 4, Esser an Mayr am 11. August 1919 (Bd. 50/7). Mayrs Antwort am 16. August 1919 (Bd. 50/7). Essers Antwort am 18. August 1919 (Bd. 50/7). Mayrs Antwort am 28. August 1919 (Bd. 50/7) und am 31. Januar 1920 (Bd. 50/8). Vgl. auch Anm. 55.

53 Vgl. auch S. 199 ff.

54 Vgl. Anm. 52 und 55 in diesem Kapitel.

55 Aufschlußreich ist in diesem Zusammenhang ein Brief von Essers Chef (Karl Mayr) an den Unteroffizier Kunststädter, der zusammen mit Esser im Kurs 4 gewesen war. »Bekanntlich war Esser«, schrieb Mayr am 12. September 1919, »gemeinsam mit Ihnen im Kurs Nr. 4. In der Diskussion kam er auch auf die Presse zu sprechen und fragte damals, ob nicht die Mannschaften eines Truppenverbandes, wenn ein Blatt andauernd mit scharfen Ausfällen gegen sie arbeite, zweckmäßig selbst mit einer in corpore gefaßten Erwiderung antworten sollten. Er spielte damals also schon auf die Hetzarbeit des bekannten Kemptener-Blattes an, die dann zu dem Willkürakt der Zerstörung der Druckerei führte. Ich hatte damals, als ich ihm in der Diskussion antwortete, nicht übel Lust, ihm zu bemerken, daß man heutzutage gegen Hetzartikel hilflos sei und daß es das beste wäre, dem Redakteur eine entsprechende Tracht Prügel zu verabfolgen. Selbstverständlich gab ich eine ähnliche Bemerkung nicht von mir und unterdrückte jede diesbezügliche Andeutung. Im Hinblick darauf, daß er sich Ihnen gegenüber jetzt als Mitarbeiter dieses Blattes entpuppt, wird diese seine Anfrage doch in ein merkwürdiges Licht gerückt. Hätte ich ihm damals so geantwortet, wie es einem der Instinkt vielleicht eingab, und aus meinem Herzen keine Mördergrube gemacht, so hätte er vielleicht aus einer solchen unbedachtsamen Äußerung entsprechendes Kapital geschlagen. Vielleicht haben Sie die Möglichkeit, in Ihrer früheren Eigenschaft als Kursteilnehmer, der ja Essers Diskussionsfrage gehört haben konnte,

Mayr um Exposés über prinzipielle Fragen und Gutachten über politische Fragen gebeten wurde. So bat Mayr ihn beispielsweise am 10. September 1919 unter der Anrede »Sehr verehrter Herr Hitler« um richtungweisende Ausführungen über die Haltung der Mehrheitssozialisten gegenüber dem Judentum, worum ihn (Mayr) am 4. September 1919 ein ehemaliger »V-Mann« namens Adolf Gemlich aus Ulm schriftlich gebeten hatte.[56] Hitlers Darlegungen[57] vom 16. September 1919,[58] die mit einigem Recht als sein erstes politisches Schriftstück bezeichnet werden können, enthalten bereits die für Hitler typischen Vorstellungen, die er niemals mehr aufgegeben hat. »Wenn die Gefahr die das Judentum für unser Volk heute bildet seinen Ausdruck findet in einer nicht wegzuleugnenden Abneigung großer Teile unseres Volkes«, schrieb er, »so ist die Ursache dieser Abneigung meist nicht zu suchen in der klaren Erkenntnis des bewußt oder unbewußt planmäßig verderblichen Wirkens der Juden als Gesamtheit auf unsere Nation, sondern sie entsteht meist durch den persönlichen Verkehr, unter dem Eindruck, den der Jude als einzelner zurückläßt und der fast stets ein ungünstiger ist. Dadurch erhält der Antisemitismus nur zu leicht den Charakter einer bloßen Gefühlserscheinung. Und doch ist dies unrichtig. Der Antisemitismus als politische Bewegung darf nicht und kann nicht bestimmt werden durch Momente des Gefühls, sondern durch die Erkenntnis von Tatsachen,«[59] wozu Hitler die Behauptungen zählte, daß das Judentum »nicht Religionsgenossenschaft«, sondern »unbedingt Rasse« wäre, daß die Juden sich selbst nie als jüdische Angehörige einer bestimmten Nation, sondern stets zum Beispiel als deutsche, polnische oder amerikanische Juden bezeichnen würden, weshalb ein beispielsweise in Deutschland lebender Jude auch niemals als Deutscher bezeichnet werden könnte. Diese »Tatsachen« bekräftigt er durch folgende Erklärung: »Selbst der mosaische Glaube kann, so groß auch seine Bedeutung für die Erfahrung dieser Rasse sein mag, nicht ausschließlich bestimmend für die Frage, ob Jude oder Nichtjude gelten. Es gibt kaum eine Rasse, deren Mitglieder ausnahmslos einer einzigen bestimmten Religion angehören.

ihm nochmals auf den Zahn zu fühlen.« Nach HStA. Mü., Abt. II, Gruppen-Kdo. 4, Bd. 50/8.

56 HStA. Mü., Abt. II, Gruppen-Kdo. 4, Bd. 50/8.

57 Vgl. S. 156 und Anm. 58–62.

58 HStA. Mü., Abt. II, Gruppen-Kdo. 4, Bd. 50/8.

59 ebenda. Vgl. auch Mein Kampf, S. 331 ff.

Durch tausendjährige Inzucht, häufig vorgenommen in engstem Kreise, hat der Jude im allgemeinen seine Rasse und ihre Eigenart schärfer bewahrt, als zahlreiche der Völker unter denen er lebt. Und damit ergibt sich die Tatsache, daß zwischen uns eine nichtdeutsche, fremde Rasse lebt, nicht gewillt und auch nicht im Stande, ihre Rasseneigenarten zu opfern, ihr eigenes Fühlen, Denken und Streben zu verleugnen, und die dennoch politisch alle Rechte besitzt wie wir selber. Bewegt sich schon das Gefühl des Juden im rein Materiellen, so noch mehr sein Denken und Streben. Der Tanz ums goldene Kalb wird zum erbarmungslosen Kampf um alle jene Güter, die nach unserem inneren Gefühl nicht die Höchsten und einzig erstrebenswerten auf dieser Erde sein sollen.

Der Wert des Einzelnen wird nicht mehr bestimmt durch seinen Charakter, der Bedeutung seiner Leistungen für die Gesamtheit, sondern ausschließlich durch die Größe seines Vermögens, durch sein Geld.«[60]

Er unterstellte »den Juden« Streben nach Geld und Macht, Skrupellosigkeit in der Wahl der Mittel und ihrer Verwendung, den Mißbrauch der Gunst der Fürsten im autokratisch regierten Staat und der Gunst der Masse in der Demokratie. Inmitten seiner Judentums-Interpretation fehlt auch seine Zielsetzung nicht. »Der Antisemitismus aus rein gefühlsmäßigen Gründen,« belehrte er Gemlich, »wird seinen letzten Ausdruck finden in der Form von Pogromen. Der Antisemitismus der Vernunft jedoch muß führen zur planmäßigen gesetzlichen Bekämpfung und Beseitigung der Vorrechte des Juden, die er nur zum Unterschied der anderen zwischen uns lebenden Fremden besitzt (Fremdengesetzgebung). Sein letztes Ziel aber muß unverrückbar die Entfernung der Juden überhaupt sein.«[61] Diese Auffassungen teilte auch Mayr,[62] der Hitlers

60 HStA. Mü., Abt. II, Gruppen-Kdo. 4, Bd. 50/8.
61 ebenda. Hitler schrieb fälschlich »Progromen« statt Pogromen.
62 Mayr, der Hitlers Exposé am 17. September an Gemlich sandte, schrieb dazu u.a.: »Da ich augenblicklich sehr in Anspruch genommen [fehlt ein Komma] habe ich den von [im handschriftlichen Entwurf Mayrs, der ebenfalls bei den Akten liegt, folgt: »mir sehr geschätzten«] Herrn Hitler [...] um Äußerung gebeten [...] Ich kann den sehr klaren Ausführungen nur durchaus beipflichten – mit einer Ausnahme, und das ist das von Herrn Hitler ebenfalls berührte Zinsproblem [es folgen die Gründe und ein Hinweis auf Gottfried Feder, dessen Theorie Mayr für richtig hält] [...] Ich bin mit dem Herrn Hitler durchaus der Anschauung, daß das, was man Regierungssozialdemokrattie heißt, vollständig an der Kette der Judenheit liegt. Bevor man aber über ›Gleichberechtigung‹ der Völker reden will, muß zuerst die Eigenberechtigung oder das ›Selbstbe-

Schreiben an Gemlich weiterleitete und die Verbreitung der Hitler-Thesen nachdrücklich empfahl.

Im September 1919 erlebte München den Geiselmordprozeß, der das besondere Interesse der Bayern auf sich zog, weil die Angeklagten die Verantwortung für zahlreiche Geiselmorde (im Frühjahr 1919) in Bayern trugen. Am 18. September 1919 wurden 6 von ihnen zum Tode verurteilt und bereits am 19. September erschossen. Der Aktivismus der extremen Rechtsverbände erhielt Auftrieb. Antisemitische und antikommunistische Konzepte und Programme fanden rasch lebendige Zellen zur Verwirklichung. Auch der Deutschen Arbeiterpartei kam die Entwicklung der politischen Verhältnisse zugute,[63] zumal Adolf Hitler gerade in diesen Tagen von Hauptmann Mayr den Befehl erhielt, sich über den Charakter der Deutschen Arbeiterpartei zu informieren, was eigentlich bemerkenswert ist, da die Deutsche Arbeiterpartei ein Kind der Thule-Gesellschaft war, die Mayr entweder nicht interessiert oder aber besonders gut gekannt zu haben scheint; denn sie befindet sich nicht unter den Parteien und Organisationen, die Mayr beobachten ließ.[64]

Vier Tage bevor Hitler seine Vorstellungen über die Judenfrage niederschrieb, befolgte er den Auftrag Mayrs, der für die deutsche Geschichte verhängnisvolle Folgen hatte. »Eines Tages erhielt ich von der mir vorgesetzten Dienststelle den Befehl«, berichtet Hitler, »nachzusehen, was es für eine Bewandtnis mit einem anscheinend politischen Verein habe, der unter dem Namen ›Deutsche Arbeiterpartei‹ in den nächsten Tagen (12. September) eine Versammlung abzuhalten beabsichtige, und in der ebenfalls Gottfried Feder sprechen sollte; ich müßte hingehen und mir den Verband einmal ansehen und dann Bericht erstatten.«[65] William Shirer wirft der Reichswehr vor, zur »Vorbereitung ihrer antidemokratischen Ansichten« besonders in Bayern »ihre Finger tief in die Politik«[66] gesteckt zu haben. Hitler sagte dagegen: »Die Neugierde, die von seiten des Heeres damals den politischen Parteien entgegengebracht

stimmungsrecht‹ der einzelnen Völker sichergestellt sein. Dieses Recht ist verankert in der Rasse. Alle schädlichen Elemente müssen wie Krankheitserreger ausgestoßen oder ›verkapselt‹ werden. So auch die Juden!« Nach HStA. Mü., Abt. II, Gruppen-Kdo. 4, Bd. 50/8, Durchschlag.

63 Das bestätigte Drexler ausdrücklich in seinem Brief vom 16. Oktober 1936 an Fiehler (siehe Anm. 14 in diesem Kapitel).

64 Vgl. Anm. 51.

65 Hitler, S. 236.

66 Shirer, S. 50.

wurde, war mehr als verständlich«.[67] Daß die Besorgnis der Reichswehrführung in den ersten Nachkriegsjahren häufig tatsächlich nicht unberechtigt war, beweisen zahlreiche Vorkommnisse. Viele gut geschulte und nicht selten von Moskau bezahlte kommunistische Provokateure, Saboteure und Agitatoren wirkten im Sinne Lenins und untergruben die junge Republik. In den Tagen, in denen Hitler den Auftrag erhielt, Recherchen über die Deutsche Arbeiterpartei anzustellen, wurde beispielsweise von der Münchener Polizei ein Mann verhaftet, der sich Epphart nannte und vorgab, Hauptmann d. R. zu sein. Bei diesem Mann, der in Wirklichkeit Karl Heile hieß und ein aus dem Gefängnis in Frankfurt/Oder entsprungener Häftling war, der sich bei Stuttgarter Kommunisten falsche Papiere beschafft hatte, fand die Polizei mehrere Exemplare kommunistischer Geheimschriften und Manuskripte, die Hinweise für die Propaganda gegen die Reichswehr enthielten. Außerdem entdeckte die Polizei bei ihm zwei sorgfältig ausgearbeitete Pläne für den Sturz der Münchener Regierung. Sie enthielten unter anderem folgende Anweisungen: nach Beginn der geplanten Aktion sollten Offiziere ohne Anruf erschossen werden, falls sie sich auf dem Wege zur Kaserne befänden. Die Entscheidungen wurden dem Gutdünken der jeweiligen kommunistischen Führer überlassen. Bekannte monarchistische Offiziere sollten unverzüglich (möglichst »unblutig«) beseitigt werden. Zur Unterstützung bei der Besetzung der Kasernen war der Einsatz von Maschinengewehren und Flammenwerfern vorgesehen. Die Mannschaften in den besetzten Kasernen sollten gezwungen werden, in ihren Stuben in den Betten zu bleiben. Lebend sollte niemand die Kasernen verlassen dürfen. Jeder bewaffnete Zivilist, der nicht zur Roten Armee gehörte, sollte sofort erschossen werden. Eisenbahn, Post und Telegraphenverkehr waren nach Auslösung der Aktion sofort lahmzulegen.[68]

46 Teilnehmer waren zu der Versammlung der Deutschen Arbeiterpartei am 12. September 1919 im »Leiberzimmer« des »Sterneckerbräu« erschienen. Nach den Eintragungen in der Anwesenheitsliste handelte es sich dabei um 13 Angehörige freier Berufe (1 Arzt, 1 Chemiker, 2 Geschäftsinhaber, 2 Kaufleute, 2 Bankangestellte, 1 Maler, 2 Ingenieure, 1 Schriftsteller und 1 Landrichterstochter), 16 Handwerker, vornehmlich

67 Hitler, S. 236.
68 Mannheimer General-Anzeiger vom 20. September 1919 (Mittags-Ausgabe).

persönliche Bekannte Drexlers, 6 Soldaten, 5 Studenten und 5 Teilnehmer, die Berufsangaben nicht machten. Der von seiner Dienststelle als Beobachter zu dieser Veranstaltung kommandierte und in Zivil erschienene Adolf Hitler, der in dem Zusammenhang erstmalig in einem Dokument der Deutschen Arbeiterpartei auftaucht, trug sich nicht als Bildungsoffizier oder als Beauftragter der Truppe, sondern als »Gefreiter« ein und gab als Wohnort den Truppenteil an.[69]

Gelangweilt war Hitler dem Vortrag Feders gefolgt, den er persönlich (ebenso wie seine Theorien) aus dem politischen Kurs für demobilisierte Soldaten kannte. »Als Feder endlich schloß«, war Hitler daher »froh«.[70] Er blieb nur, weil ihn die angesetzte Diskussion interessierte. Allein, auch hier »schien alles bedeutungslos zu verlaufen«,[71] bis plötzlich ein Professor namens Baumann das Wort ergriff und die Trennung Bayerns vom Reich und eine Union zwischen Bayern und Österreich forderte. Zwei Tage zuvor, am 10. September 1919, war in St. Germain-en-Laye der Friedensvertrag zwischen Deutsch-Österreich und den Ententestaaten unterzeichnet worden. Er hatte die Trennung Ungarns von Österreich besiegelt und die mit Gebietsabtretungen verbundene Anerkennung der Tschechoslowakei, Polens, Ungarns und Jugoslawiens als selbständige Staaten durch Österreich erzwungen, das sich nun auch nicht mehr »Deutsch-Österreich« nennen durfte. Der vom jungen Hitler einst in Wien so sehnlichst gewünschte und im Februar 1915 in einem Feldpostbrief an Ernst Hepp als sicher vorausgesagte Zerfall des österreichischen »Staatskadavers« war durch den Krieg eingetreten, einer seiner Wünsche in Erfüllung gegangen. Daß ausgerechnet ein deutscher Professor im Gegensatz zu Schönerer und den deutschen Alldeutschen empfahl, einen Teil Deutschlands vom Reich zu trennen und sich für eine Union mit dem Österreich einzusetzen, das für Hitler bereits vor dem Kriege ein sterbendes Staatsgebilde war, hatte den alldeutsch eingeschworenen Hitler geradezu aus der Fassung gebracht. »Da konnte ich denn nicht anders«, sagte er, »als mich ebenfalls zum Wort zu melden und dem gelahrten Herrn meine Meinung über diesen Punkt zu sagen«.[72] Als Hitler

69 Aufschlüsselung nach einer Teilnehmerliste aus dem Nachlaß von Karl Harrer und persönliche Auskunft von Dr. Werner vom 10. Oktober 1953; zu Werner vgl. Anm. 37.
70 Hitler, S. 238.
71 ebenda.
72 ebenda.

sich nach seinem affektgeladenen Diskussionsbeitrag anschickte, den Saal zu verlassen, überreichte Drexler ihm ein Exemplar seiner Broschüre *Mein politisches Erwachen. Aus dem Tagebuch eines deutschen sozialistischen Arbeiters.* Dieses Pamphlet, nach Drexler nicht das Ergebnis oberflächlicher Zeitungs- und Flugblattstudien, sondern die Konsequenz eigenen Erlebens und eingehenden Studiums wissenschaftlicher Werke,[73] umspannte auf insgesamt nur 40 Seiten folgenden Themenkatalog: 1: Interesse für Politik, 2: Vor dem Weltkrieg, 3: Die ersten Kriegsjahre, 4: Nach dem Friedensangebot, 5: Die Friedensresolution des Reichstags, 6: Meine nationale Tätigkeit gegen den undeutschen Internationalismus, 7: Der Generalstreik im Januar 1918, 8: Die Weltfreimaurerei und ihre Lügensaat, 9: Der Jude, 10: Für einen guten Frieden, 11: Vor der Revolution, 12: Weltfreimaurerei, Arbeiterschaft und Juden, 13: Ausbeuter und Ausgebeutete, 14: Jude und Arbeiter, 15: Meine Berliner Reise und der Bolschewismus, 16: Die Internationale und 17: Nachwort.

Hitler, der die Schrift in der Kaserne nach seiner Rückkehr von der Versammlung las, erklärte fünf Jahre später in *Mein Kampf*: »Es war eine kleine Broschüre, in der der Verfasser [. . .] schilderte, wie er aus dem Wirrwarr marxistischer und gewerkschaftlicher Phrasen wieder zu nationalem Denken gelangte.«[74] Der »augenscheinliche Arbeiter«[75] Drexler habe in seinem Heft einen Vorgang beschrieben, wie er (Hitler) ihn selber »ähnlich zwölf Jahre vorher am eigenen Leibe auch durchzumachen hatte.«[76]

Drexler, der selbstbewußt in Anspruch nahm, während des Krieges »der einzige Münchener Arbeiter«[77] gewesen zu sein, der sich »über die Absichten Englands wie Amerikas nicht« habe täuschen lassen und davon das Recht und die Verpflichtung ableitete, »die Öffentlichkeit über [. . .] [seine] Erlebnisse und Eindrücke seit [. . .] [seinem] ›politischen Erwachen‹ aufzuklären«,[78] erwartete von seinen Lesern, den deutschen Arbeitern, die er stets Vertrauen heischend mit »du« anredete,[79] daß

73 Drexler, S. 38.
74 Hitler, S. 239.
75 ebenda.
76 ebenda.
77 Drexler, Vorwort.
78 ebenda.
79 So schrieb er z.B.: »Du staunst, deutscher Arbeiter, daß dir diese Dinge von einem Arbeiter, der noch am Schraubstock steht – und stehen bleibt – gesagt werden« (S. 17). »Siehst du [. . .] nicht, armer verführter Arbeiter,

sie auf ihn hören und seinen Ratschlägen folgen würden. Klassenkampf, marxistisch-proletarisches Selbstbewußtsein und Streiks waren dem »Sozialisten« Drexler zuwider, der in seinem »Tagebuch eines deutschen sozialistischen Arbeiters« versicherte, daß ihn weder »Geschaftlhuberei, noch Strebertum, noch Geldbeutelidealismus«[80] bewogen, sich (unter anderem mit Zeitungsartikeln, mit Reden und seinem *Freien Arbeiterausschuß für einen guten Frieden)* an die Öffentlichkeit zu wenden und einen politischen Standpunkt zu verfechten, den er bereits 1919 »National-Sozialismus«[81] nannte. Drexler, der berichtet, daß er vor dem Kriege als Achtzehnjähriger in Berlin durch »gewerkschaftlichen Terror brotlos« geworden sei, sich »durch Zitherspielen in einem Nachtkaffee [habe] durchbringen«[82] müssen und im Stile der mittelalterlichen judenfeindlichen Geschichten über jüdische Ritualmorde und Brunnenvergiftungen behauptet, daß ein deutschsprechender Jude ihn Ende 1917 in Antwerpen vermutlich habe vergiften wollen,[83] trat besonders für die Versöhnung der Klassen, für einen christlichen Sozialismus[84] und für die rücksichtslose Bekämpfung der Juden ein, die er für alle Fehler und Mißerfolge der deutschen Politik bis 1918 verantwortlich machte. Nach seiner Auffassung war das Bestreben der »internationalen Freimaurerei«[85] darauf gerichtet, die Welt von rund 300 Bankhäusern manipulieren und von Juden regieren zu lassen. 90 Prozent der Welt-Presse[86] und 80 Prozent des Nationalvermögens[87] wähnte er in jüdischen Händen im Dienste der »Freimaurerei«. Jeder Nichtjude sollte deshalb Antisemit sein.[88] »Nur durch vollständige Entjudung der sozialistischen wie auch der anderen Parteien«, erklärte er in seinem Pamphlet, »nur dadurch, daß Bürger und Arbeiter zueinander und miteinander gehen, wird es möglich sein,

daß deine vermeintlich größten Freunde deine Todfeinde sind?« (S. 29). »Also armer, gehetzter Arbeiter. Überall, wo du hinblickst – Verrat, Verrat an dir, Verrat an deiner Heimat und dem ganzen deutschen Volk. Mit dir hat man die Revolution gemacht, nicht um dir die Freiheit zu geben, sondern um dem Gelde die Alleinherrschaft zu verschaffen« (S. 31 f).

80 Drexler, Vorwort.
81 ebenda.
82 ebenda, S. 4.
83 ebenda, S. 13 f.
84 ebenda, S. 30.
85 ebenda, S. 16.
86 ebenda, S. 31.
87 ebenda, S. 33.
88 ebenda, S. 30.

sich des zersetzenden jüdischen Einflusses auf unser Volksleben und der wirtschaftlichen Erdrosselung durch das Judentum zu erwehren«.[89] Diejenigen Arbeiter, die glauben würden, daß der »großkapitalistische Jude« der »größte Freund und Wohltäter« der Arbeiter wäre, belehrte der »erwachte« Arbeiter Drexler: »Überall, wohin du blickst, wirst du ihn an der Spitze finden, ihn, dessen ganzes Volk nur 1 % der gesamten Menschheit ausmacht [...] Gewerkschaftsführer und Parteiführer hatten ihr ganzes Augenmerk [...] nur auf die wirtschaftliche Interessenvertretung der Arbeiter gerichtet, daß sie gar nicht dazu kamen, auch einmal auf die weltpolitische Bühne oder gar hinter deren Kulissen zu sehen [...] Aber daß bis jetzt noch keiner den Mut hatte, vor die arme verführte Arbeiterschaft hinzutreten und zu sagen, ›Erschlagt mich, tötet mich, aber hört mich an!‹ Wir wurden unbewußt zu Verrätern an der ganzen Arbeiterschaft! – das kann ich all denen, die ›wissend‹ sind, und manche sind es seit der Revolution, niemals verzeihen.«[90]

Entsprechend waren denn auch die Lebensaufgaben, die er sich selbst stellte. »Ich habe es mir zur Lebensaufgabe gemacht«, bekannte er, »daran mitzuarbeiten, die schaffende Menschheit« besonders vom Einfluß der Juden und Freimaurer zu befreien. »Diese meine Lebensaufgabe durch Widerlegung vorstehender Behauptungen illusorisch zu machen«, fuhr er fort, »würde für mich bedeuten, daß mein Ich verpfuscht, ja zerstört wäre und dennoch fordere ich auf, mir das Gegenteil von obigen Enthüllungen zu beweisen. Es gab Zeiten in meinem Leben, wo ich mich gerne dafür hätte töten lassen, daß die Arbeiterschaft mir geglaubt hätte, daß eine Verständigung mit unseren Feinden unmöglich ist. Ich wußte ja, daß uns schon vor Jahrzehnten von der internationalen Freimaurerei (hauptsächlich den Pariser Logen) Vernichtung geschworen war. Aus diesen Logen stammten auch die Giftpfeile, in Gestalt von Schlagwörtern, wie: ›deutsche Barbarei, preußischer Militarismus, Befreiung der unterdrückten Nationen, Kampf für Humanität, Zivilisation, Kultur usw.‹«[91]

Hitlers Feststellung in *Mein Kampf*, daß der »augenscheinliche Arbeiter« Drexler einen ähnlichen Entwicklungsprozeß beschrieben habe, wie er, der Bürgersohn, ihn zwölf Jahre zuvor, also im Jahre 1907 als Sechzehnjähriger, »am eigenen Leibe« durchgemacht hätte, sollte wahr-

89 ebenda, S. 39.
90 ebenda, S. 18.
91 ebenda, S. 17.

scheinlich nicht mehr als eine herablassend freundliche Geste für den Handwerker Drexler sein, mit dessen Lebensweg Hitler bis 1919 nichts verband. Die gemeinsamen Auffassungen, die nicht nur sie teilten, waren weder Hitlers noch Drexlers Denkergebnisse. Drexlers Schrift, die anfänglich eine bescheidene konzeptionelle Rolle in der DAP und NSDAP spielte, verlor durch Hitlers Reden und Erklärungen und durch sein Buch *Mein Kampf* bald gänzlich an Bedeutung.

Die Formulierungen in *Mein Kampf*, im Satzbau von Hitlers Rhetorik-Stil, in der Aussage von einer lärmenden Aufrichtigkeit bestimmt, sind gewählter, immer aber auch radikaler, schulmeisterhafter, gespreizter und belehrender als der Stil in der Schrift des »augenscheinlichen Arbeiters« Anton Drexler, der sich nicht wie Hitler an die bereits vorhandenen (meist bürgerlichen) »Anhänger der Bewegung« wandte, »die mit dem Herzen ihr gehören und deren Verstand nun auch nach innigerer Aufklärung strebt«,[92] sondern an den angeblich von »den Juden«, Logen und Marxisten »verführten armen deutschen Arbeiter«. Hitlers Buch, dessen Titel *Mein Kampf* möglicherweise auf die Bezeichnung des USPD-Organs *Unser Kampf* zurückgeht, ist eine Aneinanderreihung in sich abgeschlossener, thematisch jedoch nicht kontinuierlich angeordneter Kapitel.[93]

Während Drexlers *Mein politisches Erwachen* selbst einigen der wenigen Anhänger Drexlers, bei denen es sich vornehmlich um Handwerker handelte, recht einfältig und primitiv erschien, war das bei Hitlers *Mein Kampf*, dessen ersten Band Hitler seinen Haftgenossen in der Festungshaftanstalt Landsberg am Lech während der Gemeinschaftsabende an den Samstagen kapitelweise vortrug,[94] nicht der Fall, obwohl Hitler seine autodidaktisch erworbenen Kenntnisse oft kritik- und rela-

92 Hitler, Vorwort.

93 Wäre *Mein Kampf* logisch aufgebaut worden, hätten z.B. das 6. Kapitel (»Der Kampf der ersten Zeit – Die Bedeutung der Rede«), das 7. Kapitel (»Das Ringen mit der Roten Front«), das 9. Kapitel (»Grundgedanken über Sinn und Organisation der SA«) und das 11. Kapitel (»Propaganda und Organisation«) in den 1. Band aufgenommen werden müssen, den Hitler während seiner Festungshaft von April bis Dezember 1924 verfaßte. Das 11. Kapitel (»Volk und Rasse«) gehört inhaltlich in den 2. Band.

94 Vgl. Lurker, O.: Hitler hinter Festungsmauern. Berlin 1933, S. 56 und Kallenbach, H.: Mit Hitler auf Festung Landsberg. München 1933, S. 104 bis 108. Der 1. Band von Hitlers *Mein Kampf* erschien am 18. Juli 1925, der 2. Band am 11. Dezember 1926.

tionslos zu apodiktischen Behauptungen zusammenfügte – und seine Anhänger anfänglich hauptsächlich der bürgerlichen Bildungsschicht entstammten. Sein Buch, das eine umfassendere und gründlichere Bildung des Autors vortäuscht, als Hitler sie besaß, galt für seine Anhänger bereits unmittelbar nach dem Erscheinen als »klassisches Meisterwerk« und als eine künftige »Bibel des Volkes«, wie *Mein Kampf* 1934 von Dr. Koenig in den *Kommentaren zum Gebrauch in der Schule und zu Hause* bezeichnet wurde.[95] *Mein Kampf* überliefert die »forsche« Sprache der randalierenden Nachkriegsorganisationen – und ist nicht nur deshalb außerordentlich aufschlußreich und (als historisches Dokument) interessant. Der Leser erfährt, was und wie Hitler 1924 dachte, wie er der Zeit und einzelnen Ereignissen gegenüberstand und welche politischen Schlüsse er jeweils gezogen hat. Eine besonders artikulierte Auswahl wurde später zum kategorischen Imperativ erhoben, Leitfaden und Wegweiser, und sollte Deutschlands politisches Vermächtnis schlechthin werden. Wohl niemals ist ein merkwürdigeres Buch von einem Politiker geschrieben worden. Und noch niemals hat ein Politiker seinen Lesern so ungeschminkt gesagt, wie wenig er von ihnen hielt.[96] Hitler hat das später auch selbst eingesehen und das Buch als Belastung empfunden. 1938 sagte er zu Hans Frank: »Ich bin kein Schriftsteller [. . .] Die Gedanken gehen mir durch beim Schreiben. *Mein Kampf* ist eine Aneinanderreihung von Leitartikeln für den *Völkischen Beobachter*, und ich glaube, selbst dort würde man sie aus sprachlichen Gründen nur ungern annehmen. Inhaltlich möchte ich nichts ändern. Wenn es schon ›Phantasien zwischen Gittern‹ sind, die ich da dem Hess diktiert habe: es gibt auch eine Logik des Traumes. Nur das Kapitel über die Syphilis müßte ich als unrichtig total umändern. Das jedenfalls weiß ich, wenn ich 1924 geahnt hätte, Reichskanzler zu werden, dann hätte ich das Buch nicht geschrieben. Aber ich weiß nicht, ich sah mich immer nur als Parteiführer und höchstens einmal als beratenden ›Intimus‹ eines Reichsoberhauptes!«[97]

Der naive Anton Drexler erkannte die Gefahren nicht, die Hitler heraufbeschwor. 1924 hielt er beispielsweise die Gründung der SA für den größten Fehler Hitlers;[98] aber Drexler sah, daß Hitlers ungewöhn-

95 Nr. 249. Nach: The Story of Mein Kampf. In: The Wiener Library Bulletin, London, Jg. 1952, S. 31.
96 Vgl. S. 196 ff.
97 Frank, S. 45 f.
98 ebenda, S. 49.

liches Buch seinen Weg machte, daß es fast in jeder deutschen Hausbücherei (meistens leider ungelesen) zu finden war, und daß es bald – im Gegensatz zu Drexlers Programm – als das unumstößliche Programm der NSDAP galt. Wie das auf den unauffälligen Mitbegründer der Partei wirkte, als deren geistiger Vater er sich bis zu seinem Tode (im Jahre 1942) gern bezeichnete, hat er mehrfach, 1924 zum Beispiel gegenüber Hans Frank, geäußert: »[...] ich habe eigentlich die Partei gegründet«, sagte er, »ließ gutmütig Adolf Hitler hochkommen und reden und propagierte ihn, wo ich konnte. Dann intrigierte er gegen mich, brach alle gegebenen Versprechungen, drückte mich aus allem heraus und hat jetzt die Partei in alle Zeit hinein total zerstört mit seinem verrückten Putsch«.[99] In verbissener Kleinarbeit hat er Hitler bis 1933 bekämpft. Dann wurde er vorsichtiger; aber seine »geschichtliche« Bedeutung wollte er auch dann nicht geschmälert sehen. In einem unveröffentlichten Brief vom 16. Oktober 1936 an den Münchener Oberbürgermeister Fiehler, der am 7. Oktober 1936 im Rahmen einer Veranstaltung im Zirkus Krone gesprochen und Drexlers Rolle nach dessen Ansicht nicht angemessen gewürdigt hatte, empörte Drexler sich nachdrücklich. Er schrieb dem Bürgermeister, daß seine Darstellung der »Frühgeschichte« der Partei den Tatsachen nicht entspräche. »Diese Ihre Ausführungen haben mich fast an Ihnen irre gemacht«, klagte Drexler und beschwerte sich, daß man ihn wie einen »Aussätzigen« miede, wenn es »sich um geschichtliche Begebenheiten« handelte, die mit ihm etwas zu tun hätten. Nicht nur er, sondern auch die 55 000 Mitglieder, die der Partei bereits vor dem 9. November 1923 angehört haben, »können sich dadurch gekränkt fühlen«, schrieb er. Er nahm in Anspruch, immerhin der Mann gewesen zu sein, der »die ersten nationalsozialistischen Gedanken herausredete und schrieb [...] der Mann, dessen Schrift ›Mein politisches Erwachen‹ den Führer veranlaßte, sich die ›Deutsche Arbeiterpartei‹ näher anzusehen und ihr schließlich beizutreten [...] der Mann endlich, der an dem Entwurf der 25 Thesen des Nationalsozialismus, sagen wir nur, erheblichen Anteil hatte« und sich »auch für eine wahrhaftige Geschichte der NSDAP mindestens mitverantwortlich«[100] fühle. Das ist das Selbstporträt eines »Ausgestoßenen«, eines »Aussätzigen«, wie Drexler sich selber bezeichnete.

99 ebenda.
100 Drexler-Brief an Fiehler (vgl. Anm. 14).

Für Hitler war der Sonderling Drexler nie mehr als ein Schwächling, der ein Abgeordneten-Mandat als das höchste Ziel auf Erden ansah.[101] Er hat Drexler – nicht ganz wahrheitsgetreu – vorgehalten, daß seine Deutsche Arbeiterpartei »schon 1920 untergegangen« war,[102] als er (Hitler) hervortrat. Für seine praktische Parteipolitik hat Hitler von Drexler nichts übernommen. Ohne Hitler wäre die Deutsche Arbeiterpartei mit Sicherheit über den Rahmen der kleinen Vereinigung nicht hinausgewachsen, die Hitler im September 1919 vorfand.

Einige Tage nachdem Hitler den »Dienstauftrag« der Abteilung I b/P (Mayr) erfüllt und die DAP aufgesucht hatte, war ihm vom Parteiausschuß der DAP eine Postkarte zugestellt worden. Ihm wurde mitgeteilt, daß am 16. September in der Herrnstraße 48 im Gasthaus »Altes Rosenbad« eine Ausschuß-Sitzung der DAP stattfände, daß der Vorstand ihn daran teilzunehmen bat, und daß er bereits »in die Deutsche Arbeitpartei aufgenommen«[103] worden sei. Nach einigem Zögern besuchte Hitler die Sitzung am 16. September. Von ihm wird sie wie folgt geschildert: »Der Mittwoch kâm. Der Gasthof, in dem die bewußte Sitzung stattfinden sollte, war [. . .] ein sehr ärmliches Lokal, in das sich nur alle heiligen Zeiten jemand zu verirren schien [. . .] Ich ging durch das schlecht beleuchtete Gastzimmer, in dem kein Mensch saß, suchte die Türe zum Nebenraum und hatte dann die ›Tagung‹ vor mir. Im Zwielicht einer halb demolierten Gaslampe saßen an einem Tisch vier junge Menschen, darunter auch der Verfasser der kleinen Broschüre, der mich sofort auf das freudigste begrüßte und als neues Mitglied der Deutschen Arbeiterpartei willkommen hieß«.[104] Was weiter geschah, war entsprechend: das letzte Sitzungsprotokoll und drei Briefantworten wurden verlesen, drei Briefeingänge mitgeteilt und der Kassenbericht gegeben. 7 Mark und 50 Pfennige, einige Leitsätze und ein »ersichtlich guter Glaube und guter Wille«,[105] waren nach Hitlers Überlieferung das Kapital der Partei, der Hitler sich anschließen sollte, oder richtiger, deren Mitglied er bereits war. Kein »Programm, kein Flugblatt, überhaupt nichts Gedrucktes, keine Mitgliedskarten, ja nicht einmal ein armseliger Stempel«,[106] erin-

101 Frank, S. 50.
102 ebenda.
103 Hitler, S. 239 f.
104 ebenda, S. 240.
105 ebenda, S. 241.
106 ebenda.

nerte Hitler sich und folgerte: »Fürchterlich, fürchterlich. Das war ja eine Vereinsmeierei allerärgster Art und Weise. In diesen Klub also sollte ich eintreten?«[107] Trotz dieser Feststellungen hat Hitler dennoch sofort empfunden, daß er nur in einer neuen, noch unbedeutenden Partei etwas werden konnte. »Nach zweitägigem qualvollen Nachgrübeln und Überlegen kam ich endlich zur Überzeugung, den Schritt tun zu müssen. Es war der entscheidendste Entschluß meines Lebens. Ein Zurück konnte und durfte es nicht mehr geben. So meldete ich mich als Mitglied der Deutschen Arbeiterpartei an und erhielt einen provisorischen Mitgliedsschein mit der Nummer: sieben.«[108] Soweit Hitlers eigener Bericht. Er enthält eine bewußte Lüge,[109] die später einen erheblichen Beitrag bei der Bildung des Hitler-Kultes geliefert hat. Hitler war zwar das siebente Mitglied des Arbeitsausschusses der DAP, hatte als 55. Mitglied der Partei jedoch die Mitglieds-Nummer 555,[110] da die Mitglieds-Nummern erst mit der Nr. 501 begannen.[111] Dem DAP-Arbeitsausschuß, der mit dem Politischen Arbeiterzirkel Harrers nicht identisch war, gehörten bis zu Hitlers Aufnahme in die Partei folgende Mitglieder an: Anton Drexler (Werkzeugschlosser) als 1. Vorsitzender, Karl Harrer (Journalist) ohne Angabe seiner Funktion, Michael Lotter (Lokomotivführer) als 1. Schriftführer, Adolf Birkhofer (Student) als 1. Kassierer, Johann B. Koelbl als 2. Schriftführer, Franz Girisch (Feilenhauer) als 2. Kassierer. Adolf Hitler, der als Beruf Maler angab, wurde siebentes Mitglied und übernahm die Funktion des Werbeobmanns.

Im gleichen Trott verharrend, fand jeden »Mittwoch [...] in einem Münchener Café eine sogenannte Ausschuß-Sitzung statt, einmal in der Woche ein Sprechabend«.[112] Immer die gleichen Gesichter, stets der gleiche Gesprächsstoff. Bisher fehlte der Motor. Jetzt war er da. Mit Ehrgeiz und einem scheinbar nicht einzudämmenden Elan drängte Hitler zu Aktionen, versuchte seine Parteigenossen zu kühneren Propagandamethoden zu bewegen und war selbst bereits unermüdlich dabei, sie zu

107 ebenda.
108 ebenda, S. 244.
109 Vgl. dazu u.a. Hitler, S. 389, wo er z.B. sagt: »Der Name einer Partei, deren Ausschuß praktisch die ganze Mitgliedschaft repräsentierte [...]«. Vgl. auch »Der Hitler-Prozeß«, S. 18.
110 Vgl. dazu Faks. Tafel 5.
111 1. Mitgliedsliste der NSDAP. Ehemaliges Hauptarchiv der NSDAP, Bundesarchiv Koblenz, NS 26/230.
112 Hitler, S. 389.

praktizieren. Noch im Wehrdienst stehend, schrieb er mit der Dienst-Schreibmaschine seines Regiments (wozu er von Rudolf Schüssler die Erlaubnis erhielt) Einladungen und verteilte sie. »Ich erinnere mich noch«, schrieb er später, »wie ich selber in dieser ersten Zeit einmal an die achtzig dieser Zettel ausgetragen hatte, und wie wir nun am Abend auf die Volksmassen warteten, die da kommen sollten.«[113] Allein, sie kamen nicht. Mit der Hand geschriebene Einladungen wurden verteilt, hektographierte versandt. Es war kein Geld vorhanden, das eine Änderung dieser primitiven Methode erlaubt hätte. Außerdem gab es in jener Zeit eine große Zahl von eindeutig politisch ausgerichteten Organisationen und Verbänden, die mit den politischen Forderungen an die Öffentlichkeit traten, die 1919 in Bayern als verfechtenswert galten. Deutschland, besonders Bayern, war damals ein Heerlager von militanten Freikorps und Selbstschutzverbänden, von denen die meisten als rechtsextremistisch bezeichnet werden müssen. So gab es bereits Ende 1918 und im Laufe des Jahres 1919/1920 in Bayern unter anderem den (Thule-) Bund Oberland, den Deutschvölkischen Schutz- und Trutzbund, die Organisation Escherich, die Organisation Kanzler, den Verband Altreichsflagge, den Nationalverband deutscher Offiziere, den Bund Schwarzweißrot, die Jungbayern, die Volkswehr, die Eiserne Faust, das Freikorps Epp,[114] die Detachements Bogendörfer und Probstmayr, die Freikorps Würzburg, Bayreuth, Berthold, Wolf und zahlreiche Kavallerie- und Artillerieverbände.[115] 49 politische Parteien und Organisationen waren allein in München registriert. Die Blicke der aktionsbereiten (meistens demobilisierten) Männer waren nach dem Sturz der Monarchie vornehmlich auf General Ritter v. Epp, v. Möhl, Mayr, Escherich, Kanzler, Xylander und Pittinger gerichtet. Das waren Namen, die in Bayern einen Klang hatten. Anderen, weniger militaristisch Gesinnten erschienen beispielsweise die Namen Heim, Kahr, Held und Bothmer wegweisend. Bei einer so erlauchten Schar prominenter bayerischer beziehungs- und einflußreicher Politiker, deren Organisationen meistens miteinander verfilzt waren, war nicht zu erwarten, daß sich viele Bayern ausgerechnet für die kleine Deutsche Arbeiterpartei interessieren würden, zumal sie

113 ebenda.
114 Dem Freikorps Epp waren im Juli 1919 die bereits vorher angegliederten Regimenter Haack, Hergott und der Bund Oberland endgültig eingegliedert worden.
115 Vgl. dazu Oertzen: Die deutschen Freikorps (siehe Bibliographie).

sich anspruchsvoll und provokativ »Deutsche Arbeiterpartei« nannte. Hitlers sehr ungenaue Feststellung, daß sie nur »sechs oder sieben Männer, lauter namenlose, arme Teufel«[116] gewesen seien, kennzeichnet jedoch nur eine Seite der Situation. Daß hinter der kleinen DAP sehr einflußreiche Männer der (seit Mai 1919 im »Rückzug« befindlichen) Thule-Gesellschaft standen, war nur genau informierten Mitgliedern bekannt.

Hitler störten diese Bindungen, weil er in einer solchen Kombination bestenfalls ein aus dem Hinterhalt geschickt gesteuerter Exponent der Thule-Gesellschaft hätte werden können. So bemühte er sich denn auch bereits seit Dezember 1919, Karl Harrer auszuschalten. »Die Form der Organisation des Ausschusses sowie die Art seiner Geschäftsführung wird bestimmt durch die Aufgaben die er laut Parteiprogramm zu erfüllen hat«, notierte Hitler und fuhr fort: »Die Ziele der Partei sind so groß gesteckte, daß sie nur durch eine ebenso straff als zweckmäßig anpassungsfähige Organisation zu erreichen sind. Der Ausschuß als Kopf dieser Organisation und Leiter der gesamten Bewegung überhaupt kann nur dann mit Aussicht auf Erfolg arbeiten, wenn ihm eine gewiße Autorität verliehen ist, einerseits fußend im Bewußtsein des zustimmenden Vertrauens von seiten der großen Menge der Parteiangehörigen, andererseits des Vertrauens der Ausschußmitglieder gegenseitig untereinander. Das Erste bedingt die Wahl sämtlicher Mitglieder des Ausschusses einschließlich seiner Vorsitzenden durch (– – –) die Parteiangehörigen in öffentlicher Versammlung. Das Zweite schließt jede Form einer Bevormundung einer Über- oder Nebenregierung, sei es als Zirkel, oder Loge ein für allemal aus. Maßgebend für die Tätigkeit des Ausschusses kann nur sein das Programm der Partei. In seiner strikten Befolgung muß jedes Ausschußmitglied das Gefühl seines Wertes und seiner Notwendigkeit für die Bewegung erhalten.«[117]

Der Öffentlichkeit war die Deutsche Arbeiterpartei 1919 kaum bekannt. Da sie sich in ihren bekundeten Zielsetzungen von anderen radikal rechtsgerichteten Organisationen, Verbänden und Parteien außerdem nicht grundsätzlich unterschied, hatte die (»Arbeiter«-) Partei keine besondere Chance, nennenswert aufzufallen und der breiten Öffentlich-

116 Hitler, S. 388.
117 Entwurf Hitlers zur Ausschaltung Harrers. Ehemaliges Hauptarchiv der NSDAP, Bundesarchiv Koblenz, NS 26/76 (Maschinenschrift, handschriftlicher Vermerk: »Dezember 1919. Geschäftsordnung, Entwurf Hitlers zur Ausschaltung Harrers). Zit. im Anhang.

keit interessant zu erscheinen. »Hätte man uns damals angegriffen«, schreibt Hitler, »ja hätte man uns auch nur verlacht, wir wären glücklich gewesen in beiden Fällen. Denn das Niederdrückende lag nur in der vollständigen Nichtbeachtung, die wir damals fanden und unter der ich am meisten damals litt.«[118]. Bezeichnend ist Hitlers Formulierung: »... unter der ich am meisten litt.«

Harrer, der auf Hitlers Betreiben bereits Anfang Januar 1920 aus der Partei ausschied, hatte hauptsächlich als Thule-Mitgleid fungiert, und Drexler war inzwischen in den Bann der Männer geraten, die aus Harrers Umgebung kamen. Hitler, der Harrers (Thule-) Logenprinzip grundsätzlich nicht akzeptierte, brachte die Deutsche Arbeiterpartei jedoch voran. »Wir gingen dazu über, die Einladungszettel in einem Münchener Schreibwarengeschäft auf der Maschine schreiben und vervielfältigen zu lassen.«[119] Die Zahl der Zuhörer stieg langsam »von elf auf dreizehn, endlich auf siebzehn, auf dreiundzwanzig, auf vierunddreißig«.[120] Durch »ganz kleine Geldsammlungen im Kreise von [...] armen Teufeln«[121] wurde schließlich erreicht, daß die erste größere, öffentliche Versammlung durch eine Annonce im *Völkischen Beobachter*[122] angekündigt werden konnte[123], den Hitler (wahrscheinlich absichtlich) fälschlich als »damals unabhängig«[124] bezeichnet. Die Versammlung fand am 16. Oktober 1919 im Hofbräuhauskeller statt. Die Annonce hatte sich bezahlt gemacht.[125] 111 Personen waren erschienen. Hauptredner und »Zugnummer« war Dr. Erich Kühn, der Schriftleiter der bei Lehmann erscheinenden Zeitschrift *Deutschlands Erneuerung.* Nach Kühn sprach erstmalig in einer öffentlichen Parteiversammlung das siebente DAP-Ausschußmitglied Adolf Hitler. »Ich sprach dreißig Minuten, und was ich früher, ohne es irgendwie zu wissen, einfach innerlich gefühlt hatte«, schreibt Hitler, »wurde nun durch die Wirklichkeit be-

118 Hitler, S. 388.
119 ebenda, S. 390.
120 ebenda.
121 ebenda.
122 ebenda. Hitler schrieb fälschlich Münchener Beobachter. Vgl. Anm. 124.
123 Vgl. auch Hasselbach, S. 24.
124 Hitler, S. 390. Hitlers Behauptung, daß der *Münchener Beobachter* »unabhängig« gewesen sei, ist eine Erfindung. Diese Zeitung, die seit der Nr. 34 vom 9. 8. 1919 *Völkischer Beobachter* hieß, erschien seit Dezember 1920 als *Völkischer Beobachter der NSDAP.*
125 Die Ansicht Bullocks (S. 63), daß diese Versammlung ein mageres Ergebnis gewesen sei, deckt sich nicht mit den Tatsachen.

wiesen: ich konnte reden!«[126] Nach dreißig Minuten waren die Menschen in dem kleinen Raum »elektrisiert«.[127] Hitler nutzte die Situation und appellierte »an die Opferwilligkeit der Anwesenden«.[128] 300 Mark betrug die Ausbeute der Spenden. Nach Georg Franz-Willing soll dabei ein Arzt allein 100 Mark gespendet haben.[129] Sofort entwikkelte Hitler das zum Prinzip und machte diese spontane Bereitschaft zur Grundlage einer neuen Methode. Franz-Willings Feststellung, daß eine Spende von 300 Mark von einem Fräulein Dornberg während einer späteren Versammlung im »Deutschen Reich« von Hitler als finanzieller »Grundstock«[130] bezeichnet worden sei, deckt sich nicht mit den Tatsachen. Hitler bezieht sich in *Mein Kampf* ausdrücklich auf die Spende von 300 Mark nach seiner Rede im Hofbräuhauskeller.[132]

Fortan wurde grundsätzlich Eintrittsgeld bei Versammlungen erhoben: ein Novum in der Geschichte politischer Parteien. Während der Ausschuß-Sitzung im Alten Rosenbad, an der Hitler vier Wochen zuvor erstmalig teilnahm, hatte die Partei nur 7,50 Mark[132] besessen.

Alle 14 Tage wurden die Münchener nun wie von der Polizei oder von einem Gericht »ersucht«, eine Versammlung der Deutschen Arbeiterpartei »bestimmt« zu beehren. Eine der ersten Einladungen, die mit der Schreibmaschine geschrieben und vervielfältigt wurden, ist erhalten geblieben. Als historisches Dokument wird ihr vollständiger Text zitiert.

»›Deutsche Arbeiter-Partei‹

Ortsgruppe München

München, den 2. Dezember 1919

Wir ersuchen Sie hiermit zu der am Mittwoch, 10. Dez. 1919 Abends punkt 7 Uhr im Gasthaus ›Deutsches Reich‹ Dachauerstr. 143 (Haltestelle Linie 24 Loristr.) stattfindenden

Versammlung

bestimmt zu erscheinen.

126 Hitler, S. 390. Diese Behauptung deckt sich offensichtlich nicht mit den Tatsachen. Daß Hitler reden konnte, wußte er längst, was Dokumente eindeutig bestätigen. Vgl. dazu Anm. 442–447 und die jeweils dazugehörenden Texte im 2. Kapitel.
127 Hitler, S. 391.
128 ebenda.
129 Franz-Willing, S. 179.
130 Hitler, S. 391.
131 Vgl. Hitler, S. 390 f.
132 ebenda, S. 241.

Redner: Herr H i t t l e r über ›Deutschland vor seiner tiefsten Erniedrigung‹
Die Einladung dient als Ausweis. Der Saal ist geheizt.

Der Ausschuß
i. A. Josef Mayer
1. Schriftführer
Andrästr. 10/3 S.B.«[133]

Hitler, fälschlich mit zwei t geschrieben, drängte, stachelte an und machte sich durch seine ungestüme, Harrer und Drexler manchmal unverantwortlich und leichtsinnig erscheinende propagandistische Aktivität bei den Vorsitzenden bald unbeliebt. Dennoch, er blieb unbeirrbar auf dem einmal beschrittenen Wege – und war bald unentbehrlich.

Die anfänglich benutzten Versammlungsräume (besser: Räume, in denen die Mitglieder der DAP und deren Anhänger zusammentrafen) erwiesen sich als zu klein, seitdem Hitler sich für die Partei einsetzte, und so drängte er die skeptischen Vorsitzenden, einen größeren Saal als den Eberlbräukeller zu beschaffen, in dem er während der bis dahin 3. größeren Versammlung im Oktover/November 1919 immerhin mehr als 170 Besucher gezählt hatte. Am anderen Ende Münchens, in der Dachauer Straße 143 im Gasthaus »Deutsches Reich«, wurde er gefunden. Die Einladung vom 2. Dezember 1919 galt bereits für eine Versammlung in diesem Gasthaus. Nur einmal, zu Beginn des Lokalwechsels, ging die Besucherzahl zurück. Dann stieg sie auf 200, 270 und 400.[134]

Bereits in diesen Tagen legte Hitler einen weiteren entscheidenden Grundstein für seine Karriere. Seine eigene Position zwang er seiner Umgebung auf – und profitierte stets davon. Er riß an sich, was er für wichtig hielt. In der Kaserne, wo er im Jahre 1919 noch wohnte, da er erst im März 1920 aus der Truppe ausschied, wurden die provisorischen Ausweise in Schüsslers Diensträumen ausgeschrieben, in denen Schüssler (Mitglieds-Nr. 641) unter Hitlers Einfluß einen regelrechten Geschäftsbetrieb für die DAP eingerichtet hatte.[135] Die Entscheidungen Adolf Hitlers, der Mitte September erst Mitglied der Partei (eigentlich ohne eigene Entscheidung) geworden war, konnten von den Führungs-

133 Original im Besitz des Autors.
134 Hitler, S. 93 f.
135 Persönliche Auskunft von Hermann Esser.

mitgliedern bereits im Dezember 1919 nicht mehr schadlos ignoriert werden.

Ende Dezember 1919 wurde das ehemalige Kneipzimmer der bayerischen Reichsräte im Münchener »Sterneckerbräu«, Tal Nr. 54, als »Hauptgeschäftsstelle« der »Deutschen Arbeiterpartei« (Mietvertrag vom 22. Dezember 1919, auch von Hitler als Vertreter der DAP unterzeichnet) eingerichtet.[136] Adolf Hitler war wegen seiner parteipolitischen Tätigkeit das Betreten der Räume Schüsslers in der Kaserne untersagt worden. Nach der Gründung der Geschäftsstelle sah er sich in der glücklichen Lage, nicht mehr wie ein Dieb in das Regimentsgeschäftszimmer schleichen zu müssen, um dort für die Partei zu arbeiten.[137] Nun konnte er seine Fähigkeiten frei und unbehindert entfalten. Die organisatorische Parteiführung erhielt einen anderen Charakter. Bis dahin hatten die Führungsmitglieder ihre Tätigkeit für die Deutsche Arbeiterpartei in ihren Wohnungen erledigt, wo sie auch den Schriftwechsel führten und aufbewahrten. Mit der Einrichtung der »Hauptgeschäftsstelle« erhielt die Deutsche Arbeiterpartei ein örtliches Zentrum, was besonders für den Schriftwechsel wichtig war. Ein regulärer Geschäftsverkehr und Sprechstunden wurden eingeführt. »Grundsätzlich muß bemerkt werden, daß man sich die Geschäftsführung in der ersten Zeit nicht primitiv genug vorstellen kann«, erklärte ein maßgeblicher Mitarbeiter jener Tage. »Man darf niemals von heutigen Verhältnissen auf die damalige Zeit schließen.«[138] Das erste Mitgliedsverzeichnis, das die Aufnahmen bis 29. Mai 1920 enthält und insgesamt 675 Mitglieder registriert, bestand aus einem Heft im Format von 28 mal 21,1 cm. Mit Tinte wurden die Namen der Mitglieder, ihre Berufe, Geburtsdaten und Anschriften in alphabetischer Reihenfolge eingetragen.[139] Auf dem Blatt 21 befindet sich die Eintragung des Mitglieds Nr. 555: »Hitler, Adolf, Maler [später durch »Schriftsteller« ersetzt], München, Prinzregentenstraße 16/2.«

136 Mietvertrag vom 22. Dezember 1919 zwischen Frau Therese Hemmann (München, Tal 54) und der Deutschen Arbeiterpartei. Unterschrieben ist der Vertrag von den Mietern, u.a. von Drexler, Beggel, Wiegand und Hitler; als Vertreter der Deutschen Arbeiterpartei ist der Schriftsteller Rudolf Posch eingetragen. Ehemaliges Hauptarchiv der NSDAP, Bundesarchiv Koblenz, NS 26/80.

137 Persönliche Auskunft von Hermann Esser.

138 Schriftliche Mitteilung von Dr. Werner (vgl. Anm. 37).

139 Ehemaliges Hauptarchiv der NSDAP, Bundesarchiv Koblenz, NS 26/230.

Hitlers Kalkulationen waren aufgegangen. Seinen erfolgreichen Weg als Propagandist markieren bereits die Versammlungslokale »Hofbräuhauskeller«, »Eberlbräukeller« und »Deutsches Reich«. Die führenden Männer der Deutschen Arbeiterpartei hätten mehr als zufrieden sein können; aber den Parteivorsitzenden war Hitlers Aktivität nicht geheuer, und Harrer versuchte Hitler an die Zügel zu nehmen. Doch Hitler hatte seinen Wert für die Partei erkannt. »Der damalige erste Vorsitzende der Partei, Herr Harrer, war eigentlich Journalist und als solcher sicher umfassend gebildet. Doch hatte er eine für einen Parteiführer außerordentlich schwere Belastung: er war kein Redner für die Masse. So peinlich gewissenhaft und genau seine Arbeit an sich war, so fehlte ihr jedoch – vielleicht gerade infolge der fehlenden, großen rednerischen Begabung – auch der größere Schwung. Herr Drexler, damals Vorsitzender der Ortsgruppe München, war einfacher Arbeiter, als Redner ebenfalls wenig bedeutend, im übrigen aber kein Soldat. Er hatte nicht beim Heer gedient, war auch während des Krieges nicht Soldat, so daß ihm, der seinem ganzen Wesen nach an sich schwächlich und unsicher war, die einzige Schule fehlte, die es fertigbringen konnte, aus unsicheren und weichlichen Naturen Männer zu machen. So waren beide Männer nicht aus dem Holz geschnitzt, das sie befähigt hätte, nicht nur den fanatischen Glauben an den Sieg einer Bewegung im Herzen zu tragen, sondern auch mit unerschütterlicher Willensenergie und, wenn nötig, mit brutalster Rücksichtslosigkeit die Widerstände zu beseitigen, die sich dem Emporsteigen der neuen Idee in die Wege stellen mochten.«[140] Diese aufschlußreiche Charakteristik offenbart zugleich eine Seite der Philosophie Hitlers und gestattet darüber hinaus einen Einblick in das Vokabular der Ideologie der Landsknechte nach 1918. Dort, unter den »geschliffenen«, durch die »Schule des Lebens«[141] gegangenen Männern herrschte noch der Eindruck des Krieges, dominierte noch der »brutale Wille«, die »rücksichtslose Skrupellosigkeit«, der »fanatische Glaube« und das Gefühl des »unbedingten Gehorsams«. Das war das Milieu, das mit Hitler in die »Deutsche Arbeiterpartei« hineingelangte und sie bald zum Sammelbecken derjenigen werden ließ, die eine ihren Vorstellungen entsprechende po-

140 Hitler, S. 391 f.
141 Nach Frank, S. 46, sagte Hitler zu Frank: »Der Krieg veranlaßt zu tiefstem Nachdenken über alles Menschliche. Vier Jahre Krieg sind mehr als dreißig Jahre Universität an Bildung über die Probleme des Lebens.«

litische Heimat suchten. Anton Drexler war ja nur ein »einfacher Arbeiter«, wie Hitler richtig feststellte. Er war nicht Soldat gewesen und konnte Soldaten daher auch nicht ansprechen, zumal er nicht einmal überzeugend auszudrücken vermochte, was er empfand. Seine Struktur und Herkunft ließen ihn gewiß nicht geeignet erscheinen, einer »neuen Idee« die Wege »gewaltsam« zu ebnen. In diesem Terrain konnte nur der »forsche« Mann, der Soldat etwas gelten, der darüber hinaus auch mit Menschen zu reden verstand, die der »besseren Gesellschaft« angehörten.

Die Zahl derjenigen, die sich seit Hitlers Engagement für die Deutsche Arbeiterpartei interessierten, wuchs zusehends, wenn zunächst auch nur sehr wenige eintraten. Seit Mitte September 1919 kamen nicht mehr nur in erster Linie Arbeiter und Handwerker, sondern vornehmlich Soldaten – und eben erst demobilisierte Soldaten. Die noch im Wehrdienst stehenden Soldaten traten der Partei mit ganz wenigen Ausnahmen offiziell zwar nur sehr selten bei; aber sie gehörten zu ihren festen Anhängern, auf die sich besonders Hitler stützen konnte, wenn sie auch bei Abstimmungen innerhalb der Partei nicht unmittelbar zählten.

Die Mitgliedschaft der Deutschen Arbeiterpartei mit 190 eingetragenen Mitgliedern (im Durchschnittsalter von rund 32 Jahren) im Januar 1920 setzte sich zusammen aus Facharbeitern und Handwerkern (33%), aus Angehörigen freier akademischer Berufe (14,5%), Beamten und Angestellten (14%), Soldaten und Offizieren (13%), Vertretern kaufmännischer Berufe (12%) und Studenten (7%), Geschäftsinhabern (4%) und ungelernten Arbeitern (2,5%). Unter den relativ zahlreichen Facharbeitern und Handwerkern fanden sich vornehmlich Schlosser und Mechaniker, die Drexler und Lotter in der Münchener Eisenbahnwerkstätte für die Partei geworben hatten. Sie bildeten den Mitglieds-»Stamm« der DAP, die von der Mitgliederstruktur her eine ausgesprochene Eisenbahnerpartei war – bis Hitlers Einfluß auch in diesem Punkt spürbar wurde. Unter den 22 Angehörigen der freien akademischen Berufe befanden sich 7 Schriftsteller, Schriftleiter, Journalisten und Verleger, 6 Ingenieure, 6 Künstler und 3 Ärzte. 4 Offiziere gehörten in die Kategorie »Soldaten und Offiziere«, die durch Hitler in der Partei bald eine entscheidende Rolle spielte. 182 Mitglieder wohnten in München. Von den übrigen 8 wohnten 2 in Schliersee und je 1 in Landshut, Bilsbiburg, Ebenhausen, Darmstadt, Konstanz, Nürnberg und Würzburg. Noch war die Partei auf München beschränkt.

Hitlers sofortigen Einfluß konnten die Parteigründer und ihre Hintermänner nicht leugnen. Auch die für ihn günstige Erweiterung des Ausschusses kam auf sein Konto. Er selbst berichtet: »Ich hatte damals begonnen, dem Ausschuß eine Anzahl frischer junger Kräfte zuzuführen. Während meiner langjährigen Militärzeit hatte ich eine größere Menge treuer Kameraden kennengelernt, die nun langsam auf Grund meines Zuredens in die Bewegung einzutreten begannen. Es waren lauter tatkräftige junge Menschen, an Disziplin gewöhnt und von ihrer Dienstzeit her in dem Grundsatz aufgewachsen: Unmöglich ist gar nichts, und es geht alles, wenn man will.«[142] Einer dieser Kameraden war Rudolf Schüssler (Mitglieds-Nr. 641 und Nr. 9 im Ausschuß). Ende 1919 wurde er erster Geschäftsführer der DAP (mit Anstellungsdatum vom 1. Januar 1920).

Der im Truppendienst stehende Kaufmann Schüssler, der als erster Angestellter der Partei für seine Tätigkeit auch bezahlt wurde, legte sofort eine Namens- und Mitgliederkartei an, die zwar bereits einige Wochen zuvor begonnen worden war, jedoch erst jetzt (seit 1. Januar 1920) lückenlos geführt wurde. Die in der Kaserne ausgestellten Mitgliedskarten behielten auch nach der Änderung des Namens der DAP in NSDAP ihre Gültigkeit. Erst wenn die Mitglieder ihre DAP-Mitgliedskarten mit Beitragsmarken vollgeklebt hatten, wurden ihnen die neuen Mitgliedsausweise mit der Bezeichnung NSDAP ausgehändigt.

Nicht nur Schüssler, sondern auch der Offiziers-Stellvertreter Karl Beggel (Nr. 509 und Nr. 8 im Ausschuß und Beisitzer) und Fritz Michel (Nr. 10 und Versammlungsobmann) verdankten Hitler ihre Ausschuß-Positionen. Bald folgten der Kaufmann Josef Mayer, der Germanistik-Student Alfred Goeschen (Nr. 541), der Dachdecker Franz Hofmann (Nr. 559), der Konditor Willi Refflinghaus (Nr. 615), der Sattler Kuffner, der Schlosser Karl Riedl (Nr. 620) und der Buchhändler Rudolf Posch (Nr. 612).

In der ersten Januarhälfte 1920, nachdem Harrer auf Hitlers Betreiben ausgeschieden war, fehlte neben dem ersten Vorsitzenden (Drexler) der zweite Vorsitzende. Die Aufgabe des ersten Schriftführers war dem Direktor Ferdinand Wiegand (Nr. 660), die des zweiten Schriftführers Oskar Körner (Nr. 743) zugefallen. Als erster Kassierer fungierte Karl Riedl, als zweiter Kassierer Josef Berchtold (Nr. 964), als Mitgliedswart

142 Hitler, S. 391.

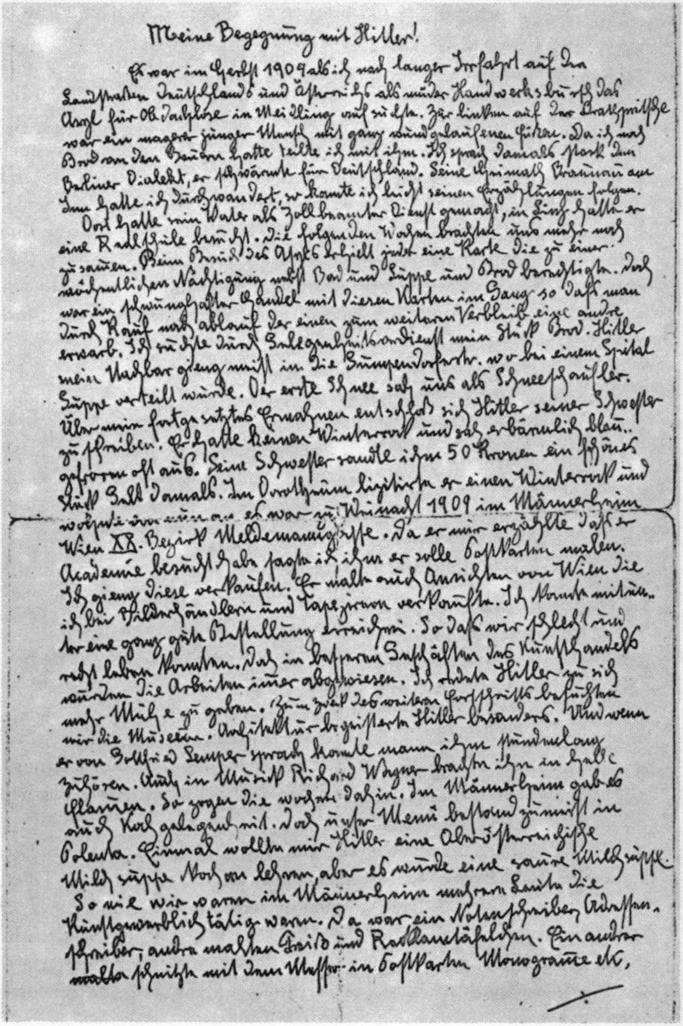

Meine Begegnung mit Hitler!

Es war im Herbst 1909 als ich nach langer Irrfahrt auf den
Landstraßen Deutschlands und Österreichs als müder Handwerksbursch das
Asyl für Obdachlose in Meidling aufsuchte. Zur linken auf der Drahtpritsche
war ein magerer junger Mensch mit ganz wundgelaufenen Füßen. Da ich noch
Brod von den Bauern hatte teilte ich mit ihm. Ich sprach damals stark den
Berliner Dialekt, er schwärmte für Deutschland. Seine Heimath Braunau am
Inn hatte ich durchwandert, so konnte ich leicht seinen Erzählungen folgen.
Dort hatte sein Vater als Zollbeamter Dienst gemacht, in Linz hatte er
eine Realschule besucht. Die folgenden Wochen brachten uns mehr noch
zusammen. Beim Besuch des Asyls erhielt jeder eine Karte die zu einer
wöchentlichen Nächtigung nebst Bad und Suppe und Brod berechtigte. Doch
war ein schwunghafter Handel mit diesen Karten im Gang so daß man
durch Kauf nach Ablauf der einen zum weiteren Verbleib eine andre
erwarb. Ich suchte durch Gelegenheitsverdienst mein Stück Brod. Hitler
mein Nachbar gieng meist in die Gumpendorferstr. wo bei einem Spital
Suppe verteilt würde. Der erste Schnee sah uns als Schneeschaufler.
Über mein fortgesetztes Ermahnen entschloß sich Hitler seiner Schwester
zu schreiben. Er hatte keinen Winterrock und sah erbärmlich blau..
gefroren oft aus. Seine Schwester sandte ihm 50 Kronen ein schönes
Stück Geld damals. Im Dorotheum ersteigerte er einen Winterrock und
wohnte von nun an er war zu Weihnacht 1909 im Männerheim
Wien XX. Bezirk Meldemanngasse. Da er mir erzählte daß er
Academie besucht habe sagte ich ihm er solle Postkarten malen.
Ich gieng diese verkaufen. Er malte auch Ansichten von Wien die
ich bei Bilderhändlern und Tapezierern verkaufte. Ich konnte mitunter
eine ganz gute Bestellung erreichen. So daß wir schlecht und
recht leben konnten. Doch in besseren Geschäften des Kunsthandels
wurden die Arbeiten immer abgewiesen. Ich redete Hitler zu sich
mehr Mühe zu geben. Zur Zeit des weiteren Fortschritts besuchten
wir die Museen. Architektur begeisterte Hitler besonders. Und wenn
er von Gottfried Semper sprach konnte man ihm stundenlang
zuhören. Auch in Musik Richard Wagner brachte ihn in helle
Flammen. So zogen die Wochen dahin. Im Männerheim gab es
auch Kochgelegenheit. Doch unser Menu bestand zumeist in
Polenta. Einmal wollte mir Hitler eine Oberösterreichische
Milchsuppe kochen lehren aber es wurde eine saure Milchsuppe.
So wie wir waren im Männerheim mehrere Leute die
kunstgewerblich tätig waren. Da war ein Notenschreiber, Adressen-
schreiber, andre malten Preis- und Reklametäfelchen. Ein andrer
~~malte~~ schnitzte mit dem Messer in Postkarten Monogramme etc,

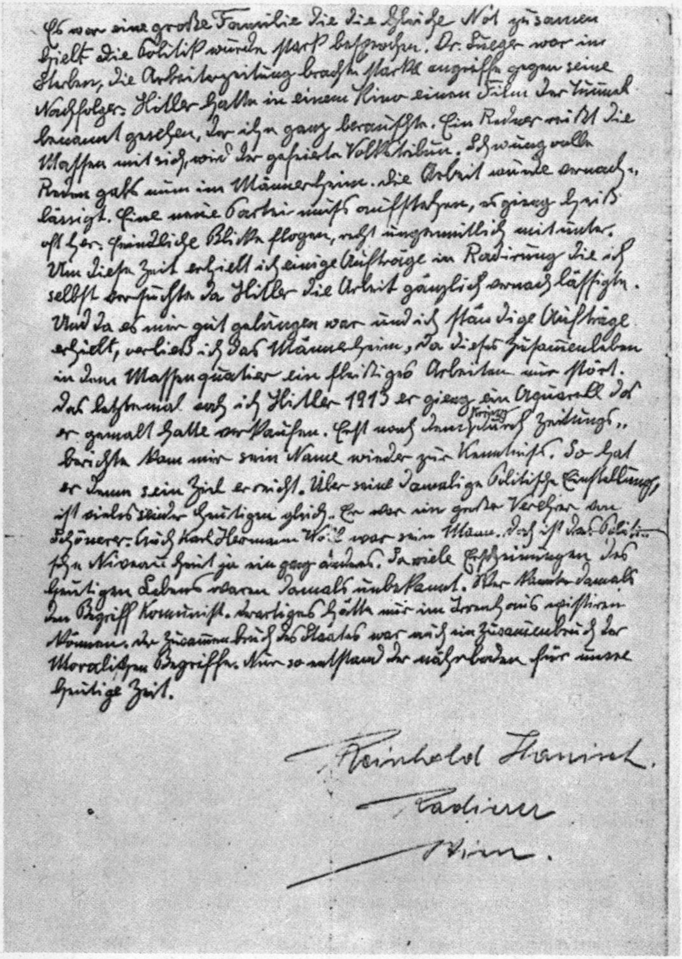
Es war eine große Familie die die gleiche Not zusammen
hielt die Politik wurden stark besprochen. Dr. Lueger war im
Sterben, die Arbeiterzeitung brachte starke angriffe gegen seine
Nachfolger. Hitler hatte in einem Kino einen Film der Tunnel
benannt gesehen, der ihn ganz berauschte. Ein Redner reißt die
Massen mit sich, wird der gespielte Volkstribun. Schwungvolle
Reden gabs nun im Männerheim. die Arbeit wurde vernach-
lässigt. Eine neue Partei mußte aufstehen, so gieng heiß
oft her. feindliche Blicke flogen, nicht ungewöhnlich mitunter.
Um diese Zeit erhielt ich einige Aufträge im Radirung die ich
selbst versuchte da Hitler die Arbeit gänzlich vernachlässigte.
Und da es mir gut gelungen war und ich ständige Aufträge
erhielt, verließ ich das Männerheim, da dieses zusammenleben
in dem Massenquartier ein fleißiges Arbeiten nur stört.
das letztemal sah ich Hitler 1913 er gieng ein Aquarell das
er gemalt hatte verkaufen. Erst nach dem Kriege durch Zeitungs-
berichte kam mir sein Name wieder zur Kenntnis. So hat
er denn sein Ziel erreicht. Über seine damalige Politische Einstellung,
ist vieles seiner heutigen gleich. Er war ein großer Verehrer von
Schönerer. Auch Karl Hermann Wolf war sein Mann. doch ist das Politi-
sche Niveau heut zu ein ganz anderes. So viele Erscheinungen des
heutigen Lebens waren damals unbekannt. Man kannte damals
den Begriff Kommunist. derartiges hätte nur im Irrenhaus existieren
können. der zusammenbruch des Staates war auch ein Zusammenbruch der
Moralischen Begriffe. Nur so entstand der nährboden für unsere
heutige Zeit.

Reinhold Hanisch.
Radierer
Wien.

Eine der vielen Erklärungen des Landstreichers und frühen Hitler-Feindes Reinhold Hanisch, dessen phantasiereichen Erzählungen zwei Historiker-Generationen gefolgt sind (Bundesarchiv Koblenz, NS 26/64).

Holzinger, als erster Werbeobmann Hitler, als zweiter Werbeobmann der Kaufmann Ehrensperger (Nr. 709). Die Funktion des Versammlungsobmanns lag in den Händen von Fritz Michel. »Einkassierer« war Josef Mayer, der die Einladung zur Versammlung vom 2. Dezember 1919 im Deutschen Reich noch als 1. Schriftführer unterzeichnet hatte. Selbst die neuen Ausschußmitglieder Benedikt Settele (Nr. 915) und Benedikt Angermeir (Nr. 920) hätten ohne Hitlers Billigung nicht so exponiert werden können.

Hitler führte der Partei (und besonders auch dem Ausschuß) jedoch nicht nur ehemalige Soldaten zu. Auch Angehörige gehobener ziviler Berufe interessierten sich für die Veranstaltungen der Deutschen Arbeiterpartei, seitdem sie den hervorragenden Redner Hitler zu ihren Mitgliedern zählte. Die Namen einiger einflußreicher Teilnehmer fanden sich regelmäßig in den Anwesenheitslisten wieder. Einige spendeten nennenswerte Summen, wie zum Beispiel Philipp Mathes aus München Ende 1920.[143] Nicht wenige wurden Mitglieder der Partei. Zu ihnen gehörten unter anderem Dr. Paul Tafel (Nr. 670), Dr. Erich Kühn (Nr. 587) und der alldeutsche Verleger Lehmann (Nr. 878). Dr. E. Boepple, der bis zum Hitler-Putsch im November 1923 zahlreiche antisemitische Schriften und Alfred Rosenbergs Programm-Kommentar *Wesen, Grundsätze und Ziele der Nationalsozialistischen Deutschen Arbeiterpartei* in seinem Deutschen Volksverlag Dr. E. Boepple in München herausbrachte,[144] war bereits Mitglied der Partei mit der Nummer 515.

143 Vgl. dazu Faks. Tafel 7 (»Partei-Tagebuch 1920/1921«).

144 Zu Rosenberg vgl. Bibliographie und S. 181 ff. Unter den sogenannten »Werken« »zur Judenfrage« befanden sich u. a.: Andersen, Friedrich: Der deutsche Heiland; Pastor Gerecke, Karl: Biblischer Antisemitismus; Groener, Maria; Schopenhauer und die Juden; Grunsky, Dr. K.: Richard Wagner und die Juden; Maurenbrecher, Dr. Max: Goethe und die Juden; Falb, Dr. Alfred: Luther und die Juden; Bartels, Adolf: Hebbel und die Juden; Meyer, H. Chr. H.: Der Jude und sein Sklaventum; Oefele, Armin v.: Reizliteratur, Semitische und andere Geheimnisse in Spenglers Pseudowissenschaft; Rosenberg, Alfred: Die Spur des Juden im Wandel der Zeiten; Rosenberg, Alfred: Unmoral im Talmud; Stauf v. d. March, Ottokar: Die Juden im Urteil der Zeiten. Eine Sammlung jüdischer und nichtjüdischer Aussprüche; Armin, Otto: Die Juden im Heer. Eine statistische Untersuchung nach amtlichen Quellen; Armin, Otto: Die Juden in den Kriegsgesellschaften und in der Kriegswirtschaft; Gorsleben, Rudolf John: Die Überwindung des Judentums in uns und außer uns; Jung, Rudolf: Der nationale Sozialismus, seine Grundlagen, sein Werdegang, seine Ziele; Kloth, Emil: Einkehr. Betrachtungen eines sozialdemokratischen

Die Leitung der Deutschen Arbeiterpartei oblag immer noch einem Arbeitsausschuß, der bis zu Hitlers Eintritt sechs, dann sieben und später auf Drängen Hitlers, der durch die Einbeziehung von Kameraden Einfluß gewinnen wollte, zehn bis zwölf Mitglieder umfaßte. Die Ausschußmitglieder wechselten nicht selten, ihre Anzahl schwankte. Bis Januar 1920 gab es jedoch stets einen ersten und einen zweiten Vorsitzenden, einen ersten und einen zweiten Schriftführer und einen ersten und einen zweiten Kassierer. Auf Hitlers Initiative waren unter anderem hinzugekommen: der Werbeobmann, der Versammlungsobmann, der Mitgliedswart, der Geschäftsführer und ein Beisitzer.

Die Führung der Gesamtpartei lag anfänglich zugleich auch in den Händen des Ausschusses der Münchener Ortsgruppe. Sowohl die Ausschußmitglieder als auch der Vorsitzende wurden von den Parteimitgliedern gewählt. Beschlüsse wurden im Ausschuß mit einfacher Mehrheit gefaßt, was Hitler niemals behagte. Der Vorsitzende war nur bei Stimmenmehrheit stimmberechtigt. Die Partei wurde demokratisch geleitet – bis Hitler sich durchzusetzen begann, der sich in *Mein Kampf* wie folgt darüber äußerte:

»In den Jahren 1919 bis 1920 hatte die Bewegung zu ihrer Leitung einen Ausschuß, der durch Mitgliederversammlungen, die selber wieder durch das Gesetz vorgeschrieben wurden, gewählt war. Der Ausschuß bestand aus einem ersten und zweiten Kassierer, einem ersten und zweiten Schriftführer und als Kopf einem ersten und zweiten Vorsitzenden. Dazu kamen noch ein Mitgliederwart, der Chef der Propaganda und verschiedene Beisitzer.

Dieser Ausschuß verkörperte, so komisch es war, eigentlich das, was die Bewegung selbst am schärfsten bekämpfen wollte, nämlich den Parlamentarismus [...] Es war dringend notwendig, eines Tages hier Wandel zu schaffen, wenn nicht die Bewegung infolge der schlechten Grundlage in ihrer inneren Organisation für dauernd verdorben und da-

Gewerkschaftlers über die Politik der Sozialdemokratie; Kloth, Emil: Sozialdemokratie und Judentum; Meister, Wilhelm: Judas Schuldbuch. Eine deutsche Abrechnung; Rosenberg, Alfred: Pest in Rußland. Der Bolschewismus, seine Häupter, Handlanger und Opfer; Rosenberg, Alfred: Bolschewismus, Hunger, Tod; Tafel, Dr. Paul: Das neue Deutschland. Ein Rätestaat auf nationaler Grundlage; Wirth, Dr. Albrecht: Quer durch die Gegenwart; Eckart, Dietrich: Verse, »Totengräber Rußlands«; Eckart, Dietrich: Verse, »Österreich unter Judas Stern«.

durch unfähig werden sollte, einst ihrer hohen Mission zu genügen.«[145]

Dennoch war es bis Juli 1921 offiziell nur eine Handvoll Mitglieder, die das Gesicht der Partei bestimmten. Die wichtigsten Führungsmitglieder waren Drexler (als Gründer; Harrer und Lotter schieden bereits im Januar 1920 aus der DAP aus), mit Dr. Friedrich Krohn und Dr. Paul Tafel im Hintergrund, Eckart (als gesellschaftsfähiger Literat), Feder (als programmatischer Finanz-Fachmann), Hitler und Esser (als Propagandisten), Röhm (als Verbindungsmann zur Reichswehr und zu den halbmilitärischen Verbänden) und Rosenberg, der noch Ende 1919 hinzukam (als philosophischer Programmatiker). Einen Teil der Ausschußmitglieder beherrschte Hitler bereits 1919.

Der Journalist, Dichter und Dramatiker Dietrich Eckart (1868 bis 1923) war ein enger Freund Hitlers. Der unter Freunden als leidenschaftlicher Biertrinker bekannte und oft als Typ des »Urbayern« charakterisierte Sohn eines bayerischen Justizrats, der einige Zeit in einer Nervenheilanstalt zugebracht hatte, war in den neunziger Jahren als namhafter Kritiker der Bayerischen Festspiele für mehrere Zeitungen tätig gewesen. 1906 hatte er im Berliner königlichen Schauspielhaus mit dem nationalen Drama *Heinrich VI.* seinen ersten größeren Erfolg errungen. Seine dramatischen Bühnenstücke *Froschkönig, Familienväter* und *Heinrich der Hohenstaufe* wurden von zahlreichen deutschen Bühnen aufgeführt. Seine während des Krieges auch ins Holländische, Tschechische und Ungarische übersetzte Nachdichtung von Ibsens *Peer Gynt,* den er als das Spiegelbild seines eigenen Wesens verstand, führte beispielsweise das Berliner Staatstheater bis November 1923 (nach Eckarts Angaben) 500 mal auf.

Eckart, der seine Tragödie *Lorenzaccio* als sein Lebenswerk bezeichnete und Schopenhauer (wie Hitler es 1924/25 auch von sich behauptete) und Ibsen zu seinen Lieblingsautoren zählte, war nicht nur vermögend, sondern verfügte auch über bedeutende gesellschaftliche Beziehungen. Seit Dezember 1918 gab er mit Unterstützung der Thule-Gesellschaft die Zeitschrift *Auf gut deutsch* heraus und hetzte gegen die Juden und gegen die »Judenrepublik«. Er wollte den »völkischen« deutschen Staat retten und die »deutsche Seele« vom zersetzenden Geiste des Materialismus und des Judentums befreien. Das Judentum verstand er 1919 noch

145 Hitler, S. 659 f.

als einen nur vorwiegend geistigen Begriff. »Judentum« war nach seiner Meinung im Gegensatz beispielsweise zu Houston Stewart Chamberlain lediglich eine negative Geisteshaltung, die er durch »völkisch« bestimmtes »schöpferisches« Denken und Handeln überwinden zu können meinte. Eckarts Veranlagung, seine Leidenschaftlichkeit und sein Hang zum ostentativ Lauten und Extremen, sein Charakter, der fast immer nur Haß und Liebe, sehr selten dagegen Rücksichtnahme und Sachlichkeit erkennen ließ, trugen dazu bei, daß er sich im Lager der Rechtsradikalen wohlfühlte, die den Antisemitismus nicht nur geistig, sondern biologisch auffaßten. So forderte er schließlich, daß Juden, die mit deutschen Frauen verheiratet seien, mit 3 Jahren Zuchthaus und im Wiederholungsfalle sogar mit dem Tode bestraft werden müßten.[146]

Der von Freunden als »Schlemmer« charakterisierte Morphinist Eckart, der in der Schwabinger Weinstube »Brennessel« Stammgast war, schöne Frauen, Bier, guten Wein, vorzügliches Essen und gute Literatur ebenso liebte wie primitive laute antisemitische Reden, verfügte über ein Selbstbewußtsein, das nahezu ohnegleichen war. Als er nach dem Hitler-Putsch im November 1923 verhaftet worden war, beklagte er sich beim Generalstaatskommissar v. Kahr über die Behandlung und sagte von sich selbst: »Ich bin kein x-beliebiger Mensch, sondern einer, der in seinem Leben [...] viel geleistet hat [...] Auch ohne die bewundernden Urteile hervorragender Fachmänner wüßte ich, daß sich dieses Werk *[Lorenzaccio]* dem ›Faust‹ und dem ›Hamlet‹ ruhig an die Seite stellen kann.«[147]

Eckart war ein guter, gewandter Gesellschafter und hielt äußerlich auf gepflegte Sitten. Hitler, der sich mit Eckart duzte, lernte manches von ihm. Manchen Hinweis über Schrift, Wort und Stil, erhebliche Geldbeträge, das Auto für Propagandazwecke, wichtige gesellschaftliche Beziehungen und entscheidende Akzente und Stationen seiner Karriere verdankte er Eckart. Der wohlhabende Schriftsteller, der im Gegensatz zu Hitler eine standesgemäßte Ausbildung genossen hatte und in adeligen und bürgerlichen Häusern offene Türen fand, hat auf Hitler, den Realschüler ohne Abschlußprüfung und von der Möglichkeit zum akademi-

146 Vgl. Hasselbach, S. 17.
147 Eckart aus der Haftanstalt Stadelheim am 22. Oktober 1923 an Gustav v. Kahr. BHStA. München, GStK. Nr. 90 (handschriftlich); der Brief ist zit. bei Deuerlein, »Hitlerputsch«, S. 438 ff.

schen Studium ausgeschlossenen Malschüler einen besonderen Eindruck gemacht. So trug die Tatsache, daß Eckart den mehr als zwanzig Jahre jüngeren Hitler nicht nur anerkannte, sondern ihn auch sehr verehrte und am 4. August 1921 im *Völkischen Beobachter* sogar emphatisch als »Führer« feierte, erheblich zur Ausformung des unerschütterlichen Selbstbewußtseins Hitlers und seiner Stellung als »Führer« bei. Einige der frühen Gönner und Partei-Mitglieder, die im Laufe der Jahre eine maßgebliche Rolle spielten, sind Hitler und der Partei durch Dietrich Eckart zugeführt worden. In *Mein Kampf* hat Hitler ihm seinen Dank ausgesprochen. Der 2. Band endet mit der Widmung: »Diese sechzehn Helden [in *Mein Kampf* 1927, 1930 und 1933 fälschlich ›achtzehn‹], denen ich den ersten Band meines Werkes geweiht habe, will ich am Ende des zweiten den Anhängern und Verfechtern unserer Lehre als jene Helden vor Augen führen, die in klarstem Bewußtsein sich für uns alle geopfert haben [...] Und unter sie will ich auch jenen Mann rechnen, der als der Besten einer sein Leben dem Erwachen seines, unseres Volkes gewidmet hat im Dichten und Denken und am Ende in der Tat: Dietrich Eckart.«

Eines der NSDAP-Mitglieder, das über Eckart mit Hitler zusammentraf und sich der Partei anschloß, war der spätere Reichsminister für die besetzten Ostgebiete, der baltendeutsche Flüchtling Alfred Rosenberg (1893–1946) aus Reval, der Hauptstadt Estlands. Rosenberg war Ende 1918 bei Eckart erschienen und hatte sich ihm als hilfreicher »Streiter gegen Juda«[148] angeboten. Zur Jahreswende 1918/1919 verteilte er bereits zusammen mit Eckart rund 100 000 antisemitische Flugblätter. Im Frühjahr 1918 hatte der aus einer gutsituierten Kaufmannsfamilie stammende, in der Petri-Realschule in Reval stets durch gute Leistungen hervorgetretene, jedoch nur durchschnittlich begabte Rosenberg, der früh Vollwaise wurde, nach dem Studium an der Technischen Hochschule in Riga und an der Moskauer Universität sein Architektur-Examen mit einem Diplom I. Grades in Moskau abgelegt. Ende November 1918, nach dem Zusammenbruch der Monarchie in Deutschland, hatte Rosenberg sich in Berlin aufgehalten, wo er nach einigen Äußerungen das »beklemmende Gefühl« gehabt habe, in Berlin »überhaupt nichts beginnen zu können«.[149] So war er im Dezember dem Rat anderer baltischer Emigranten gefolgt

148 Hasselbach, S. 14.
149 Zit. nach Schubert, S. 110.

und nach München gekommen, wo er mit Eckart zusammentraf und sich zunächst der Thule-Gesellschaft anschloß. Nach der Niederwerfung der Räte, während deren Herrschaft er mit Eckart verborgen auf dem Lande lebte, war er im Mai 1919 in der Thule-Gesellschaft mit Drexler zusammengetroffen und hatte sowohl durch ihn als auch durch Eckart (der am 15. August 1919 seinen ersten Vortrag im Rahmen einer Veranstaltung der Deutschen Arbeiterpartei hielt) von der Existenz der Deutschen Arbeiterpartei erfahren. Ende des Jahres 1919 schloß er sich ihr nach einer Begegnung mit Hitler bei Eckart an und erhielt die Mitglieds-Nummer 625[150].

Bereits die Tatsache, daß Alfred Rosenberg auch 1924 und selbst später noch öffentlich bestreiten mußte,[151] 1918 zwar fließend russisch, jedoch nur gebrochen deutsch gesprochen zu haben und während des Krieges in Paris für Frankreich Spion gewesen zu sein,[152] deutet auf eine unzureichende Quellenlage hin.[153] Für eine proportionsgerechte Einordnung Rosenbergs reichen seine eigenen (und daher meist zweckbedingten) Angaben, die Ergebnisse der Feststellungen der Polizei und des Münchener Gerichts nach dem Hitler-Putsch im November 1923, die während des Prozesses gegen die Hauptkriegsverbrecher in Nürnberg vorgelegten und veröffentlichten Unterlagen und die kritischen Darstellungen nach 1945 in Verbindung mit den einseitigen nationalsozialistischen Biographien jedoch aus. Nach Günter Schubert, der 1963 den Versuch unter-

150 Verhandlungsniederschriften – Der Prozeß gegen die Hauptkriegsverbrecher vor dem internationalen Militärgerichtshof. Nürnberg 1947 (fortan zitiert als »Nürnberger Prozeß«), Bd. XI, S. 494. Vgl. auch polizeiliches Vernehmungsprotokoll vom 6. Juni 1924 (Berlin Document Center, 1 495). Zu Rosenbergs erster Begegnung mit Hitler vgl. Rosenberg: Letzte Aufzeichnungen, Ideale und Idole der nationalsozialistischen Revolution, S. 91.

151 Vgl. z.B. Völkischer Beobachter vom 4. November 1924. Dort bestreitet Rosenberg die von Esser verbreitete Behauptung, daß Rosenberg und seine Frau Juden seien und daß er bei der Ankunft in München nur gebrochen deutsch gesprochen habe. Hermann Esser wiederholte 1953 (persönliche Auskunft), daß Rosenberg die deutsche Sprache 1918 nicht einwandfrei beherrscht habe.

152 Vgl. u.a. 8-Uhr-Abendblatt vom 28. Oktober 1930. Rosenberg strengte eine Klage gegen die Zeitung vor dem Münchener Amtsgericht an und gewann den Prozeß. Vgl. dazu Vorwärts vom 14. November 1931; vgl. auch Berliner Volkszeitung vom 4. März 1932.

153 Vgl. dazu die Publikationen von Alfred Rosenberg (Bibliographie), die Anm. 150 in diesem Kapitel und die Arbeiten von Hart, Seraphim, Lang, Schenck und Schubert (Bibliographie).

nahm, Rosenbergs Rolle im Zusammenhang mit den Anfängen der nationalsozialistischen Außenpolitik darzustellen, »waren [es] vor allem zwei Gebiete, auf denen Rosenberg [vor 1924] als Experte gelten konnte: Sowjet-Rußland und die internationale Verschwörung der Juden. Er war russischer Staatsangehöriger, sprach fließend Russisch, hatte im bolschewistischen Moskau sein Examen abgelegt, er hatte dort die Protokolle der ›Weisen von Zion‹ kennengelernt und hatte die Auswirkungen der jüdischen Weltverschwörung an Ort und Stelle beobachten können; zudem war durch ihn die Verbindung zwischen Hitler und den russischen Emigranten in München hergestellt worden, die sich auf die Parteifinanzen so günstig auswirkte – kein Wunder, daß Rosenberg in diesen Bereichen einiges Prestige in die Waagschale zu werfen hatte. Mit diesen beiden Bereichen, die unter seinen Händen zu einem Komplex verschmolzen, war Rosenberg fast ausschließlich in seinen früheren publizistischen Arbeiten, die in Eckarts *Auf gut Deutsch* erschienen, beschäftigt.«[154]

Zunächst muß festgestellt werden, daß es Beweise für die Behauptung nicht gibt, daß Rosenberg maßgebliche Verbindungen zu vermögenden Emigranten aus dem Osten herstellte. Die Beziehungen kamen nachweislich nicht durch den in München in sehr dürftigen Verhältnissen lebenden Rosenberg zustande, sondern durch den aus Livland stammenden und Rosenberg aus Riga bekannten Dr. Erwin v. Scheubner-Richter.[155] Rosenberg ging es in München zunächst sehr schlecht. Er hatte ohne fremde Unterstützung nicht einmal genügend zu essen, so daß er von einem Hilfskomitee für Flüchtlinge betreut werden mußte, ein billiges Gemeinschaftsessen empfangen durfte und ein kostenloses Zimmer erhielt.[156] Andererseits, und das ist ebenso wesentlich, verfügte Rosenberg im Gegensatz zu Hitler im Jahre 1918 noch nicht über konkrete politische Vorstellungen, was er gelegentlich selber eingestanden hat. Sein Bekenntnis, »Um ehrlich zu sein, muß ich sagen, daß die soziale Frage in Rußland mich erst spät beschäftigte [...] Was ich damals wußte, war vor allem, daß das Zarenregime in Verbindung mit den vielen

154 Schubert, S. 126 f.
155 Vgl. S. 405 f. Schubert folgt den Angaben Bullocks (S. 77), die durch Quellen nicht belegt werden und sich offensichtlich nur auf Vermutungen und unkontrollierbare Behauptungen stützen.
156 Vgl. dazu Rosenberg: Letzte Aufzeichnungen, Ideale und Idole der nationalsozialistischen Revolution, S. 74 und Schubert, S. 113 f.

Mißerfolgen der russischen Truppen immer vereinsamter wurde«,[157] ist nicht geeignet, Schuberts Urteil zu stützen. Der russischen Märzrevolution im Jahre 1917, die Rosenberg noch in Moskau erlebt hatte, stand er eine besondere Bedeutung nicht zu, und auch die bolschewistische Oktoberrevolution, die heute allgemein als Beginn der »Zeitgeschichte« angesehen wird, beurteilte er entsprechend: »Ich müßte lügen«, erinnerte er sich in seinen *Letzten Aufzeichnungen* nach 1945, »wenn ich sagen wollte, daß ich die ganze Tragweite dieses Ereignisses erfaßt hätte«.[158] Nicht weniger aufschlußreich ist schließlich auch sein Bekenntnis, »ein vollkommen der Kunst, der Philosophie und Geschichte hingegebener Mensch« gewesen zu sein, »der nie daran gedacht hatte, sich jemals in die Politik zu mischen«,[159] als er 1918 nach Deutschland ging.

Zu den »Verdiensten« Rosenbergs, der nach einem Schreiben der Münchener Polizeidirektion vom 26. Januar 1931 an das Berliner Polizeipräsidium (»Berlin Document Center«, 1259) erst am 19. Februar 1923 in München eingebürgert wurde und bis 1924 weder ein Parteiamt bekleidete noch in nennenswerter Weise als Redner hervortrat, gehörten neben seinen Programmkommentaren (1923) und seiner radikal antisemitisch ausgerichteten publizistischen Tätigkeit (in Eckarts Zeitschrift *Auf gut Deutsch* und im *Völkischen Beobachter)* besondern seine Bemühungen, die Münchener rechtsradikalen Antisemiten mit den in einer russischen Zeitung erstmalig 1903 ausführlicher erwähnten Protokollen der »Weisen von Zion« bekanntgemacht zu haben, die Rosenberg im Sommer 1917 in Moskau kennengelernt zu haben vorgab.[160]

Nach jenen »Protokollen«, über deren Herkunft es mehr als ein halbes Dutzend Versionen gibt, hat das systematisch zusammenarbeitende »Weltjudentum« nach geheimen Vereinbarungen, deren Mitschrift die »Protokolle« darstellen sollten, die jüdische Weltherrschaft seit der Jahrhundertwende angestrebt und auf Kosten anderer Völker zu verwirklichen versucht. Obwohl diese Behauptungen und die Angaben über die Geschichte der »Protokolle«, die im Laufe der Zeit beispielsweise als hebräische Protokolle aus Rußland aus der Zeit um 1890, als aus dem Jahre

157 Rosenberg: Letzte Aufzeichnungen, Ideale und Idole der nationalsozialistischen Revolution, S. 56.
158 ebenda, S. 60.
159 ebenda, S. 65.
160 Vgl. dazu Stein, Alexander: Adolf Hitler, Schüler der »Weisen von Zion«. Karlsbad 1936, S. 13 und Schubert, S. 111.

1901 stammende Protokolle jüdischer geheimer Vereinbarungen in Frankreich, als Protokolle von Geheimsitzungen während des 1. Zionistischen Kongresses im Jahre 1897 in Basel, als schriftlich fixierte Ziele des 1807 von Napoleon I. erneuerten jüdischen Gerichtshofes Sanhedrin (Hoher Rat, IV. Mose 11,16), aber auch als ein 1864 auf Kaiser Napoleon III. gemünztes satirisches Zwiegespräch zwischen Machiavelli und Montesquieu in der Hölle und als Teil eines im Jahre 1868 unter dem Titel *Biaritz* erschienenen deutschen Romans bezeichnet wurden und bereits bei ihrem Auftauchen unglaubwürdig erschienen, wurden sie nicht nur von den deutschen Antisemiten (auch von Hitler) ernst genommen.

1934/35, als die Herkunft der »Protokolle« infolge einer Strafanzeige des Schweizerischen Israelischen Gemeindebundes und der Israelischen Kultusgemeinde von Bern gegen die Antisemiten Theodor Fischer und Silvio Schnell gerichtlich untersucht wurde und dabei festgestellt wurde, daß es sich bei diesen angeblichen Mitschriften um raffinierte Fälschungen handelte, die im Büro der russischen politischen Polizei (Ochrana) in Paris hergestellt worden waren,[161] wahrscheinlich als Handhabe für die zaristische Regierung gegen die liberalen Kräfte in Rußland, war Hitler bereits Reichskanzler. Nach 1933 brauchten die Nationalsozialisten die Protokolle der »Weisen von Zion« nicht mehr zur antisemitisch artikulierten Verhetzung der Bevölkerung. In der »Kampfzeit«, besonders unmittelbar nach dem verlorenen Krieg, bildeten sie jedoch ein wichtiges »Fakten«-Arsenal bei der propagandistischen »Beweisführung« für die von den Nationalsozialisten eifrig verfochtene Behauptung, daß »das Judentum« die Herrschaft über die Völker der Welt anstrebe.

Ein anderer Mitkämpfer Hitlers, mit dem Hitler seine Odyssee begann, war der bereits mehrfach genannte Gottfried Feder (1883–1941). Der in Würzburg geborene und aus einer Beamtenfamilie stammende Ingenieur hatte in den nationalistischen Kreisen bereits (spätestens seit

161 Vgl. dazu Schubert, S. 24 ff., ebenso Raas, Emil und Brunschvig, Georges: Vernichtung einer Fälschung, der Prozeß um die erfundenen »Weisen von Zion«. Zürich 1938; Curtiss, John S.; An Appraisal of the Protocols of Zion. New York 1942; Beek, Gottfried (Hrsg.): Die Geheimnisse der Weisen von Zion. Berlin 1919. Vgl. auch Rosenberg: Die Protokolle der Weisen von Zion und die jüdische Weltpolitik (1923). In: Schriften und Reden. 2 Bde. (mit einer Einleitung von Alfred Baeumler). München 1943. Bd. 2, S. 249 ff.

Herbst 1918) einen Namen, als Hitler mit ihm bekannt wurde. Feder, der vor dem Kriege in einer leitenden Stellung in der Industrie tätig gewesen war und häufige Auslandsreisen unternommen hatte, verfocht finanzwirtschaftliche Theorien zur Aufhebung der privatkapitalistischen Verschuldung der Völker unter dem von ihm geprägten und damals zugkräftigen Schlagwort »Brechung der Zinsknechtschaft«. Am 20. November 1918 hatte er der Eisner-Regierung eine finanzpolitische Denkschrift überreicht, die jedoch nicht beachtet wurde. Im Dezember sprach er in der Thule-Gesellschaft, deren Mitglieder ihn und seine Theorie akzeptierten. Dort kam er mit den maßgeblichen Männern der Deutschen Arbeiterpartei und der Deutschsozialistischen Partei zusammen. Als Lektor in den soldatischen Bildungskursen lernte er auch Hitler kennen, der Feders Theorie zur »Brechung der Zinsknechtschaft« für eine »theoretische Wahrheit [...] von immenser Bedeutung für die Zukunft des deutschen Volkes«[162] hielt. Früher als Hitler war er Mitglied der Deutschen Arbeiterpartei (Mitgliedsnummer 531) geworden, die seine Theorie dann auch als Punkt 11 in das Programm (der NSDAP) aufnahm.

Wie sein österreichischer nationalsozialistischer Berufskollege Rudolf Jung war auch Feder der Meinung, daß alle bisherigen Wirtschaftssysteme zur Meisterung der wirtschaftspolitischen Probleme nicht geeignet seien, weil sie darauf verzichteten, das internationale Judentum, das die Verhältnisse zu seinen Gunsten dirigieren würde, auszuschalten. Alle in Deutschland lebenden Juden erhielten auch nach Feders Auffassung ihre »Weisungen« aus dem Ausland. Daß sie die vermeintlichen Weisungen befolgen und Deutschland systematisch ruinieren würden, war für Feder selbstverständlich. Während er – wie Rudolf Jung – von der Feststellung ausging, daß der Staat der Deutschen kein Judenstaat sein dürfte,[163] wollte er die »Verschuldung von Staat und Volk an überstaatliche Geldmächte«[164] unmöglich machen. Durch die Ausgabe von »Staatskassenscheinen«, die anstelle der zusätzliche Kaufkraft darstellenden Anleihen (je nach Bedarf) gedruckt werden müßten, wollte er die Verschuldung des Deutschen Reiches verhindern.

Feders Plan enthielt grundsätzliche Fehler. So stellte er beispiels-

162 Hitler, S. 232.
163 Jung: Der nationale Sozialismus, S. 101.
164 Nach Feder: Zinsknechtschaft. Vgl. dazu auch Anm. 168 und Drexlers Brief an Feder (Anhang).

weise Anleihen und Staatskassenscheine auf eine Stufe. Er erkannte nicht, daß seine Theorie, die auch im Punkt 11 des NSDAP-Programms ihren Niederschlag fand, eine Inflation herbeiführen mußte, wenn ein Staat sie verwirklichte. Die Tatsache, daß die bei gezeichneten Anleihen vorhandene Kaufkraft nur umgelagert (die Übertragung aufgesparter Kaufkraft also auf ein anderes Rechtssubjekt – auf den Staat – vorgenommen) wird und bei der Emission von Staatskassenscheinen nur zusätzliche Kaufkraft entsteht, nicht aber das Umsatzvolumen vergrößert wird, durch das sie gedeckt werden, hatte er nicht berücksichtigt. Nach Feders Meinung wurde lediglich das Geld um eine bestimmte Summe vermehrt. Da ungedeckte Ausgaben jedoch zwangsläufig zu einer Inflation führen müssen, wollte Feder die Staatskassenscheine durch die Erträge neu erstandener Werke[165] decken. Er war der Ansicht, daß der Staat jederzeit durch seine Leistungs-, Finanz- und Münzhoheit zur Deckung seines Geldbedarfes in der Lage sei und empfindliche Verschuldungen daher unmöglich wären. Das umlaufende Geld im Staat sollte durch Vermögen[166] gedeckt werden. Feder ignorierte einfach, daß das umlaufende Geld grundsätzlich nur durch den gesamten volkswirtschaftlichen Umsatz in Waren und Dienstleistungen, nicht aber durch Vermögen schlechthin gedeckt werden muß, was übrigens nur im Rahmen des allgemeingültigen internationalen Geldwährungssystems durch Gold und goldwertige Devisen geschehen kann.[167] Dennoch haben sich Feders Theorien in der wirtschaftlich sehr unsicheren Nachkriegszeit als geeignet erwiesen, der Deutschen Arbeiterpartei und der Nationalsozialistischen Deutschen Arbeiterpartei eine Reihe von Mitgliedern zuzuführen.

Auch Hitler hielt sie anfänglich für »richtig«[168] und politisch bedeutsam. »Das Verdienst Feders«, schrieb er, »beruhte in meinen Augen darin, mit rücksichtsloser Brutalität den ebenso spekulativen wie volkswirtschaftlichen Charakter des Börsen- und Leihkapitals festgelegt, seine urewige Voraussetzung des Zinses aber bloßgelegt zu haben. Seine Aus-

165 Vgl. Feder: Das Manifest zur Brechung der Zinsknechtschaft, S. 36.
166 Feder, Gottfried: Der Staatsbankerott die Rettung. Dießen vor München 1924 (fortan zitiert als: Feder, Staatsbankerott«), S. 24.
167 Die Deckung des Geldumlaufes geschah durch ein System des Diskonts von Warenwechseln durch die Kreditinstitute, die ihrerseits die Möglichkeit des Rediskonts bei der Reichsbank hatten und zugleich der Ausweitung oder Schrumpfung des volkswirtschaftlichen Umsatzvolumens automatisch angepaßt waren.
168 Hitler, S. 229.

führungen waren in allen grundsätzlichen Fragen so richtig, daß die Kritiker derselben von vornherein weniger die theoretische Richtigkeit der Idee bestritten, als vielmehr die praktische Möglichkeit ihrer Durchführung anzweifelten. Allein was so in den Augen anderer eine Schwäche der Federschen Darlegungen war, bildete in den meinen ihre Stärke.«[169]

Doch die Theoretiker waren nicht die Männer, die das Feld beherrschten. Der »forsche« Soldat, der »Held« war nach dem verlorenen Kriege – nicht nur während der chaotischen Zustände von November 1918 bis Mai 1919 – gefragt. Das bayerische Bürgertum hat sich bis 1933 nicht verziehen, daß es 1918 die Macht kampflos in die Hände politischer Bohemiens hatte gleiten lassen, deren Nachfolge extrem links stehende Abenteurer antraten. Noch 1931 schrieb Hermann Müller-Franken: »Die biederen Münchener ärgern sich heute beim Genuß des Starkbieres darüber, daß sie 1918 bei Dünnbier so ganz unfähig und unwillig waren, etwas gegen den Handstreich Eisners zu unternehmen«.[170] Der Offizier war im antipreußischen und nicht nur durch kommunistische Abenteurer gegen linke Einflüsse immunisierten Bayern der Mann, der erheblichen politischen Einfluß auszuüben vermochte, wenn er Beziehungen hatte.

Die Deutsche Arbeiterpartei verfügte bereits früh über einen solchen Offizier. Es war Ernst Röhm (1887–1934), der am 21. Januar 1919 Adjutant der 11. Infanterie-Brigade geworden war und nach der »Volkswehrproklamation an das bayerische Volk«[171] vom 14. April 1919 zur Bildung von Volkswehreinheiten, aus denen Einwohnerwehren hervorgehen sollten,[172] Werbebüros in den Regimentern 10 und 13 in München eingerichtet hatte. Nachdem die Garnisonssoldatenräte jedoch seinen Plan vereitelt hatten, eine eigene Wehr als Gegengewicht zur Volkswehr der Soldatenräte zu schaffen, war er nach Ohrdruf in Thüringen gegangen, wo Oberst v. Epp und dessen Generalstabsoffizier Major v. Hörauf auf Noskes Weisung ein bayerisches Freikorps auf Reichskosten aufstellten.[173] Dort hatte der organisatorisch hervorragend begabte Röhm die Verpflegung und Ausrüstung des Freikorps übernommen. Nach der Niederwerfung der Münchener Räte war er Stabschef bei dem antidemo-

169 ebenda.
170 Müller-Franken, Hermann: Die November-Revolution. Berlin 1931, S. 86.
171 Vgl. S. 35.
172 Vgl. S. 35.
173 Vgl. S. 35.

kratischen republik- und reichsfeindlichen Oberstleutnant Hergott geworden, der am 3. Mai 1919 Stadtkommandant von München wurde. Für die halbmilitärischen Verbände und rechtsextremistischen Organisationen war wichtig, daß Generalstabsoffiziere in dem Augenblick die Leitung einzelner Abteilungen übernahmen. An die Spitze des Sicherungsdienstes beispielsweise trat der Preuße v. Oven, die Rechtsabteilung übernahm Dr. Roth, das Amt des Polizeipräsidenten Ernst Pöhner, ein Mann, dessen Tätigkeit sich insbesondere für die Deutsche Arbeiterpartei und dann für die NSDAP geradezu segensreich auswirkte. So schrieb beispielsweise Röhm über Pöhner: »In ihm lernte ich eine Persönlichkeit kennen, die der Himmel für diese Aufgabe aufbewahrt hatte.«[174] Und auch Hitler hat ihm in *Mein Kampf* dankbar bescheinigt, daß er zuerst »Deutscher und erst dann Beamter« gewesen sei.[175] An die Spitze der Polizei war mit Pöhner ein Mann getreten, der Verbrechen zum Recht und nationalen Heldentum erhob.[176]

Neben seiner Tätigkeit als Stabschef unterstanden Röhm sowohl die sehr wichtigen Aufgaben des Aufbaus und der Erneuerung der Schutzmannschaft der Polizei als auch die Aufstellung des Wachregiments[177] für München. Darüber hinaus war er auch für die Bildung der Einwohnerwehren zuständig, der Verbände, die (im Gegensatz zu den im ganzen Reich einsetzbaren Zeitfreiwilligen) nur in Bayern eingesetzt wurden.

Obwohl militärische Waffen abgeliefert, Waffen- und Munitionslager aufgelöst und die jeweils dafür eingesetzten alliierten und interalliierten Kommissionen über entsprechende Maßnahmen informiert werden mußten, wurden diese Anweisungen von Röhm und seinen Vertrauten geschickt umgangen. Selbst von alliierter Seite brachte man den Saboteuren dieser Verordnungen Verständnis und Hilfe entgegen. Nicht umsonst hatten die deutschen Unterhändler die Alliierten 1918 in Compiègne bedrängt, die deutsche Armee nicht rigoros zu entwaffnen.[178]

174 Röhm, S. 103.
175 Hitler, S. 403. Vgl. auch Anm. 312.
176 Vgl. dazu die nationalsozialistisch artikulierte Darstellung von Fabricius, Hans: Dr. Wilhelm Frick. Berlin 1938.
177 Das Wachregiment wies nach Röhms Plan eine Stärke von ca. 3 000 Mann (einschließlich 125 Offiziere) auf: 5 Batt. (je 4 Kompanien), 3 Artillerie-Abteilungen (zu je 3 Batterien) und 1 Minenwerfer-Batterie, 1 Schwadron, 1 Panzerwagen-Regiment und Tankabteilung.
178 Foch, Bd. 2, S. 299.

Nach den Angaben von Marschall Foch ist von deutscher Seite darauf hingewiesen worden, daß die Ordnung nur aufrecht erhalten werden könne, wenn die Armee über genügend Maschinengewehre verfüge, wobei der Bolschewismus und der revolutionäre Zustand in Deutschland auch als Gefahr für die Alliierten bezeichnet worden seien.[179] Foch verdankte die Reichswehr denn auch, daß nicht 30 000, sondern nur 25 000 Maschinengewehre abgeliefert werden mußten. Ernst Röhm verriet später: »Ohne die stillschweigende Duldung und Förderung von Ententeoffizieren, die als ritterliche Offiziere für unsere Lage Verständnis hatten und uns deshalb, weil wir ihnen entgegentraten, mit Achtung begegneten, wäre es oft zu Skandalen gekommen.«[180]

Die in Bayern aufgestellten Einwohnerwehren sollten nach dem Willen Röhms, Hergotts und Ovens ein erneutes Umsichgreifen spartakistischer Unruhen vereiteln. Geschickt hatte Röhm verstanden, seine Pläne durchzusetzen. Als zum Beispiel von sozialdemokratischer Seite gefordert wurde, die militärischen Waffen in Magazinen zu lagern und dort zum Einsatz bereitzuhalten, fand Röhm einen Ausweg. Er erklärte am 13. Mai 1919 in einem Bericht an das Generalkommando Oven, daß die ständige revolutionäre Kampfbereitschaft der Kommunisten jederzeit einsetzbare Mittel erfordere. Nach den Erfahrungen der vorausgegangenen Wochen fiel es ihm nicht schwer, seiner Überzeugung Zustimmung zu verschaffen, daß sich die Kommunisten bei einem Putsch zunächst der geplanten Waffenlager bemächtigen würden und die Bürger den Ereignissen unbewaffnet und schutzlos preisgegeben wären, zumal auf die Polizei fünf Wochen nach der Niederwerfung der Räte noch kein Verlaß wäre. Röhm durfte (mit Zustimmung des sozialdemokratischen Vollzugsausschusses) Waffen horten und nach seinem Gutdünken aufbewahren oder ausgeben. Er wurde lediglich angewiesen, Einzelheiten mit seinen bayerischen Landsleuten selbst auszumachen, was er sofort auch tat. Während auf der einen Seite die Soldatenräte verschwunden und die Republikanische Schutztruppe aufgelöst worden waren, wuchs auf der anderen Seite der Arbeitsstab (in dem auch Ernst Röhm eine Rolle spielte) an. Sein politischer Einfluß war ungewöhnlich weitreichend. Hergott respektierte die Weisungen des Ministerpräsidenten Hoffmann und des Reichswehrministers nur dann, wenn sie ihm paßten.

179 ebenda.
180 Röhm, S. 130.

Schon bei der Übernahmefeier, die in der Marsfeldkaserne anläßlich der Überführung der bayerischen Truppen in die deutsche Reichswehr stattfand, hatte sich gezeigt, daß Hergott, bayerischer Tradition folgend, sein eigener bayerischer »Herrgott« sein wollte. Obwohl selbst der bayerische Kriegsminister v. Schneppenhorst und Reichswehrminister Noske erschienen waren, verweigerte Hergott mit seinem Regiment die Teilnahme an der Feier. Nachdem es der Regierung Hoffmann gelungen war, beim (bayerischen) Oberkommando Möhl zu erwirken,[181] daß Hergott durch Major v. Seißer ersetzt wurde, waren Röhm und die von ihm gehegten und beschützten antidemokratischen Kräfte zwar nicht erbaut, aber die radikale Rechtsfront hatte sich formiert. Die Schützenbrigade Epp hatte sich zur Schützenbrigade 21 umformiert und die Regimenter Hergott und Haack, das Freikorps Oberland, die Detachements Bogendörfer und Probstmayr, die Freikorps Würzburg, Bayreuth, Wolf, Bertold und zahlreiche Kavallerie- und Artillerie-Verbände in ihre Reihen aufgenommen. Am 24. Juli 1919 waren sie endgültig in die bayerische Reichswehr eingegliedert worden. Auch auf dem Lande hatten sich die Einwohnerwehren erheblich entwickelt. Forstrat Escherich[182] hatte mit seinem militärischen Berater, Oberstleutnant Kriebel, der in der Geschichte der NSDAP später ebenfalls eine maßgebliche Rolle spielte, Landesleitungen und eine straffe Organisation der Wehren geschaffen. Oberst v. Epp und Regierungspräsident Gustav v. Kahr förderten Escherichs Tätigkeit, weil sie ihren politischen Zielen entsprach. Den Landesleitungen Escherichs stellte Röhm, von Epp damit betraut, Offiziere zur Verfügung, von denen die militärische Ausbildung der Wehren übernommen wurde. Was die Siegermächte und die Reichsregierung verboten, wurde in Bayern offiziell betrieben und legalisiert.

In jenen Tagen (1919) gründete Röhm zusammen mit Hauptmann Dr. Beppo Römer, der zuerst Führer des (Thule-) Freikorps Oberland (später Nationalsozialist und schließlich Kommunist) war, eine geheime Vereinigung, die sich aus Offizieren und kleinbürgerlichen antiwittelsbachischen Elementen zusammensetzte: die sogenannte »Eiserne Faust«. Dort lernten sich Röhm und Hitler kennen. Die »Eiserne Faust«

181 Röhm verließ darauf seinen Geschäftsbereich und ging zum Schützenkorps zurück.

182 Escherich war von 1919 bis 1921 der Organisator der »Organisation Escherich«, die allgemein »Orgesch« genannt wurde.

hielt durch ein jeweils als Kurier nach Berlin entsandtes Mitglied Verbindung mit dem »Reventlow-Kreis«[183] und orientierte sich auf die gleiche Weise über Pläne und Vorgänge in Norddeutschland.

Ernst Röhm, der sich der Deutschen Arbeiterpartei (Mitglieds-Nr. 623) kurz nach Hitler angeschlossen hatte, war der Mann, dessen Hände in nahezu allen bayerischen Rechtsorganisationen steckten. Er verfügte über die Verbindungen, die auch in der Frühgeschichte der NSDAP eine entscheidende Rolle spielten. Fortwährend hat er der Deutschen Arbeiterpartei Kameraden aus dem Offizierkorps, Unteroffiziere und Soldaten und Angehörige der halbmilitärischen Organisationen und Verbände zugeführt. Ständig war er um die Organisation und Neugründung von »nationalen« Verbänden[184] bemüht, die er der Deutschen Arbeiterpartei (und später der NSDAP) eingliederte. In seinen Erinnerungen, die er selber *Die Geschichte eines Hochverräters* nannte, verhehlte er seine Machenschaften nicht. Trotz seines skrupellosen, unabhängigen und zuweilen rücksichtslosen Auftretens und Verhaltens galt Röhm unter seinesgleichen als ein guter Vorgesetzter und ausgezeichneter Kamerad. Soldatentum und Leben erschienen ihm gleichbedeutend. Hauptmann Röhm war Landsknecht. Er verachtete den Zivilrock, das Kleid des Bürgers, das ihm weder innerlich noch äußerlich paßte, wie er oft und stolz erklärte. Dieser kleine, dicke und hinterhältig lächelnde Offizier, der homosexuellen Lastern frönte, war stets auf martialische Feldherren-Pose bedacht. Dennoch repräsentierte er keinen germanischen Helden. Röhm war äußerlich kein »völkisches« Traumbild, auch menschlich nicht. Niemals wußte seine Umgebung, woran sie war. Immer mußte sie bei dem hervorragenden Organisator Röhm auf Intrigen und Überraschungen gefaßt sein. Aber für seine Partei setzte er sich ein. Bereits 1919 zog er mit »Gesinnungsgenossen« durch die Münchener Gaststätten und terrorisierte (er nennt es »nationalisierte«) die Bevölkerung.[185] Er gab den

183 Die intellektuelle Gruppe Graf Reventlow, deren Organ der *Reichswart* war, arbeitete später mit der Nationalsozialistischen Freiheitspartei zusammen. Ebenso gehörten die intellektuelle Gruppe »Ring-Kreis«, deren Führer Stadtler, von Gleichen, Hans Grimm und Möller van den Bruck waren, mit dem Organ *Gewissen* und die Deutschsoziale Partei, deren Führer Richard Kunze und deren Organ *Die Neue Zeitung* (vormals Deutsches Wochenblatt) war, dem Gefolge der NSFP an.

184 Eine besondere Rolle spielten hier u. a. die Vereinigung »Schwarzweißrot« und die Münchener Ortsgruppe des Bundes »Reichsflagge«.

185 Röhm schreibt S. 126, daß er und seine Kameraden es als ihre Aufgabe

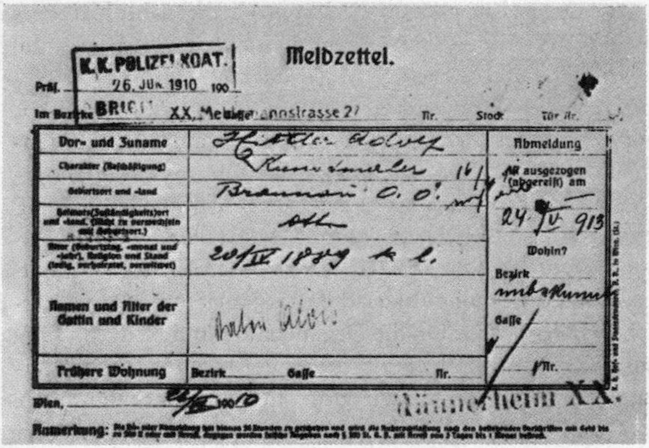
K. K. POLIZEI-KOAT.
26. JUN. 1910
BRIG...

Meldzettel.

Präf. ... 190..

Im Bezirke XX, Meldemannstrasse 27 Nr. Stock Tür Nr.

Vor- und Zuname	Hitler Adolf	Abmeldung
Charakter (Beschäftigung)	Kunstmaler	ist ausgezogen (abgereist) am
Geburtsort und -land	Braunau O. Ö.	24/V 913
Heimats(Zuständigkeits)ort und -land	dtto	
Alter (Geburtstag, -monat und -jahr), Religion und Stand (ledig, verheiratet, verwitwet)	20/IV 1889 r. k. l.	Wohin?
Namen und Alter der Gattin und Kinder		Bezirk unbekannt Gasse Nr.
Frühere Wohnung	Bezirk Gasse Nr.	

Wien, 26/VI 1910

Männerheim XX.

Anmerkung: ...

Polizeilicher Meldezettel, der Hitlers Aufenthalt vom 26. Juni 1910 bis zum 24. Mai 1913 im Männerheim in der Wiener Meldemannstraße 27 nachweist (Bundesarchiv Koblenz, NS 26/65).

»Hofbräuhaus am Plazl«. Aquarell von Adolf Hitler aus dem Jahre 1913 (Privatbesitz).

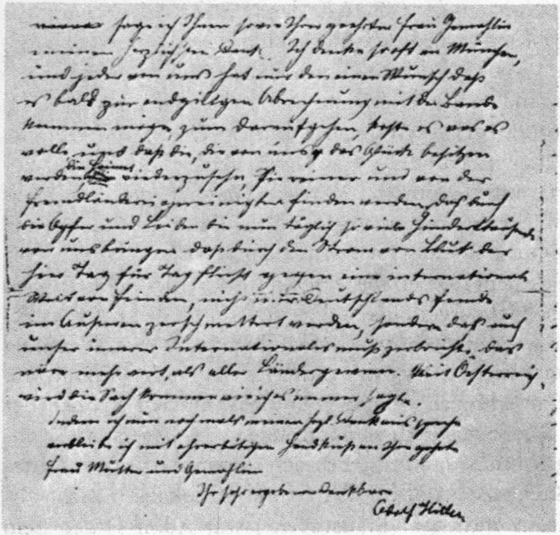

Adolf Hitler

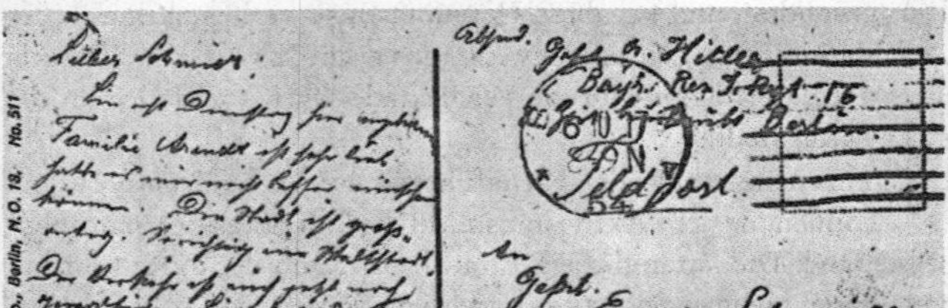

Lieber Schmidt:

A. Hitler

Kunstanstalt Max O'Brien & Co., Berlin, N.O. 18. No. 511

Kupfer-Tiefdruck Serie No. 511

Absend. Gefr. A. Hitler
Bayr. Res. Inf. Regt. 16

Feldpost

An
Gefr. Ernst. Schmidt
Wurzbach
199
(Thüringen)

Feldpostkarte Adolf Hitlers vom 6. 10. 1917 an seinen Kriegskameraden Ernst Schmidt.

späteren Sturmabteilungen der NSDAP, deren Stabschef er kurz vor Hitlers »Machtergreifung« wurde, das Beispiel, das bald kopiert und modifiziert wurde. Er »erhob« sich zum Vorbild der Hitlerschen Schlägergarden in München und demonstrierte der aufhorchenden Umwelt handfest, daß in der Politik fortan ein anderer Wind wehen würde. Immer war er in Aktion, immer spann er seine Fäden, verdunkelte, wo es nötig war, und führte mit Hauptmann Winter »einen zähen, dem Auge und dem Ohre der Öffentlichkeit entzogenen Kampf mit der Entente und ihrem Gesinnungslumpenanhang im eigenen Lande.«[186]

Die Deutsche Arbeiterpartei, die NSDAP und Hitler selbst hatten diesem Offizier sehr viel zu verdanken. Die von Röhm der Partei zugeführten Mitglieder wurden nach dort hinbefohlen, hinbeordert, mitgenommen, hineinorganisiert. Röhm war nicht der Mann, der faszinierende Redeschlachten zu schlagen verstand. Er war nicht der Redner, der den Mann auf der Straße ansprechen, überzeugen oder begeistern konnte. Das Parteimitglied, das damals gleich den kommunistischen Agitatoren auf die Straße ging, auf offene Plätze und in Lokale, in Gaststätten und in Säle der Münchener »Bräustuben«, war Adolf Hitler. Sein ungewöhnliches Rednertalent, seine große Fähigkeit, Volksredner zu sein und seine persönlichen Beziehungen besonders zu Dietrich Eckart und dem gewandten und begabten Hermann Esser verliehen ihm in der Partei in relativ kurzer Zeit das Gewicht, das er im Juli 1921 mit Eckarts und Essers Hilfe erfolgreich in die Waagschale warf – und sich an die Spitze der Partei stellte.

Differenzen innerhalb der Parteiführung hatten bald nach Hitlers Eintritt begonnen, da sein Aktivismus nicht die Billigung aller Führungsmitglieder fand. Die anfängliche Eintracht innerhalb der Parteiführung war einer zunehmenden Spannung gewichen. Karl Harrer, der klug genug war, zu erkennen, daß Hitler weniger die Deutsche Arbeiterpartei als sich selbst »bekannt« machte, wollte Hitlers Eifer stoppen, aber Hitlers Position war bereits zu fest gefügt. Die Harrer-Drexler-Gruppe mit ihrem Anhang von Handwerkern, Arbeitern und kleinen Geschäftsleuten und dem diffusen Bild von einer nationalen Volksgemeinschaft als

angesehen hätten, durch die Münchener Gaststätten zu ziehen und die Bevölkerung zu »nationalisieren«. Wenn die Anwesenden beim Absingen des Flaggenliedes nicht aufstanden, dann »halfen wir auch etwas nach«.

186 Röhm, S. 130.

politischem Ziel verlor durch die ständig zunehmenden Anhänger Hitlers (ehemalige Frontsoldaten) an Bedeutung, zumal Hitler klare Ziele postulierte: rücksichtslose Gewalt, auch gegen den Staat, Sturz der »Novemberverbrecher« (ein von Hitler später geprägter Begriff) und Neuregelung der politischen Verhältnisse. Seit Dezember 1919 war sein Plan zur Ausschaltung Harrers ausgearbeitet.[187] Am 5. Januar 1920 trat Harrer zurück und schied aus der Partei aus.

Hitler hatte sein erstes größeres Ziel erreicht. Der Propagandaobmann schickte sich an, der wichtigste Mann der Partei zu werden. »Nicht aus Bescheidenheit wollte ich damals ›Trommler‹ sein; das ist das Höchste, das andere ist eine Kleinigkeit«,[188] erklärte er während des Prozesses vor dem Münchener Volksgericht nach seinem Putsch im November 1923. In *Mein Kampf* schrieb er über seine Ambitionen im Zusammenhang mit Harrers Rücktritt im Sinne seiner »Trommler«-Philosophie: »Ich selber hatte mir die Organisation der Propaganda vorbehalten und führte diese nun auch rücksichtslos durch.«[189] Wie so oft, findet sich auch hier in der Nachbarschaft der Substantive Propaganda und Organisation das Hitlers Einstellung charakterisierende Adjektiv »rücksichtslos«.

Der politischen Propaganda hatte Hitlers besonderes Interesse nach seiner eigenen Darstellung »schon immer«[190] gegolten. Daß die österreichischen bürgerlichen Parteien (mit Ausnahme der Partei Karl Luegers) sich einer wirkungsvollen Propaganda kaum bedienten, war ihm bereits in seiner Jugendzeit in Wien aufgefallen. Doch auch die dagegen verhältnismäßig aktive Propaganda der »sozialistisch-marxistischen Organisationen«[191] hat Hitler nicht als gekonnte Anwendung der nach seiner Auffassung möglichen Mittel anerkannt. Die von ihm seit 1919/20 entwickelte Propaganda unterschied sich denn auch grundsätzlich sowohl in ihrem Stil und in der Intensität als auch in ihrem Inhalt von der traditionellen Methode politischer Beeinflussungsbemühungen. Was Hitler nach dem Kriege als NSDAP-Propaganda bezeichnete und in das politische Leben hineintrug, war einerseits ein pervertierter Schüt-

187 Vgl. Anm. 117.
188 Hitler-Prozeß, S. 267.
189 Hitler, S. 401.
190 ebenda, S. 193.
191 ebenda.

zengrabengeist mit rabulistischen politischen Zielsetzungen in rücksichtsloser Schwarz-Weiß-Malerei und andererseits eine exakt organisierte Elementarisierung der wissenschaftlich begründeten Geringschätzung der Massen. Dabei setzten das Ergebnis der Beobachtungen und Studien Hitlers in Wien, seine Fähigkeit zur vereinfachenden bildhaften Umsetzung, die systematisch ausgewerteten Erfahrungen im Zusammenhang mit der Kriegspropaganda und mit dem Verhalten der demobilisierten Soldaten seit November 1918 besondere Akzente. Es darf als sicher gelten, daß Hitler sich bereits während seiner Wiener Jahre bis 1913 intensiv mit Le Bons Werk *Psychologie der Massen* auseinandergesetzt hat, dessen 2. Auflage 1912 erschien. Und ebenso sicher dürfte sein, daß er als Propagandaleiter der NSDAP Mc Dougalls Buch *The Group Mind* (Die Meinung der Masse) studierte, das 1920 in Cambridge erschien und unter anderem eine wissenschaftliche Theorie über die Beziehungen zwischen Masse und Organisation entwickelte, die Le Bons Auffassungen sehr ähnlich war. Im Prisma Le Bons und Mc Dougalls hat die Masse, der »Haufen« (Mc Dougall: crowd), eine positive Beurteilung nicht erfahren.

Hitler, der literarische Quellen auch in diesem Zusammenhang nicht nennt und seine Folgerungen hauptsächlich als das Ergebnis persönlicher praktischer Erfahrungen und deren Auswertung darstellt, erklärt zunächst unter anderem: »Zu welch ungeheuren Ergebnissen [...] eine richtig angewendete Propaganda zu führen vermag, konnte man erst während des Krieges ersehen.«[192] Die Tatsache, daß er unmittelbar nach dem Kriege im Rahmen der Truppe die Möglichkeit gefunden hatte, seine in Wien gewonnenen und seitdem zunehmend verfestigten Ansichten und Erkenntnisse kontinuierlich zu Werturteilen von vermeintlich unerschütterlichem Rang zusammenzufügen, sich unter autoritärer Anleitung in einem großen und gut funktionierenden Apparat zu schulen, die praktisch anwendbaren Möglichkeiten zu elementarisieren und die Auswirkungen einer disziplinierten Propaganda zu beobachten, bildete eine entscheidende Zäsur in Hitlers Leben. Ein besseres Übungsfeld als die Truppe mit den kriegsmüden Soldaten nach der Revolution inmitten der antipreußisch eingestellten bayerischen Bevölkerung hätte er sich gar nicht wünschen können. Diese »Schule« wurde von ihm mit einem Erfolg absolviert, der von niemandem vorausgesehen werden konnte. Augenblicklich brachte er es auf dem Gebiet der Propaganda unter Auswer-

192 ebenda.

tung der Lehren Le Bons und Mc Dougalls zu einer Meisterschaft ohnegleichen. Ohne seine Fähigkeiten, Kenntnisse und Erfahrungen als Propagandist wären weder er selbst noch die NSDAP das geworden, was sie waren. Das Programm der NSDAP, das Hitler später für hinderlich und gelegentlich sogar für überflüssig hielt, hat besonders werbend nicht gewirkt. Der Propagandist Hitler füllte den ganzen Raum aus. Auch deshalb kann auf eine angemessene Darlegung der Vorstellungen Hitlers über Propaganda nicht verzichtet werden.

Frage Nummer eins für den Propagandisten Hitler war: »Ist die Propaganda Mittel oder Zweck?«[193] Seine Antwort: »Sie ist ein Mittel und muß [...] beurteilt werden vom Gesichtspunkt des Zwecks.«[194] Ihre Aufgabe sah Hitler nicht in einer wissenschaftlichen Ausbildung der einzelnen Menschen, sondern »in einem Hinweisen der Masse auf bestimmte Tatsachen, Vorgänge, Notwendigkeiten usw., deren Bedeutung dadurch erst in den Gesichtskreis der Masse gerückt werden«[195] sollte. Politische Propaganda, in der es für Hitler weder Ästhetik noch Humanität gibt, hat nicht »objektiv [...] die Wahrheit [...] zu erforschen«[196] und die verschiedenen Rechte abzuwägen, sondern ausschließlich und ununterbrochen in »doktrinärer Aufrichtigkeit«[197] das zu betonen, was sie selbst verficht. So war es nach Hitler daher auch »grundfalsch, die Schuld am Kriege von dem Standpunkte aus zu erörtern, daß nicht nur Deutschland allein verantwortlich gemacht werden könnte für den Ausbruch dieser Katastrophe, sondern es wäre richtig gewesen, diese Schuld restlos dem Gegner aufzubürden«,[198] wobei es gleichgültig gewesen wäre, ob die Tatsachen sich mit den Behauptungen deckten oder nicht. Halbheiten, die zu Zweifeln anregen könnten, haben in der politischen Propaganda nichts zu suchen, ebensowenig komplizierte Differenzierungen, da die Masse nach Le Bon weder Zweifel im Hinblick auf die Wahrheit noch Wahrheitsdurst und Ungewißheit kennt, stets sehr einfach und überschwenglich reagiert, sofort zum Äußersten geht und für logische Abmessungen nicht empfänglich ist.[199] Für Hitler gab es

193 ebenda, S. 194.
194 ebenda.
195 ebenda, S. 197.
196 ebenda, S. 200.
197 ebenda.
198 ebenda.
199 Vgl. Le Bon, S. 20, 32, 37 und 47.

in der Propaganda infolgedessen auch nur eigentlich »ein Positiv oder ein Negativ, Liebe oder Haß, Recht oder Unrecht, Wahrheit oder Lüge, niemals aber halb so und halb so oder teilweise usw.«[200] Variationen müssen »stets zum Schlusse das gleiche sagen«.[201] Das in der Propaganda wichtige Schlagwort muß zwar von verschiedenen Seiten beleuchtet werden, doch »das Ende jeder Betrachtung hat immer von neuem beim Schlagwort selber zu liegen«.[202] Die politische Propaganda muß, wo Le Bons und Mc Dougalls Lehren Richtschnur sind, einfach sein, und so hat auch Hitler der Propaganda die Aufgabe zugeordnet, sich »ewig nur an die Masse«[203] zu richten, die nicht zu unterscheiden vermag, wo zum Beispiel »fremdes Unrecht endet und das eigene beginnt«.[204] Für Le Bon, nach dessen Ansicht die intellektuelle Leistung vom Kollektiv gehemmt und die Affektivität in der Masse gesteigert wird,[205] ist das Individuum ein willenloser Automat in der Masse, ein um seine Persönlichkeitswerte gebrachtes Triebwesen mit primitivem Heroismus und leicht entzündbarem Tatendrang, ein von einem wortgewaltigen politischen Führer mit »persönlichem Prestige« (einem Herrn der Masse) hypnotisierbarer, mit dem Gefühl einer unüberwindlichen Macht infizierbarer, in Bildern denkender, rasch beeinflußbarer, durch das Beispiel wirkungsvoll leichtgläubiger und für einfache Wiederholungen und Übertreibungen empfänglicher Barbar ohne objektives Rechtsempfinden und Verantwortungsgefühl.[206] Alles das findet sich bei Hitler wieder. Wie Le Bon erklärt, daß das »bewußte Geistesleben [in der Masse] [...] nur einen [...] geringen Teil neben dem unbewußten Seelenleben«[207] darstellt, so lehrt auch Hitler: »Die Aufnahmefähigkeit der großen Masse ist nur sehr beschränkt, das Verständnis klein, dafür jedoch die Vergeßlichkeit groß.«[208] Für die politische Praxis folgerte er daraus unter Anlehnung an Le Bon, dessen Lehren er konsequent umsetzte: »[...] jede

200 Hitler, S. 201. Bei Le Bon (S. 32) heißt es, daß die Masse stets bis zum Äußersten ginge, so daß sich beispielsweise ein ausgesprochener Verdacht sogleich in unumstößliche Gewißheit und ein Keim von Antipathie sofort in wilden Haß verwandeln würde.
201 Hitler, S. 203.
202 ebenda.
203 ebenda, S. 196.
204 ebenda, S. 201.
205 Vgl. Sigmund Freud, S. 229.
206 Vgl. Le Bon, S. 14 ff., 32, 37, 47, 74, 86 und 96.
207 ebenda, S. 14.
208 Hitler, S. 198.

wirkungsvolle Propaganda [hat sich] auf nur sehr wenige Punkte zu beschränken und diese schlagwortartig so lange zu verwerten, bis auch bestimmt der Letzte unter einem solchen Worte das Gewollte sich vorzustellen vermag. Sowie man diesen Grundsatz opfert und vielseitig werden will, wird man die Wirkung zum Zerflattern bringen, da die Menge den gebotenen Stoff weder zu verdauen noch zu behalten vermag. Damit aber wird das Ergebnis wieder abgeschwächt und endlich aufgehoben.«[209] Für die »Intelligenz, oder was sich heute leider häufig so nennt«, wie Hitler bissig polemisiert, »ist [...] wissenschaftliche Belehrung«[210] da, die sich von der Propaganda unterscheidet, wie ein Plakat von der ausgestellten Kunst, auf die es aufmerksam machen soll,[211] wobei die Propaganda sich »immer mehr« an »das Gefühl« als an den »sogenannten Verstand«[212] zu wenden hat. »Das Volk ist in seiner überwiegenden Mehrheit so feminin veranlagt und eingestellt«, lehrte der Mann, dem besondere Erfahrungen mit der weiblichen Psyche nicht gerade nachgewiesen werden können, »daß weniger nüchterne Überlegung, [sondern] vielmehr gefühlsmäßige Empfindung sein Denken und Handeln bestimmt«.[213] Die Propaganda, die nicht Notwendigkeit an sich ist und nicht wissenschaftlich belehren soll, hat grundsätzlich volkstümlich zu sein und ihr »geistiges Niveau einzustellen nach der Aufnahmefähigkeit des Beschränktesten unter denen, an die sie sich zu richten gedenkt.«[214] Je größer die Masse, je höher und wichtiger das Ziel, um so einfacher hat die Propaganda für dieses Ziel zu sein.[215] Je »bescheidener [...] ihr wissenschaftlicher Ballast ist und je mehr sie ausschließlich auf das Fühlen der Masse Rücksicht nimmt, um so durchschlagender der Erfolg«.[216] Hitlers knapp formulierte Ratschläge für die Propagandisten lauten: »Wirkung auf die breite Masse, Konzentration auf wenige Punkte, immerwährende Wiederholung derselben, selbstsichere und selbstbewußte Fassung des Textes in den Formen einer apodiktischen Behauptung, größte Beharrlichkeit in der Verbreitung und Geduld im Erwarten der Wir-

209 ebenda.
210 ebenda, S. 196.
211 ebenda. Hier hat Hitler die Kenntnisse und Erfahrungen effektvoll umgesetzt, die er vor dem Kriege als Maler erworben hatte.
212 Hitler, S. 197.
213 ebenda, S. 201.
214 ebenda, S. 197.
215 ebenda, S. 197 f.
216 ebenda, S. 198.

kung.«[217] Das ist das Rezept eines Demagogen, der mit absoluter Sicherheit den »Weg zum Erfolg« zeigen zu können wähnt. Hitler hat gewußt, wo und wie er beginnen mußte, wenn er seine Ziele erreichen wollte. Er begriff besser als alle anderen neben ihm, um was es ging.

Nahezu immer ist sein Bekenntnis »nicht aus Bescheidenheit wollte ich damals ›Trommler‹ sein, das ist das Höchste, das andere ist eine Kleinigkeit«,[218] falsch verstanden worden. Hitler kannte die »Masse«, an die er sich 1919 rücksichtslos zu wenden begann. Er kannte sie, und er haßte sie. Mehr noch als das: er verachtete sie, und er sagte das auch offen und ohne Bedenken – und fand dennoch ihren Beifall.

Günstig war für Hitler, daß die Partei einen anderen Mann nicht hatte, der in der Lage gewesen wäre, sich ihm gleichbedeutend als Propagandist und Volksredner an die Seite zu stellen. Wenngleich der 11 Jahre jüngere Hermann Esser möglicherweise auch die Mentalität des Münchener Bürgertums und München selbst besser als Hitler kannte, lag auf der Hand, daß er als 20-jähriger mit Hitler als Parteiredner nicht ernstlich rivalisieren konnte.

Hermann Esser, der 1900 in Röhrmoos in Oberbayern geborene Sohn eines Reichsbahndirektors (dem Hitler nach der Neugründung der NSDAP im Jahre 1925 die Mitgliedsnummer 2 zugestand; er selbst war seitdem Mitglied Nr. 1), hatte gegen Ende des Krieges das sogenannte »Notabitur« abgelegt und war als Freiwilliger an die Front gegangen. Noch voller Schlachtenromantik steckend, hatte er 1918 den Zusammenbruch erlebt. Nach München zurückgekehrt, schloß er sich der SPD an und volontierte bei der sozialdemokratischen *Allgäuer Volkswacht* in Kempten. Nachdem er mit dem »Freikorps Schwaben« zur Niederwerfung der Räte in München einmarschiert war, nahm er (wie Hitler) an den staatsbürgerlichen Kursen des Reichswehrgruppenkommandos 4 in München teil, wo er schließlich Lektor der deutschsprachigen europäischen Presse und im Januar 1920 Pressereferent der Presseabteilung Mayr im Stab des Münchener Reichswehrkreiskommandos 4 wurde, in dessen Rahmen auch Hitler bis Ende März 1920 tätig war. Über Ernst Röhm hatte er Feder, Drexler und Hitler kennengelernt und sich Anfang 1920 der Deutschen Arbeiterpartei als Mitglied angeschlossen.[219] Die Verhält-

217 ebenda, S. 402.
218 Hitler-Prozeß, S. 267.
219 Persönliche Mitteilung von Hermann Esser. Seit Oktober 1919 gehörte Esser der DAP an, ohne zunächst eingetragenes Mitglied der DAP zu sein.

nisse zur Zeit der Räteherrschaft in Bayern hatten bei Esser einen entscheidenden Gesinnungswechsel herbeigeführt. Die Sympathien, die er anfänglich der Sozialdemokratischen Partei entgegenbrachte,[220] waren ins Gegenteil umgeschlagen. Wie viele andere glaubte auch er nun, daß Deutschland den Krieg verloren hätte, weil die vom »Judentum verführte« Heimat der Front in den Rücken gefallen wäre.

Der junge Esser war bestürzt, als er erfuhr, daß ausgerechnet die Sozialdemokratische Partei, der er zunächst beigetreten war, dem Judentum unter die Arme gegriffen hatte.[221] »Hier ist es wesentlich, die Partei zu brandmarken«, sagte er während einer Rede im Hofbräuhaus, »welche die jüdischen Bestrebungen, unseren Bestand als Volk zu untergraben, öffentlich unterstützt: die Sozialdemokratie«.[222] Esser hatte 1918/1919 nach eigenen Bekundungen vom Kriege noch nicht zu viel.[223] Sein Elan war noch unverbraucht. Taten- und abenteuerlustig stürzte der ungewöhnlich intelligente und für viele Außenstehende »unseriöse« junge Mann sich für das Vaterland in die Politik. Nieder mit der »Judenrepublik«, schrieb er am 19. Mai 1921 im *Völkischen Beobachter*, nieder mit den Verrätern: »Kampf der Demokratie, welche die Politik der Rücksichten ist und deren Vertreter, die Parlamentarier, die Pioniere des Judentums sind.«[224]

Esser war bald Hitlers findigster Kampfgenosse. Als Student der Zeitungswissenschaft, ehemaliger Volontär der Kemptener *Volkswacht* und Pressereferent der Reichswehrabteilung I b/P (Mayr), von der er später zur NSDAP-Zeitung *Völkischer Beobachter* ging, kannte er sich im Zeitungswesen aus. Sehr geschickt verstand er es, jüdische Skandalgeschichten zu erfinden und besonders zu artikulieren, sie eindrucksvoll zu gestalten und mit einem sensationellen Anstrich zu versehen. Hermann Esser wußte, wie ein Pressebericht formuliert sein mußte, wenn er »einschlagen« sollte. In jugendlichem Überschwang übertrieb er jedoch oft derart, daß kritischen Lesern vieles von vornherein mindestens fraglich erscheinen mußte. Doch Esser war (lange vor Goebbels, der erst rund 5 Jahre später zu Hitler stieß) offensichtlich der Auffassung, daß bei besonders krassen Übertreibungen meist wenigstens ein Teil glaubhaft er-

220 Persönliche Auskunft von Hermann Esser.
221 Persönliche Auskunft von Hermann Esser.
222 Völkischer Beobachter vom 19. Mai 1921.
223 Persönliche Auskunft von Hermann Esser.
224 Völkischer Beobachter vom 19. Mai 1921.

schiene, weil er voraussetzte, daß die Leser nicht glauben würden, daß ein Journalist so unverfroren lügen könnte. Die Münchener bestätigten ihm bald, daß er recht hatte. Niemals war Esser um eine Antwort verlegen. Immer wußte er interessante und erregende Geschichten aufzudecken. Ein Beispiel demonstriert diese »Findigkeit« treffend. Mit Genehmigung von Kahr und Pöhner hatte Esser 1921 amtliche Akten über rechtmäßig empfangene Beträge eines Mitglieds der belgischen Abnahmekommission (namens Mabilde) eingesehen. In den Akten war registriert, daß Mabilde für den 14. und 15. April 22 700 Mark und für den 18. Juni 1 500 Mark empfangen hatte. Als vorübergehender Aufenthalt Mabildes war auf den Quittungen Lindau im Bodensee angegeben. Esser überraschte die staunenden Münchener jedoch mit aufsehenerregenden »Enthüllungen«. Ein Herr L. (statt Lindau), so behauptete er, habe sich die am Bodensee verlebten Liebesabenteuer mit einem Fräulein Mathilde (Mabilde) vom Staat bezahlen lassen. Esser beschuldigte die Regierung, 24 200 Mark für schlemmende Juden und Ausländer ausgegeben zu haben.[225] Wie die Nationalsozialisten sich die Lösung künftig dachten, hatte er bereits während der Passionsspiele im Sinne Hitlers erklärt. »Wenn hier die Regierung nicht in kürzester Zeit zugreift«, war von ihm prophezeit worden, »dann wird es noch so weit kommen, daß die Kraftwagen der Nationalsozialisten mit Galgen durch die Straßen fahren müssen«.[226]

Hermann Esser stand als Propagandist neben Hitler; aber er unterschied sich in Temperament, Begabung und Artikulierung der eigenen Erfahrungen von dem älteren Hitler nicht unwesentlich. Darüber hinaus fehlte ihm in den ersten Jahren nach 1918 auch noch ein bestimmtes Maß von Reife – und das, was Hitler im Zusammenhang mit seinem eigenen Lebensweg als Lehren der »Wiener Jahre« bezeichnete. Doch ohne Esser wäre Hitler wahrscheinlich nicht so rasch der »Führer« geworden. Die Karriere des Führers ist im wesentlichen von Hitler selbst, von Eckart und Hess (in geringerem Maße auch von Drexler) vorbereitet und in den entscheidenden Augenblicken von Hitler und Esser aus der Theorie in die politische Praxis hineintransponiert worden. Esser war wie Hitler, Hess und Eckart mit Le Bon der Auffassung, daß von einem genialen Führer eine geheimnisvolle und unwiderstehliche Macht auf die Masse aus-

225 Vgl. Münchner Post vom 3. November 1921.
226 Völkischer Beobachter vom 19. Mai 1921.

ginge, die Le Bon »Prestige« nannte. Und mit Le Bon waren sie auch der Überzeugung, daß das Prestige des Führers die Fähigkeit der Einzelnen in der Masse zur Kritik lähmt, die Masse, die ohne Herrn nicht zu leben vermag, mit Staunen und Achtung erfüllt und ein Gefühl hervorruft, das ähnlich der Faszination der Hypnose wirkt.[227] Früher als alle anderen Mitglieder der Deutschen Arbeiterpartei und der NSDAP außer Ekkart, Hess und (mit Einschränkung auch) Drexler war Esser davon überzeugt, daß Hitler diese Voraussetzungen in idealer Weise mitbrächte und daß die »Bewegung« nur bestehen und vorankommen könnte, wenn sie sich Hitler bedingungslos unterwerfen würde. Dieser Überzeugung hat er seine eigenen Wünsche und seinen Willen zur persönlichen Unabhängigkeit untergeordnet, und zusammen mit dieser Entscheidung ist er mit allen persönlichen Mitteln für die Elementarisierung seiner Einsicht eingetreten. Damit begab er sich sofort in Opposition zu einigen wichtigen »Urnazis«, die sich seit Beginn darum bemühten, ihre Selbständigkeit gegenüber Hitler zu bewahren, was allerdings nicht aus der Überzeugung geschah, daß Hitler als Führer ungeeignet sei, sondern vornehmlich aus persönlichen Gründen – wie beispielsweise bei Röhm. Ausnahmslos sind die »Rebellen« hoffnungslos unterlegen – wie Drexler, oder sie sind aus der Partei (-Führung) ausgeschieden – wie Harrer. Da die Gründer der Partei und ihre Führungsmitglieder niemals in der Lage waren, Hitlers ständig zunehmenden Einfluß einzudämmen, intrigierten sie gegen Hitler und Esser, die, von Eckart und Hess unterstützt (und seit 1922 auch von Hermann Göring und Erwin v. Scheubner-Richter), jedoch stärker waren und sich eindrucksvoll durchzusetzen verstanden.

In den ersten Jahren wurden der Partei Sympathisierende und Mitglieder ausschließlich durch das gesprochene Wort zugeführt. Hitler hat aus dieser Tatsache die Behauptung abgeleitet: »Ich weiß, daß man Menschen weniger durch das geschriebene Wort, als vielmehr durch das gesprochene Wort zu gewinnen vermag, daß jede große Bewegung auf dieser Erde ihr Wachsen den großen Rednern und nicht den großen Schreibern verdankt.«[228] Daß der Marxismus diese Feststellung eindeutig widerlegt, beeindruckte den Propagandafachmann Hitler nicht.

Was das vornehmlich für Leute waren, die in der Frühzeit zur Partei stießen, schildert Philipp Bouhler, einer der ersten Nationalsozialisten

227 Vgl. Le Bon, S. 86, 96 und 103.
228 Hitler im Vorwort von *Mein Kampf*.

– und späterer Reichsleiter der NSDAP: »Man darf« sie sich als »alles andere als ›salonfähig‹ vorstellen. Verwegen sahen sie aus [...] Erst waren es Frontsoldaten seines [Hitlers] Regiments [...] Hier galt ein ganzer Kerl noch etwas, sein Schneid, seine Einsatzbereitschaft, seine kräftigen Fäuste, mit denen er dreinschlagen konnte [...] hier waren sie willkommen und wurden richtig eingeschätzt [...] Es galt als ungeschriebenes Gesetz, sich bei seinem Auftreten in der Öffentlichkeit ein möglichst wildes und martialisches Aussehen zu geben.«[229] Diese Männer wurden durch akademische Diskussionen und anspruchsvolle Literatur mit Sicherheit für die Partei nicht gewonnen. Das wußten Hitler und Esser, und das erkannten die übrigen Ausschuß- und Parteimitglieder schließlich auch. Ohne Hitler und Esser waren sie und die kleine Partei nichts. Hitlers Selbstbewußtsein tat das wohl. Ihm paßte ohnehin nicht, daß diejenigen, die er für relativ unfähig hielt, ihm Vorschriften machen wollten. Eigenmächtig überschritt er in Versammlungen die ihm von Harrer (bis 5. Januar 1920) und Drexler zugebilligte Redezeit, wenn er es für angebracht hielt. Die vorsichtigen Vorsitzenden sind mit ihm niemals fertig geworden. Mit Hitlers wachsendem Einfluß schwand zwar die Einmütigkeit in der Parteileitung, zugleich aber auch die Hoffnungslosigkeit.

Für Anfang 1920 hatte Hitler eine große Aktion geplant. Er dachte an eine »Massenversammlung«. Davor schreckte der Ausschuß jedoch zurück. Die Führungsmitglieder hielten ein solches Unternehmen für verfrüht und Hitler offensichtlich nicht für den geeigneten Mann, eine derartige Veranstaltung zu meistern. Seit Mai 1919 hatte Hitler Versammlungen der Demokraten, der Deutschnationalen, der Deutschen Volkspartei und der Bayerischen Volkspartei besucht, um eventuell daraus lernen zu können.[230] Sein Urteil war vernichtend: Die Versammlungen »übten auf mich immer denselben Eindruck aus wie in meiner Jugend der befohlene Löffel Lebertran [...] Würde man das deutsche Volk mit Stricken zusammenbinden und es mit Gewalt in diese bürgerlichen ›Kundgebungen‹ hineinziehen und bis nach Schluß jeder Vorstellung [...] keinen herauslassen, so könnte das vielleicht in einigen Jahrhunderten auch zum Erfolge führen [...] Nachdem man aber das [...] nicht kann, soll man sich nur nicht wundern, wenn das gesun-

229 Bouhler, S. 48 f.
230 Hitler, S. 538.

de und unverdorbene Volk bürgerliche ›Massenversammlungen‹ meidet wie der Teufel das Weihwasser.«[231]

Hitler war es gelungen, die Bedenken des zaghaften Drexler zu zerstreuen. Geld genug zur Veranstaltung einer größeren Versammlung war bereits vorhanden. 132,50 Mark Eintrittsgeld und 20 Mark Spenden hatte die Versammlung am 16. Februar im Deutschen Reich eingebracht.[232] 569,65 Mark wies die Kasse am 22. Februar auf.[233] 110 Mark waren für einen Sergeanten namens Schneckenburger gesammelt worden.[234] Nach Hitlers Angaben im NSDAP-Mitteilungsblatt Nr. 4 vom 8. Oktober 1921 dürften sich Anfang 1920 insgesamt rund 700 Mark in der Parteikasse befunden haben. Zudem konnten die Veranstalter damit rechnen, durch Eintrittsgelder und Spenden wenigstens einen Teil der Auslagen decken zu können. Für den 24. Februar 1920 wurde die Versammlung angesetzt. Politischer Sprengstoff war genug vorhanden: für die sogenannte »nationale« Front und für die »internationale« Front. Während am 21. Februar die Unabhängigen Sozialdemokraten das Proletariat dazu aufriefen, der Ermordung Kurt Eisners zu gedenken und »in Massen« zu den Feierlichkeiten zu erscheinen, protestierten die meisten Tageszeitungen, politischen Parteien und Organisationen, der Verband der Deutschen Hochschulen, die Militärs und nationalen und halbmilitärischen Verbände gegen die Forderung der Siegermächte, die deutschen Heerführer auszuliefern.

Als Propagandaleiter der Deutschen Arbeiterpartei übernahm Hitler die Vorbereitung der Versammlung, die unter das Thema »Was uns not tut!«, gestellt wurde. Die Möglichkeit der augenblicklichen Entfaltung von Terror gegen Andersdenkende erschien ihm dabei als eines der wesentlichsten Momente. »Es war gleich von Beginn an wichtig«, schrieb er, »in unsere Versammlungen blinde Disziplin einzuführen und die Autorität der Versammlungsleitung [die oft in Essers Händen lag; der Verf.] unbedingt sicherzustellen«.[235] Flugblätter und Zeitungsanzeigen wiesen auf die erste Großversammlung der Deutschen Arbeiterpartei hin, die in der Öffentlichkeit bis Februar 1920 noch nahezu völlig unbekannt war. Rote Plakate, die den Namen Hitlers (noch) nicht nannten

231 ebenda.
232 Vgl. Franz-Willing, S. 179.
233 ebenda.
234 ebenda.
235 Hitler, S. 541.

und als Unterschrift »Der Gesamtvorstand der Deutschen Arbeiterpartei, Ortsgruppe München« trugen, wurden gewählt, um »die linke Seite zu reizen, zur Empörung zu bringen und sie zu verleiten«,[236] in die Versammlung der Deutschen Arbeiterpartei zu kommen. Kriegskameraden, dienende und demobilisierte Soldaten, wurden von Hitler, der (bis zum 31. März 1920) noch Angehöriger des Heeres war, persönlich eingeladen und instruiert.

Die Verantwortlichen der Deutschen Arbeiterpartei, vor allen Dingen Drexler, hatten als Hauptredner den in München bekannten Antisemiten Dr. Johannes Dingfelder engagiert, der von Drexler bereits am 7. März 1918 als Redner für die Gründungsversammlung des Freien Arbeiterausschusses für einen guten Frieden vorgesehen worden war und zu den ersten 190 Mitgliedern der Deutschen Arbeiterpartei gehörte. Sie fürchteten, womöglich vor leeren Stühlen stehen zu müssen. Hitlers Werbung hatte sich jedoch als erfolgreich erwiesen. Rund 2 000 Besucher waren der Einladung gefolgt. Im Festsaal des Hofbräuhauses am Platzl lernten sie den Redner Hitler kennen. Und kennen lernten sie zugleich auch eine neue Versammlungsorganisation und einen neuen Versammlungsstil. Der Schritt in die breite Öffentlichkeit war Hitler geglückt. Vier Jahre später sagte er von dieser Versammlung: »Ein Feuer war [am 24. Februar 1920] entzündet, aus dessen Glut dereinst das Schwert kommen muß, das dem germanischen Siegfried die Freiheit, der deutschen Nation das Leben wiedergewinnen soll.«[237] Den Verlauf der richtungweisenden Veranstaltung schildert Hitler in *Mein Kampf* wie folgt: »Nachdem der erste Redner [»Was uns not tut!«] geendet, ergriff ich das Wort. Wenige Minuten später hagelte es Zwischenrufe, im Saal kam es zu heftigen Zusammenstößen, eine Handvoll treuester Kriegskameraden [die Hitler zu diesem Zweck eingeladen hatte; der Verf.] und sonstige Anhänger schlugen sich mit den Störenfrieden und vermochten erst nach und nach einige Ruhe herzustellen. Ich konnte wieder weitersprechen. Nach einer halben Stunde begann der Beifall das Schreien und Brüllen langsam zu übertönen. Und nun ergriff ich das Programm und begann es zum ersten Male zu erläutern.«[238]

Über die Herkunft des Programms ist viel gestritten worden. Nach

236 ebenda, S. 542.
237 ebenda, S. 406.
238 ebenda, S. 405.

Georg Franz-Willing kamen die 25 Programm-Punkte auf folgende Weise zustande: »Drexler [hatte nach eigenen Angaben] das Programm der Deutschsozialistischen Partei [. . .] benützt. Auch ein Flugblatt der Kärntner Nationalsozialisten lag Drexler bei der redaktionellen Ausgestaltung des Programms der NSDAP vor. Das Programm wurde in den Büroräumen des damaligen ersten Schriftführers der Partei, des Direktors Ferdinand Wiegand, in München, in der Sonnenstraße 6, endgültig formuliert. Die Entwürfe stammten von Drexler. Auch die endgültige Fassung darf man im wesentlichen als sein Werk betrachten. Ein Fünfer-Ausschuß befaßte sich nach Schüsslers Angabe mit der Formulierung der 25 Punkte. Ihm gehörten Anton Drexler, Rudolf Schüssler, Adolf Hitler, Ferdinand Wiegand an. Bei der redaktionellen Ausgestaltung wirkte Hitler allein mit. Natürlich wurde Hitler im Dritten Reich als der alleinige Schöpfer des Programms hingestellt.«[239] Das ist sehr zweifelhaft. Hermann Esser erklärte dagegen 1953,[240] daß Hitler weder mit dem Entwurf noch mit der endgültigen Formulierung des Programms entscheidend zu tun hatte. Hitlers Verhältnis zum 25-Punkte-Programm der NSDAP scheint das zu bestätigen.[241] Franz-Willings Überzeugung, daß »Hitler im Dritten Reich [natürlich] als der alleinige Schöpfer des Programms hingestellt«[242] wurde, steht auch hinter den diesbezüglich entscheidenden Quellen Franz-Willings: ein Brief Drexlers an das Zentralarchiv der NSDAP vom 24. Februar 1940 und ein Brief Schüsslers vom 11. März 1941.[243] Auch der Jurist Hans Frank, der den Parteigründern nach eigenen Angaben im Sommer 1919 angeblich bei der Formulierung und Verbesserung des Programms half,[244] hätte Hitlers Beteiligung in seiner Lebensbeichte *Im Angesicht des Galgens*[245] sicher nicht verschwiegen, wenn es sich so verhalten hätte, wie Franz-Willing es darstellt.

Auch Franks Angaben stimmten nur teilweise; denn die mit der Hand niedergeschriebenen programmatischen Formulierungen Drexlers vom 14. Dezember 1919 decken sich nicht mit der endgültigen Fassung,

239 Franz-Willing, S. 78 f.
240 Persönliche Auskunft von Hermann Esser. Vgl. auch Görings Aussagen während des Nürnberger Prozesses (Bd. IX, S. 309).
241 Vgl. S. 209 f.
242 Franz-Willing, S. 79.
243 ebenda.
244 Frank, S. 31.
245 Vgl. Bibliographie.

die Hitler am 24. Februar 1920 erstmalig vortrug. So lautete beispielsweise der Punkt 6 des Programmentwurfs vom 14. Dezember 1919: »Die Arbeiter-Internationale war das Werkzeug der internationalen romanischen Freimaurerei der sogen. goldenen Internationale. Sie ist es auch, die durch die systematische politische Lüge, Millionen Menschen ums Leben brachte, Millionen Verstümmelte schaffte und der Menschheit jeden moralischen Halt, jeden Glauben an die Wahrheit [dahinter steht in einer Klammer das durchgestrichene Wort: Gottheit; der Verf.] raubte. Deshalb bekämpft die D.A.P. alle geheimen Verbände und Logen die unter dem Deckmantel Menschlichkeit, Freiheit, Gleichheit und Brüderlichkeit, kapitalistische Weltherrschaftsziele (Vertrustung aller geistigen und körperlichen Arbeitskräfte) verfolgen. Die D.A.P. bekämpft mit allen Mitteln die bewußte, der Versetzung der Völker gegen und unter einander, dienende politische Lüge.«[246]

Der Text, den Hitler am 24. Februar 1920 (als Punkt 6 des NSDAP-Programms) vortrug, hatte dagegen folgenden Wortlaut: »Das Recht, über Führung und Gesetze des Staates zu bestimmen, darf nur dem Staatsbürger zustehen. Daher fordern wir, daß jedes öffentliche Amt, gleichgültig welcher Art, gleich ob im Reich, Land oder Gemeinde, nur durch Staatsbürger bekleidet werden darf. Wir bekämpfen die korrumpierende Parlamentswirtschaft einer Stellenbesetzung nur nach Parteigesichtspunkten ohne Rücksichten auf Charakter und Fähigkeiten.«[247]

Zweifellos haben Dietrich Eckart und Gottfried Feder, die wie die Drexler-Mentoren Friedrich Krohn und Paul Tafel aktiv dem Thule-Kreis angehörten, Drexler nicht nur bei der Formulierung der Programm-Punkte geholfen, wie das Thule-Mitglied Frank, sondern auch entscheidenden Einfluß auf den Inhalt genommen, wobei Eckart insbesondere die antisemitischen Akzente setzte.[248] Drexlers Vorlagen waren die programmatischen Vorstellungen seines antisemitischen Freien Arbeiterausschusses für einen guten Frieden, das im Dezember 1918 in den Ordensblättern des Germanenordens abgedruckte[249] und im *Münchner Beob-*

246 Zit. nach (handschriftlicher) Niederschrift von Anton Drexler. Ehemaliges Hauptarchiv der NSDAP, Bundesarchiv Koblenz, NS 26/76. Vgl. Faks. Tafel 5.
247 Punkt 6 des Programms der NSDAP. Zit. im Anhang.
248 Persönliche Auskunft von Hermann Esser.
249 Allgemeine Ordensnachrichten, Nr. 15, Dezember 1918/19. Vgl. auch S. 227, Anm. 19.

achter der Thule-Gesellschaft am 31. Mai 1919 veröffentlichte Programm der Deutschsozialistischen Partei, programmatische Formulierungen der Kärntener Nationalsozialisten und auch die Weimarer Reichsverfassung, was die Punkte 9, 10, 15, 17, 20 und 21 des NSDAP-Programms eindeutig bezeugen.[250] Die Rolle Hitlers beschränkte sich in dem Zusammenhang lediglich auf die erstmalige Verkündung des endgültigen NSDAP-Programms, das Drexler ihm publikationsreif übergeben hatte.[251]

Die NSDAP-Mitglieder, die das Programm wörtlich nahmen, und nicht wenige frühe Nationalsozialisten taten das, mußten bald erfahren, daß sie auf ein falsches Pferd gesetzt hatten. Mit dem wachsenden Einfluß Hitlers wuchs auch die Enttäuschung derjenigen, die an das Programm glaubten. Besonders deutlich zeigte sich das im Jahre 1930, als der Kreis der enttäuschten »Sozialisten« aus der NSDAP ausgeschieden war, der sich um Otto Strasser gebildet hatte. Solange sich die Anhänger der NSDAP an die Formulierungen des Programms hielten, es für unverletzlich erklärten und selber daran glaubten, solange konnte Hitler nicht damit rechnen, daß sie sich ihm bedingungslos unterwerfen würden. Das hatte Hitler rasch erkannt. In sein persönliches Programm, das in der unerbittlichen Forderung nach Macht (besonders für sich selbst) gipfelte, hat er diese Erkenntnis eingeplant und unermüdlich an der Umsetzung dieser Erkenntnis gearbeitet. Hitler hat das offizielle Parteiprogramm deshalb zwangsläufig als eine persönliche Fessel empfinden müssen. Wo immer er nur konnte, brachte er das auch zum Ausdruck. Er hat die beiden überlebenden Haupt-Verfasser (Drexler und Feder) des Programms fühlen lassen, daß er sie für Narren hielt[252], daß er sich ihrer nur zur Erreichung seines Zieles bedient hatte und daß sie selbst ihm auch nicht mehr bedeuteten als ihr Programm: ein Hilfsmittel. »Sie mögen reden, was sie wollen, wenn ich an der Macht bin, werde ich dafür sorgen, daß sie keinen Unfug anrichten«,[253] äußerte er lakonisch zu Rauschning.

250 Zit. im Anhang. Dem Buch des Alldeutschen Heinrich Claß (Wenn ich der Kaiser wär. Erschienen unter dem Pseudonym »Daniel Fryman«, Leipzig 1912) dürften die Punkte 3, 4, 5, 6, 14, 16 und 23 entnommen sein, vgl. daselbst S. 36 f., 63, 71, 76, 99, 106 und 108.
251 Persönliche Auskunft von Hermann Esser.
252 Nach der Münchner Post vom 7. Dezember 1921 bezeichnete Hitler Drexler als Idioten, unbrauchbaren Menschen, Trottel und Schuft.
253 Rauschning, Hermann: Gespräche mit Hitler, S. 30. Hitler meinte damit Feder und Lawczek.

Hitler hat das Programm systematisch ad absurdum geführt. Obwohl er gelegentlich über die Bedeutung des Programms für die »Bewegung« in öffentlichen Veranstaltungen redete, trug er von Anfang an – und seit August 1921 ganz ostentativ – dazu bei, daß es hinter ihm als »Führer« zurücktrat und mit seiner zunehmenden Autorität an Bedeutung verlor. Da es jedoch vorhanden, im Februar 1920 im Auftrage Drexlers sogar von ihm erstmalig verkündet worden war und von vielen als wesentlich angesehen wurde, duldete er es widerwillig. »Wollte Gott«, sagte Goebbels später besorgt, »wir hätten von diesen unglücklichen fünfundzwanzig Punkten nie etwas gehört«.[254] Das war auch Hitlers wirkliche Meinung, wenn auch auf Umwegen. In einem Interview, das er dem amerikanischen Journalisten Karl Wiegand laut *New York American* vom 5. Januar 1930 gab, behauptete er sogar, daß er sich selbst mit den Punkten des Parteiprogramms nicht identifiziere, die den staatlich organisierten Antisemitismus forderten. Er erklärte: »I am not for curtailing the rights of the Jews in Germany« (ich bin nicht dafür, daß die Rechte der Juden in Deutschland beschnitten werden). Auf die Frage des Journalisten, warum er denn das Programm am 22. Mai 1926 wieder bestätigt, für unumstößlich erklärt und den Antisemitismus erneut in ihm verankert hätte,[255] antwortete Hitler, der sich dem Amerikaner gegenüber als Vollstrecker des Volkswillens andeutete: »Das Volk würde es nicht verstehen, wenn ich das nicht getan hätte« (»Because the people would not unterstand if I did not so«).

Das 25 Punkte-Programm der NSDAP hat eine nennenswerte Rolle in der Geschichte der Nationalsozialistischen Deutschen Arbeiterpartei nicht gespielt. Noch 1923 »wurde immer gefragt, welche Programmpunkte die NSDAP habe, und wie sie im einzelnen aufzufassen seien«, sagte Rosenberg während des Nürnberger Prozesses.[256] Damit bestätigte Rosenberg zweierlei: 1. daß die beiden maßgeblichen Propagandisten Hitler und Esser an der Verbreitung der 25 Punkte nicht besonders interessiert waren und 2. daß die NSDAP bis zum Hitler-Putsch vom 8./9. November 1923 eine politische Partei im eigentlichen Sinne nicht war. Hitlers politischer Instinkt, sein Blick und sein Gefühl für die poli-

254 Zit. nach Rauschning, S. 105.
255 Zur Frage der deutschen Volkskirche, wie sie den Programmatikern vorschwebte, erklärte Hitler: »[. . .] eine deutsche Kirche, ein deutsches Christentum ist Krampf«. Zit. nach Rauschning: Gespräche mit Hitler, S. 50.
256 Nürnberger Prozeß, Bd. V, S. 55.

tische Situation sagten ihm richtig, daß die Menschen, die ihm zuliefen, nicht zuerst eine politische Idee oder eine parteipolitische »Ideologie« suchten. Er wußte, daß er zunächst nur immer sprungbereit und schlagfertig sein mußte, wenn er Anhänger gewinnen wollte. Immer an tagespolitische Ereignisse anknüpfen, aussprechen, was die oppositionellen Elemente des gestrandeten Bürgertums empfinden, ihren dumpfen, visionären und triebhaften Gefühlen aussprechbare Formeln verleihen, den Landsknechten einen Halt bieten, ihnen das Bewußtsein geben, für die Sache des Vaterlandes noch gebraucht zu werden und wieder und weiter gehorchen und »jawohl« sagen zu dürfen: das war Hitlers Devise bis Frühjahr 1922. Sein Schluß: »die Verwirklichung weltanschauungsmäßiger Ideale und der aus ihnen abgeleiteten Forderungen erfolgt ebensowenig durch das reine Gefühl oder das innere Wollen der Menschen an sich, als etwa die Erringung der Freiheit durch die allgemeine Sehnsucht nach ihr. Nein, erst wenn der ideale Drang nach Unabhängigkeit in den Formen militärischer Machtmittel die kampfesmäßige Organisation erhält, kann der drängende Wunsch eines Volkes in herrliche Wirklichkeit umgesetzt werden.«[257] Hitler hatte die Situation von Grund auf verstanden. »Jede, und auch die beste Idee«, sagt er, »wird zur Gefahr, wenn sie sich einbildet, Selbstzweck zu sein, in Wirklichkeit aber nur ein Mittel zu einem solchen darstellt.«[258] Dieses Urteil mag richtig sein oder nicht. Im Munde Hitlers ist es der Ausdruck des immer auf der Hut-Seins und der eigentlichen Richtungslosigkeit. Ihm haftet noch das Fluidum der ersten drei »Kampfjahre« an.

Die erste nennenswerte Schlägerei der Hitler-Anhänger mit politischen Gegnern hatte zugleich mit der erstmaligen Verkündung des Programms stattgefunden. Von dem Tage an gehörten Prügeleien buchstäblich zum Programm der NSDAP. Besorgt war Hitler stets darum bemüht, in Schlägereien, bei Versammlungssprengungen und »Straßenschlachten«, eindeutig die Oberhand zu behalten. Im Zusammenhang mit seinen Schilderungen über die erste Groß-Versammlung im Zirkus Krone am 3. Februar 1921 sagte er beispielsweise: »Nicht nur, daß es fraglich schien, den riesenhaften Raum füllen zu können, lief man auch Gefahr, gesprengt zu werden. Unsere Ordnertruppe war für diesen kolossalen Raum noch lange nicht ausreichend. Ich hatte auch keine richtige Vor-

257 Hitler, S. 417 f.
258 ebenda, S. 225.

stellung über die Art des möglichen Vorgehens im Falle einer Sprengung [...] Sicher war nur eines: jeder Mißerfolg konnte uns auf sehr lange Zeit zurückwerfen. Denn eine einzige erfolgreiche Sprengung hätte unseren Nimbus mit einem Schlage zerstört und die Gegner ermutigt, das einmal Gelungene immer wieder zu versuchen. Das hätte zu einer Sabotage unserer ganzen weiteren Versammlungstätigkeit führen können, was erst nach vielen Monaten und nach schwersten Kämpfen zu überwinden gewesen wäre.«[259]

Die »Deutsche Arbeiterpartei«, die seit dem 20. Februar 1920 »Nationalsozialistische Deutsche Arbeiterpartei« (NSDAP) hieß,[260] hatte sich am 24. Februar 1920 in zweifacher Weise öffentlich festgelegt. Sie hatte ihr als endgültig proklamiertes 25 Punkte umfassendes Programm[261] verkündet und gleichzeitig mit Nachdruck demonstriert, daß sie »die Parole einer schwächlichen und feigen Verteidigung mit dem Schlachtruf mutigen und brutalen Angriffs«[262] vertauschte.

Selbstverständlich war, daß Hitlers Methode des »mutigen und brutalen Angriffs« auch die politischen Gegner in Harnisch versetzen mußte. Langsam, zunächst nur vereinzelt, begannen sie sich in ihren Blättern mit diesen »Rechtsbolschewisten« auseinanderzusetzen, wie sie den Kreis um Drexler, Hitler und Röhm zu nennen pflegten. Auch das war vornehmlich Hitlers Verdienst. »Ich habe damals den Standpunkt eingenommen«, sagt Hitler, »ganz gleich, ob sie über uns lachen oder schimpfen, ob sie uns als Hanswurste oder als Verbrecher hinstellten; die Hauptsache ist, daß sie uns erwähnen, daß sie sich immer wieder mit uns beschäftigen und daß wir allmählich in den Augen der Arbeiter selber wirklich als die Macht erscheinen, mit der zur Zeit allein noch eine Auseinandersetzung stattfindet.«[263]

Doch auch Gleichgesinnte, die bereits anderswo organisiert waren, hatten sich für die DAP zu interessieren und mit ihr Fühlung aufzunehmen begonnen. Seitdem die Deutsche Arbeiterpartei ihre ersten Flug-

259 ebenda, S. 559.
260 Persönliche Auskunft von Hermann Esser. Bullock stellt fälschlich (S. 64) fest, daß die Umbenennung nach dem Salzburger Parteitag (im August 1920) vorgenommen worden sei. Heiden nennt in *Geschichte des Nationalsozialismus* (S. 30) den Monat April 1920. Vgl. dazu auch die Angaben S. 223 ff.
261 Zit. im Anhang.
262 Vgl. Hitler, S. 414.
263 Hitler, S. 544.

blätter gedruckt und verteilt hatte, waren auch außerbayerische Parteien auf die Münchener DAP aufmerksam geworden. Und auch die »Deutsche nationalsozialistische Arbeiterpartei«[264] Österreichs hatte es bereits im Dezember 1919 während ihres 2. Wiener Parteitages für angemessen gehalten, mit der kleinen Münchener Partei in Verbindung zu treten.[265] So sehr Hitler für die Ausdehnung der Partei eintrat, den von Drexler geförderten Annäherungsbestrebungen der Österreicher hat er sich bis August 1920 erfolgreich widersetzt.[266]

Aber andere Querverbindungen machten sich 1920 bereits bemerkbar, auch nach Hitlers Auffassung zum Nutzen der kleinen Partei. Ernst Röhms Beziehungen und Fähigkeiten waren dabei von entscheidender Bedeutung. Nachdem sich im Frühjahr 1919 herausgestellt hatte, daß weder die Reichsregierung noch die bayerische Regierung Hoffmann in der Lage waren, die kommunistischen Unruhestifter und Räteregierungen ohne die Hilfe der rechtsradikalen Freiwilligenverbände niederzuwerfen, wucherten die Verbände und Organisationen überall im Deutschen Reich, vornehmlich jedoch in Bayern, wo besonders die Einwohnerwehren einen Machtfaktor darstellten, der bei Entschlüssen der Regierung ein erhebliches Gewicht haben konnte. Die Reichswehr war unter Anschluß dieser Landsknechtshaufen auf insgesamt rund 400 000 Mann angewachsen. Als dann am 13. Januar 1920 der Versailler Friedensvertrag in Kraft trat, ging ein Sturm der Entrüstung durch die Reihen derjenigen, die ihre Existenz durch die Entscheidung bedroht sahen, daß die Reichswehr bis zum 1. April 1920 auf 100 000 Mann reduziert werden sollte. Eine bange Frage bedrängte die Angehörigen der Rechtsverbände. Schon einmal, als die Monarchen gingen, hatten sie befürchtet, berufsfremd ihr Leben fristen zu müssen. Aber diese Flaute war überdauert, und jetzt, nachdem sie überall im Vormarsch waren, wollten sie nicht kapitulieren. Sie waren größtenteils davon überzeugt, daß die Weimarer Republik ein Kind des Hochverrats wäre und daß an ihr deshalb Hochverrat nicht begangen werden könnte.

Am 12. März erfuhr die Reichsregierung, daß die Marine-Brigade Ehrhardt, die am 10. März angewiesen worden war, sich aufzulösen, in Döberitz »mobil« mache und einen Marsch auf Berlin vorbereite. In

264 Vgl. S. 237 ff.
265 Vgl. S. 237.
266 Vgl. S. 243 ff.

der Nationalversammlung diskutierten Abgeordnete beunruhigt über Truppenansammlungen in Döberitz. Admiral v. Trotha wurde nach dort entsandt, um festzustellen, ob die Meldungen den Tatsachen entsprächen. Der seinem Marine-Kameraden Ehrhardt wohlgesonnene Trotha erklärte jedoch nach seiner Rückkehr, »daß in Döberitz alles ruhig sei und niemand an eine ernstliche Aktion denke«.[267] Und auch Reichswehrminister Noske versicherte, daß er an das Gerede aufgeregter Leute nicht glaube, und so konnten die Berliner am 13. März um 7 Uhr feststellen, daß Ehrhardts Soldaten durch das Brandenburger Tor marschierten und das Ehrhardt-Lied »Hakenkreuz am Stahlhelm« sangen, in dem es u. a. hieß: »Arbeiter, Arbeiter, wie wird es dir ergehen [...] Die Brigade Ehrhardt schlägt alles kurz und klein. Wehe dir, wehe dir, du Arbeiterschwein!«[268] Am Portal des Berliner Wahrzeichens wurde Ehrhardts Putsch-Brigade von dem ostpreußischen Generallandschaftsdirektor Wolfgang Kapp begrüßt, der sich den Landsknechten als neuer Reichskanzler vorstellte. Kapp und General v. Lüttwitz ließen es auf eine Machtprobe mit der geflüchteten Reichsregierung ankommen, die ein am 14. März auch von der Tagespresse veröffentlichtes Telegramm folgenden Inhalts an alle Länder-Regierungen sandte: »Putschversuche gewissenloser Abenteuer, hinter denen kein ernsthafter Politiker steht, haben die Regierung veranlaßt, zwecks Vermeidung von Blutvergießen Berlin zu verlassen. Die verfassungsmäßige Regierung hat ihren Sitz in Dresden und ist die einzige, die das Chaos verhindern kann. Wir ersuchen, den Dienstverkehr mit uns aufrecht zu erhalten und die Beziehungen zu den Staatsstreichlern in Berlin abzulehnen.«[269]

Von München aus richteten die Feinde der Reichsregierung und der sozialdemokratischen Regierung Hoffmann in Bayern, das waren unter anderem Ritter v. Epp, Röhm, Hörauf, Georg Heim, Gustav v. Kahr, General v. Möhl, Mayr, Pöhner, Held, Kanzler, Escherich und Kriebel, ihre Blicke erwartungsvoll und hoffnungsfroh auf Kapp und Lüttwitz in Berlin. Der »Bauerndoktor« Georg Heim war bereits drei Wochen vor dem Putsch im Bilde gewesen[270], Röhm seit Anfang März.[271]

267 Die Deutsche Nationalversammlung, Bd. IX, S. 236.
268 Vgl. Deutschvölkischer Katechismus, S. 137 f.
269 Zit. nach Mannheimer General-Anzeiger vom 14. März 1920 (Mittags-Ausgabe).
270 Vgl. dazu Heim, Georg: Bayern und die Kapp-Wende. In: Münchener Neueste Nachrichten vom 10. und 11. November 1928. Heim war »durch

Beide haben es jedoch unterlassen, ein gemeinsames Vorgehen verbindlich zuzusagen. Der erfahrene Offizier Röhm hatte sich zurückgezogen, weil er erkannte, daß das Unternehmen zu unzulänglich vorbereitet war, und weil er darüber hinaus auch seinen Kommandeur nicht hatte informieren dürfen.[272] Georg Heim war offensichtlich überzeugt, sicherer ans Ziel zu kommen, wenn er sich in Berlin nicht so ostentativ kompromittierte, gleichgültig, ob Kapps Aktion gelang oder nicht.

Doch nach Ehrhardts Marsch auf Berlin blieben die bayerischen Militärs und Politiker nicht untätig. Zunächst wurde der Generalstreik abgelehnt und der SPD der Wind aus den Segeln genommen. Zweiundzwanzig Stunden nach Ehrhardts Einzug in die Reichshauptstadt erschienen auf Weisung des Leiters der Reichswehr-Abteilung I b/P, Hauptmann Karl Mayr,[273] der später gelegentlich versuchte, zusammen mit Alfred Rosenberg und Graf v. Bothmer Einfluß auf die NSDAP zu gewinnen,[274] Adolf Hitler und Dietrich Eckart in Regensburg in der Wohnung von Dr. Heim (5 Uhr früh, 14. März), dem beziehungsreichen Regisseur der bayerischen Nachkriegspolitik. Sie teilten ihm mit, daß die »Minister und die Führer der Linken hopp genommen worden«[275] seien, und daß sie (Hitler und Eckart) den Auftrag hätten, ihn (Heim) nach München zu begleiten, wo er »die [neue] Regierung [...] übernehmen«[276] solle. Daß Hitler und Eckart bereits davon sprachen, daß die Sozialdemokraten »hopp genommen« worden seien, obwohl in Bayern noch gar nichts derartiges geschehen war, mußte Heim stutzig machen. Der vorsichtige »Bauerndoktor«, der wahrscheinlich überrascht war, daß Eckart, den er namentlich nannte,[277] und Hitler (der ihm offensichtlich noch nicht bekannt war) so gut über bevorstehende Dinge informiert

einen Offizier, der heute (1928) im linken Lager steht« (Hptm. K. Mayr), durch einen vertraulichen Brief von dem geplanten Unternehmen informiert worden, der Aufforderung zu einer detaillierten Besprechung etc. in Berlin jedoch (angeblich) nicht gefolgt.

271 Vgl. Röhm, S. 101. Röhm weist dort ebenfalls auch auf Karl Mayrs entscheidende Rolle hin, vgl. S. 217.

272 ebenda.

273 Persönliche Auskunft eines ehemaligen Mitarbeiters von Hauptmann Mayr, der Heim informierte (vgl. Anm. 270). Vgl. auch Röhm, S. 101.

274 Persönliche Auskunft von Hermann Esser.

275 Heim (vgl. Anm. 270).

276 ebenda.

277 Offensichtlich hat Heim Hitler noch nicht persönlich gekannt. Vgl. auch seinen Bericht in Münchener Neueste Nachrichten vom 12. November 1928.

waren, ließ die beiden Münchener Kuriere mit der Zusicherung zurückfahren, sich mit ihnen am Montag (15. März) am Münchener Hauptbahnhof zu treffen, was auch geschah. Dort erfuhr Heim allerdings von seinen Gesprächspartnern des Vortages, daß die norddeutschen Waffenstudenten aus der Münchener »Türkenkaserne« nicht bereit seien, den Separatisten Heim als Ministerpräsidenten anzuerkennen. Heim mußte von Hitler und Eckart hören, daß jene Studenten »die weißblaue Kokarde herunterreißen [würden], wenn er [Heim] Ministerpräsident würde«.[278] Im Landtag vereinbarte der enttäuschte Heim dann mit Escherich, »Bayern die bayerische Selbständigkeit im besten Sinne des Wortes zu sichern«.[279]

Nachdem Georg Heim auf den von Hitler und Eckart vorgetragenen Vorschlag nicht selbst hatte eingehen können, war er zu seinem Gesinnungsfreunde Gustav v. Kahr gegangen, der Regierungspräsident von Oberbayern war und in der Leitung der Einwohnerwehr eine wichtige Rolle spielte. Ihn überredete der mit allen Wassern gewaschene Heim nun, Ministerpräsident von Bayern zu werden. »Kahr wollte [zunächst] [. . .] nichts davon wissen«, berichtet Heim, »erst als Escherich ihm [Kahr] versicherte, daß er die ganze Einwohnerwehr, das ganze vernünftig gebliebene Bayern hinter sich haben werde, willigte er [. . .] ein«.[280]

Kapp und Lüttwitz hatten mit ihrer Drohung ernst gemacht, »die marxistische Vorherrschaft und Mißwirtschaft im Reiche zu brechen«,[281] wenn die Reichsregierung den Wünschen der Reaktionäre nicht entspräche.[282] Ihre Anhänger waren überzeugt, daß die Reichsregierung (ob vorsätzlich oder nicht) die Bolschewisierung Deutschlands betriebe. Die Tatsache, daß die (bayerische) sozialdemokratische Regierung Hoffmann, die im Gegensatz zum Beispiel von Heim und Röhm vom Kapp-Putsch überrascht wurde, Versammlungen der USPD und KPD für den 14. März

278 Heim (vgl. Anm. 270). Im Bayerischen Kurier, zit. nach Bayerische Staatszeitung Nr. 267 vom 16. November 1920, behauptete Heim allerdings: »Ich ging nach München mit der ausgesprochenen Absicht, nach links nicht herauszufordern und nach rechts nicht zu putschen, sondern in der Mitte zu bleiben.«

279 Vgl. Speckner, S. 124.

280 Heim (vgl. Anm. 278). Zu den Vereinbarungen zwischen Heim und Kahr vgl. auch: Die Verhandlungen des Deutschen Reichstages, Bd. 344, S. 494 (A).

281 Röhm, S. 116.

282 Vgl. auch S. 220.

im Zirkus Krone in München genehmigt hatte, brachte die extreme Rechtsfront und die bayerischen Separatisten in Harnisch. Die Einwohnerwehr, die Zeitfreiwilligenverbände und die Reichswehr wurden in Alarmbereitschaft gesetzt, an wichtigen Punkten Posten aufgestellt. Soldaten zogen »nationale Lieder singend«[283] durch die Straßen. Röhms Ordonnanzoffizier hißte die schwarz-weiß-rote Fahne. Die Pioniere taten es ihm gleich. Der »Oberland«-Führer Östreicher mobilisierte in der Nacht vom 13. zum 14. März Teile der Münchener Zeitfreiwilligen und das (Thule-) Freikorps »Oberland«.[284]

Die Befehlshaber der bayerischen Truppenteile, die vornehmlich bayerisch und nicht reichsdeutsch fühlten,[285] standen während des Kapp-Abenteuers vor einer Entscheidung, die ihnen Schwierigkeiten bereitete. Sie hielten sowohl zur Reichsregierung als auch zu Kapp und Lüttwitz und verhielten sich vorerst abwartend. Die Erregung wuchs jedoch rasch, auch in den Kasernen, und die Führer der Rechtsfront fürchteten, daß die Wogen der Erregung ihnen womöglich die Zügel aus den Händen nehmen könnten. Epp und Hörauf mahnten zwar zur Ruhe; aber an die Erhaltung des status quo in Bayern dachten auch sie nicht. Und so einigten sich die Akteure mit dem Stabsleiter der bayerischen Einwohnerwehren, Major Kriebel, auf folgende Lösung: »General v. Möhl sollte sich von der Regierung die vollziehende Gewalt übertragen lassen und als Zivilkommissar den Regierungspräsidenten von Oberbayern, Dr. v. Kahr verlangen.«[286] Darüber hinaus sollten auf Initiative von Epp, Mayr und Röhm Verbindungsleute aus Bayern nach Berlin, um die Situation zu erkunden und Möglichkeiten für ein gemeinsames Vorgehen zu prüfen.

Dietrich Eckart und Adolf Hitler boten sich auch für diese Aufgabe an. Ernst Röhm, der die Fähigkeiten seines Parteigenossen Hitler schätzte, hielt Hitler für geeignet, die zu gleichen Teilen militärische und politische Funktion zu übernehmen, zumal der »Bildungsoffizier« Hitler seit dem 5. Januar 1920 auch Propagandaleiter[287] der Deutschen Arbeiterpartei war, obwohl er bis Ende März 1920 noch der Truppe angehörte.

283 Mannheimer General-Anzeiger vom 14. März 1920 (Mittags-Ausgabe).
284 Vgl. Maser, S. 60 f., Röhm, S. 115 ff. und Speckner, S. 117.
285 Der immer mehr zunehmende landsmannschaftliche Charakter der bayerischen Reichswehr erwies sich bereits im März 1920 als verhängnisvoll. Vgl. u.a. Weltbühne Nr. 15, S. 7.
286 Oertzen, S. 379.
287 Seit dem Austritt Harrers aus der Partei.

Hitler und Eckart flogen nach Berlin. Das Flugzeug mußte jedoch in Jüterbog zwischenlanden. Streikende Arbeiter hielten den Flugplatz besetzt. Kapp und Lüttwitz gerieten in Verlegenheit. Die Eisenbahn stand still. Der Strom war unterbrochen. Lebensmittel gab es nicht. Das Wasser hörte auf zu laufen. Benzin und Kohlen waren unerreichbar. Die »Todesstrafe für Streikende«, das war die Reaktion der »neuen Regierung« auf den einmütig befolgten Aufruf zum Generalstreik. In Steglitz, in Halle auf dem Galgenberg, in Suhl, Ohrdruf und Gotha, in Greifswald, Anklam, Rostock, Gevesmühlen und Teterow in Mecklenburg, in Kiel, Hamburg, Eutin, Hannover, Nürnberg, Frankfurt, Offenbach, Hanau, Fürth und Hof jagten die regierungstreuen Truppen, Beamten- und Arbeiterverbände die meuternde »Reaktion« davon. Die beiden Münchener Abgesandten durften auf dem Flugplatz nicht erkannt werden. Eckart gab sich als Papierhändler und der mit einem Spitzbart maskierte Hitler als Buchhalter aus. Sie durften ihren Flug fortsetzen. In Berlin begaben sie sich sofort zur Reichskanzlei. Dort trat ihnen Kapps Pressereferent, der ungarische Jude Trebitsch Lincoln entgegen und berichtete ihnen, daß Kapp bereits geflohen sei. Der zwielichtige Abenteurer Trebitsch Lincoln, der zwei Jahre später in New York verhaftet wurde, wo er sich als »Chef der Spione des deutschen Kaisers«[288] ausgab, riet Hitler und Eckart, sich in Sicherheit zu bringen, wenn sie nicht verhaftet werden wollten, was beide dann auch taten. So endete jene Episode, die Hans Volz wie folgt beschrieb: »Hitler fliegt mit Eckart nach Berlin, um in die Politik einzugreifen.«[289]

Während Hitler und Eckart erfolglos in Berlin weilten, handelten ihre Auftraggeber in München. Dabei war Hitlers Vorgesetzter, Hauptmann Karl Mayr, nach einer Äußerung Röhms »vielleicht der entscheidendste Förderer des Kapp-Unternehmens in Bayern«.[290] General v. Möhl, der Chef Mayrs, wurde von einer Deputation aufgesucht, die mit Genehmigung des Regierungspräsidenten von Oberbayern, des Polizeipräsidenten von München und des Brigadekommandeurs[291] in der Leibregiments-Kaserne zur Beratung zusammengekommen war, wo sie beschlossen hatte, Möhl zu veranlassen, sich von der bayerischen Regie-

288 Mannheimer General-Anzeiger vom 30. Januar 1922 (Abend-Ausgabe).
289 Volz: Die Geschichte der NSDAP, S. 3.
290 Röhm, S. 101.
291 ebenda, S. 118.

rung die vollziehende Gewalt übertragen zu lassen und die Einsetzung Kahrs als Zivilkommissar zu verlangen.[292] Möhl entsprach der Forderung der Deputation und begab sich mit dem um 2 Uhr nachts[293] aus dem Bett getrommelten Gustav v. Kahr, dem Münchener Polizeipräsidenten Pöhner, dem Forstrat Escherich, dem Stabsleiter der bayerischen Einwohnerwehr, Major Kriebel, und einigen Vertretern der Zeitfreiwilligenverbände zum Ministerpräsidenten Hoffmann, bei dem sie um 4.30 Uhr früh eintrafen. Der überraschte Hoffmann erklärte den militanten Interventen jedoch, ihre Forderungen nicht erfüllen zu können, weil für derartige Entscheidungen der Beschluß des Gesamtministeriums erforderlich sei; aber er erbot sich, den Ministerrat einzuberufen und über den Antrag beraten zu lassen.[294]

Vor dem Ministerrat[295] erklärte General v. Möhl dem Ministerpräsidenten vereinbarungsgemäß: »Der Polizeipräsident und der Regierungspräsident verlangen, daß ich den Antrag stelle, mir die vollziehende Gewalt zu übertragen.[296] Die Zeitfreiwilligen, etwa 5 000 Mann, sind auf dem Sprung, gegen die für Sonntag vormittag angekündigte kommunistische Versammlung im Zirkus Krone vorzugehen. Wenn die Leute wissen, daß ich die Gewalt habe, kann ich sie beruhigen. Wenn nicht, dann kann ich nicht gut dafür stehen, daß Dinge geschehen, die uns allen unangenehm sind. Für diesen Fall kann ich für einen Schutz der Regierung nicht einstehen. Das einzige Mittel erscheint auch mir die Übertragung der vollziehenden Gewalt an das Militär.«[296a]

Während Hoffmann, Kahr, Pöhner, Kriebel, Escherich und Möhl um die Entscheidung über die Übertragung der Exekutivgewalt diskutierten, erschien (möglicherweise von den Putschisten instruiert) ein Polizeikommissar im Sitzungssaal und erklärte, daß die Polizei die Verantwortung für die persönliche Sicherheit der Minister nicht mehr überneh-

292 ebenda.
293 Nach einer Feststellung Stangs im bayerischen Landtag am 30. März 1920. Verhandlungen des Bayerischen Landtages, 1919/1920, Bd. II, S. 847.
294 Vgl. Heim (wie Anm. 270).
295 Nach Heim, ebenda, waren zugegen: Hoffmann, Segitz, Endres, Müller-Meiningen, v. Freyberg, Hamm, v. Frauendorfer, Ministerialdirektor v. Deybeck, v. Möhl, v. Prager, Escherich, Kanzler, v. Kahr und Pöhner.
296 Möhl forderte die Übertragung der vollziehenden Gewalt für das ganze rechtsrheinische Bayern.
296a Nach stenographischen Notizen von Müller-Meiningen (Aus Bayerns schwersten Tagen. Berlin und Leipzig 1923, S. 323). Vgl. auch Oertzen, S. 379.

men könne,[297] was Hoffmann mit der sarkastischen Bemerkung quittiert haben soll, daß er hoffentlich noch Zeit erhielte, »den Koffer zu packen«.[298] Der Ende 1923 als pfälzischer Separatist hervorgetretene, 1920 jedoch reichstreue Hoffmann, der zeitweilig mächtig genug war, bayerische und rechtsradikale Extratouren zu unterbinden, mußte sich der militanten Gewalt der wittelsbachisch-monarchistischen Putschisten beugen.[299]

Nur 4 Minuten hatte am 16. März 1920 die 47. Landtagssitzung gedauert, in der Hoffmann seinen Rücktritt erklären mußte.[300] Gustav v. Kahr war an seine Stelle getreten, was er neben Georg Heim und der bayerischen Reichswehr mit ihren Landsknechtsverbänden nicht zuletzt auch den in Berlin gescheiterten Putschisten Kapp und Lüttwitz verdankte. Dennoch legalisierte die Reichsregierung das Ergebnis des Ränkespiels in Bayern; denn ihr wurde offiziell Gehorsam gelobt, und die bayerischen Rechtsverbände boten sich der Regierung als das geeignete Werkzeug gegen die radikale Linke an. Bayern wurde fortan von einer Regierung geführt, die der reichsfeindlichen bayerischen Tradition treu zu bleiben versprach.

Gustav v. Kahr, der in den kommenden Jahren eine entscheidende Rolle in Bayern (und schließlich in der Geschichte der NSDAP) spielte, stammte aus einer angesehenen und als besonders königstreu bekannten evangelischen Familie, deren Geschichte sich bis in das 15. Jahrhundert zurückverfolgen läßt.[301] Kahrs Vater hatte 1889 den mit dem persönlichen Adel verbundenen Zivilverdienstorden der bayerischen Krone erhalten und war 1896 Präsident des Bayerischen Verwaltungsgerichtshofes und »Exzellenz« geworden.[302] »Er, der unter drei Fürsten aus dem

297 Müller-Meiningen legte das später als »törichte Geschaftelhuberei« des Polizeibeamten aus, die einer »Revolutionshysterie« entsprungen sein müßte. Nach Speckner, S. 121.

298 Dieser Ausspruch ist nicht einhellig bezeugt. Einigen Berichten zufolge habe eine militärische Abordnung Hoffmann aufgefordert, seine »Koffer zu packen«. Vgl. Heim (wie Anm. 270).

299 Ernst Röhm sagt zum Sturz der Regierung Hoffmann, daß der »talentierte« Offizier Östreicher von dem (Thule-) Bund Oberland »der Abordnung auf die ihm richtig erscheinende Weise den nötigen Nachdruck verschaffte« (S. 119).

300 Verhandlungen des Bayerischen Landtages, 1919/20, Bd. II, S. 555.

301 Vgl. Speckner, S. 129.

302 Wulz, Gustav: Die Familie Kahr. Abdruck aus dem Archiv für Rassen- und Gesellschaftsbiologie, Bd. 18, H. 3. Vgl. auch Zink, Adolf v.: Gustav

Hause Wittelsbach seines Amtes gewaltet hatte, war überzeugter Monarchist.«[303] Dieses Vorbild hatte auch seinen Sohn Gustav v. Kahr geprägt. Nach dem Abschluß des Jurastudiums an der Universität München begann er seine Laufbahn im Verwaltungs- und Ministerialdienst als Bezirks-Amtsassessor in Erding, wurde Regierungsrat und schließlich Regierungspräsident. 1895 kam er ins Innenministerium, in das er, nachdem er 1900 Bezirksamtmann in Kaufbeuren geworden war, 1902 erneut berufen wurde.[304] Während des Krieges war er Reserveoffizier, jedoch nicht im Felde. 1917 berief König Ludwig III. ihn auf den Posten des Oberbayerischen Regierungspräsidenten,[305] der bis dahin stets von einem Katholiken besetzt war. Der politisch nicht gerade kluge und geschickte v. Kahr, der von sich selbst sagte, daß er »in der Politik zehn Daumen«[306] hätte, hat seinem König diese Auszeichnung gedankt. Bis zu seinem Tode (1934) ist der erstmalig im März 1920 parteipolitisch hervorgetretene Kahr ein ergebener wittelsbachischer Monarchist geblieben. Äußerlich war er »klein und stämmig. Sein schwarzes Haar durchzog ein Mittelscheitel. Er trug immer noch die Kragen, die zu Bismarcks Zeiten modern gewesen waren. Durchweg kleidete er sich ohne jeden modischen Einschlag schwarz. So erschien er auch nach außen hin als ein pflichtbewußter Beamter, von dem der Mittelständler auf den ersten Blick sagen konnte: das ist unser Mann.«[307]

Als Hitler und Eckart wieder in München eintrafen, war in Bayern das erste rein bürgerliche Kabinett seit der Revolution etabliert worden. Es war verwirklicht, was einige Abgeordnete der Deutsch-Nationalen Volkspartei und der Deutschen Volkspartei in der Nationalversammlung gefordert, am 9. März jedoch nicht zugebilligt bekommen hatten.[308] Und es waren auch einige der Forderungen umgesetzt worden, die Lüttwitz am 10. März in einer Unterredung mit Ebert gestellt hatte.[309]

Ritter von Kahr, Dr. med. h.c. Festschrift zur Feier des fünfzigjährigen Bestehens des Bayerischen Verwaltungsgerichtshofs. München, Berlin, Leipzig 1929, S. 56.

303 Vgl. Speckner, S. 129. Vgl. auch Zink (Anm. 302), S. 65.
304 Speckner, S. 129.
305 ebenda.
306 Eine Redewendung Kahrs, die häufig bezeugt worden ist.
307 Speckner, S. 130.
308 Vgl. (Antrag Arnstadt, Heinze und Genossen in) Verhandlungen der Nationalversammlung, Bd. 341, Nr. 2 286.
309 Lüttwitz hatte von Ebert u.a. gefordert, daß die Nationalversammlung

Offiziell genossen die extremen Rechtsgruppen, militanten Organisationen und Verbände nun den Schutz und die Förderung der neuen Regierung. Für die Geschichte der NSDAP haben die März-Ereignisse des Jahres 1920 eine besondere Bedeutung gehabt. Georg Heims Erklärung vom 18. März 1920 in der Nationalversammlung, daß die Bayerische Volkspartei »mit allen gesetzmäßigen Mitteln alle Pläne eines uferlosen Unitarismus«[310] bekämpfen werde, zeigt das Prisma, durch das Kahr und seine Partei die Frage der Reichseinheit sahen. Die Regierung Kahr erwies sich als ein Regime, dessen leitender Polizeibeamter Ernst Pöhner (der unter anderem Polizeipräsident von München und Richter am Obersten Landesgericht von München war) später sagen mußte: »Ich habe als Beamter fünf Jahre lang Hochverrat betrieben.«[311] Unter dem Schutze Pöhners (1870 bis 1925) und seines skrupellosen Mitarbeiters Dr. Frick,[312] des Oberamtmannes und Leiters der Politischen Polizei in München,[313] gedieh die kleine Deutsche Arbeiterpartei und wurde zusammen mit der anderen Thule-Schöpfung Deutschsozialistische Partei (DSP) zur Keimzelle der Nationalsozialistischen Deutschen Arbeiterpartei.

aufgelöst, Neuwahlen ausgeschrieben, der Reichspräsident durch das Volk gewählt und die Reichswehr nicht reduziert werden dürfe. Vgl. Braun, Otto: Von Weimar bis Hitler. New York 1940, S. 86 f. Vgl. auch Oertzen, S. 372 f. und Schlottner, Erich Heinz: Stresemann, der Kapp-Putsch und die Ereignisse in Mitteldeutschland und in Bayern im Herbst 1923. Diss. Frankfurt/M. 1948, S. 25.

310 Die Deutsche Nationalversammlung, Bd. IX, S. 247.

311 Nach Heiden: Adolf Hitler, S. 140.

312 Ihm und Pöhner hat Hitler in *Mein Kampf* (S. 403) dafür gedankt, daß sie »schon damals den Mut besaßen, erst Deutsche und dann Beamte zu sein. An verantwortlicher Stelle war Ernst Pöhner der einzige«, schreibt Hitler, »der nicht um die Gunst der Massen buhlte, sondern sich seinem Volkstum verantwortlich fühlte [. . .]«.

313 Zu Frick vgl. auch S. 298 f.

4. Die »Nationalsozialistische Deutsche Arbeiterpartei«

Ende Februar 1920, nachdem Hitler das 25-Punkte-Programm der Partei verkündet hatte, setzten Drexler und die Ausschußmitglieder der Deutschen Arbeiterpartei die Bezeichnung »nationalsozialistisch« vor den alten Namen »Deutsche Arbeiterpartei«. Doch die Schreibweise war zunächst noch nicht einheitlich. Ein von Drexler verfaßtes Flugblatt vom 22. Februar 1920 trug die Unterschrift: »Nationalsozialistische deutsche Arbeiter-Partei.«[1] Der erste Schriftführer Wiegand schrieb am 18. April 1920 »Nationalsozialistische DAP.«[2]

Der endgültige Name der NSDAP setzte sich aus irreführenden Bezeichnungen zusammen. »Fünf Worte bilden den Namen dieses denkwürdigen Gebildes«, schrieb ein bayerischer Politiker am 17. Dezember 1922 in der *Central-Vereinszeitung der deutschen Staatsbürger jüdischen Glaubens* (CVZ), »fünf Worte und fünf Unwahrheiten; es nennt sich Partei und will zugleich alles Partei- und Parlamentswesen abschaffen [...] Darum nennt sie sich national und stößt in blindwütigem Haß wertvolle Helfer am Wiederaufbau des Vaterlandes zurück, nur weil sie Juden sind und deshalb in den beschränkten Volksbegriff der Rassefanatiker nicht passen [...] Sozialistisch nennen sich die Herren und verfolgen doch jeden Sozialisten mit wütendem Haß. Deutsch geben sie vor zu sein, nehmen aber ihre Ideale und Methoden von den italienischen Faszisten, den bittersten Verfolgern des Deutschtums in Südtirol und scheuen sich auch nicht vor Ideenverbindungen mit Franzosen und anderen Feinden Deutschlands, sofern nur gemeinsamer Haß gegen alles Jüdische sie zusammenführt.«[3]

1 Zit. aus dem Originalflugblatt vom 22. Februar 1920.
2 Nach Franz-Willing, S. 79.
3 CVZ vom 17. Dezember 1922.

Die Sozialdemokraten, die wegen der Verwendung des Begriffes »sozialistisch« im Namen der NSDAP verärgert waren, beschuldigten die Nationalsozialisten, Plagiatoren zu sein. »Sozialistisch«, so schrieb beispielsweise die *Münchner Post*, »ist eine der Sozialdemokratie entwendete Wortbildung. Auch der Ausdruck ›Parteigenosse‹ ist der Sozialdemokratie gestohlen«.[4] Dieser Vorwurf konnte die Münchener Nationalsozialisten jedoch nur mittelbar treffen; denn beide Begriffe waren von den österreichischen Nationalsozialisten übernommen worden,[5] die das Hakenkreuz als Symbol verwandten und ihre Partei bereits seit Mai 1918 »Deutsche Nationalsozialistische Arbeiterpartei« (DNSAP) nannten. Zwar hatte Anton Drexler, der in seiner Schrift *Mein politisches Erwachen* schon 1919 den Begriff »National-Sozialismus«[6] gebrauchte, am 25. Dezember 1919 den österreichischen Gesinnungsfreunden gegenüber hervorgehoben, daß er die Bezeichnung »nationalsozialistisch« ablehne, jedoch hinzugefügt, daß seine augenblickliche Entscheidung nicht als »endgültige Verneinung«[7] zu betrachten sei. Am 5. Januar 1920, an dem Tage, an dem Harrer infolge der Auseinandersetzungen mit dem Propagandaobmann Hitler aus der DAP ausschied, beantragte Drexler vor dem Parteiausschuß die Namensänderung, die der Parteiausschuß billigte.[8] Doch erst nach Hitlers Programmverkündung hieß die DAP NSDAP.

Wie weit Hitler bei dieser Namensänderung engagiert gewesen ist, läßt sich nicht feststellen. In *Mein Kampf* äußerte er sich nach einer bissigen Betrachtung über die in zahlreichen Gruppen zersplitterten Völkischen mit ihrem »Meinungsgedusel«,[9] das er nicht für geeignet hielt, »Grundlage für eine politische Bewegung« zu sein, wie folgt darüber: »Wer es [. . .] auf dieser Welt nicht fertigbringt, von seinen Gegnern gehaßt zu werden, scheint mir als Freund nicht viel wert zu sein. Und so war auch die Freundschaft dieser Menschen[10] für unsere junge Bewe-

4 Münchner Post vom 12. Februar 1923.
5 Vgl. S. 237 ff.
6 Drexler, Vorwort.
7 Ciller: Deutscher Sozialismus. Hamburg 1944, S. 152, Anhang.
8 Vgl. Völkischer Beobachter vom 13. Juni 1934 (künftig zitiert als VB).
9 In den *Mein Kampf*-Ausgaben von 1925 und 1928 (S. 384). In den Ausgaben von 1930, 1933 und 1939 (S. 398) wurde die geringschätzige Wendung »Meinungsgedusel« durch die farblose Formulierung ». . . eine solche Vielfältigkeit der Meinungen« ersetzt.
10 Damit meinte Hitler die »Völkischen«, die er als »Johannesse des 20. Jahrhunderts« (S. 398) bezeichnete. Er warf ihnen vor, es nicht einmal

gung nicht nur wertlos, sondern immer nur schädlich, und es war auch der Hauptgrund, warum wir erstens den Namen ›Partei‹ wählten – wir durften hoffen, daß dadurch allein schon ein ganzer Schwarm dieser völkischen Schlafwandler von uns zurückgescheucht würde – und warum wir uns zweitens als Nationalsozialistische Deutsche Arbeiterpartei bezeichneten. Der erste Ausdruck brachte uns die Altertumsschwärmer vom Leibe, die Wortmenschen und äußerlichen Sprücheklopfer der sogenannten ›völkischen Idee‹, der zweite aber befreite uns von dem ganzen Troß der Ritter mit dem geistigen Schwert, all den Jammerlappen, die die ›geistige Waffe‹ als Schutzschild vor ihre tatsächliche Feigheit halten.«[11]

Diese Überlegungen, die eindeutig den Propagandisten Hitler verraten, haben mit Sicherheit bei Drexler und den übrigen Mitgliedern des Ausschusses nur eine untergeordnete Rolle gespielt. Friedrich Krohn, der als Mitglied des Germanen- und Wälsungenordens bei der Konzeption des Programms der DAP und DSP eine Rolle spielte und an internen Sitzungen zusammen mit Harrer und Drexler teilgenommen hatte,[12] behauptete, daß die DAP sich durch die Namensänderung von den international ausgerichteten marxistischen Arbeiterparteien deutlich absetzen sollte.[13] Die Interpretation Hitlers enthält seine praktischen programmatischen Vorstellungen und wendet sich besonders gegen Harrer, dessen Logen-Prinzip er stets entschieden abgelehnt hatte, weil auf dem Wege eine breite Masse niemals gewonnen werden konnte. Hitler hatte sofort erkannt, daß er die Ziele der »Bewegung« nur mit Hilfe einer besonders organisierten politischen Partei durchsetzen konnte. »Es war damals schwer«, schrieb er, »den Leuten begreiflich zu machen, daß jede Bewegung, solange sie nicht den Sieg ihrer Ideen und damit ihr Ziel erreicht hat, Partei ist, auch wenn sie sich tausendmal einen anderen Namen beilegt«.[14]

Die in den rechtsradikalen Vereinigungen wie zum Beispiel im Germanenorden und in der Thule-Gesellschaft mit ihren Schwester- und Tarnorganisationen, die sich selbst als Elite der Rechtsextremisten ver-

fertig zu bringen, gehaßt zu werden: »Man läßt sie schwätzen und lacht sie aus« (S. 398). Auf solche Verbündete und Freunde wollte er denn auch verzichten.

11 Hitler, S. 398.
12 Vgl. Franz-Willing, S. 78.
13 Mitteilung Krohns an Franz-Willing (siehe dort S. 79).
14 Hitler, S. 395. Zu »Partei« vgl. auch den Drexler-Brief im Anhang.

standen, und auch in den weniger exklusiven, aber ebenso radikalen Rechtsgruppen gepflegte und als »völkisch« bezeichnete »Sprachtradition« charakterisierte Hitler bereits im 1. Band seines Buches *Mein Kampf* als »Meinungsgedusel«, törichte Altertumsschwärmerei[15] und Anleihe beim »Wortschatz unserer Urväter«.[16] Im 2. Band interpretierte er den Begriff »völkisch«, der von dem frühneuhochdeutschen Adjektiv »volkisch« (seit dem 16. Jahrhundert mit Umlaut) abgeleitet und, mit Vorstellungen des Grenzlandkampfes belastet, um 1900 aus Österreich nach Deutschland eingedrungen und dort besonders nach dem 1. Weltkrieg rassistisch artikuliert worden war, ausführlicher als ein politisches »Deckwort«, das immerhin einige grundsätzliche Erkenntnisse einschlösse, die »sich über den Wert einer mehr oder minder anzuerkennenden Meinung [...] erheben«[17] könnten, wenn sie zu Grundelementen im Rahmen einer politischen Partei erhoben würden. Seit Beginn seiner politischen Tätigkeit im Rahmen der DAP und NSDAP war er ein konsequenter Gegner aller rechtsradikalen Konkurrenten der NSDAP, gleichgültig ob sie die »Weltanschauung« der NSDAP verfochten oder nicht. Da die »Völkischen« nicht nur politische Vorstellungen kultivierten, die Hitler als »Meinungsgedusel« verspottete, sondern sich häufig auch ostentativ gegen die Arbeiter richteten und den Sozialismus (gleich welcher Prägung) ablehnten, den Hitler grundsätzlich vom Marxismus trennte, konnte Hitler von ihnen zur Zusammenarbeit sowohl aus taktischen als auch aus prinzipiellen Erwägungen nicht gewonnen werden. Eingeordnet in den Rahmen der rechtsradikalen Gruppen, die zum Teil als Geheimzirkel und Logen wirkten, wie Harrer es im Auftrage der Thule-Gesellschaft auch mit der Deutschen Arbeiterpartei angestrebt hatte, hätte die NSDAP niemals zu der »Massenbewegung« werden können, die Hitler vorschwebte.

Hitler »lehnte nicht bloß den Zusammenschluß dieser Splittergruppen und -grüppchen mit ihrer Vereinsmeierei und Wichtigtuerei ab, er ging viel weiter: er war von Anfang an entschlossen, die demokratisch-kollegialen Grundsätze in der Parteileitung im besonderen, beim Zusammenschluß der völkischen Vereinigung im allgemeinen zu bekämpfen.«[18]

15 Vgl. Hitler, S. 394 f. (zu »Meinungsgedusel« vgl. die *Mein Kampf*-Ausgaben von 1925 und 1928, S. 384, ebenso Anm. 9 in diesem Kapitel).
16 Hitler, S. 395.
17 Vgl. ebenda, S. 415 ff.
18 Franz-Willing, S. 104. Vgl. auch Hitler, S. 384.

Er hatte jedoch nicht nur derartige Einflüsse abzuwehren, sondern auch die Bemühungen von Gruppen und Parteien, die die NSDAP systematisch zu assimilieren oder sich mit ihr zusammenzuschließen versuchten.

Eine besondere Rolle spielte dabei die Deutschsozialistische Partei (DSP). Wie die Deutsche Arbeiterpartei, so war auch die DSP auf Initiative von Freiherr v. Sebottendorff als Thule-Kind (unter dem Namen Deutschsozialistische Arbeitsgemeinschaft im Mai 1919) in München ins Leben gerufen worden. Aus der Arbeitsgemeinschaft war die Münchener Ortsgruppe der Deutschsozialistischen Partei unter dem Vorsitz des Buchdruckers Hans-Georg Grassinger hervorgegangen. Grassinger, der niemals eine nennenswerte Rolle spielte, war von Sebottendorff für diese Funktion offensichtlich ausersehen worden, weil Sebottendorff nach der Beurteilung der Persönlichkeit Grassingers hoffen konnte, ihn wie Karl Harrer – und über ihn Anton Drexler – dirigieren zu können.

Den Anstoß zur Gründung der DSP hatte Sebottendorff im Dezember 1918 auf der »Jultagung« der Loge in Berlin erhalten. Konzeptionelle Grundlage bildete ein Programm des Maschinenbauingenieurs Alfred Brunner (1881–1936), der an die Stelle des römischen Rechts ein deutsches Recht gesetzt sehen wollte, wie Gottfried Feder eine neue Bodengesetzgebung propagierte und die Abschaffung der Bodenspekulation, des privaten Bodenverkaufs, der Freiverkäuflichkeit und Verschuldbarkeit und die Umgestaltung des Geldwesens mit dem Abbau der Zinswirtschaft und der Verstaatlichung des Geldwesens forderte. Bereits im Dezember 1918 war sein Programm in den Ordensnachrichten des Germanenordens veröffentlicht worden.[19] Führende Männer der Münchener DSP waren Hans Georg Müller und Max Sesselmann, die als verantwortliche Schriftleiter des völkischen *Münchener Beobachters* (seit 9. 8. 1919, Nr. 34, *Völkischer Beobachter*) fungierten. Der *Völkische Beobachter*, der im Dezember 1920 von der NSDAP aufgekauft wurde, hatte bereits seit Herbst 1919 auch für die Deutsche Arbeiterpartei

19 Allgemeine Ordensnachrichten Nr. 15 (Dezember 1918/19). Vgl. Sebottendorff. S. 171–182. Siehe dort auch den Bilderteil S. 105, in dem die Allgemeinen Ordensnachrichten abgedruckt sind. Die Tatsache, daß diese Parteien von der Thule-Gesellschaft gesteuert wurden, bestätigt u.a. auch ein handschriftliches Protokoll vom 16. Januar 1919, das bezeugt, daß Brunnner auch bei internen Besprechungen der DAP (mit Referat von Karl Harrer) teilnahm (ehemaliges Hauptarchiv der NSDAP, Bundesarchiv Koblenz, NS 26/76).

Propaganda gemacht. Neben Sesselmann und Müller ist Dr. Friedrich Wieser als maßgebliches DSP-Führungsmitglied zu nennen. Alle drei, Müller, Sesselmann und Wieser, gehörten sowohl der Thule-Gesellschaft als auch dem Wälsungen-Orden an.

Im Gegensatz zur DAP war die DSP anfänglich nicht nur auf München beschränkt. Ihre Tendenz, sich sofort über ganz Deutschland auszubreiten, stand zunächst in krassem Gegensatz zu den taktischen Erwägungen der Führer der DAP, was von politischen Beobachtern sofort aufmerksam registriert wurde. So stellte beispielsweise die (bayerische) Landeswerbezentrale des Reichswehrgruppenkommandos 4 am 5. März 1920 fest: »Als beachtenswerte Erscheinung ist die Gründung und das rasche Anwachsen der Deutschsozialistischen Partei anzusehen, die sich als eine fortschrittlich gesinnte Partei auf unerschütterlich nationalem Boden mit starker Betonung des rein erhaltenen deutschen Volkstums unter Ausschaltung fremdländischer und zersetzender Einflüsse darstellt.«[20] Nicht nur in Leipzig, Berlin und Düsseldorf entstanden Ortsgruppen der DSP, die sich im Gegensatz zur DAP und NSDAP an Wahlen beteiligte und während der Reichstagswahlen im Mai 1920 bereits 2 084 Stimmen auf sich vereinigte. Seit 1919 pflegten die DSP-Führer unter dem Einfluß Brunners, der die DSP in Norddeutschland leitete, auch Kontakte zu den sudetendeutschen und österreichischen Nationalsozialisten.

Auf dem Gründungsparteitag der DSP vom 23. bis 25. April 1920 in Hannover, auf dem Brunner (kurz nachdem die DAP-Führer den Namen ihrer Partei in NSDAP abgeändert hatten) die Parteibezeichnung Deutschsozialistische Partei festlegte,[21] waren die (relativ unabhängigen) Vertreter der DSP-Ortsgruppen Bielefeld, Duisburg, Kiel, Leipzig und Wanne-Eickel zusammengekommen. Sesselmann (München) und Julius Streicher (Nürnberg), der bis Herbst 1922 eine besondere Rolle in der DSP und danach bis 1945 in der NSDAP spielte, waren zunächst so unabhängig, daß die DSP-Leitung bei zentralen Entscheidungen nur mit Vorbehalt auf die Zustimmung der Münchener und Nürnberger Parteigenossen rechnen konnte. Selbst während der ersten zwischenstaatli-

20 Zit. aus Monatsbericht, München (5. März 1920), Bayerische Landeswerbezentrale des Reichswehrgruppen-Kdo. 4, Schütz.-Brig. 21, Bd. 24 a, Akt 1. Vgl. auch Sebottendorff, S. 171 ff.
21 Vgl. Franz-Willing, S. 89.

chen Tagung aller Nationalsozialisten des deutschen Sprachgebietes im August 1920 in Salzburg, wo die Arbeitsgebiete, für die NSDAP das Gebiet südlich des Main, für die DSP das Gebiet nördlich des Main, aufgeteilt wurden,[22] behielt der fanatische Antisemit Julius Streicher ein Sonderrecht. Seine Ortsgruppe sollte weiterhin selbständig bleiben.

Wegen der besonderen Rolle, die Julius Streicher in der DSP und vor allen Dingen von Oktober 1922 bis Mai 1945 in der Geschichte der NSDAP spielte, wird er an dieser Stelle ausführlicher vorgestellt. Streicher (1885–1946), der 1919 eine DSP-Ortsgruppe in Nürnberg gegründet hatte, wo er die Wochenschrift *Der Deutschsozialist* herausgab, war der Sohn eines bayerischen Volksschullehrers. Nach seiner Ausbildung zum Volksschullehrer war Julius Streicher seit 1909 an einer Nürnberger Schule tätig gewesen und hatte sich 1911 der Demokratischen Partei angeschlossen, der er sich 1912 als Redner für die Vorbereitung der Reichstagswahlen zur Verfügung stellte. Mit einem Auto, das vom jüdischen Bankhaus Kohn für diesen Zweck ausgeliehen wurde, war er von Versammlung zu Versammlung gefahren. Der Fatalist Streicher glaubte nach späteren Angaben, daß gerade dieser Umstand die »schicksalhafte Fügung« gewesen sei, die ihn den Weg zum Antisemitismus habe finden helfen.

Nachdem Streicher als Offizier aus dem I. Weltkriege heimgekehrt war, hatte er sich dem im Februar 1919 vom Alldeutschen Verband gegründeten antisemitischen Deutschen Schutz- und Trutzbund angeschlossen. Als Sprachrohr des organisierten Antisemitismus wirkte der »Wahrheitsfanatiker«, wie Streicher sich selbst gern bezeichnete, nach 1933 mit Exekutivgewalt ausgerüstet, dann bis 1945. Philipp Bouhler schildert Streicher als einen Mann, der unmittelbar nach dem Kriege als Führer der Nürnberger DSP »rastlos von Ort zu Ort [...] den Rucksack vollgestopft mit Büchern und Schriften antisemitischen Inhalts«[23] gezogen sei und »nicht müde wurde, das Volk des Frankenlandes in tausend Versammlungen über die jüdische Weltgefahr aufzuklären«.[24] Für Strei-

22 Im Rundschreiben der DSP vom 12. September 1920 wurde folgendes festgestellt: »Alle in Süddeutschland (Bayern, Baden) liegenden Ortsgruppen unserer Partei haben sich den Nationalsozialisten angeschlossen, dafür werden seitens der Nationalsozialistischen Deutschen Arbeiterpartei sämtliche Mitglieder in Nord-, West-, Ost- und Mitteldeutschland der DSP unterstellt und führen den Namen DSP.«
23 Bouhler: Kampf um Deutschland, S. 83.
24 ebenda.

cher war der Antisemitismus eine Kompensationsmöglichkeit für vorhandene Minderwertigkeitskomplexe, Ersatz für Wissen und Bildung. Ungeschliffen, derb und primitiv waren seine Argumente; aber er war von der Wahrheit seiner eigenen Ausführungen überzeugt[25] und fand Gehör und Anklang, und darauf kam es ihm und seinen Parteigenossen schließlich an. Obwohl Mitbegründer der Deutschsozialistischen Partei, hat Streicher bald empfunden, daß diese Partei nicht seine Partei sein konnte. Er brauchte die hemmungslose »Aktion«, ihm fehlte eine Umgebung, in der er sich austoben konnte, in der er sich ungezwungen gehenlassen und gebärden durfte.

Ein guter Ruf ging Streicher nicht voraus. In Atis bei Peronne soll er eine Lehrersfrau namens Duquesne vergewaltigt haben.[26] Ob es sich tatsächlich so verhielt, ist nicht erwiesen; aber Streicher war der Mann, der »den Dreck«[27] auch selber anfaßte, den er zu werfen empfahl. »Man erklärte mich zu einem Bluthund«, sagte er während des Nürnberger Prozesses, »man erklärte mich zu einem roten blutigen Zaren von Franken« (der er als Antisemit auch zweifellos gewesen ist); aber Streicher rechtfertigte sich und seine »Heldentaten« mit dem Hinweis auf seine Fähigkeit, die »höheren Schwingungen in sich aufzunehmen«[28] und die »schicksalhaften Fügungen«[29] auch begreifen zu können.

Der Stürmer, die später von ihm in Nürnberg herausgegebene Zeitung, die wie zum Hohn den Untertitel »Wochenblatt zum Kampf um die Wahrheit« trug, war Streichers Visitenkarte. Für »den Wissenden«, so lehrte er als Nationalsozialist in seiner halbmedizinischen *Deutschen Volksgesundheit durch Blut und Boden*, stehe »ewig fest: ›Artfremdes Eiweiß‹ ist der Same eines Mannes von anderer Rasse. Der männliche Same wird bei der Begattung ganz oder teilweise von dem weiblichen Mutterboden aufgesaugt und geht so in das Blut über. Ein einziger Beischlaf eines Juden bei einer arischen Frau genügt, um deren Blut für im-

25 Streicher während des Nürnberger Kriegsverbrecher-Prozesses (Verhandlungsniederschriften – Der Prozeß gegen die Hauptkriegsverbrecher vor dem internationalen Militärgerichtshof. Nürnberg 1947. Bd. XII, S. 337; fortan zitiert als Nürnberger Prozeß): »Ich will meinen Weg, sei er, wie er will, als Wahrheitsfanatiker gehen bis zum Ende.«
26 Vgl. ebenda, S. 335. Diese Behauptung konnte während des Nürnberger Prozesses nicht nachgewiesen werden.
27 Heiden: Geschichte des Nationalsozialismus, S. 53.
28 Nürnberger Prozeß. Bd. XII, S. 336.
29 ebenda.

mer zu vergiften. Sie hat mit dem ›artfremden Eiweiß‹ auch die fremde Seele in sich aufgenommen. Sie kann nicht mehr, auch wenn sie einen arischen Mann heiratet, rein arische Kinder bekommen.«[30]

In programmatischer Hinsicht unterschied sich die Deutschsozialistische Partei infolge der gleichen Herkunft und Hintermänner (Thule-Gesellschaft) kaum von der NSDAP. Auch hier wurde – neben Brunners programmatischen Richtlinien – der Antisemitismus propagiert, wenn auch nicht in der Schärfe wie z. B. von Hitler und Eckart in der NSDAP. Daher war es nur zu verständlich, daß selbst zahlreiche rechtsradikale Gesinnungsgenossen die Unterschiede zwischen DAP (NSDAP) und DSP zunächst nicht recht begriffen. So fragte beispielsweise ein Mann namens Schwater aus Berlin die Münchener am 2. Juni 1920, ob es der NSDAP »nicht möglich wäre«, sich mit der DSP zusammenzuschließen.[31]

Der Sozialismus wurde in der im Gegensatz zur NSDAP relativ demokratisch ausgerichteten DSP ebensowenig marxistisch aufgefaßt wie bei den Nationalsozialisten in Österreich und in Wien. Er wurde vielmehr als »uneingeschränkte Pflichterfüllung«[32] und als christlich-ethisches Postulat verstanden. Diese programmatischen Formulierungen fanden in der unmittelbaren Nachkriegszeit nicht die Resonanz, die von den Parteiführern erhofft worden war. Die Sprache derer, die den Boden unter den Füßen verloren hatten und eine politische Heimat suchten, enthielt einen anderen Wortschatz und andere Artikulierungen.

Schlagartig wurde denn auch die Entwicklung der DSP behindert, als Richard Kunze, der bald den bezeichnenden Namen »Knüppel-Kunze« trug, eine »Deutschsoziale Partei« (mit Sitz in Berlin) ins Leben rief, die rasch eine nennenswerte Konkurrentin der DSP wurde.

Da zu den Leitsätzen der DSP die Forderung gehörte, als deutscher Sozialist auch Widersprüche ertragen zu müssen, erschien die Partei nicht besonders geeignet, ehemalige Soldaten und Landsknechtsnaturen anzuziehen, aus denen die rechtsextremistischen Parteien ihre Anhänger rekrutierten. Die ehemaligen Soldaten waren gewohnt, Befehle widerspruchs- und bedenkenlos auszuführen, nicht aber geistige Auseinander-

30 ebenda, Bd. V, S. 11.
31 Nach Aufzeichnungen im Parteitagebuch 1920/21. Ehemaliges Hauptarchiv der NSDAP, Bundesarchiv Koblenz, NS 26/222 (künftig zitiert als Parteitagebuch).
32 Hasselbach, S. 42.

setzungen zu bestehen. »Der Soldat hat nicht zu fragen, mit wem er zu kämpfen hat, sondern er kriegt das Ziel gewiesen, und gegen dieses Ziel hat er als Soldat zu kämpfen. Für die Handlungen und Motive dessen, der ihm dieses Ziel weist, ist er nicht verantwortlich.«[33] »Mit Worten«, so argumentierte der nationalsozialistische Reichstagsabgeordnete Ritter v. Epp im Reichstag, könnten die »Ziele« seiner Partei nicht verwirklicht werden, sondern nur nach alter Gewohnheit »anderswo«[34] (besser: auf andere Weise). Kunze elementarisierte diese Landsknechtsphilosophie auf ähnliche Weise wie Hitler mit seiner SA.

Zahlreiche aktivistische Elemente hat neben Kunze auch Hitler der DSP spätestens seit seiner ersten Großversammlung vom 3. Februar 1921 im Zirkus Krone abgejagt. Nicht erst seit dem Linzer Parteitag im August 1921 machten sich bei der Deutschsozialistischen Partei[35] die Einflüsse Hitlers und Kunzes am Rückgang ihres Mitgliederstandes bemerkbar. Die DSP schrumpfte rasch zugunsten der Deutschsozialen Partei Kunzes und der NSDAP, der sich die DSP-Ortsgruppe Hannover im Januar 1922 anschloß.[36]

Die Bemühungen Brunners, der seit der Gründung der DAP auch an vertraulichen Zusammenkünften der DAP-Führung teilnahm,[37] während des Parteitages vom 26. bis 28. März 1921 in Zeitz die NSDAP und die DSP in einer Bundesorganisation unter föderalistischer Leitung mit dem Sitz in Berlin (zugleich auch mit der nationalsozialistischen Partei Österreichs und der nationalsozialistischen Partei der Tschechoslowakei) unter dem Namen »Deutsche Nationalsozialistische Partei« zusammenzuschließen,[38] scheiterten am Widerstand Hitlers, obwohl der Parteivorsitzende Drexler diesem Plan zugestimmt hatte. Die Führer der DSP versuchten den Zerfall und die Zersplitterung ihrer Partei durch Diffamierungskampagnen gegen Hitler aufzuhalten. Es war umsonst.

33 General v. Epp im Reichstag: Verhandlungen des Reichstages. Bd. 423, S. 696.
34 ebenda.
35 Für die DSP wirkten zu der Zeit u. a. folgende Zeitungen: Freie Meinung, Deutscher Sozialist (in Nürnberg und Düsseldorf). Vorübergehend erschienen in Leipzig auch die Deutschsozialistischen Blätter. Vgl. Hasselbach, S. 41.
36 V.B. vom 25. Januar 1922.
37 Nach einem handschriftlichen Sitzungs-Protokoll vom 16. Januar 1919. Ehemaliges Hauptarchiv der NSDAP, Bundesarchiv Koblenz, NS 26/76.
38 Zeitzer Neueste Nachrichten vom 29. März 1921.

Die von Dr. Riehl im Februar 1921 vorgeschlagene Unterstellung der DSP unter die NSDAP kam nicht zustande. Im Herbst 1922 löste sich die DSP auf. Ihre Mitglieder schlossen sich der NSDAP an.[39]

Am 18. April 1920 entstand in Rosenheim in Bayern die erste Ortsgruppe der NSDAP außerhalb Münchens. Dort, im Geburtsort Hermann Görings, waren während der Rätezeit besonders brutale Maßnahmen von Kopp, dem kommunistischen Führer der Rosenheimer Räte, inszeniert worden, und so schlug das Pendel der öffentlichen Meinung nach extrem rechts aus, als sich die Gelegenheit dazu bot. Seit April/Mai 1919 waren die Rosenheimer besonders geneigt, die aktivistischen Rechtsströmungen zu unterstützen, ihnen zumindest jedoch Sympathien, wohlwollendes Interesse und Loyalität entgegenzubringen. Drexler entschied sich daher, in Rosenheim die erste Ortsgruppe der NSDAP außerhalb Münchens zu gründen (wo Hitler erstmals am 19. Juni 1920 sprach). Doch nicht nur die Nationalsozialisten wußten die Chance zu nutzen. Noch bevor die Propagandisten Hitler und Esser in Rosenheim auftauchten, hatte Mayer-Coy die Rosenheimer Bevölkerung für die traditionelle separatistisch bayerisch-wittelsbachische Politik der Bayerischen Königspartei[40] zu gewinnen versucht. Nach einigen Schlägereien und Redegefechten zwischen den Nationalsozialisten und den Anhängern Mayer-Coys war Mayer-Coy ausgeschaltet.[41] Die »Sieger« riefen am 18. April 1920 die erste Ortsgruppe der NSDAP außerhalb Münchens ins Leben.[42] Zweieinhalb Jahre später zählte diese Ortsgruppe, die im März 1921 Gustav v. Kahr ihre Übereinstimmung mit seiner Politik im Zusammenhang mit den Einwohnerwehren bekundete,[43] 320 eingeschriebene Mitglieder.[44] Nachdem das Experiment Rosenheim geglückt war, gründete Hermann Esser die Ortsgruppe Kolbermoor in Bayern.[45] Die Expansion der NSDAP außerhalb Bayerns begann rund ein Jahr später mit der Mannheimer Ortsgruppe.[46]

39 Sebottendorff, S. 190. Vgl. auch S. 335.
40 Vgl. die Weltbühne vom 3. Mai 1921.
41 Persönliche Mitteilung von Hermann Esser.
42 Persönliche Mitteilung von Hermann Esser.
43 Vgl. Anm. 303 in diesem Kapitel.
44 Nach der Originalmitgliedsliste von 1922 im ehemaligen Hauptarchiv der NSDAP, Bundesarchiv Koblenz, NS 26/230. Vgl. S. 255.
45 Persönliche Auskunft von Hermann Esser.
46 Vgl. S. 314 ff.

Im bayerischen Landtag wurde die NSDAP erstmals im Juli 1920 von dem deutschnationalen Abgeordneten Hilpert erwähnt, der unter anderem erklärte: »Wir erwarten und erhoffen von der nationalsozialistischen Bewegung nicht nur – (Unterbrechung durch Zurufe von links) – sind Sie nur zufrieden, Sie waren auch einmal klein. Auch die nationalsozialistische Bewegung fängt naturgemäß klein an ... Ein Volk kann auf die Dauer sich nicht vom nationalen Gedanken abwenden und ich spreche es hier offen aus, daß wir die Überzeugung haben, daß der nationale Gedanke, wenn er nur die sogenannten bürgerlichen Parteien erfaßt, nicht die Gesundung herbeiführen kann. Er muß und wird auch die deutsche Arbeiterschaft erfassen!«[47]

Zur Schaffung eines Rechtstitels gründeten die Münchener Nationalsozialisten unter der Leitung des 1. Parteivorsitzenden Drexler am 30. September 1920 im Partei-Geschäftszimmer (Tal 54) unter Anlehnung an Karl Harrers Nationalsozialistischen deutschen Arbeiterverein von Januar 1919 einen *Nationalsozialistischen Deutschen Arbeiterverein e. V.* »Ziel und Zweck des Vereins« sollte nach dem von Drexler unterschriebenen handschriftlichen Protokoll vom 30. September 1920 sein: »Alle körperlich und geistig arbeitenden deutschen Volksgenossen die deutschen Blutes (arischer Abstammung) sind zu sammeln, um gemäß dem Parteiprogramm in gemeinsamer Zusammenarbeit durch Erziehung zur politischen Reife, durch körperliche Ertüchtigung und Pflege der sittlichen Kräfte, den Einzelnen und damit die Gesamtheit auf eine höhere und glücklichere Kultur zu bringen.«[48] Sämtliche Vorstandsmitglieder der NSDAP billigten sowohl die Gründung als auch die für diesen Verein formulierten Satzungen,[49] in denen es u. a. hieß: »Jugendliche Personen gehören von der Schulentlassung bis zur Erlangung der Wahlberechtigung der Jugendabteilung an« (§ 3), »Mitgliederversammlungen werden durch den Vorstand oder auf Verlangen von einem Drittel der Mitglieder einberufen [...]« (§ 5), »Die Geschäfte des Vereins werden von einem Vorstand geführt, der aus einem 1. und 2. Vorsitzenden, 1. und 2. Schriftführer und 1. und 2. Kassier besteht. Weitere Personen

47 Verhandlungen des Bayerischen Landtages. Bd. I, S. 80.
48 Zit. nach dem Originalprotokoll im ehemaligen Hauptarchiv der NSDAP, Bundesarchiv Koblenz, NS 26/76. Vgl. Faks. Tafel 6.
49 Maschinenschriftlich beim Amtsgericht München, Registergericht. Vgl. dort Eintragung im Vereinsregister. Bd. XVIII, Nr. 46 (Verfügung des Registergerichts vom 20. Oktober 1920).

können mit Zustimmung des Vorsitzenden zur Bearbeitung besonderer Aufgaben herangezogen werden« (§ 7), »Sitz des nationalsozialistischen deutschen Arbeitervereins ist München« (§ 8).

Unterschrieben wurden die an das Amtsgericht München (Registriergericht) gesandten Satzungen von Drexler, Körner, Riedl, Angermeir, Kurz, Michel und Schüssler.[50] Die Unterschrift Hitlers, der zu der Zeit noch nicht zum Vorstand der (immer noch demokratisch geleiteten) NSDAP gehörte, fehlte. Den Vorstand repräsentierten Drexler als 1. Vorsitzender und Angermeir als 2. Vorsitzender.

Am 2. Juni 1920 legte Anton Drexler ein Heft im Format von 36 mal 22,5 cm an. Bis zum 16. April 1921 wurden in dieses Heft, das am besten als »Partei-Tagebuch 1920/1921« bezeichnet wird, handschriftlich (mit Tinte) Eintragungen vorgenommen, die diesem Dokument einen einzigartigen Rang verleihen. Wegen der wichtigen Eintragungen, die auf Drexlers Weisung nur ihm selbst und dem jeweils beauftragten Kassierer oder Schriftführer der Parteileitung zugänglich sein durften, befand sich das Tagebuch nicht in der im Januar 1919 eingerichteten Hauptgeschäftsstelle, sondern in der Wohnung der jeweils zuständigen Kassierer oder Schriftführer, die es zusammen mit Drexler führten.[51] Nach 1945 wurde es mit sehr vielen anderen Dokumenten von der amerikanischen Besatzungsmacht beschlagnahmt. Gründlich ausgewertet haben amerikanische Autoren es jedoch ebensowenig wie deutsche Schriftsteller vor und nach 1945.

Dieses »Partei-Tagebuch 1920/1921«, das sich seit der Rückgabe der NS-Dokumente an die Bundesrepublik Deutschland im Bundesarchiv in Koblenz befindet, enthält unter anderem Hinweise auf Briefeingänge und -Ausgänge mit stichwortartigen Angaben über den jeweiligen Inhalt. Häufig baten die Briefschreiber um NSDAP-Programme, um Aufnahmescheine für die Mitgliedschaft und um Auskunft, wo Drexlers Schrift *Mein politisches Erwachen* bezogen werden könne. Spenden, 2 Mark, 5 Mark, 10 und 15 Mark sind eingetragen, aber auch 100 Mark (8. Juni 1920), 300 Mark und 800 Mark (22. Februar 1921), 1 000 Mark

50 Amtsgericht München, Registergericht. Vgl. Anm. 49. Verfügung des Registergerichts vom 20. Oktober 1920 (und Eintragung im Vereinsregister, Bd. XVIII, wo sich unter Nr. 1 die Eintragung Nationalsozialistischer deutscher Arbeiterverein Deutschlands e. V., München, befindet).

51 Persönliche Auskunft von Dr. Werner vom ehemaligen Hauptarchiv der NSDAP (Oktober 1953).

(20. Dezember 1920 von Philipp Mathes, München) und sogar 10 000 Mark (ebenfalls am 20. Dezember 1920 von R. Grundmann von der Firma Gebrüder Klinge, Dresden-Löbau, Oststraße 2–6). Gespendet wurde jedoch nicht nur Geld. Auch Anrechtscheine für verbilligte Schokolade und andere Lebensmittel, Möbel und andere Gegenstände sind eingetragen. So notierte der Schreiber beispielsweise am 4. Juni 1920: »1 Korb völkischer Bücher können (von dem Münchener Kunstmaler Anton Schöner) abgeholt werden.« Rechnungen für Propagandamaterial (5. Juni 1920: 450 Mark für 5 000 Programme, die in Dortmund gedruckt wurden), Notizen über ausstehende Prozeßkosten (19. März 1921: 1 040,50 Mark für den Ballerstedt-Prozeß) und Geldwünsche der österreichischen Nationalsozialisten (23. Februar 1921: 10 000 Mark und am 11. April 1921: 2 000 Mark) geben Auskunft über die Beziehungen und die Finanzlage der Partei.

Häufig und aus vielen Gegenden Deutschlands wurde Drexler die Frage gestellt: »Kann Herr Hitler bei uns sprechen?«, und auch nach Hermann Esser als Redner wurde bereits in der ersten Zeit oft gefragt. Aufschlußreich sind auch die Eintragungen über die alltäglichen Belange. So entschied Drexler beispielsweise am 5. November 1920, daß die Saalmiete für eine Versammlung nicht bezahlt würde, weil »die Versammlung gesprengt wurde«. Die Schreiber (Schriftführer, Kassierer) wechselten oft. Nicht immer sprechen die Eintragungen für eine angemessene Ausbildung der Chronisten. Am 14. Juli 1920 beispielsweise wird Stuttgart mit »d« am Schluß (Stuttgard) geschrieben. An einer anderen Stelle findet sich (von einem anderen Schreiber) statt »Er freut sich ...« die Eintragung: »Erfreut sich ...« Die Weisungen Drexlers, in der Sparte »Verfügung« eingetragen, sind sachlich gehalten, außer in den Punkten, die das Judentum betreffen.

Das »Partei-Tagebuch 1920/1921« enthält auch die ersten Hinweise auf die Expansionsbestrebungen der NSDAP. Am 12. Oktober 1920 bat der Berliner »Verein ehemaliger Angehöriger der ›Eisernen Division‹« (die im September 1918 von General v. d. Goltz zur Bekämpfung der bolschewistischen Revolution in Rußland gegründet worden war), Berlin W 62, Kalkreutherstraße 16, um Auskunft, ob es möglich sei, »geschlossen in die Partei einzutreten«. Drexler, der die Wünsche der Berliner begrüßte, ließ das Programm der NSDAP mit der Bitte um Abdruck »in ihrer Zeitung« nach Berlin senden. Am 5. November 1920 fragte er (brieflich) einen Mann namens Wilhelm Reines aus Hamburg, ob er bereit sei, eine Hamburger Ortsgruppe der NSDAP ins Leben zu rufen. Am 19. März 1921 bat ein Gesinnungsgenosse aus Halle/Saale um Auskunft, unter welchen Voraussetzungen er eine Ortsgruppe der NSDAP gründen könne. Drexler verfocht die Auffassung, daß in jedem Falle ein »Grundstock« (Gesinnungsgenossen) vorhanden sein müsse und daß die Gesinnungsgenossen die Aufnahmebedingungen zu akzeptieren und zu erfüllen hätten. Die Unterstützung entsprechender Bemühungen sagte er prinzipiell zu.[52]

Am 9. Juni 1920 findet sich im »Partei-Tagebuch 1920/1921« die Eintragung: »[...] die Partei hält am 7., 8. und 9. (August) 1920 in Salzburg einen Parteitag ab. Anfrage, ob Salzburg genehm ist.« Drexlers Entscheidung lautete: »Mit Art und Zeit sind wir einverstanden [...]« Absender des eingegangenen Briefes war nach dem Text der Eintragung die in Wien beheimatete »deutsche nat.-soz. Arbeiter-Partei«.[53]

Obwohl die Münchener Nationalsozialisten zunächst nicht viel mehr als ihre Parteibezeichnung von den Österreichern entlehnten, haben einige ihrer Führer, besonders Rudolf Jung, der Verfasser der programmatischen Schrift *Der nationale Sozialismus*, zur Schaffung der »nationalsozialistischen Weltanschauung« der NSDAP beigetragen. Besonders nach dem Münchener Eisenbahnerstreik im März 1922 und nach dem blutigen Abenteuer Hitlers vom 9. November 1923 wurde das deutlich. Ein Streik und ein mißlungener Putsch zwangen Hitler zur Änderung seiner politischen Taktik. Nach diesen Zäsuren konnte die drängende Frage nach der »Wissenschaftlichkeit« der nationalsozialistischen »Weltanschauung« von ihm nicht mehr übergangen werden.[54] Bald tauchten neben Jung die Namen Stapel, Asmussen, Blüher, Bortolotto, Günther, Winnig, Carl Schmitt, Hans Grimm, Ernst Jünger, Moeller van den Bruck, Oswald Spengler, zuweilen auch de Lagarde[55] und Nietzsche, manchmal auch Friedrich List und andere immer häufiger im Rahmen der Erörterungen über die nationalsozialistische »Weltanschauung« auf.

Die bis 1924 von Münchener Nationalsozialisten verfaßten Schriften waren wenig geeignet, ein politisches Leitbild zu konstituieren, das

52 Am 5. Juni 1920 wurde die Gründung der Ortsgruppe Dortmund notiert.
53 Zu diesem Parteitag vgl. S. 243 ff.
54 Vgl. dazu S. 247 ff.
55 Vgl. dazu Rosenberg, Alfred: Mythus S. 453 ff., 456 und 458.

als werbende und Sicherheit verleihende politische »Weltanschauung« angesprochen werden konnte. Der Österreicher Rudolf Jung dagegen, der es verstand, die Methoden des politischen Kampfes aus dem Nationalitätenstreit innerhalb der Grenzen der Habsburger-Monarchie zu formulieren und in brauchbare agitatorische Formeln zu kleiden, spielte in der Frühzeit eine bemerkenswerte Rolle. Die bayerischen Nationalsozialisten importierten einen Teil seiner »Lehren«, erweiterten bestimmte Aspekte im Sinne der eigenen Erfahrungen und Vorstellungen, bezogen »grundlegende« Einsichten und Erkenntnisse auf die politischen Verhältnisse in Deutschland und verquickten die aggressiven Vorstellungen mit der Schützengrabenideologie der deutschen Freikorps und den Ansichten der Völkischen. Zusammengenommen ergab diese Synthese als »Weltanschauung« eine Seite des »Hitlerismus«, der vor 1924 richtungweisend und verbindlich ausgeformt worden ist.

Bereits aus diesem Grunde ist die Geschichte der österreichischen Nationalsozialisten, mit denen die Münchener im August 1920 erstmalig auf einer Tagung zusammentrafen, an dieser Stelle ausführlicher darzustellen. »Auf den kampferfüllten Gefilden der Sudetenländer ist die deutsche nationalsozialistische Bewegung entstanden«, schrieb Jung: »Geboren im völkischen Kampfe, ist auch nach und nach der wirtschaftliche und im Zusammenhang mit ihm der geistige Kampf ihr Ziel geworden. Ende der achtziger Jahre entstanden zuerst in Deutschböhmen, dann in Mähren und Schlesien örtliche deutschnationale Arbeiter- und Gehilfenvereine. Sie waren ihrem Wesen nach ursprünglich weder gewerkschaftlich noch politisch, sondern gewissermaßen Schutzverein gegen die Überflutung des deutschen Siedlungsgebietes durch slawische – vorwiegend tschechische – Arbeitskräfte«.[56]

Schuld an dieser »Überflutung« trugen nach Jung sowohl »das vom mammonistischen Geiste angefressene deutsche Unternehmertum« als auch der internationale »Gleichheits- und Gerechtigkeitswahn«[57] der deutschen Sozialdemokraten. Und als Protest gegen diese slawische Unterwanderung hatten der Bindergeselle Ludwig Vogel und der Buchdruckergehilfe Ferdinand Burschofsky die Deutschnationalen Arbeitervereine gegründet, die jedoch bald unter den politischen Einfluß der Alldeutschen Partei Georg v. Schönerers gerieten, dessen Position innerhalb

56 Jung, S. 78.
57 ebenda.

der Alldeutschen Bewegung bereits im 2. Kapitel fixiert worden ist. Schönerers Auffassung, der im Gegensatz zu Hasse und Claß auf die nichtdeutschen Länder der Donaumonarchie verzichten und die »Los-von-Rom« Bewegung betont fördern wollte[58], bildete den konzeptionellen Rahmen, in dem sich die Deutschnationalen Arbeitervereine, später der Mährisch-Trübauer Verband (1897/98) deutscher Gehilfen, die Deutsche Arbeiterpartei (1903) und schließlich auch die Deutsche Nationalsozialistische Arbeiterpartei (1918) bewegten. Der ständig geschürte Haß gegen das Tschechentum, die Aversion gegen das angeblich zu tschechenfreundliche Haus Habsburg, der organisierte Antisemitismus und die »Los-von-Rom« Strömung verliehen dieser als »Volksbewegung« verstandenen alldeutschen Front einen aggressiven und brutalen politischen Inhalt.

Burschofsky war es 1898 gelungen, die bis dahin losen Vereine im »Mährisch-Trübauer Verband« zusammenzuschließen. Da sich zugleich auch die deutsche Arbeiterschaft unter dem Einfluß der diesem Zwecke dienenden Propaganda gegen die Überflutung des Arbeitsmarktes durch tschechische Arbeiter wehrte, schien es, als würde der »Mährisch-Trübauer Verband« sich konsolidieren können. Doch bereits 1902 ging er unter dem Einfluß eines Zwistes zugrunde, der in der Alldeutschen Partei zwischen Schönerer und Wolf ausgebrochen war.[59]

»Die unerquicklichen Verhältnisse in der ursprünglich als Volksbewegung gedachten Alldeutschen Bewegung führte naturnotwendig zur politischen und gewerkschaftlichen Sonderstellung. Sie wurde 1904 durch die Gründung der ›deutschen Arbeiterpartei‹ vollzogen«,[60] stellte Jung fest, der die Ansicht verfocht, daß die Deutsche Arbeiterpartei ihrer Grundsätze wegen »schon [...] mit Recht als eine sozialistische«[61] Partei bezeichnet werden dürfte, zumal sie bereits in dem von Alois Ciller entworfenen »Trautenauer Programm«[62] von 1904 eine »teilweise Vergesellschaftung in Form der Verstaatung und Vergemeindung«[63] forderte.

58 Vgl. die diesbezüglichen Ausführungen im 2. Kapitel dieses Buches.
59 Vgl. Jung, S. 78 und Heiden: Geschichte des Nationalsozialismus, S. 33.
60 Jung, S. 79.
61 ebenda.
62 Verfasser Alois Ciller (Gründungsparteitag in Trautenau am 15. August 1904).
63 Jung, S. 79.

Jungs Sozialismus-Interpretation enthielt einige reformistische, marxistische und spezifisch nationalsozialistische Ideen und hatte unter anderem folgenden Wortlaut: »Der Sozialismus ist nicht friedfertig, kann und darf es nicht sein. Die Friedfertigkeit ist das Ideal des Spießbürgers, nicht aber des Sozialisten [...]«[64] »Sozialismus [...] ist Gemeinwirtschaft, Gemeingeist. Das Wesen des Sozialismus liegt [...] darin, in der Gesamtheit für die Gesamtheit zu wirken. Es prägt sich aus in dem Grundsatz: ›Alle für Alle!‹ [...] das setzt aber ein gut Teil Selbstverleugnung voraus. Selbstverleugnung ist jedoch keine materialistische, sondern eine idealistische Regung. Daher will es uns dünken, daß man mit den Menschen, die das Zeitalter des Materialismus groß gezogen hat, wohl ein Zwangsarbeitshaus bevölkern, nie aber den Sozialismus verwirklichen kann«.[65] Jung forderte die Abschaffung des arbeitslosen Einkommens: der Grundrente[66] und des Zinses. Hingegen wurde der Gewinn als »grundsätzlich berechtigt« anerkannt und als »Entlohnung für geleistete Arbeit«[67] dargestellt. Einem marxistischen Sozialisten mußte allein dieser eine Satz beweisen, daß Jung als sozialistischer Theoretiker ein Dilettant war.

Zwar war unmittelbar nach dem Zerfall des Mährisch-Trübauer Verbandes die (von Hitler in *Mein Kampf* konsequent verschwiegene) Deutsche Arbeiterpartei gegründet worden, doch die Spaltung der Alldeutschen Partei hatte auch die Substanz der DAP erschüttert und eine Destruktion zur Folge gehabt. Rudolf Jung, der spätere Führer der Deutschen Nationalsozialistischen Arbeiterpartei, schilderte diese Situation wie folgt: »[...] die im Mährisch-Trübauer-Verband vereinigte Handarbeiterschaft war nach dessen Zusammenbruch großenteils zerstreut; die geistige Arbeiterschaft aber stand zum größten Teil auf seiten K.H.

64 ebenda, S. 78.
65 ebenda, S. 121.
66 Unter Grundrente verstand Jung den jährlichen Zins aus dem Eigentum an reinem Grund und Boden (ohne Gebäude). Vgl. Jung, S. 113: Bei der Pacht eines Landstückes (ohne Gebäude) »ist die jährliche Pachtsumme gleich der Grundrente«; wird ein Grund mit Baulichkeiten gepachtet, so »zerfällt die Pacht in 2 Teile, nämlich Grundrente für den reinen Boden und Kapitalzins für die Gebäude und verschiedenen Anlagen« (ebenda).
67 ebenda, S. 120 f. stellt Jung fest, daß die Beseitigung des Gewinnes (also auch des Spekulationsgewinnes) »ein Unding« wäre und fährt fort: »Zins aber ist arbeitsloses Einkommen und muß daher aus der Volkswirtschaft verschwinden.

Wolfs im freialldeutschen, später deutschradikalen Lager.«[68] Inzwischen hatten sich gewerkschaftlich geschulte Intellektuelle der Deutschen Arbeiterpartei angeschlossen. Der Erfolg blieb nicht aus. 1911 konnte die Partei bereits die Mitglieder Knirsch, Fahrner und Seidl als Abgeordnete in den Österreichischen Reichsrat entsenden. 1913 kamen Jung, Prayon und Rogelböck als Abgeordnete des Mährischen Landtages hinzu.

Eine programmatisch extrem antiproletarisch und antisozialistisch ausgerichtete Arbeiterpartei erschien maßgeblichen Führern der Deutschen Arbeiterpartei kurz vor dem Kriege nicht mehr zeitgemäß. Damit war das Trautenauer Programm von 1904 reformbedürftig geworden, obwohl es bereits die Forderung nach einer »teilweise(n) Vergesellschaftung in Form der Verstaatung und Vergemeindung«[69] enthielt. Im Jahre 1912 wurde der mit dem Sozialismus sympathisierende Jung beauftragt, das Programm der DAP auf die neuen Einflüsse abzustimmen. Trotz seines Einflusses hat er nicht erreicht, daß Forderungen in das neue Programm aufgenommen wurden, die er als sozialistisch interpretierte. Erst 1913 konnte er auf dem Iglauer Parteitag eine Erweiterung der programmatischen Ziele durchsetzen. Die Aufnahme seines Kampfes gegen »Grundrente und Zins« ist jedoch auch dann noch abgelehnt worden. Mit seinen »sozialistischen« Vorstellungen stand er auch 1913 noch allein. Überhaupt hat die Deutsche Arbeiterpartei auf dem Iglauer Parteitag von 1913 auch mit ihrer Forderung nach der provinziellen Teilung Böhmens, der Auflösung aller Kronländer und der Bildung neuer »Selbstverwaltungsgebiete nach völkischen Reglungen«[70] eine Sonderstellung unter den anderen deutschen Parteien eingenommen.

Durch den Ausbruch des ersten Weltkrieges war die Entwicklung der Deutschen Arbeiterpartei gehemmt worden. Ihre Abgeordenten befanden sich (außer Jung und Gattermayer) als Soldaten an der Front. Parteitage fanden während des Krieges nicht statt. Seidl, der zugkräftigste Redner der Deutschen Arbeiterpartei, fiel 1915 an der Ostfront. Prayon starb 1915. Jung, der in Iglau lebte und berufstätig war, konnte sich, ebenso wie sein in Wien lebender und ebenfalls berufstätiger Parteigenosse Gattermayer, nur nebenberuflich der Parteiarbeit widmen.

68 Jung, S. 79.
69 Vgl. S. 239, Anm. 63.
70 Jung, S. 80, Fußnote. Diese Gedanken fanden sich auch in Jungs *Denkschrift der deutschen Arbeiterpartei* (November 1915) und wurden am 3. Juli 1917 von Knirsch im Reichsrat vorgetragen.

Dennoch begann Jung sich in dieser Zeit seine spätere Position als Vorsitzender der Deutschen Nationalsozialistischen Arbeiterpartei zu schaffen. Im Oktober 1915 hatte er den »Entwurf eines Kriegerheimstättengesetzes« und im November die »Denkschrift der deutschen Arbeiterpartei« verfaßt. Im Laufe des Jahres 1917, nachdem der österreichische Reichsrat nach einer mehr als vierjährigen Pause wieder zusammengetreter war, hatten die noch verbliebenen Abgeordneten [71] Knirsch und Fahrner einige politische Anträge eingebracht.[72] Dabei handelte es sich in der Hauptsache um die von Knirsch am 3. Juli 1917 vorgetragene Forderung, »Selbstverwaltungsgebiete nach völkischen Reglungen«[73] zu errichten und um den Antrag Fahrners vom 1. Juli 1917, die Wirtschaftszentralen umzubauen.[74]

Am 21. Oktober 1918 erklärte Knirsch vor dem Reichsrat, daß die »nationalen Sozialisten [...] den Gedanken an eine Vereinigung Deutschösterreichs zu einem Staatenbund mit den aus dem alten Österreich erstehenden slawischen Staaten von vornherein« ablehnten und »im nationalen, sozialen und kulturellen Interesse [...] den staatsrechtlichen Anschluß Deutschösterreichs als Bundesstaat an das Deutsche Reich«[75] forderten. Auch hinter diesen Forderungen ist Schönerers Konzept zu spüren. Geradezu weltfremd, forderten die österreichischen Nationalsozialisten in dieser innen- und außenpolitischen Situation immer noch die Realisierung eines »Alldeutschland«.[76] Allerdings fanden sie in diesem Augenblick keine Befürworter dieser Forderung; denn die anderen Parteien, unter ihnen die Sozialdemokraten und Christlichsozialen, die sich diesen Gedanken bis dahin auch nicht gänzlich verschlossen hatten, hielten es für klüger, sich jetzt nur noch für die Erhaltung der Donaumonarchie und den Fortbestand des Hauses Habsburg einzusetzen.

Nach dem Zusammenbruch der Doppelmonarchie und der Gründung eines unabhängigen tschechoslowakischen Staates (Oktober 1918)

71 Seidl war 1915 an der Ostfront gefallen.
72 Es handelte sich dabei u.a. um den Antrag des Abgeordneten Knirsch vom 3. Juli 1917 (vgl. Anm. 70). Fahrner hatte am 1. Juli 1917 den »Umbau der Wirtschaftszentralen« gefordert .Vgl. Jung, S. 80 f.
73 Vgl. Anm. 70 und 72.
74 Vgl. Anm. 72.
75 Jung, S. 86.
76 ebenda, S. 81 und 86.

teilten sich die österreichischen Nationalsozialisten in eine Wiener Gruppe, die von Riehl, Suchenwirth, Schultz und Graber geleitet wurde, und in eine Gruppe im Sudetenland, die Jung, Knirsch und Patzel führten. In programmatischer Hinsicht wurde zurnächst weiterhin die alte Konzeption verfolgt. Die Nationalsozialisten traten für die »Verwirklichung der Forderungen der gewerkschaftlichen und genossenschaftlichen Leitsätze« ein, verfochten eine »Reformarbeit im Sinne der Demokratisierung und Sozialisierung«[77] und forderten ein Referendum bei wichtigen Beschlüssen. Entgegen der programmatischen Konzeption der Münchener Nationalsozialisten schwebte den Österreichern ein parlamentarisch geleiteter Stadt vor, in dem alle Volksgenossen gleichberechtigt sein sollten. Obwohl die Österreicher auf ihrem 1. Wiener Parteitag im Mai 1918, an dem sie ihren neuen (von Friedrich Naumanns National-sozialem Verein hergeleiteten) Namen angenommen hatten, noch mit besonderem Nachdruck gegen die Aufnahme des Klassenkampfgedankens gestimmt hatten, konnten sozialdemokratische Einflüsse nicht geleugnet werden. Während des 2. Wiener Parteitages, der im Dezember 1919 stattfand, wurde sogar von dem oberösterreichischen Eisenbahner[78] Ertl offen verlangt, daß der marxistische Klassenkampfgedanke in das Programm der NSDAP aufgenommen werden solle. Dr. Riehl (von der österreichischen Gruppe) verhinderte die Annahme dieses Antrags. Ertl war auf einen Kompromiß eingegangen, der keiner war. Er hatte sich von Riehl davon überzeugen lassen, daß die Partei die Interessen des Gesamtvolkes vertrete und die Arbeiterklasse dabei als die natürliche Hauptvorkämpferin der nationalsozialistischen Ideen ansehe. Der Schritt nach links war mißlungen.

Für die Geschichte der NSDAP ist wichtig, daß auf diesem Parteitag im Dezember 1919 der Beschluß gefaßt wurde, mit den reichsdeutschen Gesinnungsgenossen Verbindung aufzunehmen und eine Zusammenkunft in Salzburg vorzubereiten.[79] Während dieser ersten zwischenstaatlichen Tagung aller »nationalen Sozialisten« des deutschen Sprachgebietes, die am 7. und 8. August 1920 in Salzburg stattfand, ging es im wesentlichen um den Zusammenschluß aller Gruppen. Ru-

77 Hasselbach, S. 9.
78 Auch in Österreich war der Anteil der Eisenbahner im Rahmen der nationalsozialistischen Partei ähnlich stark wie in München, bevor Hitler zur Partei stieß.
79 Persönliche Auskunft von Hermann Esser. Vgl. auch Hasselbach, S. 10.

dolf Jung betonte, daß die nationalsozialistische Partei eine Partei sei, die auf Fichte, Adolf Wagner und Friedrich List fuße und den Klassenkampf verwerfe.[80]

Adolf Hitler, der zu der Zeit noch relativ unbekannt war und als »Parteikamerad Hitler« angekündigt wurde, boykottierte die angestrebten Einigungsbemühungen. Er setzte sich gegen Anton Drexler durch und beanspruchte die gesamte Führung. Sie wurde von den Österreichern jedoch nicht aus der Hand gegeben, zumal die Deutschösterreicher durch 3 stimmberechtigte Mitglieder, die Nationalsozialisten aus der Tschechoslowakei durch 4, die Deutschsozialisten durch 2 und die NSDAP, die beteiligten völkischen Gruppen und die polnische Gruppe nur durch je 1 stimmberechtigtes Mitglied vertreten waren.[81] Sprecher der einzelnen Parteien waren u. a. Jung und Knirsch für die Sudetendeutschen, Brunner und Sesselmann für die DSP, Dr. Schilling für die ostschlesischen Deutschen und Hitler für die Münchener NSDAP.

Hitler sagte u. a.: »Ich schäme mich geradezu, daß erst heute, nach so vielen Jahren, die gleiche Bewegung, die in Deutschösterreich schon 1904 begonnen hat, im Deutschen Reiche Fuß zu fassen beginnt. Es hat sich überlebt das System des Bürgertums und das System des Proletariertums, und so ist dann unsere Partei entstanden. Wir sollen uns gegenseitig keine Vorwürfe machen, denn der gleiche Gedanke und die gleiche Not hat die gleiche Bewegung an allen Enden des Reiches emporsteigen lassen. Wir waren natürlich unabhängig voneinander ... Für uns ist das Wort ›Arbeiter‹ geradezu der Prüfstein, wer für unsere Bewegung reif ist oder nicht ... Für uns gilt erst der, der es als Ehrentitel auf sich nimmt ... Jede Volksbewegung, die nicht Millionen hinter sich hat, ist wertlos, ist zwecklos. Der nationale Gedanke wird erst wirksam, wenn er Gemeingut des ganzen Volkes wird.«[82] Hitlers Rede tat ihre Wirkung. Rudolf Jung, der maßgebliche Theoretiker, erlag dem Vertreter der Münchener NSDAP in einer einzigen Stunde. »Der Hitler

80 VB vom 17. August 1920. Vgl. auch VB vom 27. Juni 1920, wo es u.a. heißt: »Deutsche Naitonalsozialisten der Tscheschoslowakai, Österreichs, Polens und des Deutschen Reiches! Deutsche Sozialisten und Ihr alle, die Ihr auf dem Boden deutschvölkischer Weltanschauung einem juden- und romfreien Sozialismus dient.«

81 Vgl. Hasselbach, S. 43.

82 Ciller: Deutscher Sozialismus in den Sudetenländern und in der Ostmark. Hamburg 1944, S. 151.

wird einmal unser Größter«,[83] erklärte er seinem Sekretär nach der Tagung.

Dennoch reichte Hitlers Einfluß 1920 noch nicht aus, alle Maßnahmen zu unterbinden, die ihm nicht nützlich erschienen. So wurden beispielsweise ein gemeinsamer Ausschuß der »Nationalsozialistischen Parteien Großdeutschlands« gegründet und die grundsätzliche Einigkeit postuliert. In der Entschließung hieß es: »Die am 7. und 8. August versammelten Vertreter der völkischen und sozialistischen Parteien und zwar der NSDAP der Tschechoslowakei, der NSP Ostschlesiens (Polens Vertreter Dr. Schilling), der NSDAP Deutschlands (Sitz München) und der Deutschsozialistischen Partei (Sitz Hannover) erklären hiermit ihren Zusammenschluß zur Deutschen Nationalsozialistischen Partei!«[84] Und auch die von Jung vertretene ungenaue Formulierung wurde in das Programm aufgenommen, daß »das Privateigentum an sich« nicht »schädlich« ist, »soweit es eigenem, ehrlichem Schaffen entspringt und sich in solchen Grenzen bewegt, daß es das Allgemeinwohl nicht schädigt«.[85] Noch hieß es: »nicht Umsturz und Klassenkampf, sondern zeitbewußte, schaffende Reformarbeit«.[86] Doch im Laufe der Zeit verrieten Jungs Sozialismus-Vorstellung sozialdemokratische Einflüsse, was besonders die Diskussion der österreichischen Nationalsozialisten im August 1921 in Linz deutlich machten.

Das Hauptanliegen der Salzburger Tagung, den offiziellen Zusammenschluß aller deutschsprachigen nationalsozialistischen Parteien einzuleiten, boykottierte Hitler, weil er sich davon nur Nachteile versprach. Er ließ in Salzburg nur gelten, was er am 20. September 1920 in einer Versammlung im Münchener Kindlkeller als Ergebnis der Zusammenkunft der 284 nationalsozialistischen Delegierten aus Deutschland und Österreich in Salzburg aufzählte: »Streng national, streng antisemitisch, streng sozial.«[87]

Obwohl die Salzburger Tagung mit ihren Debatten über staats-[88] und verfassungspolitische Fragen,[89] über programmatische Formulierun-

83 Zit. nach Franz-Willing, S. 95.
84 Zit. nach Franz-Willing S. 96.
85 Heiden: Geschichte des Nationalsozialismus, S. 34.
86 Jung, S. 121. Vgl. auch S. 81, 83 und 175 ff.
87 HStA. Mü., Abt. II, Gruppen-Kdo. 4, Bd. 46/8.
88 Vgl. Hasselbach, S. 44.
89 ebenda.

gen[90] und mit ihren Beschlüssen zur Wahrung von Interessengebieten[91] Hitlers Zustimmung nicht fand, wurde eine intensivere Zusammenarbeit zwischen den Münchener und den österreichischen und sudetendeutschen Nationalsozialisten eingeleitet. So sprach Hitler noch 1920 in Innsbruck, Salzburg, Hallein, Wien und St. Pölten und im April 1921 in Linz. Hermann Esser nahm als Schriftleiter der NSDAP-Zeitung *Völkischer Beobachter* an der Antisemitentagung vom 11. bis 13. März 1921 in Wien teil und trug die Grüße der NSDAP und des Schutz- und Trutzbundes vor.[92] Auch Gottfried Feder sprach in Österreich, in München redeten, besonders von 1921 bis 1923, Dr. Riehl, Jung, Knirsch, Schilling, Prodinger, Gattermayer und Koller im Rahmen nationalsozialistischer Kundgebungen.

Mit Hitlers Einfluß nahmen die Chancen zum Zusammenschluß aller Nationalsozialisten, der DSP und einiger völkischer Gruppen zunehmend ab. Auf dem Salzburger Parteitag war das allerdings noch nicht allen Gesinnungsgenossen klargeworden, selbst Anton Drexler nicht, der sich zum Beispiel während des Parteitages in Zeitz vom 26. bis 28. März 1921 zu dem bereits erwähnten Plan Alfred Brunners (DSP) bekannte, die NSDAP und die DSP (ebenso die österreichischen und tschechoslowakischen Nationalsozialisten) in einer Bundesorganisation unter föderalistischer Leitung mit dem Sitz in Berlin[93] zusammenzuschließen und den gemeinsamen Namen »Deutsche Nationalsozialistische Partei« anzunehmen. »Es ist der größte Fehler«, schrieb Hitler, dem es ausschließlich um zielklare Machtentfaltung ging, »zu glauben, daß die Stärke einer Bewegung zunimmt durch die Vereinigung mit einer anderen, ähnlich beschaffenen. Jede Vergrößerung auf solchem Weg bedeutet zunächst freilich eine Zunahme an äußerem Umfang und damit in den Augen oberflächlicher Betrachter auch an Macht, in Wahrheit jedoch übernimmt sie nur die Keime einer später wirksam werdenden inneren Schwächung.«[94]

An dieser Erkenntnis hat Hitler festgehalten. Wenn er einmal von

90 ebenda.
91 Vgl. dazu Rundscheiben der DSP an ihre Ortsgruppen und Arbeitsgemeinschaften vom 12. September 1920. (Vgl. S. 229, Anm. 22).
92 Vgl. Schilling, Alexander: Dr. Walter Riehl und die Geschichte des Nationalsozialismus. Leipzig 1933, S. 271 f.
93 Vgl. Zeitzer Neueste Nachrichten vom 29. März 1921.
94 Hitler, S. 384.

ihr abwich, geschah das aus taktischen Gründen und war stets nur ein Mittel zum Zweck, ein Mittel zur Erreichung der von ihm gesteckten Ziele.[95]

Seit der Entstehung der NSDAP hat der Nationalsozialismus, gleichsam mit der Bezeichnung der NSDAP identifiziert, die einen Teil seiner Wirklichkeit verkörperte, die verschiedensten Interpretationen erfahren. Meistens ist dabei übersehen worden, daß es einen Nationalsozialismus ohne Adolf Hitler und die Projektion seines Willens in die Vorstellungen und Äußerungen seiner Anhänger nicht gab. Ulrich v. Hasselbach, der 1931 eine Dissertation über die »Entstehung der nationalsozialistischen deutschen Arbeiterpartei 1919–1923« schrieb, sah (ähnlich wie der Historiker Friedrich Meinecke nach der Katastrophe von 1945[96]) im Nationalsozialismus eine einende politische Kraft, die die Gegensätze des neunzehnten Jahrhunderts aufgehoben und das nationalistische Denken des Bürgertums mit dem vaterlandsverneinenden Internationalismus des Proletariats zu einer als »erlösend« empfundenen Synthese verbunden hätte.[97] Zwar trifft zu, daß das Fronterlebnis[98] gelegentlich zur Zusammenführung der sich nach der marxistischen Lehre feindlich gegenüberstehenden Klassen beigetragen hat; aber die von den Rechtsextremisten besonders zu Beginn der zwanziger Jahre stereotyp beschworene »Frontkameradschaft des Schützengrabens« hat immer nur vorübergehend gewirkt. Diese intensiv gefühlsgetragenen Vorstellungen konnten zu einer vernünftig verfechtbaren »Ideologie« einer politischen Partei nicht erhoben werden, und noch weniger zum tragenden Moment einer »Bewegung«, wie die Nazionalsozialisten ihre Partei gern bezeichneten.

Der bewußte Verzicht auf eines der wesentlichsten Merkmale einer politischen Partei, nämlich sich am parlamentarischen Leben zu beteiligen, hat der NSDAP nicht genützt. Die meisten frühen Nationalsozialisten (mit Ausnahme von Hitler) haben das erst relativ spät begriffen. Noch 1924 sagte Alfred Rosenberg beispielsweise: »Wenn auch die theo-

95 Vgl. dazu Hitler, S. 379: »[...]die Bewegung«, schrieb er, ist »antiparlamentarisch, und selbst ihre Beteiligung an einer parlamentarischen Institution kann nur den Sinn einer Tätigkeit zu deren Zertrümmerung besitzen [...]«

96 Vgl. z.B. Meinecke, Friedrich: Die deutsche Katastrophe. Wiesbaden 1947, S. 136, auch S. 19 und S. 34.

97 Hasselbach, S. 3 ff. Vgl. auch Hitler am 30. 5. 42, Picker (2. Aufl.), S. 502.

98 Vgl. S. 248 f.

retischen Einsichten die neue Synthese schon mehrfach vervollkommnet und ausgearbeitet haben, so ist das Herz in der Nationalsozialistischen Bewegung doch das ausschlaggebende Moment [...] geblieben.«[99] Und Dr. Joseph Goebbels mußte auch 10 Jahre später noch zugeben, daß der Nationalsozialismus »noch nicht ein Gewordenes«, sondern »ein Werdendes«[100] sei, das sich »in seiner Gesamtheit nicht definieren«[101] ließe, was er allerdings nicht als einen Nachteil auffaßte.

Der erste Weltkrieg stellte eine Zäsur dar, die für die Geschichte der NSDAP bestimmend wurde. Durch die Beseitigung der Monarchien war ein Vakuum entstanden, in dem sich der Kommunismus und der ebenso radikale Faschismus entwickeln konnten. In politischer, wirtschaftlicher, geistiger, kultureller und sozialer Hinsicht fanden sie einen für ihre Entwicklung günstigen Boden vor. Die Nationalsozialistische Deutsche Arbeiterpartei hat ihn dank Hitlers Fähigkeiten weitaus geschickter als der Kommunismus zu bestellen verstanden.

Die von Deutschland in Goldmark zu leistenden Reparationen, die 1920 auf 269 Milliarden, 1921 auf 226 und schließlich auf 132 Milliarden herabgesetzt wurden, konnten einfach nicht aufgebracht werden. Der Vertrag von Versailles, in der Propaganda ein Lieblingsthema Hitlers, hat wesentlich zu der Entstehung und Entwicklung der Hitler-»Bewegung« beigetragen. Die Inflation, die Zerrüttung und Hoffnungslosigkeit, aber auch der verhängnisvolle politische Extremismus waren in Deutschland Folgen der alliierten Forderungen.

Ein historisch zwangsläufiges Produkt, wie sehr oft behauptet wird, ist der Nationalsozialismus in Deutschland nicht gewesen. Ohne die rigorose Veränderung der sozialen Struktur nach dem verlorenen Krieg, ohne die kommunistische Räterepublik in Bayern, ohne die Entwicklung des Kommunismus, der die junge Republik bedrohte und wiederholt zu schweren Erschütterungen führte, ohne die von extrem rechts unterstützten Ansprüche Bayerns auf eine machtvolle Sonderstellung im Reich, ohne die unkluge Deutschlandpolitik der Siegermächte, ohne die individuelle Verrohung und den allgemeinen Sittenverfall unmittelbar nach dem Kriege und nicht zuletzt ohne die ungewöhnlichen Fähigkeiten Hitlers hätte die NSDAP eine so weitgehende Resonanz nicht gefunden.

99 Jochmann, Werner: Nationalsozialismus und Revolution, S. 103.
100 Grebing, Helga: Der Nationalsozialismus, S. 45.
101 ebenda.

Weitaus entscheidender als der »Frontgeist« sind für die Entstehung der NSDAP die Folgeerscheinungen der Veränderung der sozialen Struktur nach dem verlorenen Krieg 1918 gewesen. Augenblicklich hatte sich eine neue gesellschaftliche Gruppe herausgebildet. Plötzlich gab es ein Heer entwurzelter Mittel- und Kleinbürger, lumpenproletarischer Desperados, alldeutscher Zeitinterpreten und von völkischen Organisationen und imperialistisch beeinflußten Interessengemeinschaften Enttäuschter; hinzu kamen zahlreiche demobilisierte Offiziere und junge Kriegsfreiwillige, die während des Krieges ihr Studium oder ihre Lehrstellen verlassen hatten und sich nach den »Erlebnissen des Schlachtfeldes« in die bürgerliche Ordnung nicht mehr einzufügen vermochten. Der Prototyp der demobilisierten Offiziere, die zu Hitler stießen, war der aus der Armee ausgeschiedene Fliegeroffizier Hermann Göring, dessen Selbstbekenntnis vor dem Nürnberger Gericht charakteristisch ist: »Was mich persönlich betrifft [...] war ich [...] von Anfang an bereit, mich an jeder Revolution zu beteiligen, gleichgültig, wo und von wem sie ausging.«[102] Das war nicht ein Mann, der nach einer wissenschaftlich beweisbaren politischen Idee fragte. Die frühen Nationalsozialisten waren allesamt »Männer der Tat«, wie sie sich gern (so betrachtet: richtig) zu nennen pflegten. Deklassierte Elemente, die der Kriegsausgang aus ihrer Bahn geworfen hatte, suchten nach einer neuen Heimat. Sie erwiesen sich als politisch leicht verführbar und waren stets bereit, denen zu folgen, die ihnen selbstsicher und hoffnungsfroh Prestige und Gesellschaftsfähigkeit versprachen.

Das verhießen ihnen die Exponenten der extremen Flügel: rechts und links. Hans Frank erinnerte sich »Im Angesicht des Galgens«: Nationalsozialisten und Kommunisten »rekrutierten ihre Anhänger und Vorkämpfer damals zunächst aus denselben Schichten des Volkes, nämlich denen, die die ersten Opfer von 1918 gewesen waren, dem besitzlosen Klein- und Kleinstbürgertum, den kleinen Gewerbsleuten, den Arbeitslosen, den Flüchtlingen aus den abgetretenen Gebieten, die völlig beraubt von Polen, Franzosen usw. aus Ost, West, Nord, Süd, aus den deutschen Kolonien und aus Übersee zurückkamen – die Not der Heimat noch vermehrend – und beide vor allem aus der Jugend der ungelernten

102 Nürnberger Prozeß. Bd. IX, S. 274. Göring machte die Einschränkung: »außer wenn sie von links gekommen wäre.«

Arbeiter, Angestellten, Studenten, der heimkehrenden Kriegsgefangenen, entlassenen, stellungslosen Soldaten, Offiziere usw.«[103]

Das stimmt allerdings nur teilweise; ungelernte Arbeiter beispielsweise gab es unter den Mitgliedern der NSDAP bis 1924 nur ungefähr 3 Prozent, wie die Aufschlüsselung Seite 255 beweist. Die meisten nicht qualifizierten Arbeiter interessierten die Artikel des Vertrages von Versailles sicherlich kaum. Sie hatten nichts verloren, und sie brauchten nichts zu fordern. Eine Arbeiterpartei war Hitlers Partei nicht, weder nach ihren programmatischen Richtlinien noch nach ihrer Mitgliederstruktur. Sie war vielmehr ein Sammelbecken für das enttäuschte Mittel- und Kleinbürgertum, das hoffte, seine Misere durch eine aktivistische, völkisch orientierte Politik beenden zu können.

Der pervertierte Geist der Gewalt, des Ehrgeizes, des Geltungsbebedürfnisses, des Hasses und des Neides gegen andere Völker und gegen die vom Schicksal verschonten Schichten des eigenen Volkes erfüllte diejenigen, die der Krieg am meisten getroffen hatte. Ihr Verhältnis zur Bourgeoisie, der sie sich nun, deklassiert und in das Heer der »Viel-Zu-Vielen« hinabgestoßen, nicht mehr zurechnen durften, war in offene Feindschaft umgeschlagen. Wenn schon die Restauration der »guten alten Zeit«, der alten Zustände und Verhältnisse unmöglich schien, wenn verdiente kaiserliche Offiziere »nunmehr als kaufmännische Vertreter um Aufträge werbend von Tür zu Tür gehen und auf ihr Herrentum«[104] verzichten mußten, dann sollte wenigstens die Hoffnung nicht aussichtslos erscheinen, daß eine neue »Gesellschaftsordnung« ihnen wieder zu ihrem vermeintlichen Recht und schließlich wieder zu einer begehrten Position verhelfen könnte.

Hitler versprach es ihnen eindrucksvoll und überzeugend. »[...] die junge Bewegung«, schrieb er, »soll nicht eine Organisation der Zufriedenen, Satten bilden, sondern sie soll die Leidgequälten und Friedlosen, die Unglücklichen und Unzufriedenen zusammenfassen [...]«.[105] Die Bedingungen und Folgen des aufgezwungenen Vertrages von Versailles im Hintergrund, fand Hitler stets aktuelle Anlässe, und die ungewöhnlich geschickt Angesprochenen sahen sich ständig unmittelbar betroffen. Hitler, der sich in diesen Reden zwar an einige Fakten hielt, die

103 Frank, S. 30.
104 Niekisch, Ernst: Deutsche Daseinsverfehlung. Berlin 1950, S. 81.
105 Hitler, S. 364.

jedermann kontrollieren konnte, aber nicht nach Ursache und Wirkung fragte, sondern nur die Lasten schilderte, die Deutschland zu tragen hatte, stellte sowohl die Unterzeichnung des Vertrages als auch die Bereitschaft der Regierung zur Übernahme der Verantwortung als verhängnisvoll und politisch falsch hin.

In seinen Reden, in denen er (trotz seiner geradezu deutschfeindlichen Haltung während der Ruhrbesetzung)[106] prinzipiell die Auffassung verfocht, daß Frankreich niemals einen Wiederaufstieg Deutschlands dulden würde, so daß alle Erfüllungspolitik unsinnig sei und der Vertrag annulliert werden müsse, bevorzugte er besonders die propagandistische Behandlung folgender Zusammenhänge und Details: Besetzung und Abtrennung deutscher Gebiete, Abrüstung, rigorose Verminderung der Truppenstärke, Schleifung von Festungen, Behinderung des Verkehrs- und Transportwesens durch die Ablieferung von Verkehrsmitteln und der Handelsflotte und die im Artikel 231 des Vertragstextes (Teil VIII) enthaltene Erklärung, daß Deutschland und seine Verbündeten als Urheber aller Verluste und aller Schäden verantwortlich seien, die die alliierten und assoziierten Regierungen und deren Angehörige durch den Krieg erlitten hatten.

Hitlers Notizen für die Reden über den Vertrag von Versailles, der das beste Motiv für die Werbung von Anhängern für seine »Bewegung« bot, enthalten häufig differenzierte Angaben (wie beispielsweise das Faksimile Tafel 8 zeigt). Die Forderungen des Vertrages von Versailles, der am 28. Juni 1919 von Hermann Müller und Bell unterzeichnet worden war, erschienen einem Großteil der deutschen Bevölkerung nach 1918 derart ungeheuerlich, daß sie die Politiker für die Retter aus der Not hielt, die das laut und rücksichtslos aussprachen und ständig gegen die Siegermächte protestierten. Hitler tat das immer wieder, wobei aufschlußreich ist, daß er nicht – den in radikalen Rechtskreisen besonders verhaßten – Clémenceau angriff, dessen Forderungen weitgehend den Inhalt des Vertrages (»Clémenceau-Frieden«) bestimmten, sondern Lloyd George, der zusammen mit Wilson die Linderung von Maßnahmen durchsetzte, die das Deutsche Reich nach dem Willen Clémenceaus hart treffen sollten, wie die Forderungen nach der Abtretung von Gebieten westlich des Rheines.

106 Vgl. S. 365 ff.

Die in Deutschland einschneidend spürbaren Forderungen des Vertrages von Versailles führten dazu, daß der Sozialismus nach dem verlorenen Kriege auch von den sozialen Schichten als politische Erlösungsformel propagiert wurde, die ihn bis dahin infolge ihrer bürgerlichen Herkunft und Positionen entschieden abgelehnt hatten. Er erschien nach 1918 als Begriff in Namen und Programmen neuer politischer Parteien und Organisationen, die nicht nur eindeutig bürgerliche, sondern zum Teil auch reaktionäre Interessen verfochten. Dieser betont »deutsch«, »nationalistisch« und extrem »völkisch« artikulierte Modesozialismus, eine besonders gefühlsbetonte und aggressive Ideologie, wurde zum verheißungsvollen politischen Leitbild für zahlreiche Angehörige des Mittel- und Kleinbürgertums, die im Laufe des Krieges zur pazifistischen Demokratie bekehrt, durch den Ausgang des Krieges enttäuscht und nicht zuletzt dadurch in vielen Fällen zur Mitwirkung in der Parteipolitik bewogen worden waren. Und er wurde zugleich auch zu einer politischen Heimat für die durch die Auflösungsbestimmungen des Versailler Vertrages in ihrer Existenz bedrohten Wehrverbände und Freikorps. Besonders diese beiden Gruppen erblickten in Hitler bald den besten Condottiere und im Nationalsozialismus die beste politische »Weltanschauung« für ihre Zukunft.

Auf einer Tagung, die am 20. Juli 1924 in Weimar im »Hotel Hohenzollern« stattfand, interpretierte Alfred Rosenberg den Nationalsozialismus in Anwesenheit unter anderem von Hermann Esser, Gottfried Feder, Gregor Strasser, Julius Streicher, Dr. Ganßer, General Ludendorff und den Führungsmitgliedern Dr. Römmer (Berlin), Schlange und Knebel (Potsdam), Kapitän v. Mücke (Sachsen-Ost), Kellermann (Bremen) und Dr. Volck als Vertreter eines sogenannten Direktoriums der Norddeutschen Verbände, das die Nationalsozialisten von Pommern, Schleswig-Holstein, Groß-Hamburg, Hannover-Ost, Hannover-Süd, Bremen und Umgebung und Teile Westfalens während Hitlers Haft gewählt hatten, wie folgt:

»Der Nationalsozialismus ist entstanden als eine leidenschaftliche und instinktive Empörung gegen die ungeheure geistige politische Korruption unserer Zeit aus einer inneren Abkehr Hunderttausender gegenüber der ganzen Welt- und Staatsverfassung der Gegenwart, Adolf Hitler hat durch sein Wort an diesem Urinstinkt des schaffenden Volkes gerührt, die noch bestehenden Hemmungen überwunden und Tausenden und Abertausenden einen neuen Glauben, einen neuen Lebensinhalt geschenkt. Diese innere Neugeburt ist verbunden mit dem Willen für einen neuen Staat zu kämpfen und eine wirkliche deutsche Zukunft zu ermöglichen; sie ist das Wesen, welches allen Programmpunkten des Nationalsozialismus zugrunde liegt. Wenn auch die theoretischen Einsichten die neue Synthese schon mehrfach vervollkommnet und ausgearbeitet haben, so ist das Herz in der nationalsozialistischen Bewegung doch das ausschlaggebende Moment gewesen und dies trotz allem bis auf heute geblieben. Dieses für die Zukunft zu erhalten und durchzusetzen, bleibt auch heute noch die Aufgabe der von Adolf Hitler geführten Bewegung. Nun bedeutet es gewiß keinen Widerspruch, wenn man erklärt, daß sich das heißeste Herz mit dem kältesten Kopf sehr gut vertragen kann, wenn eine Voraussetzung vorhanden ist, daß nämlich der Ausgangspunkt und das Endziel die gleichen sind, und ein reines Wollen hinter allem steht.«[107]

Wenn Hitler im Vorwort von *Mein Kampf* schrieb, daß »man Menschen weniger durch das geschriebene Wort als vielmehr durch das gesprochene zu gewinnen vermag«, traf das für die NSDAP zumindest bis 1925 zu.

Bis Hitler zur Partei stieß, war die Deutsche Arbeiterpartei eine Gruppe von Handwerkern, hauptsächlich von Eisenbahnern, zu denen sich einige Intellektuelle als politische Regisseure gesellt hatten. Hitler führte der Partei Kaufleute, Geschäftsinhaber und Intellektuelle als Mitglieder und Soldaten und bemerkenswert viele Frauen als Anhänger zu. Nach den Unterlagen des Bayerischen Reichswehrgruppenkommandos 4 (Abteilung I b/P) und des Politischen Nachrichtendienstes der Münchener Polizei[108] befanden sich bereits 1920, in einer Zeit, in der das Gerücht verbreitet wurde, daß Hitler »berufsmäßiger Werberedner«[109]

107 Jochmann, S. 103.

108 In einem Versammlungsbericht der Abteilung Mayr (HStA. Mü., Abt. II., Gruppen-Kdo. 4, 46/6) über eine Versammlung der Deutschen Arbeiterpartei vom 13. November 1919 im Eberlbräukeller findet sich am Kopf der Vermerk P. N. D. M. 35. (das war der Politische Nachrichtendienst München, der vom Münchener Polizeipräsidium als Überwachungs- und Informationsdienst eingerichtet worden war).

109 Versammlungsbericht der Abteilung I b/P, HStA. Mü., Abt. II, Gruppen-Kdo. 4, 46/6. In diesem Bericht heißt es außerdem: »Der 1. Vortragende Herr Hitler entledigte sich seines Themas ›Brest-Litowsk‹ in meisterhafter Weise [. . .]« Als Hitlers Beruf ist »Kaufmann« eingetragen.

werden wolle, 20 bis 30 Prozent Frauen unter den Teilnehmern der Hitler-Versammlungen. So wurden beispielsweise am 20. September 1920 rund 400 bis 500 Frauen (von 2 000 Teilnehmern), am 22. September 1920 600 bis 800 Frauen (von 3 000 bis 4 000 Teilnehmern) und am 24. September 1920 900 bis 1 200 Frauen (von 3 000 bis 4 000 Teilnehmern) in Hitler-Versammlungen über die Themen »Macht und Recht«, »Versöhnung oder Gewalt« und »Internationale Solidarität oder Selbsthilfe«[110] gezählt.

Im Rahmen der Mitgliedschaft nahm seit Hitlers Eintritt in die Partei besonders stark der Anteil der Beamten und Angestellten (1922 Durchschnitt 31%) zu. Bis zum Verbot der Partei im November 1923 haben die Redner der NSDAP, vor allen Dingen Hitler, Esser und Feder, seit Oktober 1922 auch Streicher und bei sogenannten »Kulturtagungen« auch Eckart, Dinter und zuweilen auch Hess die neuen Mitglieder, Handwerker und Facharbeiter, Beamte und Angestellte, Kaufleute, Akademiker aller Wissenschaftszweige, Geschäftsinhaber und Studenten durch das gesprochene Wort für die Partei gewonnen. Gruppenweise schlossen sich Versammlungsteilnehmer der Partei an. Bezeichnend ist dafür beispielsweise die Geschichte der Mannheimer Ortsgruppe der NSDAP. Am 13. 4., 26. 4., 5. 5., 7. 5., 22. 5., 26. 5., 9. 6., 12. 7. und 28. 8. 1922 traten der NSDAP insgesamt 178 Mitglieder bei.[111]

Leider lassen die über den Hitler-Putsch von 1923 hinübergeretteten Mitgliedslisten[112] eine lückenlose soziologische Strukturanalyse nicht zu. Erhalten geblieben sind lediglich die erste Mitgliedsliste (bis 29. Mai 1920), die Mitgliedslisten der Ortsgruppen Rosenheim (bis 2. August 1922), Passau (bis 24. August 1922), Landshut (bis 20. September 1922), Mannheim (bis 28. August 1922) und die letzten Eintragungen bis zum 9. November 1923. Dennoch ermöglicht die Auswertung dieser Unterlagen[113] sehr aufschlußreiche Folgerungen über die soziale Struktur der frühen NSDAP.

110 HStA. Mü., Abt. II, Gruppen-Kdo. 4, 46/8 (handschriftlich).
111 Nach der Original-Mitgliedsliste der Mannheimer Ortsgruppe (1922).
112 Katalogisiert im Bundesarchiv Koblenz, NS 26/230.
113 Während des Hitler-Putsches im November 1923 entfernte das NSDAP-Mitglied Ludwig Eß die Mitgliedslisten aus der Hauptgeschäftsstelle und verbarg sie vor der Polizei. Erst 1924 tauchten sie bei einem anderen Parteimitglied wieder auf, das sie wiederum weitergab. Bis auf die Listen, die hier ausgewertet worden sind, ist aus der Zeit bis 1924 nichts vor-

Beruf	Älteste Liste: bis 29. Mai 1920 (675 Mitglieder)	Rosenheim (1922, 320 Mitglieder)	Passau (1922, 83 Mitglieder)	Landshut (1922, 222 Mitglieder)	Mannheim (1922, 178 Mitglieder)
Facharbeiter und Handwerker. Darunter Geschäftsinhaber:	27 %	33,1 %	18 %	33,7 %	24,1 %
Akademische Berufe:	8,5 %	7,8 %	2,4 %	7,2 %	7,8 %
Beamte und Angestellte. Darunter Akademiker:	14,6 %	22,8 %	50,6 %	31,5 %	20,2 %
Soldaten und Offiziere:	5,2 %	1,5 %	3,6 %	0,9 %	0,5 %
Kaufleute. Darunter Geschäftsinhaber:	13,3 %	15,6 %	10,8 %	10,3 %	29,8 %
Geschäftsinhaber:	3,1 %	5,9 %	2,6 %	5,8 %	2,2 %
Studenten:	7,2 %	4 %	–	–	3,3 %
Ungelernte Arbeiter:	2,9 %	4,7 %	2,4 %	1,8 %	2,8 %
Landwirte:	–	0,6 %	–	3,6 %	0,5 %
Frauen, Schüler und Mitglieder, die ungenaue Angaben machten:	18,2 %	4 %	9,6 %	5,2 %	8,8 %

Seit dem Sturz der Regierung Hoffmann und dem Antritt der Regierung v. Kahr im März 1920 hatte die NSDAP eine bemerkenswerte Entwicklung durchgemacht. Bereits am 7. Dezember 1920 konnte das Baye-

handen. Nach Behauptungen von Eß und anderen NSDAP-Mitgliedern aus der Anfangszeit soll die Münchener Polizei die anderen Listen vernichtet haben. Eß hielt es jedoch auch für möglich, daß die Mitgliedslisten im Auftrage von Xaver Schwarz, dem späteren Reichsschatzmeister, vernichtet worden sein könnten. Unterlagen im Bundesarchiv Koblenz, u.a. NS 26/230.

rische Wehrkreiskommando VII, das die NSDAP besonders über Röhm unterstützte, dem Reichswehr-Ministerium melden, daß »die rege Versammlungstätigkeit der nationalsozialistischen Arbeiterpartei [...] in durchaus vaterländischem Sinne erfolgreich«[114] wirke. In der Zeit vom Tage der Verkündung des Parteiprogramms (24. Februar 1920) bis zum 21. Januar 1921 hörten allein in München insgesamt 62 371 Teilnehmer in 46 Versammlungen die Reden der NSDAP-Redner.

Sie sprachen in erster Linie über den angeblich notwendigen Kampf gegen das Judentum. In 48 Versammlungen vom 13. November 1919 bis 24. November 1920 finden sich zwölfmal die eindeutigen Themenformulierungen »Judenfragen«, »Ariertum und Judentum«, »Arbeiter und Jude«, »Judentum« und »Warum sind wir Antisemiten?«. Fünfmal war Hitler der Redner. Wie die »Brechung der Zinsknechtschaft« (fünfmal), so wurde auch der Kampf gegen Schieber, Wucherer und Kriegsgewinnler als Kampf gegen das Judentum bezeichnet, was beispielsweise auch Drexler 1936 in seinem Brief an den Münchener Oberbürgermeister Fiehler tat.[115]

Mit der gleichen Intensität, wenn auch nicht so häufig (viermal in der gleichen Zeit) griffen die Nationalsozialisten die Verträge von Brest-Litowsk (durch den die Bolschewiki vom Deutschen Reich anerkannt und nicht mehr bekämpft wurden), Versailles und von St. Germain an (der hauptsächlich Österreich und Ungarn betraf), Themen, die Hitler für besonders wichtig hielt (4 von 31 Reden). Der Kampf gegen den Marxismus rangierte in der Skala der hauptsächlichen Themen erst an 3. Stelle, der Kampf gegen den Separatismus an 4. Stelle und der Kampf gegen das internationale Leihkapital und gegen den »Mammonismus« an 5. Stelle. Das Programm der NSDAP wurde in der Zeit vom 13. November 1919 bis zum 24. November 1920 nach der Themenankündigung nur dreimal ausführlich erläutert. Eine verbindliche Aufschlüsselung und Frequentierungsnorm der jeweiligen Thematik ist allerdings unmöglich, da jedes Thema durch das Prisma der militant antisemitischen Redner gesehen wurde und stets eine Kampagne gegen das Judentum und zugleich auch eine Programmerläuterung war.[116]

114 HStA. Mü., Abt. II, Gruppen-Kdo. 4, Bd. 39/4 (Durchschlag des Schreibens).
115 Vgl. Anm. 14 in Kap. 3.
116 Diese Aufschlüsselung bezieht sich auf eindeutig formulierte Themen.

Hitler, der nicht berufstätig war, trug die Hauptlast der Versammlungstätigkeit nahezu allein. In 48 NSDAP-Versammlungen[117] vom 13. November 1919 bis zum 24. November 1920 sprach er in 31, Feder in 4 und Esser in 3 Versammlungen. In den restlichen 10 Versammlungen sprachen Eckart (einmal), Dr. Kühn (einmal), Wiegand (einmal) und andere Nationalsozialisten. Hitler fand als Redner nur in Esser und Feder nennenswerte Unterstützung. Neben Hitler stand der sehr junge Esser, der besonders seit 1921 hervortrat und vornehmlich in den außerbayerischen Gebieten wirkte. Anton Drexlers Fähigkeiten als Redner hat der »Fachmann« Hitler bereits charakterisiert: Drexler fehlte die agitatorische Begabung. Dietrich Eckart, Oskar Körner, Johannes Dingfelder, seit Ende 1922 auch Julius Streicher, Max Weber und einige andere Parteimitglieder und Hitler-Anhänger wurden ebenfalls eingesetzt.

Hitler sprach über nahezu alles, was zu der Zeit interessant erschien. So standen seine Reden in der oben angegebenen Zeit zum Beispiel unter folgenden Ankündigungen: »Brest-Litowsk«, »Deutschland vor seiner tiefsten Erniedrigung«, »Über die politischen Vorgänge«, »Judentum«, »Programm der NSDAP«, »National«, »Politik«, »Der Schandfrieden von Brest-Litowsk und der Versöhnungsfrieden von Versailles?« (Hitlers erster Auftritt als NSDAP-Redner außerhalb Münchens, am 19. 6. 1920 in Kolbermoor; am 4. 3. 1920 und am 13. 8. 1920 angekündigt als »Die Wahrheit über den ›Gewaltfrieden von Brest-Litowsk?‹ und den sogenannten ›Frieden der Versöhnung und Verständigung von Versailles‹«), »Versailles – Deutschlands Vernichtung«, »Versöhnung oder Gewalt«, »Internationale Solidarität oder Selbsthilfe«, »Volkswohl und Nationalgedanke‹, »Über das Alltagsleben«, »Spa und Moskau«, »Finanzwesen«, »Warum sind wir Antisemiten?«, »Deutschland als Freistaat« und »Macht und Recht«.[118]

Seit dem Jahresende 1920 verfügte die NSDAP über ihre erste eigene Zeitung. Am 17. Dezember war der *Völkische Beobachter* (VB) erworben worden, der als NSDAP-Organ seit Februar 1921 den Untertitel »Kampfblatt der nationalsozialistischen Bewegung Großdeutschlands« trug. Er erschien zunächst zweimal wöchentlich und mußte von allen NSDAP-Mitgliedern gehalten werden,[119] die seit der Errichtung

117 Vgl. Deuerlein, Ernst: Hitlers Eintritt in die Politik, S. 188 f.
118 Nach Akten des Gruppenkommandos 4 und Versammlungsankündigungen.
119 Vgl. die letzte Dezember-Ausgabe des VB von 1920.

der Geschäftsstelle[120] im Tal 54 und der Anstellung Schüsslers als Geschäftsführer einen monatlichen Mitgliedsbeitrag von 0,50 Mark und seit Januar 1921 (nach dem Erwerb des VB) sogar 1,– Mark zu entrichten hatten, wobei 0,50 Mark ausdrücklich als »Pressesteuer« zur Unterstützung des VB galten.[121]

Der 1887 gegründete, im Jahre 1900 von Franz Eher erworbene und zunächst als föderalistisches und hohenzollernfeindliches *Altbayerisches unabhängiges Wochenblatt für Freiheit und Volksrecht, für die heimischen Geschäfts-, Gewerbe- und Handelsinteressen, allgemeine Kunstrevue und Verkehrszeitung*[122] erschienene *Münchener Beobachter* war während der vaterländischen »Durchhalte-Periode« im Juli 1918 nach dem Tode Ehers (1918) von Ehers Witwe an die Thule-Gesellschaft verkauft worden. Unter der Regie des Thule-Initiators Freiherr Rudolf v. Sebottendorff stand der *Münchener Beobachter* eindeutig im Dienste des völkischen Germanenordens und der Thule-Gesellschaft. Sebottendorff, der während der kommunistischen Rätezeit im April 1919 ausschied und Bayern im Juni 1919 wegen angeblich unbefugter Namensführung verließ, überließ den »Beobachter« Hans G. Müller, der ihn als Ankündigungsblatt »nationaler« Vereine bis zum 28. Juni 1919 wöchentlich und seit dem 2. Juli 1919 halbwöchentlich herausbrachte. Seit dem 9. August 1919 (Nr. 34) trug er den Titel *Völkischer Beobachter.*[123]

So wichtig es für die NSDAP war, ein eigenes Publikationsorgan zu besitzen, so belastend wirkte sich doch aus, daß die Partei nicht über hinreichend Geld verfügte, zumal sie nach einer Feststellung Hitlers vom 26. Oktober 1920 den österreichischen Nationalsozialisten eben erst 60 000 Kronen für den Wahlkampf hatte zukommen lassen.[124] Der

120 Laut Mietvertrag (Bundesarchiv Koblenz, NS 26/80) ab 15. Januar 1919.

121 20 % der monatlichen Mitgliedsbeiträge und 50 % aus den freiwilligen Stiftungen waren von den Ortsgruppen an die Landesgeschäftsstellen zu überweisen. Die Landesgeschäftsstellen behielten die Hälfte der von den Ortsgruppen überwiesenen Beträge aus Mitgliedsbeiträgen und etwas weniger als die Hälfte aus den Stiftungen zurück. Der andere Teil wurde nach München überwiesen. Die Pressesteuer mußte ungekürzt der Hauptgeschäftsstelle zugeleitet werden. Wo Landesgeschäftsstellen noch nicht existierten, war das Geld an die Hauptgeschäftsstelle München zu überweisen.

122 Vgl. Hasselbach, S. 39 f.

123 Seit 16.4.1930 Reichsausgabe, Bayernausgabe und Berliner Ausgabe.

124 Nach handschriftlichen Aufzeichnungen in HStA. Mü., Abt. II, Gruppen-Kdo, 4, Bd. 46/8.

Kaufpreis von 120 000 Mark und die zugleich mitübernommenen Schulden von 250 000 Mark waren eine Belastung, an der die NSDAP nach den Angaben von Franz-Willing[125] bis 1933 trug.[126] Hitler, der im Oktober 1921 erklärte, daß es jedem ordentlichen Parteimitglied selbstverständlich sein müßte, ein »Scherflein zum Bestand der gemeinsamen Zeitung beizutragen«,[127] berichtet über diese Neuerwerbung in *Mein Kampf* wie folgt: »Im Dezember 1920 erfolgte die Erwerbung des ›Völkischen Beobachters‹. Dieser, der schon seinem Namen entsprechend im allgemeinen für völkische Belange [und seit 1919 besonders auch für die DAP] eintrat, sollte nun zum Organ der NSDAP umgestellt werden. Er erschien erst wöchentlich zweimal, wurde anfangs 1923 Tageszeitung und erhielt Ende August 1923 sein später bekanntes großes Format.«[128]

Nach der Darstellung Sebottendorffs[129] gehörten bis zum Ankauf der Zeitung durch die NSDAP zu den Gesellschaftern, deren Zusammensetzung zugleich eine Garantie für die politische Richtung bot, der Ingenieur Gottfried Feder (10 000 Mark), der Fabrikant Theodor Heuß (10 000 Mark), Dr. Wilhelm Gutberlet (10 000 Mark), Käthe Bierbaumer (46 500 Mark), Dora Kunze, eine Schwester Sebottendorffs (10 000 Mark), Franz Xaver Eder (10 000 Mark), Franz Freiherr v. Feilitsch (20 000 Mark) und Alfred Braun (3 500 Mark). Die Bürgschaft für die Zahlung des Kaufpreises hatten der Hitler-Freund Dietrich Eckart[130] und Dr. Gottfried Grandel übernommen. 60 000 Mark, die Hälfte des Kaufpreises, erhielt Eckart durch Vermittlung wahrscheinlich Röhms und

125 Die Angaben von Franz-Willing (S. 180 ff.) sind in diesem Zusammenhang ungenau und widerspruchsvoll. So schreibt er beispielsweise (S. 180): Frau »Bierbaumer, die Hauptaktionärin [. . .] hatte von den 110 000 RM des Gesamtkapitals, das 120 000 RM betrug, dem Verlage ›zu Händen von Herrn Eder‹ insgesamt 63 500 RM geschenkt«. Frau Bierbaumer war jedoch nicht »Hauptaktionärin«, sondern Gesellschafterin mit dem größten Anteil. Außerdem existierte 1920 nicht die RM, sondern die Mark. Der Satz muß richtig lauten: Frl. . . . Bierbaumer, die Gesellschafterin mit dem größten Anteil . . . hatte von den 120 000 Mark des Gesellschaftskapitals 110 000 Mark . . . eingebracht und von diesen 110 000 Mark 63 500 Mark dem Verlag »zu Händen von Herrn Eder« geschenkt (zu den 63 500 Mark vgl. Sebottendorff, S. 195).

126 Vgl. Franz-Willing, S. 180.

127 Mitteilungsblatt Nr. 4 vom 8. Oktober 1921.

128 Hitler, S. 664.

129 Sebottendorff, S. 195.

130 Eckart wurde im August 1921 Hauptschriftleiter des VB.

Mayrs von General Ritter v. Epp aus einem Reichswehrfonds.[131] Dr. Grandel, dem solche Quellen nicht offenstanden, soll noch 1940 Rechtsansprüche gegenüber dem Verlag Franz-Eher-Nachfolger für die 1920 geleistete Bürgschaft erhoben haben.[132]

Allein mit Enthusiasmus und dem »brutalen Willen« der Nationalsozialisten waren die Schulden nicht abzutragen. In *Mein Kampf* schreibt Hitler, der bereits kurz nach seiner »Machtergreifung« Ende Juli 1921[133] feststellen mußte, daß der VB gelegentlich sogar seine Propagandatätigkeit[134] hemmte: »Ich habe damals als vollständiger Neuling auf dem Gebiete des Zeitungswesens [...] manches schlimme Lehrgeld bezahlen müssen.«[135] Das »schlimme Lehrgeld« brachten Freunde und Gönner auf. Unter ihnen befanden sich Dietrich Eckart, sein Vetter Simon Eckart, Bechstein,[136] Bruckmann,[137] Frau Seidlitz,[138] Julius Streicher und angeblich auch Dr. Friedrich Krohn.[139] Während sich die Gesellschaftsanteile bis auf die Anteile von Frau Bierbaumer und Frau Kunze am 17. Dezember 1920 in den Händen von Anton Drexler befanden,[140] also noch 56 500 Mark in anderem Besitz waren, erklärte Hitler am 16. November 1921, rund 10 Wochen nachdem er »Führer« und Erster Vorsitzenden der NSDAP geworden war, vor dem Registergericht in München, daß er im Besitz aller Anteile des *Völkischen Beobachters* und des Eher-Verlages sei.[141] Da Hitlers finanzielle Manipulationen un-

131 Vgl. Münchner Post vom 4./5. Februar 1922 und vom 11. Februar 1922. Vgl. auch Röhm. 2. Aufl., S. 139.

132 Franz-Willing, S. 180. Verlagsname seit 1918: Franz-Eher-Nachf.

133 Zur »Machtergreifung« von 1921 vgl. S. 266 ff.

134 Am 18. August 1921 schrieb der VB beispielsweise: »[...] Die außerordentlich schlechte Finanzlage unserer Partei, das Fehlen jeglicher Mittel für die dringendsten Bedürfnisse der Propaganda [...] zwingen uns, auf die Abhaltung der Versammlung im Zirkus Krone zu verzichten«. Der Nationalsozialist (Nr. 1 vom 26. Juni 1921) und der VB (vom 26. November 1921) klagten, daß die Mittel der Partei nicht ausreichten, Kassierer einzustellen, die die Mitgliedsbeiträge einziehen könnten. Die Mitglieder wurden angewiesen, ihre Beiträge bei Versammlungen und Diskussionsabenden zu zahlen oder auf das Postscheckkonto der Partei zu überweisen.

135 Hitler, S. 664.

136 Vgl. S. 408.

137 Vgl. S. 396.

138 Vgl. S. 408.

139 Nach Franz-Willing (S. 181) soll Krohn 20 000 Mark »à fonds perdu« bezahlt haben.

140 Vgl. Sebottendorff, S. 195.

141 ebenda, S. 196.

durchsichtig waren, kann nicht nachgewiesen werden, wo und wie er das Geld in der kurzen Zeit aufgetrieben hat. Zwar waren unter der Verantwortung von Drexler, der Gottfried Feder in einem Brief vom 13. Februar 1921[142] klagte, mit der Finanzierung des *Völkischen Beobachters* große Schwierigkeiten zu haben, von Anfang Juni 1921 bis Ende September 1921 ohne staatliche Genehmigung 40 000 unverzinsliche Schuldscheine zu je 10 Mark an die Mitglieder ausgegeben worden,[143] die sie vertreiben mußten, doch ist unsicher, ob diese unerlaubte Aktion tatsächlich 400 000 Mark eingebracht hat, wie die Polizei behauptete.[144] Darüber hinaus ist fraglich, ob das auf diese Weise zusammengekommene Geld ausschließlich für die Begleichung der Schulden verwandt wurde, die der Partei durch den Kauf des VB entstanden waren.[145]

Die finanzielle Situation der Partei und deren Aktionen hatten sich mit Hitlers Eintritt grundlegend geändert. Am 14. August 1919 hatte Drexler an den Berliner Bankier v. Heimburg geschrieben: »Die Partei [DAP] ist durch Geldmangel sehr gehemmt, um so mehr als wir in Auswahl der Spender sehr vorsichtig sind.«[146] Vier Wochen danach, als Hitler zur Partei stieß, befanden sich 7,50 Mark in der Parteikasse. Anfang 1920 waren es bereits rund 700 Mark, und am 20. Dezember 1920 konnte Anton Drexler 11 000 Mark, die Spenden eines einzigen Tages, in das »Partei-Tagebuch 1920/1921« eintragen lassen.[147] Nach den handschriftlich fixierten Feststellungen der Abteilung Ib/P der bayerischen Reichswehr wurden der NSDAP beispielsweise allein in 2 Hitler-Ver-

142 Handschriftlich, Reproduktion im Bundesarchiv Koblenz, NS 26/76. Der Brief ist im Anhang vollständig zitiert.

143 Akt »NSDAP« der Polizeidirektion München.

144 ebenda.

145 In einem undatierten Rundschreiben (wahrscheinlich von Juni 1921) heißt es u.a.: »Selbstverständlich konnte dies [der Ankauf des VB] nur durchgeführt werden unter den schwersten Opfern und mit Übernahme einer großen Schuldenlast. Zur Deckung dieser Schulden wurden laut Beschluß der Mitgliederversammlung vom 19. Januar 1921 unverzinsliche Schuldscheine zu je zehn Mark hergestellt. Diese Schuldscheine sind nun fertig, und es ist Pflicht aller Parteimitglieder durch Erwerb dieser Schuldscheine nach Möglichkeit, sowie deren weiteste Verbreitung ins deutsche Volk, unserem Kampfblatt, dem ›Völkischen Beobachter‹, die Existenz zu sichern. Außerdem muß jedem Mitglied zur Pflicht gemacht werden, den ›Beobachter‹ zu bestellen und ebenfalls nach Möglichkeit zu verbreiten.«

146 Handschriftlich. Reproduktion. Ehemaliges Hauptarchiv der NSDAP, Bundesarchiv Koblenz, NS 26/76.

147 Vgl. Faks. Tafel 7.

sammlungen vom 22. und 24. September 1920 von den Teilnehmern unmittelbar »ca. 2 500 Mark«[148] als Spende übergeben. Nach den vorhandenen Unterlagen haben Bewunderer Hitlers und Gesinnungsgenossen der NSDAP bis Ende 1920 mindestens 15 000 Mark gespendet.[149] Zahlreiche kleine Beträge wurden nach München gesandt, und als die Ortsgruppe Straubing der Hauptgeschäftsstelle am 30. November 1920 mitteilte, daß 45 Mark bei einer eben veranstalteten Versammlung »übrig geblieben« seien, informierte Drexler den Ortsgruppenleiter: »45 Mark bleiben bei der O.G. [Ortgruppe.] Geld braucht vorerst nicht abgeführt [zu] werden.«[150] Dennoch hatte Drexler am 30. September 1920 erklären müssen, daß die Parteikasse ein Defizit von 3000 Mark aufweise.[151]

Allerdings brauchte die Partei mit der Entwicklung auch mehr Geld. Die Österreicher baten mehrfach um finanzielle Unterstützung, so zum Beispiel am 11. April 1921, wo sich im »Partei-Tagebuch 1920/1921« die Eintragung findet: »Ersuchen um dringend 2 000,– Mark.« Drexlers Antwort: »Unsere Schuldenlast ist so groß, daß es unmöglich ist.« Am 23. Februar hatten sie um 10 000 Mark gebeten, wobei sie sich auf Zusagen von Hermann Esser stützten.[152] Prozeßkosten, 1 040,50 Mark zum Beispiel im März 1921 für den Ballerstedt-Prozeß,[153] Saalmieten und Honorare für Redner mußten gezahlt werden. So quittierte beispielsweise v. Mücke den Empfang von 695 Mark für ein Referat. Rechnungen für den Druck von Programmen (am 5. Juni 1920 = 450 Mark für 5 000 Exemplare), Plakaten und anderem Propagandamaterial waren ständig zu begleichen. Reisekosten kamen hinzu, besonders für die Redner Hitler und Esser, die an vielen Orten sprachen, ebenso die Überweisungen an Ortsgruppen und Unterstützungsbeträge bei Gründungen von neuen Ortsgruppen. Die Mitgliedsbeiträge und die Einnahmen aus dem Verkauf des *Völkischen Beobachters* seit Ende 1920 reichten zur Aufrechterhaltung des hauptamtlichen Geschäftsbetriebes der Partei nicht aus. Die NSDAP war neben den Mitgliedsbeiträgen auf Spenden

148 HStA. Mü., Abt. II, Gruppen-Kdo. 4, 46/48 (handschriftlich).
149 Vgl. u. a. S. 261. Hinzu kamen die Mitgliedsbeiträge.
150 Zitat aus dem Parteitagebuch.
151 HStA. Mü., Abt. II, Gruppen-Kdo. 4, Bd. 46/8 (handschriftlich).
152 Parteitagebuch. Vgl. Anm. 31 in diesem Kapitel.
153 ebenda, Eintragung vom 19. März 1921. Zum Ballerstedt-Prozeß vgl. S. 286 f.

angewiesen. Die Spender waren meistens einflußreiche Leute, nicht nur innerhalb der NSDAP. Drexler und die übrigen offiziellen Mitglieder der Parteileitung waren ihnen nicht gewachsen.

Im Oktober 1920 hielt Hitler sich in Österreich auf,[154] wo er für die NSDAP wirkte. Aufschlußreich ist in diesem Zusammenhang seine Feststellung vom 26. Oktober 1920 im Münchener Kindlkeller. Nach den handschriftlichen Aufzeichnungen im Hauptstaatsarchiv München hat er vor 3 000 bis 4 000 Versammlungsteilnehmern erklärt, daß die NSDAP »den Brüdern in Österreich zu ihrem Wahlkampf über 60 000 Kronen«[155] habe schicken können. Bei der Beschaffung des Geldes hat er einen entscheidenden Beitrag geleistet, da die Reinerträge aus den Spenden von 3 Hitler-Versammlungen nach Hitlers Ausführungen vom 20. September 1920 für die Unterstützung der Österreicher verwendet worden sind.[156] Mit größeren Spenden für die NSDAP, die im Dezember 1920 den *Völkischen Beobachter* (einschließlich der übernommenen Schuldenlast) für 370 000 Mark erwarb, wobei der Kaufpreis 120 000 Mark betrug,[157] war während Hitlers Abwesenheit kaum zu rechnen.

Obwohl der österreichische Nationalsozialist Dr. Riehl im Januar 1921 im *Völkischen Beobachter* als »Führer der nationalsozialistischen Bewegung Großdeutschlands«[158] bezeichnet wurde, konnte nicht die Rede davon sein, daß er es auch tatsächlich war. Hinter dieser Feststellung der Münchener Nationalsozialisten stand Drexler, nicht aber Hitler, dessen Entscheidungen nicht nur Drexler, sondern alle nationalsozialistischen Parteien spätestens seit Spätsommer 1920 nicht mehr schadlos ignorieren konnten.

Anfang Januar 1920 hatte Hitler Karl Harrer aus der DAP ausgebootet. Seitdem wuchs auch der Gegensatz zwischen Hitler und dem in seinem Parteiamt verbliebenen Parteivorsitzenden Drexler der Münchener NSDAP in dem Maße, in dem Hitlers Einfluß in der Partei und in der Öffentlichkeit zunahm. Drexlers Entscheidungen zum Beispiel im Zusammenhang mit den im August 1920 in Salzburg und im März 1921 in Zeitz diskutierten Fusionsbestrebungen der DSP und der öster-

154 Nach HStA. Mü., Abt. II, Gruppen-Kdo. 4, 46/8 (handschriftlich).
155 HStA. Mü., Abt. II, Gruppen-Kdo. 4, 46/8 (handschriftlich).
156 ebenda.
157 Vgl. S. 258 ff.
158 Vgl. Hasselbach, S. 44.

reichischen Nationalsozialisten hatten die Gegensätze zwischen Drexler und Hitler besonders artikuliert. Seit dem Zeitzer Parteitag der Deutschsozialistischen Partei war der offene Bruch zwischen Hitler und Drexler denn auch nicht mehr zu verheimlichen. Hitler unterband die Versuche, die NSDAP zu einer fugenlos einfügbaren Gruppe im Rahmen einer parlamentarisch geleiteten Nationalsozialistischen Partei »Großdeutschlands« zu machen. Mit Hitler stellte die Münchener NSDAP nicht erst seit August 1921 einen Machtfaktor im Rahmen aller nationalsozialistischen Gruppen dar, der eigene (die von Hitler gewiesenen) Wege gehen konnte.

Welche Bedeutung Hitlers Konzept und die »Hitlerische Partei«, wie viele die NSDAP bereits lange vor Hitlers erster »Machtergreifung« im Juli 1921 nannten, in den ersten Monaten des Jahres 1921 von völkischen Konkurrenten beigemessen wurde, zeigt beispielsweise der Brief eines maßgeblichen Angehörigen des Germanenordens aus München an den Leiter (Wriedt) der deutschsozialistischen Gruppe in Kiel. »Zeigen Sie mir einen Ort, in welchem im Laufe eines Jahres Ihre Partei 45 Massenversammlungen abgehalten hat«, heißt es dort. »Die Ortsgruppe München [der NSDAP] zählt jetzt über 2 500 Mitglieder und etwa 45000 Anhänger. Zählt irgendeine Ihrer Ortsgruppen nur annähernd so viel?«[159] Ordensbrüder aus Köln, Wilhelmshaven und Bremen, so schrieb der Mann, der sich »Dietrich« nannte, seien »der Ansicht [...] daß die Hitlerische Partei die Partei der Zukunft ist und das erste Recht zu fordern hat, daß die anderen Parteien in ihr aufgehen [...] Wer die größten Erfolge [...] zu verzeichnen hat [...] wird der sein, dem sich die anderen anschließen müssen. Eine vorherige Einigung ist völlig unmöglich. Den Satzungen und der Arbeit nach zu urteilen, ist die Hitlerische Partei in ihrer Kampfweise auch radikaler als die Ihrige [DSP]. Nicht Hitler allein, sondern die ganze Leitung steht auf dem Standpunkt einer Weigerung der Einigung in Ihrem Sinne.«[160]

Dem Ausschuß und Vorstand der NSDAP gehörten im Januar 1921 folgende Mitglieder an: der Werkzeugschlosser Drexler als 1. Vorsitzender, der Kleingewerbetreibende Körner als 2. Vorsitzender, ferner der Handlungsgehilfe Emmer, der Schriftsetzer Angermeir, der Schreibwarenhändler Berchtold und der Schlosser Riedl. Hitler war noch nicht da-

159 Nach Franz-Willing, S. 103.
160 ebenda.

bei, obwohl ihm bereits mehrfach vorgeschlagen worden war, sich dafür zur Verfügung zu stellen.[161]

Infolge der Zusammensetzung der offiziellen Führungsgruppe fiel es Hitler, Eckart, Tafel, Krohn, Feder, Esser und Rosenberg leicht, konstruktiven Einfluß auf die Parteileitung auszuüben. Der Ausschuß spielte nicht viel mehr als eine Statistenrolle. Allerdings konnten auch Hitlers Gegenspieler, zum Beispiel der Kaufmann Ernst Ehrensperger, der Justizreferendar Benedikt Settele und Dr. Otto Dickel die offizielle Parteispitze gegen Hitler beeinflussen.

Hitler, der sein Ziel klar verfolgte, war noch nicht bereit, offiziell die Führung der Partei zu übernehmen. Noch war er nicht sicher, daß es ihm gelingen würde, diktatorisch und unabhängig herrschen zu können. So präzise, wie er seine »architektonischen Zeichnungen« ausführte, entwarf er auch seine »Machtergreifung« im Rahmen der Partei. Erhalten geblieben sind einige Zettel mit sehr aufschlußreichen handschriftlichen Hitler-Notizen aus jenen Tagen. »Der fähigste Mann gehört an die Spitze«,[162] steht auf einem Zettel, der einen Teil seines Führungs- und Organisationskonzepts enthält. Diesem Mann, der selbstverständlich nur er sein konnte, sollten sich alle anderen Mitglieder der Parteileitung (der Ausschuß und der Vorstand) unterordnen.[163] Die parteiamtlichen Führungsmitglieder, die sich weder einzeln noch zusammen mit ihm messen konnten, waren zwar sicher, daß Hitler bald an der Spitze stehen würde, aber sie wollten nicht einfach zur Seite geschoben werden, am wenigsten Drexler, dessen Beharrungsvermögen der Entwicklung der Partei zeitweilig zugute kam.

Bezeichnend für die Vorstellungen, die seit 1920 in der Parteispitze vorhanden waren, sind unter anderem die Formulierungen im »Partei-Tagebuch 1920/1921«, wo von Drexler über alle Fragen und Personen, nicht aber über »Herrn Hitler« verfügt wurde. »Wird durch Herrn Hitler persönlich geregelt«, »Herrn Hitler zuleiten«, diktierte Drexler den Schreibern, und in einem Brief, den er am 13. Februar 1921 an Gottfried Feder schrieb, wird Hitlers Rolle im Prisma Drexlers eindeutig umrissen. »Wir sind überzeugt daß keines der heutigen kapitalistischen Parlamente an den Gedanken der Brechung der Zinsknechtschaft heran

161 Mitteilung von Hermann Esser. Vgl. auch Drexler-Brief im Anhang.
162 Ehemaliges Hauptarchiv der NSDAP, Bundesarchiv Koblenz, NS 26/49.
163 ebenda.

treten wird«, schrieb Drexler, der sich auf seine Anhängerschaft (besonders Kollegen von der Eisenbahn) berief, »Auch Ihr Ziel [...] kann nur auf revolutionärem Wege erreicht werden und wir müssen schon deshalb zusammen halten. Hier darf ich gleich anknüpfen, daß jede revolutionäre Bewegung einen diktatorischen Kopf haben muß und deshalb halte ich auch gerade unseren Hitler für unsere Bewegung als den geeignetsten, ohne daß ich deshalb in den Hintergrund zu schieben wäre [...] Solange sich Hitler und ich ergänzen, solange [...] auch ich über größeren, zuverlässigen Anhang verfügte, besteht keine Gefahr [...] Es mag sein, daß ich vielleicht als zu nachgiebig und anpassungsfähig gelte, besonders Hitler gegenüber. Das kommt aber nur daher, weil ich seine Genialität, wie seine materielle Uneigennützigkeit, die ja der Kernpunkt dieser Volksbewegung ist, über alles schätze. Sie dürfen überzeugt sein [...] daß ich in entscheidenden Fragen auch mein Wort in die Wagschaale zu werfen weiß. Auch an ausgleichender Einwirkung hab ich es bisher nicht fehlen lassen, was auch in Zukunft geschieht [...]«[164]

Im Frühsommer 1921 reiste Hitler nach Berlin, wo er mit einflußreichen Gesinnungsgenossen, unter anderem mit Graf Yorck v. Wartenburg und Graf Behr, Verbindung aufnahm. Seit Mitte 1920 interessierten Berliner Rechtsradikale sich für Hitler und die NSDAP.[165] Hitler sprach im Nationalen Klub, verhandelte mit konservativen Führern des ehemaligen preußischen Herrenhauses und kam (zum Teil durch Eckarts Vermittlung) mit Persönlichkeiten zusammen, die ihm und der Partei nützlich sein konnten.

Im Frühjahr 1921 hatten Führungsmitglieder Drexler geraten, Hitlers Aktivismus einzudämmen. Selbst im »Partei-Tagebuch 1920/1921« findet sich eine entsprechende Bemerkung. Am 22. Februar 1921 hat der Schreiber eingetragen: »Herrn Hitler nahelegen, mit der Tätigkeit zurückzuhalten.« Aber Hitler ließ sich nicht an die Zügel legen. Im Gegenteil. Er bereitete sich mit Essers Unterstützung auf die »Machtergreifung« vor. Da er mit Recht annehmen konnte, daß die Drexler-Gruppe gegen ihn vorgehen würde, wenn er sich längere Zeit nicht in Bayern befände, ließ er es darauf ankommen. Er blieb sechs Wochen in Berlin. Esser in-

164 Handschriftlich, Reproduktion, Bundesarchiv Koblenz, NS 26/76. Der Brief ist im Anhang zitiert. Drexlers Fehler wurden nicht korrigiert.

165 Eintragung im Parteitagebuch vom 2. Juni 1920 und vom 12. Oktober 1920.

formierte ihn ständig über Einzelheiten in München. Hitlers Rechnung ging auf. Die Münchener Parteileitung lud den Augsburger Führer der »Werkgemeinschaft« und Hitler-Gegner Dr. Otto Dickel nach München ein, wo er (als Mitglied der NSDAP) in einer NSDAP-Versammlung unter anderem erklärte, daß der »Großgrundbesitz [...] an Gefährlichkeit dem Judentum«[166] gleichstünde. Diese Feststellung, die nicht nur Hitlers Widerspruch hervorrufen mußte, bedeutete in diesem Moment Wasser auf die Mühlen der nationalsozialistischen Vorstands- und Ausschußmitglieder, die sich durch den »Tschechen« Hitler, wie einige Gegner ihn nannten, überspielt und nur noch als »geduldete« Mitglieder seines Ressorts (Propaganda) behandelt sahen. Sie stellten sich hinter Dickels Auffassung und machten sie zu einem Angelpunkt in ihrer Auseinandersetzung mit Hitler. Darüber hinaus forderten sie noch einmal den von Hitler bislang aus taktischen Gründen strikt verworfenen Zusammenschluß aller deutschsprachigen nationalsozialistischen Parteien, die sowohl während der Salzburger Tagung als auch während des Zeitzer Parteitages der Deutschsozialisten für einen entsprechenden Beschluß eingetreten waren.

Auch Anton Drexler, den Hitler wegen seiner Zusage in Zeitz einen »charakterlosen Idioten«[167] genannt hatte, befand sich im Anti-Hitler-Lager. Obwohl Drexler erst kurz zuvor erklärt hatte, daß er Hitler an die Spitze der NSDAP gestellt sehen wollte,[168] hielt er in dieser Situation nicht zu Hitler, weil er offensichtlich glaubte, mit seinem Anhang einen Positionskampf gegen Hitler durchaus bestehen zu können. In diesem Augenblick hatte er einflußreiche Mitglieder der Partei und nahezu den gesamten Ausschuß hinter sich. Die Situation wollte er nutzen. Zudem unterstützten die – gegen Hitler eingestellten – Deutschsozialisten die Gruppe um Anton Drexler, über den der DSP-Führer Alfred Brunner einem seiner Parteigenossen am 19. Oktober 1920 geschrieben hatte: »Hitler und Drexler haben auf mich [...] den Eindruck hinterhältiger Menschen gemacht, die sich auch von alldeutsch-kapitalistischer Seite einspannen lassen«,[169] was die DSP-Führer zu ihrem Leidwesen allerdings nicht beweisen konnten.

166 Vgl. Heiden: Geschichte des Nationalsozialismus, S. 53 f.
167 Münchner Post vom 7. Dezember 1921.
168 Vgl. Anm. 164.
169 Nach Franz-Willing, S. 105.

Die eben eingetroffenen Einladungen zum Linzer Parteitag für August 1921 ließen eine rasche Klärung der Lage geboten erscheinen. Dickel und Brunner sahen eine Möglichkeit zur persönlichen Abrechnung mit Hitler, über den Brunner an den Leiter der deutschsozialistischen Ortsgruppe (Bökenkamp) in Bielefeld am 1. Dezember 1920 geschrieben hatte: »Hitler wird vielleicht nochmal im Größenwahn enden, dazu kommt, daß eventuell hinter den Nationalsozialisten nationalistische Kreise wirken.«[170] Über die empfindlichen Spannungen zwischen NSDAP und DSP gibt unter anderem auch ein Brief von Wriedt an Alfred Brunner Auskunft. Wriedt, der zum DSP-Gauleiter ernannt worden war, schrieb: »Von den Nationalsozialisten wollen wir uns nicht an die Wand drücken lassen. Nun auf zum Kampf dort unten, die Streicher, Sesselmann usw. vor. Wir haben erst die Absicht [gehabt], Hitler kommen zu lassen, jetzt nicht mehr.«[171]

Die Nationalsozialisten waren sich darüber klar, daß auch der Linzer Parteitag zu einem Erfolg nicht führen würde, wenn Hitlers Einfluß und Autorität nicht eingedämmt werden konnten. Das war jedoch schwierig; denn hinter Hitler standen die Männer, die neben ihrem Namen auch über Beziehungen und Geld verfügten. Was wäre die NSDAP in jenen Tagen ohne Hitler, Eckart, Fritz Lauböck, Esser, Rosenberg, Hess, Feder, Dr.Dingfelder, Dr. Grandel (der Hitler und die NSDAP erheblich unterstützte[172]) und die Hitler-Anhänger gewesen, die Geld nur spendeten, weil sie Hitler und »seine« Partei unterstützen wollten? Offiziere und Studenten schrieben im *Völkischen Beobachter*, sprachen in Versammlungen und warben für Hitler und die NSDAP. Auf seine, nicht auf die Autorität des eigentlichen Parteivorstandes stützten und beriefen sie sich. Viel sprach gegen Hitler; aber viel mehr noch empfahl ihn. Er wußte das, und als der Ausschuß ihn aufforderte, sich und seine eigenwilligen Maßnahmen zu rechtfertigen, ließ er es auf eine offene Auseinandersetzung ankommen. Er fuhr von Berlin nach München zurück und erklärte am 11. Juli 1921 seinen Austritt aus der Partei.[173] Die bestürzte Parteileitung hatte damit nicht gerechnet. Sie erschrak jedoch noch mehr über Hitlers Forderung, seine Sache vor einer Mitgliederver-

170 Zit. nach Franz-Willing, S. 90.
171 ebenda.
172 Persönliche Auskunft von Hermann Esser. Vgl. auch S. 259 f.
173 Persönliche Auskunft von Hermann Esser.

sammlung ausfechten zu wollen. Die leitenden Männer der NSDAP, die sich nun vor die Wahl gestellt sahen, entweder Hitler zu verlieren oder sich ihm bedingungslos und öffentlich zu unterwerfen, zogen es vor, zu kapitulieren. Hitler, der das eingeplant hatte, stellte der Parteileitung am 14. Juli 1921 ein Ultimatum, in dem es unter anderem hieß:

»Da mir gestern von seiten des ersten Vorsitzenden der Partei unter Anrufung der Vermittlung Dietrich Eckarts neuerdings der Auftrag einer Regelung dieser Angelegenheit unterbreitet wurde, lege ich hiermit die Punkte nieder, von deren strikter Erfüllung ich meinen Wiedereintritt in die Bewegung abhängig mache.

1. Sofortige Einberufung einer außerordentlichen Mitgliederversammlung binnen acht Tagen, gerechnet von heute ab, mit folgender Tagesordnung: der derzeitige Ausschuß der Partei legt seine Ämter nieder, bei der Neuwahl desselben fordere ich den Posten des I. Vorsitzenden mit diktatorischer Machtbefugnis zu sofortiger Zusammenstellung eines Aktionsausschusses, der die rücksichtslose Reinigung der Partei von den in sie eingedrungenen fremden Elementen durchzuführen hat. Der Aktionsausschuß besteht aus drei Köpfen.
2. Unverrückbare Festlegung des Grundsatzes, daß Sitz der Bewegung München ist und für immer bleibt, daß endlich, solange die Bewegung nicht derartige Dimensionen erreicht hat, daß von den Mitteln der Gesamtbewegung aus eine eigene Parteileitung bestritten werden kann, diese von der Ortsgruppe München zu erfolgen hat.
3. Jede weitere Veränderung des Namens oder Programms wird ein für allemal zunächst auf die Dauer von sechs Jahren vermieden. Mitglieder, die dennoch in dieser Richtung und zu diesem Zweck tätig sind, werden aus der Bewegung ausgeschlossen.
4. Jeder weitere Versuch eines sogenannten Zusammenschlusses zwischen der Nationalsozialistischen Deutschen Arbeiterpartei und der sich unberechtigter Weise Deutsche Nationalsozialistische Partei heißenden Bewegung hat künftighin zu unterbleiben. Für die Partei kann es niemals einen Zusammenschluß mit denjenigen geben, die mit uns in Verbindung treten wollen, sondern nur deren Anschluß. Kompensationen unsererseits sind vollständig ausgeschlossen.
5. Verhandlungen dieser Art dürfen nur mit meiner persönlichen Einwilligung stattfinden, die Wahl der Teilnehmer solcher Verhandlungen auf unserer Seite bleibt ausschließlich mir vorbehalten.

6. Der Parteitag in Linz wird als zwecklos nicht besucht.

Ich stelle diese Forderungen, nicht weil ich machtlüstern bin, sondern weil mich die letzten Ereignisse mehr denn je davon überzeugt haben, daß ohne eiserne Führung die Partei [...] innerlich in kürzester Zeit aufhören würde das zu sein, was sie sein sollte: Eine nationalsozialistische Deutsche Arbeiterpartei und kein Abendländischer Bund.«[174]

Der Parteiausschuß, der Hitler sofort antwortete, verteidigte sich zwar vorsichtig und zaghaft, unterwarf sich jedoch bedingungslos.[175] Bezeichnend dafür ist ein Passus aus dem Schreiben des Parteiausschusses an Hitler, das von Drexler, Josef Mayer, Fritz Michel, Franz Emmer, Benedikt Angermeir (Mitglieds-Nr. 920), Josef Berchtold (Nr. 964) und Karl Riedl (Nr. 620) unterzeichnet war und folgenden Wortlaut hatte: »Der Ausschuß ist bereit in Anerkennung Ihres ungeheuren Wissens, Ihrer, mit seltener Aufopferung und nur ehrenamtlich geleisteten Verdienste für das Gedeihen der Bewegung, Ihrer seltenen Rednergabe, Ihnen diktatorische Machtbefugnisse einzuräumen und begrüßt es auf das freudigste, wenn Sie nach Ihrem Wiedereintritt, die Ihnen von Drexler schon wiederholt und schon lange vorher angebotene Stelle des ersten Vorsitzenden übernehmen. Drexler bleibt dann als Beisitzer im Ausschuß und wenn es Ihrem Wunsche entspricht, als ebensolcher im Aktionsausschuß. Sollten Sie sein vollständiges Ausscheiden [aus] der Bewegung [als] nützlich erachten, so müßte die nächste Jahresversammlung darüber gehört werden.«[176]

Ehe es jedoch zu einer Schlichtung des Streites innerhalb der Parteiführung kam, stiftete ein von Ernst Ehrensperger (Mitglieds-Nr. 923) anonym verfaßtes[177] Flugblatt unter dem Titel »Adolf Hitler Verräter?« erneut heftigen Unfrieden. Es war nicht nur Hitler, sondern auch

174 Vgl. Hasselbach, S. 46 f. und Franz-Willing, S. 110 f. Im letzten Absatz steht im Original-Hitler-Ultimatum in der 1. Zeile das Komma hinter »nicht«. Da die falsche Interpunktion nicht den Sinn ergibt, den Hitler meinte, wurde das Komma vom Autor an die richtige Stelle gesetzt.

175 In dem Antwort-Schreiben des Ausschusses an Hitler findet sich die interessante Formulierung: »Punkt 2, 3, 4, 5 und 6 erübrigt sich, nachdem Ihre Diktatur über die Bewegung anerkannt ist. Um Mißverständnissen vorzubeugen, erklärt aber der Ausschuß noch besonders sein Einverständnis damit.« Vgl. nächste Anm.

176 Fotokopie des Schreibens im Akt »NSDAP 1921–1923« der Polizeidirektion München.

177 Persönliche Auskunft von Hermann Esser. Vgl. auch den Brief von Drexler an Fiehler (vgl. Anm. 14 im 3. Kapitel).

50–60 Mitgliedern der NSDAP durch die Post zugestellt worden und erhob schwere Beschuldigungen gegen Hitler. »Machtdünkel und persönlicher Ehrgeiz«, hieß es dort, »haben Herrn Adolf Hitler nach seiner sechswöchigen Reise von Berlin, über deren Zweck er sich bis heute noch nicht ausgesprochen hat, auf den Posten gerufen. Er glaubt die Zeit gekommen, um im Auftrag seiner dunklen Hintermänner Uneinigkeit und Zersplitterung in unsere Reihen zu tragen und dadurch die Geschäfte des Judentums und seiner Helfer zu besorgen. Es zeigt sich immer mehr, daß sein Zweck kein anderer war, als die Nationalsozialistische Deutsche Arbeiterpartei nur als Sprungbrett für unsaubere Zwecke zu benützen, um deren Führung an sich zu reißen und sie im geeigneten Augenblick auf ein anderes Gleis zu schieben. Das beweist am besten ein Ultimatum, das er vor wenigen Tagen an die Parteileitung stellte [...] und wie führt er diesen Kampf? Echt jüdisch. Er verdreht alle Tatsachen und stellt die Sache so hin, als ob Drexler nicht revolutionär genug sei und ins parlamentarische System zurückfallen wolle. Was ist die Tatsache? Drexler ist noch keinen Finger breit von seinen Anschauungen abgewichen, die er bei der Gründung schon betonte [...] Bei seinen Umtrieben hat Hitler einen Kampfgenossen gefunden, Herrn Esser. Dieser Mann, den Hitler selbst wiederholt schon als Schädling der Bewegung bezeichnete, der bei Drexler schon wiederholt den Sturz Hitlers forderte, diesen Mann nahm sich Hitler plötzlich,[178] um seine dunklen Pläne durchzuführen [...] Nationalsozialisten, urteilt über solche Charaktere! Laßt euch nicht irreführen, Hitler ist Demagoge und stützt sich nur auf seine Rednergabe, er glaubt damit, das deutsche Volk irrezuführen und euch besonders Dinge aufzuschwätzen, die alles andere sind als die Wahrheit. Protestiert dagegen, daß man es mit der ehrlichen Gründung der NSDAP auch so machen will, wie es früher mit anderen Parteien gemacht worden ist [...]«[179]

Am 27. Juli, 2 Tage vor der für den 29. Juli angesetzten Mitgliederversammlung, war das Flugblatt auch der *Münchner Post* zugeleitet worden, die es durch eine »Glosse von zehn Zeilen«[180] ergänzte und veröffentlichte.

Einen Tag nachdem Hitler das Flugblatt erhalten hatte, wurde Her-

178 Hermann Esser war während dieser Zeit aus der Partei ausgeschlossen worden.
179 Heiden: Geschichte des Nationalsozialismus, S. 56 f.
180 Vgl. Münchner Post vom 7. Dezember 1921.

mann Esser durch eine von Drexler und Schüssler gezeichnete Mitteilung im Rundschreiben Nr. 3 vom 21. Juli 1921 aus »schwerwiegenden Gründen« aus der Partei ausgeschlossen. Oskar Körner (1875–1923), der Hitler ergeben war, war bereits am 11. Juli, als Hitler seinen Austritt aus der Partei erklärte, aus dem Parteiausschuß ausgeschieden. Für den 26. Juli hatten Körner, Esser, Wutz, Weber und Hitler durch Plakate zu einer Mitgliederversammlung aufgerufen, obwohl Esser aus der Partei ausgeschlossen, Hitler aus der Partei ausgetreten und Körner vom Parteiausschuß zurückgetreten waren.[181]

Nach einem Münchener Polizeibericht vom 26. Juli 1921 fand am 25. Juli im Sterneckerbräu ein Sprechabend statt, den Hitler auf eigene Faust einberufen hatte. »Das Lokal war sehr gut geheizt«, heißt es in den Polizeiakten, »Die Teilnehmerzahl dürfte ungefähr 300 männliche und 50 weibliche Personen gewesen sein. Von den männlichen Teilnehmern setzte sich der größte Teil aus sehr zweifelhaften Elementen – oberschlesische Abenteurer, welche mit Orden, Ehrenzeichen und Hakenkreuz geschmückt waren – zusammen. Dem besseren, bzw. Mittelstand dürften kaum über 150 Teilnehmer angehört haben. Der vermutete Streit, bzw. Spaltung zwischen Hitler und Drexler der N.S.P. kam nicht zum Austrag, da sich beide schon vorher geeinigt hatten. Dagegen hielt aber doch Drexler, währenddem Hitler zu den Teilnehmern sprach, eine Ausschußsitzung im Büro der genannten Partei (Büro befindet sich auch in der Sternecker-Brauerei) ab. Bei dieser Ausschußsitzung wurde scheinbar nur über Hitler verhandelt. Es scheint aber, daß man sich auch da über Hitler einigte. Hitler hielt eine Ansprache an die anwesenden Teilnehmer, deren Inhalt eigentlich nichts anderes war, als der gewaltsame Kampf gegen das Judentum, wenn sich einmal die Gelegenheit dazu biete. Nach meiner persönlichen Anschauung und Empfinden würde Hitler mit den bei der Versammlung anwesenden Abenteurern aus Oberschlesien im Falle eines Judenpogroms nichts anderes sein, als der Anführer einer zweiten Roten Armee, wie wir sie 1919 hatten, um lediglich gegen das Judentum Raub, Mord und Plünderung zu begehen. Den Ausführungen Hitlers wurde von den Teilnehmern großer Beifall gezollt. Gegen 10 Uhr wurde die Versammlung geschlossen, welche mit vollster Einigkeit in der Bekämpfung des Judentums endete.«[182]

181 Persönliche Auskunft von Hermann Esser.
182 Polizeibericht Nr. 1406, Abt. VI a F. Nach dem politischen Nachrichten-

Am 29. Juli vollendete Hitler sein Werk vor 544 »Eintritt zahlenden Mitgliedern der Ortsgruppe München«.[183] Durch die Tatsache, daß Hermann Esser den Vorsitz führte, war bereits die Richtung festgelegt. Auf der Tagesordnung standen nach dem von Hitler (als 1. Vorsitzenden) und Hermann Hesse (als Schriftführer) unterzeichneten und an das Münchener Amtsgericht gesandten Protokoll[184] in der Hauptsache die Aufklärung der letzten Vorgänge, die Abänderung und Ergänzung der Satzungen und die Neuwahl des Ausschusses.

Nachdem Hitler und Esser mit begeistertem Beifall begrüßt worden waren, hatte Esser die Versammlung eröffnet und Hitler das Wort erteilt. Geschickt stellte Hitler den Zwist in seinem Sinne dar, nicht ohne noch einmal darauf hinzuweisen, daß er als einfacher Soldat zur Partei gekommen sei und niemals um einen Posten gestritten habe. Die Teilnehmer erfuhren von ihm, daß er den angebotenen ersten Vorsitz mehrfach abgelehnt hatte. Nicht zum erstenmal habe er gegen einen Ausschuß kämpfen müssen, »der nicht zielsicher und tatkräftig vorging, sondern zu einem Teeklub zu werden drohte«.[185] Während er Dr. Dickel und die Augsburger Völkischen beschuldigte, »die Kampfpartei Großdeutschlands auf ein ungefährliches Nebengeleise zu schieben«,[186] erklärte er: »Wir wollen keinen Zusammenschluß, sondern Anschluß an die anderen Parteien, wir behalten aber die Führung. Wer sich nicht fügen will, kann gehen. Dies gilt für Nürnberg [Streicher] und Augsburg [Dickel] . . . Unsere Bewegung ging von München aus und bleibt auch in München.«[187]

Hitler erinnerte die Hörer daran, daß der Partei 3 000 Mitglieder

dienst (Nr. 294) ist nach außen hin der Eindruck entstanden, als sei der Streit tatsächlich aus der Welt geschaffen worden. In einem mit »Das Stahlbad« überschriebenen Artikel im VB vom 31. Juli 1921 heißt es u.a.: »Der Zersetzungsversuch hat mit einer Stählung des Willens geendet.« (Dieser Bericht bezog sich auf die vorbereitende Mitgliederversammlung vom 26. Juli 1921, die die von Hitler in seinem Ultimatum geforderte Mitgliederversammlung vorbereiten sollte.)

183 Zit. aus dem an das Münchener Amtsgericht gesandten Protokoll. Abschrift im ehemaligen Hauptarchiv der NSDAP, Bundesarchiv Koblenz, NS 26/80. Franz-Willing, der sich (S. 120) auf einen Bericht im VB vom 4. August 1921 beruft, stellt fälschlich fest, daß »etwa 1 200« Teilnehmer die außerordentliche Mitgliederversammlung besucht hätten.

184 Vgl. Anm. 183.

185 VB vom 4. August 1921.

186 ebenda.

187 Politischer Nachrichtendinest Nr. 294.

angehörten, was er als Beweis für die geleistete Arbeit darstellte. Dann richtete er scharfe Angriffe gegen den anonymen Verfasser des Flugblattes und gegen den Parteiausschuß, dem der Mut gefehlt habe, gegen ihn (Hitler) offen vorzugehen. Dem Ausschuß warf er vor, junge und tatkräftige Leute aus der Partei ausgeschlossen zu haben, womit er offensichtlich Hermann Esser, Wagner und Huber meinte. Während er seine Freundschaft zu Drexler ostentativ betonte, erklärte er sich bereit, den ihm angebotenen Vorsitz zu übernehmen. Drexler, den Hitler als lebenslänglichen Ehrenvorsitzenden ernannt sehen wollte, sprach nach Hitler. Er erklärte seine Einmütigkeit mit Hitler und betonte im Sinne Hitlers, daß der Tüchtigste und Fähigste an die Spitze der Partei gestellt werden müsse. Deshalb habe er vorgeschlagen, Hitler zum ersten Vorsitzenden zu wählen. Danach verkündete er die Satzungsänderungen, die mit 543 gegen 1 Stimme (Posch) angenommen wurden.[188]

Nach Drexler sprach ein Augsburger Parteigenosse, der Hitler angriff und Dr. Dickel verteidigte. Der verärgerte Hitler, der darauf hinwies, daß München für die »Bewegung« nach wie vor maßgebend sein würde, erklärte unter anderem: »Wir haben 16 000 Mark eingenommen, davon sind aber nur 6 000 Mark in München verwendet worden. Die anderen 10 000 Mark wurden fürs Land und auch für Augsburg ausgegeben.«[189]

Dem von Hitler gebilligten neuen Vorstand und Ausschuß gehörten folgende Mitglieder an:

1. Vorsitzender: Adolf Hitler,
2. Vorsitzender: Oskar Körner,
1. Kassier: Johann Singer,
2. Kassier: Max Wutz,
1. Schriftführer: Hermann Hesse,
2. Schriftführer: Benedikt Angermeir,
Ehrenvorsitzender: Drexler.

Hitler hatte erhalten, was er forderte. Er war erster Vorsitzender mit diktatorischer Machtbefugnis geworden. Drexler war für alle Zeit

188 Vgl. Anm. 183 in diesem Kapitel und VB vom 4. August 1921.
189 VB, 4.8.21. Die Angaben Hitlers, daß die Partei 16 000 Mark eingenommen hätte, lassen sich nicht nachprüfen. Nach den vorhandenen Unterlagen darf vermutet werden, daß die Einnahmen beträchtlich höher waren. Allerdings hat die Münchener NSDAP den österreichischen Gesinnungsgenossen gelegentlich unter die Arme gegriffen.

kaltgestellt. Unbegreiflich ist, wie zum Beispiel Alan Bullock und William Lawrence Shirer zu dem Urteil gelangen konnten, daß Drexler »die Treppe hinauf« –[190] gefallen sei. Einige Ausschußmitglieder verließen die Partei. Settele und Ehrensperger, die Gegner Hitlers und neben Drexler Führer der Anti-Hitler-Gruppe, wurden ausgeschaltet. Benedikt Angermeir, der nur auf Hitlers persönlichen Wunsch im Ausschuß blieb, schied bald aus. Andere Führungsmitglieder, unter ihnen Emmer und Berchtold, die sich nach Hitlers »Machtergreifung« zurückgezogen hatten, kehrten bald wieder zur Partei – und damit zu Hitler zurück. Triumphierend konnte der *Völkische Beobachter* am 8. März 1922 berichten: »Als erfreulichstes Zeichen des nun vollständig beendeten, seinerzeitigen Bruderzwistes in der Bewegung können wir heute mitteilen, daß zwei weitere Mitglieder, die Herren Emmer und Berchtold des ehemaligen Ausschusses, ihre aktive Mitarbeit bei der Bewegung wieder aufgenommen haben [. . .]«[191]

Seit Hitlers »Palastrevolution« durfte es keine Diskussion, kein Abstimmung und Beratung, und erst recht keinen Widerspruch mehr geben.[192] Von diesem Tage an wurde ausgeführt, was Hitler anordnete. Nach diesem Sieg Hitlers, der nun legal diktatorische Vollmachten erhalten hatte, stellte er den Ausschuß so zusammen, wie er es wollte. 2 Beamte, 1 Kaufmann, 1 Kleingewerbetreibender und 1 Schriftsteller gehörten ihm an.[193] Die Namen waren fortan unwesentlich; denn der Ausschuß spielte nun nur noch eine dekorative Rolle. Der Einfluß der Männer, die Hitler in seinem Sinne wirken ließ, nahm weiter zu. Hermann Esser, Max Amann (1891–1957), Ernst Röhm, Rudolf Hess, Ernst Hanfstaengl (geb. 1887), der von der KPD zur NSDAP hinübergewechselte Schauspieler und Polizeispitzel[194] Max Weber (1885), Kurt Luedecke (1890), Erwin v. Scheubner-Richter und (seit Oktober 1922) Julius Streicher gehörten zu ihnen.

190 Vgl. Bullock, S. 72 und Shirer, S. 63.
191 VB vom 8. März 1922.
192 Vgl. S. 277 ff. und 369.
193 Im Januar 1922 wählte die ordentliche Mitgliederversammlung einen Vorstand und Ausschuß, in dem sich 3 Kaufleute, 1 Beamter, 1 Apotheker und 1 Schriftsteller befanden.
194 Nach einem Polizeibericht vom 6. Februar 1923 in den Akten der Münchener Polizeidirektion. Vgl. auch Münchener Post vom 22. Januar 1923. Nicht alle spielten sofort eine Rolle, Hanfstaengl und Luedecke erst rund ein Jahr nach Hitlers erster »Machtergreifung«.

Noch einmal versuchten die Hitler-Gegner das Blatt zu wenden. Ernst Ehrensperger, der später wegen Unterschlagung zu 5 1/2 Jahren Zuchthaus verurteilt wurde und der der Hitler zunächst unbekannt gebliebene Verfasser des Flugblattes war,[195] erschien nach dem 29. Juli bei der Münchener Polizeidirektion und bat um die Erlaubnis zur Veröffentlichung eines Plakats, das von dem Juristen Settele unterzeichnet war und als Protest gegen Hitler von einem »bisherigen revolutionären Ausschuß der Nationalsozialistischen Deutschen Arbeiterpartei«[196] ausgegeben wurde und unter anderem folgenden Passus enthielt: »Der Tyrann muß gestürzt werden. Und wir ruhen nicht, bis ›Seine Majestät Adolf I.‹ derzeitig ›König von München‹ seine Rolle ausgespielt hat.«[197] Die Polizei untersagte die Veröffentlichung des Plakats.

Diese Anti-Hitler-Aktionen schlugen fehl. Sie haben Hitler weder bloßgestellt noch (was angestrebt wurde:) »erledigt«. Das Gegenteil trat ein. Hitler verklagte die *Münchner Post* und die *Süddeutsche Presse*, weil sie das erste Flugblatt veröffentlicht hatten. Die beiden beklagten Redakteure wurden zu je 600 Mark Geldstrafe verurteilt.[198] Drexler und Körner mußten sich durch eine eindeutige Erklärung auf einem Plakat von dem Flugblatt distanzieren.[199] Damit war nicht Hitler, sondern Drexler restlos »erledigt«, der Hitler erst 1929 durch einen Brief von Ehrensperger[200] beweisen konnte, daß er an der Flugblatt-Aktion von 1921 nicht beteiligt gewesen war. »Und trotzdem kam ich im Kampf um meine Ehre in Gegensatz zum Führer«,[201] klagte er 1936.

Ob Drexler 1921 mit diesem Flugblatt einverstanden war oder nicht, ist hier von sekundärer Bedeutung. Wichtiger ist vielmehr, daß die Anti-Hitler-Aktion die Entwicklung der NSDAP im Sinne Hitlers beeinflußte. Die Autorität Hitlers, der den Standpunkt verfocht, daß derjenige, besonders der Politiker, der Liebe wolle, auch Haß ertragen können müsse,[202] sein allgemeines Ansehen und seine persönliche Macht-

195 Nach Drexlers Brief an Oberbürgermeister Fiehler. (Vgl. Anm. 14 im 3. Kapitel.)
196 Nach Franz-Willing, S. 118.
197 ebenda, S. 119.
198 Münchner Post vom 7. Dezember 1921.
199 Vgl. Heiden: Geschichte des Nationalsozialismus, S. 57.
200 Drexler-Brief (vgl. Anm. 14 im 3. Kapitel).
201 ebenda.
202 Hitler-Notizen für eine Rede über Staatsautorität, ehemaliges Hauptarchiv der NSDAP, Bundesarchiv Koblenz, NS 26/49.

fülle wurden erheblich erweitert. Charakteristisch ist die Argumentation Ehrenspergers. Sie enthielt nur Vermutungen, Behauptungen und glossierte Anschuldigungen. Nichts wurde konkret festgestellt und bewiesen. Dennoch wurde ein gemeinsamer Nenner gefunden. Es war das in dem politischen Terrain stets zündende Schlagwort, das in allen völkischen Programmen wiederkehrte: der Antisemitismus. Die begriffliche Inhaltslosigkeit konnte nicht besser als in diesem Falle demonstriert werden; denn selbst gegen Hitler, der als Antisemit weithin bekannt war und im katholischen Bayern für sich in Anspruch nahm, legitimiert zu sein, »für das Werk des Herrn« zu kämpfen, indem er sich »des Juden erwehre«,[203] war der Vorwurf erhoben worden, »im Dienste des Judentums« zu stehen.

Der militante Charakter der ehemaligen »Arbeiterpartei« hatte am 29. Juli 1921 die entscheidende neue Basis erhalten. Jetzt war Hitler auch offiziell der erste Vorsitzende. Die NSDAP hatte als einzige politische Partei in Deutschland einen diktatorisch gebietenden Führer. Noch am Abend des 29. Juli 1921 wurde Hitler im Zirkus Krone von Hermann Esser als »unser Führer« vorgestellt. Essers Rechnung ging auf. Bevor Hitler noch am 7. November 1921 im *Völkischen Beobachter* der NSDAP als »Führer der NSDAP« bezeichnet wurde, war er es für den außerbayerischen betont bürgerlichen *Mannheimer General-Anzeiger* bereits am 5. November 1921.

Nach der Ausrufung Hitlers zum »Führer der NSDAP« rückten auch Hitlers Freunde in Stellungen auf, die er ihnen zuwies. Am 1. August wurden Hermann Esser Propagandaleiter, Max Amann, Hitlers ehemaliger Regimentsfeldwebel, Geschäftsführer und Xaver Schwarz Kassenführer der Partei. Philipp Bouhler (1899–1945) übernahm das Amt des Verlagskaufmanns des *Völkischen Beobachters*.

Die NSDAP wurde von Hitler nun auch offiziell nach militärischem Vorbild organisiert. Dennoch spielte in Hitlers Konzept auch weiterhin nicht die Organisation, sondern die Propaganda die Hauptrolle, der er die Aufgabe zuordnete, der Idee Anhänger zu gewinnen.[204] Die Organisation, von der er erwartete, daß sie die Anhänger zu Mitgliedern machte,[205] war für ihn lediglich »ein notwendiges Übel [...] im besten

203 Hitler, S. 70.
204 ebenda, S. 651.
205 ebenda, S. 651 ff. Vgl. auch Anm. 207 in diesem Kapitel.

Falle Mittel zum Zweck, im schlimmsten Falle Selbstzweck«[206] Die im August 1921 eingeleitete Neuordnung des Parteiapparates ging unter anderem von folgenden Überlegungen Hitlers aus:

»a) Konzentration der gesamten Arbeit zunächst auf einen einzigen Ort: München. Heranbildung einer Gemeinde von unbedingt verläßlichen Anhängern und Ausbildung einer Schule für die spätere Verbreitung der Idee. Gewinnung der notwendigen Autorität für später durch möglichst große sichtbare Erfolge an diesem einen Ort.

Um die Bewegung und ihre Führer bekannt zu machen, war es nötig, den Glauben an die Unbesiegbarkeit der marxistischen Lehre an einem Orte für alle sichtbar nicht nur zu erschüttern, sondern die Möglichkeit einer entgegengesetzten Bewegung zu beweisen.

b) Bildung von Ortsgruppen erst dann, wenn die Autorität der Zentralleitung in München als unbedingt anerkannt gelten darf.

c) Die Bildung von Bezirks-, Gau- oder Landesverbänden erfolgt ebenfalls nicht nur nach dem Bedarf an sich, sondern nach Erreichung der Sicherheit einer bedingungslosen Anerkennung der Zentrale.«[207]

Die Bildung organisatorischer Formen machte Hitler von der Existenz geeigneter Unterführer abhängig, wobei er davon ausging, daß zum »Führertum selber [...] nicht nur Wille, sondern auch Fähigkeit [gehört], wobei [...] der Willens- und Tatkraft eine größere Bedeutung

206 ebenda, S. 380.

207 ebenda, S. 382 f. Aufschlußreich ist Hitlers Erklärung (S. 380 f.) über das Verhältnis zwischen Idee und Organisation: »Irgendein genialer Gedanke entsteht im Gehirn eines Menschen, der sich berufen fühlt, seine Erkenntnis der übrigen Menschheit zu vermitteln. Er predigt seine Anschauung und gewinnt allmählich einen bestimmten Kreis von Anhängern. Dieser Vorgang der direkten und persönlichen Übermittlung der Ideen eines Menschen auf die andere Mitwelt ist der idealste und natürlichste. Bei steigender Zunahme von Anhängern der neuen Lehre ergibt sich allmählich die Unmöglichkeit für den Träger der Idee, persönlich auf die zahllosen Anhänger weiter direkt einzuwirken, sie zu führen und zu leiten. In eben dem Maße, in dem infolge des Wachstums der Gemeinde der direkte und kürzeste Verkehr ausgeschaltet wird, tritt die Notwendigkeit einer verbindenden Gliederung ein: Der ideale Zustand wird damit beendet, und an seine Stelle tritt das notwendige Übel der Organisation. Es bilden sich kleine Untergruppen, die in der politischen Bewegung beispielsweise als Ortsgruppen die Keimzellen der späteren Organisation darstellen. Diese Untergliederung darf jedoch, wenn nicht die Einheit der Lehre verlorengehen soll, immer erst dann stattfinden, wenn die Autorität des geistigen Begründers und der von ihm herangebildeten Schule als unbedingt anerkannt gelten darf.«

zugemessen werden muß als der Genialität an sich und am wertvollsten eine Verbindung von Fähigkeit, Entschlußkraft und Beharrlichkeit«[208] sei. Er forderte die ehrenamtliche Tätigkeit der Unterführer und dekretierte, daß es besser sei, auf eine Ortsgruppe mit einem unfähigen Führer zu verzichten als eine Ortsgruppe zu haben, die nicht fugenlos in die Gesamtorganisation eingespannt werden könne. »In unseren Augen«, schrieb er im Mitteilungsblatt Nr. 14 vom 26. April 1922, »besitzt eine Ortsgruppe erst dann die Berechtigung oder vielleicht besser gesagt, die Verpflichtung, neue Ortsgruppen zu gründen, wenn sie selber bereits volle Arbeit getan hat, d. h. wenn ihr Ort bereits zur Burg der nationalsozialistischen Bewegung geworden ist. Denn was wir brauchen, das sind Burgen, aber keine Ortsgrüppchen.«

Hitler, der Führer, der seine Unterführer vom Ortsgruppenleiter bis zum Gauleiter bis 1928 wählen ließ, sie nach ihrer Berufung jedoch zu allein verantwortlichen Leitern – auch gegenüber allen Ausschüssen – machte, was in den *Mein Kampf*-Ausgaben von 1930, 1933, 1939 und 1943 durch die prinzipielle Änderung ersetzt wurde, daß die Führer jeweils von den nächsthöheren Führern einzusetzen seien,[209] kümmerte sich nun buchstäblich um alles. So informierte er sich beispielsweise über NSDAP-Versammlungen, die von politischen Gegnern gesprengt wurden und arbeitete allgemeingültige Direktiven zur Unterbindung derartiger Einzelfälle aus. Die vorsichtigen Parteigenossen schaltete er aus. Seine Begründung: »Ich habe es [...] als meine Pflicht angesehen, in diesen Jahren alle ordentlich arbeitenden und mit Verantwortung belasteten Kräfte der Bewegung«[210] vor dem »Hineinreden von soundso viel Ausschußmitgliedern«[211] »in Schutz zu nehmen, ihnen die notwendige Rückendeckung und das freie Arbeitsfeld nach vorne zu schaffen«. [212] Das entspricht jedoch nur teilweise den Tatsachen; denn nicht den »ordentlich arbeitenden [...] Kräften« (wozu unbedingt Anton Drexler gehörte) gewährte er »Schutz und freies Arbeitsfeld«, sondern denen, die sein und Eckarts Führerkonzept widerspruchslos anerkannten

208 ebenda, S. 384.
209 Vgl. Mein Kampf, in den Ausgaben von 1925 und 1928, S. 364 f. und in den Ausgaben 1933, 1939 und 1943, S. 378 f.
210 Hitler, S. 668.
211 ebenda, S. 667 und 378 ff.
212 ebenda, S. 668.

und sich Hitler bedingungslos unterwarfen. An einer anderen Stelle deutet Hitler das auch selbst an: »Im Hochsommer 1921, als die Bewegung sich in einer schweren Krise befand und ich mit einer Anzahl von Angestellten nicht mehr zufrieden sein konnte, ja mit einem einzelnen die bitterste Erfahrung gemacht hatte [womit Anton Drexler gemeint war; der Verf.], wandte ich mich an meinen einstigen Regimentskameraden [seinen Regimentsfeldwebel; der Verf.] den mir der Zufall eines Tages zuführte, mit der Bitte, er möge nun der Geschäftsführer der Bewegung werden [...] Amann [...] willigte [...] ein, allerdings unter der ausdrücklichen Bedingung, daß er nur einen einzigen Herrn anerkenne.«[213]

Hitler, der nach seinem Wiedereintritt in die NSDAP (26. Juli 1921) zwar nur die Mitglieds-Nummer 3 680 erhielt, aber Vorsitzender und diktatorisch herrschender Führer der NSDAP geworden war, hatte einen wesentlichen Teil seines Planes verwirklichen können. Sofort begannen seine intelligentesten Freunde, Eckart und Esser, und der Hitler am treuesten ergebene Rudolf Hess, mit der Rechtfertigung des Führungswechsels und der Absicherung der neuen Parteistruktur in der breiten Öffentlichkeit. Am 4. August 1921 veröffentlichte Dietrich Eckart einen Leitartikel im *Völkischen Beobachter* unter dem Titel: »Gaunerstreich gegen Hitler«, in dem er sich gegen das anonyme (Juli-) Flugblatt wandte: »Selbstloser, opferwilliger, hingebender und redlicher«, schrieb Eckart, »kann überhaupt kein Mensch einer Sache dienen, als Hitler sich der unsrigen widmet. Aber auch nicht zielbewußter und wachsamer. Gerade diesen beiden Eigenschaften Hitlers haben wir es zu danken, daß der unlängst aufgetauchte Plan, das Schwergewicht unserer Bewegung von München [...] nach einem anderen Ort zu verlegen (wodurch sie zumindest ein gut Teil ihrer Stoßkraft eingebüßt hätte), im Keime erstickt wurde. Sogar der Name unserer Partei hätte abgeändert werden sollen, ja, nicht nur das, auch ihr Programm war für eine gründliche Umgestaltung vorgesehen worden. Aber da griff mit eiserner Faust Hitler ein und aus war es mit dem Spuk! Bedarf es noch mehr, um zu zeigen, wer unser Vertrauen verdient, und in welchem Umfange er es verdient? Ich denke, nein.«[214]

213 ebenda, S. 665.
214 VB vom 4. August 1921 und Münchener Neueste Nachrichten vom 2. August 1921 (in MNN: Bericht über die Parteikrise).

»Seid ihr wirklich blind dagegen«, fragte Hess im *Völkischen Beobachter* vom 11. August 1921, »daß dieser Mann [Hitler] die Führerpersönlichkeit ist, die allein den Kampf durchzuführen vermag? Glaubt ihr, daß ohne ihn die Massen sich im Zirkus Krone stauten? [...] Ich traue mir [...] zu, mich in einem Menschen nicht zu täuschen, nachdem ich eineinhalb Jahre beinahe täglich mit ihm zusammen war. Für diejenigen aber, die nur den scheinbaren Demagogen, nicht die dahinterstehende scharf umrissene Persönlichkeit kennen, und die so doch einen leisen Zweifel hegen, möchte ich folgendes feststellen: Hitlers Wesen ist reinstes Wollen; seine Kraft beruht nicht nur auf Rednergabe, sondern in gleichem Maße auf bewundernswertem Wissen und klarem Verstand [...]«

32 Jahre später, fast auf den Tag genau, schrieb er (am 30. August 1953) aus Berlin-Spandau an seine Schwester: »Ich habe ein recht gutes Buch in Arbeit [...] Kretschmer ›Geniale Menschen‹. Es interessiert mich umso mehr, als ich doch auf alle Fälle einen Genialen so weit kannte, wie man einen Menschen nur zu kennen vermag; er taucht mir denn auch beim Lesen immer wieder auf.«[215]

Unmittelbar nach Hitlers »Palastrevolution« im Juli 1921 fand der zwischenstaatliche Vertretertag im August 1921 in Linz statt, ohne Beteiligung[216] der Münchener Nationalsozialisten, wie Hitler das in seinem Ultimatum im Juli gefordert hatte. Die österreichischen, sudetendeutschen und tschechoslowakischen Nationalsozialisten und die Deutschsozialisten hatten sich damit abgefunden, daß sie über Hitler nicht verfügen konnten. Sie hatten erkannt, daß sie seinetwegen auf den zunächst nachdrücklich geplanten und vorbereiteten Zusammenschluß aller deutschsprachigen Nationalsozialisten verzichten mußten. Seit dem mißlungenen Salzburger Parteitag im August 1920 meldeten sich Hitler-Gegner im Rahmen der extremen Rechtsfront besonders auch deshalb zu Wort. Nachdem Hitlers Einfluß auch in Österreich soweit zugenommen hatte, daß er seine Taktik der Freund-Feind-Unterscheidung nach alt-römischem Vorbild auch dort durchsetzen konnte und die anderen Führer, Gruppen und Parteien ihn entweder als Herrn aner-

215 Hess, Ilse: Gefangener des Friedens, S. 135.
216 Der Anwesenheit Feders war ein (Partei-) offizieller Charakter nicht zuzuschreiben.

kannten und sich ihm bedingungslos unterwarfen oder es nicht taten und damit seine Feinde wurden, die er radikal bekämpfte, traf er Vorkehrungen, (im Frühjahr 1922) in seiner Heimat nationalsozialistische Ortsgruppen der Münchener NSDAP zu gründen.

Zu den gegen Hitler häufig erhobenen Vorwürfen gehörte (auch in den Flugblättern) der Hinweis auf die von Hitler niemals eindeutig beantwortete Frage, wovon er seinen Lebensunterhalt bestreite. Gegnerische Boulevard-Journalisten, »Enthüllungs«-Blätter und politische und persönliche Gegner unterstellten ihm unter anderem, von Frauen »ausgehalten« zu werden. Zwar trifft zu, daß vermögende Frauen Hitler größere und zum Teil sogar erhebliche Beträge zur Verfügung stellten, wie zum Beispiel Frau Helene Bechstein,[217] die Frau des Berliner Piano-Fabrikanten, Frau Bruckmann[218] und Frau v. Seidlitz,[219] doch für die Zeit vor August 1921 ist das nicht nachzuweisen.

Wovon Hitler, der nach 1918 über ein Vermögen nachweislich nicht verfügte, seinen Lebensunterhalt nach dem Ausscheiden aus dem Truppendienst bis zu seiner ersten »Machtergreifung« im August 1921 bestritt, konnte bislang nicht geklärt werden. Als er am 31. März 1920 aus der Truppe ausschied, verzichtete er laut Kriegsstammrolle der 7. Ersatz-Kompanie des 2. Bayerischen Infanterie-Regiments freiwillig auf Versorgungsansprüche.[220] Mit 50 Mark »Entlassungsgeld«, einer Feldmütze, einem Waffenrock, einer Tuchhose, einer Unterhose, einem Hemd, einem Mantel, einem Paar Socken und einem Paar Schnürschuhen verließ er die Abteilung Mayr[221] – und damit seine Existenzgrundlage.

Rudolf Hess behauptete am 17. Mai 1921 in einem Brief an den bayerischen Ministerpräsidenten Gustav v. Kahr: Hitler »lebt vom Honorar, welches er für Vorträge bekommt, die er gelegentlich aus freien Stücken anderwärts hält.«[222] Während des Prozesses, den Hitler im Sommer 1921 im Zusammenhang mit dem Ehrensperger-Flugblatt anstrengte, bestätigte Hitler diese Angaben von Rudolf Hess mit der Fest-

217 Vgl. S. 408.
218 Vgl. u. a. S. 396 und Bullock, S. 78 und 81 f.
219 Vgl. S. 408.
220 Nach HStA. Mü., Abt. II, Kriegsstammrolle der 7. Ers. Kp./2. Bayer.Inf. Rgt., Bd. 23, Nr. 7 111.
221 Hitlers letzte Dienststelle bei der Truppe.
222 Vgl. S. 288 ff.

stellung: »Wenn ich für die Nationalsozialistische Partei spreche, nehme ich kein Geld. Aber wenn ich für andere Organisationen wie die ›Deutsche Liga für Verteidigung und Angriff‹ spreche, nehme ich natürlich Honorare an. Ich esse bei verschiedenen Parteifreunden abwechselnd zu Mittag. Außerdem werde ich von verschiedenen Parteigenossen in bescheidener Weise unterstützt.«[223] Hitler verfocht den Standpunkt, daß er der NSDAP durch seine (bis dahin 65) Reden rund 35 000 Mark an Auslagen »erspart« habe.[224] Die – nicht beweisbare – Behauptung Otto Strassers, daß Hitler seinen Bruder (Gregor Strasser) mehrfach angehalten habe, sich Geld aus der Parteikasse zu nehmen, wenn ihm Geld fehle,[225] beweist nicht, daß Hitler gelegentlich selbst auch in die Kasse gegriffen hat.

Von der NSDAP wurde Hitler bis August 1921 nicht bezahlt, was Hess ebenfalls bestätigt. »Tief zu bedauern ist«, schrieb er am 11. August 1921 im *Völkischen Beobachter,* »daß die Bewegung sich nicht in der Lage befindet, wenigstens für den Unterhalt des Führers zu sorgen. Nach Verdienst kann sie ihn nie lohnen.«[226]

Zur Versorgung ihres Führers war die NSDAP bis dahin auch gar nicht in der Lage, wenn Hitler auch schon am 11. Juni 1920 (aus propagandistischen Gründen) erklärt hatte, daß die Partei bereits 4 000 Mitglieder zähle,[227] die ab Januar 1920 monatlich je 0,50 Mark Mitgliedsbeitrag entrichten mußten. Das älteste Mitgliedsbuch weist für Ende Mai 1920 lediglich 675 Mitglieder auf, was einen Monatsbeitrag von insgesamt weniger als 340 Mark ausmachte. Damit war wenig zu beginnen, zumal der hauptamtliche Geschäftsführer Rudolf Schüssler seit Januar 1920 von der Partei bezahlt werden mußte. Hitlers Geld mußte aus anderen Quellen stammen. Vielsagend erscheint ein Passus im Hess-Brief an den Ministerpräsident v. Kahr, in dem es unter anderem hieß: Hitlers »Macht [reicht] sehr viel weiter [...] als man es in der Öffentlichkeit ahnt.«[228] Ob Gustav v. Kahr je erfahren hat, daß er sein hohes Amt auch der Mitwirkung Hitlers verdankte, der im Auftrage des

223 Heiden: Adolf Hitler, S. 127 f.
224 Vgl. Münchner Post vom 7. Dezember 1921. Die Münchner Post vom 28. Januar 1921 bestätigte, daß Hitler für seine Vorträge außerhalb der NSDAP je 500 bis 800 Mark Honorar erhielt.
225 Schriftliche Mitteilung von Otto Strasser (1952).
226 VB vom 11. August 1921. Vgl. auch S. 270.
227 HStA. Mü., Abt. II, Gruppen-Kdo. 4, Bd. 46/8.
228 Vgl. S. 288 ff.

Hauptmanns Karl Mayr im März 1920 vor dem Sturz des Ministerpräsidenten Johannes Hoffmann bei dem »Bauerndoktor« Heim erschien und dessen entscheidende Unterredung mit v. Kahr schließlich auslöste, ist nicht bekannt geworden.

Sehr wahrscheinlich ist Hitler bis Herbst 1920 von seiner ehemaligen Dienststelle des Gruppenkommandos 4 (I b/P) mit Geld versorgt worden. Belege existieren dafür zwar nicht; aber es läßt sich nachweisen, daß die militärische Dienststelle einige seiner größeren Rechnungen bezahlte. So beglich eine Abteilung des Reichswehrgruppenkommandos 4 (die Dienststelle Mayr) beispielsweise die Rechnung für 3 000 Broschüren über den Vertrag von Versailles, die der Lehmann-Verlag an Hitler lieferte.[229] Hauptsächlich Hitlers wegen verzichtete auch der Arzt Dr. Wilhelm Gutberlet am 14. Oktober 1920 auf 5 000 Mark seines Gesellschafter-Anteils (von 10 000 Mark) am *Völkischen Beobachter*.[230]

Mit Sicherheit haben vermögende und reiche Gesinnungsgenossen und Gönner Hitler unterstützt, der nicht nur Geld für sich persönlich brauchte, sondern auch jedem Mitglied seiner Schutzgarde, die bis zum Führungswechsel Ende Juli 1921 vornehmlich aus Oberschlesienkämpfern bestand, täglich 15 Mark zahlte. Nachweislich gehörten zu seinen Mäzenen aus der Partei Eckart, Röhm (Reichswehrgelder), Feder, Dr. Grandel, Dr. Lauböck, Dr. Dingfelder und der einflußreiche Schreibwarenhändler Anton Voll, in dessen Wohnung Hitler oft wichtige Gespräche mit einflußreichen und finanzstarken Persönlichkeiten führte. Max Amann, der am besten über Hitlers finanzielle Verhältnisse informiert war, sagte in einer Vernehmung nach dem Hitler-Putsch: »Wenn die Bewegung auch manchmal über größere Beträge verfügte, dann hat diese Mittel nur Adolf Hitler beibringen können. Ich weiß bestimmt, daß Adolf Hitler keinem Menschen gegenüber jemals eine Bindung eingegangen hat, daß Hitler vielmehr jedem als Quittung lediglich das Parteiprogramm gegeben hat.«[231]

Nicht immer und überall konnten die Hitler-Nationalsozialisten ihre politischen Gegner mit Gummiknüppeln einschüchtern und durch phy-

229 Nach Franz-Willing, S. 190.
230 Vgl. ebenda, S. 181.
231 Franz-Willing, S. 195.

sische Gewalt aus dem Felde räumen. Handgreifliche Zusammenstöße haben sie nicht gescheut, geistige Auseinandersetzungen mieden sie. Lästig werdende Diskussionsredner wurden eingeschüchtert oder einfach ferngehalten. Seitdem sich der Münchener Rabbiner Dr. Baerwald Hitler im April 1921 in einer Versammlung der Gesellschaft »Gnosis« zu einem Wortgefecht gestellt und Hitler dabei in Verlegenheit gebracht hatte,[232] bevor er die Versammlung durch seine »Ordner« sprengen ließ, wurden die nationalsozialistischen Versammlungsplakate mit dem Hinweis versehen, daß Juden der Zutritt verboten sei. Quellenmäßig ist zwar nicht zu belegen, daß Hitler dieses Rabbiners auch in *Mein Kampf* gedachte; aber seine Ausführungen sprechen dafür. »Wie schwer war es mir doch selber«, gesteht er, »der dialektischen Verlogenheit dieser Rasse Herr zu werden! Wie vergeblich aber war ein solcher Erfolg bei Menschen, die die Wahrheit im Munde verdrehen, das soeben gesprochene Wort glatt verleugnen, um es schon in der nächsten Minute für sich selbst in Anspruch zu nehmen«.[233] »Man wußte nicht«, fährt er fort, »was man mehr bestaunen sollte: ihre Zungenfertigkeit oder ihre Kunst der Lüge.«[234] Deutlicher noch scheint sich seine Erinnerung an das oben geschilderte Erlebnis im folgenden Passus widerzuspiegeln: »Wo immer man so einen Apostel angriff, umschloß die Hand qualligen Schleim; das quoll einem geteilt durch die Finger, um sich im nächsten Moment schon wieder zusammenzuschließen.«[235]

Trotz des Hinweises, daß Juden in NSDAP-Versammlungen nicht erwünscht seien, haben einzelne Juden die Versammlungen zunächst weiterhin besucht und dort auch diskutiert. Kurz nach dem Führungswechsel Ende Juli 1921 ging Hitler auch dagegen konsequent vor. Im Rundschreiben an die Ortsgruppen und Sektionsführer Nr. 5 vom 17. September 1921 erklärte er: »[...] Es ist bei sämtlichen Versammlungen der Nationalsozialistischen Deutschen Arbeiterpartei unbedingt darauf zu sehen, daß Juden der Zutritt verweigert wird. Wir haben uns mit Juden nicht zu unterhalten, haben mit ihnen nichts zu diskutieren, da sie als Fremde überhaupt keine Berechtigung besitzen, sich in unsere Angelegenheiten zu mischen, genauso wenig, wie ein Deutscher im Ju-

232 Persönliche Auskunft von Prof. Dr. Hans-Joachim Schoeps.
233 Hitler, S. 67.
234 ebenda.
235 ebenda.

denstaat Palästina sich mit Politik beschäftigen darf. Es ist immer wieder darauf hinzuwirken, daß auf sämtlichen Plakaten der Vermerk, ›Juden haben keinen Zutritt‹ angebracht wird. Falls die Behörden die Anbringung dieses Satzes auf dem Plakat verweigern sollten, ist immer wieder Protest einzulegen, die Aufforderung jedoch am Saaleingang besonders gedruckt auf Plakaten anzubringen. Diese Berechtigung steht dem Saalmieter ohne weiteres zu.«

Die Gelegenheiten zu »Handgreiflichkeiten« wurden von den Nationalsozialisten so oft herausgefordert und gesucht, provoziert und heraufbeschworen, daß eine Statistik eine umfangreiche Chronik füllen würde. Weil ihre Aktionen nahezu ausschließlich gegen links gerichtet waren, wurden die Nationalsozialisten vom bayerischen Staat nur sehr selten zur Rechenschaft gezogen. Zu diesen seltenen Fällen gehören die Auseinandersetzungen mit dem Führer des Bayernbundes, dem Ingenieur Otto Ballerstedt.

Ballerstedt hatte ein Flugblatt (als »Vertrauliche Umfrage«) drukken und von »Hand zu Hand« gehen lassen, das Hitlers Billigung nicht finden konnte. Ballerstedt schwebte ein Bund zur Errichtung Großdeutschlands auf streng föderativer Grundlage vor, der eine »Massenbewegung« gegen »Großpreußen«, gegen die »Alleinherrschaft Preußen-Großberlins« sein sollte. Er vertrat eine Konzeption, wie sie besonders seit Georg Heims separatistischer Veröffentlichung im *Bayerischen Kurier* vom 1. Dezember 1918[236] in Bayern wechselweise kultiviert und pervertiert wurde. »Anschluß Deutsch-Österreichs mit Wien an das Deutsche Reich und ein gleichberechtigtes Mitwirken der süddeutschen Bundesstaaten und Sachsens an der Leitung und Verwaltung des Reiches bei voller Selbständigkeit der Bundesstaaten im Reiche«,[237] propagierte Ballerstedt. Er sprach aus, was viele Bayern dachten und wünschten. Wie verbreitet seine Vorstellungen in Bayern waren, bezeugt zum Beispiel die Tatsache, daß selbst die bayerischen Ortsgruppenleiter der NSDAP außerhalb Münchens nicht wußten, wie sie Ballerstedt entgegentreten sollten. So fragten die Amberger Nationalsozialisten die Parteileitung Ende März 1921, was sie tun sollten, wenn Ballerstedt in Amberg spräche. Drexlers Antwort vom 25. März 1921 lautete nach einer Stichwort-Eintragung im »Parteitagebuch 1920/1921«: »Nach Möglich-

236 Zit. im Anhang.
237 Zitat aus dem Original-Flugblatt.

keit in der Aussprache sprechen. B. sei nicht Föderalist, sondern Separatist«.[238]

Die nach 1918 und besonders seit dem Kapp-Putsch im März 1920 nach Bayern »emigrierten« preußischen Offiziere brauchten derartige Hinweise allerdings nicht. Die provokatorische Ballerstedt-Formulierung »Kann der Preuße und Berliner unsere süddeutschen Heere und Volkswehren [...] richtig leiten [...]? Nein! Nie! Niemals!«,[239] mußte ihren Zorn einfach herausfordern. Nach Argumenten brauchten sie nicht zu suchen, und so war Hitler der Unterstützung der preußischen Offiziere in seinem Kampf gegen die bayerischen Separatisten gewiß. Die bayerischen Separatisten und »Föderalisten« fürchtete er nicht, wenn sie auch der bayerischen Regierungen liebste Kinder waren. Am 9. August 1921 mußte Ballerstedt während einer Rede erleben, daß Hitler, Esser und Körner auf das Podium sprangen und ihn verprügelten.[240] Der nach dem Vorfall eintreffenden Polizei erklärte Hitler lakonisch: »Schön, schön, der Zweck ist ja erreicht, Ballerstedt spricht nicht.«[241] Hitler, Esser und Körner wurden Anfang 1922 zu je drei Monaten Gefängnis verurteilt.[242]

Den Nationalsozialisten konnten derartige Versammlungssprengungen seit der Einrichtung des Hitlerischen Saalschutzes nicht widerfahren. Bereits zu Beginn der größeren Versammlungstätigkeit, die spätestens mit dem 24. Februar 1920 einsetzte, hatte Hitler die »Organisation eines Saalschutzes eingeleitet als einen Ordnerdienst, der grundsätzlich lauter junge Burschen umfaßte«.[243] Auf einer noch heute erhaltenen Ordner-Liste,[244] die sich zunächst in der Geschäftsstelle und später im Hauptarchiv der NSDAP befand, waren die Namen und Anschriften der »Ordner« eingetragen, die rasch für Maßnahmen der Parteiführung herangezogen werden konnten.

Am 30. Mai 1920, einige Wochen nach der Einrichtung des Hitler-Saalschutzes, hatten die Kommunisten in der *Roten Fahne* gefordert: »Die Vereinsfreiheit braucht das Proletariat für sich selbst, für seine Feinde müssen die Freiheiten abgeschafft werden.« Wie solche Forderun-

238 Eintragung im Parteitagebuch vom 25. März 1921.
239 Vgl. Anm. 237.
240 Persönliche Auskunft von Hermann Esser.
241 Heiden: Geschichte des Nationalsozialismus, S. 41.
242 Hitler befand sich vom 24. Juni bis zum 27. Juli 1922 im Gefängnis. Vgl. dazu S. 329 f. und 342.
243 Hitler, S. 549.
244 Registriert im Bundesarchiv Koblenz.

gen in Bayern wirken mußten, das ein Jahr zuvor die als proletarisch proklamierte Herrschaft hatte erfahren, ertragen und erdulden müssen, lag auf der Hand. Hitlers Maßnahmen wurden in München nicht nur geduldet, sondern sogar begrüßt. Bereits im Hochsommer 1920 war er soweit, daß er »die Organisation der Ordnertruppe«[245] besonders forcieren konnte. Am 29. Oktober 1920 schrieb der Münchener DSP-Führer Sesselmann: »Die Deutsche Arbeiterpartei ist ungemein rührig. Ihre Versammlungen wagt kein Teufel zu stören.«[246] Seit Frühjahr 1921 wurden die Ordnergruppen der NSDAP in »Hundertschaften« gegliedert und (offiziell:) als »Turn- und Sportabteilungen« bezeichnet. Hitler ging von der Behauptung aus, daß jede Versammlung, »die ihren Schutz ausschließlich durch die Polizei erhält [...] die Veranstalter in den Augen der breiten Masse«[247] diskreditiert. Die Schlägergruppen reichten bald nicht mehr aus, zumal die Hitler-Versammlungen seit dem 3. Februar 1921 meistens im Zirkus Krone stattfanden.[248] So rief der *Völkische Beobachter* der NSDAP am 9. Februar 1921 die Mitglieder zum Eintritt in die Ordnertruppe auf, die ab September 1921 offiziell Sturmabteilung der NSDAP hieß und natürlich nicht nur zum Selbstschutz und zur Verteidigung bei Versammlungen diente, sondern besonders auch zum Angriff und aktiven Terror gegen politische Gegner.

Der bayerische Ministerpräsident Gustav v. Kahr und seine politischen Berater sahen die NSDAP als eine zwar gefährlich radikale, jedoch nützliche Partei an, durch die sie die extrem links eingestellten Arbeiter von ihrer klassenkämpferisch bestimmten Haltung heilen zu können meinten.[249] Doch v. Kahr suchte Hitler nicht nur deshalb für sich zu gewinnen und einzuspannen. Elf Tage nachdem Hitler öffentlich im Hofbräuhausfestsaal der bayerischen Regierung vorgeschlagen hatte, Erzberger beim Betreten des bayerischen Bodens zu verhaften, wurde er am 14. Mai 1921 von Gustav v. Kahr mit einer Delegation empfangen, zu der auch Rudolf Hess gehörte. Ihn ließ Kahr wissen, daß er mit Hitler gern »nochmals [...] im kleineren Kreise sprechen«[250] wollte. Hess wandte sich am 17. Mai 1921 mit einem ausführlichen Schreiben an Gu-

245 Hitler, S. 551.
246 Nach Franz-Willing, S. 90.
247 Hitler, S. 546.
248 Vgl. Hitler, S. 559.
249 Vgl. Speckner, S. 205.
250 ebenda.

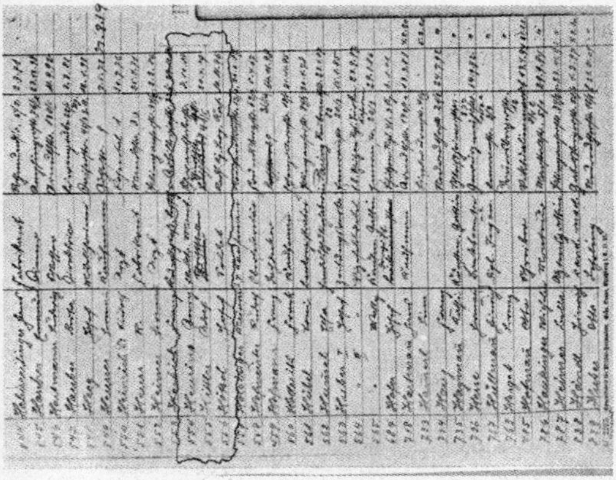

Eine Seite des ersten Mitgliedsbuches der DAP/NSDAP mit der Eintragung: Hitler, Adolf, Schriftsteller, Thierschstr. 41, 20. 4. 1889 (Bundesarchiv Koblenz, NS 26/230).

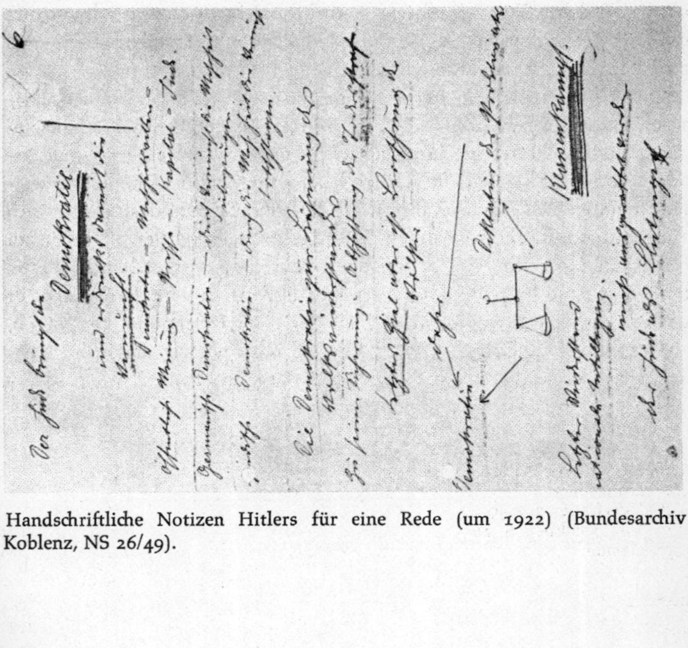

Handschriftliche Notizen Hitlers für eine Rede (um 1922) (Bundesarchiv Koblenz, NS 26/49).

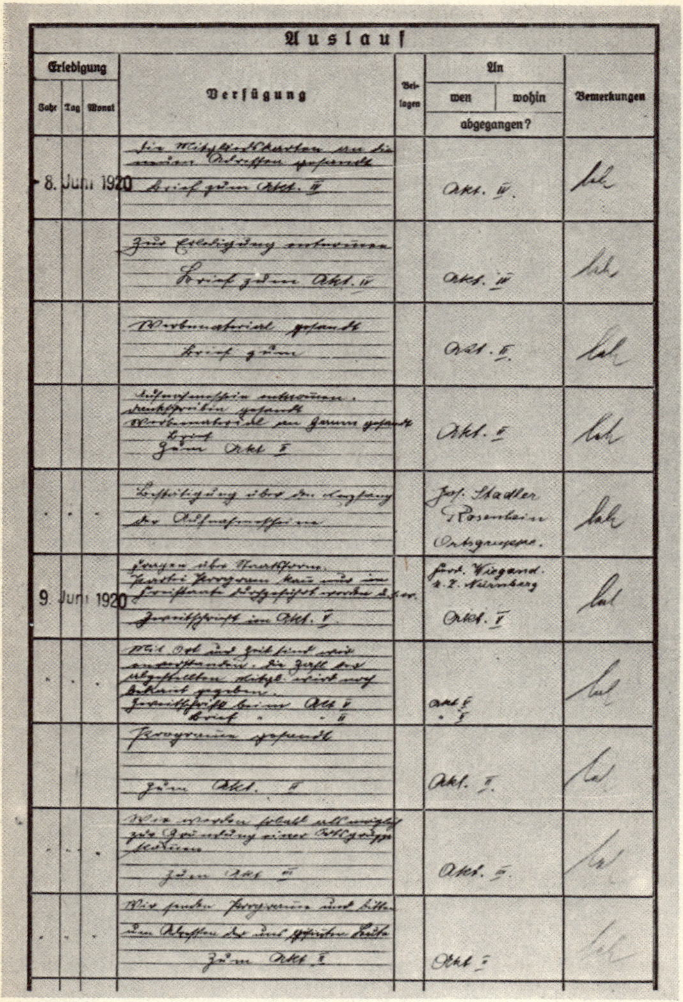
Auslauf
Erledigung
Jahr Tag Monat
Verfügung
Beilagen
An
wen wohin
abgegangen?
Bemerkungen
8. Juni 1920
Akt. IV.
Jos. Stadler
Rosenheim
Ortsgruppe.
9. Juni 1920
Ferd. Wiegand
z. Z. Nürnberg
Akt. V

Eine Seite aus dem »Partei-Tagebuch 1920/1921«.

stav v. Kahr, dem er unter anderem mitteilte: «[...] Da Exzellenz bemerkten, Herrn Hitler vielleicht nochmals gelegentlich in kleinerem Kreise sprechen zu wollen, erlaube ich mir kurz einiges über den Mann und seine Zuverlässigkeit zu sagen. H. stammt aus dem deutsch-böhmischen Grenzgebiet; sein Nationalempfinden wurde daher früh ausgeprägt. Aus ganz einfachen Verhältnissen kommend führte er einen schweren Lebenskampf [...] Durch eigenes Studium erwarb er sich ein anerkennenswertes vielseitiges Wissen, das besonders in der Geschichte weit über dem Durchschnitt steht. Damit vereint er ein seltenes Gefühl für das Volksempfinden, politischen Instinkt und eine gewaltige Willenskraft. Dem ist es zu verdanken, daß H. im politischen Kampf in kurzer Zeit zu einer ebenso gefürchteten wie auf der anderen Seite verehrten Persönlichkeit wurde, deren Macht sehr viel weiter reicht, als man es in der Öffentlichkeit ahnt. Über die Ziele seiner Bewegung [die Hess einleitend fälschlich als »Deutsche Arbeiter-Partei« bezeichnet, der Verf.] dürften Exzellenz unterrichtet sein. Der Kernpunkt ist, daß H. überzeugt ist, daß ein Wiederaufstieg nur möglich [ist], wenn es gelingt, die große Masse, besonders auch die Arbeiter, zum Nationalen zurückzuführen. Dies wiederum ist aber nur denkbar in Gemeinschaft mit einem vernünftigen, ehrlichen Sozialismus, nach Befreiung der Massen aus den Händen der fremdrassigen Führer. – Tatsächlich sind schon ehemalige Kommunisten und USP-Angehörige in großer Zahl der ›Nationalsozialistischen Deutschen Arbeiterpartei‹ beigetreten. Im Zirkus Krone sangen am Schluß der hinreißenden Rede von H. etwa 2 000 Kommunisten stehend das ›Deutschland-Lied‹ mit [das erst am 2. September 1922 vom Reichspräsidenten zur Nationalhymne erklärt wurde; der Verf.]. Klassengegensätze sind überbrückt, der Handarbeiter unterhält sich in den Versammlungen mit dem Offizier und Studenten. Für mich als Auslandsdeutschen, der alle Parteiwirtschaft haßt, stellt diese Bewegung die ›Partei über den Parteien‹ dar, der eine große Zukunft beschieden ist. Herrn H. kenne ich persönlich sehr gut, da ich ihn beinahe täglich spreche und ihm auch menschlich nahe stehe. Es ist ein selten anständiger lauterer Charakter, voll tiefer Herzensgüte, religiös, ein guter Katholik. Er hat nur ein Ziel: das Wohl seines Landes. Für dieses opfert er sich in selbstloser Weise, ohne daß er von der Bewegung einen Pfennig dafür erhält [...] Im Feld war H. den ganzen Krieg über an der Front, wobei er sich als einfacher Mann das E.K. I erwarb. Bis 1916 verzichtete er freiwillig auf Urlaub. Euer Exzellenz können H. unbedingt vertrauen [...]«[251]

Kahr hatte Gründe genug, Hitlers Gunst zu gewinnen und sie sich zu erhalten. Der NSDAP-Redner Hitler, der nicht ohne Grund von seinen Gegnern als »König von München« bezeichnet wurde, konnte dem Ministerpräsidenten große Schwierigkeiten bereiten, aber auch von bedeutendem Nutzen in seinem Kampf gegen links in Bayern und gegen die »November«-Regierung in Berlin sein. Allein v. Kahrs enges Verhältnis zu den Einwohnerwehren, die sich nach einem Ministererlaß vom 10. November 1919 (Nr. 2 700 g/698) ihre Verfassung selbst gegeben hatten und in v. Kahrs politischer Laufbahn eine bemerkenswerte Rolle spielten, mußte eine Übereinstimmung zwischen Kahr und Hitler geboten sein lassen. Nachdem die alliierten Forderungen von Dezember 1919 nach Auflösung der Einwohnerwehren in Bayern ignoriert und nach dem Kapp-Putsch und v. Kahrs Amtsantritt erneut boykottiert worden waren,[252] hatten die Ententemächte die Reichsregierung (Wirth) im sogenannten Londoner Ultimatum vom 5. Mai 1921 ersucht, die Auflösung der nach alliierter Auffassung nicht mehr erlaubten Einwohnerwehren in die Wege zu leiten. Doch auch die Reichsregierung hatte es damit nicht sonderlich eilig. Erst am 29. Juni 1921, fünf Tage nach der Ermordung Erzbergers, wurde die Auflösungsverfügung nach München weitergeleitet und dort von Kahr im Staatsanzeiger abgedruckt. Damit war Kahrs Nimbus als Schirmherr der Einwohnerwehren erschüttert.

Die Behauptung Ulrich v. Hasselbachs, daß die NSDAP die Erbschaft der Einwohnerwehren angetreten habe,[253] deckt sich nicht mit den Tatsachen; denn die Einwohnerwehren haben, wie der Großteil aller anderen Rechtsverbände nach ähnlichen Verordnungen auch, unter Tarnbezeichnungen weiterbestanden.[254] Die zum Beispiel als »Bayerische Landesturnanstalt München« weiterexistierenden Ortsgruppen der Einwohnerwehren waren bemüht, ihren wittelsbachisch-monarchistischen, preußen- und reichsfeindlichen Charakter »rein« zu erhalten und hitlerfreundliche Einflüsse abzuwehren. Bei der Auflösung der »Landesturnanstalt« kurz vor Hitlers »Machtübernahme« im Rahmen der

251 ebenda.
252 Vgl. dazu: Die Deutsche Nationalversammlung. Bd. II, S. 733 ff. Vgl. auch Paulus, Günter: Reichswehr und Freikorps, S. 13.
253 Hasselbach, S. 37.
254 Vgl. auch Röhm, 2. Aufl., S. 159.

NSDAP Ende Juli 1921 wurden die Mitglieder zum Übertritt in die Sturmabteilungen der NSDAP aufgefordert.[255]

Zwar versuchte Röhm »der Sturmabteilung der NSDAP«, der sein »besonderes Interesse galt«,[256] die offiziell heimatlos werdenden, tatenfreudigen, an Drill gewöhnten Elemente zuzuschieben, doch die NSDAP profitierte zunächst nicht viel davon. Als »Bund Bayern und Reich« bestand der Großteil der Einwohnerwehren nach kurzer Unterbrechung und innerer Umformierung weiter. Unter Epps Schirmherrschaft wurde sie von Dr. Pittinger, dem Kreisleiter der Einwohnerwehr in Regensburg, Dr. Müller und dessen Stabschef Oberstleutnant Schmidt (und Oberstleutnant Schad) neu aufgebaut und organisiert.[257] So blieb sie zunächst auch weiterhin dem Einfluß Hitlers entzogen. Das »Vertrauen auf die Namen Epp, Pöhner und Kahr«,[258] sagte Röhm, veranlaßte die Mehrzahl der alten Führer, bei der alten Fahne zu bleiben. Röhm war das recht, Hitler jedoch nicht, denn dadurch wurde ihm, für einige Zeit wenigstens, der Einbruch in dieses politische Terrain erschwert. War doch selbst sein Parteigenosse, Förderer, Helfer und Duz-Freund Ernst Röhm ein überzeugter bayerischer Monarchist, der auf die Restauration des Hauses Wittelsbach hoffte,[259] das ihm näher stand als jedes Abenteuer mit dem österreichischen Gefreiten, den er hauptsächlich zur Verwirklichung seiner politischen Pläne einspannen zu können hoffte.[260] Röhm unterstützte Hitler maßgeblich immer nur dann, wenn er sich aus den jeweiligen Folgen eigene Erfolge versprach.

Am 26. August 1921, wenige Wochen nach der Ermordung des bayerischen Landtagsabgeordneten und USPD-Führers Gareis (9. Juni 1921), war Mathias Erzberger ermordet worden, der am 11. November 1918 den Waffenstillstand unterzeichnet hatte. Die ungeheuerlichen Hetztiraden der Rechtsextremisten waren nicht ungehört verhallt. Auch

255 Persönliche Auskunft von Hans Hübner, der Bezirksvertrauensmann in Frickenfelden war (vgl. Maser, S. 111 und S. 194).
256 Röhm, 2. Aufl., S. 108.
257 ebenda, S. 120 f.
258 ebenda, S. 121.
259 ebenda, S. 112 und S. 122. (Röhm über den Tod des bayerischen Königs Ludwig III. im Oktober 1921 in Savar in Ungarn.)
260 Vgl. dazu Röhm, S. 319, wo er u.a. schreibt: »Bedeutungsvoll für mich ist das soldatische Element in einer Bewegung. Ich leiste dann freudige Gefolgschaft, wenn sie dem Soldaten die Vorrechte zuerkennt, die er beanspruchen darf.«

Hitler traf daher ein Teil der Schuld. Am 24. November 1920 hetzte er beispielsweise in einer Versammlung im Hofbräuhaus vor rund 1 000 Personen: »Erzberger [...] ist der größte Lump; denn der hat durch die Unterzeichnung [des Waffenstillstandes] Volk und Vaterland verraten«,[261] und am 29. Mai 1921 bezeichnete der *Völkische Beobachter* Erzberger als »politische Erzhure von Buttenhausen«. Erzbergers Mörder, die ehemaligen Offiziere Schulz und Tillessen, die jedoch nicht der NSDAP, sondern dem deutschvölkischen Schutz- und Trutzbund, dem (Thule-) Bund Oberland und der Organisation »Consul« (Ehrhardts) angehörten, hatten auf der von dem »Bauerndoktor« Georg Heim geleiteten landwirtschaftlichen Zentralgenossenschaft in München als Volontäre gearbeitet, was bestimmte Beziehungen zwischen ihnen und Heim vermuten ließ.

Drei Tage nach dem Mord an Erzberger, am 29. August 1921, erließ die Reichsregierung eine nach Artikel 48 der Reichsverfassung zulässige Ausnahmeverordnung, in der den Behörden der Länder die Befugnis eingeräumt wurde, Zeitungen, die zum Hochverrat, zu Gewalttaten gegen die Vertreter der republikanisch-demokratischen Staatsform und zum Ungehorsam gegen die Gesetze aufforderten, zu verbieten, wenn es geboten schien, und auch in die Vereins- und Versammlungsfreiheit einzugreifen, wenn begründete Besorgnis bestünde, daß dabei zum Hochverrat, zur Gewalttat und zum Ungehorsam aufgereizt werde.[262]

Da der Reichsminister des Inneren sowohl für die Durchführung der Maßnahmen verantwortlich als auch für die Entscheidung über Beschwerden die letzte Instanz war, erblickten Gustav v. Kahr und seine Ratgeber und Gesinnungsgenossen darin einen eklatanten Eingriff in die bayerischen Hoheitsrechte.[263] Kahr forderte die Wiederherstellung der angeblich verletzten Polizeihoheit der Länder, die Zuständigkeit der Landeszentralbehörden für Verbote und die Beschränkung der Machtbe-

261 HStA. Mü., Abt. II, Gruppen-Kdo. 4, Bd. 46/8 (handschriftlich).
262 Vgl. Stampfer, Friedrich: Die ersten 14 Jahre der Deutschen Republik. Offenbach-Main 1947. S. 241 f.; Eyck, Erich: Geschichte der Weimarer Republik, Bd. 1. Erlenbach, Zürich und Stuttgart 1954, S. 257 und Münchener Neueste Nachrichten vom 2. September 1921.
263 Vgl. dazu die Erklärung der Koalitionsparteien vom 1. September 1921 in den Münchener Neuesten Nachrichten vom 2. September 1921. Ferner Zimmermann, Werner Gabriel: Bayern und das Reich 1918–1923. München 1953, S. 107.

fugnis des Reichsministers des Inneren auf die Verkündung von Verboten oder Beschlagnahmungen, wobei den Landeszentralbehörden das Recht zur Ablehnung eingeräumt werden sollte. Dem Reichsminister des Inneren sollte lediglich das Recht zugestanden werden, den Reichsratsausschuß anzurufen. Im Reichsrat protestierte denn auch der bayerische Gesandte v. Präger gegen die Maßnahmen der Reichsregierung, von der die bayerische Landesregierung verlangte, daß derartige »Eingriffe« zum Beispiel in die bayerische Polizeihoheit nur nach einer Fühlungnahme mit der bayerischen Regierung hätten erlassen werden können.

Bayern, wo immer noch der von der Regierung Hoffmann am 4. November 1919 erlassene Ausnahmezustand in Kraft war, forderte: »Unter der Voraussetzung, daß die Reichsregierung dem Wunsche der bayerischen Regierung entspricht, erklärt sich diese bereit, der Aufhebung des Ausnahmezustandes näherzutreten.«[264] Der Vorsitzende des Ministerrates, Heinrich Held, erklärte am 11. September, daß der Ministerrat auf dem Standpunkt stünde, daß die bayerische Regierung sich den Berliner Weisungen nicht fügen könne, weil in Bayern Putschgefahr bestünde. Die Regierung schlage (auf Kahrs Wunsch) als Schlußsatz der Kompromißlösung die Wendung vor: »Sobald die Verhältnisse es gestatten.«[265] Der ständige Landtagsausschuß lehnte diese Formulierung jedoch (mit Mehrheitsbeschluß gegen die Stimmen der Bayerischen Mittelpartei und der Bayerischen Volkspartei) ab. Kahr und sein Justizminister Dr. Roth traten am 11. September von ihren Ämtern zurück. Das Gesamtministerium v. Kahr folgte am 12. September. Kahrs letzte Handlung als geschäftsführender Ministerpräsident – die eigentlichen Geschäfte hatte während der Interimszeit Kultusminister Matt als stellvertretender Ministerpräsident geführt – war ein Aufruf an die Bevölkerung, die er zur Besonnenheit, Ruhe und Ordnung in »der [politischen] Hochspannung und Erregung«[266] ermahnte. Wie wenig das ernstgenommen wurde, zeigt die Tatsache, daß Kahrs Freund Georg Heim, dem Kahr im wesentlichen sein Präsidentenamt verdankte, in Tuntenhausen gegen die Reichsregierung (Wirth) hetzte, die er beschuldigte »Quelle alles Elends«

264 Vgl. Münchener Neueste Nachrichten Nr. 384 und Bayerische Staatszeitung Nr. 212 vom 12. September 1921.
265 Vgl. Schwend, Karl: Bayern zwischen Monarchie und Diktatur. Beiträge zur Bayerischen Frage in der Zeit von 1918 bis 1933. München 1954, S. 178.
266 Bayerische Staatszeitung vom 21. September 1921.

zu sein, »das über Bayern«[267] käme, und eine Demokratie zu praktizieren, die nichts weiter als »ein Schwindel«[268] sei.

Wie Hitler den Rücktritt v. Kahrs beurteilte, bezeugt sein Aufruf im Mitteilungsblatt der NSDAP Nr. 1 vom 17. September 1921: »Der Rücktritt des Ministerpräsidenten v. Kahr und des Justizministers Roth ist nur eine Phase in dem großen Kampf des Judentums in Deutschland zur Erringung der absoluten Macht. Kahr und Pöhner und Roth sind nichts weiter als Namen. Was getroffen werden soll aber ist das System [. . .] Denn darüber sind wir uns klar, die Berliner Juden kämpfen gegen uns heute nicht, weil wir Bayern sind, sondern weil die Bayern heute den letzten Rest deutscher Freiheit darstellen [. . .] Alles das wäre nicht möglich, wenn sich nicht eine Reihe von Ministeranwärtern, Staatssekretären, Parlamentariern und ähnlichem Geschmeiß gefunden hätten, die schon sehnsüchtig darauf warten, sich die dreißig Silberlinge eines Ministersessels zu verdienen [. . .] Es ist ein trauriges Zeichen, daß sich Angehörige einer Partei, die sich sonst als christlich bezeichnende Bayerische Volkspartei, herbeiließen, den Standpunkt der Sowjetjuden von Berlin zu ihrem eigenen zu machen gegen ihr deutsches und bayerisches Heimatland [. . .] Das Verhalten für die Partei ist klar vorgezeichnet. Wenn wir heute auffordern, für die alte Regierung einzutreten, dann schon deshalb, weil sie den Berliner SowjetJuden nicht paßt. Und wenn es der Teufel wäre statt Herr von Kahr oder Pöhner, so hätten wir in dem Moment, in dem die Berliner Juden Rathenau, Schiffer, Lewald, Gradnauer und Genossen gegen ihn auftreten, die Pflicht, selbst den Teufel zu unterstützen. Denn teuflischer als die jüdischen Blutegel und Menschheitsgeißeln in Rußland gehaust haben, kann ein Teufel nicht wirken. Da gibt es bei uns [. . .] keine Wahl. Unsere Parole heißt:

Weg mit den parlamentarischen Spulwürmern.
Weg mit den Schleimsiedern.
Weg mit den Berliner Judenknechten.
Her mit einer deutschen Regierung!

Da sich aber heute die Wut des ganzen Judentums am wütendsten gegen Kahr und Pöhner kehrt, scheinen sie doch nicht die schlechtesten Deutschen zu sein. Das Volk aber müssen wir auffordern, sein Schicksal nicht von einigen ehrgeizigen Lumpen verschachern zu lassen, son-

267 ebenda, 19. September 1921.
268 Zit. nach Speckner, S. 223.

dern wenn notwendig, diesem parlamentarischen Geschmeiß durch Massendemonstrationen auf der Straße zu zeigen, daß das Volk im Freistaat keine Hammelherde ist. Wenn es notwendig sein sollte, dann muß diesen Berliner Asiaten und ihrem verworfenen Anhang bei uns der deutsche Schädel und die bayerische Faust entgegengestellt werden ... Adolf Hitler.«

Bereits eine Woche nach Kahrs Rücktritt versuchte die Bayerische Volkspartei ihren politisch unfähigen und aus dem Hintergrund leicht dirigierbaren Ex-Präsidenten, den die Bayerische Volkspartei, die Einwohnerwehren, die Wehrverbände, die Reichswehr (Möhl, Mayr, Epp und Röhm) und die ganze radikale Rechtsfront zum Präsidenten gekürt hatte, wobei der »Bauerndoktor« Georg Heim und Adolf Hitler eine entscheidende Rolle gespielt hatten,[269] wieder auf seinen Präsidentensessel zu setzen. Heinrich Held suchte Kahr in Berchtesgaden auf und unterbreitete ihm die Bedingungen der Bayerischen Volkspartei, zu denen die Einschränkung des Kabinetts gegen rechts, der Verzicht auf Dr. Roth als Justizminister und die Aufhebung des Ausnahmezustandes in Bayern gehörten. Dazu war Kahr jedoch nicht bereit. Allerdings haben die Sozialdemokraten auch sofort gedroht, eine erneute Regierung von Kahr nicht mehr zu akzeptieren.

Seit dem bayerischen Regierungswechsel von Kahr zu Graf Hugo v. Lerchenfeld-Koefering hatte Hitler mit Schwierigkeiten zu kämpfen, die vorher nicht vorhanden waren. Lerchenfeld, ein mit einer Amerikanerin verheirateter bayerischer Adeliger und Autor einiger Schriften über Probleme der amerikanischen Selbstverwaltung und der Arbeiterschutzbestimmungen,[270] glaubte an die »Möglichkeit und die Notwendigkeit der neuen deutschen Demokratie«[271] und hatte im Gegensatz zu seinem Vorgänger »keine Vorurteile«[272] gegen die Linksparteien. Er konnte Hitler ebenso wenig gelegen kommen wie Kahrs Anhängern, die sich nun öffentlich gegen Hitler und die NSDAP wandten, wie Heim es in Tuntenhausen tat, wo er »den Hitler-Knüppelgarden [...] Kampf bis aufs Messer«[273] androhte.

269 Vgl. in diesem Zusammenhang die Darstellungen im 3. Kapitel.
270 Vgl. Wer ist's? 1922, S. 926.
271 Speckner, S. 223.
272 ebenda.
273 Bayerische Staatszeitung vom 19. September 1921.

Hitler wurde nun sowohl von links als auch von rechts bekämpft. Im Spätsommer 1921 befand er sich in einer schwierigen Situation. Am 22. September berichteten einige Zeitungen, wie zum Beispiel die *Münchner Post,* der *Bayerische Kurier* und die *Münchener Neuesten Nachrichten,* daß der »rechtsbolschewistische Hetzer«[274] Hitler endlich (am 21. September) verhaftet worden sei, weil er zusammen mit dem Sanitätsrat Dr. Otto Pittinger vom »Bund Bayern und Reich«, der Nachfolgeorganisation der Einwohnerwehren, einen Putsch gegen den bayerischen Landtag vorbereitet haben sollte. Richtig war daran, daß ein Putsch von rechts geplant war. So sicher wie die Tatsache ist jedoch auch, daß der Initiator nicht Hitler, sondern Kahrs ergebener Anhänger Pittinger gewesen ist,[275] der Gustav v. Kahr mit Waffengewalt wieder zum Ministerpräsidenten machen wollte. Da Pittinger die Unterstützung der Reichswehr fehlte, der Putschplan öffentlich bekannt, Kahr zur Stellungnahme aufgefordert und von Berchtesgaden nach München beordert wurde,[276] war das unzulänglich vorbereitete Unternehmen zum Scheitern verurteilt.

Von rechts und links wurde sofort versucht, dem zu der Zeit auch von der Bayerischen Volkspartei angefeindeten Hitler die Schuld in die Schuhe zu schieben. Doch im Herbst 1921 war Hitler zu Aktionen solchen Ausmaßes weder bereit noch in der Lage. Die NSDAP war eben erst flügge geworden, was vor allen Dingen Hitlers Verdienst war. Hitler wußte, daß ein von ihm inszenierter Putsch das Ende seiner Schöpfung und seiner Politik[277] bedeutet hätten, die spätestens seit Anfang 1921 (beispielsweise von Drexler) als »genial«[278] bezeichnet wurde. Ei-

274 Vgl. Münchener Neueste Nachrichten vom 22. September 1921, Münchner Post vom 22. September 1921 und Bayerischer Kurier vom 22. September 1921. Vgl. auch VB vom 1. Oktober 1921. Hitler wurde am nächsten Tage auf freien Fuß gesetzt.

275 Vgl. Weltbühne vom 3. Mai 1923.

276 Nach »Verhandlungen des Bayerischen Landtages« (Bd. IV, S. 591) erhielt Kahr, der sich in Berchtesgaden aufhielt, vom Präsidenten des Landtages (Königbauer) ein Telegramm folgenden Inhalts: »Ich habe amtliche Mitteilung, daß morgen oder in den nächsten Tagen ein Rechtsputsch gegen den Landtag beabsichtigt ist. Ich ersuche, sofort diesen Bestrebungen [...] entgegenzutreten und unverzüglich [...] nach München zu kommen.«

277 Hitler äußerte sich in dem Sinne zu einem Journalisten des Bayerischen Kuriers. Vgl. Bayerischer Kurier vom 22. September 1921.

278 Vgl. Drexlers Brief an Gottfried Feder im Anhang. Drexler: »[...] weil ich seine Genialität [...] über alles schätze«.

nem Vertreter des *Bayerischen Kuriers* gegenüber gab er das auch offen zu.[279]

Aber die Öffentlichkeit belastete ihn dennoch. So erklärte (im Oktober 1921) auch der päpstliche Nuntius Eugenio Pacelli,[280] der Kahr sehr gewogen war und ihn besonders in seiner Einwohnerwehr-Politik selbst über den Vatikan zu unterstützen[281] versuchte: »Die bayerische Bevölkerung [...] hängt fest an ihren Rechten und historischen Überlieferungen [...] Aber ebenso wie sie während der Revolution durch fremde Elemente – vor allem Russen – zu den Extremen des Bolschewismus verführt wurde, so haben auch jetzt nichtbayerische Elemente von völlig entgegengesetzter Richtung geglaubt, Bayern zur Basis ihrer Aktion machen zu können [...] die Bevölkerung, ausgenommen die äußerste Linke, bleibt ihm [dem Bayerischen Hof] anhänglich. Trotzdem wollen auch die überzeugtesten Monarchisten zur Zeit keine Wiederherstellung der Monarchie. Ein Putsch oder militärischer Handstreich würde [...] keinerlei Aussicht auf dauernden Erfolg haben.«[282]

Ende September 1921 schied der Protektor der NSDAP, Polizeipräsident Ernst Pöhner, der Hitler und Eckart seit 1919 persönlich kannte, aus seinem Amt aus. Die Tatsache, daß Pöhner die Leitung der Polizei aufgab, traf die NSDAP mindestens ebenso empfindlich wie der Abschied v. Kahrs. Wie parteiisch der offiziell parteipolitisch ungebundene, aber betont monarchistisch eingestellte Polizeipräsident sein Amt verwaltete, zeigt eine Episode, die sich kurz vor dem Rücktritt der »Ordnungsregierung Kahr-Wutzelhofer-Pöhner«[283] mit dem Münchener sozialdemokratischen Stadtrat Josef Hoffmann abspielte. Der gegen links stets sehr wachsame und ungewöhnlich entscheidungsfreudige Pöhner hatte am 26. August Plakate anschlagen lassen, in denen er darauf aufmerksam machte, daß er die am selben Tage erwarteten Kundgebungen des Gewerkschaftsvereins und der Münchener Betriebsräte auf der Straße »mit allen Machtmitteln rücksichtslos unterdrücken«[284] würde. Hoff-

279 Bayerischer Kurier vom 22. September 1921.
280 Der spätere Papst Pius XII.
281 Vgl. S. 300.
282 Zit. nach Bayerischer Kurier Nr. 417. Vgl. Morgenblatt vom 1. Oktober 1921.
283 Bayerische Staatszeitung vom 27. August 1921.
284 Münchener Neueste Nachrichten Nr. 359 vom 27. August 1921 und Bayerische Staatszeitung vom 26. August 1921.

mann war am 26. August 1921 auf dem Wege zur Wohnung wegen einer verärgerten Äußerung von Polizisten mit Gummiknüppeln geschlagen[285] worden. Das Beschwerdeschreiben Hoffmanns, das der Münchener Oberbürgermeister mit der Bitte um Stellungnahme an die Polizeidirektion weiterleitete, quittierte Pöhner mit der unglaublichen Antwort: »In Erwiderung Ihres Schreibens vom 27. August beehre ich mich, Abdruck des Plakats zu übersenden. Bedauerlicherweise scheint Herr Hoffmann das Plakat nicht gelesen zu haben«.[286]

Nachdem Graf Hugo v. Lerchenfeld Ministerpräsident geworden war und Pöhner und Frick »in einer sehr ungnädigen Aussprache [Schweyers] [...] abweichenden Standpunkt in der Behandlung der völkischen Frage und insbesondere in der Judenfrage«[287] erfahren hatten, wandte Pöhner sich am 28. September selbstherrlich mit einer (Rücktritts-) Erklärung an die Öffentlichkeit, der er mitteilte, daß er nach der Aufhebung des bayerischen Ausnahmezustandes nicht in der Lage sei, »die Verantwortung für die Aufrechterhaltung von Ruhe und Ordnung weiterhin zu übernehmen.«[288] Georg Franz-Willings Behauptung, daß Pöhner »nie parteimäßig, sondern immer überparteilich«[289] orientiert gewesen sei und stets das Wohl Deutschlands und des ganzen Volkes[290] im Auge gehabt habe, ist ein krasses Fehlurteil.

Doch nicht nur Ernst Pöhner, sondern auch sein Mitarbeiter, der Leiter der politischen Polizei in München, Dr. Wilhelm Frick, hatte sein Amt gewechselt. Er hatte das Polizeiamt III in München[291] übernommen und war dadurch nicht mehr in der Lage, die NSDAP in gewohnter Weise zu unterstützen. »Für die nationalsozialistische Bewegung war die Haltung, die die Münchener Polizei-Direktion zu ihr einnehmen würde [...] eine Lebensfrage. Es gab eine Zeit, in der die junge Bewegung mit polizeilichen Mitteln zu unterdrücken gewesen wäre, hätten

285 Vgl. Münchner Post vom 27. August 1921.
286 Münchener Neueste Nachrichten vom 30. und 31. August 1921.
287 Aussage von Dr. Wilhelm Frick während des Hitler-Prozesses, zit. nach Speckner, S. 224.
288 Münchener Neueste Nachrichten Nr. 410 und Bayerische Staatszeitung Nr. 226 (28. September 1921). Schwend, Karl: Bayern zwischen Monarchie und Diktatur, S. 203, stellt dagegen fest, daß eine der ersten Maßnahmen der Regierung Lerchenfeld die Entfernung Pöhners aus dem Polizeipräsidium gewesen sei.
289 Franz-Willing, S. 200.
290 ebenda.
291 Vgl. Fabricius, S. 9 f.

damals an den maßgeblichen Polizeistellen Durchschnittsbeamte gesessen, denen die formalen Begriffe ›Ruhe und Ordnung‹ über alles gingen«,[292] schreibt der Frick-Biograph Fabricius unter Anlehnung an Hitlers Ausführungen in *Mein Kampf*.[293]

Die »Lebensfrage« der NSDAP war mit einem Schlage deutlich geworden als Kahr, Pöhner und Frick ihre Ämter verließen. Konrad Heidens lakonische Bemerkung, daß die NSDAP auch unter Hugo v. Lerchenfeld eine »gute« Polizei behielt,[294] ist zwar nicht falsch, doch sie erhellt nicht, warum die Polizei der NSDAP gegenüber »gut« blieb. Am 4. November 1921 wurde diese Frage von den Nationalsozialisten auf eine als typisch nationalsozialistisch zu bezeichnende Weise, d. h. mit Stuhlbeinen, Gummiknüppeln, Pistolen und ähnlichen Mitteln, vor aller Öffentlichkeit beantwortet und entschieden. Und auch die Polizei gab ihre Antwort.[295]

Während des Hitler-Prozesses nach dem Putsch im November 1923 erklärte Wilhelm Frick eindeutig im Sinne[296] auch Gustav v. Kahrs: »Wir [Pöhner und Frick] erkannten, daß diese Bewegung der nationalsozialistischen Partei, die damals ja noch klein war – es wäre ein Leichtes gewesen, sie damals noch zu unterdrücken, 1919 bis 1920 – nicht unterdrückt werden dürfe. Wir taten das nicht und taten es bewußt nicht, weil wir in ihr den Keim einer Erneuerung Deutschlands sahen, weil wir von Anfang an die Überzeugung hatten, daß die Bewegung diejenige ist, die geeignet wäre, in der marxistisch verseuchten Arbeiterschaft wieder festen Fuß zu fassen und die Arbeiterschaft ins nationale Lager zurückzuführen. Deshalb hielten wir unsere schützende Hand über Herrn Hitler und die nationalsozialistische Partei.«[297]

Nach dem Regierungswechsel von Kahr zu Lerchenfeld (der mit 86 gegen 20 Stimmen und 39 Stimmenthaltungen im Parlament Ministerpräsident geworden war) konzentrierte sich Hitler vor allem auf die Abschirmung politischer Einflüsse aus Berlin und auf die Abwendung von Maßnahmen gegen seine Partei. Der neue bayerische Ministerpräsident, Graf Hugo v. Lerchenfeld, der nach der betont links und reichstreu aus-

292 ebenda, S. 9.
293 Vgl. Hitler, S. 403 und 602.
294 Heiden: Geschichte des Nationalsozialismus, S. 99.
295 Vgl. dazu S. 305.
296 Vgl. dazu S. 288.
297 Zit. nach Franz-Willing, S. 201.

gerichteten *Umschau* »mehr Diplomat als Stier«[298] war, schien der Reichsregierung gegenüber auf die Fortsetzung der für die extreme Rechtsfront so günstigen Kahr-Politik aus eigener Überzeugung verzichten zu wollen. Darüber hinaus hatten sozialdemokratische Zeitungen schon in den ersten Septembertagen erklärt, daß die »Sozialdemokratie bereit« sei, »alles zu unternehmen, um [. . .] den Maßnahmen der Reichsregierung gegen das Verhalten der bayerischen Regierung Nachdruck«[299] zu verleihen und wenn nötig auf einen »Generalstreik« hinzuarbeiten: »als Mittel zum Zweck, um die Regierung Kahr zu stürzen.«[300] Lerchenfeld und Hitler mußten damit rechnen, daß eine Fortsetzung der Kahr-Politik zunächst nicht möglich sein würde.

Neben Gustav v. Kahr und seinen auch außerhalb ihrer ehemaligen amtlichen Tätigkeit politisch aktiv wirkenden Kabinettsmitgliedern und Mitarbeitern waren unter anderem auch Forstrat Georg Escherich und Oberstleutnant a. D. Hermann Kriebel, der militärische Leiter der seit dem 21. Juni 1919 in Gauverbänden mit selbstgewählten Gauhauptleuten organisierten Einwohnerwehr, zunächst von der offiziellen politischen Bühne verschwunden. Dennoch brauchten die zum Leidwesen Kahrs im Juni 1921 – trotz des aktiven Engagements des Nuntius Eugenio Pacelli und selbst des Vatikans, der wegen der Einwohnerwehren bei Briand in Frankreich intervenierte[301] – offiziell aufgelösten[302] Einwohnerwehren und ihre Führer auch nach dem Regierungswechsel nicht um ihre Machtfülle zu bangen.

Anders als mit den offiziellen und getarnten Rechtsorganisationen,

298 Umschau vom 3. Dezember 1921.
299 Vgl. Vorwärts vom 4. September 1921.
300 Vgl. 8-Uhr Abendblatt vom 3. September 1921.
301 Vgl. den Bericht des bayerischen Gesandten v. Ritter vom 29. Oktober 1920 (repornierte Registratur, A.V. XIX, VIII, Nr. 98), auch Bayerische Staatszeitung vom 8. Juni 1921, Frankfurter Zeitung von 1921 und repornierte Registratur, A.V. III, Nr. 14, conv. VII. Der französische Gesandte in München (Dard) war am 4. Juni 1921 von einem Oberleutnant a.D. (von Glass) in der Nähe der Landesleitung der Einwohnerwehren in der Galeriestraße 6 in München belästigt worden. Briand nahm diesen Zwischenfall zum Anlaß, die deutschen Wünsche, die Auflösung der Einwohnerwehren zu verhindern, nicht zu berücksichtigen.
302 Die Einwohnerwehren wurden aufgelöst, nachdem die Regierung Wirth (seit Mai 1921 anstelle der Regierung Fehrenbach) das Londoner Ultimatum vom 5. Mai 1921 am 11. Mai 1921 angenommen hatte, in dem die Auflösung der Einwohnerwehren gefordert worden waren. Vgl. dazu S. 290.

die Kahr auch weiterhin als Schirmherrn hatten, mußte es sich mit der zahlenmäßig immer noch relativ kleinen NSDAP verhalten, deren Rosenheimer Ortsgruppe Kahr im März 1921 eine Entschließung überreichte, in der sich die Nationalsozialisten im Sinne Kahrs gegen das Londoner Abkommen mit der Forderung nach der Auflösung der Einwohnerwehren aussprachen.[303] Im Gegensatz zur NSDAP waren die Einwohnerwehren seit 1920 ein entscheidender Faktor und Bestandteil der Politik der Bayerischen Volkspartei, zumal die Freikorps bereits am 31. Mai 1920 offiziell aufgelöst worden waren. Die NSDAP meinte wohl auch Pacelli im Oktober 1921, als er von »nichtbayerischen Elementen von völlig entgegengesetzer Richtung« sprach.[304]

Am 25. Oktober 1921 war ein Attentat auf den sozialdemokratischen Landtagsabgeordneten Auer verübt worden. Die Sozialdemokraten, die den gefährlichen Einfluß des Ehrhardtschen »Kampfgeistes« auf die ohnehin aktionsgeladene NSDAP mit verständlichem und besorgtem Interesse verfolgten, vermuteten, daß sich der oder die Attentäter unter den Nationalsozialisten befänden. Es nützte ihnen allerdings gar nichts, daß sie nach Rathenaus Ermordung schrieben: »Wenn ein Deutschnationaler sein verlogenes Maul auftut, muß er niedergeknüppelt werden. Jede öffentliche Feier der Deutschnationalen oder Deutschvölkischen muß mit Gewalt gesprengt werden. Das deutschnationale Mordgesindel muß fortan vogelfrei sein.«[305] Hitler und Esser nahmen die Drohungen der »Marxisten« gewöhnlich nicht ernst. Zu oft waren sie von links verbreitet worden. Hitlers Gegnern schadeten leere Drohungen nur. Er hatte wenig mehr zu tun als auf die bloßen Drohungen der »jüdischen Marxisten und ihrer Hintermänner« hinzuweisen, auf deren »Feigheit« und Aktionslosigkeit im politischen Leben, in dem nach seiner Ansicht das ständig zu elementarisierende Recht des Stärkeren galt. Die konkreten »Beweise« für die »Richtigkeit« seiner Auffassung fand Hitler täglich buchstäblich auf der Straße. Er brauchte sie seinen Zuhörern nur mundgerecht zu servieren.

Am 1. November 1921 hatte die NSDAP ihre »Hauptgeschäftsstel-

303 Vgl. Akten des bayerischen Ministeriums des Äußeren (Privatkorrespondenz Kahr) Bd. VII (Schreiben der Ortsgruppe Rosenheim vom 18. März 1921). Vgl. auch VB vom 20. März 1921.

304 Vgl. Bayerischer Kurier Nr. 417 und Morgenblatt vom 1. Oktober 1921.

305 Die Volksstimme vom 26. Juni 1922 (zit. nach Rote Fahne vom 1. Juli 1922).

le« vom Sterneckerbräu in die Corneliusstraße 12 verlegt.[306] Während die Parteileitung mit dem Umzug beschäftigt war, erfuhren Hitler und Esser am Nachmittag des 4. November von Mittelsmännern, daß die am Abend des gleichen Tages angekündigte »Massenversammlung« der NSDAP im Hofbräuhausfestsaal von der USPD und SPD gesprengt werden sollte.[307] Die »Linken« wollten mit dem »rechtsbolschewistischen Hetzer« Adolf Hitler endlich »Schluß« machen.

Während am 4. November 1921 der am 18. Oktober 1921 verstorbene bayerische König und die bereits 1919 verschiedene Königin beigesetzt wurden, das königstreue München zur Ludwigskirche und zum Dom wallfahrte, um von dem letzten bayerischen Herrscherpaar Abschied zu nehmen, und die Unabhängigen Sozialdemokraten durch Anschläge dazu aufriefen, gegen die Monarchie zu demonstrieren,[308] wollten die Münchener Sozialdemokraten mit Hitler abrechnen. So wurde der 4. November 1921 zum Tage der »Feuertaufe« der Sturmabteilung, wie es in nationalsozialistischen Darstellungen heißt. Die zahlreichen sozialdemokratischen Trupps,[309] die mit der Absicht erschienen waren, die Hitler-Versammlung zu sprengen und ihren Drohungen tatsächlich einmal wirkungsvollen Nachdruck zu verleihen, ließen Zweifel über ihren organisierten »Besuch« nicht aufkommen. Eine mit dem Geschäftsstellenwechsel der NSDAP zusammenhängende Fehldisposition hatte es mit sich gebracht, daß für diesen Ausnahmefall weniger als 50 Mitglieder der Ordnertruppe zum Schutze der von Hermann Esser geleiteten Hitler-Versammlung im Hofbräuhausfestsaal zur Verfügung standen.

»Als ich um dreiviertel acht Uhr in die Vorhalle des Hofbräuhausfestsaales kam«, berichtet Hitler, »konnte [...] ein Zweifel über die vorhandene Absicht nicht mehr bestehen. Der Saal war übervoll und deshalb polizeilich gesperrt worden [...] Die kleine S.A. erwartete mich in der Vorhalle. Ich ließ [...] die fünfundvierzig oder sechsundvierzig Mann antreten. Ich habe den Jungens vorgestellt, daß sie wahrschein-

306 Hitler, S. 563.

307 Persönliche Auskunft von Hermann Esser. Vgl. auch Hitler, S. 563, ebenso Morgenpost vom 5. November 1921, Bayerische Staatszeitung vom 7. November 1921, Münchener Neueste Nachrichten vom 7. November 1921 und Münchner Post vom 7. November 1921.

308 Vgl. Mannheimer General-Anzeiger vom 4. November 1921 (Abend-Ausgabe).

309 Vgl. Heiden: Geschichte des Nationalsozialismus, S. 100. Hitler, S. 565 und Hasselbach, S. 48.

lich heute der Bewegung zum ersten Male auf Biegen und Brechen die Treue halten müßten, und daß keiner von uns den Saal verlassen dürfe, außer sie trügen uns als Tote hinaus.«[310] Feiglingen, so fügte Hitler hinzu, würde er »persönlich die [Arm-]Binde«[311] herunterreißen und das Abzeichen fortnehmen.[312] »Dann forderte ich sie auf«, berichtet er weiter, »beim geringsten Versuch zur Sprengung augenblicklich vorzugehen und dessen eingedenk zu sein, daß man sich am besten verteidigt, indem man selbst angreift.«[313] »Vor mir«, so erinnerte Hitler sich einige Jahre später, »besonders links vor mir, saßen und standen lauter Gegner. Es waren [...] robuste Männer und Burschen [...]aus der Maffai-Fabrik, von Kustermann, aus den Isariazählerwerken usw. [...] und begannen [...] Maßkrüge zu sammeln, d. h. sie bestellten immer wieder Bier und stellten die ausgetrunkenen Krüge unter den Tisch.«[314] Nachdem Hitler eineinhalb Stunden gesprochen hatte, machte er einen psychologischen Fehler, wie er selbst eingesteht.[315] Das bedeutete für die Gegner das »Signal zum Losschlagen«.[316] »Ein paar zornige Zwischenrufe, und ein Mann sprang plötzlich auf einen Stuhl und brüllte in den Saal hinein: ›Freiheit‹!«,[317] den Parteigruß der Sozialdemokraten. »In wenigen Sekunden war der ganze Raum von einer brüllenden und schreienden Menschenmenge [...]«[318] erfüllt. Inmitten dieser turbulenten Situation krachten Stuhlbeine, zerplatzten Bierkrüge und schrien verletzte Versammlungsteilnehmer. Wer die Schlägerei begonnen hat, konnte nicht festgestellt werden. Gegen Hitler spricht ein Satz, den er selber schrieb: »Der Tanz hatte noch nicht begonnen, als auch schon meine Sturmtruppler, denn so hießen sie von diesem Tage an, angriffen.«[319] Emil Maurice (Mitglieds-Nr. 594), ein 24-jähriger, in Norddeutschland geborener Uhrmacher, den Hitler in der Partei und in seiner nächsten Umgebung (als Duz-Freund und ersten Führer des Saalschutzes) behielt, obwohl er nicht nur vorbestraft war, sondern von den völkischen Hitler-

310 Hitler, S. 564.
311 ebenda, S. 565.
312 ebenda.
313 ebenda, vgl. auch Bayer, Ernst: Die SA – Geschichte, S. 8.
314 Hitler, S. 565.
315 ebenda, S. 566.
316 ebenda.
317 ebenda.
318 ebenda.
319 ebenda.

Gegnern auch einhellig und herablassend als Jude bezeichnet wurde, und Rudolf Hess, dem die Voraussetzungen für einen typischen Nationalsozialisten der Frühzeit eigentlich fehlten, haben sich nach Hitlers Bericht durch besonderen Schneid hervorgetan.

Hess, der in Alexandrien geborene, seit seinem 10. Lebensjahr in Deutschland lebende Sohn eines deutschen Kaufmanns, war während des Krieges einige Zeit als Offizier in derselben Einheit wie Hitler gewesen. Gelegentlich wird er sogar fälschlich als Hitlers Kompanieführer bezeichnet.[320] Für einen 26-Jährigen, der nationalsozialistischer Landsknecht sein wollte, war Hess zu schwerfällig, zu steif, zu ernst und vor allen Dingen zu prinzipientreu. An der Münchener Universität, an der er wissenschaftlicher Assistent des Geopolitikers (General) Professor Haushofer war, hatte er im Februar 1921 nationalsozialistische Studentengruppen gebildet,[321] die sich um ihn als Sprecher und Mittelsmann zur NSDAP-Führung konzentrierten und Ende 1922 sogar eine geschlossene studentische SA-Hundertschaft bildeten.[322] Für Hess, der im Mai 1921 mit dem Ministerpräsidenten Gustav v. Kahr in Verbindung getreten war, dem er brieflich über Hitler berichtet hatte,[323] war die NSDAP 1. antijüdisch, 2. gegen das Leihkapital, 3. für Gewinnbeteiligung der Arbeiter, 4. antiparlamentarisch und für die Herrschaft einer besonders qualfizierten Minderheit und 5. für die Überwindung des Klassenkampfes und die Schaffung einer nationalen Volksgemeinschaft. Seine programmatischen Vorstellungen wurden von Hitler, den Hess abgöttisch verehrte, gebilligt und zur Verbreitung empfohlen.[324] Bald war Hess Hitlers Privatsekretär, der während der Festungshaft in Landsberg auch Hitlers *Mein Kampf* als Diktat von Hitler aufnahm, mit der Maschine niederschrieb und nach den Angaben seiner Frau Ilse (Hess) die Druckfahnen und Korrekturbogen las.[325]

320 So z.B. von Georg Schnell, dem Kompanieführer Hitlers während des 1. Weltkrieges. Vgl. dazu die Ausführungen über das EK I. Hitlers.
321 VB vom 20. Februar 1921.
322 Vgl. S. 359.
323 Vgl. S. 288 ff.
324 Zu Hess vgl. VB vom 31. Juli 1921 (»Was will die Nationalsozialistische Deutsche Arbeiterpartei«).
325 Schriftliche Mitteilung von Frau Ilse Hess von 28. Dezember 1952 an den Autor. »Daß mein Mann ›Mein Kampf‹ niedergeschrieben hat, ist eine von den sich hartnäckig haltenden Unwahrheiten der letzten Jahrzehnte. Er hat die Fahnen und Korrekturen des Druckes gelesen – und dies sehr

Der Führer der NSDAP vor der Niederschrift von »Mein Kampf«.

Adolf Hitler spricht anläßlich eines Parteitages der NSDAP am 27. Februar 1923 auf dem Münchener Marsfeld.

Obwohl Schlägereien buchstäblich zum Programm der NSDAP gehörten, muß dem Vorfall vom 4. November 1921 eine besondere Bedeutung zugestanden werden; denn bis »zum Herbst 1923 hat uns seitdem«, berichtet Hitler, »die ›Münchener Post‹ keine Fäuste des Proletariats mehr angekündigt.«[326] Hitlers »Sturmabteilung« hatte an diesem Tage erreicht, daß sie in München tun und lassen konnte, was ihrem Führer beliebte. Sie hatte »sich das Recht der Straße«[327] erkämpft, indem sie die Straße des Rechts verließ. Sie begriff, daß das »allgemeine Recht zu einer [...] Handlung [...] in ihrer Notwendigkeit« und »das persönliche Recht im Erfolg begründet«[328] liege, wie ihr von ihrem Führer systematisch eingehämmert wurde.

Das Münchener Beispiel machte rasch Schule. Am 7. November 1921 kam es zu einer ähnlich großen Schlägerei mit politischen Gegnern in Nürnberg. Andere Ortsgruppen folgten den Münchener und Nürnberger Beispielen bald. Hitler wußte genau, wo die Stationen seiner Karriere lagen. Der Leser begegnet ihnen, stets besonders artikuliert, in *Mein Kampf*. Die »Saalschlacht« vom 4. November 1921 erscheint dort als die glänzend bestandene Bewährungsprobe der SA und als eine gelungene Einschüchterung der politischen Gegner. Doch sie war nicht nur das. Erstmals waren die Regierung Lerchenfeld und der Staat überhaupt dazu gezwungen worden, sich zum öffentlichen Auftreten der NSDAP zu äußern und Stellung zu beziehen. Auf welche Weise das geschah, schilderte die *Morgen-Post* vom 5. November 1921. Bereits während der Schlägerei im Hofbräuhausfestsaal, bei der es rund 30 zum Teil schwerverletzte Personen gab, hatte die »Polizei [...] sich so« verhalten, »daß man den Eindruck gewinnen mußte, daß sie die Nationalsozialisten unterstützte«.[329]

Von sekundärer Bedeutung ist, wer die Schlägerei auslöste. Die

genau und unter vielen Abänderungen und Verbesserungen, die in langen Unterhaltungen und Diskussionen mit dem Führer vorgenommen wurden. Und zwar nach der allerersten Drucklegung, die nur einen kleinen Umfang hatte. Man kann dies sehr genau feststellen, wenn man diesen ersten Druck mit den dann folgenden vergleicht.«
Hermann Esser, Max Amann u.a. Eingeweihte erklärten jedoch, daß Hess Hitlers ›Mein Kampf‹ nach Diktat von Hitler niedergeschrieben hat.

326 Hitler, S. 567.
327 Bayer, Ernst: Die SA-Geschichte, S. 9. Vgl. auch Anm. 174 im 5. Kapitel.
328 Hitler, S. 419.
329 Morgenpost vom 5. November 1921.

Mehrzahl der Presseberichte[330] spricht gegen Hitlers »Sturmabteilung«, die (wie die Sozialdemokraten auch) mit Pistolen ausgerüstet war und davon Gebrauch machte. Hitler selber sagte: »Wer schoß, ließ sich [...] nicht mehr unterscheiden.«[331] Entscheidender als die Frage nach dem Anlaß ist die Frage nach dem Prinzip. Die Nationalsozialisten haben sie eindeutig beantwortet. Doch mehr noch wurde im November 1921 beantwortet. Nur sehr wenige Mitglieder der NSDAP haben sich von dieser Aktion abgestoßen gefühlt; niemand hat dazu aufgefordert, Hitler ernstlich an die Zügel zu nehmen. Vielmehr verbreitete sich die Vorstellung, daß in Bayern endlich ein Mann und eine Partei existierten, die auch zu ihren Worten standen und die Garantie dafür böten, daß sich niemals wieder wie 1918 und 1919 »jüdisch-bolschewistische« Elemente niederlassen könnten.

Hitler nutzte nicht nur diese Tendenz, sondern auch die antipreußischen Affekte des größten Teiles der bayerischen Bevölkerung.. Bereits während des Krieges hatte er erlebt, daß die Bayern den Preußen die Schuld am Kriege und dessen Folgen zuschoben: Es mußte »auffallen«, schrieb er in *Mein Kampf* im Rahmen seiner Schilderung der feindlichen Flugblatt-Aktionen im Sommer 1915, »daß [...] in jedem Frontabschnitt, in dem sich Bayern befanden, mit außerordentlicher Konsequenz immer gegen Preußen Front gemacht wurde, mit der Versicherung, daß nicht nur einerseits Preußen der eigentlich Schuldige und Verantwortliche für den ganzen Krieg sei, sondern daß andererseits gegen Bayern im besonderen auch nicht das geringste an Feindschaft vorhanden wäre.«[332]

Ende des Jahres 1921 zählte die NSDAP nahezu 6 000 eingeschriebene Mitglieder. Wer seit November 1921 hinzukam, mußte wissen, wie ein richtiger Nationalsozialist aufzutreten hatte. Hitler hatte das Gesicht der NSDAP und die Machtfülle des Führers bereits zu der Zeit eindeutig festgelegt. Nachdem der ungeschlachte, aber organisatorisch begabte Max Amann die neue und größere Geschäftsstelle in der Münchener Corneliusstraße 12 eingerichtet hatte, konnten die in München weilenden Mitglieder und Anhänger der NSDAP täglich erfahren, daß nicht nur politische Gegner, sondern auch Nationalsozialisten mit der

330 Bayerische Staatszeitung vom 7. November 1921, Münchner Post vom 7. November 1921, Münchener Neueste Nachrichten vom 7. November 1921 und Morgenpost vom 5. und 7. November 1921.
331 Hitler, S. 567.
332 ebenda, S. 207.

Peitsche regiert wurden. Selbst der alte Mitkämpfer Hitlers, der Münchener Kaufmann Philipp Bouhler (1899–1945), der seit August 1921 Verlagskaufmann des *Völkischen Beobachters* und seit 1922 Stellvertreter Max Amanns war und einen guten Einblick hatte, bestätigt das: »In der Winterzeit«, schreibt der spätere Reichsleiter, »wurde der Vorraum [der Geschäftsstelle in der Corneliusstraße] vor den Schaltern zu einer Wärmestube für erwerbslose Parteigenossen und Anhänger, die dort laut lärmend und frierend Karten spielten. Man verstand oft sein eigenes Wort nicht mehr, und von Zeit zu Zeit war [der ehemalige Pferdehändler] Christian Weber, der hier das Hoheitsrecht besaß, gezwungen, in Erscheinung zu treten, und mit einer langen ›Fahrerpeitsche‹ bewaffnet den Vorplatz zu räumen.«[334]

Neben den Hundertschaften der SA der NSDAP gab es bis einschließlich 1923 unter anderem eine »Artillerieabteilung«, eine (von Christian Weber geführte) Motorstaffel, ein »Musikkorps«, eine (im Februar 1922 von Hess organisierte) Nachrichtenabteilung,[335] eine »Radfahrabteilung«, ein (von dem Hitler-Gönner Fürst Wrede aufgestelltes) »Reiterkorps« und eine »Technische Abteilung«. Am 13. Mai 1922 entstand nach Reden von Hitler, Klintzsch und Lenk der »Jugendbund der NSDAP« (unter der Leitung von G. A. Lenk), die spätere »Hitler-Jugend« (H.J.). 13 Kompanien zählte im Jahre 1923 das SA-Regiment München mit dem »Stoßtrupp Hitler«, der »Wachkompanie«, der Technischen Abteilung, der Artillerieabteilung, der Radfahrabteilung und den eingegliederten SA-Kompanien von Augsburg, Freising, Holzkirchen, Ingolstadt und Niederbayern.[336] Die von dem Leutnant a. D. Edmund Heines geführten Landsknechte der im Dezember 1922 ins Leben gerufenen Münchener Ortsgruppe des Freikorps Roßbach gehörten zwar ebenfalls zu Hitlers SA, bildeten formal jedoch eine besondere Gruppe.[337]

Willkommenen Zuwachs erhielten die Hundertschaften[338] der »Turn- und Sportabteilung« der NSADP, als sich nicht mehr verheimlichen ließ, daß die Erzberger-Mörder Schulz und Tillessen aus Ehrhardts Organisation »Consul« kamen. Obwohl Ehrhardt, der »Chef«, wie er von seinen Landsknechten genannt wurde, offiziell erklärte, daß

334 Bouhler: Kampf um Deutschland, S. 78.
335 VB vom 15. Februar 1922. Vgl. auch S. 359.
336 Persönliche Auskunft von Hermann Esser.
337 Persönliche Auskunft von Hermann Esser.
338 1923 wurden sie in Kompanien umgewandelt.

er sich »von diesen« seinen »früheren Männer[n]«[339] lossage, erschien es ihm nicht ratsam, zum Beispiel auch Kapitänleutnant v. Killinger und Leutnant Klintzsch, die persönlich mit dem Erzberger-Mord zu tun hatten, weiterhin unter der alten Fahne marschieren zu lassen. Darauf hatte besonders Ernst Röhm gewartet, und »auf Wunsch Hitlers«[340] wurden diese Offiziere als »Organisationsleiter« in die NSDAP hineingeholt. Ehrhardt war froh, seine Getreuen so gut »aufgehoben« zu wissen und überließ Hitler Johann Ulrich Klintzsch als Ausbilder der »Turn- und Sportabteilung« der NSDAP.

Unmittelbar nach der Übernahme dieses Postens erließ Klintzsch im Auftrage Hitlers einen Gründungsaufruf folgenden Inhalts: »Die NSDAP hat im Rahmen ihrer Organisation eine eigene Turn- und Sportabteilung gebildet. Sie soll unsere jungen Parteimitglieder besonders zusammenschließen, um als eiserne Organisation ihre Kraft der Gesamtbewegung als Sturmblock zur Verfügung zu stellen. Sie soll Trägerin des Wehrgedankens eines freien Volkes sein. Sie soll den Schutz stellen für die von den Führern zu leistende Aufklärungsarbeit. Sie soll aber vor allem in den Herzen unserer jungen Anhänger den unbändigen Willen zur Tat erziehen, ihnen einhämmern und einbrennen, daß nicht die Geschichte Männer macht, sondern Männer die Geschichte. In ihr soll aber auch gepflegt werden Treue untereinander, freudiger Gehorsam gegenüber dem Führer [...] Die Parteileitung erwartet, daß ihr alle kommt, die Zukunft wird euch brauchen.«[341]

Politisch naiv war, wer an eine »Turn- und Sportabteilung« glaubte und nicht sofort begriff, daß es sich auch bei dieser (»Sport«-) Organisation um einen getarnten »Kampfverband« handelte, zumal ihr erfahrene Ehrhardt-Leute ihr Gepräge gaben. Die Männer Ehrhardts brachten neben ihrer »fertigen« Vorstellung vom Begriff des »Führers«, oder besser, von dem des »Chefs«, wie Ehrhardt bei ihnen hieß, Erfahrungen in Hitlers Reihen mit, die den Aktivismus der Nationalsozialisten um ein wesentliches Moment »bereicherten«. Es verschwand der Skrupel vor dem politischen Mord; denn bei Ehrhardt hatten sie »umgelegt«, »gekillt«, aus dem Wege »geräumt«, was ihnen nicht genehm gewesen war. Die Ehrhardt-Männer haben niemals ein Geheimnis dar-

339 Persönliche Auskunft von Frau Sonja Plaas (einer Sekretärin Ehrhardts).
340 Röhm, 2. Aufl., S. 108.
341 Zit. nach Heiden: Geschichte des Nationalsozialismus, S. 81 f.

aus gemacht. Vielmehr riefen ihre Exponenten offiziell zum Morden auf. So schrieb die *Welt am Montag* im Februar 1924: »Ehrenpflicht jeden deutschen Mannes muß es sein, die Todesstrafe an diesen Verrätern zu vollziehen«.[342] In diesem Punkt waren die Ehrhadt-Männer den Hitler-Leuten bis dahin ein entscheidendes Stück voraus gewesen. Trotz der offiziellen, auch durch die Umwandlung des Ehrhardt-Liedes »Hakenkreuz am Stahlhelm« zu einem »Hitler-Lied«[343] zum Ausdruck gebrachten Zugehörigkeit zur NSDAP fühlten sich viele Ehrhardt-Landsknechte nur als vorübergehend zu Hitler »abkommandiert«. Erst im Frühjahr 1923 wurde die für die NSDAP destruktiv wirkende Zwiespältigkeit zugunsten Hitlers vornehmlich durch Hermann Göring beseitigt.

Die »Sturmabteilungen» der NSDAP, wie Hitlers Hundertschaften seit Mitte September 1921 inoffiziell und seit dem 4. November 1921 offiziell bezeichnet wurden, machten Hitler und die NSDAP auf besondere Weise populär. So verursachten sie selbst auch die erste nennenswerte Debatte über die NSDAP im Münchener Stadtrat. Eine aufgedeckte geheime Zusammenkunft von rund 100 SA-Männern in einer Münchener Schule im September 1921 gab den Anlaß. Bei den während ihres »Dienstes« entdeckten Hitler-Leuten (der »Leibgarde« Hitlers, wie die *Münchner Post* am 19. September 1921 schrieb), die Hitlers Duz-Freund Emil Maurice[344] eingeladen hatte, waren Gummiknüppel (Schlüsselwort: »Radiergummi«) gefunden worden.[345] Nicht selten trugen sie auch Pistolen (Schlüsselwort: »Feuerzug«) bei sich, was der von Pöhner geleiteten Polizei nicht unbekannt war. Nicht unberechtigt stellte die *Münchner Post* vom 19. September 1921 fest: »Pöhner ist die Gefahr für München, für Bayern [...] Wir erwarten, daß [der von den Sozialdemokraten eingebrachte] Antrag dazu beihilft, dem Polizeipräsidenten das Handwerk zu legen.«

Klintzsch war außerordentlich aktiv. Mit persönlicher Anschrift versehen, erhielten junge Männer Postkarten mit vorgedrucktem Text, den Klintzsch gezeichnet hatte. Den Empfängern wurde mitgeteilt: »Zur Einreihung in die Sturmabteilung werden Sie gebeten ... [es folgten:

342 Jahrbuch der Landeshauptstadt München (Ms., Stadtarchiv München).
343 Bei Ehrhardt hieß es: »Hakenkreuz am Stahlhelm, schwarzweißrotes Band, die Brigade Ehrhardt werden wir genannt«, bei Hitler: »... Sturmabteilung Hitler werden wir genannt«.
344 Vgl. S. 303 f.
345 Münchner Post vom 21. September 1921.

Tag, Ort und Uhrzeit] zu erscheinen, Armbinde (als Kennzeichen) mitbringen.«[346]

Zu den Erfolgen Hitlers im Jahre 1921 gehörte die Tatsache, daß er mit dem besonders in Rechtskreisen ungewöhnlich verehrten Generalquartiermeister des I. Weltkrieges, General Erich Ludendorff, bekanntgeworden war.[347] Daß Ludendorff, der im antipreußischen Bayern mehr als in Preußen galt,[348] sich seit Ende 1922 offen auf die Seite Hitlers stellte, der mit ihm seitdem die ersten politischen Unterredungen führte,[349] hat die junge NSDAP für bestimmte Kreise gesellschaftsfähig gemacht. Ludendorffs bloßes Bekenntnis hatte einen erheblichen Anteil an der Entwicklung der renitenten Landsknechtsgarden Hitlers, der den Einfluß des »Feldherrn« geschickt auszunutzen verstand und dessen Ruhm für seine eigene Sache nutzte.

Doch auch die von außen bestimmte Lage Deutschlands hatte Hitler in die Hände gearbeitet. Allen Enttäuschten war demonstriert worden, daß die »Erfüllungspolitik« Wirths und Rathenaus nicht die Erfolge brachte, die Wirth, Rathenau und ein großer Teil des deutschen Volkes sich davon versprochen hatten. Zwar hatten der Friedensvertrag der USA mit Deutschland und das Wiesbadener Abkommen über die deutsche Beihilfe zum französischen Wiederaufbau die Spannungen mit Deutschland etwas gemildert, doch das merkte der Mann auf der Straße nicht. Er glaubte nur, was ihm die Propagandisten der extremen Parteien einhämmerten, sah, daß Düsseldorf, Duisburg, Mülheim und Oberhausen[350] besetzt blieben, obwohl das Kabinett Wirth das Ultimatum der zweiten Londoner Konferenz angenommen und die geforderte Goldmarksumme (eine Milliarde bis Monatsende) gezahlt hatte. Er hatte erfahren müssen, daß polnische Truppen in Oberschlesien einrückten und den Abstimmungsentscheid der ansässigen Bevölkerung ignorierten,

346 Zit. nach Original.

347 Persönliche Auskunft von Hermann Esser. Vgl. auch Hitler-Prozeß, S. 22, ebenso Volz: Daten der Geschichte, S. 12. Falsch sind die Darstellungen von Berndorff, H.R.: Ludendorff. Welt am Sonntag vom 6. Januar 1952 und von Strasser, Otto: Hitler und ich, S. 12.

348 Ludendorff war nach dem mißglückten Kapp-Putsch, an dem er beteiligt war (vgl. Oertzen, S. 358 ff. und Schmalix, Adolf: Gerechtigkeit für Kapitän Ehrhardt, S. 15), über Augsburg nach München gegangen, wo er sich fortan aufhielt.

349 Persönliche Auskunft von Hermann Esser.

350 Die genannten Städte waren besetzt worden, weil eine Einigung über die Höhe der Gesamt-Reparationen nicht zustande gekommen war.

von der sich im März 1921 60 Prozent für ihre Zugehörigkeit zum Deutschen Reich entschieden hatten. Da war es nicht verwunderlich, daß die Wogen der nationalen Empörung hochgingen. Und es entsprach im wesentlichen der Stimmung der deutschen Bevölkerung, als die Münchener dem Nationalsozialisten Esser zujubelten, der im Hofbräuhaus erklärte: »Wir fordern die Beseitigung einer jeden Politik, die Rücksichten auf das Ausland nimmt und fordern eine Politik, die nur Rücksichten auf das eigene Volk«[351] kennt.

Zahlreiche Freiwillige waren 1921 nach Oberschlesien gezogen, wo sie gegen die polnischen Freischaren eingesetzt wurden. Unter den deutschen Freiwilligen befanden sich viele Mitglieder des Freikorps Oberland[352] aus Bayern und Angehörige anderer rechtsradikaler Organisationen und politischer Parteien. »Manches Geschütz und mancher Wagen rollte [...] aus Bayern in das Kampfgelände«,[353] schreibt Röhm, der jedoch nicht erwähnte, daß sich in den Reihen der dort eingesetzten Verbände zahlreiche eingeschriebene Mitglieder der NSDAP befanden,[354] die Hitler nach ihrer Rückkehr als bewährte Schutzgarden gern in seiner Nähe hatte. Wenn sie in Oberschlesien auch nicht als geschlossene NSDAP-Formationen zum Einsatz gelangten, haben sie, vielfach Studenten, Arbeitslose und ehemalige Offiziere, Unteroffiziere und Soldaten, doch bereits durch ihre Anwesenheit in Oberschlesien dazu beigetragen, daß die NSDAP innerhalb der Freikorps bekannt wurde. Besonders im Rahmen des von Sebottendorff (am 12. April 1919) aufgestellten Freikorps Oberland, das am 31. Oktober 1919 offiziell aufgelöst, im Mai 1921 jedoch ebenso offiziell wieder neu gegründet wurde, befanden sich zahlreiche NSDAP-Mitglieder.

Aufsehen erregte im September 1921 die Verhaftung einiger Mitglieder einer geheimen Nachrichten-Zentrale des Bundes Oberland auf Schloß Bielau bei Neiße in Oberschlesien. Unter den Verhafteten befand sich der 1881 in Görlitz in Schlesien geborene Heidelberger Privatdozent

351 VB vom 19. Mai 1921.
352 Der von Sebottendorff ins Leben gerufene Bund Oberland war nach Angaben der Geheimen Staatspolizei offiziell am 31. Oktober 1919 aufgelöst, im Frühjahr 1921 jedoch wieder aufgestellt worden (unveröffentlichte Akten der Geheimen Staatspolizei, Prozeß gegen Frau Anna Niekisch).
353 Röhm, 2. Aufl., S. 117.
354 In Oberschlesien ist besonders Beppo Römer (der Führer der Eisernen Faust, in der sich Hitler und Röhm kennengelernt hatten) bei der Erstürmung des Annaberges hervorgetreten.

Dr. Arnold Ruge, der auch der NSDAP angehörte. Ruge, der vor dem I. Weltkrieg in Leipzig mit einer Dissertation über die transzendentale Freiheit bei Kant promoviert worden war und 1919/1920 in Heidelberg unter anderem über »Philosophie der Geschichte« und »Die Weltanschauung der Evangelien« gelesen, Übungen über Platons und Aristoteles' Staat und über Fichtes Grundzüge des gegenwärtigen Zeitalters mit Beziehungen auf die Äußerungen lebender Staatsmänner geleitet hatte,[355] war im unbesetzten Oberschlesien bezeichnenderweise nicht als Dr. Arnold Ruge, sondern als Geheimrat Berger verhaftet worden.[356] Entsprechend der Gepflogenheit, Rechtsradikale zu schützen oder mindestens zu tolerieren, wurde Ruge wieder auf freien Fuß gesetzt.[357] Erst nachdem er (wie auch Hitler im März 1920 während seiner Kapp-Mission in Berlin) mit Spitzbart versehen,[358] in Heidelberg untergetaucht war, erließ der Oberstaatsanwalt am Landgericht Breslau Anfang Oktober 1921 einen Steckbrief gegen Ruge, dem Geheimbündelei, unerlaubter Waffenbesitz, Urkundenfälschung und versuchter Mord vorgeworfen wurden.[359] Über die Tätigkeit der geheimen Nachrichtenzentrale, die einen eigenen Kurierdienst zwischen Ostpreußen, Berlin und München unterhielt und ihre Weisungen von »rechtsradikalen Politikern in Bayern«[360] empfing, schwiegen Polizei und Gerichte. 1921, 1922 und 1923 ist das besonders auch zum Nutzen der NSDAP geschehen.

Richter, Polizei, Beamte und Militärs trugen (besonders in Bayern) eine bedenkliche Parteilichkeit zur Schau. Die Urteile bei Gewalttätigkeiten von rechts und links sprechen eine beredte Sprache. Von 376 politischen Morden in der Zeit von Januar 1919 bis Juni 1922 wurden nur 22 von links begangen, während 354 auf Kosten Angehöriger extremer Rechtsverbände kamen. Das Strafmaß dagegen war reziprok: die Durchschnittsdauer der Haft währte 180 Monate für Gestrafte von links,

355 Vgl. Vorlesungsverzeichnis der Universität Heidelberg 1919/20 und 1920.
356 Vgl. Mannheimer General-Anzeiger vom 14. September 1921 (Abend-Ausgabe).
357 Vgl. Heidelberger Tageblatt vom 16. September und vom 17. Oktober 1921.
358 Heidelberger Tageblatt vom 16. September 1921.
359 Heidelberger Tageblatt vom 7. Oktober 1921. Am 17. September 1921 meldete das Heidelberger Tageblatt unter Berufung auf das Deutsche Fahndungsblatt, daß gegen Ruge ein Vorführungsbefehl zum Erscheinen vor dem Ulmer Schöffengericht (für den 27. September 1921) bestünde.
360 Mannheimer General-Anzeiger vom 14. September 1921.

4 Monate bei Verurteilten von rechts. 10 Todesurteile gegen links standen 0 Todesurteilen gegen rechts gegenüber.[361] Die Parteilichkeit des Staates und der Behörden trug dazu bei, daß rechtsradikale Strömungen so ungehindert gedeihen konnten.

Pabst, Bauer, Schulz, Tilissen und das ganze Konsortium der organisierten Rechtsradikalen genossen den Schutz der staatlichen Institutionen in Bayern. Kapitän Ehrhardt, gegen den der Oberreichsanwalt einen Haftbefehl wegen seiner maßgeblichen Rolle während des Kapp-Putsches erlassen hatte, wurde im September 1921 in der Nähe Münchens von der bayerischen Polizei vor dem Zugriff des Reiches beschützt. Mörder wie Arco-Valley wurden seit 1919 als »unvergleichliche Nationalhelden«[362] bezeichnet und durften die Gewißheit haben, im Dienste des Vaterlandes zu wirken. Kapitänleutnant v. Killinger, der am Erzberger-Mord beteiligt war, wurde am 13. Juni 1922 vom Schwurgericht freigesprochen.[363]

Der Reichspräsident Friedrich Ebert aber wurde »ausgepfiffen«, verlacht, verhöhnt und belästigt. Als er beispielsweise »am 12. Juni 1922 beim Grafen Lerchenfeld als Gast«[364] in München abstieg, mußte er erleben, daß er »schon am Bahnhof mit einer roten Badehose begrüßt«[365] wurde. »Pfeifen und Zurufe von Angehörigen der Verbände, die sich auf dem Wege vom Bahnhof bis zur Leopoldstraße unauffällig verteilt«[366] hatten, begleiteten den Reichspräsidenten »auf seiner Fahrt durch München«.[367] 46 Unruhestifter wurden verhaftet.[368] Die Provokateure waren »Nationalisten«. Nach dem Eintreffen des Reichspräsidenten war zuerst »die Lieblingsgarde der Münchener Polizeidirektion, die Nationalsozialistische Partei, auf den Plan« getreten, wie es am 17. Juni 1922 in der *Umschau* hieß. Die NSDAP hatte »große Gegendemonstrationen«[369] angekündigt und Xylander durch die *München-Augsburger Abendzeitung* zu verstehen gegeben, daß »Herr Ebert« ihm und seines-

361 Vgl. Gumbel, E. J.: Vier Jahre politischer Mord.
362 Vgl. Verhandlungen des Bayerischen Landtages. Bd. IV, S. 25.
363 Vgl. Umschau vom 17. Juni 1922, S. 101.
364 Röhm, 2. Aufl., S. 125.
365 ebenda.
366 ebenda.
367 ebenda.
368 Nach Aufzeichnungen im Jahrbuch der Landeshauptstadt München (vgl. Anm. 342), S. 63.
369 ebenda.

gleichen keineswegs willkommen seien.[370] Ehrhardt und Hitler brauchten nicht zu befürchten, in Bayern überflüssig zu werden.

Trotz des Verbotes der NSDAP nach der Ermordung Erzbergers (1921) und Rathenaus (1922) in Preußen, Sachsen, Thüringen, Schaumburg-Lippe, Hamburg, Hessen, Braunschweig und Baden und nach der Ablehnung des Leipziger Staatsgerichtshofes vom 14. März 1923, das Verbot aufzuheben, haben die NSDAP und andere rechtsradikale politische Parteien, Organisationen und Verbände nicht nur in Bayern unter anderen Namen weiterbestanden. So meldete beispielsweise am 10. Juli 1923 die Staatliche Pressestelle Hamburg, wo die Ortsgruppe der NSDAP »auf Grund der §§ 14 und 17 in Verbindung mit § 7 des Gesetzes zum Schutze der Republik vom 21. Juli 1922« verboten und aufgelöst worden war, daß die Hamburger Ortsgruppe der NSDAP zur Umgehung des Verbotes den *Verein für moderne Kultur- und Seelenlehre*, den *Deutschen Bau- und Wirtschaftsbund*, die *Gesangschule Schuy-Godier* und die *Gesellschaft für Biologie und Rassenkunde* gegründet hatte[371] und unter diesen Tarnbezeichnungen weiterhin existierte.

Aufschlußreich ist in diesem Zusammenhang, daß sich einige Ortsgruppen außerhalb Bayerns gar nicht erst als NSDAP-Ortsgruppen konstituierten, sondern als angeblich lokal wirkende politische Parteien, die in den einzelnen Orten verschiedene Namen trugen. Ein exemplarisches Beispiel bildet die Geschichte der Mannheimer NSDAP-Ortsgruppe. Während sich die Ortsgruppe nicht offiziell als Organisation der Münchener NSDAP bezeichnete, waren ihre Mitglieder in München als Mitglieder der NSDAP registriert,[372] ohne jedoch Münchener NSDAP-Ausweise ausgehändigt zu bekommen. Sie besaßen vornehmlich rote Ortsmitgliedskarten, die von München zum Teil erst Ende der zwanziger Jahre gegen offizielle NSDAP-Mitgliedsausweise eingetauscht wurden.[373]

370 ebenda.
371 Mitteilung der Staatlichen Pressestelle Nr. 217, Staatsarchiv Hamburg, L 1 19.
372 Nach Feststellungen in den Originalmitgliedslisten im ehemaligen Hauptarchiv der NSDAP, Bundesarchiv Koblenz, NS 26/230, und persönliche Befragungen von Mitgliedern aus der hier behandelten Zeit (Unterlagen im Besitz des Autors).
373 Persönliche Auskunft von Otto v. Waldstein (Unterlagen im Besitz des Autors).

Um den Mitgliedern der Tarnorganisation die Gewißheit zu geben, auch wirklich der NSDAP anzugehören, erschienen gelegentlich Gottfried Feder und Hermann Esser und seit Ende 1922 auch Julius Streicher, Arthur Dinter und Wilhelm Frick als Redner und Abgesandte der Münchener Parteileitung. Die Ortsgruppe, deren Mitgliedsliste von 1922 zu den wenigen Listen gehört, die aus der Zeit vor dem 9. November 1923 erhalten geblieben sind und darüber hinaus die einzige heute noch vorhandene Liste einer außerbayerischen NSDAP-Ortsgruppe vor der Neugründung der NSDAP im Jahre 1925 ist, hielt regelmäßig Sprechstunden ab, veranstaltete Versammlungen, in denen u. a. auch der Heidelberger Philosophie-Dozent Arnold Ruge sprach, prügelte sich mit Kommunisten und wirkte mit anderen rechtsradikalen politischen Gruppen zusammen, von denen unter anderem der »Wanderverein Edelweiß« und der »Turnverein Kurpfalz« bestanden. In Privatwohnungen wurden der Schriftwechsel aufbewahrt und interne Besprechungen geführt. Die breite Mannheimer Öffentlichkeit wurde auf die Nationalsozialisten erst aufmerksam, nachdem Hitler zum Führer der NSDAP avanciert war, wie ihn der *Mannheimer General-Anzeiger* bereits am 5. November 1921, zwei Tage vor dem *Völkischen Beobachter*, nannte. Anton Drexler kannten die meisten Mitglieder nicht einmal dem Namen nach.[374] Seit spätestens Anfang 1921 hatte zwar bereits ein Schriftwechsel zwischen dem Mannheimer Ober-Ingenieur Hermann Kettner und der Münchener Parteileitung (Drexler) existiert;[375] aber das war vielen Parteimitgliedern nicht bekannt.[376]

Von den Erfahrungen der Mannheimer Ortsgruppe, neben Dortmund die älteste Ortsgruppe außerhalb Bayerns, leitete Hitler einige Hinweise im Zusammenhang mit der Veranstaltung von NSDAP-Versammlungen außerhalb Bayerns ab. Mannheim war das Experiment. Die von Hitler am 26. April 1922 im Mitteilungsblatt Nr. 14 formulierten Ratschläge, die er bei der Gründung von Ortsgruppen zu bedenken empfahl, waren Ergebnisse seiner Überlegungen über einen Bericht der Mannheimer Ortsgruppe, die mitteilte, daß eine ihrer Versammlungen von politischen Gegnern gesprengt worden sei. Hitler empfahl, Säle zu

374 Ergebnis von persönlichen Befragungen von Mannheimer NSDAP-Mitgliedern aus der hier behandelten Zeit.
375 Nach Feststellungen im Parteitagebuch.
376 Vgl. Anm. 374.

benutzen, »die wenigstens zu einem Teil, der nicht unter einem Drittel des Gesamtfassungsvermögens stehen soll, von eigenen Anhängern besetzt werden [...]« könnte. Nach Hitlers Ansicht hatte die Ortsgruppe Mannheim, die bereits am 22. Februar 1921 einen Versammlungsbericht an die Münchener Parteileitung sandte,[377] für die Veranstaltung einen zu großen Saal benutzt und eben deshalb nicht verhindern können, daß die Versammlung gesprengt und dadurch das Ansehen der Partei geschädigt wurde.

Im Hinblick auf die Gründung von Ortsgruppen riet Hitler zur Vorsicht: »[...] die Parteileitung als solche«, belehrte er seine Partei- und Gesinnungsgenossen, »hat zunächst kein Interesse an möglichst vielen Ortsgruppen, wohl aber das höchste an möglichst guten«.[378] Nicht die Anzahl, sondern die Leistungsfähigkeit der Ortsgruppen, die Ergebenheit und Fähigkeiten ihrer Ortsgruppenleiter und die abgesicherten Möglichkeiten zur Unterstützung der Neugründungen durch die Münchener Parteileitung hielt er für ausschlaggebend. Hitler, der sich später in *Mein Kampf* ausführlich über die Entfaltung von (Staats-) Autorität, über die Ursachen der völkischen Zersplitterung, über den Zerfall der zahlreichen politischen Neugründungen nach 1918 und über den Zusammenschluß in Arbeitsgemeinschaften äußerte,[379] redete seinen Anhängern seit seiner eigenen Exponierung erfolgreich ein, daß die NSDAP zugrunde ginge, wenn seine Ratschläge nicht konsequent befolgt würden.

Die Münchener Weisungen erreichten die von Drexler am 19. März 1921 im »Parteitagebuch 1920/1921« als »Landesleitung Mannheim« bezeichnete Mannheimer Ortsgruppenleitung auf direktem Wege, da der Gau Baden der NSDAP erst am 25. März 1925 von Robert Wagner, der in Wirklichkeit Backfisch hieß und möglicherweise jüdischer Abstammung war, in Karlsruhe gegründet wurde.[380] Die Mannheimer Polizei deckte und schützte die Ortsgruppe, was der Polizei nicht gerade große

377 Nach Eintragungen im Parteitagebuch.
378 Mitteilungsblatt Nr. 4 vom 26. August 1922. Vgl. auch Hitler, S. 378 ff.
379 Hitler schrieb (S. 579 ff.), daß die »unerschütterliche« Staatsautorität auf Popularität, Macht (Gewalt) und Tradition aufbauen müsse. Zur völkischen Zersplitterung vgl. Hitler, S. 575 ff., zu den Arbeitsgemeinschaften u.a. S. 576 ff.
380 Nach Unterlagen im ehemaligen Hauptarchiv der NSDAP (Schreiben Wagners vom 29. Januar 1937 an das Hauptarchiv der NSDAP) Bundesarchiv Koblenz, NS 26/132.

Schwierigkeiten bereitete, da sich unter den Mannheimer NSDAP-Mitgliedern Angehörige angesehener Familien wie zum Beispiel der junge Adelige Otto v. Waldstein, der Arzt Dr. Ernst Westhoven und der einflußreiche Ludwigshafener Fabrikdirektor Ludwig Fischer befanden.[381] Die Mannheimer NSDAP-Ortsgruppe, die bereits im Hochsommer 1922 rund 180 Mitglieder umfaßte, zählte zu ihren Mitgliedern 29,8 % Kaufleute, 20,2 % Angestellte und Beamte und bemerkenswert viele angestellte Akademiker, Chemiker und Ingenieure, die vornehmlich bei der Badischen Anilin- und Sodafabrik in Ludwigshafen am Rhein tätig waren, und 24,1 % Handwerker und Facharbeiter.[382] Als Ortsgruppe der Münchener NSDAP mit Nennung im Adreßbuch (1926) bezeichnete sich die Gruppe jedoch erst nach der Entlassung Hitlers aus der Landsberger Festungshaft und der offiziellen Neugründung der NSDAP im Jahre 1925. Dennoch hat sich das »Führer befiehl – wir folgen dir«-Prinzip in Mannheim bereits 1921/1922 durchgesetzt. Nachdem beispielsweise der *Mannheimer General-Anzeiger* vom 20. Februar 1923 Hitler in einem (nicht namentlich gezeichneten) Artikel kritisiert hatte, erhielt die Redaktion eine eindeutige und typisch nationalsozialistische Zuschrift folgenden Inhalts: »Warum nennen Sie nicht Ihren Namen? Wir bitten um Ihre Anschrift, damit wir Ihnen die Irrtümer in der Auffassung über die Hitler-Bewegung berichtigen können.«[383]

Auch in Preußen waren nationalsozialistische Tarnorganisationen entstanden,[384] obwohl der preußische Innenminister Carl Severing im Dezember 1922 die Entwicklung der Freikorps, Zeitfreiwilligenverbände, »Wehren« und anderen extremen Rechtsorganisationen zu hemmen versucht hatte. So hatten Fahrenhorst und Roßbach im Herbst 1922 den »Arbeiterbefreiungsbund« in Berlin gegründet, zunächst einige Mitglieder des ebenfalls verbotenen Deutschvölkischen Schutz- und Trutzbundes für die NSDAP gewonnen und durch Verbindungsleute mit München Fühlung gehalten. Hitlers Weisungen übermittelten die jeweils als

381 Nach Eintragungen in den Original-Mitgliedslisten (Ortsgruppe Mannheim, 1922), ehemaliges Hauptarchiv der NSDAP, Bundesarchiv Koblenz, NS 26/230.

382 Vgl. S. 255.

383 Mannheimer General-Anzeiger vom 23. Februar 1923.

384 Seit 1919/20 existierte in Berlin die Großdeutsche Freiheitspartei (Sitz Johannesstraße 20–21). Seit Januar 1920 stand sie in Briefverkehr mit der DAP und später mit der NSDAP. Persönliche Auskunft ehemaliger Mitglieder der Großdeutschen Freiheitspartei.

Kuriere fungierenden Nationalsozialisten Waldemar Geyer, Kurt Daluege, Wolfermann und Schlockermann.[385]

Obwohl der preußische Ministerpräsident Otto Braun davon überzeugt war, daß diese republikfeindlichen Organisationen und Verbände illegale Waffenträger waren, gegen die Bestimmungen des Versailler Vertrages verstießen und deshalb verboten werden mußten, sind entsprechende Pläne am Einfluß des beziehungsreichen Generals und späteren Reichskanzler Kurt Schleicher gescheitert, der 1934 im Zusammenhang mit der Röhm-Affaire von den Nationalsozialisten umgebracht wurde. Mit Schleichers Wohlwollen und helfender Hand im Hintergrund gedieh die Berliner NSDAP (zwar langsam, aber stetig) und konnte im Herbst 1923 bereits ca. 700 Mitglieder registrieren.[386] Trotz der offiziellen Maßnahmen Severings vermochten die NSDAP und andere extreme Rechtsverbände, zwar unter dem mehrfachen Wechsel ihrer Bezeichnung, so zum Beispiel als »Wanderbund Märkische Heide« und »Turnerschaft Ulrich von Hutten«, stetig an Boden zu gewinnen und auch in Eberswalde, Freienwalde, Potsdam und Brandenburg Fuß zu fassen.[387]

Inmitten der raschen Entwicklung der NSDAP lief Hitler Gefahr, die Zügel nicht so in die Hände zu bekommen, wie er, Eckart und Esser es wollten; denn einige außerbayerische Ortsgruppen waren bemüht, mit Hitler und der Münchener Parteileitung als Münchener Ortsgruppe auf gleichem Fuß zu verkehren. In München, Rosenheim und Landshut, in Bayern überhaupt, wurde er als Führer der Partei unbestritten anerkannt. Doch die weit verstreuten offiziellen und getarnten Ortsgruppen außerhalb Bayerns waren mit dem neuen Führerprinzip nicht sogleich einverstanden, und so war es selbstverständlich, daß einige auf Gleichberechtigung pochten und in ihren Argumenten gegen Esser, den »Erfinder« des von Hitler eindeutig praktizierten Prinzips, (zum Teil boshaft) polemisierten.

So schrieb der Lüneburger Nationalsozialist Dr. Adalbert Volck zum

385 Persönliche Auskunft von Schlockermann.
386 Persönliche Auskunft von Schlockermann.
387 Persönliche Auskunft damaliger Mitglieder (besonders von Schlockermann, der gelegentlich als Berliner Mittelsmann zu Hitler diente). Über erste Kontaktversuche von Berliner Rechtsextremisten zur DAP und NSDAP vgl. S. 236.

Beispiel noch am 22. Juli 1924 in einem Brief, der für Hitler bestimmt war: »Unser Wunsch ist es, daß Adolf Hitler in den Norden kommt. In seiner näheren Umgebung darf sich aber nicht Esser befinden [...] Solche Männer werden wir hier im Norden als ›Vorkämpfer‹ nicht dulden. Auch werden wir keine chinesische Mauer um Hitler errichten lassen, wie sie zum Verhängnis unserer Bewegung 1923 in München bestand. Hier wohnen Männer nordischen Blutes, die geistiges Lehnknechtstum ablehnen, die von der in Deutschland grassierenden sittlichen Feigheit nicht ergriffen worden sind. Nicht Redner und Landsknechte [...] verlangen hier unbehinderten Zutritt zu dem Führer, [sondern] Männer, die nur der Sache dienen wollen.«[388] Da Hitler Esser dennoch stets aus Gründen der »Zweckmäßigkeit«[389] für die Partei deckte, wollten die norddeutschen Nationalsozialisten die Weisungen der Parteileitung nach Hitlers Haftentlassung Ende 1924 ausschließlich auf Bayern beschränkt sehen, wenn sie von Hermann Esser unterschrieben waren.[390]

Adolf Hitler setzte sich dennoch durch. Die Partei gewann ständig neue Mitglieder und Anhänger auch außerhalb Bayerns. Anfang 1921, noch vor seiner »Machtergreifung«, waren die Ortsgruppe Mannheim und am 2. Juli 1921 die Ortsgruppe Hannover entstanden. Am 1. Oktober 1921 wurde die Ortsgruppe Zwickau in Sachsen und im Spätherbst 1921 die Ortsgruppe Halle an der Saale gegründet. Rund 45 Ortsgruppen sind bis Mai 1922 gegründet worden.[391]

Besonders begrüßt wurden im Frühjahr 1922 von Hitler und Esser die Fortschritte der NSDAP in Sachsen, wo die NSDAP durch die Eingliederung von Teilen der ehemaligen Deutschsozialistischen Partei[392] einen nennenswerten Mitgliederzustrom verzeichnen konnte.

Zu den Ortsgruppen der NSDAP, die bis Ende 1922 außerhalb

388 Zit. bei Jochmann, S. 120.
389 ebenda, S. 207 f. Es handelt sich um einen Bericht von Hermann Fobke über die »Gründung der Arbeitsgemeinschaft der Nord- und Westdeutschen Gaue der NSDAP« vom 11. September 1925. Darin heißt es u.a.: »Seine [Hitlers] Tätigkeit beschränkt sich z.Zt. überhaupt nur auf die Abfassung des 2.Bandes seines Buches ›Mein Kampf‹. Allen Vorstellungen, Esser und Genossen, zu denen vor allem Streicher und Dinter gehören, endlich abzuschütteln, begegnet er [Hitler] mit dem nicht stichhaltigen Einwand, daß für ihn die Zweckmäßigkeit dieser Männer maßgebend sei.«
390 ebenda, S. 216.
391 VB vom 3. Mai 1922.
392 ebenda.

Bayerns gegründet wurden, gehörten: Plauen im Vogtland (Mai 1922), Karlsruhe (Mai 1922),[393] Gotha (Juni 1922), Mengede in Westfalen (Juni 1922),[394] Stettin, Freiburg/Breisgau, Göttingen, Hamburg, Weißenfels an der Saale,[395] Aachen,[396] Ulm,[397] Worms, Koblenz,[398] Bremen,[399] Leipzig,[400] Breslau, Gleiwitz, Hindenburg, Oppeln, Beuthen, Rosenberg, Kreuzberg und Petersdorf.[401] In Bayern entstanden unter Hitlers Führung rasch zahlreiche Ortsgruppen. Nach Angaben des *Völkischen Beobachters* waren das 1922: Garmisch-Partenkirchen,[402] Berchtesgaden,[403] Grafing, Freising, Kitzingen, Pfaffenhofen a. Ilm, Aschaffenburg, Vilsbiburg, Jachenau,[404] Neu-Ulm (Donau), Nürnberg, Cham (Oberpfalz),[405] Bad Tölz, Zweibrücken,[406] Hof,[407] Forchheim,[408] Traunstein,[409] Eichstätt,[410] Fürstenfeldbruck,[411] Würzburg,[412] Öttingen,[413] Ingolstadt und Lichtenfels.[414]

Zuwachs erhielten Hitler und die NSDAP im Jahre 1921 auch noch auf einer anderen Ebene. Die von Martin Weger und dem (am 30. Juni 1934 ermordeten) Pater Bernhard Stempfle herausgegebene und redaktionell von Klaus Eck fanatisch antisemitisch und antipreußisch geleitete Zeitung *Miesbacher Anzeiger* hatte sich für Hitler und die NSDAP entschieden. Diese Zeitung, die an Geschmacklosigkeit nicht zu überbieten war, wirkte seit 1921 an der Seite des *Völkischen Beobachters* für die

393 VB vom 14. Juni 1922. Vgl. auch Anm. 380 in diesem Kapitel.
394 ebenda vom 17. Juni 1922.
395 ebenda vom 1. Juli 1922.
396 ebenda vom 8. Dezember 1922.
397 ebenda vom 4. November 1922.
398 ebenda vom 6. Dezember 1922.
399 ebenda vom 9. Dezember 1922.
400 ebenda vom 20. Dezember 1922.
401 ebenda vom 30. Dezember 1922.
402 ebenda vom 15. Februar 1922.
403 ebenda vom 25. März 1922.
404 ebenda vom 1. Juli 1922.
405 ebenda vom 4. und 8. November 1922.
406 ebenda vom 7. und 11. Februar 1922.
407 ebenda vom 15. Februar 1922.
408 ebenda vom 18. Februar 1922.
409 ebenda.
410 ebenda vom 29. Februar 1922.
411 ebenda vom 9. Dezember 1922.
412 ebenda vom 16. Dezember 1922.
413 ebenda vom 23. Dezember 1922.
414 ebenda vom 30. Dezember 1922.

rechtsradikalen Nationalsozialisten. Der *Miesbacher Anzeiger* »pflegte« eine Sprache, die im preußenfeindlichen Bayern populär war und besonders von den aktivistischen Landsknechten nicht ungern gehört wurde. »Funkspruch an alle Sau- und Regierungs-Juden an der Panke, Dahme, Biese, Dosse, an der Havel und an der dreckigen Spree« hieß es in einem Artikel vom 16. März 1921: »Es soll nur so ein [...] Prikes-Jude kommen und uns entwaffnen wollen – den schlagen wir, daß er in keinen Sarg mehr hineinpaßt ... Die Ordnung, die wir im März 1920 [unter der Regierung v. Kahr] ohne Euch und gegen Eure dumme Meinung geschaffen haben, die erhalten wir uns. Ob sie Euch paßt, ist uns wurscht. Uns paßt sie ... Mit Eurem Entwaffnungs- und Entmannungsgesetz wischen wir uns ... Wenn sich die Preußen fügen, ist das ihre Sache ... An den weiß-blauen Grenzpfählen – und die stehen noch und werden stehen bleiben – hört Euer Wille auf.«[415] Und am 23. März 1921 lautete es unter anderem: »Hat wer Reichsfeind gesagt? Ich glaub' gleich, der Teiteles Simon in Frankfurt heißt uns Bayern so; besonders unseren Herrn v. Kahr. Früher hat man unter Reichsfeinden die sozialdemokratischen Mehrer unseres Ansehens verstanden und auch den Löb Sonnemann von der Frankfurterin hat man so betitelt. Die Welt dreht sich. Die guten Deutschen von einst sind jetzt unten, dagegen die zweifelhaften oben. Der Dess-, der Liss-, der Warsch-, der Pissauer halten die Wacht vor der schwarz-gelb-roten Fahne, die ihnen voran flattert in der Börs, im Gewühl der Schieberschlachten. ›Die Schabbesflagge schwarz-gelb-rot ...‹ Ihr haben sie Treie geschworen, im Sinken und Steigen der Preise, beim Kettenhandel, in furchtbaren Kriegsgesellschaftskämpfen, beim Zischen und Krachen der Dividenden. Die Devise kann sinken aber die schwarz-gelb-rote Schabbesflagge sinkt nicht.

›Ran an den Profit!‹ ruft der Liss- und der Pissauer. ›Durch!‹ ruft der Keiteles und dringt über die Grenze vor mit den verschobenen Waggonen ... Wenn diese Armee kampferprobter Schieber herannaht, sind wir verloren. Diese in Proviantämtern ergrauten Veteranen, diese Löwen der Etappe, diese Helden, deren Sitzleder in den Feldkanzleien abgehärtet worden sind, sind furchtbar.

Ruhmvolle Hämorrhoiden zeugen von ihrer Tapferkeit im Weltkriege; sie haben nie vor Konjunkturen gezittert und sie sind im Feuer

415 Miesbacher Anzeiger vom 16. März 1921.

der Valuta kaltblütig geblieben. Dazu kommt ihre glühende Vaterlandsliebe ...«

Leider war das nicht nur die pervertierte, krankhaft primitive Meinung des Herausgebers Martin Weger, der wegen der von ihm verbreiteten Bezeichnung der Reichsfarben als »Hennadreck« (Hühnerdreck) zwar angeklagt, vom oberbayerischen Schwurgericht jedoch freigesprochen[416] wurde. In welchem Maße bayerische Offiziere und Beamte sich mit dem Blatt identifizierten, bezeugt zum Beispiel der amtliche Bericht des Polizeihauptmannes Adolf v. Bomhard vom 26. November 1923 an Regierungsrat Freyberg in München, dem er vorschlug, Klaus Eck, den Redakteur des *Miesbacher Anzeigers,* zum »Pressemann« zu erheben, dessen Aufgabe es sein müßte, Propaganda für den bayerischen Staatsgedanken und »Propaganda für die Person des Generalstaatskommissars«[417] von Kahr zu machen. Der *Miesbacher Anzeiger* genoß eindeutig den Schutz der Kahr-Regierung.[418] Am 23. März 1921 durfte er beispielsweise offen erklären, daß auch Herr v. Kahr ein Reichsfeind sei. So hieß es unter anderem: »... Ergreifend tönt der Gesang aus der Frankfurter Zeil: ›Mer sennen trei bis in den Tod – der Schabbesflagge schwarz-gelb-rot.‹ Herr v. Kahr in München erbleicht; wir anderen Reichsfeinde erbleichen auch.«[419] Die bayerische Regierung unternahm nicht einmal den Versuch, das Gesicht gegenüber Berlin zu wahren. Der *Miesbacher Anzeiger* provozierte in ungeheuerlicher Weise weiter. Am 23. August 1921, kurz vor Kahrs Rücktritt, rief er nach dem starken »Mann in Bayern, der [...] erklärt: Ich lasse noch 10 Galgen errichten und an diesen Galgen die Juristen aufhängen, die mir mit rechtlichen Bedenken in die Arme fallen wollen.« Erst Hugo v. Lerchenfeld versuchte diesem gefährlichen Treiben Einhalt zu gebieten; aber es war bereits zu spät, des Ministerpräsidenten Macht zu gering. Als der *Miesbacher Anzeiger* auf Verlangen der Berliner Regierung vom Staatskommissar für München-Land verboten wurde, erklärte die Schriftleitung, daß die Zeitung »in alter Frische« erscheinen und für das alte »Pro-

416 Nach Eintragungen im Jahrbuch der Landeshauptstadt München (vgl. Anm. 329, S. 131).
417 BHStA. München, GStK. (Handakt XI). Das Dokument ist zitiert bei Deuerlein: Hitler-Putsch, S. 449 f.
418 Nach Eintragungen in den Bayerischen Ministerratsprotokollen (Nr. 42 vom 13. Juni 1921 und Nr. 57 vom 31. August 1921).
419 Miesbacher Anzeiger vom 23. März 1921.

gramm auch in Zukunft auf das Nachdrücklichste eintreten«[420] werde, was auch geschah. Die NSDAP konnte begrüßen, ein so radikales bayerisches Blatt an sich gezogen zu haben.

Das Jahr 1921 hatte der NSDAP, die vom 22. Januar 1921 bis zum 31. Januar 1922 in München 35 Versammlungen veranstaltete, den diktatorisch und uneingeschränkt gebietenden Führer, die Sturmabteilungen (SA), die ersten Teile der braunen Uniform für die SA, die Durchsetzung der Hakenkreuzfahnen,[421] Armbinden und Parteiabzeichen, eine ganze Anzahl Ortsgruppen und einige tausend neue Mitglieder[422] gebracht. Hitler konnte zufrieden sein. Die Sturmabteilungen hatten ihren Namen am 4. November nach einer blutigen Schlägerei erhalten. Die nach dem Muster der Hemden der deutschen Truppen in Deutschostafrika gefertigten khakifarbenen Uniform-Hemden der SA wurden von Männern des Freikorps Roßbach erstmalig im Jahre 1921 während einer Ostpreußenfahrt getragen.[423] Nach Hermann Esser entwarf Rudolf Hess sie als von oben bis unten durchknöpfbare Uniform-Hemden.[424] Die allgemeine Uniformierung der SA wurde jedoch erst Anfang des Jahres 1923 nach Entwürfen von Gerhard Roßbach und Hitler in die Wege geleitet.[425] Daß das Braunhemd »erst im Jahre 1924«[426] aufgekommen sei, wie Georg Franz-Willing behauptet,[427] der sich auf mündliche Mitteilungen Roßbachs stützt, entspricht nicht den Tatsachen, wie Roßbachs Darstellungen in *Mein Weg durch die Zeit*[428] bezeugen. Und auch ein Bericht der sozialdemokratischen *Münchner Post* vom 14. Dezember 1922 über die Propagandamethoden der »deutschgelben« Hitler-Leute spricht dafür, daß die Braunhemden nicht erst 1924 eingeführt worden sind, zu der Zeit, als Hitler sich in Festungshaft befand.

420 Bezugseinladung für den Miesbacher Anzeiger (1921).
421 Nach Franz-Willing (S. 85), der sich auf Darstellungen in Schilling, Alexander: Dr. Walter Riehl und die Geschichte des Nationalsozialismus. Leipzig 1933, stützt, ist die Hakenkreuzfahne »erstmals öffentlich von einer Gruppe österreichischer Bergfreunde auf dem Wege vom Dürenstein nach Krems getragen [worden].« Hitler schreibt (S. 556): »Im Hochsommer 1920 kam zum 1. Male die neue Flagge vor die Öffentlichkeit.«
422 Vgl. dazu die entsprechenden Ausführungen im 3. Kapitel und S. 328.
423 Roßbach: Mein Weg durch die Zeit, S. 89.
424 Persönliche Mitteilung von Hermann Esser.
425 Persönliche Mitteilung von Hermann Esser. Vgl. auch Hitler, S. 618.
426 Franz-Willing, S. 86.
427 ebenda.
428 Roßbach, S. 89.

Im Zusammenhang mit der Einführung der Hakenkreuzfahne folgt Franz-Willing der Behauptung des Zahnarztes Dr. Friedrich Krohn, daß er (Krohn) die Fahne zur endgültigen Form entwickelt[429] und mit ihr schon am 20. Mai 1920 das Rednerpult während der Gründungsversammlung der Ortsgruppe Starnberg, die Krohn ins Leben rief, geschmückt hätte.[430] Auch diese Feststellung deckt sich offensichtlich nicht mit den Tatsachen, zumal Franz-Willing selbst berichtet, daß sich Drexler, Körner, Harrer, Hechenberger und Dr. v. Levin unter dem Einfluß Krohns für die von Krohn angeblich aus mythologischen Erwägungen vorgeschlagene Darstellung des nach links gewendeten Hakenkreuzes[431] entschieden, sich schließlich aber Hitlers entgegengesetzter Vorstellung gebeugt hätten.[432] Da nach der Feststellung von Franz-Willing von Krohn in diesem Zusammenhang auch Karl Harrer, der Mitbegründer der DAP, erwähnt wird, muß diese Diskussion über die Darstellung des Hakenkreuzes, das im Altertum nicht nur in germanischen, sondern auch bei verschiedenen anderen Völkerschaften (auch Negern) als magisches Zeichen anzutreffen ist, bereits 1919 stattgefunden haben; denn Harrer schied schon am 5. Januar 1920 aus der Deutschen Arbeiterpartei aus. Bei Krohns Angaben handelt es sich zweifellos um eine nachträgliche Konstruktion, die nicht frei von Eitelkeit ist.[433] Obwohl Krohn nach 1945 behauptete, 1919 prinzipiell gegen das nach rechts gewendete Hakenkreuz eingetreten zu sein, hat er sowohl dem Germanenorden als auch der Thule-Gesellschaft angehört, in denen das nach rechts gewendete Hakenkreuz (mit gekrümmten Balken) als Symbol beheimatet war. Außerdem bezeugt Krohns Eingeständnis, daß Hitlers Vorschlag schließlich akzeptiert worden sei,[434] daß die Fahne, die in München nach Hitler erstmalig im Hochsommer 1920 gezeigt[435] worden ist, nicht von Krohn, sondern von Hitler die endgültige Form erhielt. Hitler, der Symbole und Abzeichen für sehr wichtig hielt, schildert die Geschichte der

429 Nach Franz-Willing (S. 85) hat Krohns Frau die Starnberger Fahne genäht, die 1. Münchener Fahne Schüsslers erste Frau.
430 ebenda.
431 ebenda, S. 84 ff.
432 Franz-Willing, S. 84.
433 Nach Franz-Willing (S. 85) hat Krohn sich 1935 von Drexler schriftlich bestätigen lassen, daß die Hakenkreuzfahne von ihm entwickelt worden sei.
434 Franz-Willing, S. 84.
435 Hitler, S. 556.

Hakenkreuzfahne wie folgt: »Ich selbst – als Führer – wollte nicht sofort mit meinem eigenen Entwurf an die Öffentlichkeit treten, da es ja möglich war, daß ein anderer einen ebenso guten oder vielleicht auch besseren bringen würde. Tatsächlich hat ein Zahnarzt aus Starnberg [womit er Dr. Friedrich Krohn meinte] auch einen gar nicht schlechten Entwurf geliefert, der übrigens dem meinen ziemlich nahekam, nur den einen Fehler hatte, daß das Hakenkreuz mit gebogenen Haken in eine weiße Scheibe hineinkomponiert war.

Ich selbst hatte unterdes nach unzähligen Versuchen eine endgültige Form niedergelegt; eine Fahne aus rotem Grundtuch mit einer weißen Scheibe und in deren Mitte ein schwarzes Hakenkreuz. Nach langen Versuchen fand ich auch ein bestimmtes Verhältnis zwischen der Größe der weißen Scheibe sowie der Form und Stärke des Hakenkreuzes.

Und dabei ist es dann geblieben.«[436]

Die Farben der Fahne deutete Hitler wie folgt: »Als nationale Sozialisten sehen wir in unserer Flagge unser Programm. Im Rot sehen wir den sozialen Gedanken der Bewegung, im Weiß den nationalistischen, im Hakenkreuz die Mission des Kampfes für den Sieg des arischen Menschen und zugleich mit ihm auch den Sieg des Gedankens der schaffenden Arbeit, die selbst ewig antisemitisch war und antisemitisch sein wird.«[437]

Unter Anlehnung an die von Hitler entwickelte Hakenkreuzfahne entwarf der Goldschmied Josef Fuess[438] nach Unterredungen mit Hitler, in denen Hitler seine Vorschläge fixierte,[439] das Parteiabzeichen der NSDAP, das zunächst die Umschrift »DAP« trug, die nach der Durchsetzung des Partei-Namens NSDAP in »Nat.Soz.DAP« abgeändert wurde.[440] Seit dem Salzburger Tag im August 1920 wurde das Hakenkreuz auf Hitlers Initiative hin als offizielles Abzeichen der Nationalsozialisten getragen.[441] Zur gleichen Zeit ungefähr kamen die Armbinden »für die Ordnungsmannschaften«[442] als auffälliges Kennzeichen hinzu. Im ersten Rundschreiben, das Hitler am 17. September 1921 als Führer und Parteivorsitzender an die Ortsgruppen und Sektionsführer sandte, wies

436 ebenda.
437 ebenda, S. 557.
438 ebenda, S. 556. Hitler schrieb fälschlich »Füß«.
439 Persönliche Auskunft von Hermann Esser.
440 Persönliche Auskunft von Hermann Esser.
441 Persönliche Auskunft von Hermann Esser.
442 Hitler, S. 556.

er unter anderem im Hinblick auf die Verwendung von Fahnen und Armbinden an:

»Die Ortsgruppen haben die Verpflichtung, dafür zu sorgen, daß die Ordnungstruppen bei Versammlungen usw. sowie überhaupt alle diensttuenden Parteigenossen ausnahmslos äußerlich schon als solche erkenntlich gemacht werden durch das Anlegen der Sturmbinde.

Die Sturmbinde ist eine zehn Zentimeter breite rote Armbinde, die an der Außenseite eine neun Zentimeter Durchmesser haltende weiße Scheibe besitzt, auf die ein schwarzes Hakenkreuz aufgenäht ist.

Ortsgruppen, die nicht im Besitze eines Musters sind, werden aufgefordert, an die Parteileitung das Ersuchen um Zuweisung eines solchen zu stellen.

Die Sturmbinde ist von allen im Dienst befindlichen Parteigenossen zu tragen und soll nicht nur das Erkennungszeichen untereinander darstellen, sondern auch das absolute Solidaritätsgefühl der Ordner untereinander stärken, ebenso haben sämtliche Ortsgruppen unverzüglich zur Anfertigung von Parteiflaggen zu schreiten. Die Parteiflaggen sind rechteckige rote Fahnen im Verhältnis 2:3 mit großer eingenähter weißer Scheibe, in dieser schwarzes Hakenkreuz. Ortsgruppen, die noch nicht im Besitze eines Musters sind, erhalten auf Anforderung von der Parteileitung eine Zeichnung. Die Parteifahnen sind bei allen öffentlichen Versammlungen am Rednerpult, Saaleingang usw. aufzupflanzen, bei Demonstrationen mitzuführen.

[. . .] Parteiabzeichen. Die Ortsgruppenleitungen sowie die der Sektionen München werden erneut darauf hingewiesen, in schärfster Weise für das Tragen des Parteiabzeichens (Parteikokarde) Propaganda zu machen. Die Mitglieder sind ununterbrochen aufzufordern, überall und jederzeit nur mit dem Parteiabzeichen zu gehen. Juden, die daran Anstoß nehmen, sind sofort rücksichtslos anzufassen. Parteiabzeichen sind bei der Hauptleitung München zum Preise von 5 Mark das Stück per Nachnahme zu bestellen.«[443]

Ende 1922, offensichtlich unter dem beflügelnden Eindruck der Machtergreifung Mussolinis in Italien, entstand die von Hitler sehr wahrscheinlich nach alt-römischen Vorbildern gestaltete NSDAP-Standarte als Feldzeichen der Sturmabteilungen. Dr. Friedrich Krohn, der zu der Zeit nach den Feststellungen Georg Franz-Willings immer noch über

443 Rundschreiben Nr. 5 vom 17. September 1921.

Einzelheiten informiert gewesen zu sein behauptet, obwohl er sich nach Hitlers »Machtergreifung« Ende Juli 1921 zurückzog, gibt an, daß Ernst Röhm bei der Schaffung der Standarte den Anstoß gegeben habe.[444] Hitler dagegen berichtet, daß er selber »dieser Wehrorganisation der jungen Weltanschauung [...] ein besonderes Symbol des Sieges [...] geben [wollte]: die Standarte. Auch sie habe ich selbst entworfen [schreibt er] und dann einem alten treuen Parteigenossen, dem Goldschmiedemeister Gahr, zur Ausführung gegeben.«[445] Nach Franz-Willing nahm auch der Goldschmied Fuess für sich in Anspruch, die Entwürfe entwickelt zu haben, allerdings auf den besonderen Wunsch Hitlers.[446] Von wem der Anstoß kam, und wer die konkreten Vorstellungen entwickelte, kann nicht mehr festgestellt werden. Sicher ist lediglich, daß die SA-Standarte im Januar 1923 bereits existierte.

Der »Gruß ›Heil Hitler‹ war eine Einführung von Goebbels und setzte sich erst in den dreißiger Jahren [...] durch«, schreibt Franz-Willing, »In der alten Partei kannte man ihn nicht.«[447] Diese Feststellung, die sich unter anderem auf Luedeckes Erinnerungen in *I knew Hitler* (Ich kannte Hitler)[448] stützt, deckt sich nicht mit den Tatsachen. Zwar trifft zu, daß in der NSDAP der Gruß »Heil Hitler« vorher nicht offiziell angeordnet worden ist; aber er wurde von NSDAP-Mitgliedern bereits sehr viel früher gewählt. So unterschrieb beispielsweise der Gauleiter von Danzig, Hans A. Hohnfeldt, am 27. Dezember 1926 einen Brief an Josef Klant in Hamburg »Mit treudeutschem Gruß und heil Hitler!«[449] Die Briefe der Gauleitung des »Gau Ostmark« der NSDAP wurden (besonders unter dem Einfluß von Dr. Goebbels) spätestens seit 1931 mit »Heil Hitler« unterschrieben.[450]

Vor 1924 war der »Heil«-Gruß in der NSDAP in verschiedenen Kombinationen als eine aus der Antike übernommene Heil-Zuwunsch-

444 Franz-Willings Urteil als Ergebnis seiner persönlichen Befragungen; vgl. Franz-Willing, S. 86 f.
445 Hitler, S. 557.
446 Franz-Willing, S. 86.
447 Franz-Willing, S. 87.
448 Vgl. Bibliographie und Franz-Willing, S. 87.
449 Der Brief ist zitiert bei Jochmann, S. 262 ff. Allerdings stellt Jochmann Untersuchungen über die Entwicklung des Hitler-Grußes nicht an, sondern zitiert lediglich (z.T. belanglose) Briefe.
450 Nach Ermittlungen des ehemaligen Hauptarchivs der NSDAP. Persönliche Auskunft von Dr. Werner. Einige Unterlagen darüber befinden sich im Bundesarchiv Koblenz.

formel üblich, was auch in allen anderen rechtsradikalen Kreisen der Fall war. Der Alldeutsche Verband unterzeichnete eine Erklärung vom 16. Februar 1919 im Auftrage (unter anderem) von Heinrich Claß, Freiherr v. Gebsattel und Kommerzienrat Kirdorf mit »Heil dem deutschen Volke!«.[451] Die Formel »Mit deutschem Gruß« fand sich erstmalig am 22. Juli 1919 in einem Brief der Kieler Geschäftsleitung der DSP.[452] Briefe von Nationalsozialisten an Hitler wurden seit 1924 sehr oft mit dem »Deutschen Gruß«[453] abgeschlossen. 1924/1925 stand dafür meistens »Mit deutschem Gruß‹,[454] »Mit Heilgruß«,[455] »Mit Heilgruß und Handschlag«,[456] »Heil«,[457] »Heil und Sieg«[458] und »Mit deutschem Heilgruß«.[459] Hitler selbst unterschrieb seine Briefe während der Festungshaft im Jahre 1924 oft »Mit treudeutschem Heilgruß«.[460]

Ende Januar 1922, als die jährlich festgesetzte Generalmitgliederversammlung der Partei in München zusammentrat, konnten die Mitglieder mit den Leistungen der Parteiführung im Jahre 1921 zufrieden sein. Die NSDAP hatte sich nicht nur in Bayern erheblich entwickelt. Rund 6 000 eingeschriebene Mitglieder waren registriert. Seit dem Tage der Verkündung des Parteiprogramms durch Hitler waren 81 öffentliche Versammlungen mit sehr vielen Teilnehmern veranstaltet worden. Die extreme Linke war ungeschickt genug, der extremen Rechtsfront immer erneut Mitglieder und Anhänger zuzuführen. So erklärte beispielsweise die USPD während des Parteitages vom 8.–12. Januar 1922 in Leipzig, daß das Vaterland der Unabhängigen Sozialdemokraten nicht Deutschland, sondern das Proletariat sei. Eine solche Auffassung war in Deutschland nicht geeignet, Loyalität zu erzeugen oder gar Anhänger zu gewin-

451 Erklärung zit. bei Jochmann, S. 11 ff.
452 Vgl. Anm. 450 in diesem Kap.
453 Vgl. den Brief des Wilhelm Rohde an Adolf Hitler vom 23. Oktober 1923, zit. bei Jochmann, S. 48.
454 Vgl. ebenda, S. 75. Nicht selten wurden die Briefe unterschrieben: »Mit deutschem Gruß und Handschlag« (1926), vgl. dazu den Brief des Reichstagsabgeordneten Gregor Strasser an die Mitglieder der Arbeitsgemeinschaft vom 5. März 1926, zit. bei Jochmann, S. 225.
455 Vgl. Jochmann, S. 171.
456 ebenda, S. 95.
457 ebenda, S. 131.
458 ebenda, S. 121.
459 ebenda, S. 155.
460 ebenda, S. 95.

nen. Die Nationalsozialisten brauchten die Thesen der extremen Linken nur besonders artikuliert umzusetzen. Hitler, Esser, Eckart und andere prominente Redner haben es mit Erfolg getan. Die Generalmitgliederversammlung 1922 attestierte es Hitler und seinen Mitarbeitern. Neben den Vertretern der Ortsgruppen, die bereits vor Hitlers »Machtergreifung« Ende Juli 1921 gegründet worden waren, z. B. Rosenheim, Starnberg, Landshaut, Tegernsee, Mannheim, Stuttgart, Ingolstadt und Augsburg, befanden sich die Vertreter der Ortsgruppen Scheinfeld, Passau, Bernau, Amberg, Halle, Hannover, Burhausen, Zwickau, Zwiesel und Odernheim.[461]

Die sudetendeutschen Nationalsozialisten waren durch Rudolf Jung, die österreichischen durch Prodinger und Koller vertreten. Hitler, der erstmals als Vorsitzender der NSDAP vor den Vertretern der nationalsozialistischen Parteien auftrat, hatte das Heft fest in der Hand. Seine Maßnahmen und die von ihm getroffenen Veränderungen wurden von den Teilnehmern der Generalmitgliederversammlung einmütig gebilligt.

Während das Jahr 1921 der NSDAP und Hitler große Erfolge gebracht hatte, begann das Jahr 1922 infolge der Inflation sehr ungünstig für Hitler und seine Anhänger. 200 deutsche Papiermark waren nur noch einen Dollar wert. Und dabei blieb es nicht. Von Juli bis Dezember 1922 fiel der Kurs von 317 auf 7 390, im Januar 1923 auf 18 000, im Februar auf 27 900 und im Juni auf 110 000 Papiermark für einen Dollar. Hitler und die NSDAP hatten Geldschwierigkeiten. Am 16. Januar 1922 wurden die Ortsgruppen durch das Rundschreiben Nr. 19 aufgefordert, aus den freiwilligen Spenden, die stets relativ groß waren, und aus Überschüssen an Eintrittsgeldern einen »Kampfschatz« zu bilden, aus dem unter anderem die Versammlungs-Redner finanziert werden sollten. Ende 1922 verkörperten Hitler und seine Partei dagegen bereits ein so bemerkenswertes politisches Gewicht, daß angesehene Gönner, auch aus Industrie und Wirtschaft, beträchtliche Zuwendungen riskierten.[462]

Zunächst jedoch mußten Hitler, Esser und Körner innerhalb der ersten acht Wochen des Jahres 1922 vor Gericht erscheinen,[463] wodurch

461 VB vom 1. Februar 1922.
462 Vgl. u. a. S. 396 ff.
463 Vgl. dazu Münchner Post vom 12. Januar 1922, Bayerischer Kurier vom 27. Januar 1922, Münchener Post vom 27. Januar 1922, Neue Zeitung vom 28. Januar 1922 und Umschau vom 4. Februar 1922.

die NSDAP in Gefahr geriet, ihren Führer und zugleich die beiden besten Redner für einige Zeit zu verlieren, was denn auch im Sommer 1922 für 4 Wochen geschah.[464]

Zu den störenden Einflüssen, mit denen Hitler 1922 fertig werden mußte, gehörte ferner die Tatsache, daß der Ministerpräsident Hugo v. Lerchenfeld, der im November nach Berlin gerufen und mit bestimmten Richtlinien für seine Präsidententätigkeit vertraut gemacht worden war,[465] die für die NSDAP günstige Politik Kahrs nicht fortsetzte. Einige einflußreiche und insgeheim Hitler nicht unbedingt ergebene Mitglieder und Anhänger der NSDAP, unter anderem Graf v. Bothmer, Dr. Roth, Hauptmann Karl Mayr (der später zur SPD ging), Dr. Erwin v. Scheubner-Richter und Alfred Rosenberg,[466] verfochten nach Kahrs Rücktritt die These, daß Hitlers demonstratives Bekenntnis zu Kahr möglicherweise ein taktischer Fehler gewesen sei. Wie während der Juli-Krise 1921, versuchten einige von ihnen wiederum ihren persönlichen Einfluß auf die Parteiführung auszudehnen. Aber Hitler entglitten auch jetzt die Zügel nicht. Der bei ihm in Ungnade gefallene Anton Drexler bemühte sich dagegen zunächst, nichts zu tun, was Hitlers Mißtrauen gegen ihn hätte nähren können. Auch in dieser Situation zeigte sich, daß Hermann Esser einer der wendigsten und verläßlichsten Mitstreiter Hitlers war. An der Stelle des deprimierten Führers der NSDAP entfaltete er im Frühsommer 1922 eine besondere Aktivität und übernahm auch einen Teil der sonst von Hitler gehaltenen Reden.[467]

Auf dem Parteitag der NSDAP im Januar 1922 sollten die Ende Juli 1921 geschaffene neue Position Hitlers von den Mitgliedern als beste Lösung begrüßt und die neu strukturierte Führungsapparatur der NSDAP weiter ausgebaut werden. Hitlers Proklamation zum Parteitag war richtungweisend. Er erklärte: »München muß Vorbild werden, Schule, aber auch granitenes Postament. Vor allem soll es keinen Zwei-

464 Vgl. S. 329 f. und 342 f.
465 Vgl. Umschau vom 1. November 1921.
466 Persönliche Auskunft von Hermann Esser. Aufschlußreich ist in dem Zusammenhang auch, daß Karl Mayr sich im Februar 1921 bei Drexler beklagte, von Leoprechting als Jude bezeichnet worden zu sein; nach Aufzeichnungen im Parteitagebuch vom 22. Februar 1921.
467 Nach Auswertung der Eintragungen im Jahrbuch der Landeshauptstadt München (vgl. Anm. 342).

fel geben, daß die Bewegung eine Leitung besitzt, und wo sie sich befindet.«[468]

Bereits auf diesem Parteitag hatte sich bemerkbar gemacht, daß der Nationalsozialistischen Deutschen Arbeiterpartei das fehlte, was reaktionäre und andere, zur unvoreingenommenen Beurteilung nicht bereite Politiker als »Ideologie« bezeichnen und zur Rechtfertigung überlebter Vorstellungen und Maßnahmen gebrauchen.[469] Zahlreiche Parteitag-Teilnehmer waren jedoch mit der trügerischen Auffassung in ihre Heimatorte zurückgekehrt, daß der glänzende Propagandist und einfallsreiche Hitler in der immer wieder als haltlos apostrophierten Zeit eine politische Leitidee ersetzen würde, was viele allerdings nicht nur 1922 glaubten. Bezeichnend ist dafür das programmatische Bekenntnis des Dr. Adalbert Volck (der 1924 dem sogenannten Direktorium der norddeutschen Verbände angehörte) vom 18. Juli 1924 im Rahmen der »Richtlinien für Weimar«.[470] »Unser Programm«, formulierte Volck, »lautet mit 2 Worten: ›Adolf Hitler‹.«[471] Hitler selbst allerdings war anfänglich davon noch nicht überzeugt. »Das ist das Gewaltigste«, sagte er denn auch, »das unsere Bewegung schaffen soll: für diese breiten, suchenden und irrenden Massen einen neuen Glauben, der sie in dieser Zeit der Wirrnis nicht verläßt, auf den sie schwören und bauen, auf daß sie wenigstens irgendwo wieder eine Stelle finden, die ihren Herzen Ruhe gibt.«[472]

Das war der Auftakt für die Bemühungen einiger Progammatiker, der »Bewegung« eine Leitidee zu schaffen. Alfred Rosenberg, der behauptete, daß Nationalismus und Sozialismus »im tiefsten Wesen ein und dasselbe« seien, »philosophisch begründet eben dadurch, daß beide Äußerungen unseres Lebens zurückgehen auf gemeinsame, willenhafte, dieses Leben in bestimmter Richtung wertende Urgründe«,[473] schrieb seine Programminterpretation *Wesen, Grundsätze und Ziele der Nationalsozialistischen Deutschen Arbeiterpartei*,[474] die im Verlag des

468 Zit. nach Heiden: Geschichte des Nationalsozialismus, S. 103.
469 Vgl. die Ausführungen S. 341 f.
470 Zit. bei Jochmann, S. 96.
471 ebenda, S. 97.
472 Zit. bei Hasselbach, S. 50.
473 Rosenberg: Mythus, S. 589.
474 Vgl. Bibliographie.

NSDAP-Mitgliedes (Nr. 515) Dr. Boepple als Rosenberg-Widmung an »Adolf Hitler, dem Führer der deutschen Freiheitsbewegung«[475] erschien und im Januar 1923 eine Auflageziffer von 50 000 Exemplaren angab; aber mehr als den Rosenbergschen Kommentar haben die Münchener Nationalsozialisten (neben Drexlers Broschüre *Mein politisches Erwachen*, den 25 Programmpunkten und einigen Denkschriften und antisemitischen Zeitungsartikeln) zunächst nicht publiziert. Die Ereignisse seit Juli 1921 waren für Hitler so turbulent, daß er selbst nicht in der Lage war, die seit seiner Jugendzeit in Wien entwickelten politischen Vorstellungen zu einer »Weltanschauung« fugenlos zusammenzufügen. Der *Völkische Beobachter*, der *Miesbacher Anzeiger* und andere Zeitungen, die Hitler und der NSDAP nahestanden, wie zum Beispiel der *Nürnberger Volkswille*, die *Weiße Fahne*, das *Ambacher Tageblatt*, das *Regensburger Tageblatt*, die *Augsburger Sturmglocke*, der *Staffelsteiner St. Georg*, der *Ingolstädter Schanzer* und seit dem 20. Mai 1923 auch der *Niedersächsische Beobachter* in Hannover, haben diese Lücke schlecht und recht mit antisemitischen Hetzartikeln im Sinne der von Hitler prinzipiell vorgezeichneten Richtlinien ausgefüllt. So antworteten die Nationalsozialisten in Diskussionen denn auch in der Hauptsache mit Leitartikelsätzen, die zwangsläufig meistens auf tagespolitische Ereignisse zugeschnitten waren und daher rasch bedeutungslos wurden.

Den Antisemitismus hatten sie (nicht nur) mit den Rechtsextremisten gemeinsam. Darüber brauchten sie nicht zu streiten. Befehle, Weisungen, pathosgeladene antisemitische Reden, Trommelwirbel, Fahnen, Standarten, alte Uniformen mit neuen Symbolen, straff gegliederte Demonstrationen und Vorbeimärsche, Massenbegeisterung und -verzükkung: das waren die Momente, die vielen Mitgliedern und Anhängern Hoffnung und Zuversicht suggerierten. Es ist den Nationalsozialisten überraschend gut und nachhaltig gelungen, akademisch ausgeformte, sinnvolle politische Denkkategorien durch gefühlsbetontes Geschwätz zu ersetzen.

Der in München lebende Schriftsteller Oswald Spengler, dem Hitler einige philosophisch-politische Vorstellungen und Einsichten verdankte, charakterisierte am 26. Februar 1924 die »nationale Politik« nach 1918 in einem Vortrag in Würzburg treffend wie folgt: »Natio-

475 Widmungsformel in der Rosenberg-Schrift.

nale Politik ist in Deutschland seit dem Kriege als eine Art Rausch verstanden worden. Die Jugend begeisterte sich in Masse an Farben und Abzeichen, an Musik und Umzügen, an theatralischen Gelübden und dilettantischen Aufrufen und Theorien. Ohne Zweifel werden die Gefühle dabei befriedigt, aber Politik ist etwas anderes. Mit dem Herzen allein ist noch niemals erfolgreiche Politik gemacht worden. Und auf den Erfolg kommt es an – sonst hat diese Tätigkeit überhaupt keinen Sinn. Alle großen Erfolge staatsmännischer Kunst und kluger Volksinstinkte waren das Ergebnis kühlen Erwägens, langen Schweigens und Wartens, harter Selbstbeherrschung und vor allem eines grundsätzlichen Verzichtes auf Rausch und Szenen.«[476]

Der Oxford-Historiker Alan Bullock, der in seinen zeitlichen Differenzierungen im Rahmen der Frühgeschichte nicht immer genau ist, schreibt: »Es gab [...] das Hakenkreuz und die Fahne [...] es gab den Gruß, die Uniform und die Rangordnung. Massenkundgebungen und Demonstrationen waren ein weiterer Kunstgriff, den Hitler von der österreichischen Sozialdemokratie entlehnte.«[477] Richtig ist daran nur, daß es das Hakenkreuz und die Fahne gab. Die weiteren Aufzählungen Gruß und Uniform sind spätere Erfingungen, vom Braunhemd, dem Abzeichen und der Armbinde abgesehen, die Bullock jedoch nicht anführt. Die Feststellung Bullocks, daß Hitler die Massenkundgebungen und Demonstrationen den Österreichern abgesehen habe, ist nicht zu belegen. Hitlers eigene Darstellung spricht eindeutig dagegen. »Nach dem Kriege erlebte ich«, schreibt Hitler in *Mein Kampf*, »in Berlin eine Massenkundgebung des Marxismus vor dem Königlichen Schloß und Lustgarten. Ein Meer von roten Fahnen, roten Binden und roten Blumen gab dieser Kundgebung, an der schätzungsweise hundertzwanzigtausend Personen teilnahmen, ein schon rein äußerlich gewaltiges Ansehen. Ich konnte selbst fühlen und verstehen, wie leicht der Mann aus dem Volk dem suggestiven Zauber eines solchen grandios wirkenden Schauspiels unterliegt.«[478] Es waren also offensichtlich nicht die politi-

476 Spengler, S. 148. Das Hakenkreuz, das bereits im Januar 1917 in der von Hitler übernommenen Form (mit nach rechts gerichteten Balken in einem Kreis) im Kopf der Zeitung Deutschvölkische Blätter vorhanden war (vgl. Deutschvölkische Blätter, Nr. 3 vom 19. Januar 1917), spielte im Rahmen der NSDAP eine besondere symbolische Rolle.

477 Bullock, S. 69.

478 Hitler, S. 552.

schen »Wiener Studien«, die Hitler kopierend elementarisierte, sondern bewußte politische Nachkriegserlebnisse während seiner und Eckarts Mission im Rahmen des Kapp-Putsches. Im März 1920 hatten sie den Generalstreik erlebt, durch den der rechtsradikale Spuk in wenigen Tagen hinweggefegt wurde. Sie hatten die bildhafte Macht der Demonstranten gesehen und erlebt, wie wenig die reaktionären Rechtsextremisten dagegen auszurichten vermochten.

Das Rowdytum der SA, Hitlers Propaganda und seine Propagandamethoden hatten Aufsehen erregt und Wellen geschlagen. Im Zusammenhang mit der ersten Großversammlung im Zirkus Krone am 3. Februar 1921 schilderte er seine Methoden wie folgt: »Zwei Lastkraftwagen [...] wurden in möglichst viel Rot eingehüllt, darauf ein paar [...] Fahnen gepflanzt und jeder mit fünfzehn bis zwanzig Parteigenossen besetzt; sie erhielten den Befehl, fleißig durch die Straßen der Stadt zu fahren, Flugblätter abzuwerfen, kurz, Propaganda für die Massenkundgebung am Abend zu machen. Es war zum erstenmal, daß Lastkraftwagen mit Fahnen durch die Stadt fuhren, auf denen sich keine Marxisten befanden. Das Bürgertum starrte daher den rot dekorierten und mit flatternden Hakenkreuzfahnen geschmückten Wagen mit offenen Mäulern nach, während in den äußeren Vierteln sich auch zahllose geballte Fäuste erhoben [...]«[479]

Hitler stahl seinen politischen Gegnern von links immer eindrucksvoller die »Schau«. Auch deshalb versuchten sie ihn jetzt mehr als je zuvor auszuschalten. Doch die bayerischen Polizei- und Regierungsstellen, die scharf gegen links vorgingen und selbst Wohnungen von Politikern heimlich nach »verdächtigem« Material durchsuchen ließen[480] (beispielsweise durchsuchten in Fricks Auftrag Kriminalbeamte die Wohnung des Vizepräsidenten des Bayerischen Landtages, Erhard Auer), schützten Hitler, wenn auch der Ministerpräsident Lerchenfeld selbst ihm nicht besonders gewogen war.

Von der Linken wurde Anfang 1922 erwogen, den lästigen Hitler aus Bayern abzuschieben. Im Landtag und sogar im Reichstag forderten Abgeordnete Hitlers Ausweisung nach Österreich, da er nicht deutscher Staatsbürger war. Dr. Schweyer, der bayerische Innenminister, erklärte im März 1922 im Bayerischen Landtag, daß die Ausweisung Hitlers er-

479 Hitler, S. 559 f.
480 Vgl. Niekisch: Gewagtes Leben, S. 109.

wogen werde, wie Ernst Röhm berichtet.[481] Röhm,[482] Hasselbach,[483] Heiden[484] und zahlreiche namhafte Hitler-Biographen behaupten, daß die Ausweisung Hitlers unterblieben sei, weil die NSDAP und die Soldatenverbände dagegen protestiert hätten. Bullock ist der Ansicht, daß v. Knilling und Gürtner darauf bedacht waren, sich Hitler und die NSDAP in Bayern als Machtfaktoren gegen Berlin zu erhalten.[485] Beide Versionen treffen jedoch nicht zu. Ernst Niekisch, der 1922 Fraktionsvorsitzender der USPD im Bayerischen Landtag war, berichtet:

»Am 17. März 1922 lud [...] Schweyer die ›Parteiführer‹ zu einer Konferenz in sein Amtszimmer. Außer mir erschienen für die Bayerische Volkspartei Geheimrat Held, für die Deutschnationalen Dr. Hilpert, für die Demokraten Dr. Hammerschmitt und für die Sozialdemokraten Erhard Auer. Minister Schweyer setzte auseinander, daß das Bandenunwesen, das Hitler auf den Münchener Straßen organisiere, allmählich unerträglich zu werden beginne. Hitler sprenge Versammlungen, belästige die Bürger, hetze die jungen Leute auf und gehabe sich, als wäre er der Herr der bayerischen Hauptstadt. Dabei sei er doch ein Staatenloser. Er erwäge, Hitler aus Bayern auszuweisen. Sämtliche bürgerlichen Parteiführer stimmten den Klagen des Ministers zu und kamen zu dem Schluß, eine solche Ausweisung sei empfehlenswert. Auch ich befürwortete die Ausweisung. Nur Erhard Auer verwahrte sich dagegen. Er führte demokratische und freiheitliche Grundsätze ins Feld; wenn man mit ihnen ernstmachen wolle, könne man nicht eine solche Maßnahme ergreifen. Hitler sei doch nur eine komische Figur, es sei der Arbeiterschaft ein Leichtes, ihn in die Bedeutungslosigkeit zurückzuschleudern, aus der er vor einiger Zeit aufgestiegen sei. Diese Haltung des sozialdemokratischen Führers machte Eindruck auf die bürgerlichen Parteichefs. Sie konnten es vor ihren Wählern nicht verantworten, Hitler aus Bayern hinauszuwerfen, wenn der sozialdemokratische Parteiführer für Hitler plädierte. So wurde kein Beschluß zur Ausweisung Hitlers gefaßt.«[486]

Das ist ein neuer Aspekt. Doch auch er beleuchtet nur eine Seite der 1922 betriebenen Ausweisung des Parteiführers Hitler. Die von Nie-

481 Röhm, 2. Aufl., S. 124.
482 ebenda.
483 Hasselbach, S. 51.
484 Heiden: Geschichte des Nationalsozialismus, S. 104.
485 Bullock, S. 85, drückt sich ungenau aus.
486 Niekisch: Gewagtes Leben, S. 109 f.

kisch überlieferte Auffassung Schweyers, daß Hitler (1922) »doch ein Staatenloser« gewesen wäre, deckt sich nicht mit den Tatsachen; denn Hitler war zu der Zeit Österreicher und besaß auch im April 1924 noch einen Heimatschein seiner Heimatgemeinde Linz und einen Reisepaß (Nr. 6 537), was auch der Münchener Polizeidirektion bekannt war.[487] Daß Hitler sich nach seinem Wohnungswechsel von Wien nach München im Münchener Meldeamt selbst als »staatenlos« eingetragen hatte, um auf diese Weise seinen Wehrdienst in Österreich nicht leisten zu müssen, wie er hoffte, änderte an dem Sachverhalt nichts. Erst Anfang April 1925 bat Hitler persönlich den Linzer Magistrat um die Entlassung aus dem österreichischen Staatsverband. Seiner Bitte wurde entsprochen.[488]

Im Jahre 1922 schwebte Hitler in Ungewißheit bezüglich seiner Ausweisung, was zur Folge hatte, daß er sich vorübergehend relativ zahm verhielt. Er wußte, daß er bemüht sein mußte, die für ihn unliebsame Situation zu überbrücken. Seine propagandistischen Argumente waren in dieser Zeit weniger gegen die (»jüdische«) Reichsregierung in Berlin als gegen das Weltjudentum gerichtet. Die internationalen Ereignisse, in die Deutschland verstrickt war, ließen sich in Hitlers Prisma wirkungsvoll auswerten. So war bald nach Beginn der Wirtschaftskonferenz von Genua, am 17. April 1922, der am 16. April 1922 unterzeichnete deutsch-russische Sondervertrag von Rapallo veröffentlicht worden, durch den die Regierung Wirth-Rathenau einen Teil des Vertrages von Versailles (Artikel 116) politisch zu revidieren[489] und im Osten eine Entspannung einzuleiten vermocht hatte. Hitler, Rosenberg und Esser bezeichneten den Vertrag von Rapallo dagegen als Legalisierung der Versklavung Deutschlands durch das Weltjudentum und exemplifizierten an der Konferenz von Genua ihre Theorie von den Bemühungen des

487 Vgl. dazu Jetzinger, Franz: Hitlers »Ausbürgerung« aus Österreich. In der handschriftlich numerierten Festschrift: Ernst Niekisch zum 70. Geburtstag. Nürnberg 1959, S. 15 (im Buchhandel nicht erhältlich; Nr. 28 im Besitz des Autors. Information möglich: Druckhaus Nürnberg, Marienplatz 5).

488 ebenda, S. 33.

489 Der zuständige Passus im Artikel 116 lautet: »Die alliierten und assoziierten Mächte behalten Rußland ausdrücklich das Recht vor, von Deutschland alle Entschädigungen und Wiedergutmachungen zu verlangen, die auf den Grundsätzen des gegenwärtigen Vertrages beruhen.« Rußland sollte diese Ansprüche als Sicherheit für die Schulden an Frankreich abtreten, die während des Zarenregimes vor dem Kriege in Frankreich gemacht worden waren.

Weltjudentums, Deutschland zu unterjochen. »Wir betrachten den Vertrag von Rapallo«, schrieb Rosenberg im *Völkischen Beobachter* vom 3. Mai 1922, »als eine der Vorstufen, welche die Börsen- und Sowjetjuden gebaut haben, um das noch nicht am Boden liegende deutsche Volk zum letzten Gang zu führen«, und Hermann Esser nannte den Vertrag nach einem Bericht des *Völkischen Beobachters* vom 24. Mai 1922 in einer Rede vom 22. Mai 1922 im Bürgerbräukeller, »den kleinen Finger, mit dem Juda nach der ganzen Hand unseres Volkes« griffe. Lenin, der im Einvernehmen mit der kaiserlichen Regierung und der deutschen Obersten Heeresleitung im Frühjahr 1917 aus der Schweiz nach Rußland transportiert worden war und von den Nationalsozialisten bis Frühjahr 1922 hauptsächlich als Kalmücke bezeichnet wurde, galt von da an als Jude. Dabei ist Hitler dann zunächst auch geblieben. In *Mein Kampf* schrieb er unter anderem: »Im russischen Bolschewismus haben wir den im zwanzigsten Jahrhundert unternommenen Versuch des Judentums zu erblicken, sich die Weltherrschaft anzueignen.«[490] In Frankreich, so argumentierten die nationalsozialistischen Redner seit dem »Wiesbadener Abkommen« vom 6./7. Oktober 1921 zwischen dem Minister für Wiederaufbau von Frankreich (Loucheur) und Rathenau über die Verwirklichung der Reparationszahlungen und die Herabsetzung der deutschen Kohlenlieferung, sei das Judentum so mächtig, daß die jüdische Demokratie konsolidiert sei. »R. F.«, das Wappen der »Republique Française«, bedeute für sie nichts anderes als »Rothschild Frères«[491] (Gebrüder Rothschild).

Im März 1922, als Kapp wieder in Deutschland auftauchte,[492] Hitler ausgewiesen werden sollte und die DSP-Ortsgruppe Chemnitz sich der NSDAP anschloß,[493] trat ein politisches Ereignis ein, das die Krise der NSDAP noch vertiefte und ausweitete. Die Münchener Eisenbahnergewerkschaften waren im März in den Streik getreten. Nicht nur die Angestellten hatten die Arbeit niedergelegt, sondern auch ein großer Teil der Beamtenschaft, was die Bevölkerung zu einem besonders engagierten Interesse veranlaßte, da ein Beamtenstreik ihr unfaßbar erschien, zumal die bayerische Beamtenschaft 1918 nicht einmal Kurt Eisner den

490 Hitler, S. 750 f.
491 Vgl. Hasselbach, S. 49.
492 Kapp, der in Deutschland verhaftet wurde, starb am 12. Juni 1922 nach einer Augenoperation in Leipzig.
493 Vgl. VB vom 22. März 1922.

Gehorsam versagt hatte. Die NSDAP war gezwungen, sowohl zur Gewerkschaftsfrage als auch zur Frage des Streiks Stellung zu nehmen. Sie konnte diese Frage in Bayern nicht einfach ignorieren, ohne dabei ihren politischen Kredit zu gefährden. Eine konkrete Stellungnahme setzte allerdings voraus, daß zumindest Hitler eine festumrissene Vorstellung von diesen bis dahin unbeachtet gelassenen Problemen hatte. Das Fehlen eines »wissenschaftlichen Lehrgebäudes«, auf das die Nationalsozialisten auf Rudolf Jungs Rat verzichtet hatten, machte sich jetzt empfindlich bemerkbar. Daß die sonst aktivistischen Nationalsozialisten über die Sehnsucht nach einer beruhigenden Idee nicht hinausgelangt waren, über die Hitler seit Januar 1922 geredet hatte, wurde während des Eisenbahnerstreiks besonders deutlich; denn nun wurde vom Führer der NSDAP eine richtunggebende Entscheidung erwartet. Von einer Positionsbestimmung war die weitere Entwicklung der jungen Münchener Partei im wesentlichen abhängig. Was der nationalsozialistischen Führerschaft bis dahin als nebensächlich erschienen war, was ihr, obwohl offiziell Repräsentantin einer »Arbeiterpartei«, die Rudolf Jung im August 1921 in Linz in Hitlers Abwesenheit sogar zu einer »Klassenpartei« gemacht hatte,[494] 1919/1920 nicht einmal beachtenswert genug erschienen war, um in das Parteiprogramm aufgenommen zu werden, erwies sich plötzlich als ein maßgebliches Problem. Selbst 1924 ist Hitler noch nicht in der Lage gewesen, eine endgültige Feststellung in dieser Frage zu treffen. »Das schnelle Wachstum der Bewegung zwang uns«, schrieb er unter Verzicht auf die Nennung des Streiks, »im Jahre 1922 zu einer Frage Stellung zu nehmen, die auch heute nicht restlos gelöst ist.«[495]

Nur eine überzeugende, taktisch kluge und zugleich auf weite Sicht berechnete Antwort konnte im Frühjahr 1922 befriedigen. Es »mußte [...] eine zugleich klare und bestimmte Formulierung für die Einstellung zu diesen Problemen gesucht werden. Es ging nicht an, sich weiterhin einfach mit Erkenntnissen zufrieden zu geben, sondern es war nötig, aus diesen praktische Folgerungen zu ziehen.«[496] Die praktischen »Folgerungen« bestanden zwangsläufig zunächst darin, daß die zum Beispiel für die SPD leicht zu beantwortenden Fragen anders artikuliert werden mußten, was schließlich auch geschah: Die »Partei lehnt jeden

494 Vgl. S. 341.
495 Hitler, S. 670.
496 ebenda, S. 671 f. Vgl. auch S. 670–683.

provozierten, politisch undeutschen Streik«[497] ab, hieß es in einem für diesen Zweck verfaßten Flugblatt »Zum Eisenbahnerstreik«, bei dessen Formulierung Oswald Spenglers *Preußentum und Sozialismus* Pate gestanden hatte. Während Karl Marx die Arbeit als Ware begriff, war sie für Spengler eine Pflicht gegenüber der Allgemeinheit, so daß er Streiks als grundsätzlich antistaatlich charakterisieren und ihre gewaltsame Unterbindung fordern konnte. So konsequent war Hitler 1922 nicht; denn gegen »gewisse Unternehmer«, so hieß es im Flugblatt, dürften die Arbeiter ihren Forderungen durch Streiks Nachdruck verleihen. Stets aber müßte vermieden werden, daß ein Streik »auf Gebiete der Allgemeinheit übergreifen«[497a] könnte.

1924 schrieb Hitler, daß der Streik ein Mittel zur »Steigerung und Flüssigmachung durch die Bekämpfung all jener Mißstände [ist], die infolge ihres unsozialen Charakters die Leistungsfähigkeit der Wirtschaft und damit die Existenz der Gesamtheit«[498] hemmten.

Während des Eisenbahnerstreiks trat die NSDAP (ihrer Mitgliederschaft entsprechend) offiziell als Avantgarde des bedrohten und ruinierten Mittelstandes auf und bekannte, daß sie auch theoretisch eine Arbeiterpartei nicht zu sein wünschte. Ihren Namen hat sie dennoch behalten. Offen wandte der Redner Hitler sich seitdem an den Mittelstand, dem bereits seine Eltern angehört hatten. Ihm schrieb er die Funktion und Aufgabe zu, die Rettung des Vaterlandes in die Hand nehmen und die Kämpfer für die nationale Sache stellen zu müssen.[498a] Dabei ging er von der Feststellung aus, daß der Mittelstand seinerseits im »Volke« wurzele und andererseits auch in den Reihen der »Intelligenz« vertreten sei. Auch propagandistisch war damit die Richtung gewiesen. Schon am 14. Juli 1923 veröffentlichte der *Völkische Beobachter* ein Agrarprogramm, in dem die Rettung des Mittelstandes als die wichtigste Forderung enthalten war. Rosenberg erklärte, daß die einzige Bevölkerungs-

497 Zit. bei Hasselbach, S. 50.
497a ebenda.
498 Hitler, S. 676. Im Hinblick auf die Gewerkschaften war Hitler auch nach 1924 noch bereit, eigene Gewerkschaften zu gründen. Sie sollten als »ein Organ der Berufsvertretung« (S. 675) fungieren. Später allerdings haben sowohl die Gewerkschaften als auch der Streik eine völlig andere Wertung erfahren.
498a Vgl. Münchener Zeitung vom 29. September 1922. Aufschlußreich sind Hitlers Feststellungen über die Politik Luegers (S. 109 f.).

schicht, die sich »dem Weltbetrug bewußt« widersetzt habe, »wenn auch leider nur theoretisch [...] der Mittelstand«[499] gewesen sei.

Hitler hat die Politik seines von ihm bewunderten Vorbildes Karl Lueger beherzigt, dem er in *Mein Kampf* attestiert, die vorhandenen Kräfte und Institutionen stets richtig eingeschätzt und auch das Bürgertum in seine Politik entsprechend einbezogen zu haben. »Daher legte er [Lueger] das Hauptgewicht seiner politischen Tätigkeit auf die Gewinnung von Schichten, deren Dasein bedroht war und mithin eher zu einem Ansporn als zu einer Lähmung des Kampfwillens wurde. Ebenso war er geneigt, sich all der einmal schon vorhandenen Machtmittel zu bedienen, bestehende mächtige Einrichtungen sich geneigt zu machen, um aus solchen [...] Kraftquellen für die eigene Bewegung möglichst großen Nutzen ziehen zu können.

So stellte er seine neue Partei in erster Linie auf den vom Untergang bedrohten Mittelstand ein und sicherte sich dadurch eine nur sehr schwer zu erschütternde Anhängerschaft von ebenso großer Opferwilligkeit und zäher Kampfkraft.«[500]

Rund drei Jahre war die NSDAP als politische Partei in beträchtlichem Maße vom pervertierten Schützengrabengeist der aktivistischen, stets aktionsbereiten Freikorps getragen worden. Erst ein (Beamten-) Streik zwang sie, Antworten auch auf Fragen zu finden, die nicht einfach mit dem Gummiknüppel gelöst werden konnten. Obwohl die Hinwendung zu einer »eigenen Weltanschauung« erst seit 1924 eine nennenswerte Rolle spielte, nachdem Hitler sich zur Bestürzung[501] vieler alter »Mitkämpfer« zum Beispiel für die Beteiligung an Wahlen entschieden hatte, wurden die Anfänge zu einer theoretischen Absicherung der nationalsozialistischen Auffassungen bereits im Frühjahr 1922 unternommen. Dennoch ist es der NSDAP niemals gelungen, ihre ursprüngliche Herkunft zu verleugnen. Immer sind jene Momente fühlbar gewesen, die in den Schützengräben des Weltkrieges und in den späteren Landsknechtsorganisationen geboren worden waren. Nicht selten ist dieser »Schützengrabengeist« deshalb fälschlich als die Umsetzung der These Sorels von der direkten Aktion durch die NSDAP erklärt worden.

499 Zit. bei Heiden: Geschichte des Nationalsozialismus, S. 110.
500 Hitler, S. 108 f.
501 Vgl. dazu die bei Jochmann abgedruckten Briefe.

Georges Sorel (1847–1922), der noch kurz vor seinem Tode nichts sehnlicher wünschte, als die »stolzen bürgerlichen Demokratien, welche [...] so zynisch triumphieren, gedemütigt«[502] zu sehen, war zwar durch seine *Réflexions sur la Violence* zu einem Lehrer Mussolinis (und Lenins) geworden, doch Hitler berief sich nicht auf ihn. In *Mein Kampf* kommt nicht einmal sein Namen vor. Sorel, der im Proletariat die Klasse erblickte, die berufen sei, die geschichtliche Aufgabe zu erfüllen, die von der nach seiner Auffassung dekadenten Bourgeoisie zu erfüllen versäumt worden sei, verachtete das Bürgertum, das Hitler umwarb, und auf das er sich stützte, wenngleich auch er es verachtete. Für Sorel war es das angeblich mit einem Reservoir gesunder Instinkte, kraftvoller, schöpferischer Anlagen begnadete klassenbewußte Proletariat, das sich die Macht im Staate durch die direkte Aktion erobern müsse. Seine Gedanken, die historisch der Anwendung von Nietzsches »Herrenmoral« auf Marxens Lehre vom »Klassenkampf« entsprachen und erstmalig durch Lenin zur Anwendung gelangten, waren für Hitler nicht diskutabel. Die im August 1921 von Jung in Linz durchgesetzte Bezeichnung der Nationalsozialistischen Deutschen Arbeiterpartei als »Klassenpartei«[503] war in Hitlers Abwesenheit zustande gekommen.[504]

Eine Klassenpartei im marxistischen Sinne ist die NSDAP niemals gewesen, und auch eine Ideologie-Partei war sie nicht. Marxens Lehre, die den (eigentlich nur) von Antoine Destutt de Tracy positiv verstandenen Ideologie-Begriff richtungweisend als eine Formel für das falsche Bewußtsein einer historisch überlebten Klasse und deren Ansprüche deuten läßt, wurde von der NSDAP nicht exemplifiziert. Hitlers Lösung, durch eine konsequente Hinwendung zur pathosgeladenen »Weltanschauung« die politischen Ideologien zu ersetzen, durch die politische Interessen phrasenhaft überhöht und gerechtfertigt werden, war tragisch. Sie endete in der furchtbarsten Konsequenz: in den Konzentrationslagern. Die von der SPD bereits nach 1918 angestrebte und in der Bundesrepublik Deutschland nach 1945 von den großen politischen Parteien fortgesetzte Ent-Ideologisierung der Politik wurde zwar auch von Hitler (angeblich im Interesse des deutschen Volkes) zum politischen

502 Zit. bei Löwith: Von Hegel zu Nietzsche. Stuttgart 1950, 2. Aufl., S. 278.
503 Vgl. Jung, S. 83.
504 Die Münchener Nationalsozialisten nahmen nicht teil, wie Hitler das in seinem Ultimatum vom 14. Juli 1921 (Punkt 6) gefordert hatte.

Prinzip erhoben; aber in der Praxis bekämpfte er die Versachlichung der politischen Daseinsgestaltung mit allen Mitteln bis zur totalen Perversion dessen, was der ursprüngliche Politik-Begriff bezeichnet.

Im Juni 1922 fand in Wien die 4. zwischenstaatliche Tagung aller Nationalsozialisten statt. Hitler, der nach der Etablierung seiner Führer-Position nichts mehr gegen eine Beteiligung einzuwenden hatte, erschien als Führer der Münchener NSDAP mit großem Gefolge. Drexler, Esser, Amann, Rosenberg und Singer gehörten zu seiner Begleitung. Bevor Riehl die deutschen Gäste »und unseren reichsdeutschen Führer Hitler«[505] begrüßte, der in den Wiener Sophiensälen sprach, hatten die Nationalsozialisten – auch in Wien – eine (für die NSDAP zünftige) Saalschlacht zu bestehen. Als Hitler nach München zurückreiste, wo er am 24. Juni 1922 die auf 3 Monate festgesetzte Haftzeit antreten mußte, zu der er, Esser und Körner wegen der Sprengung der Ballerstedt-Versammlung verurteilt worden waren, nahm er die Gewißheit mit, inmitten der Schwierigkeiten der letzten Monate in Österreich an Boden gewonnen zu haben. Ein halbes Jahr später schrieb ihm Walter Riehl, der im August 1923 von Hitler ausgeschaltet wurde: »Voriges Jahr kaum noch bekannt, sendet mir heute ein amerikanischer Freund eine große amerikanische Zeitung, wo nicht weniger als eineinhalb Spalten Dir und der bayerischen Bewegung gewidmet sind . . .«[506] Im August 1921, unmittelbar nach seiner »Machtergreifung« innerhalb der NSDAP, hatte Hitler die Teilnahme an dem zwischenstaatlichen Vertretertag in Linz für die NSDAP noch verweigert. Nur Julius Streicher als Vertreter der Nürnberger, Dr. Runge als Vertreter der Leipziger DSP und Gottfried Feder als Leiter seines Kampfbundes zur Brechung der Zinsknechtschaft hatten aus dem Reich teilgenommen. Die Beziehungen zwischen der Münchener NSDAP und den österreichischen Nationalsozialisten in der Zeit von 1919 bis 1924 glichen den offiziellen und inoffiziellen Beziehungen zwischen Bayern und Österreich, wo ebenfalls Freikorps, der Bund Oberland und die Heimwehren existierten und ähnlich wie in Bayern Politik auf eigene Faust trieben.

Überall war der Haß systematisch gegen die Reichsregierung, gegen »links«, geschürt worden. Die Folgen blieben nicht aus. Am 24. Juni 1922 wurde Walter Rathenau, der Außenminister der Weimarer Repu-

505 Zit. nach Franz-Willing, S. 97.
506 Schilling, S. 301 f.

blik, auf offener Straße von Ehrhardts Landsknechten ermordet. Einen Tag danach, am 25. Juni 1922 prägte Reichskanzler Wirth im Reichstag den berühmt gewordenen Satz: »Da steht der Feind, wo Mephisto sein Gift in die Wunde eines Volkes träufelt ... dieser Feind steht rechts.«[506a] Während die extreme Rechtsfront frohlockte, schrieb der *Vorwärts* am 27. Juni 1922 in einem Nachruf: »Der Mann, den Deutschland heute begräbt, wie noch kein Fürst begraben worden ist, war ein aufrichtiger Diener der Republik, ein treuer Arbeiter für die Schaffung eines wahren Völkerfriedens. Darum hat man ihn ermordet.« Durch Rathenaus Tod wurde der Weimarer Republik eine ihrer großen moralischen Stützen genommen, was sich ruckartig auf die deutsche Währung auswirkte. Die deutsche Mark, die 1919 noch zum Dollar im Verhältnis von 1:4 stand, war im Sommer 1921 auf 1:75 abgesunken.[507] Am 28. Juni 1922, vier Tage nach der Ermordung Rathenaus, hatte der Dollar in Deutschland einen Wert von 350 Mark, am 1. Juli von 401 Mark und am 10. Juli von 527 Mark.[508] Das Vertrauen zur deutschen Währung war endgültig dahin.[509]

Die NSDAP hatte an dem Tage, an dem Walter Rathenau ermordet wurde, gleichzeitig sowohl ihren Führer als auch ihre beiden besten Redner verloren: sie saßen im Gefängnis. Die NSDAP konnte die Ermordung Rathenaus deshalb propagandistisch nicht so auswerten, wie Hitler es wünschte.

Die Rathenau-Mörder, Hermann Fischer und Oberleutnant zur See a. D. Erwin Kern,[510] wurden Mitte Juli durch Hallesche Kriminalbeamte auf der Burg Saaleck bei Bad Kösen aufgestöbert. Vor ihrer Festnahme erschossen sie sich im Burgturm, nicht ohne noch einmal ein »Hoch« auf ihren »Chef« Ehrhardt ausgebracht zu haben.[511] Übrig blieben jedoch zahlreiche einflußreiche und maßgebliche Hintermänner und auch unmittelbar Beteiligte, die nur mit lächerlichen Strafen belegt wurden. Einer von ihnen war Ernst v. Salomon,[512] der sich später ei-

506a Das Deutsche Reich. Berlin 1930, Bd. 1, S. 144.
507 Vgl. Bullock, S. 83.
508 Vgl. Berliner Lokal-Anzeiger vom 12. Juli 1922.
509 Laut Vorwärts vom 8. Juli 1922 war allein in der letzten Juli-Woche der Bestand an diskontierten Reichsschatzanweisungen auf 186,1 Milliarden Mark angewachsen (letzte Juni-Woche: 18,5 Milliarden Mark).
510 Vgl. Salomon, Ernst v.: Der Fragebogen, S. 131.
511 Vgl. Vorwärts vom 18. Juli 1922.
512 Vgl. dazu Salomon, Ernst v., S. 130, 131, 134, 136, 137, 138, 149 und 796.

nen Namen als Schriftsteller machte, ein anderer Gerhard Kehnscherper, der 1931 Mitglied des Bundes nationalsozialistischer Pfarrer und nach 1945 ein aus politischen Gründen von der SED protegierter Theologie-Professor im kommunistischen »Bund Evangelischer Pfarrer in der DDR«[513] wurde, wo er den atheistischen Kampf gegen die Kirche unterstützt und die Einheit der Evangelischen Kirche in Deutschland (EKD) zu zerstören versucht.

Mit erschreckender Leichtfertigkeit ermordeten diese »Söhne fundierten Bürgertums«,[514] wie Salomon die Mörderclique nennt, wer auf der Schwarzen »Liste« stand, auf der sich vorübergehend auch der Name des Reichskanzlers Wirth befand.[515] »Die ganze Liste«, erinnert sich Salomon, »bestand aus einem kleinen, schmutzigen Stück Papier, auf welchem mit Bleistift kreuz und quer Namen standen, manche durchgestrichen, manche wieder hinzugefügt. Die meisten von den Namen waren mir überhaupt kein Begriff, ich mußte mich erst mühsam mit ihnen befassen [...] im Ganzen fiel mir auf, daß ziemlich viel Juden darunter waren [...] Das Ganze war schon eine unglaublich leichtfertige Angelegenheit. Ich sah die Liste erst sehr spät, in Berlin, mitten in den Vorbereitungen zum Rathenau-Attentat. Kern hatte sie in der Pension am Schiffbauerdamm, wo wir wohnten, auf dem Tisch liegen lassen. Es war auch reiner Zufall, daß ich am Rathenau-Mord teilnahm, es geschah einfach ›mechanisch‹, weil ich mich so sehr an Kern attachiert hatte.«[516]

Welche Bedeutung illegales Landsknechtstum und Morde gegen links in der Zeit der sogenannten Feme-Morde im Prisma »alter Kämpfer« hatten, bezeugt ein Auszug aus einem Schreiben des evangelischen Pfarrers Kehnscherper vom 22. Oktober 1935 an das Oberste Parteigericht der NSDAP in München, das Kehnscherper 1935 wegen Gefährdung der Disziplin und Geschlossenheit aus der NSDAP ausschloß: »Ich würde es aufs bitterste empfinden, wenn ich nunmehr aus der Partei ausgeschlossen würde. Ich möchte noch erklären, daß ich schon als 17-jähriger Schüler in der Danziger Einwohner-Wehr beim General-Streik und als Student als Mitglied des Sportvereins Kurmark (Major Naumann) bei Rathenaus Ermordung und bei den nachfolgenden Wirren

513 Vgl. Maser, Werner: Genossen beten nicht – Kirchenkampf des Kommunismus. Köln 1963, u.a. S. 162 ff.
514 Salomon, S. 133.
515 ebenda, S. 135.
516 ebenda, S. 130.

bis 1925 auch mit der Waffe in der Hand meine Pflicht getan habe. Seit 1922 gehöre ich auch zum Verein Deutscher Studenten, wodurch es mir ganz selbstverständlich geworden ist, die rassische, national-politische und sozialistische Zielsetzung des Nationalsozialismus zu bejahen.«[517]

Die Reichsregierung legte dem Reichstag nach der Ermordung Rathenaus das »Gesetz zum Schutze der Republik«, das Beamtengesetz und das Reichskriminalgesetz vor. »Der Mob der Straße«, so schreibt Röhm, der Ernst v. Salomon kurz nach der Ermordung Rathenaus zum SA-Standartenführer machen wollte,[518] »erzwang (in Berlin) die Annahme der Gesetze.«[519] Röhm, Epp und Umgebung nannten diese Verzweiflungstat der Berliner Regierung bezeichnenderweise einen »Bruch der Reichsverfassung« und empörten sich darüber, daß »nunmehr eine rücksichtslose Verfolgung nationaler Verbände« einsetzte und die Regimentsvereine vorübergehend verboten wurden.[520]

Der preußische Innenminister Carl Severing löste die Deutschvölkische Freiheitspartei auf und ließ eine Anzahl völkischer Führer verhaften.[521] Aufgelöst wurden unter anderem auch der *Verband nationalgesinnter Soldaten, der Deutschvölkische Schutz- und Trutzbund, der Bund der Aufrechten und der Stahlhelm.* Der Oberpräsident von Niedersachsen verfügte die Auflösung der *Deutschsozialen Partei* und des *Hochschulringes deutscher Art,* der auch an der Universität Jena aufgelöst wurde. In Sachsen wurden der *Bund der Getreuen,* der *Verein der Kleinkaliberschützen* und der *Verein Freikorps Oberland* aufgelöst und einige Zeitungen verboten.[522]

Die NSDAP wurde am 15. November 1922 in Preußen aufgelöst, danach in Sachsen, Thüringen und Schaumburg-Lippe. In Hamburg wurden am 22. November die NSDAP und rund 20 sogenannte nationale Organisationen aufgelöst. Am 29. April 1923 wurde die NSDAP in Hessen verboten, am 18. September 1923 in Braunschweig.

Wie die NSDAP die staatlichen Maßnahmen umging, bezeugt bei-

517 Zit. aus: Ehemalige Nationalsozialisten in Pankows Diensten, 4. Aufl., Berlin o.J. (Untersuchungsausschuß freiheitlicher Juristen), S. 59.
518 Salomon, S. 214.
519 Röhm, 2. Aufl., S. 126.
520 Vgl. ebenda.
521 Nach Eintragungen im Jahrbuch der Landeshauptstadt München, S. 50.
522 Vgl. Gellert, Wilhelm: Der Zusammenbruch der Demokratie, S. 38.

spielsweise die Begründung des Auflösungsbescheides der Hamburger Polizeibehörde vom 25. November 1922, der folgenden Wortlaut hat:

»1. Die Versammlungen der ›Nationalsozialistischen Deutschen Arbeiterpartei‹ sind wiederholt von der Polizei verboten worden, weil die Besorgnis gerechtfertigt war, daß in ihnen Erörterungen stattfinden würden, die den Tatbestand einer der in §§ 1 bis 8 des oben erwähnten Gesetzes bezeichneten strafbaren Handlungen bilden. Um ferneren Verboten zu entgehen, hat der Verein sich den polizeilichen Nachforschungen dadurch entzogen, daß er am 16. November 1922 in dem Lokal von Dettmer, Große Alle 45, unter Mißbrauch des Namens ›Wanderbund E.V.‹ seine Versammlungen abgehalten hat.

2. Der Verein hält rege Beziehungen zu den Mitgliedern mehrerer verbotener und aufgelöster Vereine. Sein erster Vorsitzender bekleidete dasselbe Amt bei dem aufgelösten ›Bund der Aufrechten‹, außerdem war er förderndes Mitglied des aufgelösten ›Junglehrerbundes Baldur‹. Mitglieder der ›Sprengkolonne Warnecke‹, die im Juni 1922 durch ihre zahlreichen Sprengstoffanschläge Hamburgs Bevölkerung wochenlang in Aufregung hielt, gehören dem Verein an und stehen mit ihm in Verbindung. Die Sprengkolonne Warnecke setzte sich fast ausschließlich aus Mitgliedern zusammen, die der Organisation C angehörten, und mehrere von diesen waren auch Mitwisser des Mordes an Reichsminister Rathenau. Unter den bei dem ersten Vorsitzenden beschlagnahmten Druckschriften befanden sich solche des ›Deutschvölkischen Schutz- und Trutz-Bundes‹, des ›Alldeutschen Verbandes‹ und des ›Verbandes national gesinnter Soldaten‹ in so großer Zahl, daß auf eine Verbreitung dieser Druckschriften durch ihn zu schließen ist.

3. Die Hauptgeschäftsstelle in München, die mit der hiesigen Ortsgruppe in ständigem schriftlichen Verkehr steht, fordert in einem Rundschreiben unmittelbar nach dem Morde Rathenaus u. a. Bericht über die hiesige politische Lage.

4. Die ›Nationalsozialistische Deutsche Arbeiterpartei‹ steht nach ihrem Programm hinsichtlich ihrer antisemitischen republikfeindlichen Verhetzung mit dem ›Deutschvölkischen Schutz- und Trutz-Bund‹ auf einer Stufe. Den Juden spricht sie selbst das Recht ab, deutsche Staatsbürger zu sein.

5. Im übrigen treffen die für die Auflösung der ›Nationalsozialistischen Deutschen Arbeiterpartei‹ in Preußen maßgebend gewesenen

Gründe auch für die Hamburger Ortsgruppe zu. Insbesondere hat auch diese einen ›Sturmtrupp‹ gebildet, besitzt eine Fahne und verlangt von ihren Mitgliedern die Ableistung eines Treueides auf diese Fahne, durch den den Führern Treue und Gehorsam bis in den Tod und der Fahne Treue und Gefolgschaft bis zur Erkämpfung des Sieges gelobt wird.

All diese Tatsachen beweisen, daß es sich bei der ›Nationalsozialistischen Deutschen Arbeiterpartei‹ um eine staatsfeindliche Verbindung im Sinne des § 129 des RStrGB und des § 7, Ziffer 4 und 5 des Gesetzes zum Schutze der Republik handelt.«[523]

Aber die NSDAP-Ortsgruppe Hamburg bestand dennoch weiter. Am 10. Juli 1923 meldete die Pressestelle der Hansestadt unter anderem: »Bei einer Durchsuchung der Geschäftsräume des Klant wurde zahlreiches Material vorgefunden, nach dem die verbotene Nationalsozialistische Deutsche Arbeiterpartei in Hamburg bis in die neueste Zeit fortgeführt worden ist. Klant ist deshalb festgenommen und dem hiesigen Amtsgericht zugeführt, das Haftbefehl wegen Verletzung des Gesetzes zum Schutze der Republik gegen ihn erlassen hat.«[524]

In Bayern gab es derartige Schwierigkeiten nicht für die NSDAP. Dort wurde am 23. September 1922 beispielsweise der Bund Oberland offiziell aufgelöst, doch er bestand unter dem kaum veränderten Namen »Treu Oberland« weiter und schloß sich der NSDAP an,[525] die nicht aufgelöst wurde. 1923, unmittelbar nach dem gescheiterten Hitler-Putsch, existierte er unter der Bezeichnung »Isargau« weiter wie zuvor. Wie immer in kritischen Situationen, so traf die Reichsregierung auch jetzt auf eine ablehnende Einmütigkeit in Bayern, die ihr schwer zu schaffen machte.

Daß besonders die Sozialdemokraten dagegen protestieren würden, lag auf der Hand. In den ersten Julitagen zogen Berliner Sozialdemokraten in ostentativer Protesthaltung mit einem Galgen und einer Ludendorff-Imitation durch die Straßen des Berliner Westens.[526] Das *Berliner Tageblatt* hatte bereits am 25. Juni 1922 erklärt, daß es »die Maßnahmen der Regierung« nach dem Rathenau-Mord billige und dabei

523 Zit. nach Jochmann, S. 36 f.
524 ebenda, S. 47.
525 Akten der Geheimen Staatspolizei im Prozeß gegen Frau Anna Niekisch (unveröffentlicht).
526 Nachrichtenblatt der Berliner Arbeiterschaft vom 5. Juli 1922.

»nur den einen Wunsch« habe, »daß sie nicht bloß eine Fassade bleiben [möchten] wie nach dem Erzbergermord«.[527] Am 27. Juni hatten der Allgemeine Deutsche Gewerkschaftsbund, der Allgemeine Freie Angestelltenbund, die Sozialdemokratische Partei Deutschlands, die Unabhängige Sozialdemokratische Partei Deutschlands und die Kommunistische Partei von der Regierung und dem Reichstag gefordert,[528] daß ab sofort jeder monarchistischen und antirepublikanischen Agitation entgegengetreten werden müsse und alle monarchistischen und antirepublikanischen Verbindungen aufzulösen und ein außerordentlicher Gerichtshof in Berlin einzusetzen sei. Aus Regierungsstellen und Behörden, einschließlich der Gerichte und Reichswehr, sollten alle monarchistischen oder antirepublikanischen Elemente entfernt und die Rechtsvorschriften beseitigt werden,[529] die diesen Forderungen widersprächen. Außerdem sollten monarchistische Fahnen und Embleme von öffentlichen Gebäuden beseitigt, aus dem Heeresdienst ausgeschiedenen Offizieren das Tragen der Uniformen untersagt und diejenigen der Bestrafung zugeführt werden, die in Tat, Wort oder Schrift gegen die republikanischen Farben und Fahnen beleidigend und verletzend wirkten.

Die Durchsetzung solcher Forderungen mußte in Bayern geradezu beängstigende Folgen haben. Die bayerischen Militärs, auf die das »nationale« Bayern voll Erwartung blickte, schritten sofort zu Gegenaktionen. Sie riefen das Reichswehr-Infanterie-Regiment 21, das in Ohrdruf in Thüringen übte, nach Grafenwöhr zurück.[530] Am 24. Juli erließ die bayerische Regierung eine Sonderverordnung gegen das Republik-Schutzgesetz der Reichsregierung. Am 26. Juli 1922 erklärte das Reichskabinett die bayerische Sonderverordnung für nichtig und forderte die Anerkennung der Anordnungen der Reichsregierung. Einen Tag danach, am 27. Juli, wurde Hitler mit Bewährungsfrist aus dem Gefängnis entlassen.[531] Der wortgewaltige Führer der NSDAP war wieder frei, als die bayerische Regierung um ihr Prestige kämpfte und alles tat, Bayern wieder die Unabhängigkeit von der Reichsregierung zu ertrotzen. Am 28. Juli 1922 drohte Friedrich Ebert Bayern mit dem Artikel 48 der Reichsverfassung. Am 3. August gab Lerchenfeld nach. Oberregierungs-

527 Berliner Tageblatt vom 25. Juni 1922.
528 Vgl. Gellert, S. 46.
529 ebenda.
530 Röhm, 2. Auflage, S. 126.
531 2 Monate Gefängnis wurden ihm mit Bewährungsfrist geschenkt.

rat Dr. Gürtner (DNVP) wurde bayerischer Justizminister. Mit Schweyer mußte er nach Berlin reisen. Am 18. August kehrten sie mit der Gewißheit zurück, daß die Reichsregierung zu einem Kompromiß mit Bayern bereit war. Dieser Kompromiß, ein Erfolg für Bayern, umfaßte folgende Übereinkunft: beim Staatsgerichtshof wird ein süddeutscher Senat errichtet. Das Begnadigungsrecht im Bereich des süddeutschen Senats liegt in der Hand des Reichspräsidenten in Zusammenarbeit mit der Landesregierung. Der Oberreichsanwalt erhält einen bayerischen Referenten. Die bayerischen Staatsanwälte wirken bei der Überweisung an den Staatsgerichtshof mit. Bayern hebt am 25. August 1922 die Notverordnung vom 24. Juli auf.[532] Der bayerischen Regierung war außerdem zugesichert worden, daß die Reichsregierung gegen »die ihr bekannten bayerischen [...] bewaffneten Organisationen nicht«[533] vorgehen würde.

Trotz der für Bayern günstigen Ergebnisse wurde das Zugeständnis der Reichsregierung in Bayern als eine Demütigung empfunden. Ernst Röhm sagte dazu: »[...] der nationale Gedanke in Bayern hatte sich [...] so mächtig entwickelt, daß die helle Empörung über die Unterwerfung laut zum Ausdruck kam. Aus allen Teilen Bayerns, insbesondere aus Nordbayern, kamen sehr starke Abordnungen nach München, die beim Ministerrat und den einzelnen Parteien vorstellig wurden.«[534]

Maueranschläge und Flugblätter hatten die Münchener Bevölkerung am 16. August auf den Königsplatz gerufen. Die Nationalsozialisten, durch sechs »Hundertschaften«[535] der SA vertreten, marschierten in geschlossenen Formationen zum Königsplatz, wo Hitler neben Dr. Buckeley vom Bayerischen Ordnungsblock vor einer Menschenmenge sprach, die Hitler auf 60 000 Personen schätzte.[536] »Rote republikanische Schutzbündler, die gegen anmarschierende Kolonnen mit Terror vorzugehen versuchten«, sagte Hitler, »wurden binnen wenigen Minuten von SA-Hundertschaften mit blutigen Schädeln auseinandergetrieben.«[537] Die SA zeigte, daß sie nicht nur in Bierlokalen und anderen Veranstaltungsräumen eine »nationalsozialistische Ordnung« herzustel-

532 Das Deutsche Reich. Berlin 1930, Bd. 1. S. 148.
533 Röhm, 2. Aufl., S. 133.
534 ebenda, S. 128.
535 Hitler, S. 613.
536 ebenda. Vgl. auch Röhm, 2. Aufl., S. 128.
537 Hitler, S. 613.

len in der Lage war. »Kann es so weitergehen?«,[538] fragte Hitler die rund 60 000 Menschen auf dem Königsplatz – ohne mit dieser Frage allerdings den von seiner SA systematisch geübten Terror zu meinen. Das deutsche Volk, sagte er, sei einem großen Betruge zum Opfer gefallen und müsse nun erleben, wie es planmäßig bolschewisiert würde. Bayern bezeichnete er als das »deutscheste Land im Deutschen Reich«[539] und rief seine Zuhörer auf, sich deshalb der bayerischen Sendung bewußt zu sein[540] und Deutschland vor dem Untergange zu retten.

Hitler hatte seine innere Sicherheit wieder zurückgewonnen, was unmittelbar auf die NSDAP zurückwirkte. Bereits in den nächsten Tagen war ein Anschwellen der Mitgliederzahl zu verspüren.[541] Hitler konstatierte: »Das Ergebnis dieses Tages war der nicht mehr anzufechtende Beweis für die psychologische und organisatorische Richtigkeit unserer Auffassung über den Ausbau der SA.«[542]

Der Führer der NSDAP, der kurz zuvor noch gefürchtet hatte, ausgewiesen zu werden, begann München nun buchstäblich zu beherrschen, und nicht selten hat er sich im vertrauten Kreis seitdem als »König von München« bezeichnet.[543] Nicht wenige waren seiner Meinung. Maßgebliche Kräfte des Bürgertums sahen in ihm die einzige Persönlichkeit, die Deutschland aus der Misere herausführen könnte. Im Herbst 1922 veranstaltete ein in Südamerika lebender Auslandsdeutscher ein von der Münchener Universität (besonders z. B. durch Anschläge) gefördertes Preisausschreiben über das Thema »Wie wird der Mann beschaffen sein, der Deutschland wieder zur Höhe führt?« Der Auslandsdeutsche Rudolf Hess gewann es. Er schilderte in seinem Aufsatz Adolf Hitler, wie er ihn persönlich sah. »Tiefes Wissen auf allen Gebieten des staatlichen Lebens und der Geschichte«, schrieb er, »Der Glaube an die Reinheit der eigenen Sache [...] eine unbändige Willenskraft geben ihm die Macht der hinreißenden Rede, die die Massen ihm zujubeln läßt. Um der Rettung der Nation willen verabscheut er nicht Waffen des Gegners, Demagogie, Schlagworte, Straßenumzüge usw. zu benutzen. Wo alle

538 Nach Aufzeichnungen im Jahrbuch der Landeshauptstadt München, S. 84 (unveröffentlicht, Stadtarchiv München).
539 ebenda.
540 ebenda.
541 Vgl. auch Hitler, S. 614.
542 ebenda, S. 613.
543 Vgl. dazu auch die Ausführungen im Zusammenhang mit der Flugblattaktion gegen Hitler im Juli 1921.

Autorität geschwunden, schafft Volkstümlichkeit allein Autorität [...] Er selbst hat mit der Masse nichts gemein, ist ganz Persönlichkeit wie jeder Große. Die Macht der Persönlichkeit strahlt ein Etwas aus, das die Umgebung in seinen Bann zwingt und immer weitere Kreise zieht [...] Das Werk darf nicht auf die überragenden Ausmaße des Erbauers zugeschnitten sein, sonst wankt das Ganze bei seinem Hinscheiden, wie der Staat Friedrichs und Bismarcks. Neue selbständige Persönlichkeiten [...] gedeihen unter dem Diktator nicht. Deshalb vollbringt er die letzte große Tat: Statt seine Macht bis zur Neige auszukosten, legt er sie nieder und steht als getreuer Ekkehard zur Seite [...]«[544]

Seit der Zeit nahm allerdings auch das Interesse derjenigen für Hitler und die NSDAP zu, die durch größere und zum Teil beträchtliche finanzielle Zuwendungen Einfluß auf die politischen Geschicke nehmen zu können hofften. Zu den wichtigsten Mittelsmännern zwischen Hitler und einigen seiner Geldgeber gehörte der Geschäftsführer des Kampfbundes,[545] Dr. Erwin v. Scheubner-Richter[546] (Mitglieds-Nr. 2 414), der sogar Geld aus weißrussischen und ukrainischen antibolschewistischen Emigrantenkreisen verschaffte.[547] Ernst Hanfstaengl wurde von Hitler angezogen, dem er Devisen verschaffte und Verbindung zur ausländischen Presse herstellte.[548] Das NSDAP-Mitglied Kurt Luedecke unterstützte die Partei ebenfalls nicht unerheblich.[549] Dr. Emil Ganßer, ein Freund Dietrich Eckarts, hatte Hitler im März 1922 mit dem Siemens-Direktor Burhenne zusammengebracht, wozu Ganßer eine Denkschrift verfaßte, in der es unter anderem hieß: »Wie kann die Masse des deutschen Volkes von der Roten Internationale auf den Boden des deutschen Volkstums zurückgeführt werden, oder wie schaffen wir einen deutschen Willensblock?«[550] Die NSDAP, die auch 1922 besonders viele opferbereite Jugendliche anzog und die wirtschaftliche Situation unberechtigt und rücksichtslos in der Weise nutzte, daß sie der Berliner

544 Zit. aus dem (später von der NSDAP verbreiteten) Original-Flugblatt. Die Angaben über den Veranstalter verdanke ich einer schriftlichen Auskunft von Frau Ilse Hess vom 11. Dezember 1964.
545 Vgl. S. 421 f.
546 Vgl. S. 405 f.
547 Persönliche Auskunft von Hermann Esser.
548 Vgl. dazu Hanfstaengl, Ernst: Hitler. The Missing Years. London 1957, S. 32 ff.
549 Vgl. Luedecke, S. 101–105. Näheres zu Luedecke s. u. Kap. 5, S. 400 f.
550 Zit. aus der Denkschrift.

»Sowjetregierung« die Schuld an der schlechten Lage Deutschlands zuschob, begann im Laufe des Jahres politisch von der Inflation zu profitieren.

Im Sommer 1922 tauchten auch wieder die Männer auf, die es vorübergehend für besser gehalten hatten, von der politischen Bühne zu verschwinden. Auch Gustav v. Kahr hielt es für zeitgemäß, sich in Erinnerung zu bringen. Der Anschluß war nicht schwer zu finden; denn die Symbole, denen er einst die Treue geschworen hatte, verloren ihren Glanz in Bayern nicht. Überall dort, wo Soldatenverbände aufmarschierten, Offiziersvereinigungen Wittelsbacher-Feiern veranstalteten, wo schwarz-weiß-rote Fahnen neben den blau-weißen Bayern-Fahnen gehißt oder durch die Straßen getragen wurden, konnten die Akteure hoffen, auch den ehemaligen bayerischen Ministerpräsidenten als Verfechter der »guten alten Zeit« anzutreffen. Vor Studenten forderte er die Wiedereinführung der Wittelsbacher-Monarchie,[551] stand neben Prinz Rupprecht, wenn er Offiziers-, Unteroffiziers- oder Mannschaftsparaden abnahm, referierte in sogenannten nationalen Versammlungen und wußte seine ehemaligen Ministerkollegen ständig mit diesen Gedanken zu beschäftigen. Allein bei der Wittelsbacher-Feier der »Einser-Vereinigung« hatte er Schweyer, Matt und die Träger anderer klangvoller Namene begrüßen können.[552] Daß die katholische Kirche im überwiegend katholischen Bayern ostentativ für die Monarchie und gegen die Berliner Reichsregierung argumentierte, kam den Rechtsradikalen zugute. Die beispielsweise in *Das Bayerische Vaterland* vom 28. August 1922 publizierte Äußerung des Kardinals Faulhaber, daß die »Revolution [...] Meineid und Hochverrat [sei] und [...] mit einem Kainszeichen gezeichnet [...], auch wenn sie da und dort gute Erfolge hatte«, blieb nicht ungehört.

Das Kräfteverhältnis zwischen der sogenannten »nationalen« Rechten und der republikanisch eingestellten Bevölkerung wurde in München innerhalb der zweiten Augusthälfte des Jahres 1922 drastisch demonstriert. Als die Sozialdemokraten die Bevölkerung zur Verfassungsfeier auf den Königsplatz riefen, waren nicht viele Münchener erschienen.[553] Als jedoch Generalfeldmarschall v. Hindenburg am 21. August

551 Vgl. Umschau vom 10. Juni 1922.
552 ebenda.
553 Vgl. Röhm, 2. Aufl., S. 130.

1922 in München eintraf, wurde nach einem Wort von Röhm »ganz München auf die Beine« gebracht. Gemeinsam mit Ludendorff nahm Hindenburg die Meldung des Generals v. Möhl entgegen und für »Augenblicke erstand wieder das alte sieggewohnte Heer«[554] vor den Augen der aktionsbereiten Landsknechte.

Wie Gustav v. Kahr, so brachte sich auch der »Bauerndoktor« Georg Heim wieder in Erinnerung. Wenn Heim von sich reden machte, war mit Überraschungen zu rechnen, und so wurden sowohl seine Anhänger als auch seine Gegner hellhörig, als er am 17. September bei einer Generalversammlung des bayerisch patriotischen Bauernvereins in Tuntenhausen erklärte, daß man zur Zeit »die beste politische Situation«[555] in Deutschland habe und daß die bayerischen Sonderschutzgesetze wert seien, verteidigt zu werden. »In Bayern haben wir manches«, erklärte er, »was das Reich nicht hat«.[556] Doch der Regierungsmacher Heim war klug genug, nicht zu verraten, welche praktischen Ziele er augenblicklich für erstrebenswert hielt. General v. Möhl und Röhm versuchten den bewährten »Bauerndoktor« vor ihren Wagen zu spannen. Heim sollte im Rahmen der intensiv betriebenen Vorbereitungen[557] zum Sturz Lerchenfels, dem vorgeworfen wurde, die bayerische Selbständigkeit Berlin gegenüber nicht ertrotzt zu haben, eine entscheidende Rolle spielen; aber Heim hatte mit seinen Marionetten zu oft Enttäuschungen erlebt, und so blieb er in dem Augenblick vorsichtig – und undurchsichtig.[558]

Möglicherweise hielt er es für einen entscheidenden Mangel, daß sich die (bayerische) VII. Division während der Zeit in Grafenwöhr in Nordbayern im Manöver befand und nicht unmittelbar zur Verfügung stand. Der seit seinem gescheiterten Putsch im Jahre 1921 ungeduldige Sanitätsrat Dr. Otto Pittinger, nach der Meinung einiger bayerischer Politiker damals einer der wichtigsten Protektoren Hitlers,[559] hatte sich mit Hitler verbündet. Mit ihm wollte er Gustav v. Kahr am 25. August 1922 nach einer Protestkundgebung auf dem Königsplatz zum Dik-

554 ebenda.
555 Nach Aufzeichnungen im Jahrbuch der Landeshauptstadt München, S. 95 (unveröffentlicht, Stadtarchiv).
556 ebenda.
557 Vgl. dazu besonders Röhm, 2. Aufl., S. 134 f.
558 ebenda, S. 135.
559 Vgl. Centralvereinszeitung der deutschen Staatsbürger jüdischen Glaubens vom 7. Dezember 1923.

tator ausrufen, an dem Tage, an dem Bayern die Notverordnung vom 24. Juli[560] aufzuheben hatte. Die zu diesem Zweck geplante Kundgebung wurde jedoch vom Polizeipräsidenten auf Anordnung des Ministers Dr. Matt, des Stellvertreters des abwesenden Ministerpräsidenten, verboten. Pittinger, der augenblicklich eine Entscheidung erzwingen wollte, veranstaltete mit den Unterführern seiner mächtigen »Selbstschutzorganisation«, einer Nachfolgerin der Einwohnerwehren, eine Versammlung im Münchener Kindlkeller. Möhl und Röhm versagten Pittinger militärische Hilfe. Kahr und Escherich hielten sich – wie Heim – zurück. Pittinger fühlte sich daher verlassen. Das ein wenig überstürzt, jedoch umfassend vorbereitete Unternehmen mußte »abgeblasen« werden. Die mobilisierten Landsknechte mußten in ihre Heimatorte zurückkehren. Pittinger verschwand kleinlaut aus München. Graf Lerchenfeld aber kam dennoch durch diese Aktion zu Fall. Hitlers Freund Hermann Esser erreichte, was Hitler eingeplant hatte. Im Kindlkeller richtete Esser so heftige und diffamierende Angriffe gegen den Ministerpräsidenten, daß sein Rücktritt zur beschlossenen Sache wurde.[561]

Hitler, der über die mangelnde Entschlußfreudigkeit seines Verbündeten Pittinger entrüstet war, schimpfte und prophezeite: »Diese Feiglinge! Ich werde es vollbringen... Schluß mit den Pittingers, Schluß mit den vaterländischen Verbänden! Nur noch eine einzige Partei! Diese feinen Herren – diese Grafen und Generale – sie wollen nichts unternehmen. Ich werde es tun, ich allein!«[562] Kurt Luedeckes Behauptung, daß Hitler erst an »jenem Tage der Enttäuschung [...] der Führer‹[563] geworden sei, entspricht nicht den Tatsachen. Der »Führer« war Hitler längst. Die »Grafen und Generale« hat er niemals besonders geschätzt, bis an sein Lebensende nicht. Immer hat er sie nur gebraucht – und mißbraucht.

Oberst Rudolf Ritter v. Xylander, der mit einer ihm ergebenen Gruppe die Bayerische Mittelpartei verlassen hatte, näherte sich Hitler, und die *Münchner Post* hegte sogleich die berechtigte Befürchtung, daß es unter der Führung Hitlers zu einem Zusammenschluß dieser Splittergruppe und der sich immer rascher entwickelnden NSDAP kommen

560 Vgl. oben S. 349.
561 Nach einer Äußerung von Staatsrat Schmelzle, zit. bei Franz-Willing, S. 219.
562 Hitler zu Luedecke, zit. bei Franz-Willing, S. 219.
563 Luedecke, S. 61.

könnte.[564] Doch die Mehrzahl der Anhänger Xylanders sprach sich gegen eine Fusion mit der NSDAP (und der damit verbundenen bedingungslosen Unterordnung unter Hitler) aus, was kritische Beobachter allerdings für ein taktisches Manöver hielten und Xylander und Hitler unterstellten, lediglich getrennt zu marschieren, um im geeigneten Moment vereint schlagen zu können.[565]

Mussolinis geglückter »Marsch auf Rom« Ende Oktober 1922 verlieh Hitler besonderen Schwung und erfüllte auch seine Anhänger mit eindeutigen politischen Hoffnungen. Es breitete sich die Vorstellung aus, daß ein solcher »Marsch« eventuell auch in Bayern Erfolg haben könnte. Bereits am 18. September 1922, kurz nachdem Luedecke auf Hitlers Weisung mit Mussolini zusammengetroffen war, hatte Hitler nach einem Bericht des *Völkischen Beobachters* vom 20. September 1922 folgende Forderungen formuliert, die für seine Politik richtungweisend sein sollten: Abrechnung mit den Novemberverbrechern, Todesstrafe für Wucherer und Denunzianten, Aufklärung der Bevölkerung über den Friedensvertrag und über die Schuldfrage, Ausweisung der Juden, Behebung der Wohnungsnot, Beendigung der nationalen Entehrung und Benennung von Straßen und Plätzen nach deutschen Helden.

Am 8. Oktober 1922 wurden Hitler unter dem Eindruck seiner Erfolge von Julius Streicher die Mitglieder der Deutschsozialistischen Partei zugeführt, deren Angehörige in Streicher und dessen Nürnberger DSP-Ortsgruppe bis dahin so etwas wie die letzte Bastion der DSP hatten erblicken können. Streicher war Hitler erlegen, die DSP als selbständige politische Partei damit am Ende. Ich »bin stolz darauf; ich selber habe mich bezwungen und habe die Bewegung, die ich in Franken geschaffen hatte, Hitler übergeben«,[566] sagte Streicher nach 1945 während des Nürnberger Prozesses gegen die Hauptkriegsverbrecher. Hitler hat Streicher für seine Entscheidung in *Mein Kampf* gedankt. Als Streicher »die größere Kraft und das stärkere Wachstum der NSDAP klar und zweifellos erkennen konnte«, schrieb Hitler, stellte er seine Tätigkeit für die DSP und die Werkgemeinschaft ein und forderte seine Anhänger auf, sich der aus dem gegenseitigen Ringen siegreich hervorgegangenen

564 Nach Aufzeichnungen im Jahrbuch der Landeshauptstadt München (unveröffentlicht, Stadtarchiv München), S. 104.
565 ebenda.
566 Nürnberger Prozeß. Bd. VII, S. 336.

NSDAP einzuordnen und nun in ihren Reihen für das gemeinsame Ziel weiterzufechten. Ein persönlich ebenso schwerer als grundanständiger Entschluß.«[567] Streicher, der im Rahmen der DSP eine Sonderrolle hatte spielen dürfen,[568] hatte sich Hitler bedingungslos unterworfen. Alle anderslautenden Darstellungen[569] treffen nicht zu.

Wenige Tage nach Mussolinis Staatsstreich (Ende Oktober 1922) in Italien hatte auch Deutschland für die Nationalsozialisten seinen »Mussolini«. Hermann Esser, der Hitler Ende Juli 1921 öffentlich als »Führer« der NSDAP vorstellte, schuf auch den »deutschen Mussolini«. Deutschlands Mussolini heißt Adolf Hitler«, rief er am 3. November 1922 im Hofbräuhausfestsaal,[570] und von dieser Stunde an war dieser Vergleich aus der Politik nicht nur in Bayern nicht mehr wegzudenken. Bereits am 20. November 1922 wurde Hitler auf einem Versammlungsplakat der NSDAP als »Unser Führer Adolf Hitler« bezeichnet. Sowohl für rechtsextreme Gesinnungsfreunde als auch für politische Gegner war Hitler zum Führer aller deutschen »Faschisten«[571] geworden. Esser hatte auf das richtige Pferd gesetzt. Nicht immer waren seine Äußerungen zu durchschauen, und nur wenige der »alten Kämpfer« trauten ihm; aber einer verließ sich auf den rednerisch begabten, nicht selten rücksichtslos machiavellistisch argumentierenden jungen Mann: Hitler selbst. Er verdankte dem »Windhund, den man dauernd an der Kandarre halten«[572] müßte, dem (25-jährigen) »Bub«,[573] der auch 1924 als »Führer« noch

567 Hitler, S. 575.
568 Vgl. S. 229 ff.
569 Vgl. z.B. Heiden: Geschichte des Nationalsozialismus, S. 122.
570 Persönliche Auskunft von Hermann Esser. Vgl. auch Jahrbuch der Landeshauptstadt München (unveröffentlicht, Stadtarchiv München), S. 102. Franz-Willing stützt sich auf einen Polizeibericht der Münchener Polizeidirektion, wonach Esser gesagt haben soll: »Den Mussolini Italiens haben wir auch in Bayern. Er heißt Adolf Hitler.« (S. 221). Diese Formulierung ist nicht nur ungenau, sondern auch falsch. Hermann Esser, dessen Hauptaufgabe darin bestand, außerhalb Bayerns im Auftrage Hitlers für die NSDAP zu wirken, war eindeutig reichstreu. Nicht umsonst hat auch Ludendorff sich in der Zeit, in der Hitler sich nach seinem Putsch im November 1923 in Festungshaft befand, im Sinne Hitlers für Esser eingesetzt. Vgl. dazu die von Jochmann veröffentlichten Dokumente in Jochmann, Werner: Nationalsozialismus und Revolution. Ursprung und Geschichte der NSDAP in Hamburg 1922–1923. Frankfurt 1963.
571 Vgl. dazu einen Artikel in der Münchener Post Nr. 300.
572 Aus einem Brief von Hermann Fobke (Festungshaftanstalt Landsberg am Lech) vom 29. Juli 1924 an Dr. Volck. Zitiert nach Jochmann, S. 122 ff.
573 ebenda, S. 123.

unbrauchbar[574] war, nicht nur die öffentliche Führer-Proklamation, sondern auch einen großen Teil seiner Macht in der Partei.

Fünf Wochen nach Essers Hofbräuhausrede vom 3. November forderte der »deutsche Mussolini« in Haidhausen die Errichtung einer nationalen Regierung nach faschistischen Muster,[575] und nicht schwer zu erraten war, wer diese Regierung bilden sollte. Xylander rief im Hofbräuhausfestsaal zur »Selbsthilfe« auf.[576] Hemmeter forderte die Freilassung Hermann Ehrhardts,[577] und Hitler trommelte in 10 Massenversammlungen gegen die »Internationalitätsduselei« der SPD, griff die Reichsregierung an, beschuldigte den Marxismus, eine jüdische Zersetzungslehre und das Freimaurertum, der »Totengräber Deutschlands«[578] zu sein. Längst hatte er wieder das Fluidum um sich erzeugt, das zu ihm, zur NSDAP und ihrer Umgebung gehörte. Aus einem nicht ganz ernst genommenen Außenseiter war »der stärkste Machtfaktor des süddeutschen Nationalismus«[579] geworden.

Im November 1921 hatte die SA[580] die von den Nationalsozialisten als nationalsozialistische Politik bezeichnete Schläger-Taktik Hitlers mit Nachdruck im Rahmen einer Saalschlacht demonstriert, im Oktober 1922 trug der »Außenseiter« Hitler diese »Politik« erstmalig über die Grenzen Münchens hinaus.

In Coburg fand Mitte Oktober 1922 der vom Herzog von Coburg gemeinsam mit den sogenannten vaterländischen Verbänden veranstaltete Deutsche Tag statt. Hitler wurde dazu eingeladen und sollte »einige Begleitung«[581] mitbringen. Max Amann, Dietrich Eckart, Hermann Esser, Christian Weber, Ulrich Graf (1878–1945; Metzger), Alfred Rosenberg und Kurt Luedecke begleiteten Hitler[582] auf der Fahrt nach Coburg – neben 800 SA-Männern.[583] Was hätten Hitler und der NSDAP die Beteiligung mit einer kleinen »Begleitung« genützt, wie sie den Völki-

574 ebenda.
575 Vgl. Münchener Post Nr. 302.
576 Nach Aufzeichnungen im Jahrbuch der Landeshauptstadt München (unveröffentlicht, Stadtarchiv München), S. 127.
577 ebenda.
578 ebenda, S. 128.
579 Neue Freie Presse vom 14. Dezember 1922, zit. nach Röhm, 2. Aufl., S. 138.
580 Vgl. S. 301 ff.
581 Hitler, S. 614.
582 Persönliche Auskunft von Hermann Esser. Vgl. auch Luedecke, S. 86.
583 Hitler, S. 614.

schen vorschwebte? Tagungen wurden von Hitler nur dann beschickt, wenn sie für die NSDAP erfolgversprechend waren. Allein die Tatsache, daß er mit einem »Sonderzug« nach Coburg fuhr, erregte Aufsehen. Hitler wußte stets, wie er aufzutreten hatte, wenn er der »Masse« imponieren sollte. Eine Anzahl Fahnen und eine 42 Mann starke Musikkapelle wurden zu diesem ersten geschlossenen größeren Auftritt der SA außerhalb Münchens mitgeführt.

Bei der Ankunft Hitlers und seiner »Begleitung« wurde Hitler erklärt, daß es verboten sei, in geschlossenen Formationen durch die Stadt zu marschieren. Darauf hatte Hitler gewartet; denn so konnte er beweisen, daß es eine Autorität dieses Staates für ihn nicht gab. Die Machtfrage wurde konkret gestellt, und sie wurde von Hitler sofort auch konkret beantwortet. Mit »klingendem Spiel« marschierte die SA zum »Hofbräuhauskeller«. Der Empfang, der den Nationalsozialisten in Coburg bereitet wurde, war nicht sonderlich herzlich. »›Mörder‹, ›Banditen‹, ›Räuber‹, ›Verbrecher‹«[584] waren die »Kosenamen«, sagt Hitler, »mit denen uns die [...]Begründer der deutschen Republik liebreich überschütteten.«[585] Trotz der Pöbeleien und Beleidigungen ist es zu der »erwarteten« Schlägerei zunächst nicht gekommen. Da Hitler es jedoch offensichtlich auf eine Schlägerei angelegt hatte, mußte ein Zusammenstoß provoziert werden. »Wir marschierten nun den Weg, den wir gekommen waren, wieder zurück [...] und da mußte nun endlich Front gemacht werden [...] und so hagelte es zehn Minuten lang links und rechts vernichtend nieder.«[586]

So hat Hitler den »Aufmarsch in Koburg«[587] vom 14. Oktober 1922 geschildert, dessen Teilnehmer später durch ein »Koburger Ehrenzeichen« mit »Besitz-Urkunde« ausgezeichnet wurden. Hitlers SA-Männer, von denen 1938 nur noch wenig mehr als 200 auffindbar[588] waren, marschierten am folgenden Tag unbehindert auf: der politische Gegner war »zusammengeschlagen« worden. Bei den Vorbereitungen zum Rücktransport der SA stellte sich jedoch heraus, daß die Eisenbahner nicht

584 ebenda, S. 615.
585 ebenda.
586 ebenda.
587 Formulierung in der »Besitz-Urkunde«, die das »Koburger Ehrenzeichen« zu einer besonderen Auszeichnung erhob.
588 Unterlagen (Ausweise, Verleihungsurkunden und Namenslisten) im Bundesarchiv Koblenz.

bereit waren, die Terroristen nach München zurückzufahren. »Ich ließ darauf einigen Rädelsführern mitteilen«, schreibt Hitler, »daß ich in diesem Falle zusammenzufangen gedächte, was mir an roten Bonzen in die Hände fiele, und daß wir dann eben selbst fahren würden, allerdings auf Lokomotive und Tender und in jedem Wagen ein paar Dutzend von Brüdern der internationalen Solidarität mitzunehmen vorhätten.«[589] Die Eisenbahner gaben nach. Der Zug fuhr pünktlich ab. Ein Staat, der nicht bereit war, solchen Übergriffen zu begegnen, mußte eines Tages ein Opfer seiner Nachsicht – oder Unterstützung – werden.

Wieder hatten Hitler und seine SA eine Hürde aus dem Wege geräumt, eine Hürde auf dem Wege zur Rechtlosigkeit. Die SA »hatte sich immer mehr in ihre Aufgabe hineingewachsen,«[590] wie Hitler später richtig sagte. Immer mehr junge Männer, durchaus nicht nur Arbeitslose, schlossen sich ihr an. Im November konnte Rudolf Hess die 11. SA-Kompanie aufstellen, die sich ausschließlich aus Studenten zusammensetzte.

Im November 1922 sollte in Regensburg ein ähnliches Unternehmen wie in Coburg gestartet werden, doch die Münchener Eisenbahner weigerten sich unter dem Einfluß der Betriebsräte trotz der anfänglichen Zusage der Bahnverwaltung, die erfahrungsgemäß militärisch ausgerüstete SA noch einmal in einem Sonderzug zu befördern[591], was die Sozialdemokraten als ersten nennenswerten Sieg bezeichnen konnten.[592] Sie gingen nun zu Gegenaktionen gegen die Hitler-Leute über. Im Dezember 1922 gelang es ihnen in Göppingen, einige tausend Anhänger zur Sprengung einer NSDAP-Versammlung zu mobilisieren. Von den 125 SA-Männern, die aus München zum Schutz der Versammlung nach Göppingen geschickt worden waren, wurden 8 verletzt.[593]

In München war im Herbst 1922 der Positionskampf zwischen den Linksparteien und den Nationalsozialisten zugunsten der NSDAP entschieden worden. Während die Sozialdemokraten beispielsweise am 13.

589 Hitler, S. 616.
590 ebenda, S. 618.
591 Münchener Post Nr. 270 (1922).
592 Münchener Post vom 20. November 1922.
593 Das Bayerische Vaterland vom 18. Dezember 1922. Münchener Neueste Nachrichten vom 13. Dezember 1922 und Münchner Post vom 14. und 21. Dezember 1922.

Dezember 1922 5 Massenversammlungen veranstalteten, antworteten die Nationalsozialisten am selben Abend mit 10 Großversammlungen. Sie hatten stets volle Säle und stellten nach der Auffassung der *Münchener Neuesten Nachrichten* vom 14. Dezember 1922 einen »Rekord« im Versammlungserfolg auf. »Die kahrbayerischen rechtsbolschewistischen Deutschgelben«, wie die *Münchner Post* vom 14. Dezember 1922 die Nationalsozialisten bezeichnete, fuhren wie am 3. Februar 1921[594] mit Kraftwagen durch die Straßen und übersäten sie mit Flugzetteln und klebten Plakate mit Hakenkreuzen an. In einigen Stadtvierteln rissen Gesinnungsgenossen der NSDAP die sozialdemokratischen Versammlungsplakate ab und beschmierten sie. Die Hitler-Leute hetzten provokatorisch gegen die Reichsregierung. Durch Stinkbomben machten »hakenkreuzlerische Lausbuben«[595] das Konzert des Professors Maileau unmöglich, Straßenpassanten, vornehmlich Juden,[596] wurden von SA-Männern überfallen und mißhandelt. Am 20. November 1922 berichtete die *Münchner Post* im Zusammenhang mit einer nationalsozialistischen Versammlung im Bürgerbräukeller, daß ein »Hakenkreuzjüngling« mit einer Sammelbüchse mit der Aufschrift »Spendet für Judenmassakres« herumgegangen sei. Ein dagegen protestierender junger Mann wurde von der SA mit Knüppeln brutal zusammengeschlagen.[597]

Mitte Dezember fand in München ein aufwendiger SA-Aufmarsch statt, den die sozialdemokratische *Münchner Post* vom 19. Dezember 1922 treffend als »Bayerische Faschistenparade« bezeichnete. Zahlreiche SA-Stürme von auswärts und Roßbach-Landsknechte beteiligten sich daran. 18 Hakenkreuzfahnen, 3 Kriegsflaggen der Marine und der schwarze Wimpel der Organisation Roßbach wurden mitgetragen. Knapp 900 SA-Männer bestimmten das Bild. Die Tiroler und Voralberger Nationalsozialisten, die den Münchener Nationalsozialisten nicht nachstehen wollten, forderten am 19. Dezember 1922: »Auer muß sterben, Ebert ›abgestochen‹ werden«, »Knietief muß im Blut der Juden und ihrer Knechte gewatet werden.«[598] Ende Dezember 1922 sprengten Hitler-Leute eine Versammlung, in der Professor Quidde sprach, dessen pa-

594 Am 3. Februar 1921 fand die erste von Hitler arrangierte Großversammlung der NSDAP im Zirkus Krone statt.
595 Vgl. Münchener Post vom 14. Dezember 1922.
596 ebenda vom 16./17. Dezember 1922.
597 ebenda vom 20. November 1922.
598 ebenda vom 17. Januar 1923.

zifistische Einstellung die NSDAP nicht duldete. Nach einer Mitteilung der *Münchner Post* wurde dabei von den Nationalsozialisten gedroht: »In vier Wochen ist alles erledigt, dann seht euch das Rathaus an, wie wir dessen Zinnen verzieren.«[599] Einige »Hakenkreuzler«, die nach einer Behauptung der *Münchner Post* vom 2. Januar 1923 in Wirklichkeit Reichswehrsoldaten waren, mißhandelten einen Arbeiter und beschimpften ihn als »schwarz-rot-goldene Sau«.

Inzwischen, Anfang November 1922, war der bayerische Ministerpräsident Graf Hugo v. Lerchenfeld vom rechten Flügel der Bayerischen Volkspartei mit nationalsozialistischer Schützenhilfe gestürzt worden. Sein Amt hatte der BVP-Politiker und letzte Kultusminister der bayerischen Monarchie (im Kabinett Dandl) Eugen v. Knilling übernommen, »der sich [ähnlich wie v. Kahr im März 1920] vorher des Einverständnisses der nationalen Kreise versichert hatte«.[600] Diese Fesstellung Röhms deutet zwar an, daß v. Knilling ein sogenannter »nationaler« Ministerpräsident vom Schlage Gustav v. Kahrs war; aber sie berücksichtigt nicht, daß das »nationale Lager« eine homogene Substanz nicht mehr darstellte, seitdem es Hitler gelungen war, in dieses Terrain als ein Element einzubrechen, das zugleich zersetzend und kristallisierend wirkte.

Anfänglich hat der neue Ministerpräsident, der ebensowenig in der Lage war wie Kahr, sich der verhängnisvollen Abhängigkeit von den Rechtsverbänden zu entziehen, dem Führer der NSDAP abwartend gegenübergestanden. Als der Innenminister im Landtag mit einer Verordnung gegen den nationalsozialistischen Terror drohte, schrieb der *Völkische Beobachter:* »[...] Wir möchten vor einem solchen Schritt warnen [...] Man sollte eine Sehne nicht überspannen wollen, Herr Dr. Schweyer!«.[601] Der Positionsstreit zwischen Knilling und Hitler, auf den sich der Ministerpräsident Anfang 1923 einließ, wurde bereits während des 1. Reichsparteitages der NSDAP im Januar 1923 von Hitler für sich entschieden, wie weiter unten gezeigt wird. In diesem Augenblick hatte selbst der – wie Kahr – reichsfeindliche Knilling den Weg nach Berlin gefunden und die Reichsregierung um Unterstützung bei eventuellen Ausschreitungen Hitlers gebeten.

599 ebenda vom 30. und 31. Dezember 1922.
600 Röhm, 2. Aufl., S. 138.
601 VB vom 18. November 1922.

Dennoch hat die NSDAP von dem auch von ihr seit August 1922 konsequent vorbereiteten Regierungswechsel profitiert. Bayern hatte wieder eine »nationale« Regierung wie 1920/21. Wichtig für Hitler war darüber hinaus, daß in der Regierung Knilling der schon früh als Nationalsozialist bezeichnete Franz Gürtner (offiziell DNVP) Justizminister war. Die durch die Regierung Lerchenfeld in ihrer Entwicklung gehemmten Strömungen fanden wieder freie Bahn. Fortan genossen sie wieder den Schutz und die Förderung einer bayerischen Regierung, die mit den »angestammten« Gepflogenheiten vertraut war und dort anknüpfte, wo Gustav v. Kahr die Geschäfte aus der Hand gelegt hatte. Die Bayerische Volkspartei, die mit Kahr in ihrem Widerstand gegen Berlin eindeutig zu weit gegangen war, konnte einen neuen Versuch zur Durchsetzung ihrer Ziele unternehmen. »Den Erfolg des Kampfes gegen das Gesetz zum Schutze der Republik«, erklärte Dr. Wohlmuth im Bayerischen Landtag, »erachte ich für so bedeutend, daß ich glaube, er könnte zum Markstein werden in der Geschichte des Kampfes um Bayerns Selbständigkeit«.[602]

Hitler mußte geschickt sein und im breiten Strom mitschwimmen,[603] sich von ihm tragen lassen und die Früchte erst dann zu pflücken versuchen, wenn sie reif waren. Seit dem gescheiterten Putsch Pittingers im August 1922 hatte sich Hitlers Position nicht verbessert. Sein wichtiger Verbindungsmann zur Reichswehr, Ernst Röhm, war seit Ende November 1922 nicht mehr Adjutant seines Gönners General Ritter v. Epp, sondern tat im Stabe des Generals v. Lossow Dienst, wo ihm die Hände zunächst gebunden waren. Die Bayerische Volkspartei, der Hitler viel verdankte, war Ende 1922 nicht bereit, unbedingt zu Hitler zu halten, weil einige Nationalsozialisten sich offen gegen die katholische Kirche wandten. »Solange sich die Nationalsozialisten nur gegen den sogenannten Marxismus gewendet haben«, stellte der sozialdemokratische Abgeordnete Endres während der 155. Sitzung des bayerischen Landtages am 5. Dezember 1922 fest, »da fanden sie die Zustimmung auch der BVP, der bürgerlichen Parteien in diesem Hause, die Zustimmung der gesamten Regierung. Nachdem jetzt bekannt wurde, daß Herr Dietrich

602 Verhandlungen des Bayerischen Landtages. Bd. VII, S. 19.

603 Hitler durfte vor allen Dingen nicht wieder den Unwillen der BVP auf sich ziehen, die ihm zu verstehen gab, daß er nicht zu unitarisch sein dürfe. Vgl. dazu Verhandlungen des Bayerischen Landtages. Bd. VII, S. 180.

Eckart [. . .] jetzt in Antikatholizismus macht, da findet auch die Bayerische Volkspartei-Correspondenz (BVC), daß diese Bewegung eine große Gefahr darstelle.« Hitler schloß sich der am 16. November 1922 gebildeten »Arbeitsgemeinschaft der Vaterländischen Verbände« an, forderte unermüdlich zum Eintritt in seine Sturmabteilungen auf und redete, redete und warb.

Die von Arnold Rechberg Ende November 1922 in der *Bayerischen Staatszeitung* prophezeite »Hitler-Regierung«[604] war 1922 nur eine Illusion, an deren Realisierung Hitler trotz seiner großen Anhängerschaft und seiner provokatorischen Drohungen im August 1922, künftig alles allein machen zu wollen, selbst am allerwenigsten dachte. Die »forschen« und rücksichtslosen Reden Hitlers, dem Rechberg anerkennend bescheinigte, »seine Vaterlandsliebe auf Arbeitermassen übertragen zu haben«,[605] wirkten zwar alarmierend und scheuchten nicht wenige Spießbürger aus ihrer politischen Gleichgültigkeit auf, doch von einer Absicht Hitlers, die Staatsmacht an sich zu reißen, konnte 1922 nicht die Rede sein. Da Hitler 1922 nicht in der Lage war, allein Aktionen zu unternehmen, die den Staat gefährden oder auch nur die anderen Rechtsextremisten ernstlich in Bedrängnis bringen konnten, fiel es ihm nicht schwer, dem bayerischen Innenminister Schweyer, der ihn im November 1922 zu sich gebeten und zur Vorsicht ermahnt hatte, sein »Ehrenwort« zu verpfänden, nicht putschen zu wollen. In Unkenntnis der Zusammenhänge wird Hitler von zahlreichen Autoren unterstellt, dieses »Ehrenwort« nicht Schweyer, sondern dem Generalstaatskommissar Gustav v. Kahr gegeben und im November 1923 schließlich gebrochen zu haben.

604 Nach Aufzeichnungen im Jahrbuch der Landeshauptstadt München (unveröffentlicht, Stadtarchiv), S. 104.
605 Brief von Rechberg an den bayerischen Ministerpräsidenten v. Knilling vom 16. November 1922. Zit. nach Franz-Willing, S. 230.

5. Der Weg zur Katastrophe 1923

Bis 1923 war es Deutschland nicht gelungen, im freien Güteraustausch international anerkannte Zahlungsmittel auf den Weltmärkten zu erwerben. Die Inflation und die innerdeutschen Unruhen hatten das Ausland davon abgehalten, dem im Kriege besiegten Deutschen Reich Anleihen zu gewähren. Bereits im Herbst 1922 waren die Reparations-Verhandlungen mit den Alliierten in eine Sackgasse geraten. Infolge der wirtschaftlichen Schwierigkeiten erklärte die Reichsregierung, nicht in der Lage zu sein, die Reparations-Zahlungen fortzusetzen, und bat die Siegermächte um einen Aufschub der Zahlungen bis zum Jahresende.

Darauf hatte der in Deutschland von 1918–1945 nicht ohne Berechtigung[1] als leidenschaftlicher Imperialist apostrophierte französische Präsident Poincaré offensichtlich gewartet. Schon am 22. Juli 1922 erklärte er unmißverständlich: »Wenn Deutschland zahlt, dann müssen wir das Rheinland räumen und würden den Nutzen unserer Experimente verlieren, um friedlich, aber mit den Waffen in der Hand, die Bevölkerung am Ufer des Grenzflusses zu erobern. Halten Sie es für besser, das Geld einzukassieren oder ein neues Gebiet zu erwerben? Ich für meinen Teil ziehe die Besetzung und die Eroberung dem Geldeinstreichen und Reparationen vor.«[2] Zwar bemühte sich François-Poncet ein Vierteljahrhundert später,[3] die Besetzung des Ruhrgebiets durch französische Truppen als eine notwendige Sanktion Poincarés erscheinen zu lassen, doch Sinn, Zweck und Ziel der französischen Maßnahmen paßten eindeutig in ein leicht zu erkennendes Konzept. Der Schritt Poincarés mußte die um ihre Existenz schwer ringende Weimarer Republik emp-

1 Vgl. dazu auch Bullock, S. 87 f.
2 Friedensburg, Ferdinand: Die Weimarer Republik, S. 30.
3 François-Poncet: Von Versailles bis Potsdam, S. 84 ff.

findlich treffen. Das am 11. Januar 1923 von französischen und belgischen Truppen (angeblich zur Unterstützung einer französischen Ingenieur-Kommission) besetzte Ruhrgebiet war das Herz der deutschen Industrie[4] und damit eine der wichtigsten Basen der deutschen Existenz überhaupt.

Poincaré und seine französischen und deutschen Helfer und Helfershelfer gaben sich die größte Mühe, die Weimarer Republik zu unterhöhlen und das Reich zu zerreißen, was so unverhüllt geschah, daß sich die französische Regierung von kommunistischen Abgeordneten in der Kammer der Deputierten vorwerfen lassen mußte, den seit November 1918[5] noch intensiver als zuvor geschürten bayerischen Separatismus und den deutschen Chauvinismus zu fördern.[6] Fuchs, der Führer des Blücherbundes,[7] dem selbst französische Offiziere angehört haben, Machaus, ein

4 Seit dem Verlust Oberschlesiens bestritt das Ruhrgebiet ca. 80 % der deutschen Stahl- und Eisenproduktion und mehr als 80 % der gesamten deutschen Kohlenförderung (vgl. Bullock, S. 87). Deutschland verlor infolge der Ruhrbesetzung 88 % Kohle, 48 % Eisen und 70 % Gußeisen. Das Ruhrgebiet befand sich in der Hand des Zollkomitees, das eine Zollbarriere zwischen dem besetzten rheinisch-westfälischen Gebiet und dem übrigen Reichsgebiet aufgerichtet hatte. Der Sturz der Mark nahm katastrophale Formen an. Vgl. Geier, Kurt: Drei Verderber Deutschlands, S. 177 ff. und Die Geschichte der Diplomatie. (Ost-) Berlin, Bd. 3, S. 293.

5 Vgl. Bayerischer Kurier vom 15. November 1918, wo es u.a. heißt: »München, das zentral gelegene, oder Wien, die herrliche Stadt mit der ruhmvollen Vergangenheit – das bleibt sich schließlich gleich; nur los von Berlin!« Vgl. auch den Beitrag von Dr. Georg Heim: Eisners Irrgänge und Bayerns Zukunft. In: Bayerischer Kurier vom 30. November 1918. Vgl. auch den Aufruf des Dr. Georg Heim im Anhang.

6 Nach stenographischen Berichten der 2. Französischen Kammer der Deputierten (30. November 1923). Vgl. auch Zimmermann, W.G.: Bayern und das Reich, 1918–1923. München 1953, S. 126, Anm. 609.

7 Vgl. dazu u.a. Juristische Wochenschrift, II., Leipzig, 1925, S. 2722. Dort heißt es im Zusammenhang mit dem (nicht erwähnten) Fuchs-Machaus-Prozeß im Juni/Juli 1923, daß der Blücherbund (vgl. auch Anm. 77 in diesem Kapitel) im Verein mit anderen Verbänden im Frühjahr 1923 die bestehenden politischen Verhältnisse durch eine sogenannte »nationale Erhebung« hätte beseitigen wollen. »Die Angeklagten«, heißt es weiter, »beabsichtigten dieses Ziel dadurch zu erreichen, daß sie in Frankfurt, Leipzig und Breslau an einem jüdischen Festtag die Synagoge in die Luft sprengten. Die erforderlichen Geldmittel wollten sie, da der Bund in dieser Hinsicht versagte, von einem französischen Verbindungsoffizier (offensichtlich Richert) haben, dem erklärt wurde, die Blücherbundgruppe der ›Verfassungsgebenden‹ wolle die durch die Sprengung zu erwartenden Unruhen zur Ausrufung eines bayerischen Königsreiches benutzen.

ehemaliger Redakteur *(Völkischer Beobachter)*, Kühles, der Schwager des Separatisten Graf v. Bothmer und Graf v. Bothmer selbst, der Pazifist Prof. Foerster, Dorten, Freiherr Hubert v. Leoprechting und andere rechtsradikale und reichsfeindliche Exponenten und Gruppen wurden von Frankreich nicht nur ideell, sondern auch finanziell, hauptsächlich aus einem Sonderfonds der französischen Rheinarmee und mit Mitteln des französischen Außenministeriums zur Unterstützung separatistischer Umtriebe in Bayern und im Rheinland (Fuchs und Machaus erhielten 92 000 Goldmark), versorgt und gefördert.[8]

Unmittelbar nach Beginn der Ruhrbesetzung rief die Regierung Cuno den »passiven Widerstand« aus. Die Botschafter aus Paris und Brüssel wurden abberufen und die Reparationszahlungen an Belgien und Frankreich unverzüglich eingestellt. Poincaré, der sich nun an der Schwelle seines »großen« Sieges stehen sah, stieß in Deutschland auf lodernde Empörung und mußte bald erkennen, daß er sich in seinen Erwartungen getäuscht hatte. Die aktivistische Rechtsfront frohlockte; sie ersetzte den »passiven Widerstand« durch einen aktiven Widerstand und suchte ihre eigene Existenz durch »patriotische« Aktionen zu rechtfertigen.

Hitler frohlockte auch; aber er tat es aus einem anderen Grunde als die meisten anderen Extremisten: Er war davon überzeugt, daß es eine günstigere Situation zum Sturze der nach seiner Auffassung »Landesverrat«[9] treibenden Reichsregierung, der »Novemberverbrecher«, bis

Der Anschlag gelang nicht. Die vier Angeklagten sind zu insgesamt 25 Jahren Zuchthaus verurteilt worden.« (Urteil des StGH z. Schutz der Republik vom 25./27. Juli 1925). Während des Prozesses gab der Leiter des Blücherbundes, Regierungsbaumeister Schäfer, zu, erhebliche Geldsummen von Richert erhalten zu haben. Vgl. dazu auch Röhm, 1. Aufl., München 1928, S. 167. Vgl. auch: Bayrisch-deutsch oder bayrisch-französisch. Der Hochverratsprozeß gegen Fuchs und Genossen. München 1923 und Gumbel: Verräter verfallen der Feme, S. 119 ff.

8 Zur Unterstützung mit französischem Geld (u.a. über den französischen Agenten Richert und über den französischen Gesandten in München, Dard) vgl. u.a. Hitler-Prozeß, S. 52 ff.; zu Graf v. Bothmer vgl. ebenda; zu Foerster vgl. Schwend, Karl: Bayern zwischen Monarchie und Diktatur. München 1954, S. 66f. und Hilpert, Friedrich: Die Grundlagen der bayerischen Zentrumspolitik 1918–1921. Berlin 1941, S. 97 ff.; zu Dorten vgl. Münchner Post vom 3./4. Juli 1920 und vom 21. März 1921, vgl. auch Schwend, S. 67; zu Leoprechting vgl. Umschau vom 8. Juli 1922, S. 113; zu Fuchs und Machaus vgl. Anm. 7.

9 ebenda, S. 771.

dahin kaum gegeben habe. Niemals vorher hat er so ostentativ demonstriert wie gerade während der Ruhrkampagne, daß er andere Wege gehen wollte als andere Politiker in Deutschland. Während der bayerische Ministerpräsident v. Knilling, der Landtagspräsident Königbauer, Professor Bauer, Pater Mayr und Sanitätsrat Dr. Pittinger in Bayern dazu aufriefen, den »französischen Imperialismus« zu bekämpfen, während die nationalgesinnte deutsche Bevölkerung am offiziell angesetzten »Trauertage« nachdrücklich demonstrierte, daß sie die französisch-belgische Aktion mißbilligte und bereit war, sich hinter die Regierung zu stellen, schwieg der wortgewaltige Führer der Nationalsozialisten. Er habe »über diese Einheitsfront«[10] nicht sprechen wollen, entschuldigte Ernst Röhm das Verhalten Hitlers.

Hitler selbst allerdings scheute sich nicht, offen auszusprechen, welches Ziel er verfolgte und welche Chance er für sich und seine Partei in dieser Situation erblickte. So sagte er zum Beispiel am 11. Januar 1923 während einer Versammlung im Zirkus Krone: »Nicht nieder mit Frankreich, sondern nieder mit den Novemberverbrechern.«[11] Und auch in *Mein Kampf*, wo er die Ruhrbesetzung als eine »für Deutschland [...] große, entscheidende Schicksalsstunde«[12] und als »die unendlich verheißende Möglichkeit zur Beendigung des deutschen Leidens überhaupt«[13] darstellte, schrieb er noch: »Allein nicht nur außenpolitisch, sondern auch innenpolitisch war für Deutschland der Ruhreinfall der Franzosen von größter Zukunftsmöglichkeit«.[14]

Hitlers Anhänger und Verbündete waren von der Haltung des Führers der NSDAP verblüfft. Zu ihrer Konsternation gab er bekannt, daß er jeden Parteigenossen aus der NSDAP ausschließen würde, der sich am

10 Röhm, 2. Aufl., S. 163.
11 Münchener Neueste Nachrichten vom 19. Januar 1923 und Münchner Post vom 20./21. Januar 1923. Franz-Willing behauptet (S. 168): »Dieser von Hitler hier geprägte und zum erstenmal gebrauchte Ausdruck ›Novemberverbrecher‹ wurde zum geflügelten Wort der nationalsozialistischen Propaganda.« Das entspricht nicht den Tatsachen; denn bereits am 18. September 1922 sagte Hitler im Zirkus Krone: »Wir fordern Abrechnung mit den Novemberverbrechern von 1918 ...« Vgl. Boepple: Adolf Hitlers Reden, S. 36. Zit. nach Bullock, S. 85.
12 Hitler, S. 769.
13 ebenda, S. 767. Er erklärte, daß das Ruhrgebiet »für Frankreich zum napoleonischen Moskau« (769) hätte werden können, wenn »den marxistischen Landesverrätern [...] das Handwerk gelegt« (771) worden wäre.
14 Hitler, S. 768.

aktiven Widerstand beteiligte.[15] Einige Mitglieder »meuterten«. Hitler ließ ein als »Schwarze Liste« gekennzeichnetes Heft im Format von 28,5 mal 22,3 cm anlegen,[16] in dem die Mitglieder handschriftlich aufgezeichnet wurden, die »meuterten« und aus der Partei ausscheiden mußten. Von den insgesamt 126 Mitgliedern, die auf der Schwarzen Liste standen, hatten sich 50 der »Meuterei«, der »Quertreiberei«, der Spitzelei und des Verrats schuldig gemacht. Aber es finden sich unter der Rubrik »Delikt« unter anderem auch die Feststellungen »Diebstahl«, »fingierter Bankraub«, »sittliche Verfehlungen«, »Bettel in Haft« und »Arbeitsscheu«. Aus der antisemitischen Partei wurden selbstverständlich die Mitglieder entfernt, die Juden waren. Oskar Neumann (München) mußte aus der Partei ausscheiden, weil er nach der Eintragung in der Schwarzen Liste »getaufter Jude« war. Das Mitglied Hermann Samuel wurde aus der NSDAP entfernt, weil er der »Jude Warn aus Jena« gewesen sein soll. Einen Baron (der Name ist nicht eindeutig zu entziffern: Irizu?) bezeichnet die »Schwarze Liste« als »Ordensschwindler Jude«. Das Münchener Mitglied Nr. 19 193, Michael Hornistein, verfiel der Ächtung. Die knappe Begründung: »tritt für Juden ein. Verräter.«

Hitler kam während der Ruhrbesetzung in Verruf, für die von ihm verfochtene deutschfeindliche Haltung, die ihren Ausdruck nicht nur in seinen Haßtiraden gegen die Reichsregierung fand, von französischer Seite bezahlt worden zu sein.[17] »Von politischer Bedeutung ist«, schrieb

15 Schriftliche Auskunft von Otto Strasser (Unterlagen im Besitz des Autors). Die nationalsozialistische Publizistik hat sich später bemüht, die Zusammenhänge anders darzustellen. So schreibt z.B. Philipp Bouhler in *Kampf um Deutschland* (S. 63): »Nur einzelne nationale Aktivisten – in der Hauptsache waren es Nationalsozialisten – gingen weiter und fügten dem Gegner durch Zerstörung von Eisenbahnlinien, Sprengung von Brücken und ähnliches beträchtlichen Schaden zu. Dabei wurde der Nationalsozialist Albert Leo Schlageter durch Verrat in die Hände der Franzosen überliefert und am 26. Mai auf der Golzheimer Heide bei Düsseldorf erschossen.«

16 Ehemaliges Hauptarchiv der NSDAP, Bundesarchiv Koblenz NS 26/215. Zitate und Angaben aus der Schwarzen Liste.

17 Das kam auch im Prozeß gegen den sozialdemokratischen Abgeordneten Josef Strobl (vgl. S. 399 f.) zur Sprache. Strobl wurde von Hitler vorgeworfen, behauptet zu haben, daß Hitler französische Devisen bekommen hätte. Strobl bestritt diesen Anklagepunkt, der von Hitler und seinem Rechtsanwalt Hans Frank nicht bewiesen werden konnte (schriftliche Mitteilung von Regierungsbaumeister Paul Strobl vom 23. November 1964 an den Autor); auch Privatklageregister Nr. 101/28 beim Amtsgericht Ingolstadt (schriftliche Mitteilung der Geschäftsstelle des Amtsgerichts

die *Münchner Post*, »daß Frankreich die nationalsozialistische Partei in München mit großen Geldmitteln gefördert hat, die moralische Einheitsfront aller Deutschen in der Frage der Ruhrbesetzung von hinten zu erdolchen«.[18] Bisher konnte allerdings nicht zweifelsfrei und detailliert belegt werden,[19] daß Hitler und der NSDAP französisches Geld zugeflossen ist. Der gut informierte Röhm behauptete, daß die NSDAP sich französischer Mittel nicht bedient hätte.[20] Und auch Hitler protestierte gegen Vorwürfe und Anschuldigungen, Geld von Frankreich angenommen zu haben.[21]

Als die *Münchner Post* vom 29. Januar 1923 gegen Hitler und die NSDAP den Vorwurf erhob, von Frankreich mit Geld unterstützt worden zu sein, erklärte Hitler, daß er »jede dahin zielende Behauptung als eine niedrige Verleumdung«[22] bezeichne. Doch später in Landsberg behauptete er durchsichtig, daß es »aus nationalen Interessen nicht zweckmäßig« sei, in der »Öffentlichkeit darüber zu reden oder zu schreiben«.[23] Man dürfe vorerst nicht mehr darüber verlauten lassen, als die Öffentlichkeit ohnehin bereits durch die »öffentlichen Verhandlungen«[24] erfahren habe.[25]

Trotz dieser öffentlich nicht nur von links, sondern auch von rechts gegen Hitler erhobenen Vorwürfe sind der NSDAP beträchtliche Summen aus der Ruhrspende zugeflossen.[26] Sie förderten den Ausbau und die Ausrüstung der SA,[27] die während der Ruhrereignisse einen erheb-

Ingolstadt vom 31. August 1964). Die diesbezüglichen Akten wurden nach 1933 aus dem Gericht entfernt, ebenso die Akten und Unterlagen über entsprechende Prozesse in München (schriftliche Mitteilung der Geschäftsstelle des Amtsgericht Ingolstadt vom 31. August 1964 und der Staatsanwaltschaft bei dem Landgericht München I vom 18. August 1964). Dem Rechtsanwalt Gerhard H. Klein, Mainz, bin ich für die hervorragende Unterstützung bei der Klärung dieser Frage zu Dank verbunden.

18 Münchner Post vom 9. Februar 1923. Vgl. auch Münchner Post vom 8. März 1923.

19 Vgl. die Angaben über den Hitler-Strobl-Prozeß (Anm. 17 und S. 399 f.)

20 Röhm, 2. Aufl., S. 179.

21 Vgl. u.a. Anm. 17 und 19.

22 Bayerische Staatszeitung vom 6. Februar 1923.

23 Hitler, S. 619.

24 ebenda.

25 Diese Feststellung war allerdings durchsichtig; denn während der Zeit, in der französisches Geld nach Bayern floß, fanden entsprechende Verhandlungen in Bayern nicht statt.

26 Vgl. Röhm, 2. Aufl., S. 196.

27 ebenda.

lichen Aufschwung erlebte, obwohl sie sich auf Hitlers Weisung nicht am aktiven Widerstand beteiligen durfte.[28] Inwieweit allerdings Geld aus französischen Quellen bei der Ausrüstung und Finanzierung der SA und NSDAP eine Rolle spielte, ist nicht exakt festzustellen. Die in der 1932 von Professoren der Berliner Universität verfaßten Darstellung der NSDAP aufgestellte Behauptung, daß Hitler für jede Tonne Ruhrkohle, die nach Frankreich transportiert wurde, 0,20 Mark erhalten hätte,[29] ist nach 1945 durch Unterlagen in Deutschland nicht zu belegen. Und zu beweisen ist auch nicht, daß Hitler in jedem Falle über die Herkunft der finanziellen Zuwendungen genau informiert war. So erklärte beispielsweise der Zeuge Kapitänleutnant a. D. Richard Wenig[30] im Pittinger-Prozeß (September 1924 bis Februar 1925), im Oktober 1923 als Dolmetscher bei Gesprächen zwischen Gustav v. Kahr und Morel, einem britischen Labour-Abgeordneten und Herausgeber der *Foreign Affairs*, fungiert zu haben, wobei Morel Kahr unter Berufung auf ein französisches Kabinettsmitglied darauf hingewiesen hätte, daß Hitler französisches Geld bekäme. Nach Berichten des *Völkischen Kuriers* vom 24. September 1924 soll Morel dabei allerdings die Einschränkung gemacht haben, daß die Überweisungen durch verschiedene Hände (über die Schweiz) gingen, so daß Hitler nicht unbedingt zu wissen brauchte, wo-

28 Schriftliche Auskunft von Otto Strasser und persönliche Auskunft von Hermann Esser und Max Amann.

29 Unveröffentlichtes Manuskript, nicht katalogisiert (1951/52 im »Institut zur Erforschung des Imperialismus«).
Nicht nur während der Ruhrbesetzung wurde Hitler beschuldigt, französisches Geld erhalten zu haben. So behauptete beispielsweise Pittinger am 26. März 1924 in einer Rede vor der Augsburger Ortsgruppe seines Bundes »Bayern und Reich«, daß die NSDAP von Frankreich Geld erhalten hätte. Hitler strengte einen Prozeß gegen Pittinger an, der sich vor Gericht auf Morels Angaben berief und seine Behauptungen nicht beweisen konnte. Er wurde dennoch freigesprochen. Vgl. dazu auch Schubert, S. 210 f. und Bayerischer Kurier und Völkischer Beobachter vom 24. September 1924. Vgl. auch die Aussage des bayerischen Landtagsabgeordneten Auer im Beleidigungsprozeß Hitlers gegen den Schriftleiter der Zeitschrift *Tagebuch der Zeit* (Stephan Großmann), der behauptet hatte, daß Hitler von Ford Geld bekäme (Münchner Post vom 22. Juni 1923). Das Verfahren wurde eingestellt, weil Hitler im Oktober 1924, als er sich noch in Haft befand, nicht vor Gericht erschienen war, um Großmanns Behauptungen zu widerlegen.

30 Vgl. Bayerischer Kurier vom 24. September 1924 und Völkischer Beobachter vom 24. September 1924.

her die Zuwendungen stammten.[31] Wenig gab ferner an, von Hitler, der Morels Äußerung in einem am 31. Oktober 1923 im *Völkischen Beobachter* veröffentlichten offenen Brief als infame Lüge und böswillige Verleumdung bezeichnete, wiederholt gebeten worden zu sein, der NS-»Bewegung« seine amerikanischen Beziehungen »dienstbar« zu machen.[32]

Während die links- und rechtsradikalen politischen Kräfte (ohne NSDAP) sich zu einer Aktionsfront gegen die französischen und belgischen Interventen zusammenschlossen, nutzte Hitler die politische Situation auf eine für viele Beobachter überraschende Weise. Seine »›Hakenkreuzler‹ [konzentrierten ihre Angriffe] auf Arbeiter«[33] nur noch mehr, wie die *Münchner Post* richtig beobachtete. Die Gegenaktionen der Sozialdemokraten gegen die Übergriffe der SA waren unbedeutend, die klassenkämpferische Aggressivität der Kommunisten war gegen den Feind gerichtet, der das Land als Intervent bedrohte. Aufschlußreich erscheint dabei, daß der Anstoß zur Bildung der »nationalen« Abwehrsymbiose aus Kommunisten und rechtsradikalen Gruppen von den Kommunisten ausgegangen ist.

Hitler stand abseits. Offen trug er zur Schau, daß es ihm nicht um den Zusammenschluß aller nationalen Kräfte zur Unterstützung der Reichsregierung ging. Ohne Umschweife gab er zu, in dieser Krise den »marxistischen Landesverrätern und Volksmördern endgültig das Handwerk«[34] legen zu wollen. Hitler, der den Marxismus als ein jüdisches Instrument zur Vorbereitung der jüdischen Weltherrschaft im Sinne der in den angeblichen *Protokollen der Weisen von Zion* enthaltenen Erklärungen darstellte, formulierte im Zusammenhang mit der Ruhrbesetzung in *Mein Kampf* ein vielsagendes Urteil: »Hätte man zu Kriegsbeginn und während des Krieges einmal zwölf- oder fünfzehntausend dieser hebräischen Volksverderber [...] unter Giftgas gehalten [...] dann wäre das Millionenopfer der Front nicht vergeblich gewesen.«[35] Aber auch die Kommunisten appellierten »in des Vaterlands Not« an solche

31 Im Berlin Document Center befand sich bis zur Übergabe der Unterlagen an deutsche Behörden eine Mappe (1764) mit Unterlagen, die das bestätigten.
32 Unterlagen bei der Münchener Polizeidirektion. Vgl. auch Münchener Neueste Nachrichten (Telegramm-Zeitung) vom 23. September 1926.
33 Zit. bei Röhm, 2.Aufl., S. 161.
34 Hitler später in Mein Kampf, S. 771.
35 ebenda, S. 772.

Instinkte – und verquickten sie mit ihrer Lehre vom Klassenkampf zu einer die politische Leidenschaft der Nationalisten ansprechenden Synthese. Die nahezu jedem Interpretationsbedürfnis entgegenkommende marxistische Dialektik hat ihnen die zeitweilige Aufgabe ihrer »humanen« Partei-Ideologie erleichtert. »Wer gegen das Juden-Kapital aufruft [. . .] ist schon Klassenkämpfer«,[36] sagte die Kommunistin Ruth Fischer vor völkisch gesinnten Studenten, denen sie zurief: »tretet die Judenkapitalisten nieder, hängt sie an die Laterne, zertrampelt sie«.[37]

Gegen Berlin, gegen die »Novemberverbrecher«, wäre Hitler jederzeit marschiert; denn dieser Punkt bildete die Mitte seines politischen Konzepts. Die Kommunisten hingegen waren seit ihrer Essener Zusammenkunft zum offensiven Kampf gegen die Reichsregierung nur noch in »zweiter Linie« bereit.[38] Dennoch hat Hitler versucht,[39] sie vorübergehend auf seine Seite zu ziehen. Abgesehen von einzelnen Sympathiekundgebungen gelang es ihm jedoch nicht, die Kommunisten unter seinen Einfluß zu bringen. Wenn der von Lenin besonders geschätzte Karl Radek auch dem toten Schlageter von der Organisation Roßbach am 20. Juni 1923 nachrief, daß die Kommunisten »alles tun« würden, um zu verhindern, daß »die Männer wie Schlageter, die bereit waren, für eine allgemeine Sache in den Tod zu gehen«,[40] zu »Wanderern ins Nichts« gestempelt würden, so durfte dahinter keine Bereitschaft zur gemeinsamen Aktion womöglich mit Hitler und seiner Partei gesucht werden. Eine Zusammenarbeit zwischen der NSDAP und der nationalbolschewistischen Front hat es zu jener Zeit nicht gegeben. Die Aufsätze von Moeller van den Bruck im *Gewissen*, von Graf v. Reventlow im *Reichswart* und von Radek und Paul Frölich in der *Roten Fahne* bezeugen,

36 Vgl. auch Germania vom 21. Januar 1925 und Anm. 37.

37 Schwarz, Georg: Völker höret die Zentrale: KPD bankerott. Berlin 1933, S. 92. Vgl. auch Borkenau, Franz: The Communist International. London 1938, S. 245 und Flechtheim, Ossip: Die KPD in der Weimarer Republik. Offenbach/Main 1948, S. 89.

38 Anfang Januar 1923 waren deutsche und französische Kommunisten in Essen zusammengekommen, wo sie beschlossen, »in erster Linie die passive Resistenz gegen Frankreich [. . .] [zu] unterstützen und [. . .] erst in zweiter Linie gegen die deutsche Regierung« kämpfen zu wollen. Flechtheim, S. 83 f.

39 Vgl. Münchner Post vom 28. Februar 1923.

40 Schürer, Heinz: Die politische Arbeiterbewegung Deutschlands in der Nachkriegszeit 1918–1923. Diss. Leipzig 1923, S. 75. Vgl. auch Rote Fahne vom 26. Juni 1923.

daß nicht Hitlers Nationalsozialisten mit Radek »korrespondierten«, sondern vornehmlich Jungkonservative und Völkische. Hitlers exponierte Position im Rahmen der Extremisten wurde wiederum deutlich.

Doch mehr noch trat während der Ruhrereignisse zutage: die Diskrepanz zwischen Hitler und Röhm. Röhm, zwar Schirmherr und Protektor Hitlers, verfocht wesentlich andere Ziele als der Führer der NSDAP. Der Soldat Röhm hatte im Frühjahr 1923 an einen Krieg gegen Frankreich gedacht. »Eine militärische Auseinandersetzung wäre damals«, so meinte er, »durchaus nicht so aussichtslos gewesen«.[41] Diese Äußerung läßt ahnen, wieviele Waffen und wieviel Munition er trotz der Entente-Maßnahmen heimlich beiseitegeschafft hatte, und welche militärische Bedeutung er, der Generalstabsoffizier, der aktivistischen Rechtsfront in dem Augenblick beimaß. Hitlers taktisches Programm, möglicherweise sogar mit französischer Unterstützung die SA auszurüsten und sich eventuell zum Diktator des Deutschen Reiches zu machen, deckte sich nicht mit Röhms Erwartungen und Vorstellungen. Deutlich hat Hitler daher fühlen lassen, daß er Röhms Pläne nicht billigte. »Nicht als ob man die Ruhrbesetzung durch *militärische Maßnahmen* hätte verhindern können. Nur ein Wahnsinniger«, so sagte er, »konnte zu einem solchen Entschluß raten«.[42] Diese Spitze war eindeutig gegen Röhm gerichtet.

Der Gegensatz zwischen Hitler und Röhm war wesentlich älter, als (besonders nach der Ermordung Röhms im Jahre 1934) allgemein behauptet wird. Erst am 1. Juli 1934, als Röhm auf Hitlers Befehl in Stadelheim ermordet wurde, endete diese Rivalität. Der an Beziehungen reiche und organisatorisch hervorragend begabte Offizier Ernst Röhm, der Hitler anfänglich wohl nur für seine Pläne hatte einspannen wollen, war vom Führer der NSDAP nur als Verbindungsmann zur bayerischen Reichswehr, als Organisator und schließlich als dekorativer Komparse benutzt und ausgespielt worden.

Inmitten der explosiven Stimmung sollte der erste »Reichsparteitag der NSDAP« vom 27. bis 29. Januar in München stattfinden. Die Vorbereitungen wurden von Hitler so intensiv und demonstrativ getroffen, daß die Regierung Knilling gefährliche Folgen fürchtete und am 26. Januar den Belagerungszustand über München verhängte. Sämtliche Ver-

41 Röhm, 2. Aufl., S. 169.
42 Hitler, S. 770. Hervorhebung im Original.

sammlungen der NSDAP und ihr Reichsparteitag wurden verboten. Hitler geriet in arge Verlegenheit. Doch »in diesem Augenblick schwerster Spannung, einem Augenblick, der über sein Schicksal überhaupt entscheiden konnte, fand Hitler in der Reichswehr die helfende Stütze«,[43] schrieb Ernst Röhm und berichtete, daß der bayerische Landeskommandant, General v. Lossow, »die Truppenkommandeure und die Offiziere des Standortes München«[44] zu einer Lagebesprechung zu sich befohlen und sich dort durch General v. Epp und andere Offiziere zur Parteinahme für Hitler habe bewegen lassen. Nachdem Röhm mit einigen Gleichgesinnten auch bei General Ritter v. Epp interveniert und v. Epp persönlich mit General v. Lossow gesprochen hatte, wurde Röhm der Auftrag erteilt, »Hitler herbeizuholen«. »Augenblicklich brachte ich ihn«,[45] stellte er fest. Hitler, der sich auf § 12 Absatz 2 des Wehrgesetzes vom 23. März 1921 in der Fassung des Gesetzes zur Abänderung des Wehrgesetzes vom 18. Juni 1921 berufen konnte, verlangte die Aufhebung des Verbotes der NSDAP-Veranstaltung. In Anwesenheit des Chefs der bayerischen Landespolizei versicherte Hitler, daß er für den ruhigen Ablauf des Parteitages bürge und begab sich in Röhms Begleitung zu Gustav v. Kahr, der als Regierungspräsident von Oberbayern fungierte. Nachdem auch v. Kahr zugesagt hatte, sich »für den nationalsozialistischen Führer einzusetzen«,[46] war Röhm zum Staatskommissar für Stadt und Land, dem Polizeipräsidenten Eduard Nortz (1868–1939), gefahren. Auch er ergriff nach »langer eindringlicher Unterredung«[47] Partei für Hitler und genehmigte »von sich aus einen Teil der nationalsozialistischen Versammlungen«.[48] Hitler wurde erlaubt, sich während der Veranstaltung 6 000 SA-Männer auf dem Marsfeld militärisch melden zu lassen.

Weder Nortz noch Lossow, dem Hitler das »Ehrenwort« gegeben hatte, nicht zu putschen, haben Hitler zu der Zeit wirklich ernstgenommen. Hätten sie auf dem Verbot des Parteitages bestanden, wäre die NSDAP in eine Krise geraten, die Hitler empfindlich hätte treffen können. Röhm schreibt: »Hitler befand sich in schwerer Lage: Er hatte sei-

43 Röhm, 2. Aufl., S. 164.
44 ebenda.
45 ebenda, S. 165.
46 ebenda.
47 ebenda.
48 ebenda.

nen Kopf zum Pfand gesetzt; ein Zurückweichen kostete ihm einen unerträglichen Ansehensverlust.«[49] So fand der »Reichsparteitag der NSDAP« vom 27. bis 29. Januar 1923 statt, wie Hitler ihn vorbereitet hatte. Die Tatsache, daß die populären bayerischen Exponenten Kahr, Lossow und Nortz sich für Hitler gegen Knilling eingesetzt hatten, ließ Hitler als Sieger über die Staatsgewalt erscheinen.[50] Obwohl Nortz von Hitler gefordert hatte, die Zahl der Versammlungen auf die Hälfte zu reduzieren und die Fahnenweihe im Gebäude des Zirkus Krone vorzunehmen,[51] hat Hitler am 27. Januar dennoch seine angekündigten 12 Massenversammlungen veranstaltet. Hitler »beherrschte« München. Anton Drexler, der Ehrenvorsitzende der NSDAP, brach während einer Veranstaltung ohnmächtig zusammen. Am 28. Januar weihte Hitler vor etwa 6 000 Anhängern die ersten und von ihm entworfenen vier Standarten[52] der zum Teil bereits vollständig uniformierten SA[53] und die erste außerbayerische »Sturmfahne«[54] und nahm in der Schwanthaler Straße zusammen mit seinem Freunde Dietrich Eckart den Vorbeimarsch der Verbände ab.

Eugen v. Knilling, der immer mehr fürchtete, trotz seiner spürbar vom rechten Flügel der Bayerischen Volkspartei gesteuerten und abgesicherten Politik von Hitler zu Konsequenzen gezwungen zu werden, die weder er noch die BVP wünschten, hatte nicht vermocht, Hitlers Propagandamanöver »Reichsparteitag« zu unterbinden. Hitlers Ansehen in der Öffentlichkeit nahm seitdem weiter zu. Rund 35 000 Mitglieder schlossen sich der NSDAP von Februar bis November 1923 an. Seit dem 8. Februar 1923 konnte der *Völkische Beobachter*, Hitlers Sorgenkind, als (sechsspaltige) Tageszeitung erscheinen. Seit dem 10. März wurde sie von Alfred Rosenberg als Schriftleiter gestaltet.

Ernst Röhm, der den Erfolg des Reichsparteitages der NSDAP mit dem enthusiastischen Motto »Deutschland erwache« für die NSDAP nicht nur registrierte, unternahm sogleich einen nach seiner Auffassung wesentlichen Schritt zur Stabilisierung der Position der halbmilitärischen

49 ebenda, S. 150.
50 Vgl. z.B. Frankfurter Zeitung vom 31. Januar 1923.
51 Vgl. Heiden: Geschichte des Nationalsozialismus, S. 120.
52 Getragen von den Abordnungen von München, München II, Nürnberg und Landshut. Vgl. dazu Volz: Daten der Geschichte der NSDAP, S. 120.
53 Vollständig uniformiert war lediglich die 11. Hundertschaft.
54 Sie war aus Zwickau in Sachsen nach München gebracht worden.

Verbände. Er organisierte den Zusammenschluß der NSDAP, des von Zeller repräsentierten Vaterländischen Vereins München, des Bundes Oberland unter Mulzer, des Kampfverbandes Niederbayern unter Hofmann und der von Hauptmann Heiß geführten »Reichsflagge« zur »Arbeitsgemeinschaft der vaterländischen Kampfverbände«. Hitlers rückhaltlose Zustimmung fand diese Maßnahme Röhms allerdings nicht. Er war – offensichtlich mit Recht – davon überzeugt, daß der Generalstabsoffizier Röhm stets darum bemüht war, sich eine jederzeit aktionsbereite Armee außerhalb der Reichswehr zu schaffen, und er wußte auch, daß ihm selbst durch solche Zusammenschlüsse leicht die Hände gebunden werden könnten.

Hitlers propagandistische Forderung, die Berliner Regierung zu stürzen, mußte ins Leere stoßen, wenn er sich und die NSDAP in die geschlossene und von der Reichsregierung gebilligte und geförderte Abwehrfront gegen die Franzosen einordnete. Hitler hat besser als seine gesamte Umgebung erkannt, worauf es hier ankam. Den im Hintergrund geführten Positionskampf gegen Röhm hatte er allerdings nicht für sich entscheiden können. Röhms Darstellung, daß sein »Sinnen und Trachten allein darauf gerichtet« gewesen sei, »Hitler die diktatorische Führung in den Kampfverbänden zu verschaffen«,[55] darf als nachträgliche Rechtfertigung gelten. »Ich war von Anfang an bestrebt«, erklärte Röhm rund 10 Jahre später, »den Zusammenschluß der Verbände möglichst eng und straff zu gestalten, um dadurch die militärische und politische Stoßkraft zu erhöhen. Ich hoffte dies auf dem Umweg über den militärischen Führer allmählich zu erreichen [...] Neben diesem Bund der Kampfverbände, zu dem ich später auch ›Bayern und Reich‹ zu gewinnen hoffte, schwebte mir eine Zusammenarbeit mit einem Bund der vaterländischen Vereine (Offizier- und Mannschaftsverbände, auf nationalem Boden stehende wirtschaftliche und andere Vereine) etwa unter Leitung des Professors Bauer vor.«[56]

Diese Organisationen wollte Röhm unter einem Ehrenvorsitzenden der sogenannten »vaterländischen« Verbände und Vereine zusammengefaßt sehen, was er jedoch nicht verwirklichen konnte. Doch war es ihm gelungen, die von ihm systematisch betriebene Verfilzung mit der

55 Röhm, 2. Aufl., S. 175.
56 ebenda, Klammern von Röhm. Bei »Bayern und Reich« handelt es sich um die Organisation Dr. Pittingers.

Reichswehr weiter zu forcieren. Er hatte nicht nur General v. Lossow in der Überzeugung bestärkt, daß die außerhalb der bayerischen Grenzen befolgten Maßnahmen im Sinne der deutschen Verpflichtungen gegenüber den Siegermächten »im bayerischen Teil des Reichsheeres nicht in Anwendung gebracht«[57] zu werden brauchten. Fortan durften sich selbst Reichswehrangehörige der »Arbeitsgemeinschaft der vaterländischen Kampfverbände« anschließen.

Bereits in der ersten Veröffentlichung der »Arbeitsgemeinschaft«, die infolge ihrer Zusammensetzung eine wesentliche Rolle in Röhms Plänen spielte, hieß es: »Im Hinblick auf die unbedingte Notwendigkeit, nationale Machtgruppen in Bayern zu einer stoßkräftigen Bewegung zusammenzufassen, schließen die unterzeichneten vaterländischen Verbände eine Arbeitsgemeinschaft [...] Zur Wahrung der gemeinschaftlichen nationalen Interessen nach außen und insbesondere gegenüber der Staatsregierung wird ein Ausschuß gebildet [...] ausschließlich zur Vertretung der gemeinschaftlichen Interessen der Staatsregierung.«[58]

Am 5. Februar 1923 teilte die »Arbeitsgemeinschaft« dem bayerischen Ministerpräsidenten v. Knilling mit, daß sie hinter der Staatsregierung stehen würde, wenn diese »entschlossen national« sei und bleibe. Von der jeweiligen Interpretation der Begriffe »entschlossen« und »national« durch die geistigen Träger der Vereinigung sollte es fortan also abhängig sein, welche Regierung sich in Bayern ihres Wohlwollens zu erfreuen haben würde.

Daß die ultimative Erklärung nicht nur eine Phrase gewesen ist, haben politische Ereignisse bewiesen. Die bayerische Regierung, deren Chef (v. Knilling) am 9. November 1922 im bayerischen Landtag erklärt hatte, daß die »Weimarer Verfassung [...] nichts Unabänderliches [...] sondern [ein] [...] der Verbesserung«[59] bedürftiges und fähiges Menschenwerk sei, paßte sich an. Sie tolerierte den Kampfverband und duldete sogar seine Unterstützung aus staatlichen Mitteln. Sie erlaubte »der SA [...] sich in der Reichswehr [...] ausbilden zu lassen«.[60] Militärische Beratungen der Kampfverbände fanden in Röhms Dienst-

57 ebenda, S. 178.
58 ebenda, S. 171.
59 Verhandlungen des Bayerischen Landtages, Bd. VII, S. 9.
60 Erinnerungsbericht eines SA-Mannes im Völkischen Beobachter vom 20. November 1932.

räumen statt. Groß angelegte Manöver wurden in der Nähe Münchens abgehalten.

Zwar hatten Anfang 1923 Putschpläne gegen Berlin konkrete Formen noch nicht angenommen, doch die rechtsradikalen Organisationen sahen, wie im März 1920 während des Kapp-Putsches, in derartigen Aktionen eines ihrer wesentlichsten Ziele. Die Rolle der bayerischen Regierungen v. Kahr, Lerchenfeld und Knilling war in dem Zusammenhang so verhängnisvoll, daß alle Versuche, ihre Politik zu rechtfertigen,[61] unzulänglich bleiben müssen.

Die bayerische Regierung begegnete dem brüskierenden Auftreten der Kampfverbände, die zu Hitlers Enttäuschung nicht unmittelbar an der Gestaltung der offiziellen Politik teilhaben durften, nicht mit den gebotenen staatlichen Machtmitteln. Selbst als die Führer der Verbände in ultimativer Form von der Regierung forderten, sich schützend vor die vom Reichsanwalt wegen Vergehens gegen das Republik-Schutzgesetz gesuchten nationalistischen Angeklagten zu stellen, nahm die Regierung diese Brüskierung ohne Gegenaktion hin. Sie nahm nahezu alles hin, was ihr von der extremen Rechten zugemutet wurde, weil sie hoffen konnte, daß die radikalen Rechtsverbände, Parteien und Organisationen das politische Gewicht der Regierung in München im Kampf um die bayerische Unabhängigkeit in Berlin nennenswert stabilisieren könnten. Die Führer der Verbände waren sich ihrer Bedeutung wohl bewußt, und ihre Aktionen trugen den Charakter dieses Selbstbewußtseins.

So richteten sie eine von Hermann Kriebel gezeichnete Erklärung an die Regierung Knilling, in der es hieß: »Zur Zeit sind beim Staatsgerichtshof in Leipzig mehrere Strafverfahren wegen Verstößen gegen das Republikschutzgesetz gegen Führer und Mitarbeiter der vaterländischen Bewegung in Bayern anhängig. So sind nach Leipzig vorgeladen die Schriftleiter des ›Miesbacher Anzeiger‹, Weger und Dietrich Eckart, das Mitglied der NSDAP Hermann Esser und noch eine Reihe anderer Mitglieder unserer Verbände. Außerdem sind Strafverfahren eingeleitet gegen den Herausgeber des ›Heimatland‹, Hauptmann a. D. Weiß, und gegen den Führer der Nationalsozialisten, Adolf Hitler [...] In vollem Einverständnis mit der Arbeitsgemeinschaft der vaterländischen Kampfverbände haben sich die Herren Weger, Dietrich Eckart und Esser geweigert, vor dem Revolutionstribunal zu erscheinen [...] Die Arbeitsge-

61 So z.B. Speckner (vgl. Bibliographie).

meinschaft erklärt [...] daß sie sich mit ihrer gesamten Macht vor die mit Haft bedrohten nationalen Männer stellt und gewillt ist, den Vollzug der Haftbefehle mit den ihr zu Verfügung stehenden Machtmitteln zu verhindern [...]«[62]

Der Leipziger Staatsgerichtshof zum Schutze der Republik kümmerte sich allerdings wenig um den Protest der Münchener »vaterländischen Verbände« und erließ am 12. April 1923 einen Haftbefehl gegen Eckart, der in satirischen Flugblättern sowohl gegen den Reichspräsidenten als auch gegen den Reichskanzler gehetzt hatte. Eckart zog dem Schutzangebot seiner Gefährten eine Flucht auf das Göllhäusel beim Vorderbrand in den Berchtesgadener Bergen vor und verschwand vorübergehend aus Hitlers Nähe.[63]

Im Rahmen der von Hermann Kriebel militärisch geführten Kampfverbände hat sich die SA im Laufe der Frühjahrsmonate 1923 zu einem Wehrverband entwickeln und Hitler den gewünschten politischen Machtfaktor bilden können. Am 1. März übernahm Wilhelm Brückner die Führung der Einheit »SA-Regiment München« und im gleichen Monat der Fliegerhauptmann Hermann Göring die gesamte Führung der SA. Unter seiner Leitung vollzog sich die Herausbildung einer Sonderabteilung der SA als »Stabswache«.[64] Es war der sogenannte »Stoßtrupp Hitler«[65] unter Berchthold.

Für die Geschichte der NSDAP hat die SA eine kaum zu überschätzende Bedeutung gehabt. Am Anfang dieser Entwicklung ist die Geschichte der SA mit der aktivistischen Tätigkeit Görings eng verbunden. In Anerkennung seiner Leistungen für die Partei schrieb Hitler ihm nach der »Machtergreifung« in einem Dankesbrief: »[...] als im November 1923 die Partei zum erstenmal versuchte, die Macht im Staate zu erobern, haben Sie, als Kommandeur der SA, in außerordentlich kurzer Zeit das Instrument geschaffen, mit dem man einen solchen Kampf wagen konnte. Sie haben wesentlich mitgeholfen, die Voraussetzungen zum

62 Röhm, 2. Aufl., S. 186 f. Es wurde erklärt, daß die »nationalen Männer« bereit seien, »sich den ordentlichen bayerischen Gerichten zu stellen«.
63 Die Schriftleitung des VB hatte bereits am 10. März 1923 Alfred Rosenberg übernommen.
64 Sie trug eine schwarze Mütze mit Totenkopf und eine schwarz umrandete Hakenkreuzbinde.
65 Er kann als Vorläufer der 1925 gegründeten SS bezeichnet werden.

30. Januar zu schaffen«.[66] Dieser Brief war nicht nur eine freundliche Geste Adolf Hitlers. Zwar hatte Hans Ulrich Klintzsch bereits entscheidende Vorarbeiten bei Aufbau und Organisation der SA geleistet, doch der zwischen ihm und seinem alten »Chef« Ehrhardt bis Mai 1923 (bis Ehrhardt seine Ausbilder von Hitler zurückzog) aufrechterhaltene Kontakt war grundsätzlich nicht im Sinne Hitlers. Doch nicht nur dieser Mangel wurde durch Göring, den ehemaligen Führer des Geschwaders Richthofen, beseitigt, sondern auch anderweitig erwies sich Göring als geradezu prädestiniert für die ihm von Hitler übertragene Aufgabe.

Hermann Göring, als Sohn des ersten Gouverneurs von Deutsch-südwestafrika in Rosenheim in Bayern geboren, hatte einen Teil seiner Jugend in Österreich verlebt und war schon früh mit Vorstellungen in Berührung gekommen, die in der NSDAP eine wesentliche Rolle spielten. Im Oktober oder November 1922 war er in München (wo er Geschichte und Staatswissenschaften studierte) anläßlich einer Protestkundgebung gegen die Forderung der Entente, die deutschen militärischen Führer des Weltkrieges auszuliefern, auf den Führer der NSDAP aufmerksam geworden. Adolf Hitler hatte, obwohl zur offiziellen Stellungnahme aufgefordert, vor den zahmen und »bürgerlichen Piraten« zu sprechen abgelehnt und die Proteste als sinnlos bezeichnet, weil hinter ihnen kein »Nachdruck« stehe. Auch hier wollte sich der Führer der NSDAP nicht in die nationale Einheitsfront eingereiht sehen. Von Hitlers Verhalten beeindruckt, war Göring in den nächsten Tagen zu Hitler in die Geschäftstelle der NSDAP gegangen und hatte ihm seine Hilfe angeboten. Hitler erkannte sofort, was ihm dieser gut aussehende, dialektisch gewandte Redner und beziehungsreiche, mit dem Pour le mérite ausgezeichnete Offizier nützen könnte.

Bald war Göring Chef der nationalsozialistischen Sturmabteilungen. Mit diesem Führungswechsel[67] trat sogleich auch noch offener, unverhüllter, unzweideutiger und geradezu offiziell hervor, welche Rolle der SA fortan beigemessen werden mußte. Nachdem Göring die Führung der SA übernommen hatte, wurden sofort auch innerhalb dieser Organisation personelle Veränderungen vorgenommen. Schon im Mai 1923 hat Ehrhardt die Hitler zur Verfügung gestellten Ausbildungsoffiziere

66 Vorgelegt während des Nürnberger Prozesses, Bd. IV, S. 179.
67 Im Mai 1923 ging Klintzsch zu Ehrhardt zurück. Vgl. auch Volz: Daten der Geschichte der NSDAP, S. 119.

zurückgezogen. Daß die SA nun nicht mehr bloß Propaganda- und Saalschutztruppe sein sollte, was sie ohnehin nur offiziell gewesen ist, war im neuen »Verpflichtungsschein« ausgesprochen, der von jedem SA-Mann zu unterschreiben war. Dort hieß es: »Als Angehöriger der Sturm-Abteilung der NSDAP verpflichte ich mich auf die Sturmfahne: jederzeit bereit zu sein, im Kampfe um die Ziele der Bewegung Leib und Leben einzusetzen; zum unbedingten Gehorsam meinen Vorgesetzten und Führern gegenüber [...]«[68]

Mit Göring als Führer der SA wurde auch die Frage des Verhältnisses zwischen Hitler und der SA eindeutig zugunsten Hitlers geklärt. Und Göring war es auch, der Hitler als den »geliebten Führer der deutschen Freiheitsbewegung«[69] im Zirkus Krone begrüßte und ihm im April 1923 bei der Feier seines vierunddreißigsten Geburtstages eine »Ehrenwaffe« überreichte. Durch Göring wurden die unzuverlässigen Elemente aus der SA ausgeschaltet und die von ihnen ausgehenden oppositionellen Strömungen beseitigt, so daß Hitler mit einem sicheren Instrument rechnen konnte. Allerdings war die SA auch zu dieser Zeit noch nicht stark genug, allein einen gewaltsamen Umsturz der politischen Verhältnisse wagen zu können. Unentwegt versuchte Röhm weiterhin seine politischene Beziehungen und Verbindungen auszubauen und zweckvolle militärische Organisationsformen mit halbmilitärischen Verbänden zu schaffen. Und Hitler? Er schrieb später in *Mein Kampf*, daß er das »Zusammengehen in sogenannten Arbeitsgemeinschaften [...] immer als eine Frage der Taktik angesehen«[70] habe, was tatsächlich auch zutraf. Er wußte, daß die NSDAP durch Fusionen oder auch nur lose Zusammenschlüsse assimiliert werden konnte. Allerdings spielte bei diesen Erwägungen die mögliche Eindämmung seines persönlichen Einflusses eine ebenso wichtige Rolle. Dennoch konnte er die von Röhm inszenierte Zusammenschließung der nationalen Verbände nicht verhindern. Die für ihn relativ günstige personelle Verbindung von Führern der Kampfverbände mit maßgeblichen Persönlichkeiten des öffentli-

68 Zit. nach Hasselbach, S. 59.

69 ebenda, S. 57. Nachdem Rosenberg und Eckart Hitler öffentlich mit Lenin und Bismarck verglichen hatten, glossierten die Münchener Neuesten Nachrichten (Nr. 107), der Bayerische Kurier (Nr. 110/111) und die Münchner Post (Nr. 94) die »Messias-Feier« (Feier des Hitler-Geburtstages) der Nationalsozialisten.

70 Hitler, S. 577.

chen Lebens erleichterte ihm allerdings diese Resignation und trug ihm sogar bedeutende Erfolge ein. Einige Bemerkungen Röhms sind zur Charakteristik dieser Situation und darüber hinaus zur Beurteilung des Verhältnisses der bayerischen Staatsorgane (und einzelner ihrer Institutionen und einiger Persönlichkeiten) zur Reichsregierung sehr geeignet. So schrieb er unter anderem: »Das vaterländische Wirken des Hauptmann Heiß fand in der Polizeidirektion Nürnberg in dem Polizeidirektor Gareis und seinem treuen Gehilfen Schachinger in mancher schweren Stunde eine wirksame Stütze. In ihrer mannhaften Art und Gesinnung, ihrer energischen und zielbewußten Dienstführung an führender Stelle, oft im Kampf mit den städtischen Behörden des demokratischen Oberbürgermeisters Luppe [. . .] stand dieses Dioskurenpaar hinter seinen Amtsgenossen in München, Pöhner und Frick, kaum zurück.«[71]

Mitte April 1923 schloß sich der Arbeitsgemeinschaft Oberst v. Lenz an, der Führer des Zeitfreiwilligenkorps, das vor allem die studentischen Verbände mit den Überbleibseln der Zeitfreiwilligenbataillone der Jahre 1919 bis 1921 umfaßte. Die Organisation Niederbayern mit Eichstätt und Ingolstadt (oder »Unterland«, wie sie später hieß) wurde von Oberstleutnant Hofmann geführt. Über ihn findet sich bei Röhm folgende aufschlußreiche Notiz: »Über die vielen Hemmungen, die er durch seine Dienststellung als Kommandeur der Reichswehr hatte, fand er sich mit Verantwortungen und gutem Geschick hinweg.«[72] Die Schlüsselstellungen waren zum großen Teil von »Hochverrätern« besetzt.

General Ludendorff, obwohl einer der maßgeblichsten und prominentesten Vertreter der »nationalen Kreise«, hat sich den reichsfeindlichen und separatistischen Bestrebungen der bayerischen »Nationalisten« jedoch nicht angeschlossen. Als sich Ende Februar die vaterländischen Verbände aus dem ganzen Reich zu einer Besprechung in Berlin trafen und über die Maßnahmen berieten, die in Zukunft zu treffen wären, mußten Hitler und Heiß Ludendorffs regierungstreue Äußerung registrieren, daß man zur Zeit »Cuno und Seeckt unterstützen«[73] und mit allen nationalen Verbänden gegen den äußeren Feind Front machen müsse.

71 Röhm, 2. Aufl., S. 174.
72 ebenda.
73 Heiden: Geschichte des Nationalsozialismus, S. 123.

Hitler intervenierte deshalb um so intensiver bei Röhm, nun wenigstens ein von ihm entworfenes Programm für die »Arbeitsgemeinschaft der vaterländischen Kampfverbände« anzunehmen. »Leider sollte bis dahin noch eine geraume Zeit verstreichen«,[74] stellte Röhm fest und vermerkte resignierend, daß die »Gefahr der mangelnden straffen, einheitlich aktivistischen Einstellung« in diesen Tagen durch den Anschluß der »Vereinigten Vaterländischen Verbände Bayerns« an die Arbeitsgemeinschaft der vaterländischen Kampfverbände nur noch erhöht wurde. Hitler hatte mit einer Denkschrift vom 19. April 1923 den Kampfverbänden ein offizielles Programm zu geben, seinen Einfluß zu stärken und seine politische Taktik zur Aktionsgrundlage der Arbeitsgemeinschaft zu machen versucht. Er protestierte gegen die »Auffassung, daß die vaterländischen Kampfverbände kein Recht zur politischen Betätigung besäßen«[75] und forderte, daß »die vaterländischen Kampfverbände [...] die Pflicht, politisch zu denken und politisch zu handeln« hätten. »Sie haben dafür Sorge zu tragen«, so hieß es weiter, »daß mit unerbittlicher Konsequenz Bayern zum Nationalstaat innerhalb der Grenzen des verseuchten Reiches gemacht wird. Zum Nationalstaat, der nicht zwischen Deutschen und Nichtdeutschen verhandeln will, sondern der dem Deutschen alle Rechte gibt und dem nicht deutsch sein Wollenden höchstens den Tod übrig läßt [...] Sie haben [...] aufzugehen im Willen, der Unordnung dieses Reiches, der Todesruhe dieser Nation ein Ende, wenn nötig mit Schrecken, zu bereiten.«[76] Es lag auf der Hand, daß dieses Programm nichts weiter als eine Rechtfertigung der hochverräterischen Politik Hitlers und der Parole »Nieder mit den Novemberverbrechern« eine moralische Stütze sein sollte.

Obwohl bereits am 25. März 1 300 SA-Männer[77] unter den ins-

74 Röhm, 2. Aufl., S. 193.
75 ebenda, S. 192.
76 ebenda.
77 Vgl. Volz: Daten der Geschichte der NSDAP, S. 120. Besonders in den letzten beiden Monaten hatte Hitler eifrig Kontakte gesucht und auch nennenswerte Bekanntschaften machen können. Im Februar 1923 hatte sich die SA an einer Fahnenweihe des Blücherbundes beteiligt. Auch der »Völkische Rechtsblock«, ein Sammelbecken der verschiedensten Rechtsverbände und kleiner Parteien hatte sich inzwischen zur NSDAP bekannt und war von einigen Exponenten des Völkischen Rechtsblocks als »Schwesterwaffe« bezeichnet worden. Am 20. Februar 1923 sprach Hitler vor Angehörigen des Nationalverbandes Deutscher Offiziere. An einer Übung im Forstenrieder Park haben neben den bereits genannten Gruppen auch

gesamt rund 3 000 Teilnehmern der Übung der Arbeitsgemeinschaft im Forstenrieder Park ahnen ließen, daß die SA in nicht allzu ferner Zeit unter den »vaterländischen« Verbänden die entscheidende Rolle spielen würde, war die *Münchner Post* am 31. März 1923 noch davon überzeugt, daß nicht Hitler, sondern Dr. Roth der ausschlaggebende Mann unter den »vaterländischen« Verbänden wäre. Die *Neue Zürcher Zeitung* folgte diesem Irrtum. Am 4. April 1923 schrieb sie: »Hitler ist geschlagen, er verliert mit jeder Woche mehr an Boden; schon drängen seine Unterführer zu einem entscheidenden Schlag, dessen Aussichten sonst immer schlechter werden [...]«[78]

Tatsächlich aber hatte sich die innenpolitische Situation zuletzt zu Hitlers Gunsten entwickelt. Selbst General v. Seeckt war nach München gekommen und hatte sich am 11. März 1923 mit dem Führer der Nationalsozialisten getroffen,[79] um mit ihm über Maßnahmen im Falle eines Krieges gegen Frankreich zu verhandeln. Zwar hatte diese Aussprache für Hitler praktische Erfolge nicht gezeitigt,[80] doch ließ sich die Tatsache, daß selbst der Chef der Reichswehr mit ihm und seiner schlagkräftigen Privatarmee rechnete, augenblicklich in politischen Kredit ummünzen. Die am 15. April 1923 auf der Fröttmaninger Heide veranstaltete Übung, die in ihren Ausmaßen noch eindrucksvoller war als die Übung im Forstenrieder Park, stärkte Hitlers Selbstbewußtsein und verlieh seinen Kombinationen eine verhältnismäßig reale Grundlage. In seiner Denkschrift vom 19. April fand das seinen Niederschlag.

Wie Seeckt, so hatte auch der um die Aufrechterhaltung des passiven Widerstandes an der Ruhr bemühte Reichskanzler Cuno im Februar 1923 sich in München der eventuellen Unterstützung der militanten Organisationen zu versichern versucht. Doch ging es Cuno nicht um Hitlers SA. Während der Verhandlungen zwischen ihm und Lossow hatte Röhm den Führer der NSDAP herbeigeholt, um ihm die Möglichkeit zu

Angehörige des Blücherbundes, der Brigade Ehrhardt, der (alten) Einwohnerwehr und des Bundes Bayern und Reich teilgenommen. Vgl. dazu Hasselbach, S. 59 f.

78 Vgl. auch Münchner Post vom 26. März 1923.

79 Vgl. Berndorff: Ludendorff (6. Januar 1952, S. 4). Vgl. auch Rabenau, S. 347 f.

80 Rabenau schreibt (S. 347), daß Hitler »vor allen Dingen freien Lauf [...] zur Auseinandersetzung mit dem Marxismus« gefordert hätte, wobei er allerdings »tauben Ohren gepredigt [habe], auch bei dem Chef der Wehrmacht «

bieten, wenigstens mit Cunos Begleiter zu sprechen. Einzelheiten dieses Gespräches sind nicht überliefert. Feststellen läßt sich auch nicht, ob der NSDAP nach dem Besuch Cunos in München Begünstigungen zuteil geworden sind. Wahrscheinlich ist das nicht der Fall gewesen; denn die Nationalsozialisten beschimpften den Reichskanzler und charakterisierten ihn als feige. Kurz nach Cunos München-Reise lehnte der Leipziger Staatsgerichtshof (am 14. März 1923) die von Hitler beantragte Aufhebung des Verbotes der NSDAP ab. Die von Hermann Esser am 1. Mai 1923 im Zirkus Krone wiedergegebene angebliche Äußerung Cunos gegenüber dem bayerischen Justizminister Gürtner, daß er sich nur noch auf Bayern mit seinem Heer von rechtsradikalen Organisationen und Verbänden verlassen könne,[81] dürfte sich kaum auf Hitlers SA bezogen haben, obwohl nicht leicht festzustellen ist, wo Cunos betonte Rechtssympathien ihre Grenzen hatten. Offensichtlich hielt er die extreme Rechtsfront für ein gutes Gegengewicht gegen die Unabhängigen Sozialdemokraten und Kommunisten. Dem ihm gewogenen bayerischen Ministerpräsidenten v. Knilling schrieb er am 4. April 1923: »Gefährliche Umtriebe von der äußersten Rechten, die auch in die Reichswehr einzudringen versuchten, stehen nicht minder gefährlichen Umtrieben der äußersten Linken entgegen.«[82] Die Kommunisten ließen derartige Befürchtungen allerdings gerechtfertigt erscheinen. Eifrig provozierte Karl Radek in der *Roten Fahne*, in der *Süddeutschen Arbeiterzeitung*, in der *Internationalen Pressekonferenz*, in der *Sächsischen Arbeiterzeitung*, in der *Neuen Zeitung* (Thüringen), in *Das Volk*, im *Klassenkampf* und in *Der Kämpfer*.

Doch die Gefahr, die dem Reich von der extremen Rechten drohte, war weitaus größer. So teilte beispielsweise die Hamburger »Senatskommission für die reichs- und auswärtigen Angelegenheiten« dem Reichskanzler am 14. Juni 1923 mit, daß in Hamburg rechtsradikale Elemente gefährliche Ziele verfolgten. In dem Brief wurde u. a. festgestellt, daß auch die bayerische Organisation Escherich (in Hamburg nach dem Verbot: »Bund der Niederdeutschen«) aktiv in diesem Sinne in der Hansestadt wirke. Aktive Reichswehroffiziere und ehemalige Offiziere

81 Nach einem Bericht der Württembergischen Gesandtschaft in München vom 5. Mai 1923. Hauptstaatsarchiv Stuttgart, E 131 C 5/25, Bd. 1. Zit. bei Deuerlein: Der Hitlerputsch, S. 61.

82 Zit. nach Deuerlein: Der Hitlerputsch, S. 55.

schürten und lenkten die rechtsradikalen Vorbereitungen. Wörtlich heißt es in dem Bericht: »Nunmehr [nach dem französischen Ruhreinbruch] setzte die Reichswehr in den Orten, in denen früher die Generalkommandos des alten Heeres stationiert gewesen waren, verabschiedete Generalstabsoffiziere ein, die die reaktionären Selbstschutzverbände zum Zwecke einer Verstärkung der Reichswehr organisierten. Die vorhandenen Waffenbestände wurden listenmäßig erfaßt; die Waffen wurden zum Teil zur Pflege und Ausbesserung vorübergehend in die Reichswehrstandorte verbracht; dieser Maßnahme kam der Umstand, daß gegenüber den Militärischen Kontrollkommissionen der Entente die passive Abwehr verkündet war, sehr zu gute. Die Reichswehr ging sogar dazu über, Waffen aus dem Auslande heranzuziehen. Im Hamburger Hafen traf im Mai eine Sendung von 162 Maschinengewehren aus Holland ein [...] Man nahm Verbindung auf mit den Betrieben, die für eine Heereslieferung in Frage kamen. In all diesen Fragen handelten die Offiziere der Reichswehr gemeinsam mit den Führern der reaktionären Selbstschutzverbände. Die Anregung und Leitung ging vom Reichswehrministerium aus; der Hamburger Senat wurde in keiner Form unterrichtet.«[83]

Wie Hitler und Röhm, so waren auch andere Rechtsradikale Anfang 1923 an Cunos Gunst interessiert. Albrecht v. Graefe, der erfahren hatte, warum Cuno nach München gekommen war, suchte den Reichskanzler auf und bot ihm seine Hilfe an, ebenso Roßbach. Wohl mögen die bereitwilligen Angebote dem Reichskanzler gelegen gekommen sein, doch den Forderungen der Verbände, ihre Führer auch beim militärischen Einsatz in ihren Funktionen zu belassen, hatte er nicht akzeptieren können.

Nach den zweifelhaften Angaben des Reichsfinanzministers Oeser vom 14. Mai 1923 hätte die Zusammenkunft Cunos mit Graefe und Roßbach nicht stattgefunden, wenn der Reichskanzler über ihre Organisationen informiert gewesen wäre. Oeser behauptete, daß Cuno weder den »Namen noch die politische Sonderheit des Herrn Roßbach [...] gekannt«[84] und mit ihm über die »Ertüchtigung der Jugend durch Turnerschaften« gesprochen hätte. Über die 1922 entstandene Deutsch-

83 Dok. zit. bei Jochmann, S. 38 ff.
84 Verhandlungen des Reichstages. Bd. 360, S. 11 056 (B). Vgl. auch Roßbach, S. 77.

völkische Freiheitspartei v. Graefes habe Cuno, wie Oeser im Auftrage Cunos behauptete, erst durch das Verfahren vor dem Staatsgerichtshof Kenntnis erhalten.[85] »Der Herr Minister hat uns soeben ein wunderbares Bild eines harmlosen Politikers gezeichnet. Wir haben einen Reichskanzler«, erklärte der Abgeordnete Thomas unter dem Gelächter seiner Fraktion, »der gar nichts weiß. Er kennt weder prominente Persönlichkeiten, die ziemlich im Vordergrund stehen, noch ihre Programme«.[86]

Obwohl die halbmilitärischen Verbände in Bayern keine reichstreue Politik trieben, sondern ihr Ziel in der Niederwerfung der Berliner »Novemberverbrecher« erblickten und Cuno ihre Sympathie entzogen, hörte er bis zu seinem Rücktritt im August 1923 nicht auf, um ihre Gunst zu werben. Verächtlich hat Göring das noch während des Nürnberger Prozesses gegen die Hauptkriegsverbrecher bezeugt.[87]

Mit Spannung wurde der 1. Mai erwartet. Die Gewerkschaften legten der Münchener Polizeidirektion einen Veranstaltungsplan vor, in dem sie unter anderem die Straßen kennzeichneten, in denen sie am 1. Mai demonstrieren wollten. Da es sich dabei um die Straßen handelte, die von den »Vaterländischen Verbänden« am 15. April bei der Rückkehr von einer Übung benutzt worden waren, erblickte die Polizei darin offensichtlich eine Herausforderung an die »Vaterländischen Verbände« und befürchtete Ausschreitungen und Unruhen. Das bayerische Innenministerium erteilte den Gewerkschaften jedoch die Erlaubnis zur Veranstaltung der Demonstration unter der Bedingung, daß die Demonstranten sich verpflichteten, weder »Sowjetfahnen« noch Spruchtafeln mit politischen Aufschriften mitzuführen.

Da die Presse das Programm veröffentlichte, einige Zeitungen unter Hinweis auf die Tatsache, daß Demonstrationen selbst zur Zeit der Monarchie erlaubt worden waren, wurde eine lebhafte Diskussion ausgelöst. Von der gesamten Rechtsfront, die den 1. Mai unter Hinweis auf den 1. Mai 1919 als den 4. Tag der Befreiung vom Kommunismus feiern wollte, wurde der Plan der Gewerkschaft als ungeheuerliche Pro-

85 Verhandlungen des Reichstages. Bd. 360, S. 11 056 (C). Eine 2. Zusammenkunft hat nach Oesers Darstellung nicht stattgefunden. Durch den Staatssekretär der Reichskanzlei sei v. Graefe mitgeteilt worden, daß der Reichskanzler weitere Unterredungen nicht wünschte.
86 ebenda, S. 11 056 (D).
87 Nürnberger Prozeß. Bd. IX, S. 273.

vokation ausgelegt. Hitler verlangte vom Polizeipräsidenten Seißer und von General v. Lossow, die traditionellen Aufmärsche der Kommunisten und Sozialdemokraten am 1. Mai zu verbieten,[88] stieß in beiden Fällen jedoch auf Ablehnung, wobei Lossow sogar zu verstehen gegeben hatte, daß er auf jeden schießen lassen würde, der Unruhen hervorriefe. Hitler erklärte jedoch, daß »die roten Kundgebungen« nur stattfänden, »wenn die Manifestanten« über seine »Leiche marschieren«[89] würden. Provokationen, Hetzkampagnen und Schlägereien zwischen Kommunisten und Nationalsozialisten förderten die Spannung seit Mitte April. Anton Drexler wurde an seinem Arbeitsplatz bedroht. Die Rechtsradikalen streuten das Gerücht aus, daß von den Gewerkschaften für den 1. Mai ein Putsch vorbereitet würde.

Das Stichwort »Abwehr des Linksputsches«, von der extremen Rechten geschickt hochgespielt, verfehlte seine Wirkung nicht. Die Polizei gab nach und verbot den Gewerkschaften die geplante Demonstration. Damit hatte Hitler ein Teilziel erreicht. Göring, Sittmann, Bauer und Kriebel waren am 30. April sowohl beim bayerischen Ministerpräsidenten v. Knilling als auch beim Innenminister erschienen und hatten darüber hinaus die Verhängung des Ausnahmezustandes gegen die Sozialisten gefordert, wie Auer am 11. Mai 1923 im bayerischen Landtag erklärte. Wenngleich sich die NSDAP trotz der verpflichtenden Hinwendung Hitlers zum Mittelstand im Jahre 1922 als eine sozialistische Partei zu bezeichnen pflegte, hatten ihre Unterhändler verlangt, daß die Ausnahmeverordnungen unter keinen Umständen gegen (sozialistische) »Patrioten« zur Anwendung gelangen dürften.[90] Dem Polizeipräsidenten Nortz gegenüber gaben die Vertreter der »Vaterländischen Verbände« an, daß sie von der Regierung als Notpolizei gegen links aufgeboten worden seien. Nortz erfuhr jedoch am 30. April von Lossow und Knilling, daß das nicht der Fall war;[91] aber unterbinden konnte er die geplanten Maßnahmen der »Vaterländischen Verbände« nicht. Am 23. Mai 1923 teilte er dem mit der Untersuchung der Vorfälle vom 30. April und 1. Mai 1923 beauftragten Staatsanwalt Dresse mit: »Selbstverständ-

88 Persönliche Auskunft von Hermann Esser.
89 Strasser, S. 33.
90 Verhandlungen des Reichstages. Bd. 360, S. 11 620 (C).
91 Nortz in einem Brief vom 23. Mai 1923 (Maschinenschrift, Durchschlag) an Staatsanwalt Dresse. Ehemaliges Hauptarchiv der NSDAP, Bundesarchiv Koblenz, NS 26/104.

lich ist die Polizeidirektion mit irgendeiner [. . .] Gruppe der Kampfverbände in kein Benehmen getreten. Es kann von [. . .] keiner Seite eine Anrufung dafür erfolgen, daß die Behörde zur Bildung des bewaffneten Haufens auf dem Oberwiesenfeld die leiseste Anregung gegeben habe.«[92]

Die Ereignisse hatten sich am Vorabend des 1. Mai so zugespitzt, daß Hitler nicht mehr zurückkonnte. Die Verbände waren aktionsbereit und erwarteten ungeduldig ihre Befehle. Als der militärische Leiter der *Vaterländischen Verbände*, Oberstleutnant Kriebel, am 30. April mit Nortz zusammentraf, erklärte er auf den Hinweis, daß er sich an einer ungeheuerlichen Sache beteilige: »Ich kann nicht mehr zurück, es ist zu spät.«[93] Eindeutig drohte er, daß die Verbände marschieren und zuschlagen würden: »[. . .] mit Waffengewalt, einerlei, ob Blut fließt«[94] oder nicht.

Von den Nationalsozialisten wurden am 30. April emsige und geheimgehaltene Vorbereitungen getroffen, Waffen, Munition, Handgranaten, Kraftfahrzeuge und ein Panzerwagen organisiert. Hitler, der seine Macht offensichtlich überschätzt und einfach vorausgesetzt hatte, daß er mit seinem Willen durchdringen würde, hatte sich selbst in eine schwierige Lage gebracht. An die SA und an andere Formationen, selbst in entlegenen Dörfern Bayerns, waren seine Befehle hinausgegangen und hatten seine Anhänger nach München befohlen. »Jede Gruppe nimmt [. . .] Gewehr[e] mit ausreichender Munition«[95] mit, hieß es im »Befehl für den 1. Mai«, der detaillierte Weisungen enthielt. Geschossen sollte nur dann werden, wenn die Sozialisten es täten. Am 1. Mai sollte der Gegner mit den gleichen Waffen niedergekämpft werden, die er benutzte. Armeewaffen waren als Reserve angekündigt. Aus Landshut, aus Nürnberg, Freising, Tölz, Neu-Ulm und Augsburg trafen Hitler-Leute mit Autos, Waffen und Munition in München ein.

Auf dem Oberwiesenfeld in München hatten sich in den frühen Morgenstunden des 1. Mai die SA unter Göring, das Freikorps Oberland unter Dr. Weber und die Reichsflagge unter Hauptmann Seydel

92 ebenda.
93 ebenda.
94 ebenda.
95 Maschinenschrift (Durchschlag). Der nicht unterschriebene Befehl stammt entweder von Hitler oder von Kriebel, sehr wahrscheinlich jedoch von Hitler. Ehemaliges Hauptarchiv der NSDAP, Bundesarchiv Koblenz, NS 26/104.

versammelt. Das militärische Kommando lag in Hermann Kriebels, die politische Führung in Hitlers Hand. Nach polizeilichen Angaben vom 28. Mai 1923[96] waren 1 300 SA-Männer, die nach minuziösen Eintragungen der Polizei vom 30. April und 1. Mai[97] hauptsächlich in Hundertschaften mit Waffen zum Veranstaltungsort marschiert waren, 200 Angehörige der Reichsflagge, 400 Mitglieder des Blücherbundes und einige hundert Zeitfreiwillige, teilweise in ehemaligen Wehrmachtsuniformen und Stahlhelmen, angetreten. Beim Maximilianäum standen 800 Mann vom Bund Oberland. Rund 2 500 Mitglieder der aktivistischen »Zellergruppe« (Vaterländische Bezirksvereine) befanden sich in Bezirksquartieren in München. Neben Hitler, Ludendorff und Kriebel waren Göring, Frick, Hess, Streicher, Himmler und Roßbach, der Mitbegründer der Berliner nationalsozialistischen Gruppe, vertreten, dessen SA bereits einheitlich braune Uniformen[98] trug.

Hitler hatte von General v. Lossow die in den Kasernen lagernden Waffen der Reichswehr gefordert. General v. Lossow erklärte Staatsanwalt Dresse am 23. Mai 1923 in einem Einschreiben: »Hitler verpflichtete sich durch seine militärischen Teile im Mobilmachungsfall für Eingliederung in die aufzustellenden Verbände vorbehaltlos zur Verfügung zu stellen; dafür übernahm die Reichswehr die Instandsetzung der von seiner Organisation verwalteten [...] Umstände an Kriegsmaterial und die Ausbildung seiner wehrfähigen Leute.«[99] Da Lossow, der sich zum Beispiel auch weigerte, der Polizei Maschinengewehre auszuhändigen, offensichtlich nicht bereit war, Hitlers »Armee« mit den Waffen der Reichswehr auszurüsten, handelten Hitler und Röhm selbständig. Röhm fuhr mit Lastkraftwagen zu den Kasernen und holte die Waffen, die Hitler zusätzlich brauchte: Gewehre, Karabiner und Maschinengewehre. Selbst ein Geschütz und eine Daimler-Zugmaschine für Geschütze konnte er Hitler beschaffen. Nach den Angaben Lossows vom

96 Vgl. BHStA. Mü., MInn 71 771 (Abschrift). Bericht der Polizeidirektion München an das Bayerische Innenministerium (28. Mai 1923); Dok. zit. bei Deuerlein: Der Hitlerputsch, S. 725 ff.

97 Bericht der Polizeidirektion München an den Kommandeur der Landespolizei München (Maschinenschrift, Durchschlag). Ehemaliges Hauptarchiv der NSDAP, Bundesarchiv Koblenz, NS 26/104.

98 Vgl. auch Roßbach, S. 89 f.

99 General v. Lossow an Staatsanwalt Dresse vom 23. Mai 1923 (Maschinenschrift, Durchschlag). Ehemaliges Hauptarchiv der NSDAP, Bundesarchiv Koblenz, NS 26/104.

23. Mai 1923 gegenüber Staatsanwalt Dresse ist zum Beispiel der Kommandeur des 7. Pionier-Bataillons davon überzeugt gewesen, daß die bayerische Regierung Ausschreitungen von links befürchtet und deshalb die Rechtsverbände als Notpolizei aufgeboten habe, weshalb er befehlswidrig Waffen herausgab.[100] Wahrscheinlich hat Röhm ihn durch entsprechende Behauptungen geblufft. Nach dieser Aktion begab Röhm sich in sein Dienstzimmer im Wehrkreiskommando, da ihm einige Tage zuvor vom Landeskommandanten die Teilnahme an allen Ereignissen außerhalb des Heeresdienstes verboten worden war.

Während die »Vaterländischen Verbände« auf dem Oberwiesenfeld militärisch exerzierten, begingen die Gewerkschaftler die Feier auf eine zwar klassenkämpferisch artikulierte, aber friedlich-idyllische Weise auf der Theresienwiese. Einheiten der Landpolizei riegelten das Oberwiesenfeld ab, um Zusammenstöße zwischen rechts und links zu unterbinden. Während die Sturmabteilungen der NSDAP, der Bund Oberland, der Blücherbund, die Organisation Reichsflagge und die Zeitfreiwilligen enttäuscht registrierten, daß sie zu der erhofften Straßenschlacht mit der Linken, die angeblich putschen wollte, nicht kamen, stand Ernst Röhm vor General v. Lossow, der ihm befahl, die von der Reichswehr entliehenen Waffen wieder einzuziehen. Nach dem Hitler-Putsch im November 1923 erklärte Röhm: »[...] ich wurde [später] wegen meiner geistigen Teilnahme an den damaligen Maßnahmen als Kompaniechef nach Bayreuth strafversetzt. Ich erbat meinen Abschied, aber Lossow erklärte mir, dazu liege keine Veranlassung vor, weshalb ich mein Abschiedsgesuch zurückzog. Die Sache wurde nun nach Berlin gemeldet und Geßler verabschiedete mich telegraphisch, was Lossow nicht anerkannte. Geßler kam nach München und zog schließlich meine Verabschiedung zurück.«[101] Eingriffe aus Berlin wurden ignoriert.

Während sich Hitler, ebenfalls einen Stahlhelm auf dem Kopf, das EK I auf der linken Brustseite, auf dem Oberwiesenfeld auf den Angriff vorbereitete, erschien gegen 13 Uhr Röhm mit einer von Mannschaften der grünen Staatspolizei flankierten Reichswehrabteilung auf dem Oberwiesenfeld. Er teilte Hitler mit, daß die Waffen der Reichswehr abgeliefert werden müßten, da die Regierung und die Reichswehr im Augenblick an eine wirkliche Gefahr von links nicht glaubten. Im offiziellen

100 ebenda.
101 Hitler-Prozeß, S. 61.

Polizeibericht der Münchener Polizeidirektion vom 28. Mai 1923 an das bayerische Innenministerium wurde diese Episode allerdings wie folgt erwähnt: »Die mit den Waffen abfahrenden Lastkraftwagen hatten eigene Bedeckungstrupps, um die Verwahrungsorte der Waffen gegen Entente und sonstige Spitzel zu sichern.«[102] Obwohl Strasser und Kriebel die wahnwitzige Idee verfochten, »trotzdem loszuschlagen«, das heißt, die Feier der Gewerkschaftsangehörigen gewaltsam zu unterbinden, und wenn nötig, »auf die Reichswehr zu schießen«,[103] hatte Hitler den vernünftigen Weg des Rückzuges eingeschlagen.

Die »Vaterländischen Verbände« formierten sich auf dem Oberwiesenfeld zu einer Marschkolonne, die sich unter Umgehung des Sperrgürtels der Landespolizei auf dem Wege über die Hohenzollernstraße, Leopoldstraße, Königinstraße und Prinzregentenstraße zum Bürgerbräukeller bewegen sollte. In der Gegend der Hohenzollernstraße-Elisabethstraße stießen sie auf eine Gruppe von 60 bis 80 Gewerkschaftlern, die laut Polizeibericht[104] Arbeiter der Firma Dyckerhoff & Widmann waren und sich auf dem Wege nach Hause befanden: sie »waren von der Theresienwiese aus, nachdem sie vorher [. ..] auf einem Bierkeller Mittag gemacht hatten, mit ihrer Musikkapelle gegen 2 Uhr auf dem Heimmarsch nach Neufreimann begriffen.«[105] Als sie mit der Oberwiesenfeld-Kolonne zusammentrafen, wurden sie verprügelt. Die Hitler-Leute zerschlugen die von den Gewerkschaftlern mitgetragenen Tafeln mit der Aufschrift »Arbeiterschaft Dyckerhoff & Widmann« und »Hoch der Achtstundentag« und verbrannten ihre rote Fahne.[106] Die Polizei schritt nicht ein. Als sie erschien, hatte die SA, die während der Prügelei auch schoß, »reinen Tisch« gemacht. 7 Personen wurden verletzt, einige mußten sich in ärztliche Behandlung begeben.

Am Abend sprach Hitler im Rahmen der sogenannten »Deutschen Maifeier« im überfüllten Zirkus Krone über »Abrechnung mit den Novemberverbrechern«, und Esser erklärte, daß der Reichskanzler Cuno in Bayern seine einzige Stütze sähe.[107]

Während die *München-Augsburger Abendzeitung* am 16. Mai 1923

102 Vgl. Anm. 96 in diesem Kapitel.
103 Strasser, S. 37.
104 Vgl. Anm. 96 in diesem Kapitel.
105 ebenda.
106 ebenda.
107 Vgl. oben S. 386.

ausführlich über die von den »Vaterländischen Verbänden« am 1. Mai inszenierten Überfälle auf die Teilnehmer der sozialistischen Maifeiern berichtete, zu denen beispielsweise im Hirschgarten in Nymphenburg rund 30 000 Personen erschienen waren, mußte die Öffentlichkeit feststellen, daß die Rechtsradikalen auch weiterhin den Schutz und das Wohlwollen der Landesregierung genossen. Bezeichnend für den Eindruck, den die von Hitler inszenierten Überfälle auf maßgebliche Herren der bayerischen Polizei hinterlassen hatte, ist folgender Satz im Polizeibericht der Polizeidirektion vom 28. Mai 1923 an das bayerische Innenministerium: »Jedenfalls wird der 1. Mai ein Wendepunkt in der ganzen Entwicklung des Gedankens der ›Vaterländischen Verbände‹ sein.«[108] Hitler und seine Anhänger konnten mit »ihrer Regierung« zufrieden sein. »Vaterländische Kundgebungen«[109] waren auch weiterhin ausdrücklich erlaubt, wie es in einer Weisung der bayerischen Regierung unter anderem an die Polizeidirektion München und an das Staatspolizeiamt Nürnberg-Fürth hieß. Zwar wurde hervorgehoben, daß »Felddienst- und Geländeübungen«[110] verboten seien, doch aus Erfahrung wußten die Rechtsradikalen, daß sie sich an derartige Richtlinien nicht unbedingt zu halten brauchten.

Zwar wußte Hitler, daß die von ihm inszenierten Überfälle ihm eine zweijährige Gefängnisstrafe eintragen konnten, doch er wußte auch, daß die bayerische Justiz von der Anwendung des § 127 absehen mußte, wenn sie keine »Katastrophe« heraufbeschwören wollte. Die Feststellung des bayerischen Justizministers Gürtner, daß Hitler mit »landesverräterischen Enthüllungen«[111] für den Fall gedroht habe, daß gegen ihn wegen seines Verhaltens am 30. April und 1. Mai 1923 gerichtlich vorgegangen würde, war ein beredter Hinweis. Zwar war von dem Staatsanwalt Martin Dresse eine Untersuchung gegen Hitler eingeleitet worden, doch ist es zur Erhebung der Anklage nicht gekommen. Am 1. August 1923 wurde die Untersuchung auf Veranlassung von Gürtner abgeschlossen und auf Grund der sogenannten »Emmingerverordnung« am 22. Mai 1924 eingestellt.[112]

Mitte Mai begann die bayerische Regierung, die Notverordnung

108 Vgl. Anm. 96 in diesem Kapitel.
109 Verhandlungen des Reichstages. Bd. 360, S. 11 621 (C).
110 ebenda, S. 11 620 (D).
111 ebenda. Bd. 394, S. 12450 (A).
112 ebenda, S. 12 450.

(am 11. Mai war der »Ausnahmezustand« verhängt worden) gegen links mit besonderem Nachdruck durchzusetzen. So berichtete beispielsweise der Reichstagsabgeordnete Unterleitner am 5. Juli 1923 im Reichstag, daß nach der Verkündung der Verordnung eine Anzahl bayerischer linksgerichteter und reichstreuer Zeitungen verboten worden seien, nur weil sie berichtet hatten, daß sich der Bund Oberland, die Organisation Roßbach, der Stahlhelm, die Organisation Niederbayern, der Wikingbund (Ehrhardt-Leute), der Bund Reichsflagge und die NSDAP zur »Kampfgemeinschaft nationaler Verbände«[113] unter Hitlers und Ludendorffs Führung zusammengeschlossen hätten.

Während die *Münchner Post*, die *Schwäbische Volkszeitung*, die *Fränkische Volkstribüne*, die *Aschaffenburger Volkszeitung*, der *Fränkische Volksfreund*, die *Fränkische Tagespost* und das *Bayerische Wochenblatt* ihr Erscheinen vorübergehend einzustellen gezwungen wurden, weil sie offensichtlich »bayerische Staatsgeheimnisse« verraten hatten, marschierte die Organisation »Reichsflagge« sowohl am 27. Mai als auch am 30. Mai weiterhin zu ihren Schieß- und Geländeübungen. Selbst die Tatsache, daß durch das Scharfschießen gefährdete Bürger polizeiliche Anzeige erstatteten, änderte nichts daran. So kam es zu Schlägereien und Schießereien zwischen der Reichsflagge und der mit der NSDAP fraternisierenden grünen Polizei einerseits und der terrorisierten Bevölkerung andererseits, wobei sogar ein Mann namens Meier erschossen wurde.[114] Andererseits aber verweigerte die bayerische Polizei die Ausgabe von Waffenscheinen an die sozialdemokratischen Parteigenossen, die dem Landesvorsitzenden Auer zum Schutze seines von Rechtsradikalen bedrohten Lebens zugeordnet wurden.[115] Die »Arbeitsgemeinschaft der vaterländischen Kampfverbände« dagegen, über deren Verfilzung bis in höchste Regierungsstellen es spätestens seit dem ausführlichen Bericht der *München-Augsburger-Abendzeitung* vom 16. Mai 1923 über »Die vaterländische Bewegung in München« keine Zweifel mehr geben konnte, durfte bewaffnet sein. Sie verfügte sogar über Geschütze und Maschinengewehre, wenn es ihren Führern geboten schien. Offiziell hatte sich beispielsweise der »Bezirksobmann von Ingolstadt«[116]

113 ebenda, S. 11 624 (D).
114 ebenda, S. 11 622 (B).
115 ebenda, S. 11 053 (C).
116 ebenda, S. 11 621 (B).

um Unterstützung seiner Notpolizei am 1. Mai an die Nationalsozialisten gewandt. 15 grüne Regensburger Polizisten gehörten der NSDAP an,[117] und immer »wenn die Hitlerleute Waffen« brauchten, wurden »sie ihnen zugänglich gemacht«.[118]

Diese Zustände waren sowohl der Regierung als auch der Polizei seit langer Zeit bekannt. Bereits am 12. Juli 1922 war in einem Prozeß festgestellt worden, daß »Münchener Polizeibeamte Anzeigen gegen Nationalsozialisten« zurückgehalten und entsprechende »Akten überklebt«[119] hatten. Ein günstigeres Terrain konnte die Nationalsozialistische Deutsche Arbeiterpartei nicht finden. Ungestraft durfte Hitler in Bayern erklären, daß es für die »Gesellschaft« der Auer, Ebert und Scheidemann in seinen Augen »nur eine Strafe: den Strick«[120] gebe, und daß so bald wie möglich mit der »Berliner Sauwirtschaft« aufgeräumt werden müsse. Je rücksichtsloser, demagogischer und »forscher« er sich gegen links und gegen die Berliner Regierung gebärdete, desto höher stiegen sein Ansehen und sein politischer Kredit in Bayern.

In dem Maße, in dem Hitler an politischer Bedeutung gewann, nahmen auch die Geldzuwendungen an ihn und die NSDAP zu. Im Jahre 1923 verfügte er bereits über ansehnliche und zum Teil konstante Geldquellen. Trotz der katastrophalen Inflationsverhältnisse und deren Auswirkungen besaß die NSDAP bei der Auflösung (nach dem Putsch vom 9. November 1923) ein Vermögen von rund 170 000 Goldmark. Als Geldgeber und Gönner bis 1923 nennt Alan Bullock die reiche Baltin Gertrud v. Seidlitz, die der NSDAP seit 1921 angehörte, Putzi (Ernst) Hanfstaengl, die Familien Bechstein und Bruckmann, den Lokomotivfabrikanten v. Borsig, den Augsburger Fabrikbesitzer Grandel, den Münchener Industriellen Aust als Mittelsmann zwischen Hitler und dem »Herrenklub« und Fritz Thyssen, der Hitler 100 000 Goldmark spendete.[121]

117 ebenda.
118 ebenda, S. 11 057 (B.)
119 ebenda. Bd. 356, S. 8 681 (B).
120 VB Nr. 51 (1923). Vorgetragen im Reichstag am 24. April 1923. Vgl. Verhandlungen des Reichstages. Bd. 359, S. 10725 (Anhang). In Mein Kampf (S. 218 f.) drückt Hitler sich ähnlich aus. Selbst während des Hitler-Prozesses nach dem Putsch im November 1923 sprach er von »Ebert, Scheidemann und Genossen« als Landes- und Hochverrätern (Hitler-Prozeß, S. 265).
121 Bullock, S. 78 und S. 81 f. Vgl. dazu auch Verhandlungen des Reichstages.

Damit ist der Kreis der damaligen Geldspender und Gönner jedoch längst nicht vollständig. Bullock ist der Ansicht, daß sowohl der Umfang als auch die Bedeutung der Unterstützungen überschätzt würde[122], das trifft jedoch nicht zu. Auch die Zuwendungen aus dem Ausland sind weitaus bedeutsamer gewesen als Bullock behauptet, der sich offensichtlich bemüht, diese Unterstützungen zu bagatellisieren.[123] Wahrscheinlich resultiert sein Urteil aus der Tatsache, daß ihm nur ein relativ geringer Teil der Quellen aus der Zeit vor 1924 bekannt wurde. Hinzu kommt, daß es viel schwieriger ist, den Umfang und die Herkunft der bei der NSDAP vor 1924 eingegangenen Geldbeträge zu ermitteln als spätere Zuwendungen. Zwar bewegen sich die Summen der einzelnen Zuwendungen an Hitler und die NSDAP in der Regel nicht in der Höhe des von Thyssen beigesteuerten Betrages, jedoch ist den bisherigen Angaben eine nicht unbedeutende Reihe von Namen und Quellen hinzuzufügen, wenn die überlieferten Angaben in einigen Fällen auch nicht mit absoluter Sicherheit zu belegen sind.

Nach einer Meldung der *Münchner Post* vom 6. April 1923 soll ein amerikanischer Verleger für die Erlaubnis zur Vervielfältigung und Herausgabe von Hitler- und Eckart-Abbildungen 600 Dollar (zur Zeit der Inflation ein bedeutender Betrag) bezahlt haben. In dem Zusammenhang erscheint der Hinweis interessant, daß sich seit 1922 nicht nur die amerikanische Presse für Hitler und seine Partei interessierte. Im November 1922 wurde Hauptmann Truman Smith (der zu jener Zeit den vermögenden Ernst Hanfstaengl auf Hitler aufmerksam machte), ein Hilfsoffizier des Militärattachés der amerikanischen Botschaft in Berlin, nach München beordert, um Informationen über Hitler und die NSDAP einzuholen.[124] Ein ehemaliger Vertrauter Hitlers erklärte in einer Zuschrift an die Zeitung *Der Abend* vom 4. Oktober 1929, daß auch der Bruder des Pianofabrikanten Bechstein, Heinrich Claß, Dr. Kuhlo vom Bayerischen Industriellenverband, Kommerzienrat Zentz aus München, Prinz v. Arenberg und auch Geheimrat Kirdorf dem Führer der NSDAP

Bd. 444, S. 138 f., ebenso Centralvereinszeitung der deutschen Staatsbürger jüdischen Glaubens vom 12. April 1923 und Münchner Post Nr. 286 und 297 (1923).

122 Bullock, S. 81.

123 ebenda, S. 81 f.

124 Nach Shirer, S. 646, Anm. 87. Smiths Bericht wurde am 25. November 1922 von der amerikanischen Botschaft in Berlin nach Washington gesandt.

bereits 1923 finanziell unter die Arme gegriffen haben sollen. Im Juli 1929 veröffentlichten *Der Jungdeutsche* und die *Fränkische Tagespost* aufschlußreiche Offene Briefe des Marineoffiziers Helmuth v. Mücke, der inzwischen aus der NSDAP ausgeschieden war. Sie gaben Aufschlüsse über die finanziellen und persönlichen Bindungen Hitlers. Mücke behauptete, im Jahre 1923 nach seiner Rückkehr aus Amerika Hitler 500 Dollar gespendet zu haben, und was wesentlicher ist, daß der Plauener Spitzenfabrikant Mutschmann zur Unterstützung der NSDAP Geld, wahrscheinlich in größeren Mengen, beisteuerte. Ferner stellte Mücke fest, daß Dr. Emil Ganßer, der Hitler Zugang zu Schweizer Finanzkreisen und (im Mai 1922) zu Mitgliedern des Nationalen Klubs in Berlin schuf, vor dem sogenannten Deutschen Tag in Nürnberg (1. und 2. September 1923) mit Schweizer Industriellen zusammengetroffen sei und Hitler dort die Türen zu Geldgebern geöffnet habe, von denen er schließlich einen »Kabinenkoffer, gefüllt mit Schweizer Franken und Dollarnoten«[125] erhalten habe, wobei Major Buch, der damalige Führer der Sturmabteilung (SA) Franken, als Zeuge genannt wird.

An die Öffentlichkeit drangen die Angaben über diese Beziehungen (Hitler war im Herbst 1923 selbst in der Schweiz) vor allem durch Berichte der *Nürnberger Abendpost* vom 15. November 1924, der *Frankfurter Zeitung* vom 4. Dezember 1924 und der *Münchner Post* vom 5. Dezember 1924, die sich damit befaßten, »Wie Hitler im Ausland schnorrte« (*Nürnberger Abendpost*). Dagegen unternahm Hitler nichts.

125 Vorgetragen im Reichstag. Vgl. Verhandlungen des Reichstages. Bd. 444, S. 138 (D) und 139 (A). Nach dem Akt »Hitler-Putsch« der Bayerischen Staatskanzlei (Aktennotiz vom 6. August 1925) sind insgesamt 33 000 Schweizer Franken zwischen April 1923 bis Ende 1923 in der Schweiz mit Hilfe des Ganßerschen Unteragenten, des Ingenieurs Max Koller, für Hitler aufgebracht worden. In den amtlichen Unterlagen werden als Mäzene u.a. der Züricher Großindustrielle Oehler und der Schweizer Oberst Pircher (der Gründer der Schweizer Vaterländischen Verbände) genannt, ebenso Dr. Sonderecker, der Syndikus der Vaterländischen Verbände. Ganßer, der mit Dietrich Eckart befreundet war, besorgte häufig auch Geld für Eckart für den VB (vgl. auch VB vom 17. Januar 1941). Bei einer Vernehmung gab der Stabschef der SA, Kapitänleutnant Hoffmann, an, für seine Tätigkeit im Oberkommando der SA, wie andere SA-Führer auch, Schweizer Franken und tschechische Kronen als Sold bekommen zu haben. Ähnliche Angaben machte auch der SA-Führer Julius Schreck (Akt »Hitler-Putsch« der Münchener Polizeidirektion. Vgl. auch Hoegner, Wilhelm: Der schwierige Außenseiter, S. 47 f.). Vg.l dazu auch Berlin Document Center, 1764 und Bayerische Staatszeitung vom 12./13. Juni 1932.

Als ihm jedoch von Heller, einem Redakteur der christlich-sozialen Wochenschrift *Das neue Volk* vorgeworfen wurde, für die NSDAP französisches und tschechoslowakisches Geld erhalten zu haben, strengte er einen Beleidigungsprozeß an. Seine Klage wurde »kostenpflichtig« abgewiesen, weil er die Frist der Nachweisvorlage versäumt hatte.[126]

Auch die am 10. September 1928 von Hitler gegen den in Finanz- und Devisenfragen sachkundigen sozialdemokratischen Landtagsabgeordneten Josef Strobl beim Amtsgericht Ingolstadt an der Donau eingereichte Beleidigungsklage endete mit einem Freispruch des Beklagten.[127] Der Finanzangestellte Strobl hatte einer Informationsschrift der SPD, deren Verfasser nach Strobls Vermutungen Wilhelm Hoegner gewesen ist,[128] entnommen, daß Hitler aus dem Ausland Geld bekommen habe, was Strobl gelegentlich wiederholte. Hitler und sein Verteidiger Hans Frank, der spätere Generalgouverneur von Polen, haben nicht beweisen können, daß die Behauptungen, Geld aus dem Ausland bekommen zu haben, nicht zutrafen.[129] Auch die Feststellungen Strobls: »Bezüglich Geldgeber habe ich keine Länder mit Namen genannt, sondern ich habe gesagt, in einer Zeit, wo wir mit Papierschnitzeln bezahlt wurden, wurde im Hauptquartier Hitlers mit Devisen ausbezahlt, und dann sagte ich noch aufzählend: es waren Schweizer Franken, holländische Gulden und amerikanische Dollars. Dann kam ein Zwischenruf, auch die Industrie habe Geld gegeben, worauf ich ›Jawohl‹ sagte«,[130] haben Hitler und Frank nicht zu widerlegen vermocht. Das Gericht sprach Josef Strobl am 28. Januar 1930 frei.[131] Hitlers Beleidigungsklage wurde mit folgender Urteilsbegründung des Gerichts kostenpflichtig abgewiesen: »Die Tatsache hat sich wirklich ergeben, daß Gelder von Industriellen

126 Vgl. Anm. 29 in diesem Kapitel.
127 Privatklageregister Nr. 101/28 beim Amtsgericht Ingolstadt. Die Akten wurden nach 1933 aus dem Amtsgericht entfernt. Mitteilung der Geschäftsstelle des Amtsgerichts Ingolstadt vom 31. 8. 1964. Der ehemalige Reichsschatzmeister der NSDAP, Xaver Schwarz, gab 1945 an, daß die angeblich zur Auswertung für eine Geschichte der NSDAP zusammengetragenen Gerichtsakten am 24. April 1945 verbrannt worden seien. Vgl. auch Deuerlein: Der Hitlerputsch, S. 118.
128 Schriftliche Mitteilung von Regierungsbaumeister Paul Strobl im Auftrage seines Vaters Josef Strobl (23. November 1964).
129 Vgl. Anm. 127 und 128.
130 Vgl. Ingolstädter Zeitung Nr. 23 (1930). Ebenso Verhandlungen des Reichstages. Bd. 444, S. 139 (B).
131 Vgl. Anm. 127.

oder anderen Arbeitgebern eingegangen sind; dies bezeugte auch Hitlers Privatsekretär Hess, wenn er auch aussagte, daß dies nicht in größerem Maßstab der Fall war. Es ist betont worden, daß der Stab Hitlers mit Devisen bezahlt worden ist. Die Privatklage wird daraus eine Beleidigung konstruieren. Aber abgesehen davon, daß diese Devisen nicht auf ganz legalem Wege hergekommen sein können [...] war [der Vorwurf, dieses Geld angenommen zu haben] auch nicht gerade speziell auf Hitler gemünzt.«[132]

An italienischen Geldzuwendungen hat es seit Mussolinis Marsch auf Rom Ende Oktober 1922 wahrscheinlich ebenfalls nicht gefehlt, wenn Einzelheiten auch nicht belegt werden können, da die diesbezüglichen italienischen Dokumente (noch) nicht zugänglich sind. Der einfallsreiche und ungewöhnlich geschäftstüchtige Berliner Direktorensohn Kurt Luedecke (1890), der seit seiner Kindheit gute Beziehungen zu adeligen und einflußreichen bürgerlichen Häusern pflegte[133] und sich als Manager, Unternehmer und Kaufmann mit wechselndem Erfolg, als Liebhaber und Spieler mit angeblich märchenhaftem Glück in England, Holland, Dänemark, Frankreich, Italien, Ägypten, Indien, USA, Südamerika, Mexiko (Flugzeughandel, der ihm 150 000 Mark Gewinn einbrachte), Finnland und im Baltikum (in Gemeinschaft mit der Frankfurter Gummifabrik Peters Union Handel mit veralteten Autoreifen, Reingewinn: 500 000 Mark) seit August 1922 Hitler und der NSDAP ganz zur Verfügung stellte, war bereits im September 1922 in Hitlers Auftrag (jedoch auf eigene Kosten) mit Mussolini in Mailand zusammengetroffen. 15 Jahre später schrieb er, 1922 von Hitler beauftragt worden zu sein, sich bei Mussolini für Geldzuwendungen an die NSDAP einzusetzen, ohne jedoch anzugeben, ob er tatsächlich auch Geld aus Italien beschafft hat.[134] Auch polizeiliche Untersuchungen haben eindeutige Beweise für Geldempfänge aus Italien nicht erbracht, wie zum Beispiel der Bericht der Münchener Polizeidirektion an das bayerische Innenmi-

132 Vgl. Anm. 29 in diesem Kapitel. Göring erklärte beispielsweise im Abel-Prozeß (Bayerische Staatszeitung vom 12./13. Juni 1932), daß er gehört hätte, daß die NSDAP »Gelder aus der Schweiz und der Tschechoslowakai von Auslandsdeutschen bekommen« habe. Sein Adjutant Hoffmann gab im selben Prozeß an, mit Schweizer Franken bezahlt worden zu sein (Münchner Post vom 10. Juni 1932). Vgl. auch Anm. 125.

133 Vgl. Luedecke, S. 18.

134 Luedecke: I knew Hitler. London 1938, z. B. S. 69, S. 141 und S. 145.

nisterium vom 25. August 1925 beweist,[135] in dem behauptet wird, daß Mussolini Luedecke gegenüber eine finanzielle Unterstützung der NSDAP abgelehnt haben soll.[136]

Die von Graefe (der bis zum Hitler-Putsch im November 1923 Mitglied der NSDAP in Hitlers naher Umgebung war) später verfochtene und von Osterhuber (vom *Bayerischen Kurier)*, Zerfaß (von der *Münchner Post*) und Dichtl und Wimmer von der SPD-Leitung verbreitete Behauptung, daß Hitler für seine offen deutschfeindliche und italienfreundliche Haltung im Zusammenhang mit der Südtirol-Frage[137] von Mussolini bezahlt worden sei, konnte während des von Hitler angestrengten und 1929 durchgeführten Beleidigungs-Prozesses[138] von den Beklagten nicht bewiesen werden. Sie wurden zu Geldstrafen von je 800 und 1 000 Reichsmark verurteilt. Graefe erklärte nach dem Prozeß: »Von Hitlers Zeugen, namentlich Rosenberg, wurde [...] bestritten, daß [...] Luedecke jemals in Hitlers Auftrag in Italien gewirkt habe. Demgegenüber wurde ein Artikel des ›Völkischen Beobachters‹, als des offiziellen nationalsozialistischen Parteiorgans, vorgelesen, in dem [...] Luedecke ausdrücklich als ›italienischer Vertreter Hitlers‹ bezeichnet wurde. Der Zeuge Rosenberg versuchte diesen Widerspruch zu seiner eidlichen Aussage dadurch zu erklären, daß jener Artikel von Luedecke selbst verfaßt gewesen sei und er ihn damals nicht habe ›desavouiren‹ wollen.«[139]

Auch in dem von Graefe eingeleiteten Berufungsverfahren, in dem ihn ein angeblich genau informierter Zeuge namens Werner Abel unterstützte, wurden eindeutige Beweise für die Behauptung Graefes nicht erbracht, daß Hitler Südtirol für 60 000 Goldmark »verraten« habe. Die Angaben[140] Abels, den polizeiliche Akten als Münzverbrecher, Heirats-

135 Berlin Document Center, 1764.
136 ebenda. Vgl. auch Schubert, S. 145.
137 Vgl. S. 433, Anm. 256 in diesem Kapitel und Hitlers Zweites Buch, S. 189 ff.
138 Vgl. Münchner Post vom 6. Mai 1929, ebenso Bayerischer Kurier vom 7. Mai 1929 und Völkischer Beobachter vom 8. Mai 1929.
139 Faschismus, Sozialismus, Nationalismus. Berlin 1930, S. 28 f.
140 Abel gab an, daß ein italienischer Offizier (der Abels Angaben nach der Münchner Post vom 10. Juni 1932 bestritt) namens Migliorati kurz vor dem Münchener Hitler-Putsch im November 1923 als Vertreter der italienischen Faschisten nach München gekommen sei und sich nicht nur mit Hitler, sondern (am 16. Oktober 1923) auch mit Kahr und Seißer getroffen habe, wobei er italienische Unterstützung unter der Bedingung

schwindler und Hochstapler auswiesen und ein gerichtsärztliches Gutachten als erheblich belasteten Psychopathen bezeichnete,[141] erschienen dem Gericht nicht glaubwürdig. Der Prozeß endete im Februar 1930 mit einem Vergleich zwischen Graefe und Hitler. In dem danach von Hitler gegen Abel angestrengten Meineidsverfahren wurde Abel im Juni 1932 zu 3 Jahren Zuchthaus und 10 Jahren Ehrverlust verurteilt.

Dennoch sind die Stimmen nicht zur Ruhe gekommen, die Vermutungen, Behauptungen und »Beweise« über Geldempfänge Hitlers aus Italien verbreiteten. Da die Gerichtsakten, die sich mit dieser Frage befaßten, zwischen 1933 und 1934 aus dem Münchener Gericht entfernt[142] und offensichtlich vernichtet wurden, darf vermutet werden, daß die Vorwürfe gegen Hitler und die NSDAP in diesem Zusammenhang zumindest nicht ganz unberechtigt erhoben worden sind. Hitler hat Beziehungen solcher Art zu ausländischen (und auch deutschen) Geldgebern aus naheliegenden Gründen stets abgestritten, was er aus propagandistischen Gründen besonders hellhörig bei den Vorwürfen tat, die sich auf seine Haltung während der Ruhrbesetzung und auf seine Haltung in der Südtirol-Frage bezogen.

Zweifellos sind Hitler und der NSDAP über Luedecke (eigentlich: Ludige), dem zweifellos undurchsichtigsten und neben Erwin v. Scheubner-Richter und Alfred Rosenberg am wenigsten durch Dokumente zu erfassenden Mann in Hitlers nächster Umgebung, erhebliche Geldmengen zugeflossen, wobei es sich nicht nur um Zuwendungen aus eigenem

angeboten hätte, daß die Geldempfänger für deutsche Konzessionen an Italien in der Südtirol-Frage einträten. Nach Besprechungen mit Kahr, Seißer und Hitler habe Migliorati eine Nachrichtenzentrale im Büro der Organisation Escherich eingerichtet und der Nachrichtenstelle des Oberleutnant v. Koenig Dollarschatzanweisungen in Höhe von 10000 Goldmark übergeben, die im Laufe der Zeit durch weitere 50000 Goldmark (z. T. zur Ausrüstung der SA Hitlers) ergänzt worden seien, da die deutschen Verhandlungspartner auf Miglioratis Forderungen eingegangen seien.

141 Vgl. Bayerische Staatszeitung vom 14. Juni 1932. Zu Abels Vorgeschichte vgl. u.a. das Schreiben (nur Durchschlag vorhanden) des Polizeipräsidiums Berlin vom 13. Oktober 1924 an die Wiener Polizeidirektion (Berlin Document Center, 1497 A). Abel wurde 1935 im KZ Dachau umgebracht. Vgl. auch Frank, S. 80 f. und Hiller, Kurt: Köpfe und Tröpfe. Hamburg und Berlin 1950.

142 Schriftliche Mitteilung der Staatsanwaltschaft bei dem Landgericht München I vom 18. August 1964 (Aktenzeichen: AR VI 249/64). Vgl. auch Anm. 127 in diesem Kapitel.

Besitz, sondern auch um große Summen handelte, die er aus dem Ausland vermittelte. Auf eigene Kosten unternahm er beispielsweise Reisen für Hitler, stellte einen SA-Sturm mit zuletzt mehr als 50 Mitgliedern auf, beköstigte ihn, kleidete ihn ein und versorgte ihn mit Waffen, wozu nach seinen eigenen Angaben unter anderem 175 Gewehre, 15 Maxim-Gewehre, über 200 Handgranaten und mehrere tausend Schuß Gewehr-Munition gehörten.[143] Nach einem Bericht des *Völkischen Kuriers* vom 28. Februar 1925 gab Hitler im Beleidigungsprozeß gegen den Sanitätsrat Dr. Pittinger (des Führers des Bundes Bayern und Reich, einer Nachfolgeorganisation der Einwohnerwehren) an, ungefähr 7 000 bis 8 000 Mark von Luedecke erhalten zu haben, der zunächst auf Pittingers Seite gestanden hatte.

Doch alle Maßnahmen und Aufwendungen Luedeckes stießen sowohl bei der Polizei als auch bei den führenden Nationalsozialisten auf berechtigtes Mißtrauen. Dieser eifrige und für einige »alte Kämpfer« »zu feine« Nationalsozialist, der sich wie Ludendorff einen Diener hielt, in Mexiko Staatsbürger geworden war, für den mexikanischen Präsidenten Carranza eine Fremdenlegion nach dem Vorbild der Deutschen Freikorps aus deutschen Offizieren und Unteroffizieren hatte aufstellen wollen und im Januar 1923 verhaftet wurde, weil er im Verdacht stand, im Dienste einer fremden Macht zu stehen (Berlin Document Center, 1755), war wahrscheinlich französischer Spion.

Der Umfang der Geldbeträge, die über Luedecke aus dem Ausland nach München flossen, kann nicht genau belegt werden. Nach einer Meldung der *Münchner Post* vom 22. Juni 1923, die inhaltlich mit den polizeilichen Feststellungen übereinstimmt, hat Hitler die von Luedecke nach München gebrachten französischen Geldbeträge (nach polizeilichen Untersuchungen 130 000 Mark und 205 Franken) mit einem Protokoll hinterlegen lassen und die Verwendung des Geldes untersagt.

Nach einem Vernehmungsprotokoll vom 30. Januar 1924 hat die ungarische faschistische Organisation Erwachendes Ungarn, deren Führungsmitglied, der Abgeordnete der Ungarischen Nationalversammlung Dr. Franz Ulain, im Februar 1921 in München war, der NSDAP beträchtliche Geldbeträge in ungarischer Währung zugeleitet;[144] konkre-

143 Luedecke, S. 103. Vgl. auch Deuerlein: Der Hitlerputsch. Dok. S. 543 ff.
144 Vernehmungsprotokoll R. Döhmel vom 30. Januar 1924 (Polizeidirektion München, Abt. VI a). Vgl. auch Schubert, S. 168 ff. Nach einer poli-

te Summen können jedoch nicht nachgewiesen werden. Daß seit Kahrs Regierungszeit 1920/21 Beziehungen zwischen den Münchener und ungarischen Rechtsradikalen existierten, ist erwiesen. So wurde nach dem Münchener Hitler-Putsch im November 1923 auch in Ungarn gegen rechtsradikale Putschisten, unter anderem gegen Bobura, Szemore und Ulain, in einem Prozeß verhandelt, in dem den mit Hitler und Ludendorff (unter anderem über Dr. Erwin v. Scheubner-Richter, der sich im Januar 1923 mit v. Horthy getroffen hatte) konspirierenden Angeklagten nachgewiesen wurde, »seit geraumer Zeit«[145] den Sturz der ungarischen Regierung mit Hilfe bayerischer Truppen und irregulärer Verbände (für die Lieferung von Lebensmitteln als praktische Gegenleistung) vorbereitet zu haben.[146] Das scharf links ausgerichtete Publikationsorgan *Der Kampf* hatte bereits am 24. August 1920 unter anderem erklärt: »[...] Gerade in Bayern befinden sich die besten Freunde der ungarischen Mörderdiktatur Horthy. Hier sind die Fäden einer dynastisch-klerikalen Verschwörung, die bei Horthy mündet. Die Regierung Kahr hat aus einem Entschluß Handelsbeziehungen aufgenommen zu Ungarn [...] Gemeinsam mit den Klerikalen Tirols verschleppt und versteckt man diese Waffen in den Klöstern Tirols, die den Obdachlosen verweigert werden. Das sind unsere edlen Christen, die an der Loslösung Bayerns vom Reich und an der Wiederherstellung der verruchten Wittelsbacher Dynastie arbeiten!«

Da die Nationalsozialisten seit Beginn darauf bedacht waren, nach Möglichkeit Einzelheiten und Zusammenhänge über Fragen der Geldbeschaffung schriftlich nicht niederzulegen,[147] sind große Zuwendungen nur in verhältnismäßig wenigen Fällen nachweisbar, was auch während des Hitler-Prozesses nach dem Putsch im November 1923 deutlich zutage trat. Hitler verbot Ende Oktober 1920 im Münchener Kindlkeller

zeilichen Aufzeichnung vom 21. Dezember 1923 (Polizeidirektion München, Abt. VI–N, Zeichen: VI N 556/23) hielt Ulain sich im Februar 1921 in München auf. Vgl. auch Deuerlein: Der Hitlerputsch. Dok. S. 516.

145 Bayerische Staatszeitung vom 16. Januar 1924. Vgl. auch Frankfurter Zeitung vom 9. November 1923. Zu dem Zusammentreffen von Scheubner-Richter und Horthy vgl. die in der Anm. 144 erwähnten polizeilichen Aufzeichnungen vom 21. Dezember 1923.

146 Bayerische Staatszeitung vom 16. Januar 1924. Vgl. auch Frankfurter Zeitung vom 9. November 1923.

147 Im Parteitagebuch findet sich in entsprechenden Fällen die Eintragung wird von Drexler persönlich erledigt.

sogar den Versammlungsteilnehmern, denen er berichtete, daß die NSDAP 60 000 Kronen an die österreichischen Gesinnungsgenossen geschickt hätte[148], seine Ausführungen mitzuschreiben oder mitzustenographieren.[149]

Mit Sicherheit sind der NSDAP aus baltendeutschen und russischen antibolschewistischen Kreisen Geldzuwendungen über Dr. Glaser und Hitlers Freund Dr. Erwin v. Scheubner-Richter zugeflossen.[150] Scheubner-Richter war nicht nur Hitlers Verbindungsmann zur Industrie, zu hohen kirchlichen Stellen, zum Hause Wittelsbach, zu Ludendorff und wichtigen Rechtsverbänden, sondern auch zu Gönnern im Ausland und zu reichen Ostemigranten. Dazu gehörten zum Beispiel neben dem monarchistischen ukrainischen General Skoropadski, der 1918 als deutscher Gouverneur in der Ukraine fungierte, Skoropadskis »Presseagent« Dr. Nemirowitsch-Dantchenko, der reiche General Biskupski und die Frau (Alexandra) des russischen Thronfolgers Prinz Kyrill (Koburg), aus dessen Familienfonds Hitler Geld erhielt. Doch nicht nur ehemalige Großgrundbesitzer und Industrielle aus dem Osten ließen Hitler und der NSDAP durch Scheubner-Richter (über Ludendorff) Geld zukommen, sondern auch das spanische Königshaus.

Erwin v. Scheubner-Richter (1884–1923), der am Kapp-Putsch in Berlin teilgenommen hatte und seit Herbst 1920 Mitglied der NSDAP war, stammte aus einer aus Sachsen nach Livland ausgewanderten Familie. Er hatte in Riga, Dresden und München Chemie und Ingenieurwissenschaften studiert und war während eines Genesungsurlaubs im Dezember 1916 mit einer Arbeit *Über das Pinenhydrobromid und sein Verhalten zu Silberoxyd* von der Technischen Hochschule in München, wo sich zahlreiche Ostemigranten aufhielten, zum Dr.-Ing. promoviert worden. Seine internationalen Beziehungen und seine reichen Erfahrungen im antibolschewistischen Kampf waren Hitler und der NSDAP sehr nützlich. Bereits im Jahre 1905, zur Zeit der russischen Revolution, hatte er sein Studium in Riga (wo er später Alfred Rosenberg kennenlernte) unterbrochen und sich aktiv in den Organisationen der Livländischen Ritterschaft betätigt. Während des I. Weltkrieges war er, obwohl seit

148 HStA. Mü., Abt. II, Gruppen-Kdo. 4, Bd. 46/8.
149 HStA. Mü., Abt. II, Gruppen-Kdo. 4, 40/8 (handschriftlich vom 26. Oktober 1920).
150 Mündliche und schriftliche Auskunft von Hermann Esser.

1915 Offizier im deutschen Heer, Beamter des Auswärtigen Amtes, Verweser des Kaiserlich Deutschen Konsulats in Erserum und Detachementsführer auf einem türkischen Kriegsschauplatz.[151] Während der zweiten Hälfte des Krieges war er in Riga im Stabe des Reichskommissars für die baltischen Provinzen tätig gewesen und hatte seit Frühjahr 1920 führend in der Organisation der russischen Emigranten gewirkt.

Der sehr beziehungsreiche, gewandte, begabte und diplomatisch erfahrene Scheubner-Richter, über dessen undurchsichtige Vergangenheit der *Bayerische Kurier* vom 5. Oktober 1923 einen aufschlußreichen Artikel veröffentlichte, spielte in der NSDAP eine Rolle, die nur wenigen Eingeweihten bekannt war. Hitlers Urteil über Scheubner-Richter im Zusammenhang mit den Toten des 9. November 1923 ist vielsagend: »Alle sind sie ersetzbar, nur einer nicht: Scheubner-Richter.«[152]

Nach Ermittlungen der Münchener Staatsanwaltschaft aus dem Jahre 1924 haben auch der bulgarische Generalkonsul Eduard August Scharrer und besonders dessen Frau, die in Bernried bei Tutzing ein Grundstück und ein Schloß besaßen, zu den Gönnern Hitlers gehört.[153] Feststellungen der Münchener Staatsanwaltschaft und Polizei ergaben, daß auch die Borsigwerke in Berlin, die Daimlerwerke in Berlin und Stuttgart, die Stuttgarter Firma Römer und der Fabrikant Becker aus Geislingen Hitler vor 1924 erheblich gefördert haben.[154] Nach Angaben Krucks[155] sind Hitler auch von jüdischen Bankhäusern (über Gottfried Feder) beträchtliche Beträge zugeflossen. Von dem eifrigen Parteigänger

151 Angaben Scheubner-Richters im Lebenslauf seiner Dissertation (29. Dezember 1916), T. H. München 1917.
152 Zit. nach Franz-Willing, S. 133. Vgl. dazu Leverkuehn, Paul: Posten auf ewiger Wache. Aus dem abenteuerlichen Leben des Max von Scheubner-Richter. Essen 1938 und Münchner Post vom 6. März 1924. Hitler protestierte am 8. Oktober 1923 bei Gustav v. Kahr gegen die »lügnerischen Behauptungen« des Bayerischen Kuriers vom 5. Oktober 1923 »über das Mitglied, Dr. Erwin v. Scheubner-Richter«. Vgl. Deuerlein: Der Hitlerputsch. Dok. zit. S. 201 ff.
153 Ermittlungsprotokoll der Staatsanwaltschaft vom 2. Januar 1924 (Polizeidirektion München).
154 Nach Franz-Willing, S. 193.
155 Kruck, Alfred: Geschichte des Alldeutschen Verbandes. Wiesbaden 1954, S. 237, Anm. 4. Nach der Münchner Post vom 3. Januar 1923 soll auch ein jüdischer Amerikaner aus Paris Geld gespendet haben.

des katholischen Faschismus, Freiherr v. Klamer-Klett, soll Hitler nach Franz-Willing 300 000 Goldmark erhalten haben.[156] Philipp Mathes aus München und R. Grundmann von der Firma Gebrüder Klinge aus Dresden gehörten seit Dezember 1920 zu den nennenswerten Geldspendern.[157]

Direkte Verbindungen zwischen Hitler und Stinnes sind für die Zeit bis 1924 nicht nachweisbar. Fest steht jedoch, daß Stinnes als Initiator der sogenannten Antibolschewistischen Liga, die am 10. Januar 1919 von führenden Industriellen, Bankiers und Großkaufleuten unter dem Vorsitz des Bankiers Mankiwitz in den Räumen des Aero-Klubs in Berlin gegründet wurde, alles zu unterstützen bereit gewesen ist, was sich antibolschewistisch gebärdete.[158] Da die Nationalsozialisten zu den eifrigsten organisierten Antibolschewisten gehörten, ist auch der NSDAP mit Sicherheit Geld aus dem »Antibolschewistenfonds der Wirtschaft« zugeflossen, der unmittelbar nach seiner Errichtung bereits 50 Millionen Mark betrug.[159] Darüber hinaus haben schwerindustrielle Kreise, besonders der Haniel-Konzern,[160] einen Nachrichtendienst für »nationale« Zeitungen eingerichtet und durch eine speziell ausgerichtete Publizistik sowohl in ihrem Interesse als auch zum Nutzen der allgemeinen Rechtsfront gewirkt. In welchem Umfange die NSDAP allerdings aus diesen Einrichtungen profitiert hat, ist nicht exakt nachweisbar.

Nicht weniger wichtig als die finanziellen Zuwendungen waren die Sachspenden und andere zweckgebundene Unterstützungen. So berichtete der *Völkische Beobachter* vom 9. Oktober 1921 und vom 28. September 1922, daß ein vermögendes Parteimitglied Geld zur Verfügung gestellt habe, um Hitler die Möglichkeit zu geben, die durch den Umbau der Geschäftsstelle entstandenen Unkosten ratenweise abtragen zu können. Andere Parteigenossen (wie zum Beispiel Luedecke) trugen zur Finanzierung der Ausrüstung der SA bei, spendeten Möbel, Bücher, Lebensmittel und Verbilligungsscheine für besondere Waren und stellten Leihwagen zur Verfügung. Ernst Röhm sorgte für Fahrzeuge und Waf-

156 Franz-Willing, S. 191.
157 Vgl. Faks. Tafel 7.
158 Vgl. dazu Stadtler, Eduard: Weltrevolution = Krieg. Düsseldorf 1937, S. 180 f.
159 ebenda.
160 Vgl. Maser (siehe Bibliographie), S. 157.

fen. Scheubner-Richter, Eckart, Feder, Ganßer, Hanfstaengl und andere NSDAP-Mitglieder interessierten Großindustrielle für Hitler.[161]

Die *Münchner Post* vom 3. April 1923 berichtete von den »in Hitler verschossenen Weibern«, die ihm Geld liehen oder spendeten, wobei die Zuwendungen nicht immer in blanker Münze geleistet wurden. So überließen vermögende Gönnerinnen ihm wertvolle Kunstgegenstände und Schmuck, worüber er frei verfügen konnte. Frau Helene Bechstein, die Frau des Berliner Pianofabrikanten, sagte am 27. Mai 1924 laut Polizeiprotokoll der Münchener Polizeidirektion, daß ihr Mann Hitler zur Erhaltung des *Völkischen Beobachters* »wiederholt, d. h. zwei- oder dreimal, finanziell« unterstützt hätte, und daß auch sie Hitler geholfen habe: »[...] aber nicht mit Geld. Ich habe ihm vielmehr einige Kunstgegenstände zur Verwertung gegeben, mit der Bemerkung, daß er damit machen könne, was er wolle. Es handelt sich bei diesen Kunstgegenständen um solche von höherem Wert.« Gertrud v. Seidlitz gab Ende 1923 an, daß sie deutsche und ausländische Geldgeber für die Partei gewonnen habe, wobei sie sich verpflichtet habe, die der NSDAP zugeleiteten Beträge »vielleicht später bei günstigen Verhältnissen«[162] mit ihren Aktien zu decken. »Daß Beträge aus Finnland öfters eingegangen sind, habe ich,« gab Frau Seidlitz zu Protokoll, »durch Amann und andere Persönlichkeiten der Partei [...] erfahren [...] Auch aus der Tschechoslowakei von den dort ansässigen Deutschen, sowie aus der Schweiz, aus Amerika und glaublich auch aus Schweden sind wiederholt größere und kleinere Beträge für die Partei eingegangen [...] Amann habe ich schon öfters kleinere Summen gegeben, ebenso auch Hitler. Über die Herkunft und die Höhe des Geldes verweigere ich die Auskunft. Soweit ich aus meiner eigenen Tasche Gelder gestiftet habe, stammte das Geld von meinen Zinsen aus dem Besitz ausländischer Wertpapiere [...]«[163]

Die kostbaren Wertgegenstände benutzt Hitler gewöhnlich als Sicherheit für Darlehen, wie ein Darlehens- und Überweisungsvertrag beweist, den der Geschäftsführer der NSDAP, Max Amann, mit dem Kaffeefabrikanten Richard Frank (Korn-Frank, Berlin) im Hochsommer 1923 abschloß. Der Vertrag hat folgenden Wortlaut:

161 Vgl. dazu u. a. S. 397, 398, 400, 402 ff. und 405.
162 Vernehmung der Frau v. Seidlitz vom 13. Dezember 1923 (Polizeidirektion München).
163 ebenda.

»1) Herr Adolf Hitler bekennt, von Richard Frank am 20. August 1923 den Betrag von 60 000 Schw. Franken, mit Worten – Sechzigtausend Schweizer Franken – als Darlehen empfangen zu haben.

Dieses Darlehen ist innerhalb drei Jahren, also spätestens 20. August 1926, zurückzubezahlen.

2) Als Sicherheit für das Darlehen überträgt Herr Adolf Hitler an Herrn Richard Frank das Eigentum an den, bei dem Bankhaus Heinrich Eckert in München auf den Namen des Herrn Max Amann hinterlegten, nachbezeichneten Wertgegenständen:

Nr. 1 Einen Smaragdanhänger mit Platin und Brillanten mit Platinkettchen

Nr. 2 Einen Rubinring in Platin mit Brillanten

Nr. 3 Einen Saphirring in Platin mit Brillanten

Nr. 4 Einen Brillantring (Solitaire), Brillanten in Silber gefaßt, Ring 14 Kar. Gold

Nr. 5 Eine venetianer Relief-Spitze, handgenäht, 6 1/2 mtr. lang, 11 1/2 cm breit (17. Jahrhundert)

Nr. 6 Eine rotseidene spanische Flügeldecke mit Goldstickerei (Größe 4 mal 4 mtr.).

3) Hinterlegungsschein des Bankhauses Heinrich Eckert in München wird an Herrn Richard Frank hiedurch ausgehändigt.

Es wird ausdrücklich festgestellt, daß der Hinterleger Max Amann bei der Hinterlegung als Geschäftsführer des Herrn Hitler in dessen Auftrag und Vollmacht gehandelt hat.

4) Vertragsvereinbarung ist auch, daß über die hinterlegten Wertgegenstände vor dem Termin der Darlehnsrückzahlung, d. i. 20. August 1926, sowohl durch den Darlehnsgeber, als durch den Darlehnsnehmer nicht verfügt wird.«[164]

Ständig war Hitler bemüht, Wertgegenstände und Geld für die NSDAP zu beschaffen. Immer wieder wies er auch seine Anhänger in Rundschreiben und im *Völkischen Beobachter* auf die schlechte Finanzlage der Partei hin.[165] Und immer wieder stellten seine Gegner die delikate Frage, auf welche Weise er seine häufig als ungewöhnlich verschwenderisch[166] bezeichneten Ausgaben bestreite und woher er über-

164 Zit. nach Franz-Willing, S. 192 f.
165 Vgl. z. B. den VB vom 14. Februar 1923 und vom 9. Juni 1923.
166 So z. B. die Münchner Post vom 3. und 15. Dezember 1922.

haupt das Geld bekomme.[167] Bis auf eine Ausnahme (Prozeß um das Juli-Flugblatt 1921[168]) blieb er ihnen die Antwort schuldig.

Die Gerüchte und Behauptungen über Hitlers gewiß nicht wenige Geldquellen sind Legion.[169] Nur ein Bruchteil der Behauptungen deckt sich jedoch mit den Tatsachen.

Neben den bereits angeführten Geldquellen und Unterstützungsbasen hat es eine Reihe anderer Spender gegeben. Ihre Anzahl und die gespendeten Beträge sind nicht mit Sicherheit festzustellen, zumal es sich in einigen Fällen um ausgesprochen dunkle Quellen handelte.

So war die Münchener Zentrale der NSDAP zum Beispiel seit 1921 in der Lage, Zuwendungen aus Berlin zu quittieren, über deren Herkunft bis heute öffentlich nichts bekannt ist. Sie stammten von einem Berliner Freikorpsoffizier, der zu den ersten Nationalsozialisten in Berlin gehörte. Zur Unterstützung der NSDAP hatte er eine Geldeinnahmequelle besonderen Charakters geschaffen. Der Rußlandexperte Erwin v. Scheubner-Richter, über den die NSDAP auch russisches Geld erhielt,[170] hatte ihm in Anwesenheit einer Berliner Dirne[171] berichtet, daß Josef Wissarionowitsch Dschugaschwili, der sich seit Januar 1913 Josef Stalin nannte, vor 1917 in Tiflis, Baku, Batum und in anderen russischen Städten Bordelle unterhielt, die zur Finanzierung der Partei beitragen mußten. Nach später veröffentlichten Publikationen[172] wurden sie von

167 Das taten auch seine Gegner in der NSDAP. So stellten sie beispielsweise im Juli 1921 fest: »Auf Fragen seitens der einzelnen Mitglieder, von was er denn eigentlich lebe und welchen Beruf er früher gehabt habe, geriet er [Hitler] jedesmal in Zorn und Erregung. Eine Beantwortung dieser Fragen ist bis heute noch nicht erfolgt. Sein Gewissen kann also nicht rein sein, zumal sein übermäßiger Damenverkehr [...] sehr viel Geld kostet.« Vgl. Münchner Post vom 7. Dezember 1921.

168 Vgl. S. 270 f.

169 Eine der damals am meisten in und außerhalb Bayerns zitierten Quellen war die sozialdemokratische Münchner Post. Wie sich während des Hitler-Prozesses herausstellte, erwiesen sich die Angaben im Zusammenhang mit der Finanzierung der NSDAP in sehr vielen Fällen jedoch als bloße Behauptungen, die mit den Tatsachen nicht übereinstimmten. Das galt erst recht für die Angaben der Zeitungen, die sich auf Meldungen der Münchner Post stützten und in den meisten Fällen noch weniger informiert waren als die Münchner Post.

170 Schriftliche Auskunft von Hermann Esser.

171 Persönliche Auskunft. Mit Rücksicht auf die Tatsache, daß diese Frau, ihre Kinder und Enkel leben, wird auf die Nennung des Namens verzichtet.

172 Vgl. Fishman, Jack und Hutton, Bernhard J.: Das Privatleben des Josef Stalin. Wien/Hamburg 1964, S. 40 ff.

dem berüchtigten Schieber und Zuhälter Lajos Korescu im Auftrag Stalins geleitet. 40 % der Einnahmen waren an die Partei zu entrichten, während Korescu 50 % und die Dirnen 10 % der Einnahmen behielten.[173]

Von dem findigen und in Geldfragen unwahrscheinlich einfallsreichen Scheubner-Richter inspiriert, erschloß der junge adelige Offizier gleiche Geldquellen in Berlin. In der Tauentzinstraße realisierten Prostituierte für ein festgesetztes »Gehalt« Hitlers Forderung nach der Erringung »der Straße«[174] auf die von Stalin zuerst praktizierte Weise. Der in Berlin »erarbeitete« Erlös floß der NSDAP zu.[175] Eine der federführenden Dirnen heiratete später einen Berliner Lehrer und SA-Führer, der Ende der zwanziger Jahre von Kommunisten ermordet wurde.[176]

Während Lenin bald von Stalins Geldquelle erfuhr und seinen späteren Nachfolger anwies, die Beträge als Spenden von Gesinnungsfreunden zu bezeichnen, »da wir doch gegen die Ausbeutung des Individuums kämpfen«,[177] hat Hitler die Herkunft des Geldes aus Berlin nicht gekannt.[178]

Trotz der zum Teil erheblichen Zuwendungen, der weitreichenden Beziehungen und Verbindungen, über die Hitler und die NSDAP verfügten, hat Hitler sich selbst, den *Völkischen Beobachter* und seine Partei zeitweilig, auch vor der Inflation, nur mit Mühe vor dem Bankerott zu bewahren vermocht, wie beispielsweise ein Aufruf des VB vom 14. Juni 1921 (gleichzeitig als Werbung zum Kauf der eben herausgegebenen unverzinslichen Anteilscheine) bezeugt. Sein Wortlaut: »Parteigenossen! Wollt Ihr auf Euer Parteiorgan, den ›VB‹ oder auf eine Maß Bier verzichten? Ein trauriger Kerl, wer das Letztere nicht kann um sich dafür einen Anteilschein für zehn Mark zu kaufen und dadurch am Weiterbestehen unserer Zeitung mitzuhelfen.« Auch Anfang des Jahres 1923 war die Parteikasse nicht hinreichend gefüllt, so daß Hitler sich (zugleich auch als Zurückweisung gegen häufig erhobene Vorwürfe, Geld von der Großindustrie und aus dem Ausland erhalten zu haben) veran-

173 ebenda.
174 Hitler in einem Brief an Hauptmann v. Pfeffer (1. November 1926): »[...] Wir haben dem Marxismus beizubringen, daß der künftige Herr der Straße der Nationalsozialismus ist [...]« Brief zitiert bei Jochmann, S. 241 f.
175 Vgl. Anm. 171.
176 ebenda.
177 Fishman und Hutton (Anm. 172), S. 41.
178 Persönliche Auskunft von Hermann Esser.

laßt sah, im *Völkischen Beobachter* zu schreiben: »Wenn sich ein Deutscher finden sollte, der hundert oder zweihundert Millionen auf den Tisch legen würde: Bedingungslos! Wir würden keinen Augenblick zögern, dieses Geld zum Besten unseres Volkes zu verwenden.«[179] Der rapiden Geldentwertung konnte Hitler jedoch verdanken, daß die Schulden oft innerhalb weniger Tage wesentlich an Bedeutung verloren und er und seine Partei vor dem Ruin bewahrt wurden. Erst im Spätsommer 1923 stabilisierte sich die finanzielle Lage der NSDAP.

Die weiterhin andauernde, zermürbende Inflation ermüdete allmählich auch die aktivistische extreme Rechtsfront. Seit Juni 1923 betrug der monatliche Mitgliedsbeitrag nach einer Meldung des *Völkischen Beobachters* vom 9. Juni 1923 200 Mark.

Obgleich die fortdauernde Differenz zwischen Berlin und München auch Hitlers innenpolitische Bedeutung konstant zu erhalten schien, war bereits mit Händen zu greifen, daß eine noch so unentwegte Propaganda einen Erfolg nicht mehr auslösen würde, wenn dem Wort der Verheißung nicht auch die aktivistische Tat folgte. Noch waren Hitler die Hände gebunden. Doch die führenden Männer der NSDAP, voran Hermann Esser, wußten dieser Flaute zu begegnen. Sie beschlossen, daß der Name Hitlers wieder an Glanz gewinnen und politisches Tagesgespräch werden sollte. Mordgerüchte wurden ersonnen und verbreitet. Diese Methode hatte sich bereits einmal als geeignet erwiesen. Schon im April 1923 waren die Anhänger Hitlers von dem Gerücht, daß von jüdischer Seite ein Mordplan gegen den Führer der NSDAP angezettelt worden sei, in Erregung versetzt worden. »3 Millionen Mark«[180] auf Hitlers Kopf, so hatte es gleichzeitig als Werbe- und Propagandaruf für den groß vorbereiteten 1. Mai 1923 geheißen. Ein jüdischer Lumpen-

179 VB vom 13. Januar 1923. Unmittelbar nach der Besetzung des Ruhrgebiets scheint es der NSDAP finanziell besser ergangen zu sein. Vgl. auch Heiden: Geschichte des Nationalsozialismus, S. 143. Nach einer Meldung der Münchner Post vom 5. Januar 1923 hat die NSDAP eine Schuldverschreibung zur Deckung der Schulden des Völkischen Beobachters vorgenommen.

180 Münchener Neueste Nachrichten (Nr. 115), Frankfurter Zeitung (Nr. 314), Bayerischer Staatsanzeiger (Nr. 98), Bayerisches Tageblatt (Nr. 200), Münchner Post (Nr. 103), Bayerische Staatszeitung (Nr. 98), Bayerischer Kurier (Nr. 119). Die hier zitierten Zeitungen erschienen vom 27. April bis zum 30. April 1923.

händler namens Kupfer wurde bezichtigt, Hitler nach dem Leben zu trachten. Er und die mit ihm angeschuldigten Personen waren zunächst verhaftet worden, mußten jedoch freigelassen werden, als sich herausstellte, daß das ganze eine Erfindung und der Racheakt eines übel beleumdeten Nationalsozialisten war.[181]

Wahrscheinlich war Hitler, der ungewöhnlich einfallsreiche und geniale Propagandist, selber nicht ganz unbeteiligt an der Erfindung der Mordgerüchte. Während seiner Wiener Zeit hatte er erfahren, welche Wirkung Mord-Berichte und Mord-Gerüchte in der breiten Öffentlichkeit hervorrufen konnten. Im November 1909 erregten Wiener Pressemeldungen über Giftmorde und Giftmordanschläge auf österreichische Offiziere ein unwahrscheinliches Interesse nicht nur in Wien und Österreich. Es gab kaum eine deutschsprachige Zeitung, die darüber nicht ausführlich berichtete und die Leser nicht täglich über den Stand der Untersuchungen informierte. Die *Wiener Neue Presse*, die Hitler in jener Zeit nach eigenen Angaben[182] täglich las, berichtete in dem Zusammenhang in großer Aufmachung unter anderem über den Tod eines k.u.k. Hauptmanns namens Richard Mader, der nach dem Genuß von giftigen Oblatenkapseln verstorben war, die er, wie andere Offiziere auch, von einem Mann zugesandt erhalten hatte, der seine Begleitschreiben mit den Schriftzügen und dem Namen eines englischen Drogisten »Charles Francis« unterzeichnete.[183] Wochenlang wurde eifrig über die Attentate diskutiert, auch dann noch, als sich herausgestellt hatte, daß der ermittelte und verhaftete Gift-Versender sich an einigen Offizieren hatte rächen wollen und Gefahr für weitere Personen nicht mehr bestand.

Um der neuen NSDAP-Aktion, von der sich die engsten Mitarbeiter Hitlers eine Wiederbelebung des in München bereits sprichwörtlich gewordenen »Führer- und Messiaskultes« und gleichzeitig auch eine propagandistische Vorbereitung für den *Deutschen Tag*[184] in Nürnberg versprachen, das marktschreierisch Sensationelle zu nehmen, erhielt sie diesmal einen seriösen Anstrich.[185] Sie sollte nicht von vornherein

181 (CVZ) Centralvereinszeitung der deutschen Staatsbürger jüdischen Glaubens vom 19. Juli 1923.
182 Vgl. S. 85 und Hitler, S. 56 ff.
183 Vgl. Mannheimer General-Anzeiger vom 24. November 1909.
184 Vgl. unten S. 419 ff.
185 Hermann Esser bestätigte, daß sich diese Kampagne positiv auf die Entwicklung der Partei auswirkte (persönliche Mitteilung).

als plumper Schwindel und Neuauflage der April-Kampagne erscheinen und scheitern. Fast beiläufig berichtete der *Völkische Beobachter* Mitte Juli unter der Rubrik »Aus der Bewegung«, daß »796 Friedensmark« für die Ermordung Hitlers ausgesetzt worden seien. Das klang sachlich – und wurde sogar teilweise geglaubt. Doch während die gegnerischen Zeitungen noch darüber polemisierten und die Vermutung aussprachen, daß die »Hakenkreuzler« aus der Erfahrung gelernt zu haben schienen und einen Wechsel der agitatorischen Strategie und Taktik erwögen, wie es in einem Artikel der *Münchner Post* vom 12. Juli 1923 zum Ausdruck kam, gaben die nationalsozialistischen Propagandisten bereits wieder ihre Zurückhaltung auf und verkündeten mit publizistischem Aplomb, daß 22 Millionen Mark[186] auf den Kopf des »großen Adolf«[187] geboten worden seien, wie die *Münchner Post* Hitler am 12. Juli ironisch nannte. Doch auch das hatte sich bald als ein »Bierbankgespräch«[188] von Rosenheimer Arbeitern herausgestellt. Der Zweck allerdings, Hitler allen Teilnehmern des Turnfestes vom 14. Juli als Mittelpunkt der völkischen Front und als eine Hauptfigur der »nationalen« Sache erscheinen zu lassen, war erreicht. Zwar glaubten nicht sehr viele, daß dem Führer der NSDAP tatsächlich auf die beschriebene Weise nach dem Leben getrachtet worden sei oder getrachtet werde, doch sein Name war zur rechten Zeit wieder in das öffentliche Blickfeld gerückt worden.

Das 13. Deutsche Turnfest, an dem die Nationalsozialisten zunächst nicht teilnehmen wollten, weil die Veranstalter sich geweigert hatten, jüdische und »nichtvölkische Turner«[189] von der Teilnahme auszuschließen, sollte von Nationalsozialisten und Völkischen schließlich als eine »machtvolle Demonstration des erwachenden, völkischen Deutschland«[190] begangen und zur eindrucksvollen Veranstaltung der radikalen Rechtsfront ausgeweitet werden.[191] Am liebsten hätte Hitler nach

186 Bayerischer Kurier vom 17. Juli 1923, Münchner Post vom 17. Juli 1923. Allerdings hatte sich der »Kopfpreis« Hitlers dadurch nicht geändert; denn der Dollar stand am 1. Juli 1923 auf 160 000 Mark.
187 Münchner Post vom 12. Juli 1923. Am 21./22. April 1923 war auch im Bayerischen Kurier ein Artikel erschienen, in dem Hitler als »Adolf der Große« bezeichnet wurde.
188 Bayerischer Kurier vom 17. Juli 1923 und Münchner Post vom 17. Juli 1923.
189 Hasselbach, S. 63.
190 Verhandlungen des Bayerischen Landtages. Bd. VIII, S. 772 f.
191 Münchner Post (Nr. 138).

der Aufgabe seines ursprünglichen Planes das Turnfest mit seiner SA allein beschickt. In einem von Hitler (für »Reichsdeutschland«), Riehl (für »Deutschösterreich«) und Knirsch (für »Deutschböhmen«) unterzeichneten Aufruf im *Völkischen Beobachter* vom 17./18. Juni 1923 hieß es unter anderem: »Wir Nationalsozialisten können uns [...] nicht auf den von wenigen völkischen Verbänden eingenommenen Standpunkt stellen, die das 13. Deutsche Turnfest wegen der angekündigten Teilnahme nichtdeutscher Verbände meiden wollen [...] wir wollen durch eine Massenbeteiligung [...] versuchen, dem Fest den Stempel aufzudrücken, den eine Kundgebung für deutsche Freiheit und völkische Erneuerung braucht. Es ergeht daher die Anordnung an sämtliche Organisationen der Nationalsozialistischen Partei Großdeutschlands, sämtliche Mitglieder zur Beteiligung am Deutschen Turnfest anzuhalten.«

Die von den Völkischen angefeindeten Turner wußten, was sie nun erwartete. Die Sprache des *Völkischen Beobachters*, des *Miesbacher Anzeigers* und des *Heimatland* war beredt genug. Durch Erfahrung klug geworden, stellten die sozialistischen Turner »Schutzmannschaften« aus ihren Reihen auf und schufen sich ein Gegengewicht gegen die SA-Schlägergarden. Die Münchener Polizeidirektion, die gefährliche Ausschreitungen befürchtete, erließ am 9. Juli 1923 eine ortspolizeiliche Vorschrift für die Dauer des Turnfestes, in der (unter dem Buchstaben C) den Teilnehmern des Turnfestes verboten wurde, politische Abzeichen, Uniformen, uniformähnliche Kleidungsstücke und Armbinden zu tragen, Parteifahnen zu entrollen und Standarten zu zeigen.

Hitler stellte für die NSDAP jedoch ein eigenes Programm auf. Nach einer groß angelegten Versammlung im Zirkus Krone, in der Hitler am 14. Juli über »Fluch der Novemberrevolution. Internationale Sklavenkolonie oder deutscher Freiheitsstaat?« sprach, demonstrierten die Nationalsozialisten ihre »Kampfbereitschaft« handgreiflich im wahrsten Sinne des Wortes. Dem verantwortlichen Polizeibeamten, der Hitler gegenüber beanstandete, daß trotz des Verbotes vom 9. Juli schon am Vormittag des 14. Juli Fahnen entrollt und Standarten gezeigt wurden, erklärte Hitler kategorisch, daß er den Zirkusbau gemietet habe und darin machen könne, was er wolle.[192] Die Polizei schritt nicht ein,

192 Bericht der Münchener Polizeidirektion an den bayerischen Innenminister vom 26. Juli 1923. GStA. Mü., MA. 1943. A. V. Nr. 425; Dok. zit. bei Deuerlein: Der Hitlerputsch, S. 225 ff.

obwohl am 14. Juli ein deutsch-böhmischer Turner im Zirkus Krone ausrief: »Morgen muß es heißen: Hakennase herunter und Hakenkreuz voran [...] Den jüdischen Turnern muß ›Pfui Teufel‹ zugerufen werden.«[193] Erst als die Hitler-Leute sich nach der Rede Hitlers zu einem Demonstrationszug formierten und in Richtung Arnulfstraße zur Stadt marschierten, versuchte die Polizei Hitlers Pläne zu durchkreuzen. Es kam zu Schlägereien zwischen Nationalsozialisten und Polizisten, die als »Judensöldlinge« und »Judenknechte« beschimpft wurden und in ihrer Bedrängnis ihre Gummiknüppel und blanken Waffen benutzten. Nach polizeilichen Feststellungen wurden 7 Personen verletzt. Der konsequenten Haltung der Schutzpolizei war es schließlich zu verdanken, daß die Nationalsozialisten in ihre Schranken gewiesen werden konnten.

Erstmals war die Polizei den Nationalsozialisten tatsächlich aktiv entgegengetreten und hatte sie zur Vorsicht gemahnt. Empört drohten die Nationalsozialisten denn auch im *Völkischen Beobachter* vom 14. Juli 1923, daß die NSDAP sich der bayerischen Regierung nicht mehr als »Notpolizei« zur Verfügung stellen würde. Die Spannung vertiefte sich nun zusehends. Das Turnfest hatte die Erwartungen der extremen Rechtsfront nicht erfüllt. Für Hitler gesellte sich die Tatsache hinzu, daß auch noch der *Völkische Beobachter* für die Zeit vom 17. bis 24. Juli verboten[194] wurde und die Nationalsozialisten daher mit Hilfe von Plakaten kundtun mußten, daß sie überfallen und mißhandelt worden seien. »Turnermassaker in München«, so hieß es auf ihren Anschlägen, »Deutsche Nationalsozialisten und Deutschböhmen von der Polizei niedergesäbelt, Frauen und Kinder zu Boden getreten«.[195] Ihre Hoffnungen waren buchstäblich »zerschlagen« worden. Zwar hatte Knirsch, der Abgeordnete der sudetendeutschen Nationalsozialisten, zu Beginn der Veranstaltung im Zirkus Krone erklärt, daß München den Nationalsozialisten das sei, was Moskau den Juden und Bolschewisten bedeute,[196] doch die Ereignisse während des Turnfestes zeigten ihm, daß die NSDAP trotz der augenblicklich immer noch zunehmenden Unzufriedenheit unter der Bevölkerung und der damit verbundenen Abwanderung nach rechts und links, nicht so zum Zuge kam, wie sich die Nationalsozialisten das wünschten.

193 ebenda.
194 Vgl. Hasselbach, S. 64.
195 Verhandlungen des Bayerischen Landtages. Bd. VIII, S. 770.
196 München-Augsburger-Abendzeitung vom 16. Juli 1923.

Erst im August ist die NSDAP durch die immer schärfer und intensiver werdenden und immer weitergreifenden Spannungen zwischen München und Berlin vor dem allmählichen Bankerott bewahrt worden. »Die Ruhrbesetzung dauerte an, aber das Gefühl nationaler Einigkeit, das anfänglich in Deutschland geherrscht hatte, war verschwunden. Die zunehmende Inflation, die verzweifelte wirtschaftliche Lage, in der sich Millionen von Deutschen befanden, und das Anwachsen des Rechts- wie auch des Linksradikalismus schienen das Land an den Rand des Bürgerkrieges gebracht zu haben – Die Reichsregierung [. . .] kämpfte mit Problemen, die ihr über den Kopf zu wachsen drohten, und am 11. August forderten die Sozialdemokraten den Rücktritt der Regierung.«[197]

Cuno mußte zurücktreten. Stresemann trat am 13. August an seine Stelle.[198] Doch auch ihm gelang es zunächst nicht, der Schwierigkeiten Herr zu werden. Es drohte der Zerfall des Deutschen Reiches, der von französischer Seite seit Januar intensiv gefördert wurde.[199] »Die Tatsache, daß Stresemann aufs äußerste bestrebt war, den bis zur Erschöpfung geführten passiven Widerstand an Ruhr und Rhein zu beenden, brachte Hitler in die Lage, einen Frontwechsel vorzunehmen. Er konnte jetzt eine Richtung verfolgen, die viel populärer war: er klagte die Berliner Regierung an, den nationalen Widerstand gegen die Franzosen verraten und der fortschreitenden Inflation freien Lauf gelassen zu haben.«[200]

Diese sich neu anbahnende politische Situation gab den nationalsozialistischen Propagandisten neuen Auftrieb. Es konnte in dieser Situation keinen Zweifel geben, daß Hitler sofort alle Hebel in Bewegung setzen und zu erneuten Aktionen schreiten würde. Schon Ende August wußte die *Münchner Post*[201] zu berichten, daß Hitler sich in Berlin mit Wulle getroffen und die Errichtung eines von ihm geführten »Triumvirats« besprochen habe. »Eine ›brutale‹ nationale Diktatur«[202] nur könne Deutschland retten, wie Hitler sich wenig später öffentlich äußerte.

197 Bullock, S. 95.
198 Große Koalition: Sozialdemokraten, Zentrum, Demokraten, Deutsche Volkspartei und Bayerische Volkspartei.
199 Vgl. auch Bullock, S. 95 und S. 369 ff. in diesem Kapitel.
200 Bullock, S. 95.
201 Nr. 196 vom 25./26. August 1923.
202 Vgl. Münchner Post vom 19. Oktober 1923 und Münchener Neueste Nachrichten vom 21. Oktober 1923.

Nicht nur in Berlin wurde der Boden sondiert,[203] sondern auch bei v. Kahr, den Hitler zur Aktion drängte. Der alsbaldige Sturz der »Novemberverbrecher« war eine beschlossene Sache für die extreme Rechte und wurde nun zum Mittelpunkt der nächsten Aktionen erhoben.[204] Das geschah in Bayern nicht nur mit reinem Gewissen, sondern galt sogar als patriotisch. Selbst in der Anklageschrift gegen die November-Putschisten Hitler, Ludendorff und Genossen hieß es: »Freilich war das, was im November 1918 geschehen ist, die Verdrängung der Bundesfürsten durch den Rat der Volksbeauftragten, ein Verbrechen des Hochverrats.«[205]

Zwar wußte Hitler, daß er im Rahmen einer gemeinsamen Aktion mit den bayerischen Monarchisten, Preußenfeinden und Separatisten eine ausschlaggebende Rolle nicht spielen würde, doch fühlte er sich zunächst noch zu schwach, allein zu handeln. Nur mit der Hilfe aller Gruppen, die zugleich auch die Hilfe der bayerischen Reichswehr und die Billigung und Unterstützung der bayerischen Regierung haben mußten, konnte an die Realisierung dieses Vorhabens gedacht werden, das als eine Revision des »Hochverrats«[206] von 1918 verstanden wurde. Noch allerdings mußte sich die NSDAP als Bestandteil der nach außen hin für viele homogen erscheinenden Putschistenfront betrachten, und Hitler hatte den Herren, in deren Händen die Fäden zusammenliefen, bereits Anfang

203 Auch General v. Seeckt trug sich zu der Zeit mit dem Gedanken, eine Diktatur auszurufen. Vgl. dazu u.a. Hitler-Prozeß, S. 23, Deuerlein: Hitlerputsch, S. 93 ff.

204 Das zog sich wie ein roter Faden durch die Verhandlungen des Hitler-Prozesses nach dem Hitlerputsch im November 1923. Auch Dr. Held gestand im Januar 1925, daß die bayerische Regierung an der Vorbereitung dieses Putsches beteiligt gewesen ist. Während einer Zusammenkunft mit Hitler erklärte er, daß die Regierung in Zukunft »unter keinen Umständen noch einmal solchen Entwicklungen [...] Vorschub« leisten könnte, da »diese zu Kollisionen mit der Staatsgewalt führen müßten« (Germania Nr. 14 vom 9. Januar 1925). Bereits während des Prozesses gegen Hitler, Ludendorff und Genossen wurde von Fachleuten wie dem Prof. für Staatsrecht Karl Rothenbücher offen von der Beteiligung der Regierung an den Putsch-Vorbereitungen gesprochen. Rothenbücher (Der Fall Kahr. Tübingen 1924), der am 21. Oktober 1923 bereits ein Gutachten an den Ministerpräsidenten v. Knilling geleitet hatte, in dem er die bayerischen Maßnahmen besonders vom 26. September 1923 (Ernennung Kahrs zum Generalstaatskommissar) verurteilte, warf Kahr vor, Eidbruch begangen und seine Amtspflicht verletzt zu haben. Vgl. dazu auch Bayerische Staatszeitung vom 6. Februar 1924.

205 Hitler-Prozeß, S. 262.

206 ebenda.

1923 in die Hand versprechen müssen, nicht »vorzuprellen«.[207] Allerdings dürfte er sich dabei klar gewesen sein, daß er dieses Versprechen nicht halten würde. Er gab es zunächst jedoch aus taktischen Erwägungen, weil er seine Aktionspartner in Sicherheit wiegen mußte.

Während Hitler sein Ziel im gemeinsamen »Marsch nach Berlin« und im »Sturz der Novemberverbrecher« erblickte, knüpften Kahr, Seisser und Lossow ihre Fäden zur unverblümt bekundeten reichsfeindlichen »Los von Berlin«-Aktion, die sie Ende 1923 zum Erfolg führen zu können hofften. Bereits am 9. November 1922 hatte der Ministerpräsident v. Knilling offen im Landtag erklärt, daß die »Weimarer Verfassung [...] wie jedes Menschenwerk, nichts Unabänderliches, nichts für alle Zeiten Feststehendes« sei und vielsagend hinzugefügt, daß sie »recht wohl der Verbesserung bedürftig und fähig«[208] sei. Die maßgeblichen und mit tatsächlicher und legaler Macht ausgerüsteten Politiker in Bayern, die für Bayern die Monarchie und die »Unabhängigkeit von Preußen-Berlin« wünschten, glaubten alle rechtsradikalen antirepublikanischen Kräfte, auch Hitler mit seiner erfahrenen und stets aktionsbereiten SA (im Spätsommer 1923 rund 15 000 Mann), bei der Elementarisierung ihrer Pläne fugenlos einspannen zu können. Daß der im Rahmen der radikalen Rechtsfront sehr verehrte General Ludendorff auf Hitlers Seite stand, erwies sich nicht nur bei der Werbung um die Gunst des »Fußvolkes« als eine Größe, die in jedem Falle für Hitler und die NSDAP gebucht werden mußte.

Der für den 1. und 2. September 1923 von den sogenannten »nationalen Kräften« vorbereitete »Deutsche Tag« in Nürnberg wurde als ein Test der Machtverhältnisse und der Verhaltensweisen aller politischen Parteien und Organisationen angesehen. Ein zweifelsfrei sehr rechtsfreundlicher und voreingenommener Bericht des Staatspolizeiamtes Nürnberg-Fürth vom 18. September 1923 über den Deutschen Tag

207 Der gegen Hitler in der Literatur häufig erhobene Vorwurf, Kahr gegenüber sein Ehrenwort gebrochen zu haben, ist unberechtigt; denn Hitler hat Lossow vor dem Reichsparteitag der NSDAP Ende Januar 1923 sein Ehrenwort gegeben, nicht zu putschen, nicht aber Kahr, der zu der Zeit Regierungspräsident von Oberbayern war. Kahr gab das während des Hitler-Prozesses nach dem Hitlerputsch im November 1923 (Hitler-Prozeß, S. 167) selber zu. Nach den Aussagen während des Hitler-Prozesses (S. 181) hat Hitler sein Versprechen, nicht »vorzuprellen«, am 30. Oktober 1923 zurückgenommen.

208 Verhandlungen des Bayerischen Landtages, Bd. VII, S. 9.

klingt denn auch entsprechend. »Wohl keine festliche Veranstaltung der letzten Jahre hat in derartigem Maße ihre Schatten vorausgeworfen wie der ›Deutsche Tag‹ am 1. und 2. 9. 23.«, berichtete der Direktor der Polizeidirektion (Gareis) und fuhr fort: »Bereits seit Wochen war in allen politischen Lagern eine starke Bewegung zu verspüren, welche durch die Erwartungen oder Befürchtungen, die an den ›Deutschen Tag‹ geknüpft wurden, verursacht war [...] Die in der letzten Zeit stark anschwellende nationale Bewegung, welche insbesondere die nordbayerische Landbevölkerung ergriffen hat, drohte nun, durch eine geschickt angelegte nationale Feier größten Stils, als welche der ›Deutsche Tag‹ geplant war, auch in der – nationalem Enthusiasmus sonst wenig zugänglichen – Nürnberger Bevölkerung eine Begeisterung hervorzurufen, welche geeignet erscheinen mußte, der USPD in bedenklicher Weise das Wasser abzugraben. Ursprünglich hatte diese beabsichtigt, dem ›Deutschen Tag‹ mit einer mächtigen Gegendemonstration zu begegnen [...] Zu der Befürchtung der USPD, durch die Feier des ›Deutschen Tages‹ starke Prestige-Verluste zu erleiden, trat in der letzten Augustwoche noch eine ausgesprochene Angst für Leib und Leben hinzu. Die Schriftleitung der ›Fränkischen Tagespost‹ teilte dem Staatspolizeiamt mit, daß ihr bereits eine Reihe mündlicher und schriftlicher Drohungen zugegangen sei, daß ›am 1. 9. die Abrechnung erfolge‹ [...] In den letzten Tagen vor der Feier nahmen die Gerüchte über geplante Rechtsputsche und kommunistische Gegenputsche, über Generalstreik, Eisenbahnerstreik und sonstige Verhinderung der Zufahrtsmöglichkeit nach Nürnberg, über Sabotageakte an der Licht- und Wasserversorgung usw. einen derartigen Umfang an, daß sich das Staatspolizeiamt veranlaßt sah, in einer Presseerklärung diesen Gerüchten entgegenzutreten und gleichzeitig vor Ausschreitungen nachdrücklich zu warnen.«[209]

Hitler war darauf bedacht, die SA der NSDAP fest in seiner Hand zu behalten und den Einfluß der monarchistisch-separatistischen Kreise, der bayerischen Reichswehr und Generalität so weit wie möglich auszuschalten. Zahlreiche Beobachter gewannen in diesen Tagen den Eindruck, daß Hitler täglich mehr von seiner Anziehungskraft und Aktionsfähigkeit einbüßte. Bezeichnend ist das Urteil des Gesandten von Württemberg, der unmittelbar vor dem Deutschen Tag, am 30. August 1923, nach

209 Vgl. Bericht des Direktors des Staatspolizeiamtes Nürnberg-Fürth vom 18. September 1923. Zit. bei Deuerlein: Der Hitlerputsch, S. 166 ff.

Stuttgart meldete: »Herr von Haniel ist der Ansicht, daß Befürchtungen wegen Putschen von seiten der Rechtsaktivisten hier ganz unbegründet sind. Die Bedeutung der Nationalsozialisten sei seit dem 1. Mai [1923] stark zurückgegangen. Eine Partei, die auf Aktivismus eingestellt sei und der so viele Abenteurer angehörten, müsse an Zugkraft verlieren, wenn sie nicht binnen einer gewissen Zeit zur Aktion komme. Dies sei bei den Nationalsozialisten der Fall. Er habe auch gehört, daß ihre Geldquellen weniger reichlich flössen, doch lasse die Tatsache, daß der Völkische Beobachter jetzt in großem Format erscheine, eher annehmen, daß dies nicht zutreffe.«[210]

Daß v. Haniel und der Gesandte sich getäuscht hatten, bewiesen bereits die Ereignisse des Deutschen Tages. Neben den Ehrengästen, unter denen sich der Prinz Ludwig Ferdinand v. Bayern, der Herzog v. Coburg, General Ludendorff, Admiral Scheer und zahlreiche bayerische Generäle und Oberste befanden, nahmen nach polizeilichen Schätzungen ungefähr 100 000 Menschen[211] an der Machtdemonstration der Rechten teil. Landespolizei zu Pferde und zu Fuß, Kriegervereine, Offiziersbünde und Vaterländische Verbände marschierten in militärisch straffer Ordnung mit Fahnen und Musik durch Nürnberg. Nationalsozialisten und Angehörige der Organisation »Reichsflagge« bildeten das Hauptkontingent. Von den einzelnen Führern, unter denen besonders Adolf Hitler als Redner auffiel, wurden die Teilnehmer aufgeputscht; aber auch Josef Roth, ein Priester der Erzdiözese München und Freising, schärfte nach einer Formulierung des Direktors (Gareis) der Polizeidirektion Nürnberg-Fürth vom 18. September 1923 »mit flammenden Worten das deutsche Gewissen«.[212]

Unter dem beflügelnden Eindruck der Massendemonstrationen während des Deutschen Tages, der geschickt angefachten Begeisterung und der dekorativen Anteilnahme der Ehrengäste mit klangvollen Namen wurde der Deutsche Kampfbund gegründet und ein Manifest herausgegeben, das von Prof. Friedrich Weber (Bund Oberland), Adolf Heiß (Reichsflagge) und Adolf Hitler unterzeichnet war. Über das Ziel des

210 Hauptstaatsarchiv Stuttgart, E 131 C 5/25, Bd. 1. Zit. bei Deuerlein: Der Hitlerputsch, S. 67.
211 Vgl. Bericht des Direktors des Staatspolizeiamtes Nürnberg-Fürth vom 18. September 1923. Zit. bei Deuerlein: Der Hitlerputsch, S. 166 ff.
212 ebenda, S. 170.

neuen Bundes konnten Zweifel nicht herrschen. Unter den Akteuren galt als sicher, daß nur der Sturz der »November-Republik« und die Annullierung des »Versailler Diktates« eine Besserung der Verhältnisse herbeiführen könnten. Selbst während des Hitler-Prozesses nach dem blutigen Hitler-Putsch im November 1923 durften die Angeklagten erklären, ohne dabei gerügt zu werden, daß die »inneren Kämpfe« während der Sommermonate »schleunigst durch eine nationale Diktatur« beseitigt und durch sie ein Ersatz für die marxistische Regierung Stresemann hätte geschaffen werden müssen, die in Bayern stets auf Ablehnung stieß. Wie die von Kahr als »Rettung des Vaterlandes«[213] bezeichnete Aktion vor sich gehen sollte, war nicht schwer zu erraten. Am 7. Oktober erklärte Oberst Rudolf Ritter v. Xylander (1872–1946) in Bamberg, daß v. Kahr, der am 26. September zum Generalstaatskommissar ernannt worden war, »marschiere und gewisse Fragen endlich wie Bismarck lösen«[214] werde. Zur selben Zeit befand sich der Putschist von 1920, Kapitänleutnant Ehrhardt, »im Auftrage«[215] v. Kahrs in Nürnberg bei Oberlandesgerichtsrat Parest, den er veranlaßte, eine finanzielle Unterstützung »gewisser militärischer Maßnahmen«[216] gegen Berlin zu organisieren.

Diese »Vorbereitungen« wirkten keineswegs beruhigend auf Hitler und die Nationalsozialisten, und es lag auf der Hand, daß in ihrem Lager eine Strömung aufkommen mußte, die sich gegen Kahr und seine einflußreichen Anhänger richtete. Der Gedanke, selbständig vorzugehen und notfalls die bisherigen »Gesprächspartner« mit Waffengewalt zu Maßnahmen zu zwingen, hat bei Hitler (und in seiner unmittelbaren Umgebung) erst Ende September/Anfang Oktober 1923 konkrete Formen angenommen.[217] Selbstsicher und unmißverständlich erklärte er am 9. Oktober: »die bayerische Volksmenge wird zu mir halten, wenn ich mit Herrn v. Kahr in Konflikt geraten sollte. Ich bin kein Monarchist und werde alle monarchistischen Abenteuer bekämpfen.«[218] Offen und demagogisch wandten sich die nationalsozialistischen Redner und

213 Hitler-Prozeß, S. 126.
214 ebenda, S. 137.
215 ebenda, S. 207 f.
216 ebenda.
217 Persönliche Auskunft von Hermann Esser (1953). Vgl. auch Hitlerputsch, S. 181.
218 Münchner Post vom 9. Oktober 1923.

Unterführer nun gegen v. Kahr und bezeichneten ihn als »schwächlichen Vorkriegsbürokraten«, wie Hitler das beispielsweise einem Vertreter des »Corriere Italiano« gegenüber tat,[219] dem er darüber hinaus erklärte, daß die gegenwärtige Zeit »eine brutale nationale Diktatur« brauche und prophezeite, daß der »Winter [. . .] die Entscheidung bringen«[220] würde.

Der Bruch zwischen Kahr und Hitler konnte in der Öffentichkeit seit Oktober 1923 nicht mehr vertuscht werden, und Hitler hat sich darum auch gar nicht erst bemüht. Die politische Entwicklung hatte sich zu seinen Gunsten ausgewirkt. Bereits durch die Gründung des Deutschen Kampfbundes während des Deutschen Tages war einer Entwicklung Vorschub geleistet worden, die der Gefahr der weiteren Isolierung der NSDAP entgegenwirkte und die angeschlagene Position der NSDAP innerhalb der Rechtsfront ins Gegenteil zu verwandeln versprach. Am 30. Oktober 1923 nahm Hitler von Gustav v. Kahr sein Wort zurück, nicht »vorprellen« zu wollen.[221]

In dem Augenblick, in dem Cunos Nachfolger Stresemann durch einen Aufruf »An das deutsche Volk« (am 23. September 1923) den Entschluß der Reichsregierung verkündete, den zermürbenden Zustand des passiven Ruhrwiderstandes aus innerpolitischen und finanziellen Gründen aufzugeben, und von deutscher Seite ein entscheidender Schritt zur Normalisierung der deutsch-französischen Beziehungen in die Wege geleitet wurde, sahen die Extremisten von rechts und links ihre Felle davonschwimmen. Sie mußten mit einer Stabilisierung der deutschen Politik und damit mit einem Abbau der Notstände rechnen, denen sie viel verdankten. Der bayerische Innenminister v. Knilling hatte bereits am 17. August 1923, unmittelbar nach dem Rücktritt Cunos, dem neuen Reichskanzler die Chance genommen, in Bayern mit Loyalität rechnen zu können. In einer Ministerratssitzung erklärte er, daß er von der Regierung Stresemann eine Verschlechterung der Beziehungen zwischen München und Berlin erwarte, da Stresemann ihm nicht die Gewähr zu bieten scheine, dem »Druck von links« standzuhalten, zumal sich im Stresemann-Kabinett 3 sozialdemokratische Minister (Sollmann: Innenminister, Radbruch: Justizminister, Hilferding: Finanzminister) befän-

219 Nach Münchner Post vom 19. Oktober 1923 und Vossische Zeitung Nr. 492.
220 ebenda.
221 Hitler-Prozeß, S. 181.

den. Für den Fall, daß Stresemann nach München käme, sollte das von bayerischer Seite »ohne jede Äußerlichkeit«[222] beantwortet werden.

Unter den Rechtsextremisten breitete sich rasch die Tendenz aus: »jetzt oder nie«. Eine Torschlußpanik machte sich breit und bestimmte ihre politischen Aktionen. Das »Geheimnis« ihrer agitatorischen Wirkung hatte immer darauf beruht, den Hebel dort anzusetzen (und das gilt besonders für die Nationalsozialisten), wo wirtschaftliche (besonders durch den Krieg hervorgerufene) Notstände zu Tage traten. Diese Möglichkeiten konnten nun auf einmal aus der Welt geschaffen sein. Hitler erkannte sofort, daß mit der Aufhebung des passiven Widerstandes an der Ruhr eine Tür zugeschlagen zu werden drohte, die bisher nahezu beliebig von ihm passiert werden konnte. Deshalb mußte nach seiner Auffassung unmittelbar gehandelt werden.

Am 25. September, zwei Tage nach dem Aufruf des Reichskanzlers Stresemann, trafen sich die Führer des Deutschen Kampfbundes (Hitler, Göring, Heiß und Weber) zu einer Lagebesprechung und entwarfen einen Plan für die nächsten Maßnahmen. Die mehrstündige Konferenz endete damit, daß Hitler die politische Leitung des Kampfbundes übertragen wurde und Röhm noch am 26. September seinen Dienst bei der Reichswehr quittierte, um sich voll dem Deutschen Kampfbund zur Verfügung stellen zu können. Während der Sitzung vom 25. September erklärten die Führer der bereits mit der Sturmabteilung der NSDAP (Göring) im Deutschen Kampfbund zusammengeschlossenen Kampfverbände »Oberland« (Weber) und »Reichsflagge« (Heiß) nach Berichten der *Augsburger Postzeitung* vom 26. September 1923 und der *München-Augsburger-Abendzeitung* vom 27. September 1923, daß »angesichts des Ernstes der politischen Lage [...] die Notwendigkeit einer einheitlichen politischen Leitung« geboten sei, und daß in »voller Übereinstimmung im Weg und Ziel« bei »voller Wahrung« der inneren Geschlossenheit der Kampfverbände »diese politische Leitung Herrn Adolf Hitler« übertragen worden sei.

Die Nationalsozialisten forderten alle Mitglieder der NSDAP zum sofortigen Austritt aus den militärischen Verbänden auf. Sie wurden darauf hingewiesen, daß sie sich als aus der Partei »ausgeschlossen« betrachten müßten, wenn sie der Aufforderung nicht innerhalb von zehn

222 GStA. Mü., MA. 1946 B. 6. (Umdruck). Dok. zit. bei Deuerlein: Der Hitlerputsch, S. 159 ff.

Tagen Folge leisteten.[223] Hitler beauftragte den siebenundvierzigjährigen ehemaligen Rittmeister Fürst Karl v. Wrede, unverzüglich ein Reiterkorps der NSDAP aufzustellen.[224] Ein weiterer Schritt des Führers der NSDAP bestand darin, »seine eigenen 15 000 SA-Leute in Alarmbereitschaft zu setzen und allein in München sofort vierzehn Massenkundgebungen anzusagen«.[225] Einige Führer rechneten mit unmittelbar bevorstehenden Aktionen und trafen entsprechende Vorbereitungen.

So wurde beispielsweise ein »streng vertraulicher« Befehl an Mitglieder des Kampfbundes versandt, der folgenden Wortlaut hatte: »Ab heute ist für Sie jede Abreise von München, sowie Ihr Aufenthalt außerhalb Münchens strengstens verboten. Sie haben sich bis zum 26. parat zu halten. Zusammenkunft vor dem Kriegsmuseum, Eingang Hofgartenstraße, Stichwort Paula. (gez.) Lamprecht, Batteriechef.«[226] Bislang konnte nicht eindeutig geklärt werden, von welcher Organisation dieser Aufruf ausgegangen ist. Vermutlich war Roßbach der Initiator.

Ebensowenig kann konkret nachgewiesen werden, was Hitler in dem Augenblick zu tun beabsichtigte.[227] Die Ausgabe des *Völkischen Beobachters* vom 27. September enthielt Behauptungen, die den Reichspräsidenten, den Reichskanzler, General v. Seeckt und den Reichswehrminister Otto Geßler beleidigten. Der Ministerpräsident v. Knilling, vor unpopuläre Entscheidungen gestellt, war beunruhigt und erklärte Stresemann telefonisch, »daß von irgendeiner Seite Dummheiten gemacht«[228] werden könnten. Das bayerische Kabinett hatte am 26. September 1923 Gustav v. Kahr zum Generalstaatskommissar für Bayern bestellt und die Verfassung vorübergehend außer Kraft gesetzt. Die Anordnungen und Verfügungen des Generalstaatskommissars sollten den Verordnungen aller anderen Ämter (außer denen der Gerichte, Verwaltungsgerichte

223 Augsburger Postzeitung vom 26. September 1923 und vom 27. September 1923. Vgl. auch Frankfurter Zeitung vom 27. September 1923.
224 ebenda.
225 Bullock, S. 97.
226 Augsburger Postzeitung vom 27. September 1923.
227 Bullock (S. 97) ist der Ansicht, daß Hitler »seinen Entschluß von den Massenveranstaltungen und ihrer Wirkung auf die öffentliche Meinung abhängig machen« und »die bayerische Regierung [...] sich auf ein Risiko« mit Hitler nicht habe einlassen wollen, weshalb sie den Staatsnotstand proklamiert habe.
228 Zimmermann, S. 135.

und Militärbehörden) vorangestellt werden.[229] Diese Maßnahme des bayerischen Kabinetts, die angeblich zur Verhinderung eines vor der Tür stehenden Hitler-Putsches getroffen worden war,[230] kam Kahr und seinen Anhängern so deutlich entgegen, daß sie nicht schwer zu durchschauen war.

Kahr, der bedauerte, Hitler nicht rechtzeitig seine Macht gezeigt zu haben, nahm seine Vollmachten wahr und verbot die von der NSDAP angekündigten Hitler-Versammlungen. Er wollte Hitler mit einigem Nachdruck demonstrieren, daß ein »Vorprellen« weder ratsam noch möglich sei. Am 1. Oktober 1923 erklärte er Pressevertretern, daß ihm die Mitarbeit des Kampfbundes willkommen sei, jedoch warnte er unmißverständlich vor »Extratouren«.[231] Das Gesetz des Handelns wollte er sich von Hitler nicht aufzwingen lassen. Die Ereignisse im Oktober und November 1923 zeigten, daß v. Kahr in Hitler, anders als 1920/21, mehr einen gefährlichen Konkurrenten als einen verläßlichen Bundesgenossen sehen mußte. Er hat sich denn auch bemüht, Hitler weder zu vergrämen noch respektlos zu behandeln. Einem Vertreter Hitlers bekundete er sein lebhaftes Bedauern, daß er den Führer der NSDAP bei einer wichtigen Besprechung als Generalstaatskommissar nicht persönlich habe begrüßen können.[232] Auch v. Seißer, der gelegentlich als Verbindungsmann zwischen Hitler und Lossow und v. Kahr fungierte,[233] war darauf bedacht, Hitler nicht zu »verschnupfen«. Er erklärte ihm, daß das Versammlungsverbot nur eine »notwendige Folge des mit der Aufstellung des Generalstaatskommissars in Kraft getretenen Ausnahmezustandes«[234] wäre.

Hitler entschied sich in dieser Stunde gegen Kahr und suchte nach einem Ausweg aus der seine Aktivität lähmenden Verordnung. Jetzt war auch deutlich zu erkennen, daß er das »Kampfbund«-Programm am .2 September 1923 nur gebilligt hatte, weil er zwangsläufig auf die monarchistischen und separatistischen bayerischen Kreise Rücksicht nehmen

229 Juristische Wochenschrift, II, Leipzig 1925, S. 2008. Vgl. auch Zimmermann, S. 135.
230 Vgl. Hitler-Prozeß, S. 21.
231 BHStA. Mü., GStK. Nr. 2 (Entwurf). Dok. zit. bei Deuerlein: Der Hitlerputsch, S. 186 ff.
232 Hitler-Prozeß, S. 21.
233 ebenda, S. 126.
234 ebenda, S. 21.

mußte. Sein Verhältnis zu den von Hauptmann Heiß und Gottfried Feder entworfenen Leitsätzen des »Kampfbund«-Programms konnte nicht positiv sein; denn einen Bundesstaat im Sinne des Bismarckreiches mit einem monarchischen Oberhaupt an der Spitze hat Hitler (im Gegensatz zu den Autoren des Programms) nicht verwirklichen wollen. Die programmatischen Forderungen dagegen, in jenem Staat die Juden ihrer staatsbürgerlichen Rechte zu berauben, den Wehrwillen und den völkischen Gedanken zu fördern, die Erziehungsinstitutionen und Kulturorgane der staatlichen Kontrolle zu unterwerfen und staatlich zu reglementieren, deckten sich mit dem 25-Punkte-Programm der NSDAP.

Da Hitler sich um programmatische Fragen nur dann kümmerte, wenn sie seine Entscheidungs- und Handlungsfreiheit betrafen oder propagandistisch von Bedeutung waren, vermuteten die Monarchisten offenbar, daß seine offizielle Zustimmung sich mit seiner tatsächlichen Haltung decke. Die enttäuschten Äußerungen des *Bayerischen Kuriers* vom 6. November 1923 über den »wahren Hitler«, der »die deutschen Dynastien, welche die Geschichte wegfegt [...] in deutschen Landen [...] niemals mehr regieren« lassen wolle, sprechen jedenfalls dafür. Als es bereits zu spät war, erkannten diejenigen, für die Programme verbindlich waren, daß sie einem Manne die politische Führung des Deutschen Kampfbundes übertragen hatten, der den wesentlichsten Punkt des vereinbarten Programms nur aus taktischen Gründen geduldet hatte und ihn in dem Augenblick einfach ignorierte, in dem er meinte, stark genug dazu zu sein.

Lediglich der von Feder formulierte Gedanke der »Rechtsform im Sinne des deutschen und völkischen Rechtsempfindens«[235] erschien Hitler ernstlich erwägenswert. Er beauftragte den Oberlandesgerichtsrat v. der Pfordten mit der Ausarbeitung eines »Germanischen Rechtsbuches«, in dem alle Nachwirkungen des römischen Rechtes ausgemerzt werden sollten.[236] Ob das allerdings als ein sicherer Beweis dafür angesehen werden kann, daß Hitler sich bereits zu der Zeit der »Machtergreifung« nahe glaubte, ist ungewiß. Seine Bemühungen, einen bekannten Münchener Privatbankier als Finanzberater zu sich herüberzuziehen, scheint das zu bestätigen; aber es ist ebenso möglich, daß es Hitler lediglich um einen Wirtschaftsfachmann mit Geld und Beziehungen gegangen

235 Hasselbach, S. 65.
236 Vgl. Bayerischer Kurier vom 30. November 1923.

ist. Die Tatsache, daß der von Hitler umworbene Bankier als Judenfreund bekannt war, störte Hitler nicht. Vielmehr soll er erklärt haben, daß er »Pogromen schon Einhalt zu gebieten wissen«[237] würde.

Hitler konnte die Hände nicht untätig in den Schoß legen, wenn er sie im Spiele behalten und die NSDAP vor der Ausschaltung bewahren wollte. Zudem hatte er bereits während des Deutschen Tages in Nürnberg öffentlich prophezeit: »Was kommen wird, heute wissen wir es. In wenigen Wochen schon werden die Würfel rollen. Der Sieg muß unser sein!«[238]

Die Zeit bis zum 8. November 1923 war mit Vorbereitungen aller Art ausgefüllt. Kahr und Hitler rüsteten für den Tag X und trafen seit der Ernennung Kahrs zum Generalstaatskommissar am 26. September 1923 unabhängig voneinander ihre Vorkehrungen. Hitlers Ziel war klar: Aufhebung des Republikschutzgesetzes für Bayern, Verweigerung der Anerkennung des Versailler Vertrages, Ausweisung der alliierten Kontrollkommissionen aus Deutschland, Todesstrafe für Hoch- und Landesverrat, Einführung der allgemeinen Wehrpflicht in Bayern und schließlich Marsch gegen Berlin und Errichtung einer »nationalen Diktatur« über das ganze Deutsche Reich. Alle politischen und militärischen Mittel Bayerns sollten zur Lösung dieser Frage (wenn nötig mit Gewalt) eingesetzt werden. Damit hat er niemals hinter dem Berg gehalten.

Entsprechend ausgerichtet waren Kahrs Pläne, nur war in ihnen kein Platz für Hitler. Kahrs Ziele und Maßnahmen deutete Hitler als separatistisch, wenn Kahr sich gelegentlich auch Mühe gab, sie offiziell anders zu artikulieren. In der Praxis bestätigten sie die Befürchtungen Hitlers jedoch eindeutig, der seine Unterführer seit Ende September 1923 rücksichtslos gegen Kahr hetzen ließ. Kahrs Maßnahmen fanden die Billigung der Hitler-Anhänger nur dann, wenn sie der NSDAP zugute kamen, wie beispielsweise die Mißachtung und Aufhebung des Republikschutzgesetzes für Bayern und die Verweigerung der von Berlin geforderten Verhaftung von Kapitän Ehrhardt, von Hauptmann Adolf Heiß und Gerhard Roßbach, der sich als »politisch Verfolgter« bei Kahr meldete[239] und von ihm sofort in das Unternehmen eingespannt wurde.

237 ebenda.
238 Hasselbach, S. 64. Zu dieser Zeit hat Hitler allerdings noch auf eine gemeinsame Aktion mit Kahr gehofft.
239 Roßbach, S. 80. Roßbach berichtet, daß er »bei Adolf Hitler die Beseiti-

Die Verhinderung des Abtransportes des Reichsbankgoldes in Nürnberg, der »Abführung der Reichssteuern von den Finanzämtern nach Berlin«[240] und die Anordnung, Kahrs Befehle den Weisungen der Reichsverkehrsbehörde im Bereich der bayerischen Verkehrsanstalten voranzustellen,[241] erzeugten jedoch Zweifel an Kahrs »Deutschbewußtsein« nicht nur unter den Nationalsozialisten, die zwar für die Verweigerung von Berliner Befehlen eintraten, Kahrs Maßnahmen jedoch als klerikale deutschfeindliche Machenschaften interpretierten. In einem (nach der Ernennung Kahrs zum Generalstaatskommissar verfaßten) Entwurf für eine NSDAP-Flugschrift, die den Titel »Was von Kahr gefordert werden muß« trug und bei der Auflösung der NSDAP vom November 1923 in der Hauptgeschäftsstelle gefunden wurde, mußte Kahr sich massive Vorwürfe und den Entzug des Vertrauens gefallen lassen. Die Nationalsozialisten sprachen ihm die Fähigkeit ab, die politische Situation zu meistern, zumal er bereits einmal in einer ähnlichen Lage versagt hatte. Er wurde beschuldigt, nur Werkzeug klerikaler Hintermänner zu sein und sich infolge seiner mangelnden Fähigkeiten lähmend auf die Entwicklung der sogenannten »vaterländischen Kreise« auszuwirken.[242] »Es mag auffallen, daß wir Nationalsozialisten den Maßnahmen Kahrs, die die Rechtshoheit und den militärischen Oberbefehl des Reichspräsidenten Ebert beseitigten, nicht begeistert zustimmen«, schrieb Röhm und fuhr fort: »Lagen sie doch ganz in der Linie unserer oft verkündeten Forderungen. Dazu wurden einerseits Vorkämpfer unserer Idee vor dem Zugriff des Staatsgerichtshofes zum Schutz der Republik bewahrt, andererseits war der äußere Anlaß sogar das Eintreten Kahrs für das Zentralorgan der Nationalsozialistischen Partei«,[243] das von Berlin verboten, von München jedoch nicht beachtet wurde.

Kahr, Seißer und Lossow war natürlich nicht entgangen, daß Hitler immer mehr an Kahr zweifelte. Sie waren sich einig darüber, daß den »Großdeutschen« einige Zugeständnisse gemacht werden müßten; denn gerade die NSDAP konnte eine wichtige Rolle spielen. Um sich Hitlers

gung der Spannungen zwischen der bayerischen Regierung und der NSDAP« habe herbeiführen wollen.

240 Röhm, 2. Aufl., S. 227.

241 ebenda. Vgl. auch Anm. 229.

242 BHStA. Mü., MInn 73 695 (Abschrift). Dok. zit. bei Deuerlein: Der Hitlerputsch, S. 183 ff.

243 Dokumente der deutschen Politik und Geschichte, S. 225 f.

Wohlwollen zu erhalten, hatte Lossow, der »Offiziere und Soldaten der Infanterieschule [. . .] zur Verweigerung des Gehorsams gegen den obersten Führer der Reichswehr«[244] anhielt, am 22. September 1923 nach einer Unterredung mit dem Führer der NSDAP erklärt, daß er »mit der Auffassung Hitlers in neun von zehn Punkten völlig einig ginge«.[245] Am 30. September 1923, eine Woche nach der Unterredung zwischen Lossow und Hitler, trafen Kahr und Pöhner zusammen. Ernst Pöhner, dem Getreuen Hitlers, wurde hierbei von Kahr auf Initiative von Kronprinz Rupprecht die »Stelle eines Zivilgouverneurs für Sachsen und Thüringen angeboten«,[246] ein Amt, das von Pöhner nach Kahrs Meinung eventuell »Monate und Jahre«[247] bekleidet werden müßte. Kahr setzte bereits seine künftigen Minister und Staatssekretäre ein. Seißer und Pöhner bereiteten die Bildung einer Notpolizei vor, weil die Landespolizei vorwiegend für auswärtige Angelegenheiten freigehalten werden sollte, was als Kampf gegen links außerhalb der bayerischen Grenzen zu verstehen war.

Um sich die Mitwirkung des Kampfbundes zu sichern, der während des Deutschen Tages in Nürnberg gegründet worden war, hatte Seißer erklärt, daß zwischen Kahr, Lossow und Seißer einerseits und den Führern des Kampfbundes andererseits »im allgemeinen Einigkeit«[248] bestünde, jedoch über den Zeitpunkt des »Losschlagens« noch keine »Übereinstimmung mit Hitler gefunden«[249] worden sei, was jedoch nur teilweise stimmte. Hitler, der sich auch 1923 nicht von sich aus für Fusionen oder Arbeitsgemeinschaften mit gleichen Rechten der Mitglieder entschied, ließ seinen Rechtsanwalt (Roder) am 7. Dezember 1923, einen Monat nach dem Putsch, Kahr gegenüber erklären: »Die Partei als solche hat mit den Vorgängen vom 8. und 9. Nov. d.J. nichts zu schaffen. Der Kampfbund war es, der in diesen Tagen tätig geworden ist. Er setzt sich [. . .] zusammen aus der ›Sturmabteilung der Nationalsozialistischen Deutschen Arbeiterpartei‹, dem ›Oberland‹ und der ›Reichskriegsflagge‹. Die ›Sturmabteilung‹ ist nicht die N.S.D.A.P. In der Sturmabteilung be-

244 Röhm, 2. Aufl., S. 227.
245 ebenda, S. 226.
246 ebenda, S. 228.
247 ebenda.
248 ebenda. Vgl. dazu besonders auch den Bericht des Direktors (Gareis) der Nürnberg-Fürther Polizeidirektion vom 18. September 1923. Dok. zit. bei Deuerlein: Der Hitlerputsch, S. 166 ff.
249 Röhm, S. 228.

findet sich nur ein verschwindender Bruchteil der Mitglieder der Partei [...] Die Gesinnung der Partei ist der Regierung [...] längst bekannt. Die Regierung hat diese Gesinnung nie beanstandet.«[250]

Hitler, der sich spätestens seit der Ernennung Kahrs zum Generalstaatskommissar am 26. September 1923 nicht mehr einordnend festlegen lassen wollte und nicht zuletzt auch auf Betreiben von Kahr, Lossow und Seißer im sogenannten »nationalen Lager« wegen seines Führungsanspruches angegriffen wurde, versuchte seinen Einfluß auszuweiten, seine Position ständig abzusichern und Kahrs (augenblicklich populäre) reale Macht einzudämmen. Auf einer Tagung der NSDAP in Nürnberg erklärte er am 14. Oktober 1923: »[...] ich [will] weiterkämpfen und mein Ziel, das ich mir selbst gestellt, nicht aus den Augen verlieren, Wegbereiter zu sein der großen deutschen Freiheitsbewegung, die uns die Einigung nach innen und nach außen bringen soll und dabei will ich mich auf niemand stützen als auf meinen ungeheuren Tatwillen und mit ihm und durch ihn siegen oder untergehen. Heil!«[251] Den Angehörigen der Landespolizei wurde nahegelegt, sich der NSDAP anzuschließen. Im *Völkischen Beobachter* und in den Zeitungen, die im Sinne Hitlers wirkten und der NSDAP nahe standen, wurde mit Nachdruck zum Eintritt in die Partei oder in die SA der NSDAP aufgerufen.

Die Reichsregierung befand sich in einer prekären Situation. Überall gärte es, überall schien die Autorität der Reichsregierung zum Schindluder der Extremisten von rechts und links geworden zu sein. Hinzu kam, daß nicht sicher war, ob die Reichsregierung sich im Falle eines umstürzlerischen Unternehmens seitens der »Vaterländischen Verbände« von Bayern aus auf die außerbayerische Reichswehr würde verlassen können. Bereits während des Kapp-Abenteuers im März 1920 hatte sich gezeigt, daß in dieser Frage Vorsicht geboten war. Auch 1923 waren die halbmilitärischen Reichsverbände noch »Fleisch von unserem Fleisch«, wie viele Reichswehroffiziere argumentierten, und auch jetzt war es so, daß »Feldgrau auf Feldgrau« in Bayern würde schießen müssen, wenn dort die Fahnen zum Angriff auf Berlin entrollt werden sollten. Als Friedrich Ebert am 3. Oktober 1923 von Seeckt verlangte, daß er mit

250 BHStA. Mü., GStK. Nr. 93 (Ausfertigung). Dok. zit. bei Deuerlein: Der Hitlerputsch, S. 483.
251 BHStA. Mü., GStK. Nr. 93. Dok. zit. bei Deuerlein: Der Hitlerputsch, S. 217 ff.

der Reichswehr gegen Bayern zur Durchsetzung der Reichshoheit marschieren müsse, erklärte Seeckt, daß er das nicht könne, da »wir dazu nicht in der Lage [sind] sowohl nach Zahl und Stimmung unserer Truppe«.[252] Doch selbst dann, wenn die Reichswehr gehorsam gegen die bayerischen Putschisten zu marscheren bereit gewesen wäre, galt nach Groeners Meinung nicht als sicher, ob sie nicht »zwischen solchen Mühlsteinen« »einfach zermalmt«[253] worden wäre.

Die politischen Ereignisse überstürzten sich. Die Exponenten der nationalistischen, separatistischen und extremen rechts- und linksradikalen politischen Strömungen mußten diese Situation nutzen, wenn sie zum Zuge kommen wollten. In dieser Situation beging Hitler den auch von seinen Anhängern empört diskutierten »Verrat an Südtirol«, das 1919 an Italien gefallen war und von der italienischen Regierung rücksichtslos »italienisiert« wurde. Während die deutschfeindlichen italienischen Maßnahmen in Südtirol eine ebenso einmütige Ablehnung in Deutschland erfuhren wie die französisch-belgische Ruhrbesetzung und auch Hitler zur Zeit der Wirtschaftskonferenz von Genua (April/Mai 1922) noch gegen die italienische Südtirolpolitik öffentlich protestiert hatte, stellt er sich seit Mussolinis »Marsch auf Rom« Ende Oktober 1922 hinter die Politik Mussolinis, um dessen Gunst er sich seit August 1922 bemühte.

Im *Il Corriere d'Italia* vom 16. Oktober 1923, im *Völkischen Beobachter* vom 21./22. Oktober 1923 fälschlich als »Corriere Italiano« zitiert, erklärte Hitler, daß die Oberetsch kein Element der Zwietracht bilden dürfe, daß er einen verzweifelten Kampf gegen die öffentliche deutsche Meinung führe und verstehe, daß Italien eine strategische, natürliche Grenze (am Brenner) fordere.[254] Die Hinweise im *Völkischen Beobachter*[255] auf Hitler-Interviews in der italienischen Presse verzich-

252 Zit. nach Eschenburg, Theodor: Geschichte und Politik. Schloß-Laupheim-Verlag, Württemberg. H. 10. S. 38, Anm. 71.

253 Groener in einem Brief an Friedrich Ebert vom 1. November 1923, zit. nach Phelps, Reginald: Aus den Groenerdokumenten (siehe Bibliographie), H. 9.

254 Vgl. Herre, Paul: Die südtiroler Frage. München 1927, S. 300. Vgl. auch Hitlers Zweites Buch, S. 189 ff. und Anm. 256 in diesem Kapitel. Vgl. in dem Zusammenhang auch Rosenbergs Artikel im Völkischen Beobachter vom 3. März 1923 und vom 17./18. Juni 1923.

255 Vgl. z.B. Völkischer Beobachter vom 21./22. Oktober, vom 31. Oktober, 1. November und 7. November 1923.

teten aus taktischen Gründen allerdings auf die Wiederholung der Äußerung Hitlers zur Südtirol-Frage. Erst im Februar 1926 gab Hitler in seiner Schrift *Die Südtiroler und das deutsche Bündnisproblem* (später als 13. Kapitel in Hitlers *Mein Kampf* aufgenommen) preis, was die Italiener seit Oktober 1922 wußten. Zynisch verfocht er seit Oktober 1923 die Auffassung, daß wegen dieser 180 000 Südtiroler von deutscher Seite ein so großes Aufheben nicht gemacht werden dürfe, zumal insgesamt rund 17 Millionen Deutsche außerhalb der deutschen Landesgrenze lebten. Ob Hitler diese Haltung[256] aus den von ihm bekundeten Erwägungen oder aus den ihm vorgeworfenen Gründen (Bestechung) verfocht, ist weder zu beweisen noch zu widerlegen, was bereits die 1929 und 1930 durchgeführten Prozesse[257] zeigten. Bemerkenswert erscheint in diesem Zusammenhang, daß Hitler die Wahrheit sagte, als er 1929/30 darauf hinwies, bereits vor dem Faschismus für ein deutsch-italienisches Bündnis eingetreten zu sein. Eine Rede vom 1. August 1920 in Nürnberg bestätigt seine Feststellung.[258]

Möglicherweise hat sich Hiter, der der *United Press* nach einem Bericht der *München-Augsburger-Abendzeitung* vom 7. Oktober 1923 offen erklärte, auf einen kommunistischen Aufstand (gewissermaßen) als Legitimation für die geplanten eigenen Aktionen zu warten, bereits zu der Zeit unter ostentativer Mißachtung der öffentlichen Meinung lediglich einen außenpolitischen Partner für den Fall sichern wollen, daß es ihm gelingen würde, bald das Heft in die Hand zu bekommen, was er

256 In Mein Kampf schreibt er dazu u.a., daß er »persönlich zu den Leuten gehörte«, die für die »praktische Verteidigung« dieses Landes von 1914 bis 1918 beigetragen hätten (S. 707). »Wer aber heute glaubt«, fährt er fort, »durch Proteste, Erklärungen, vereinsmeierliche Umzüge usw. die südtiroler Frage lösen zu können, der ist entweder ein ganz besonderer Lump oder aber ein deutscher Spießbürger.« (S. 708.) Nach seiner Auffassung waren »Juden und habsburgische Legitimisten« (S. 709) an der Erregung über Südtirol schuld, und er beschuldigte sie, »eine Bündnispolitik Deutschlands zu verhindern, die eines Tages zur Wiederauferstehung eines deutschen freien Vaterlandes führen könnte. Nicht aus Liebe zu Südtirol macht man heute dieses Getue [...] sondern aus Angst vor einer etwa möglichen deutsch-italienischen Verständigung« (S. 709). Aufschlußreich ist in diesem Zusammenhang, daß Mussolini und Hitler in der Frage der Politik der »produktiven Pfänder« einer Meinung waren. Vgl. Trentin, Silvio: Le fascisme à Genève. Paris 1932, S. 41.

257 Vgl. S. 399 ff.

258 Vgl. Adolf Hitler in Franken, S. 10. Vgl. auch Pese, S. 113.

dann am 8. November 1923 in München schließlich durch seinen abenteuerlichen Putsch versuchte.

Die Spannungen zwischen München und Berlin hatten sich besonders seit September immer mehr verschärft. Hitler, der im Vergleich zu Kahr geradezu im Hintergrund stand, hatte erheblich dazu beigetragen. Durch den bereits erwähnten verleumderischen Angriff des *Völkischen Beobachters* vom 27. September 1923 auf Ebert, v. Seeckt, Stresemann und Geßler wurde ein offener Konflikt ausgelöst. Der Reichswehrminister Otto Geßler (1875–1955) nutzte seine Vollmachten sofort. Am 28. September 1923 wurde das (bayerische) Wehrkreiskommando VII telefonisch angewiesen, unter Berufung auf die Verordnung des Reichspräsidenten zur Aufrechterhaltung der Ruhe und Ordnung vom 26. September 1923 (§ 1), Hitlers Zeitung zu verbieten. General Otto Hermann v. Lossow folgte der Weisung Geßlers nicht, sondern leitete sie an Gustav v. Kahr weiter, der sie als Eingriff in die bayerischen Hoheitsrechte auslegte und sich weigerte, von Berlin Befehle entgegenzunehmen. Am 1. Oktober wurde dem Reichswehrminister vom Wehrkreiskommando VII kurzerhand telegrafisch mitgeteilt, daß sein Befehl nicht ausgeführt würde. Fortan gab es einen »Fall Lossow«, der sich auf das Klima zwischen Berlin und München verhängnisvoll auswirkte. Als zwingenden Grund für die bayerische Befehlsverweigerung schützte Kahr die ernstliche Gefährdung der öffentlichen Sicherheit bei eventuellen militärischen Maßnahmen gegen den *Völkischen Beobachter* Hitlers vor. Die wirklichen Gründe gab er gegenüber v. Lossow am 4. Oktober 1923 zu, dem er mitteilte, daß mit »Spaltungen und Schwierigkeiten in der Vaterländischen Bewegung«[259] gerechnet werden müsse, wenn der *Völkische Beobachter* verboten würde.

»Spaltungen und Schwierigkeiten« befürchtete Kahr jedoch nicht, als er den *Völkischen Beobachter* wegen eines Artikels vom 4. Oktober 1923 (unter dem Titel »Artilleristen! Macht feuerbereit!«) verbot, der ihn selbst durch die Signalisierung der baldigen »Feuereröffnung« in Mißkredit brachte.

Nachdem Lossow die Verfügung Geßlers vom 28. September 1923 nicht befolgt, sich hinter Kahr gestellt und sich selbst zu einem belastenden Element im Rahmen der Beziehungen zwischen Berlin und München

259 BHStA. München, GStK. Nr. 51 (Abdruck). Dok. zit. bei Deuerlein: Der Hitlerputsch, S. 195.

gemacht hatte, setzte Geßler Lossow ab und stellte General Friedrich Freiherr Kreß v. Kressenstein (1870–1948) an seine Stelle. München ignorierte auch das. Die bayerische Regierung rebellierte konsequent gegen die Reichsregierung und war zu allem bereit. Am 19. Oktober erklärte Kahr in unglaublich unverantwortlicher Weise vor den Standortältesten der bayerischen Reichswehr: »Der vorliegende Streitfall [...] ist ein rein politischer. Es ist eine zur Entlastung politisch verantwortlicher Männer vorgenommene Schiebung [...] Es handelt sich um den großen Kampf der zwei für das Schicksal des ganzen deutschen Volkes entscheidenden Weltanschauungen, der internationalen marxistisch-jüdischen und der nationalen-deutschen Auffassung [...] Bayern hat die Schicksalsbestimmung, in diesem Kampf für das große deutsche Ziel die Führung zu übernehmen [...] ich [war] mir stets im klaren, daß die Weimarer Verfassung nicht vom deutschen Geist getragen ist, daß sie dem deutschen Volk zum Unheil gereicht und im Interesse unseres Vaterlandes baldmöglichst einer anderen Platz machen muß.«[260]

Andere Argumente hat auch Hitler nicht benutzt, wenn er gegen die Reichsregierung hetzte. Daß Kahr die Offiziere nicht nur zum Hochverrat aufrief, sondern auch in diesem Terrain entsprechend handelte, bewies er unmittelbar dadurch, daß er General v. Lossow mit der Führung des bayerischen Teiles der Reichswehr beauftragte, wobei der § 12, Absatz 2 des Wehrgesetzes vom 23. März 1921 in der Fassung des Gesetzes zur Abänderung des Wehrgesetzes vom 18. Juni 1921 als Schein-Grundlage diente.

Hitler hatte Dr. v. Scheubner-Richter nach Berlin geschickt und die Völkische Beobachter-Angelegenheit zu bereinigen versucht. »Um den Konflikt abzubrechen«, sagte er beim Hitler-Prozeß nach dem Putsch im November 1923, »ließ ich sofort den [Völkischen] Beobachter mit dem Ausdruck des Bedauerns richtigstellen«.[261] Das war jedoch nur ein taktischer Zug Hitlers. Mit der Reichswehr hatte er es nicht verderben wollen. Seine wahre Meinung äußerte er bei einer Begrüßungsfeier im Roßbachkreis, wo er laut *Münchener Neueste Nachrichten* vom 21. Oktober

260 BHStA. München, GStK. Nr. 59 (handschriftlicher Vermerk: gesprochen am 19. Oktober 1923 im Wehrkreiskommando VII vor der Versammlung der standortältesten Offiziere). Dok. zit. bei Deuerlein: Der Hitlerputsch, S. 238.
261 Hitler-Prozeß, S. 22.

1923 feststellte, daß die Zeit bevorstehe, in der das deutsche Volk endlich die Schlangen im »Inneren« erwürgen werde.

Am 22. Oktober wurde die bayerische Reichswehr auf die bayerische Regierung verpflichtet. Offiziere und Soldaten mußten erklären, daß sie »von der bayerischen Regierung als der Treuhänderin des deutschen Volkes bis zur Wiederherstellung des Einvernehmens zwischen Bayern und dem Reich in Pflicht genommen«[262] seien. Nicht wenige bayerische Militärs hatten Eberts Ansprache an die bayerischen Truppen vom 25. August 1919 in München falsch verstanden, und nicht wenige legten sie besonders jetzt im Sinne ihrer Pläne aus. Eberts Erklärung, daß die »landsmännischen Interessen in der neuen Wehrorganisation nach jeder Richtung hin gesichert und gewährleistet« seien, und daß er als »Süddeutscher von ganzem Herzen [...] Verständnis für eigene Stammesart und den Eigenwillen [...] [seiner] süddeutschen Landsleute«[263] hätte, ließen sich leicht als Rechtfertigung auf die völlig anders artikulierten eigenen Maßnahmen projizieren. München war im Herbst 1923 zum Kampf gegen Berlin bereit. Die bayerische Regierung, die bayerische Reichswehr und die halbmilitärischen Verbände standen hinter der Parole »Marsch gegen Berlin«. Jetzt schien volle Einmütigkeit zwischen Kahr und Hitler zu bestehen. Lossow und Göring waren sich einig, daß die Aufgabe der National-Armee nur der Marsch gegen die Berliner »Eunuchen und Kastraten« sein dürfe und sein könne, und auch Kahr erklärte, daß man »in Berlin [...] in den nächsten Tagen den ›tönernen Koloß‹ merken«[264] würde.

Lossow rief am 24. Oktober 1923 insgesamt 34 Offiziere und Führer der Reichswehr, Landespolizei und »Vaterländischen Verbände« (ohne Vertreter der NSDAP) ins Wehrkreiskommando VII und erklärte ihnen: »Es gibt drei Möglichkeiten: 1. Einmarsch nach Berlin und Ausrufung der Errichtung der nationalen Diktatur, 2. Weiterwursteln und ›Bayern bei der Stange bleiben‹, 3. Trennung Bayerns vom Reich. Für uns Bayern kommt nur die erste Möglichkeit in Betracht. Und zwar haben wir dazu keine lange Zeit mehr.«[265] Länger als 2 bis 3 Wochen

262 Dokumente der deutschen Politik und Geschichte, S. 133.
263 Ebert, S. 175.
264 Zur Äußerung Lossows (»Eunuchen und Kastraten«) vgl. Verhandlungen des Reichstages. Bd. 394, S. 12 450 (D). Zu Kahrs Äußerung ebenda, S. 12 451 (D).
265 BHStA. München, MInn 73694 (Abschrift). Dok. zit. bei Deuerlein: Der Hitlerputsch, S. 237 f.

durfte nach Lossows Ansicht nicht gewartet werden, wenn es bei der angestrebten »ersten Möglichkeit« bleiben sollte. Kahr und Lossow machten Bayern gegen das Reich »mobil«. Am 26. Oktober 1923 gab das Generalstaatskommissariat folgende Erklärung heraus: »Die vielfach umlaufenden Gerüchte, daß der Konflikt zwischen der bayerischen und der Reichsregierung durch eine Vermittlung beseitigt werden soll, haben zu zahlreichen Anfragen beim Generalstaatskommissar geführt. Herr v. Kahr hat diese Frage dahin beantwortet, daß er jedes Verhandeln in dieser Sache mit der gegenwärtigen Reichsregierung ablehnt.«[266]

Am selben Tage erging der auf Lossows Initiative vom 24. Oktober 1923 erarbeitete und als »Herbstübung 1923« getarnte Geheimbefehl I a Nr. 800/23 des (bayerischen) Wehrkreiskommandos VII, in dem es unter anderem hieß: »1. Für den Fall innerer Unruhen ist eine Verstärkung der Division [u. a. durch die halbmilitärischen Verbände, der Verf.] in Aussicht genommen. 2. Ein allgemeiner Aufruf erfolgt nicht. Die Vorbereitungen sind sofort in Angriff zu nehmen«[267] und müssen in 3 mal 24 Stunden abgeschlossen sein. Der Geheimbefehl (in dem die Bildung von Freikorps wie 1919 abgelehnt wurde) garantierte den Beteiligten die Besoldung und Versorgung in der gleichen Weise wie den Angehörigen der Reichswehr. Studenten sollte die durch den Einsatz verlorene Studienzeit voll angerechnet, Arbeitern, Angestellten und Beamten die Rückkehr zur vorherigen Tätigkeit ohne Dienstzeitverlust garantiert sein.

Von den Nationalsozialisten wurden die nicht organisierte männliche Bevölkerung und die Angehörigen der halbmilitärischen und militärischen Verbände zum Eintritt in die SA der NSADP, in das nationalsozialistische Reiterkorps und in das Motorkorps aufgefordert und sich in den »Dienst fürs Vaterland« zu stellen ermahnt. In München und Augsburg hielt der Nationalsozialist Ernst Röhm Appelle ab. Hitler erklärte im Zirkus Krone unter dem Jubel faszinierter Zuhörer: »Für mich ist die deutsche Frage erst gelöst, wenn die schwarzweißrote Hakenkreuzfahne vom Berliner Schloß weht ... Tritt gefaßt, deutsches Volk, und vorwärts marsch!«[268]

266 Dokumente der deutschen Politik und Geschichte, S. 133 f.
267 Befehl zitiert bei Deuerlein: Der Hitlerputsch, S. 277 ff. Vgl. auch Verhandlungen des Reichstages. Bd. 394, S. 12 450 (D).
268 Röhm, 2. Aufl., S. 229.

General Groener, der die Entwicklung in Bayern mißtrauisch beobachtete, schrieb am 1. November 1923 an Friedrich Ebert, daß alle »Vaterländischen Verbände«, »[...] ob in Bayern, Württemberg oder im Norden [...] zu den verwegensten Entschlüssen bereit« seien und »auf die Losung aus Bayern« warteten. Sie »betrachten Herrn v. Kahr (weit mehr als Hitler und Ludendorff) als ihren Mann, dessen Führerschaft und Ruf sie zu folgen nicht zaudern werden«.[269] Groener täuschte sich vorübergehend über Kahrs Haltung. »In meinem letzten Brief« (ebenfalls mit Datum vom 1. November 1923), schrieb er an Paul v. Hindenburg, »hatte ich der Erwartung Ausdruck gegeben, daß Herr v. Kahr Einsicht genug haben möge, um törichte Schritte von Hitler zu verhindern. Zwar hat Hitler bislang nichts unternommen, aber meine Ansicht über Kahr muß ich revidieren, denn unterdessen hat dieser selbst Schritte getan, die vom Standpunkt des Reiches, aber auch nicht zuletzt vom preußischen Standpunkt aus nur zu bedauern sind und in ihren Auswirkungen für Reich und Preußen«[270] sehr weitragend und gefährlich werden könnten.

Die bayerischen Rechtskreise und offiziellen Vertreter der Regierung suchten die Schuld jedoch nicht rechts, sondern links. Selbst die Sozialdemokraten, deren »Zentralismus« sie seit 1919 bekämpften, beschuldigten sie – unter Berufung auf die Bemühungen des ehemaligen Ministerpräsidenten Hoffmann, die Pfalz im Sinne der französischen Bestrebungen von Bayern zu trennen – separatistischen Umtrieben zu huldigen.[271] »Wenn Bayern den Marxismus bekämpfe, so gefährde es dadurch nicht die Einheit des Deutschen Reichs, sondern leiste ihr vielmehr einen Dienst«, erklärte der bayerische Gesandte beim Heiligen Stuhl, Otto Freiherr v. Ritter (1864–1940), dem Kardinalstaatssekretär Pietro Gasparri (1852–1934) am 26. Oktober 1923 und meldete dem bayerischen Staatsministerium des Äußeren: »Der Kardinalstaatssekretär, der sonst, wenn ich den Separatismus in Bayern in Abrede stellte, meine Darlegungen meistens etwas skeptisch aufnahm und Andeutungen machte, als sei er über separatistische Bewegungen in Bayern besser informiert, widersprach mir diesmal nicht, sondern er bemerkte, daß ihm die

269 Zit. bei Phelps: Aus den Groenerdokumenten. III. Forts., H. 9, 739. Vgl. auch S. 744.
270 ebenda, S. 741 und S. 744.
271 GStA. München, MA. 1943. D.R. Nr. 458 (Ausfertigung). Dok. zit. bei Deuerlein: Der Hitlerputsch, S. 274 f.

Gefahr, die der deutschen Einheit von sozialdemokratischer Seite drohe, allerdings zu denken gegeben habe, als er heute morgen in der Presse las, daß der ehemalige sozialdemokratische bayerische Ministerpräsident Hoffmann in der Pfalz die französischen Loslösungsbestrebungen unterstützt haben solle.«[272] Daß die bayerische Regierung, die Ritter vertrat, jedoch alles zur Zerstörung der Reichseinheit tat, focht ihn nicht an.

Das Promemoria der Reichsregierung vom 27. Oktober 1923, in dem die bayerische Regierung gefragt wurde, ob sie bereit sei, den Ausnahmezustand aufzuheben und in kürzester Frist die verfassungsgebende Befehlsgewalt im bayerischen Teil des Reichsheeres wiederherzustellen,[273] wurde erst am 30. Oktober im Ministerrat beraten und schließlich abschlägig beschieden. Einhellig verfochten Kahr, Lossow, Knilling, Schweyer und Gürtner die Auffassung, daß der Berliner Zentralismus abgewirtschaftet und die Reichsregierung die bayerischen Hoheitswünsche zu respektieren hätte.

Hitler, der sich im Rahmen des Kahr-, Lossow- und Seißer-Planes um die Früchte seiner Verdienste gebracht sah, war nicht geneigt, Kahr zu unterstützen.

Inzwischen war es der »Reichsregierung gelungen, ihrer Schwierigkeiten langsam wieder Herr zu werden. Die Gefahr einer kommunistischen Revolution«,[274] die v. Kahr abzuwenden oder gegebenenfalls liquidieren zu müssen vorgab,[275] »war Ende Oktober beseitigt. In Hamburg schlug die Polizei einen kommunistischen Aufstand nieder, während in Sachsen und Thüringen die aufsässigen Regierungen auf Berliner Befehl von General Müller gestürzt wurden.«[276] Damit waren die bayerischen Politiker der extremen Rechten und amtierenden Regierung ihres Vorwandes beraubt, zur Niederschlagung kommunistischer Unru-

272 ebenda.
273 ebenda. Dok. zit. bei Deuerlein: Der Hitlerputsch, S. 282 f.
274 Bullock, S. 101.
275 Kahr erklärte während des Hitler-Prozesses (Hitler-Prozeß, S. 126), daß die Kommunisten »zielbewußt auf den Ausbruch einer Revolution« hingearbeitet und den Bestand des Reiches in Gefahr gebracht hätten. Dabei erinnerte er an »die Demonstrationen, die schon im August begannen und im September und Oktober [...] in Berlin, Hannover, Leipzig, Hamburg« ihre Fortsetzung fanden. »Angesichts dieser Zustände«, rechtfertigte er sich weiter, »bestand in Bayern die Aufgabe [...] alle Kräfte zusammenzufassen und je nach Lage der Verhältnisse auch zur Wiederherstellung der Ordnung im Reiche wiedereinzusetzen.«
276 Bullock, S. 101.

hen eventuell in außerbayerisches Gebiet einrücken zu müssen, wofür seit dem 16. Oktober 1923 beispielsweise ein von Hermann Kriebel unterzeichneter »Grenzschutzbefehl« des »Deutschen Kampfbundes« (neben den Befehlen »Herbstübung 1923« und dem Heiß-Befehl 3/107 vom 29. Oktober 1923) existierte. Kahr, Lossow, Seißer und ihre Anhänger sahen sich nun in einer Lage, die entweder alles zu wagen oder alles aufzugeben verlangte. Oberst Seißer wurde am 3. November nach Berlin geschickt, wo er den Boden für die endgültige Entscheidung sondieren sollte. Kahr und seine Umgebung wollten wissen, wie General v. Seeckt zur Frage der Bildung eines Direktoriums stand. Obwohl Seeckt gegenüber Seißer äußerte, daß er wie Seißer und seine Auftraggeber für die »Schaffung einer vom Parlament freien nationalen Diktatur« sei, »die mit durchgreifenden Maßnahmen gegen den sozialistischen Unrat«[277] vorginge, mißtrauten die Bayern dem undurchsichtigen Seeckt. Seißers Bericht erschien Kahr und seinen Vertrauten nicht ermutigend, obwohl Kahr im Direktoriumsplan Seißers als »Reichspräsident« erschien. Die nüchternen Hinweise des (als Direktoriumsmitglied vorgesehenen) Industriellen Friedrich Minoux (Berlin-Wannsee) auf die Tatsache, daß Ebert sich nicht einschüchtern lasse, daß Bayern abwarten, nicht putschen, zunächst noch Hunger und Kälte wirken lassen und erst dann Unruhen fördern sollte, die zur Änderung der Verhältnisse führen würden, wirkten sich hemmend auf die »nationale Bewegung« in Bayern aus. Hinzu kam, daß es Seißer nicht gelungen war, General v. Seeckt eindeutig für die bayerische Sache zu gewinnen.[278]

Für Hitler dagegen, der in Seißers Direktoriumsplan nicht auftauchte, gab es kein Zurück. Er hatte sich öffentlich ebenso eindeutig festgelegt wie Kahr und durfte seine Anhänger nicht enttäuschen. Die gelegentlichen Rückschläge im Rahmen der Geschichte der NSDAP vor Augen, hatte er Seißer vor der Berliner Erkundungsfahrt beschworen, rasch zu handeln. Im Hitler-Prozeß gab er an, daß er während der Abwesenheit Seißers »den Boden zum Absprung für Seißer und Lossow«[279] habe vorbereiten wollen. Kahr, Lossow und Seißer konnten kaum noch Zweifel darüber hegen, daß das aktionslose Verharren Hitlers nur vorübergehender Natur sein würde. Kahr, nun in die Enge gedrängt, versi-

277 Hitler-Prozeß, S. 57.
278 ebenda, S. 30.
279 ebenda.

cherte zwar, daß er die »deutsche Frage«[280] im vorbereiteten Sinne lösen werde, doch hatten Hitler und Röhm längst erkannt, daß Kahr von sich aus kaum noch zur Aktion schreiten würde. Sie erwogen daher, Kahr vor eine vollendete (oder wenigstens halb vollendete) Tatsache zu stellen. Von vielen Seiten, auch von außerhalb der bayerischen Grenzen, wurde Hitler zur »nationalen Tat« ermutigt, Kahr davor gewarnt, »auch nur einen Strich von dem Wege [›deutscher Politik‹] abzuweichen«.[281] So versicherte ein Kapitänleutnant a. D. Thiel aus Achterschlag bei Hamburg Hitler am 2. November 1923 großzügig, daß ihm »Millionen in Norddeutschland am Tage der Abrechnung zur Seite stehen«[282] würden. Der Mann (Thiel), der behauptete, »aus sicherer Quelle«[283] zu wissen, daß die von Kahr und Hitler befolgte »deutsche Politik«[284] den »Todesstoß für die Linksparteien«[285] bedeuten würde, riet dem Führer der NSDAP, diplomatisch zu sein und nicht »auch nur den Schein«[286] einer Zwietracht zwischen sich und Kahr öffentlich aufkommen zu lassen.[287]

Am Totensonntag 1923 (4. November) wurde der Grundstein für das Gefallenendenkmal im Hofgarten in München gelegt. Reichswehr, Landespolizei und Wehrverbände waren vor dem Armeemuseum aufmarschiert. Zahlreiche prominente Persönlichkeiten wohnten dem feierlichen Akt bei. Kahr und Seißer fehlten. Seißer hielt sich noch in Berlin auf. Wegen einer Autopanne hatte auch Ludendorff nicht erscheinen können.[288] Kronprinz Rupprecht und Lossow nahmen die Parade der Verbände ab. Am Gebäude des Generalstaatskommissars wiederholte sich der Vorbeimarsch vor Hitler und Oberstleutnant a. D. Kriebel, dem militärischen Führer des Kampfbundes. Auch den »Massen« war nicht entgangen, daß Kahr nur ein »Revolutionär mit Rücktritt« war, wie ihn ein Witzbold nannte, und als Hitler am 6. November zu ihnen sprach,

280 Röhm, 2. Aufl., S. 227.
281 Brief eines Kapitänleutnants a.D. Thiel an Hitler (2. November 1923). Zit. bei Jochmann, S. 49 f.
282 ebenda.
283 ebenda.
284 ebenda.
285 ebenda.
286 ebenda.
287 ebenda.
288 Röhm, 2. Aufl., S. 230.

glaubten viele, daß nicht die exponierten Vertreter der Staatsgewalt, Kahr, Lossow und Seißer, sondern nur Hitler noch ihr Mann sein könne, und unter brausendem Jubel forderten sie: »Hitler soll die Leitung des deutschen Vaterlandes in die Hand nehmen!«[289]

Das konnte seine Wirkung auf Kahr und seinen Kreis nicht verfehlen. In einer Besprechung vom 6. November, an der Kahr, Lossow, Seißer und Oberstleutnant Kriebel und Dr. Weber (Bund Oberland) als Vertreter der »Vaterländischen Verbände« teilnahmen, warnte Kahr die Vertreter der »Vaterländischen Verbände«, die gar nicht weiter gehört wurden, unmißverständlich vor eventuellen Führungsansprüchen im Rahmen der vorbereiteten Aktion gegen Berlin.[290] Kahr, der auf definitive Nachrichten aus Berlin über die Besetzung des Direktoriums wartete, erkannte natürlich, daß Hitler aus der Enttäuschung über Kahrs zauderndes Verhalten Gewinn ziehen mußte und erklärte, daß der normale Weg zur Lösung der deutschen Frage »bis zum Ende beschritten und erschöpft«[291] sei, so daß die »schwarz-weiß-rote Frage« nun endgültig und gewaltsam von Bayern aus zur Lösung gebracht werden müßte. Es lag ihm vor allen Dingen daran, die Führung in der Hand zu behalten und persönlich den Zeitpunkt bestimmen zu können, an dem das bayerische Unternehmen gegen Berlin beginnen sollte. Vom 5. bis zum 8. November 1923 trat das bayerische Staatsministerium zu Beratungen und Sitzungen nicht zusammen, so daß die bewußte Aufrechterhaltung der Spannungen zwischen München und Berlin als politische Vorbereitung angesehen werden konnte.

Bei den Nationalsozialisten, die Kahrs, Seißers und Lossows Mißtrauen nicht nur registrierten, war (besonders seit dem 4. November 1923) der Eindruck entstanden, daß Kahr auf Kosten des bayerischen Kronprinzen zunehmend in den Hintergrund träte. Sie wähnten das Reich in Gefahr. Deshalb wollten sie unmittelbar handeln.[292] Julius Streicher wurde nach München beordert, wo er von Hitler erfuhr, daß er »mit den Vertretern des Bürgertums auf Handschlag vereinbart hatte, gemeinsam nun nach Nord-Deutschland zu gehen und dem Chaos ein

289 Frankfurter Zeitung vom 7. November 1923.
290 Hitler-Prozeß, S. 31.
291 ebenda.
292 Göring während des Nürnberger Prozesses. Nürnberger Prozeß. Bd. IX, S. 274.

Ende zu machen.«[293] Albrecht v. Graefe wurde aus Berlin herangeholt. Hitler machte mobil. Argumente für einen Aufschub ließ er nicht mehr gelten.

Nachdem der ursprüngliche Plan gescheitert war, Kahr, Lossow und Seißer anläßlich der Denkmalseinweihung am 4. November 1923 mit vorgehaltener Pistole zur Auslösung der sogenannten Revolution zu zwingen, wurde von den Führern des Kampfbundes am 7. November eine entsprechende Aktion für den 8. November 1923 festgelegt.[294] Für den 8. November war eine Versammlung angesetzt, in der v. Kahr aus Anlaß des 5. Jahrestages der Revolution vor geladenen Gästen sprechen sollte. Vorgesehener Veranstaltungsort war das »Künstlerhaus«. Am 7. November wurde Kahr jedoch davon verständigt,[295] daß das in Aussicht genommene »Künstlerhaus« wegen des ungewöhnlichen Andranges zu klein war. Die Veranstalter wählten den »Bürgerbräukeller« in der Rosenheimer Straße. »Ich habe mich dann wohl oder übel darein finden müssen«, erklärte Kahr während des Hitler-Prozesses, »eine öffentliche Einladung war zweifellos nicht ergangen. Im übrigen hatte ich mich um die Dinge nicht gekümmert, die Sicherung der Versammlung hatte die Polizei übernommen. Seißer holte mich mit Major Hunglinger ab, Baron Freyberg sollte im Generalstaatskommissariat in Bereitschaft sein. Bei meinem Eintritt um 8 Uhr war mir eine gewisse Erregung unter einer größeren Zahl von jungen Leuten aufgefallen, die vor dem Eingang des Kellers Aufstellung genommen hatten, auch standen auf dem Gehsteig gegenüber eine Anzahl junger Leute, gewissermaßen abwartend. Ich hatte ein unbehagliches Gefühl. Bei der Begrüßung durch Kommerzienrat Zentz bemerkte dieser, Hitler habe sagen lassen, daß er komme, ob man nicht auf ihn warten solle. Ich entgegnete, Hitler komme leicht durch, die Zeit sei bereits überschritten, ich möchte anfangen.«[296]

An diesem Tage sollte die Entscheidung fallen. Um 10 Uhr 30 fuhr Hitler zu seinem politischen Stellvertreter Hermann Esser, der mit Gelbsucht das Bett hütete. Hitler erklärte Esser, daß die Stunde gekommen

293 ebenda, Bd. XII, S. 337.
294 Vgl. Bullock, S. 102 f.
295 Hitler-Prozeß, S. 129. Zur Chronologie der Ereignisse des 8./9. November 1923 vgl. Deuerlein: Der Hitlerputsch, S. 308 ff. und S. 338 ff.
296 ebenda. Die Einladungen waren (nach Röhm, 2. Aufl., S. 231) von Zentz ausgegangen.

sei, und daß unverzüglich zur Akion geschritten werden müsse. Er sei bereit.[297]

Am Nachmittag war der »Kavalleriezug«, der sich aus ehemaligen Angehörigen des »Freikorps Epp« zusammensetzte und im Oktober 1923 dem »Regiment München« der nationalen Verbände eingegliedert worden war, zu einer außerordentlichen Zusammenkunft im »Wurzerhof« in der Nähe des Hotels Vierjahreszeiten zusammengerufen worden. Im Auftrage Hitlers hatte Göring die Kavalleristen ohne Pferde zur Teilnahme an einer nationalen »Demonstration« im Bürgerbräukeller eingeladen.[298]

Die »Reichskriegsflagge« war zu einem »Kameradschaftsabend« im »Löwenbräukeller« versammelt. Daß es sich um einen Kameradschaftsabend besonderer Art handeln sollte, erfuhren die Teilnehmer von Röhm. »Kameraden und Freunde des Deutschen Kampfbundes«, so begrüßte er die Angehörigen der »Reichskriegsflagge«, der SA der NSDAP und des Bundes Oberland: »[...] Der Abend soll sich über den Rahmen eines gewöhnlichen Kameradschaftsabends herausheben [...] Wir rufen Sie heute alle, am fünften Jahrestag der Revolution, zur Kameradschaft auf, zum Kampf, zur Rache und Vergeltung an den Volksverrätern und Volksverderbern [...] wir sind [...] der Überzeugung, daß der großen Not nur durch Kampf abgeholfen werden kann. Wir müssen bereit und willens sein, für die Freiheit und Rettung unseres Vaterlandes zu den Waffen zu greifen, unsere [...] Person und unser Leben für das Vaterland einzusetzen. Auf, in den Kampf für des Vaterlandes Befreiung in treuer Kameradschaft aller Kampfgewillten, das soll heute die Losung des Abends des 8. November sein.«[299] Nach Röhm sprach Hermann Esser, der trotz seiner angegriffenen Gesundheit zum »Löwenbräukeller« gekommen war. Während Essers Rede wurde Röhm bereits von Hauptmann Joseph Seydel die »Nachricht von den Ereignissen im Bürgerbräukeller«[300] überbracht.

Was war dort geschehen? Nachdem Gustav v. Kahr vor zahlreichen Freunden und politischen Anhängern ungefähr »eine halbe Stunde«[301] lang darüber gesprochen hatte, wie er sich die Befreiung der Massen aus

297 Persönliche Auskunft von Hermann Esser.
298 Vgl. Frank, Hans: Im Angesicht des Galgens, S. 58.
299 Röhm, 2. Aufl., S. 233.
300 ebenda, S. 234. Vgl. auch Hitler-Prozeß, S. 62.
301 ebenda, S. 129.

der geistigen Herrschaft des Marxismus, die Vernichtung der marxistischen Ausstrahlungen in den bürgerlichen Schichten und die Fesselung an die nationale Staatsgemeinschaft vorstellte,[302] war Adolf Hitler im Gehrock, auf den er das Eiserne Kreuz Erster Klasse geheftet hatte, mit Anton Drexler zur »nationalen Revolution« erschienen. Während Hitler den Bürgerbräukeller betrat, umstellten SA-Formationen das Haus. Der Führer des »Stoßtrupp Hitler« ließ im Eingang ein Maschinengewehr in Stellung bringen.[303] An der Spitze einiger SA-Männer, gefolgt von Rudolf Hess und Ulrich Graf, drängten sich Hitler zur Mitte des Raumes, in dem v. Kahr sprach, der zunächst an einen kommunistischen Störversuch glaubte.[304] Vergeblich versuchte Hitler in Kahrs Nähe zu gelangen, um ihm sein Vorhaben zu erklären. Einen Polizeimajor, der Hitler aufzuhalten versuchte, bedrohte er mit der Pistole. Von außen war nichts zu befürchten; denn sowohl der Polizeichef Pöhner als auch der Oberamtmann Dr. Frick hatten Maßnahmen zur Sicherung des Unternehmens getroffen.[305] Dem im Vorraum postierten Polizeibeamten hatte Hitler bereits beim Betreten des Hauses befohlen, unverzüglich die Vorhalle zu räumen. Obwohl das Eindringen Hitlers und seiner Begleiter nicht unbemerkt vor sich gegangen war, sprang Hitler auf einen Tisch und feuerte einen Pistolenschuß gegen die Decke ab. »Die nationale Revolution ist ausgebrochen« schrie er, »der Saal ist von 600 Schwerbewaffneten besetzt, niemand darf den Saal verlassen. Die bayerische Regierung und die Reichsregierung sind abgesetzt, eine provisorische Reichsregierung wird gebildet, die Kasernen der Reichswehr und Landespolizei sind besetzt, Reichswehr und Landespolizei rücken bereits unter den Hakenkreuzfahnen heran.«[306] Kahr, Lossow und Seißer be-

302 Zu Kahrs Ausführungen vgl. u.a. Münchener Neueste Nachrichten vom 9. November 1923.

303 Die Lesarten differieren. Verschiedenen Berichten zufolge hat es sich um mehrere Maschinengewehre gehandelt. Der Erste Staatsanwalt (Stenglein) sprach während des Hitler-Prozesses (S. 220) von 2 Maschinengewehren.

304 Aussage Kahrs während des Hitler-Prozesses (Hitler-Prozeß, S. 129).

305 Dem im Vorraum postierten Polizeibeamten hatte Hitler befohlen, unverzüglich die Vorhalle zu räumen. Frick hatte das Unternehmen nach außen hin weitgehend abgesichert. Vgl. dazu u.a. Heiden: Geschichte des Nationalsozialismus, S. 154, Strasser, S. 55 und die Ausführungen Dr. Kempners während des Nürnberger Prozesses (Bd.V, S. 398 f.), ebenso Bouhler: Kampf um Deutschland, S. 66 f.

306 Der genaue Text der Ansprache Hitlers ist nicht zu ermitteln, da seine

fahl er, ihm in den Nebenraum zu folgen. Begreiflich ist, daß Kahrs Anhänger und Freunde durch Hitlers Husarenstreich gegen ihren Generalstaatskommissar in Harnisch gerieten und gegen den Führer der NSDAP protestierten. Während Hitler mit Kahr, Seißer und Lossow den Saal verließ, blieb der SA-Führer Göring bei den Versammlungsteilnehmern und versprach ihnen, daß die Bayern auch weiterhin ihr Bier bekommen würden. Außerdem, so erklärte er, sei diese Aktion nicht gegen Herrn v. Kahr gerichtet.

Inzwischen fand im Nebenzimmer Hitlers »Kabinettsbildung« statt. Wie sie im einzelnen vor sich ging, ist nicht zu belegen; denn der Wortlaut der Unterhaltung wurde natürlich nicht unmittelbar protokolliert. Sicher ist jedenfalls, daß die drei Gesprächspartner Hitlers angesichts einer vorgehaltenen Pistole ihre Zustimmung gaben, künftig als Hitlers »Minister« (Kahr als Landesverweser) fungieren zu wollen. Den Prozeßberichten zufolge erklärte Hitler ihnen: »Ich weiß, daß den Herren das schwer fällt, man muß es den Herren erleichtern, den Absprung zu finden. Jeder hat den Platz einzunehmen, auf den er gestellt wird. Tut er das nicht, so hat er keine Daseinsberechtigung. Sie müssen mit mir siegen oder mit mir sterben. Wenn die Sache schief geht: vier Schüsse habe ich in meiner Pistole, drei für meine Mitarbeiter, wenn sie mich verlassen, die letzte Kugel für mich.«[307] Als erster fand in diesem Augenblick v. Kahr seine Ruhe wieder. Er erklärte Hitler, daß ihm in diesem Falle »Sterben oder Nichtsterben [. . .] bedeutungslos«[308] sei. Ihn und die anderen beiden Herren interessiere jetzt mehr als das, wie »Exzellenz Ludendorff« zu diesen Vorgängen stünde. Hitler wußte Ausflüchte, und zwischen zwei, drei Schlucken Bier, wie es im Protokoll des Hitler-Prozesses heißt,[309] bat er v. Kahr um Entschuldigung für die ihm bereiteten »Unannehmlichkeiten.«

Die »Kabinettsbildung« ging rasch vor sich. Kahr behauptete während des Hitler-Prozesses zwar, daß er, Seißer und Lossow wegen der vorgehaltenen Pistole alles »augenzwinkernd« und »komödiespielend«[310]

Ausführungen selbstverständlich nicht mitstenographiert wurden. An dieser Stelle wurden die Angaben zitiert, die während des Hitler-Prozesses gemacht wurden. Vgl. Hitler-Prozeß, S. 8.

307 ebenda.
308 ebenda.
309 ebenda, S. 210
310 ebenda, S. 132.

über sich hätten ergehen lassen; aber von den Anwesenden wurde nahezu übereinstimmend erklärt, daß von einem »Komödienspiel« keine Rede gewesen sein könne. Vielmehr sei v. Kahr (nach der Rückkehr in den Saal) sehr gerührt und ernst gewesen. So erklärte der Historiker Geheimrat Döberl während des Prozesses als Zeuge: »Die Art, wie sich die beiden Herren Kahr und Hitler gegenüberstanden, wie sie sich die Hände drückten [...] ließ keinen Moment Zweifel aufkommen, daß es Herrn v. Kahr nicht ernst sei.«[311]

Nach der Aussprache war der neue »Reichskanzler« Adolf Hitler wieder in den großen Saal zurückgekehrt und hatte, wie die nationalsozialistischen Darstellungen berichten, unter »brausendem Jubel« der Kahr-Anhänger eine Ansprache gehalten. Noch einmal erklärte er, daß sowohl die bayerische als auch die Reichsregierung als abgesetzt zu betrachten seien und daß sofort eine Nationalarmee gebildet werde. Dann machte er Vorschläge über die Besetzung der neuen Regierung,[312] deren Ziel der Marsch auf das »Sündenbabel Berlin« sei. Die »Deutsche Nationalregierung« setzte sich nach Hitlers Willen aus folgenden Mitgliedern zusammen: Hitler sollte Reichskanzler, Ludendorff Reichsverweser und Führer der zu bildenden Nationalarmee werden. Lossow war als Reichswehrminister, Seißer als Reichspolizeiminister und Feder als Reichsfinanzminister vorgesehen, während Kahr Landesverweser für Bayern, Pöhner bayerischer Ministerpräsident und Frick Polizeipräsident von München werden sollten.[313]

Während Hitler den Anwesenden versicherte, daß Kahr, Seißer und Lossow mit seiner Aktion bereits einverstanden seien[314] und ihre Mitarbeit zugesagt hätten, rief er: »Ich frage Sie nun: draußen sind drei Männer, Kahr, Lossow und Seißer. Bitterschwer fiel ihnen der Entschluß. Sind Sie einverstanden mit dieser Lösung der deutschen Frage? Aufbau-

311 ebenda, S. 190.
312 Hitler stellte ein Kabinett zusammen, das zunächst nur »bis zum Ende der Abrechnung mit den Verbrechern, die Deutschland tief zugrunde richteten«, im Amt bleiben sollte. Vgl. Heiden: Geschichte des Nationalsozialismus, S. 156 f. und Mildenberg, Weigand: Adolf Hitler – Wilhelm III., S. 44.
313 Hitler-Prozeß, S. 8, Volz: Daten der Geschichte der NSDAP, S. 13, Heiden: Geschichte des Nationalsozialismus, S. 156 f. und Bouhler: Kampf um Deutschland, S. 66.
314 Auch Ludendorff hatte sich von Hitler täuschen lassen. Vgl. Ludendorffs Aussagen während des Hitler-Prozesses (Hitler-Prozeß, S. 58).

en wollen wir einen Bundesstaat föderativer Art, in dem Bayern das erhält, was ihm gebührt. Der Morgen findet entweder in Deutschland eine deutsche nationale Regierung oder uns tot.«[315]

Inzwischen war General Ludendorff, ebenfalls im Gehrock, von Scheubner-Richter aus Ludwigshöhe herbeigeholt worden. Er war zunächst verärgert, daß Hitler ihn nicht vorher befragt und nicht ihm die Diktatur übertragen, sondern ihn nur zum Chef einer gar nicht vorhandenen Armee ernannt hatte, erklärte sich dann jedoch »Kraft eigenen Willens«[316] bereit, sich der nationalen Sache zur Verfügung zu stellen. Offensichtlich wollte Ludendorff den Eindruck vermeiden, daß er hier auf Befehl Hitlers gehandelt habe.[317] Nun waren auch Kahr, Seißer und Lossow offen mit Hitlers Entscheidung einverstanden und Kahr erklärte, daß er als »Statthalter der Monarchie«[318] die »Landesverweserschaft« übernehme, was Hitler offensichtlich nicht gestört zu haben scheint. Er war vielmehr froh, daß sein Staatsstreich gelungen zu sein schien.

Nachdem Ernst Röhm die Meldung über die Vorgänge im »Bürgerbräukeller« überbracht worden war, ließ er die Verbände vor dem »Löwenbräukeller« antreten und marschierte mit ihnen zum »Bürgerbräukeller«, »um der neuen Regierung zu huldigen«.[319] In der Brienner Straße erreichte ihn ein (vermutlich von Ludendorff abgesandter) Melder, der Röhm den Befehl überbrachte, sich mit der »Reichskriegsflagge« der »neuen Regierung«[320] im Kriegsministerium zur Verfügung zu halten. Der »Bund Oberland« und die Angehörigen der NSDAP marschierten indes zum »Bürgerbräukeller«. Röhm bestzte das Kriegsministerium mit der »Reichskriegsflagge«, der sich der »Kampfbund Zeller« angeschlossen hatte. Die von Thüngen geführte Stammabteilung hatte gemeinsam mit der Reichswehr »die Fernsprecher zu besetzen und sich als Ehrendienst für den Befehlshaber bereit zu halten«.[321] Die »Abteilung Binz«

315 Der genaue Wortlaut ist nicht zu ermitteln. An dieser Stelle wurde nach Heiden: Geschichte des Nationalsozialismus (S. 157) zitiert. Vgl. auch Hitler-Prozeß, S. 9.
316 Hitler-Prozeß, S. 59.
317 Verschiedenen Darstellungen zufolge hat Ludendorff nicht »kraft eigenen Willens« gesagt, sondern »kraft eigenen Rechts«.
318 Vgl. Dokumente der deutschen Politik und Geschichte, S. 134.
319 Röhm, 2. Aufl., S. 234.
320 ebenda. Vgl. auch Hitler-Prozeß, S. 62.
321 Röhm, 2. Aufl., S. 234.

und die SA unter Oßwald standen im Gebäude und der »Kampfbund Zeller« im Hof des Kriegsministeriums zum Abruf für besondere Anlässe bereit. Im Wehrkreiskommando hatten Ludendorff und Kriebel ihren »Befehlsstand« errichtet. Ludendorff, dessen mangelnde Menschenkenntnis oft bezeugt ist, war optimistischer als einige Männer seiner Umgebung. Als Hauptmann Seydel und Scheubner-Richter auf die Möglichkeit anspielten, daß der von Hitler als Reichswehrminister eingesetzte Lossow sich eventuell gegen sie wenden könne, wurden sie von Ludendorff, der auf das soldatische Ehrenwort vertraute, barsch zurechtgewiesen.

Niemand schien genau zu wissen, wo was vorging. General v. Lossow befand sich inzwischen in der Stadtkommandantur. Dort waren auf die Nachricht vom Hitler-Putsch die Generale v. Kreß und Ruith, Oberstleutnant v. Kreß und Major v. Leeb zusammengekommen und hatten die ersten Gegenaktionen in die Wege geleitet. Auf Befehl des Generals v. Kreß, dem v. Seeckt und Geßler als Lossows Nachfolger bestimmten Kommandeur der VII. Division, hatte General v. Danner »Alarm und Besetzung der nach der Alarmordnung befohlenen Punkte«[322] angeordnet und die Truppen gegen die »neue Regierung« Hitler-Ludendorff aufgerufen. Das war die Situation, der sich Lossow gegenübergestellt sah, als er die Stadtkommandantur betrat. Er stand also vor der Frage, entweder die von Danner getroffenen Maßnahmen anzuerkennen oder als Gefangener der bayerischen Truppenführer zurückgehalten zu werden. Er zog vor, sich Danners Weisungen zu unterwerfen.

Kahr und Seißer haben ihrerseits zunächst noch zu Hitlers »Sache« gehalten. Sie hätten jedoch auch in diesem Augenblick noch gern zu ihren eigenen Plänen gestanden, sie realisiert und das Unternehmen auf Bayern beschränkt. Erst gegen 1 Uhr früh haben sie (Kahr vermutlich von Matt und Pittinger wankend gemacht) ihre ersten Gegenentscheidungen getroffen. Selbst während des Hitler-Prozesses sind der Zusammenhang und die wirklichen Beweggründe für ihre Gegenaktion nicht aufgedeckt worden. Am wahrscheinlichsten ist, daß es persönliche Gründe waren, die sie bewogen, von ihrem gegebenen Wort abzurücken. Möglicherweise war es Angst vor Hitlers plötzlicher Machtbefugnis, die selbst ihre »letzte Hoffnung zu Bruch«[323] gehen ließ, wie Ehrhardt sich

322 ebenda, S. 249.
323 Salomon: Der Fragebogen, S. 412.

später ausdrückte. Das Motiv, sich einer Bewegung gegenüberzusehen, deren Auswirkungen womöglich nicht mehr eingedämmt und auf Bayern beschränkt werden könnten, ist wohl nur sekundär gewesen. Nicht ohne jeden Einfluß dürfte dabei jedoch auch die Tatsache gewesen sein, daß Ebert dem General v. Seeckt die gesamte vollziehende Gewalt im Reich übertragen hatte.

Zwar hatten Kahr, Seißer und Lossow besonders Anfang November mit General v. Seeckt verhandelt und seine Zustimmung zur Beteiligung an einer gemeinsam errichteten »nationalen« Diktatur zu erhalten versucht, doch Seeckt war vorsichtig geblieben. Daß er in dieser Situation, in der Kahr, Seißer und Lossow sich von Hitler hatten überspielen lassen, ihren emsig gehegten Wünschen entgegenkommen würde, konnten sie nicht erwarten. Zudem war ihnen nicht unbekannt, daß Seeckt die Diktatur ohne Einverständnis der verfassungsmäßigen Gewalten nicht hatte errichten wollen.[324] Belastet wurde das Verhältnis durch die Tatsache, daß Seeckt bereits am 4. November 1923, unmittelbar nach der Zusammenkunft mit Seißer in Berlin, in einem Befehl an die Reichswehr erklärt hatte, daß die Reichswehr mit allen Mitteln, die ihr zur Verfügung stünden, gegen die Feinde des Staates antreten würde. Um eventuellen Irrtümern vorzubeugen, waren neben den Kommunisten auch die Nationalsozialisten[325] ausdrücklich erwähnt worden, die Seeckt im *Völkischen Beobachter* vom 27. September 1923 verärgert und damit schließlich den offenen Konflikt zwischen München und Berlin ausgelöst hatten. In diesem Augenblick konnten auch in Bayern, besonders in Hitlers Umgebung, über Seeckts Haltung Zweifel nicht mehr bestehen.

In der Nacht vom 8. zum 9. November[326] war von der Funkstelle des 19. Infanterieregiments ein Funkspruch folgenden Inhalts nach Nürnberg, Kempten und Augsburg hinausgegangen: »Kahr, Lossow, Seißer lehnen Hitlerputsch ab. Mit Waffengewalt erpreßte Stellungnahme in der Bürgerbräuversammlung ungültig. Vorsicht gegen Mißbrauch obiger Namen. Kahr, Lossow, Seißer‹.[327] Die dort stationierten Reichswehreinheiten wurden sofort nach München in Marsch gesetzt. In

324 Vgl. Hitler-Prozeß, S. 23.
325 Vgl. Brauweiler, S. 46 ff.
326 Um 2 Uhr 50 Minuten. Vgl. Hitler-Prozeß, S. 122.
327 Zum 9. November 1923 vgl. die bei Deuerlein (Der Hitlerputsch, S. 511 ff.) zitierte amtliche Darstellung.

der gleichen Nacht verfügte Kahr, der die Regierung nach Regensburg verlegt hatte, die Auflösung der NSDAP, der SA, der »Reichskriegsflagge« und des »Bund Oberland«, der jedoch als »Schützen- und Wanderbund«[328] weiter bestand. Am Morgen des 9. November klebten bereits an den Wänden Plakate, auf denen es hieß: »Trug und Wortbruch ehrgeiziger Gesellen haben aus einer Kundgebung für nationales Wiedererwachen eine Szene widerwärtiger Vergewaltigung gemacht. Die mir, General v. Lossow und Oberst Seißer mit vorgehaltenem Revolver abgepreßten Erklärungen sind null und nichtig. Die Nationalsozialistische Deutsche Arbeiterpartei, sowie die Kampfverbände ›Oberland‹ und ›Reichskriegsflagge‹ sind aufgelöst. v. Kahr Generalstaatskommissar.«[329] Außerdem wurde der *Völkische Beobachter* auf unbestimmte Zeit verboten,[330] das gesamte Parteieigentum (mit Ausnahme des Parteiverlages Franz Eher Nachf. GmbH in der Thierschstraße 15) beschlagnahmt und die Geschäftsstelle geschlossen.

Spätestens jetzt war auch Ludendorff und seiner optimistischen Umgebung im Wehrkreiskommando klar, daß weder auf Kahr, noch auf Seißer und Lossow zu rechnen war. Röhm beorderte einige Nachrichtenoffiziere in die Infanteriekaserne, in der sich Lossow befand, um Verbindung herzustellen. Sie wurden dort verhaftet. An dem Scheitern des Unternehmens bestanden keine Zweifel mehr. Der »Kampfbund«, der einige öffentliche Gebäude zu besetzen versucht hatte, war auf Widerstand gestoßen. Den einzigen militärischen Erfolg hatte Ernst Röhm errungen. Der »Reichskanzler« Hitler ließ am 9. November im Namen der nationalen Regierung Banknoten der Reichsbank im Werte von 14 605 Billionen Mark in der jüdischen Buchdruckerei und Verlagsanstalt Gebrüder Parcus als »Sold« für seine SA-Leute beschlagnahmen, die jeweils 2 Billionen Mark erhielten.[331] Ludendorffs Stiefsohn, der Leutnant a. D. Heinz Pernet, ein maßgebliches Mitglied der NSDAP, verteil-

328 Nach Akten der Geheimen Staatspolizei im Prozeß gegen Frau Anna Nickisch (unveröffentlicht, S. 6). Aufgelöst wurden auch die KPD und die Deutschvölkische Freiheitspartei. Vgl. Dokumente der deutschen Politik und Geschichte, S. 134.

329 Zit. nach Heiden: Geschichte des Nationalsozialismus, S. 165. Am 9. November 1923 erließ Ebert einen Aufruf, in dem er davor warnte, sich Hitler anzuschließen. Vgl. Ebert, Bd. 2, S. 314 f.

330 Der Völkische Beobachter erschien dann wieder ab 25. Februar 1925, bis 4. April 1925 nur wöchentlich.

331 Vgl. Frank, S. 61.

te das Geld an die Putschisten. »Am Bavaria-Ring wurden mitten in der Nacht Juden aus ihren Betten geholt, und auch an anderen Stellen setzten wahllos Verhaftungen von Mißliebigen ein.«[332] Der »Stoßtrupp Hitler« mit Schreck, Berchtold und Schaub war auf Görings Befehl »in das Gebäude der ›Münchner Post‹, des Organs der Sozialdemokraten, eingedrungen und hatte diese marxistische Giftküche in Trümmer geschlagen«,[333] berichtet Bouhler und stellt weiter fest, daß »Rudolf Hess [...] die roten und schwarzen Mitglieder der bayerischen Regierung und des Münchener Stadtrates verhaftet und als Geiseln in der Nähe Münchens festgehalten«[334] hatte.

Immer wieder wird behauptet, daß Hitler bis zur Mittagszeit des 9. November an seinen Sieg, oder wenigstens an die Mitarbeit Kahrs, Lossows und Seißers geglaubt habe. Otto Strasser drückte das auf folgende Weise aus: »Bei Tagesanbruch trafen wir uns«, soll Hitler später erzählt haben, »wieder im Bürgerbräukeller. Ludendorff hatte sich angeschlossen. Aber noch in den Mittagsstunden waren wir ohne Nachrichten, kein Lebenszeichen war zu uns gelangt.«[335] Strasser folgert nun daraus: »Die Stunden vergingen also, ohne daß Hitler versuchte, sich selbst Klarheit über die Lage zu verschaffen.«[336] Von der von Strasser wiederholten zweckbedingten Hitler-Äußerung scheinen alle entsprechenden Urteile ausgegangen zu sein. Sie sind unbefriedigend und die auf sie gestützten Darstellungen falsch.

Die Frage, wie lange Adolf Hitler an das Gelingen seiner Revolution geglaubt haben mag, konnte von den Historikern, Überlebenden des Putsches und anderen Zeugen bislang nicht eindeutig beantwortet werden. Sicher ist, daß Hitler sofort nach Mitternacht an dem Unternehmen gezweifelt und seine – wenn auch falschen – Gegenmaßnahmen getroffen hat. Schon als die neuen Minister den Bürgerbräukeller verließen und sich zur Nachtruhe begaben, kamen Hitler Bedenken, ob er den Zusagen der Überrumpelten trauen dürfte. Daß er dennoch nicht sofort Entscheidendes zur Absicherung unternahm, bezeugt nur, daß ihm die

332 Orr, Revue Nr. 50 vom 13. Dezember 1952, S. 37.
333 Bouhler: Kampf um Deutschland, S. 66.
334 ebenda.
335 Schriftliche Mitteilung von Otto Strasser. Während des Prozesses erklärte Hitler: »Wir erhielten keine Nachricht, die uns positive Klarheit brachte. Nicht einmal bis mittags 12 Uhr wurde uns eine Mitteilung gebracht.« (Hitler-Prozeß, S. 27).
336 Schriftliche Mitteilung von Otto Strasser (1952).

Situation über den Kopf gewachsen war. So unterzog sich der »Reichskanzler« Hitler zum Beispiel der »ihm eigentlich ferne stehenden Aufgabe«,[337] wie Röhm kritisch bemerkte, zwischen Offizieren des Pionier-Bataillons und des Oberland-Bataillons v. Müller in der Pionierkaserne zu vermitteln, wo es zu Zusammenstößen gekommen war. Aufschlußreich sind in diesem Zusammenhang auch die Aussagen von Julius Streicher während des Nürnberger Prozesses. »Nach Mitternacht«, so sagte Streicher, »als er [Hitler] von den meister verlassen worden war, da erschien ich vor ihm und sagte ihm, man müsse jetzt doch die Öffentlichkeit aufklären, wenn der nächste Tag komme. Da schaute er mich mit großen Augen an und sagte: ›Wollen Sie es machen?‹ Ich sagte, ich mache es.«[338] Darauf nahm Hitler, enttäuscht und ratlos, ein Blatt Papier, schrieb »Streicher ist die gesamte Organisation übertragen«[339] und gab es Streicher, der sich sofort daran machte, die Öffentlichkeit »aufzuklären.«[340] Daß die hier für die entscheidende Situation bezeugte Ratlosigkeit und Unsicherheit Hitlers niemals bekannt und diskutiert werden durfte, war einerseits durch Hitlers Macht und Charakter und andererseits parteipolitisch bedingt. Ein Eingeständnis hätte dem Mythos des »unfehlbaren« Politikers und »Führers« beträchtlich schaden können. Streicher hat schweigen müssen. Aufschlußreich ist, daß die Stunde, auf die Hitler so lange gewartet hatte, die so intensiv vorbereitet wurde, einen Mann vorfand, der im entscheidenden Augenblick versagte. Der von den Nationalsozialisten als »deutscher Mussolini« apostrophierte Führer der NSDAP war noch kein Mussolini. Es ist müßig, heute zu fragen, woran das gelegen hat. Wahrscheinlich verlor er gerade in dem Augenblick die Nerven, in dem es wirklich darauf ankam, sich selbst und alle Fäden in der Hand zu haben.

Damit hängt unmittelbar jedoch die wesentlichere Frage nach der Vorstellung zusammen, die der unentwegt von revolutionärem Umsturz redende Adolf Hitler von einer Revolution hatte. Er fragte die diskutierenden Biertrinker, schlug vor, konsultierte Minister[341] einer Regierung,

337 Röhm, 2. Aufl., S. 236.
338 Nürnberger Prozeß. Bd. VII, S. 340.
339 ebenda.
340 Erst am Morgen zwischen 6 und 7 Uhr hat Hitler selber dann zu den Angehörigen der Infanterieschule über den »Verrat« Lossows gesprochen. Vgl. Hitler-Prozeß, S. 124.
341 Nach Aussagen im Hitler-Prozeß (Hitler-Prozeß, S. 26) hat Hitler Kahr erklärt, daß er »treu wie ein Hund« hinter ihm stehen würde.

die er stürzen wollte und buhlte um monarchistische Generale. Napoleon, Lenin und Mussolini, mit denen Hitler sich anfänglich gern verglich, haben nicht gefragt, sondern gehandelt und die entscheidenden Grundlagen der alten Staatsformen beseitigt. Hitler dagegen erwog sogar, zu dem in Berchtesgaden weilenden Prinzen Rupprecht zu fahren und ihm mitzuteilen, daß das seinem »hochseligen Vater« angetane Unrecht »wieder gutgemacht« worden sei,[342] obwohl die Haltung des Kronprinzen in diesem Augenblick eindeutig gegen Hitler und vor allen Dingen gegen Ludendorff gerichtet war. Keineswegs Herr der Lage, hatte Hitler selbst seine Proklamation der »Nationalen Diktatur« auf den 9. November vertagt. Zwar waren die im »Bürgerbräukeller« anwesenden Minister der Regierung Knilling (Knilling selbst auch) verhaftet worden, doch weiter ist zunächst nichts geschehen, und das mußte in dieser Situation verhängnisvolle Folgen haben.

Hitler hat jedoch aus dem Putsch von 1923 gelernt und seine Schlüsse gezogen: Legal oder wenigstens scheinbar legal zur »Macht« kommen, sich das Wohlwollen der Armee, der Polizei und anderer Institutionen sichern und erst dann den eigentlichen revolutionären Akt folgen lassen. Als er sich 1924 in Festungshaft befand und Muße hatte, den ersten Band seines Buches *Mein Kampf* zu schreiben, seinen als »schicksalhafte Sendung« propagierten Lebensweg rückschauend zu konstruieren und die Akzente überall dort zu setzen, wo sie die meiste Wirkung hinterließen, konstruierte er folgendes Urteil über Dr. Lueger: »Die gründliche Menschenkenntnis ließ ihn die möglichen Kräfte ebenso richtig beurteilen, wie er dadurch aber auch bewahrt blieb vor einer zu niederen Einschätzung vorhandener Institutionen, ja vielleicht gerade aus diesem Grunde sich eher noch solcher als Hilfsmittel zur Erreichung seiner Absichten bedienen lernte.«[343] War das wirklich Lueger, der dort charakterisiert wurde? Die Vermutung liegt nahe, daß Hitler mit dieser Feststellung die eigene politische Taktik vor einen geschichtlichen Hintergrund stellen wollte. Am 30. Juni 1934 exerzierte er der Welt seine Revolutionsmethode vor. Dabei mußte auch Gustav v. Kahr sein Leben lassen. Er mußte seinen Wortbruch (oder seine Pflichterfüllung) von 1923 elf Jahre später mit dem Leben büßen. Zwar war auch Hitlers Un-

342 Vgl. Hitler-Prozeß, S. 25. Dazu auch übereinstimmende persönliche Auskunft von Hermann Esser.
343 Hitler, S. 108.

ternehmen am 8. November 1923 ursprünglich nicht gegen die bayerische Regierung geplant, doch die Ereignisse entglitten den Händen des Regisseurs, der einfach nicht mehr zurückkonnte. Hitler hatte einen Putsch geplant, nicht aber einen Bürgerkrieg.

Die Situation war nicht nur für Außenstehende verworren. Als beispielsweise Graefe später von einem Abgeordneten im Reichstag vorgeworfen wurde, daß Hitler im November 1923 gegen die bayerische Regierung marschiert sei, antwortete er lakonisch: »Erlauben Sie mal, Herr v. Kahr war – das wissen Sie wohl nicht – Regierung in Bayern. Also mit der Regierung.«[344] Und auch der sehr diplomatische Geheimrat Held gab im Januar 1925 zu, daß die bayerische Regierung an der Vorbereitung des Hitler-Putsches beteiligt gewesen ist. Während einer Zusammenkunft mit Hitler erklärte er, daß die Regierung in Zukunft »unter keinen Umständen noch einmal solchen Entwicklungen auch nur den leisesten Vorschub« leisten würde, da »diese zu Kollisionen mit der Staatsgewalt führen«[345] müßten.

Von entscheidender Bedeutung für die Zukunft war die Tatsache, daß Hitlers Anhänger ihm eine Schuld nicht zuschrieben und daß sie ihm bereits während des Prozesses wieder das Gefühl seiner ehemaligen Sicherheit zurückgaben. Er selbst hat das in der ersten Zeit der Haft gar nicht zu erwarten gewagt. »Mit Tränen in den Augen, mit ehrlich empfundener Rührung«, so schilderte Hermann Esser das erste Zusammentreffen mit Hitler nach dem mißglückten Unternehmen, dankte Hitler für das Vertrauen, das ihm seine Anhänger weiterhin entgegenbrachten.[346]

Neben Kahr hatte auch die unter Kultusminister Dr. Matt auf Weisung Kahrs nach Regensburg geflohene bayerische Regierung vor dem »Preußen Ludendorff und seinem Anhang«[347] gewarnt. An Stelle der von Hitler vorbereiteten Proklamation[348] klebten die von Kahr befoh-

344 Verhandlungen des Reichstages. Bd. 361, S. 12 208 (C).
345 Germania Nr. 14 vom 9. Januar 1925. Vgl. auch Bayerische Staatszeitung vom 6. Februar 1924. Vgl. auch S. 464.
346 Persönliche Auskunft von Hermann Esser.
347 Volz: Daten der Geschichte der NSDAP, S. 13 und Heiden: Geschichte des Nationalsozialismus, S. 166.
348 Text der Proklamation: »Proklamation an das deutsche Volk! die Regierung der Novemberverbrecher ist heute für abgesetzt erklärt worden. Eine provisorische deutsche National-Regierung ist gebildet worden. Diese besteht aus General Ludendorff, Adolf Hitler, General v. Lossow, Oberst v. Seisser.«

lenen Aufrufe. Während Dr. Frick bereits in der Nacht zum 9. November verhaftet worden war, wurden Pöhner und Major Adolf Hühnlein[349] nach Betreten der Polizeidirektion in den Morgenstunden von General Jakob Ritter v. Danner in Haft gesetzt. Auch General Adolf Aechter, Oberst Ludwig Leupold, Major Alexander Siry und andere Offiziere, die eine Vermittlung zwischen Hitler – Ludendorff und Lossow – Kahr herbeiführen wollten, waren in der Infanteriekaserne zurückgehalten worden. An verschiedenen Stellen standen sich Reichswehr, Oberland-Bataillone und Verbände des Kampfbundes gegenüber. Landespolizeieinheiten und die Infanterieschule unter Roßbach[350] waren fast gleichzeitig aus Oberbayern zur Besetzung des Regierungsgebäudes angerückt. »Geschütz und Maschinengewehre waren in Stellung gebracht«,[351] doch ist es hier zu ernsthaften Auseinandersetzungen nicht gekommen. Während Hitler sich bei Bekanntwerden des Widerstandes aus der Infanteriekaserne als Napoleon fühlte und verärgert befahl: »Da kommen zwei Kanonen hin, und fest hineingefetzt, und wenn die ganze Kaserne zum Teufel geht«,[352] hatte Ludendorff bereits der Reichswehr gegenüber nachgegeben und schriftlich zugesichert, daß der Kampfbund die Kasernen der Reichswehr nicht angreifen würde.[353] Erst in den Morgenstunden, nachdem es keinen Zweifel mehr darüber geben konnte, daß Hitlers Abenteuer mißlungen war, begaben sich Ludendorff und Kriebel zu Hitler in den »Bürgerbräukeller«.

Hauptmann Röhm, der das Wehrkreiskommando besetzt hielt, wußte zunächst noch nichts von den Gegenmaßnahmen.[354] Als das Anrücken von »Tanks« gemeldet wurde, gab er den Befehl zur »Verteidi-

349 Pöhner und Hühnlein hatten sich im Auftrage Ludendorffs und Röhms zur Polizeidirektion begeben.

350 Roßbach stellt die Sache so dar (S. 80 f.), als sei er zur Aktion gegen Berlin getrieben worden, da Cuno zaghaft, Seeckt verschlossen, Weiß skrupellos und Zeigner rachsüchtig gewesen seien. Während des Hitler-Prozesses wurde allerdings folgendes gesagt: »Besonders Oberleutnant Roßbach war seit Anfang Oktober 1923 mit Erfolg bemüht, unter Umgehung der älteren Stammoffiziere die jüngeren Waffenschüler für die völkische Bewegung und Erhebung im Sinne Hitlers zu begeistern« (Hitler-Prozeß, S. 12).

351 Röhm, 2. Aufl., S. 249.

352 Heiden: Geschichte des Nationalsozialismus, S. 164.

353 Vgl. Röhm, 2. Aufl., S. 254 und Heiden: Geschichte des Nationalsozialismus, S. 164.

354 Vgl. Hitler-Prozeß, S. 62.

gung des Wehrkreiskommandos«.[355] Zwar versuchten Oberstleutnant Hörauf und Epp, Röhm von der Aussichtslosigkeit seiner Lage zu überzeugen, doch in der Hoffnung auf Anweisungen Ludendorffs hielt er seine Stellung, und es mußte ihm schließlich sogar ein »ehrenvoller Abzug mit militärischen Ehren, Abgabe der Waffen an die Landespolizei und ehrenvolle Stellung des Führers«[356] zugesichert werden, ehe er überhaupt zur Kapitulation bereit war. Erst nachdem er von der Katastrophe vor der Feldherrnhalle erfuhr, kapitulierte er. Zwei seiner Männer waren gefallen.

Am 8. und 9. November bot München das Bild eines Bienenvolkes, das sich zum Schwärmen anschickt. Die in die bayerische Hauptstadt von außerhalb herangezogene Polizei und Reichswehr und auch die Beamtenschaft standen nun nahezu in geschlossener Front gegen Hitler. »Doch die Nachricht von der ›nationalen Revolution‹ war wie ein Lauffeuer durch München geeilt. Ein großer Teil der Münchener Bevölkerung sympathisierte mit Hitler und seiner Bewegung«.[357] Dr. Hans Frank, angeblich erst seit 1927 Mitglied der NSDAP, seit 1939 Generalgouverneur von Polen, fuhr mit einem Auto durch die Stadt und gab die Bildung der »neuen Regierung«[358] bekannt.

Während Hitler, Ludendorff, Scheubner-Richter, Göring und die gesamte Elite der nationalsozialistischen Führerschaft untätig im Bürgerbräukeller verharrten, organisierte Streicher die »Propaganda in der Öffentlichkeit«[359] und versuchte sie für Hitlers Sache zu gewinnen. Erst gegen Mittag beschlossen Ludendorff und Hitler sich zu einer größeren Aktion. Ein »Erkundungs- und Demonstrationszug«,[360] wie sie es nannten, sollte noch im letzten Augenblick die verfahrenen Geschehnisse revidieren. Noch glaubte Hitler nicht an einen Kampf mit der »Staatsgewalt«. Zwar sind während des Marsches zur Feldherrnhalle unter anderem 98-er Gewehre der Reichswehr mitgeführt worden, doch war ihr Einsatz zunächst (oder überhaupt) nicht geplant. Für den »ganzen Zug« war der »strikte Befehl zum Entladen« gegeben worden.[361]

355 ebenda.
356 ebenda.
357 Orr, Revue Nr. 50 vom 13. Dezember 1952, S. 39.
358 Frank, S. 69.
359 Nürnberger Prozeß. Bd. VII, S. 340.
360 Volz: Daten der Geschichte der NSDAP, S. 14. Vgl. auch Hitler-Prozeß, S. 27 und S. 458 und Anm. 361 in diesem Kapitel.

Gregor Strasser, ebenso wie Ludendorff zu spät vom »Ausbruch« der »nationalen Revolution« verständigt, hatte in aller Eile 350 SA-Männer in Landshut zusammengerufen und sich mit ihnen auf den Weg nach München begeben.[362] Die norddeutschen Nationalsozialisten vertrat nur v. Graefe. Die Berliner Mitglieder der NSDAP erfuhren von diesem »Vorfall« erst durch die Presse, als bereits alles zusammengebrochen war.[363] Sofort sammelten sich 70–80 Mann in den Kolonnaden vor dem Kammergericht in der Potsdamer Straße und setzten sich (mit ihren Waffen) unter Führung von Wolfermann und Schlockermann in den Zug nach München. In Gera wurden sie jedoch aus dem Zug herausgeholt, entwaffnet und festgesetzt.[364]

Die Putschisten, vor allem Hitler und Ludendorff, hofften die Tatsache für ihre Sache nutzbar machen zu können, daß viele Münchener auf ihrer Seite standen. In der Mittagsstunde des 9. November formierten sie sich zu ihrem »Erkundungs- und Demonstrationszug« durch München. Von der »Rosenheimerstraße bewegte sich der Zug zur Ludwigsbrücke. Dort traten ihm Polizisten entgegen, die zwar scharf luden – aber beiseite geschoben wurden. Am Marienplatz wurden die Demonstranten von einer dichtgedrängten Menge jubelnd begrüßt. Dann marschierte der Zug in Achterreihen die Residenzstraße hinunter, voran zwei Fahnenträger, dann Adolf Hitler, der seinen Freund Scheubner-Richter untergehakt hatte, links neben Hitler sein ständiger Begleiter und Beschützer Ulrich Graf, dann Ludendorff mit seinem Diener Kurt Neubauer, Hermann Göring und Wilhelm Brückner.«[365] Bevor die Marschkolonne auf ihrem Weg zum Wehrkreiskommando (wo Röhm und seine Anhänger von der Reichswehr belagert wurden und nun befreit werden sollten) durch die schmale Residenzstraße den Odeonsplatz erreichte, stieß sie auf einen etwa 100 Mann starken Polizeikordon der Landespolizei, der sicherheitshalber nach dort beordert worden war, weil die Stadtpolizei beträchtlich nationalsozialistisch durchsetzt war. »Die hochgelegene Feldherrnhalle war von Polizei besetzt. Auf dem Odeonsplatz stand

361 Vgl. Hitler-Prozeß, S. 211. Nach Feststellungen der Geheimen Staatspolizei (ehemaliges Hauptarchiv der NSDAP, Bundesarchiv Koblenz, NS 26/117) hat Ludendorff gesagt, daß sie nicht zu einer Aktion marschiert seien, sondern um die Stimmung der Bevölkerung zu erkunden.

362 Vgl. Strasser, S. 43.

363 Persönliche Auskunft von Schlockermann.

364 Persönliche Auskunft von Schlockermann.

365 Orr, Revue Nr. 50 vom 13. Dezember 1952, S .39.

ein gepanzerter Mannschaftswagen der Reichswehr, der jedoch nicht in Aktion trat. In dem Augenblick, als der Zug die Feldherrnhalle erreicht hatte, nahte im Laufschritt eine weitere Einheit Landespolizei unter dem Oberleutnant Freiherr v. Godin.«[366]

Die nun folgenden Darstellungen weichen so wesentlich von einander ab, daß nicht eindeutig geklärt werden kann, wie es zur Auslösung des Feuerüberfalles auf die marschierende Kolonne gekommen ist. Es gibt sowohl Behauptungen, die von der Eröffnung des Feuers durch Mitglieder der marschierenden Hitler-Ludendorff-Kolonne[367] berichten, als auch solche, die diesen Vorfall entgegengesetzt schildern. Die letzte Version gewinnt durch Julius Streichers (allerdings von Dr. Weber, dem damaligen Führer des Bundes Oberland bestrittene) Aussage[368] beim Nürnberger Prozeß an Glaubwürdigkeit. Streicher rekonstruierte, daß er in der zweiten Reihe der Kolonne marschierte, diesen Platz kurz vor dem Zusammenstoß mit der Polizei verließ und sich »zehn Meter vor die Fahne« begab und »in die Gewehre«[369] hineinmarschierte. In diesem Augenblick habe die Polizei das Feuer eröffnet.

Der Versuch von Ulrich Graf, den leitenden Polizeioffizier durch den Zuruf »Nicht schießen! Exzellenz Ludendorff und Hitler kommen!«[370] zum Ausweichen zu überreden, schlug fehl, und auch Hitlers Befehl »Ergebt Euch!«, wurde mißachtet. Ein Teilnehmer gab einen Schuß ab. Welcher Seite der Schütze angehörte, konnte niemals geklärt werden. Ernst Deuerlein zitiert in seiner umfangreichen Dokumentation über den Hitler-Putsch einen Bericht des verantwortlichen Polizei-Oberleutnants Michel Freiherr v. Godin vom 10. November 1923, in dem Godin behauptete, daß zuerst ein »Hitlermann« einen Pistolenschuß abgegeben habe, und daß die Polizei erst dann feuerte. Aufschlußreich sind in diesem Zusammenhang die (von Deuerlein nicht berücksichtigten) mit Skizzen versehenen späteren ausführlichen Aussagen Godins vor der Geheimen Staatspolizei, wo v. Godin eindeutig erklärte, daß nicht die Hitlerleute, sondern die Polizei das Feuer eröffnet hätte.[371] Dieser Frage kann je-

366 ebenda.
367 Lossow sagte während des Hitler-Prozesses (Hitler-Prozeß, S. 124), daß der »Staat« den Befehl zum Feuern gegeben hätte. Vgl. auch Hitler-Prozeß, S. 14, Frank, S. 434 und Anm. 369, 370 und 371 in diesem Kapitel.
368 Vgl. Frank, S. 434, Anm. 8.
369 Nürnberger Prozeß. Bd. VII, S. 341.
370 Frank, S. 434, Anm. 8.
371 Zu Deuerleins Dokumentation: Deuerlein: Der Hitlerputsch, S. 331. Zu

doch nur eine sekundäre Bedeutung zugeschrieben werden. Auf jeden Fall löste der erste Schuß ein wildes Feuergefecht zwischen Polizisten und Nationalsozialisten aus.

Während des Feuerüberfalls, der verheerend wirkte, war auch Göring schwer verwundet worden.[372] Es gelang ihm jedoch, zu entkommen und nach Österreich zu fliehen. Dort wurde er verhaftet und nach Bayern ausgeliefert. Aber die bayerische Polizei brachte ihn an einer anderen Stelle wieder hinüber, wie er in Nürnberg selber berichtete.[373] Die Verbindungen spielten weiter. Neben Göring, der nach dem 9. November unter anderem auch in Italien mit Mussolinis Funktionären zusammentraf, war auch Roßbach, Feder, Esser und Berchtold die Flucht ins Ausland gelungen. Der während des Feuerüberfalles von dem tödlich getroffenen Scheubner-Richter zu Boden gerissene und an der linken Schulter schwer verletzte Hitler[374] wurde von Dr. Walter Schulz im Auto nach Uffing am Staffelsee zu Ernst Hanfstaengl gebracht. Am 11. November verhaftete ihn die Polizei und überführte ihn auf die Festung Landsberg am Lech. Ernst Pöhner (Oberlandesgerichtsrat), Dr. Friedrich Weber (Universitäts-Professor), Ernst Röhm (Hauptmann), Dr. Wilhelm Frick (Oberamtmann), Julius Streicher (Lehrer), Max Amann (Geschäftsführer des VB), Adolf Hühnlein (Major), Brückner, Heines, Strasser[375] und andere führende Nationalsozialisten sind entweder schon am 9. November oder in den nächsten Tagen verhaftet worden. Hitlers Gönnerin Gertrud v. Seidlitz, Dietrich Eckart und Fürst Karl v. Wrede wurden in Schutzhaft genommen. Ludendorff, der sich dem Putsch »Kraft eigenen Willens« zur Verfügung gestellt hatte, wurde auf Ehrenwort entlassen.

den Untersuchungen der Geheimen Staatspolizei: ehemaliges Hauptarchiv der NSDAP, Bundesarchiv Koblenz, NS 26/117.

372 Nach Shirer (S. 95) ließ ihm (Göring) der jüdische Besitzer einer in der Nähe befindlichen Bank, in die Göring hineingetragen wurde, die erste Hilfe zuteil werden. Er und seine Frau schmuggelten Göring danach auch über die österreichische Grenze.

373 Nürnberger Prozeß. Bd. IX, S. 274.

374 Im Gutachten des Obermedizinalrats Dr. Brinsteiner vom 8.1.1924 heißt es nach Lurker (S.10): »[...] eine Luxation der linken Schulter mit Bruch des Oberarmkopfes und einer nachfolgenden sehr schmerzhaften traumatischen Neurose«.

375 Strasser hatte mit seiner SA-Mannschaft die Straße nach Landshut erreicht, wo er noch einmal auf Angehörige der Reichswehr stieß, die ihn jedoch unbehindert ziehen ließen. Am 10. November wurde er in Landshut verhaftet.

Belanglos erscheint in diesem Zusammenhang die oft diskutierte Frage, wer sich von den beiden Führern (Hitler und Ludendorff) beim Feuerüberfall zu Boden geworfen habe. Wichtig ist dagegen die Tatsache, daß dieses Unternehmen insgesamt 19 Menschen das Leben kostete (16 Nationalsozialisten und 3 Polizisten). Von den 16 Toten Hitlers waren 4 Kaufleute, 3 Bankbeamte, 1 Rat am Obersten Landesgericht (Theodor v. d. Pfordten), 1 Rittmeister a. D., 1 Dr.-Ing. (v. Scheubner-Richter), 1 Ingenieur (Lorenz Ritter v. Stransky), 1 Student, 1 Oberkellner, 1 Diener, 1 Hutmacher und 1 Schlosser. Und wesentlich ist auch, daß der Verantwortliche (Hitler) während des Prozesses mit donnerndem Pathos in den Saal hineinschreien durfte: »Die Tat des 8. November ist nicht mißlungen. Sie wäre mißlungen dann, wenn eine Mutter gekommen wäre und gesagt hätte, Herr Hitler, Sie haben auch mein Kind am Gewissen. Aber das darf ich versichern, es ist keine Mutter gekommen.«[376]

Hitler hatte sich nicht einmal lächerlich gemacht. Für ihn, für seine Partei, ist dieser Putsch mit dem bald darauf folgenden Prozeß[377] zum großen Propagandamarsch geworden.[378] Nachdem bekannt wurde, daß Hitlers Unternehmen gescheitert war, demonstrierten NSDAP-Anhänger und Heißsporne für Hitler gegen Gustav v. Kahr. Die Nationalsozialisten organisierten Ansammlungen auf Plätzen und Straßen und hetzten die Bevölkerung auf. Polizei und Reichswehr mußten in größerem Umfange zur Wiederherstellung der Ruhe eingesetzt werden, was besonders unmittelbar nach der Verhaftung Hitlers der Fall war.

In der Münchener chirurgischen Klinik richtete der Arzt Prof. Dr. Ferdinand Sauerbruch, der die Sterbenden und Verwundeten des 9. November behandelte, »eindringliche patriotische Worte an die Studentenschaft«,[379] die eine Abordnung zum Generalstaatskommissar v. Kahr sandte, dem sie mitteilte, daß sie ihm »angesichts seines ›Wortbruches‹

376 Hitler-Prozeß, S. 268.

377 Im Tscheka-Prozeß, der im April 1925 stattfand, wurden dagegen 3 Todesurteile gefällt, dreimal je 15 Jahre Zuchthaus verhängt und mehrere Gefängnis- und Zuchthausstrafen bis zu 8 Jahren verkündet. Vgl. Germania Nr. 187 vom 23. April 1925.

378 1949 wurde gegen »Hitlers Richter« in Abwesenheit verhandelt. Dabei wurde festgestellt, daß Oberlandesgerichtsrat Neithardt die Schuld daran trüge, daß der Anklagestand zur Propagandabühne der NSDAP erniedrigt worden sei. Vgl. Kurier (Berlin) vom 14. Februar 1949.

379 Vgl. Mannheimer General-Anzeiger, Badische Neueste Nachrichten (Mittags-Ausgabe) vom 12. November 1923.

gegenüber Hitler kein Vertrauen mehr entgegenbringen«[380] könnte. In einer Studentenversammlung vom 12. November, in der neben Sauerbruch auch Kapitän Ehrhardt redete, sollen Teilnehmer verlangt haben, daß ein Kommilitone dazu bereit sein müßte, den als »Ehrenmitglied des Jesuitenordens« bezeichneten »wortbrüchigen« Kahr umzubringen, wie der Student Sand den Schriftsteller August v. Kotzebue 1819 umgebracht hat.[381] In einem handschriftlichen amtlichen Bericht vom 12. November 1923 heißt es unter anderem: »Versammlung bei der Universität, einberufen durch einen Angehörigen der freien Studenten schaft. 70 % für Hitler, 20 % für Kahr, 10 % unbeteiligt. Nur wer für Hitler spricht, wird angehört, alles andere niedergepöbelt, darunter auch Prof. Sauerbruch«.[382] Rund 500 Couleurstudenten und Tausende andere Münchener Demonstranten wurden einen Tag nach Hitlers Verhaftung von der Reichswehr auseinandergetrieben.

In Berlin randalierten 600 bis 700 Hitler-Anhänger auf dem Alexanderplatz und auf dem Wilhelmsplatz. »Nieder mit den Juden«, »Hoch Hitler«, »Schlagt die Juden tot«,[383] waren ihre Parolen. Kahr war dort den Demonstranten nicht bekannt. In Burghaslach drangen Nationalsozialisten in der Nacht vom 12. zum 13. November in das Landhaus des jüdischen Kaufmanns Rosenmann ein und zerstörten die Einrichtung, in Sugenheim verprügelten sie einen jüdischen Händler und machten von ihren Schußwaffen Gebrauch. An vielen Orten, an denen es Nationalsozialisten gab, kam es zu Ausschreitungen. In Bergheim bei Dillingen an der Donau wurde der Gemeinderat Link vor Enttäuschung darüber, daß Hitler gescheitert war, wahnsinnig. Er lief auf die Straße und erschoß zwei Frauen.[384] Studenten der Münchener Technischen Hochschule bereiteten Ende November die Befreiung Hitlers vor. Flug-

380 ebenda.

381 ebenda, 13. November 1923 (Mittags-Ausgabe). Am 13. November 1923 sahen Kahr, Lossow und Seißer sich gezwungen, die Rektoren der Universität und der Technischen Hochschule München zu bitten, mäßigend auf die aufgebrachte Studentenschaft einzuwirken. Vgl. BHStA. Mü., GStK. Nr. 3 (Abdruck). Dok. zitiert bei Deuerlein: Der Hitlerputsch, S. 373 ff.

382 BHStA. Mü., MInn 73 696, 12 November 1923, handschriftlich; Dok. zit. bei Deuerlein, Der Hitlerputsch, S. 357.

383 Mannheimer General-Anzeiger, Badische Neueste Nachrichten, 14. November 1923.

384 Schriftliche Mitteilung des Bürgermeisteramts Bergheim bei Dillingen an der Donau. Link starb am nächsten Tage in der Heilanstalt.

blätter gingen von Hand zu Hand und forderten die Studenten auf, Anfang Dezember mit entsprechenden Maßnahmen zu rechnen.

So oberflächlich wie die Vorbereitung des Unternehmens von Hitlers Seite war auch die Wirkung auf die breite Öffentlichkeit. Bezeichnend sind die außerbayerischen Presseberichte. Während beispielsweise der *Mannheimer General-Anzeiger* in der Mittagsausgabe des 9. November auf der Titelseite verkündete: »Staatsstreich in München«, meldete die Abendausgabe bereits »Haftbefehl gegen Hitler und Ludendorff«, und am 10. November, als das NSDAP-Mitglied Ludwig Eß die Mitgliedslisten der NSDAP von der Nr. 501 bis zur Nr. 55 787 aus der Hauptgeschäftsstelle entfernte und vor der Polizei verbarg,[385] lautete die Schlagzeile in der Mittagsausgabe »Das Ende des Hitler-Ludendorff-Abenteuers«. »Bayern nach dem Putsch«, hieß es in der Abendausgabe desselben Tages. Am 11. November fanden die Leser bereits Schlagzeilen, die mit dem Putsch nichts mehr zu tun hatten.

Während der Hitler-Putsch einerseits mit dem Höhepunkt des Konflikts zwischen Bayern und dem Reich zusammenfiel, führte er andererseits zu dessen Liquidation. Die Reichsregierung hatte – ausgerechnet mit Hitlers »Hilfe« – über das frondierende Bayern gesiegt. Auch Hitler war erstmalig auf massiven staatlichen Widerstand in Bayern gestoßen. Doch das war nur geschehen, weil er aus den Reihen der mittelmäßigen Mitverschwörer ausgebrochen war und konsequent seine eigenen Wege gehen wollte. Beredt war des Ministerpräsidenten Knilling Urteil kurz vor dem Hitler-Putsch. »Der nationale Grundgedanke der Hitlerbewegung ist richtig«, erklärte er am 30. Oktober und fuhr fort: »Die beabsichtigte Art der Durchführung tötet den Gedanken. Die Aufgabe des Herrn Generalstaatskommissars sollte es sein, den Gedanken dem wohlvertrauten deutschen Boden der bayerischen Heimat bis zur Stunde der Freiheit lebendig zu erhalten und lebendig durchzuführen«.[386]

Die Handhabung des Verbotes der NSDAP mit 55 787 Mitgliedern, von denen sich 287 noch am 8. und 9. November 1923 der NSDAP anschlossen,[387] war denn auch entsprechend. Sie hat die Entwicklung der Partei, die seit dem 9. November 1923 auch ihre Märtyrer hatte, nur

385 Vgl. S. 254 und Anm. 113 im 4. Kapitel.
386 GStA. Mü., MA. 1943. D.R. Nr. 473 (Entwurf). Dok. zit. bei Deuerlein: Der Hitlerputsch, S. 450 ff.
387 Vgl. Anm. 385 in diesem Kapitel.

vorübergehend gehemmt. Hitler und seine Partei wurden auf den legalen politischen Weg gezwungen, ihr politischer Stil dadurch nuancenreicher. Hitler wurde Gelegenheit gegeben, Bilanz zu ziehen.[388]

Der Gegensatz zwischen Bayern und dem Reich, die Verfilzung der bayerischen Regierung und der staatlichen Institutionen mit der gesamten radikalen Rechtsfront und die Mitschuld maßgeblicher bayerischer Regierungsvertreter hatten zur Folge, daß Hitler bereits am 20. Dezember 1924 wieder die Möglichkeit zum Eingriff in das politische Leben erhielt.[389] Bereits am 4. Januar 1925 traf er sich mit dem bayerischen Ministerpräsidenten Dr. Heinrich Held (BVP). Sein Gönner Franz Gürtner war immer noch Justizminister. Seit dem 25. Februar 1925 durfte wieder der *Völkische Beobachter* erscheinen. Hitlers Artikel »Ein neuer Beginn« war richtungweisend. Sein »legaler Weg« zur Reichskanzlei begann.

388 Bezeichnend dafür ist u.a. auch eine spätere Bemerkung Adolf Hitlers. In der Nacht vom 3. zum 4. Februar 1942 sagte er im Kreise alter Kämpfer: »Ohne meine Haftzeit wäre ›Mein Kampf‹ nie geschrieben worden. Diese Zeit gab mir Gelegenheit, mir über verschiedene Begriffe klarzuwerden, die ich bis dahin nur instinktiv empfunden hatte ... Aus dieser Zeit rührt auch die Überzeugung her, daß wir die Macht nicht mehr durch Gewalt erringen konnten, was viele meiner Anhänger nie begriffen haben. Der Staat hatte Zeit gehabt, sich in sich selbst zu festigen, und er hatte die Waffen« (nach Shirer, S. 648, Anm. Nr. 131).

389 Für viele kam die vorzeitige Entlassung Hitlers aus der Festungshaft überraschend. Während beispielsweise die Neue Mannheimer Zeitung vom 16. Dezember 1924 selbstsicher schrieb, »Gestern waren in München bestimmte Gerüchte verbreitet, in denen die bevorstehende Haftentlassung Hitlers [...] angekündigt wurde. Daran ist kein wahres Wort«, teilte sie am 20. Dezember betroffen mit, daß Hitler sich bereits wieder auf freiem Fuß befände.
Bereits am 15. September 1924 hatte der Direktor der Festungsanstalt Landsberg am Lech, Leybold, den I. Staatsanwalt bei dem Landgericht München I schriftlich gebeten, Hitler Bewährungsfrist zu bewilligen. Im Leybold-Bericht hieß es u.a.: »[...] Hitler wird die nationale Bewegung in seinem Sinne neu zu entfachen suchen, aber nicht mehr wie früher mit gewalttätigen, im Notfalle gegen die Regierung gerichteten Mitteln, sondern in Fühlung mit den berufenen Regierungsstellen [...] In Würdigung aller hier gemachten Wahrnehmungen stehe ich nicht an zu sagen, daß Hitler nach seinem Gesamtverhalten im Strafvollzug sich der Bewilligung einer Bewährungsfrist würdig erwiesen hat.« Zit. nach Lurker, S. 61f.

6. Dokumentarischer Anhang

Text des Aufrufes von Kurt Eisner vom 8. November 1918

»An die Bevölkerung Münchens!
Das furchtbare Schicksal, das über das deutsche Volk hereingebrochen, hat zu einer elementaren Bewegung der Münchener Arbeiter und Soldaten geführt. Ein provisorischer Arbeiter-, Soldaten- und Bauernrat hat sich in der Nacht zum 8. November im Landtag konstituiert. Bayern ist fortan ein Freistaat. Eine Volksregierung, die von dem Vertrauen der Massen getragen wird, soll unverzüglich eingesetzt werden. Eine konstituierende Nationalversammlung, zu der alle mündigen Männer und Frauen das Wahlrecht haben, wird so schnell wie möglich einberufen werden.

Eine neue Zeit hebt an!

Bayern will Deutschland für den Völkerbund rüsten. Die demokratische und soziale Republik Bayern hat die moralische Kraft, für Deutschland einen Frieden zu erwirken, der es vor dem Schlimmsten bewahrt. Die jetzige Umwälzung war notwendig, um im letzten Augenblick durch die Selbstregierung des Volkes die Entwicklung der Zustände ohne allzu schwere Erschütterungen zu ermöglichen, bevor die feindlichen Heere die Grenzen überfluten oder nach dem Waffenstillstand die demobilisierten deutschen Truppen das Chaos herbeiführen. Der Arbeiter-, Soldaten- und Bauernrat wird strengste Ordnung sichern. Ausschreitungen werden rücksichtslos unterdrückt. Die Sicherheit der Person und des Eigentums werden verbürgt. Die Soldaten in den Kasernen werden durch Soldatenräte sich selbst regieren und Disziplin aufrechterhalten. Offiziere, die sich den Forderungen der veränderten Zeit nicht widersetzen, sollen unangetastet ihren Dienst versehen. Wir rechnen auf die schaffende Mithilfe der gesamten Bevölkerung. Jeder Arbeiter an der neuen Freiheit ist willkommen! Alle Beamten bleiben in ihren Stellungen. Grundlegende soziale und politische Reformen werden unverzüglich ins Werk gesetzt. Die Bauern verbürgen sich, für die Versorgung der Städte mit Lebensmitteln. Der alte Gegensatz zwischen Stadt und Land wird verschwinden. Der Austausch der Lebensmittel wird rationell organisiert werden.

Arbeiter, Bürger Münchens! Vertraut dem Großen und Gewaltigen, das in diesen schicksalsschweren Tagen sich vorbereitet! Helft alle mit, daß sich die unvermeidliche Umwandlung rasch, leicht und friedlich vollzieht. In dieser Zeit des sinnlos wilden Mordens verabscheuen wir alles Blutvergießen. Jedes Menschenleben soll heilig sein! Bewahrt die Ruhe und wirkt mit an dem Aufbau der neuen Welt! Der Bruderkrieg der Sozialisten ist für Bayern beendet. Auf der revolutionären Grundlage, die jetzt gegeben ist, werden die Arbeitermassen zur Einheit zurückgeführt.

Es lebe die Bayerische Republik!

Es lebe der Frieden! Es lebe die schaffende Arbeit aller Werktätigen!«[1]

Aufruf des Dr. Georg Heim vom 1. Dezember 1918

»Wir vom bayerischen Standpunkt müssen den engsten Zusammenschluß von Bayern Vorarlberg, Tirol, Steiermark, Oberösterreich wünschen. Abgesehen von der Stammeszugehörigkeit, dem gleichen Volkscharakter, dem gleichen Empfinden, ist diese Gruppierung vom wirtschaftlichen Standpunkt aus für Bayern außerordentlich wertvoll. Darum muß die bayrische Politik darauf eingestellt sein, diese Länder möglichst rasch in engste Verbindung mit Bayern zu bringen. Wenn feststeht, daß die Alliierten niemals zugeben werden, daß das alte Deutschland durch Österreich vergrößert wird, dann hat Bayern nur

1 Zit. nach Buchner, S. 104.

die Wahl zwischen zwei Möglichkeiten. Entweder es bleibt im Gefüge des alten Reiches, dann muß es auf diese glänzende Perspektive verzichten oder Bayern erstrebt und vollzieht diesen Anschluß. Meiner Ansicht nach kann nur das letztere in Betracht kommen. Aber die Bedenken, die hiergegen sprechen könnten, sind folgende: Das neue Wirtschaftsgebiet hat keinen Zugang zum Meer, kein genügendes Erz- und Kohlenvorkommen, dagegen gewaltige Wasserkräfte. Tirol hat noch eine Million Pferdekräfte, die nicht ausgebaut sind. Hierfür gäbe es aber eine Lösung, kurz bezeichnet mit dem erweiterten alten deutschen Rheinbund, Hannover, Westdeutschland bis zur Elbe und Süddeutschland mit Österreich. Bayern muß sich mit der Hoffnung späterer Wiedervereinigung unbedingt abtrennen. Bei einer derartigen Neugruppierung des Reiches wird die Entente keine Schwierigkeiten machen.«[2]

10 Forderungen des Spartakusbundes

1. Entwaffnung der gesamten Polizei, sämtlicher Offiziere sowie der Soldaten, die nicht auf dem Boden der neuen Ordnung stehen; Bewaffnung des Volkes; alle Soldaten und Proletarier, die bewaffnet sind, behalten ihre Waffen.

2. Übernahme sämtlicher militärischer und ziviler Behörden und Kommandostellen durch Vertauensmänner des Arbeiter- und Soldatenrats.

3. Übergabe aller Waffen- und Munitionsbestände sowie aller Rüstungsbetriebe an den Arbeiter- und Soldatenrat.

4. Kontrolle über alle Verkehrsmittel durch den Arbeiter- und Soldatenrat.

5. Abschaffung der Militärgerichtsbarkeit. Ersetzung des militärischen Kadavergehorsams durch freiwillige Disziplin der Soldaten unter Kontrolle des Arbeiter- und Soldatenrates.

6. Beseitigung des Reichstags und aller Parlamente sowie der be-

2 Bayerischer Kurier Nr. 334 vom 1. Dezember 1918, zit. nach: Weltbühne Nr. 16 vom 19. April 1923.

stehenden Reichsregierung; Übernahme der Regierung durch den Berliner Arbeiter- und Soldatenrat bis zur Errichtung eines Reichs-Arbeiter- und Soldatenrates.

7. Wahl von Arbeiter- und Soldatenräten über ganz Deutschland, in deren Hand ausschließlich Gesetzgebung und Verwaltung liegen. Zur Wahl der Arbeiter- und Soldatenräte schreitet das gesamte erwachsene werktätige Volk in Stadt und Land und ohne Unterschied des Geschlechts.

8. Abschaffung aller Dynastien und Einzelstaaten; unsere Parole lautet: Einheitliche Sozialistische Republik Deutschland.

9. Sofortige Aufnahme der Verbindung mit allen in Deutschland bestehenden Arbeiter- und Soldatenräten und den sozialistischen Bruderparteien des Auslandes.

10. Sofortige Rückberufung der russischen Botschaft nach Berlin.[3]

Das Programm der NSDAP

Das im § 2 der Satzung der NSDAP (und im Mai 1926 durch die Generalmitgliedsversammlung noch einmal) als unabänderlich erklärte und von Adolf Hitler am 24. Februar 1920 verkündete Programm (zunächst noch »Deutsche Arbeiter-Partei«) der NSDAP hat folgenden Wortlaut:

Das Programm der Deutschen Arbeiterpartei ist ein Zeit-Programm. Die Führer lehnen es ab, nach Erreichung der im Programm aufgestellten Ziele neue aufzustellen, nur zu dem Zweck, um durch künstlich gesteigerte Unzufriedenheit der Massen das Fortbestehen der Partei zu ermöglichen.

1. Wir fordern den Zusammenschluß aller Deutschen auf Grund des Selbstbestimmungsrechtes der Völker zu einem Groß-Deutschland.

3 Zit. nach Albert Schreiner: Zur Geschichte der deutschen Außenpolitik. 1871–1945. (Ost-) Berlin 1952, S. 438 f.

2. Wir fordern die Gleichberechtigung des deutschen Volkes gegenüber den anderen Nationen, Aufhebung der Friedensverträge von Versailles und St. Germain.

3. Wir fordern Land und Boden (Kolonien) zur Ernährung unseres Volkes und Ansiedlung unseres Bevölkerungs-Überschusses.

4. Staatsbürger kann nur sein, wer Volksgenosse ist. Volksgenosse kann nur sein, wer deutschen Blutes ist ohne Rücksichtnahme auf Konfession. Kein Jude kann daher Volksgenosse sein.

5. Wer nicht Staatsbürger ist, soll nur als Gast in Deutschland leben können und muß unter Fremden-Gesetzgebung stehen.

6. Das Recht, über Führung und Gesetze des Staates zu bestimmen, darf nur dem Staatsbürger zustehen. Daher fordern wir, daß jedes öffentliche Amt, gleichgültig welcher Art, gleich ob im Reich, Land oder Gemeinde nur durch Staatsbürger bekleidet werden darf. Wir bekämpfen die korrumpierende Parlamentswirtschaft einer Stellenbesetzung nur nach Parteigesichtspunkten ohne Rücksichten auf Charakter und Fähigkeiten.

7. Wir fordern, daß sich der Staat verpflichtet, in erster Linie für die Erwerbs- und Lebensmöglichkeit der Staatsbürger zu sorgen. Wenn es nicht möglich ist, die Gesamtbevölkerung des Staates zu ernähren, so sind die Angehörigen fremder Nationen (Nicht-Staatsbürger) aus dem Reiche auszuweisen.

8. Jede weitere Einwanderung Nicht-Deutscher ist zu verhindern. Wir fordern, daß alle Nicht-Deutschen, die seit 2. August 1914 in Deutschland eingewandert sind, sofort zum Verlassen des Reiches gezwungen werden.

9. Alle Staatsbürger müssen gleiche Rechte und Pflichten besitzen.

10. Erste Pflicht jedes Staatsbürgers muß sein, geistig oder körperlich zu schaffen. Die Tätigkeit des Einzelnen darf nicht gegen die Interessen der Allgemeinheit verstoßen, sondern muß im Rahmen des Gesamten und zum Nutzen aller erfolgen.

Daher fordern wir:

11. Abschaffung des arbeits- und mühelosen Einkommens, Brechung der Zinsknechtschaft.

12. Im Hinblick auf die ungeheuren Opfer an Gut und Blut, die jeder Krieg vom Volke fordert, muß die persönliche Bereicherung durch

den Krieg als Verbrechen am Volke bezeichnet werden. Wir fordern daher restlose Einziehung aller Kriegsgewinne.

13. Wir fordern die Verstaatlichung aller (bisher) bereits vergesellschafteten Betriebe (Trusts).

14. Wir fordern Gewinnbeteiligung an Großbetrieben.

15. Wir fordern einen großzügigen Ausbau der Altersversorgung.

16. Wir fordern die Schaffung eines gesunden Mittelstandes und seine Erhaltung, sofortige Kommunalisierung der Groß-Warenhäuser und ihre Vermietung zu billigen Preisen an kleine Gewerbetreibende, schärfste Berücksichtigung aller kleinen Gewerbetreibenden bei Lieferung an den Staat, die Länder oder Gemeinden.

17. Wir fordern eine unseren nationalen Bedürfnissen angepaßte Bodenreform, Schaffung eines Gesetzes zur unentgeltlichen Enteignung von Boden für gemeinnützige Zwecke, Abschaffung des Bodenzinses und Verhinderung jeder Bodenspekulation.

Zu diesem Programm-Punkt gab Adolf Hitler am 13. April 1928 zusätzlich folgende Erklärung ab:
Gegenüber den verlogenen Auslegungen des Punktes 17 des Programms der NSDAP von seiten unserer Gegner ist folgende Feststellung notwendig:
Da die NSDAP auf dem Boden des Privateigentums steht, ergibt sich von selbst, daß der Passus »Unentgeltliche Enteignung« nur auf die Schaffung gesetzlicher Möglichkeiten Bezug hat, Boden, der auf unrechtmäßige Weise erworben wurde oder nicht nach den Gesichtspunkten des Volkswohles verwaltet wird, wenn nötig, zu enteigenen. Dies richtet sich demgemäß in erster Linie gegen die jüdischen Grundspekulationsgesellschaften.
München, den 13. April 1928

(gez. Adolf Hitler)

18. Wir fordern den rücksichtslosen Kampf gegen diejenigen, die durch ihre Tätigkeit das Gemein-Interesse schädigen. Gemeine Volksverbrecher, Wucherer, Schieber usw. sind mit dem Tode zu bestrafen, ohne Rücksichtnahme auf Konfession und Rasse.

19. Wir fordern Ersatz für das der materialistischen Weltordnung dienende römische Recht durch ein deutsches Gemein-Recht.

20. Um jedem fähigen und fleißigen Deutschen das Erreichen höherer Bildung und damit das Einrücken in führende Stellung zu ermöglichen, hat der Staat für einen gründlichen Ausbau unseres gesamten Volksbildungswesens Sorge zu tragen. Die Lehrpläne aller Bildungsanstalten sind den Erfordernissen des praktischen Lebens anzupassen. Das Erfassen des Staatsgedankens muß bereits mit dem Beginn des Verständnisses durch die Schule (Staatsbürgerkunde) erzielt werden. Wir fordern die Ausbildung besonders veranlagter Kinder armer Eltern ohne Rücksicht auf deren Stand oder Beruf auf Staatskosten.

21. Der Staat hat für die Hebung der Volksgesundheit zu sorgen durch den Schutz der Mutter und des Kindes, durch Verbot der Jugendarbeit, durch Herbeiführung der körperlichen Ertüchtigung mittels gesetzlicher Festlegung einer Turn- und Sportpflicht, durch größte Unterstützung aller sich mit körperlicher Jugend-Ausbildung beschäftigenden Vereine.

22. Wir fordern die Abschaffung der Söldnertruppe und die Bildung eines Volksheeres.

23. Wir fordern den gesetzlichen Kampf gegen die bewußte politische Lüge und ihre Verbreitung durch die Presse. Um die Schaffung einer deutschen Presse zu ermöglichen, fordern wir, daß:

a) Sämtliche Schriftleiter und Mitarbeiter von Zeitungen, die in deutscher Sprache erscheinen, Volksgenossen sein müssen,
b) Nichtdeutsche Zeitungen zu ihrem Erscheinen der ausdrücklichen Genehmigung des Staates bedürfen. Sie dürfen nicht in deutscher Sprache gedruckt werden,
c) Jede finanzielle Beteiligung an deutschen Zeitungen oder deren Beeinflussung durch Nicht-Deutsche gesetzlich verboten wird und fordern als Strafe für Übertretungen die Schließung eines solchen Zeitungsbetriebes, sowie die sofortige Ausweisung der daran beteiligten Nicht-Deutschen aus dem Reich.

Zeitungen, die gegen das Gemeinwohl verstoßen, sind zu verbieten. Wir fordern den gesetzlichen Kampf gegen eine Kunst- und Literatur-Richtung, die einen zersetzenden Einfluß auf unser Volksleben ausübt, und die Schließung von Veranstaltungen, die gegen vorstehende Forderungen verstoßen.

24. Wir fordern die Freiheit aller religiösen Bekenntnisse im Staat, soweit sie nicht dessen Bestand gefährden oder gegen das Sittlichkeits-

und Moralgefühl der germanischen Rasse verstoßen. Die Partei als solche vertritt den Standpunkt eines positiven Christentums, ohne sich konfessionell an ein bestimmtes Bekenntnis zu binden. Sie bekämpft den jüdisch-materialistischen Geist in und außer uns und ist überzeugt, daß eine dauernde Genesung unseres Volkes nur erfolgen kann von innen heraus auf der Grundlage:
Gemeinnutz vor Eigennutz.

25. Zur Durchführung alles dessen fordern wir die Schaffung einer starken Zentralgewalt des Reiches. Unbedingte Autorität des politischen Zentralparlaments über das gesamte Reich und seine Organisationen im allgemeinen.
Die Bildung von Stände- und Berufskammern zur Durchführung der vom Reich erlassenen Rahmengesetze in den einzelnen Bundesstaaten. Die Führer versprechen, wenn nötig unter Einsatz ihres eigenen Lebens, für die Durchführung der vorstehenden Punkte rücksichtslos einzutreten.[4]

Das Programm der NSDAP und die Weimarer Reichsverfassung

Punkt 9 des NSDAP-Programms	»Alle Staatsbürger müssen gleiche Rechte und Pflichten besitzen«.
Artikel 109 der Reichsverfassung	»Alle Deutschen sind vor dem Gesetz gleich. Männer und Frauen haben grundsätzlich dieselben staatsbürgerlichen Rechte und Pflichten [...]«
Punkt 10 des Programms	»Erste Pflicht jedes Staatsbürgers muß sein, geistig oder körperlich zu schaffen. Die Tätigkeit des Einzelnen darf nicht gegen die Interessen der Allgemeinheit verstoßen, sondern

4 Zit. (außer dem Zusatz vom 13. April 1928) nach Rosenberg: Wesen, Grundsätze und Ziele der Nationalsozialistischen Deutschen Arbeiterpartei, S. 11–47.

muß im Rahmen des Gesamten und zum Nutzen aller erfolgen«.

Artikel 163 der RV.
»Jeder Deutsche hat unbeschadet seiner persönlichen Freiheit die sittliche Pflicht, seine geistigen und körperlichen Kräfte so zu betätigen, wie es das Wohl der Gesamtheit erfordert [...]«

Punkt 15 des Programms
»Wir fordern einen großzügigen Ausbau der Altersversorgung«.

Artikel 161 der RV.
»Zur Erhaltung der Gesundheit und Arbeitsfähigkeit, zum Schutze der Mutterschaft und zur Vorsorge gegen die wirtschaftlichen Folgen von Alter, Schwäche und Wechselfällen des Lebens schafft das Reich ein umfassendes Versicherungswesen unter maßgeblicher Mitwirkung der Versicherten«.

Punkt 17 des Programms
»Wir fordern eine unseren nationalen Bedürfnissen angepaßte Bodenreform, Schaffung eines Gesetzes zur unentgeltlichen Enteignung von Boden für gemeinnützige Zwecke, Abschaffung des Bodenzinses und Verhinderung jeder Bodenspekulation«.

Artikel 155 der RV.
»Die Verteilung und Nutzung des Bodens wird von Staats wegen in einer Weise überwacht, die Mißbrauch verhütet [...] Grundbesitz, dessen Erwerb zur Befriedigung des Wohnungsbedürfnisses [...] nötig ist [...] kann enteignet werden [...]«

Artikel 156 der RV.
»Das Reich kann durch Gesetze, unbeschadet der Entschädigung [...] wirtschaftliche Unternehmungen in Gemeineigentum überführen [...]«

Punkt 20 des Programms
»Um jedem fähigen und fleißigen Deutschen das Erreichen höherer Bildung [...] zu ermöglichen, hat der Staat für einen gründlichen

Ausbau unseres gesamten Volksbildungswesens Sorge zu tragen [...] Wir fordern die Ausbildung geistig besonders veranlagter Kinder armer Eltern ohne Rücksicht auf deren Stand oder Beruf auf Staatskosten«.

Artikel 146 der RV. »[...] für die Aufnahme eines Kindes in eine bestimmte Schule sind seine Anlage und Neigung, nicht die wirtschaftliche und gesellschaftliche Stellung oder das Religionsbekenntnis seiner Eltern maßgebend [...] Für den Zugang Minderbemittelter zu den mittleren und höheren Schulen sind durch Reich, Länder und Gemeinden öffentliche Mittel bereitzustellen [...] insbesondere [...] für die Eltern von Kindern, die zur Ausbildung auf mittleren und höheren Schulen für geeignet erachtet werden, bis zur Beendigung der Ausbildung«.

Punkt 21 des Programms »Der Staat hat für die Hebung der Volksgesundheit zu sorgen durch den Schutz der Mutter und des Kindes, durch Verbot der Jugendarbeit [...]«

Artikel 119 der RV. »[...] Die Mutterschaft hat Anspruch auf den Schutz des Staates«.

Artikel 122 der RV. »Die Jugend ist gegen Ausbeutung sowie gegen sittliche, geistige oder körperliche Verwahrlosung zu schützen [...]«.

Auszug aus einer Erklärung des Hitler-Lehrers Prof. Goldbacher vom 29. Januar 1941 über Hitlers Schulzeit an der Staats-Oberrealschule in Steyr vom 15. September 1904 bis 16. Juli 1905

Bei der Übertragung werden die Abkürzungen Goldbachers ausgeschrieben, die Namen der zur Zeit der Niederschrift der Goldbacher-Erklärung bereits verstorbenen Mitschüler Hitlers nicht berücksichtigt. Aufschlußreich ist u. a. der ausdrückliche Hinweis Goldbachers im Zusammenhang mit der Aufzählung der Lehrer, daß Hitlers Deutschlehrer, Prof. Robert Siegfried Nagel, Jude war. Hitler hat ihn nirgendwo erwähnt. Goldbacher berichtet fälschlich im Sinne der offiziellen NS-Version, daß Adolf Hitlers Mutter nach dem Tode des Vaters (Alois Hitler, 1903) nur »eine kleine Pension« bezogen habe.
Wortlaut des Auszuges:

»[...] Ich will mich [...] auf die beim Landschulrat in Linz liegenden Dokumente (Kataloge) und auf den 35. Jahresbericht über das Schuljahr 1904/05 der damaligen Staats-Oberrealschule in Steyr beziehen und persönliche Erinnerungen, sowie solche seiner hier noch lebenden seinerzeitigen Mitschüler anschließen, soweit sie noch sicher im Gedächtnis blieben.

Vergegenwärtigt man sich die Ereignisse des am 15. September 1904 begonnenen Schuljahres, so ist vor allem zu bemerken, daß der junge Adolf nach einer bestandenen Wiederholungsprüfung aus Französisch von der 3. Klasse Oberrealschule in Linz auf Wunsch seiner Mutter, (Vater Hitler war gestorben) welche eine kleine Pension bezog, nach Steyr übersiedelte, im Hause des Kaufmanns Ignaz Kammerhofer, Grünmarkt Nr. 19, (heute Adolf-Hitler-Platz Nr. 61) in einem bescheidenen Zimmer, welches heute noch fast unverändert ist mit Aussicht auf den Ennskai, bei der Familie v. Cichini (v. Cichini war Beamter am Kreisgerichte in Steyr) Wohnung nahm und hier die 4. Klasse der Realschule vom 15. September 1904 bis 16. Juli 1905 besuchte.

Von den Professoren, welche im Schuljahr 1904/05 den jungen Adolf unterrichteten, leben außer dem Schreiber dieser Zeilen, welcher in der 4. Klasse Geometrie und geometrisches Zeichnen unterrichtete, nur mehr sein Deutsch-Professor Robert Siegfried Nagel (Jude) im Ruhe-

stand in Wien und sein Turnlehrer, Direktor i. R. Alois Lebeda [der Familienname ist nicht eindeutig zu entziffern; der Verf.] in Steyr.
Klassenvorstand war Dr. Alfred Hackel (Geographie und Geschichte),
Naturgeschichte unterrichtete: Prof. Franz Hergat,
Zeichnen unterrichtete: Prof. Emil Heythum,
Französisch unterrichtete: Prof. Emil König,
Religion unterrichtete: Prof. Dr. Josef Schubauer,
Mathematik unterrichtete: Prof. Julius Krug,
Physik und Chemie unterrichtete: Prof. Dr. Bernhard Batscha,
Geometrie und Stenographie unterrichtete: Prof. Gregor Goldbacher,
Gesang unterrichtete: Choreograph Franz Bayer.

Mitschüler [. . .] [Hitlers; der Verf.] im Jahre 1904/05:
Bachleitner Rudolf aus Steyr, Bahnbeamter,
Eder Franz aus Königswiesen, Reichsbahn, Linz,
Ehler Karl aus Steyr, Reichsbahn, Linz,
Heindl Wilhelm aus Steyr, Dipl.-Ing., Linz,
Höflinger Ferdinand aus Steyr, Oberlehrer i. R., Steyr,
Kiderle Otto aus Steyr, Beamter, Tierpark, Wien,
Plochberger Karl aus Steyer, Steyrwerke, Steyr,
Schnurpfeil Engelbert aus Steyr, Lehrer in Steyr,
Schreiberhuber Johann [es?; der Verf.] aus Garsten [nicht eindeutig zu entziffern; der Verf.], Postbeamter [. . .]«[5]

5 Handschriftlich, Original, ehemaliges Hauptarchiv der NSDAP, Bundesarchiv Koblenz, NS 26/17a.

Übertragung eines handschriftlich verfaßten Schreibens von Reinhold Hanisch an »einige Mitglieder der N.S. Partei« (Mai 1933)

Vgl. das Faksimile Tafel 3. Das Schreiben wird mit allen Fehlern zitiert:

»Wenn einige Mitglieder der N.S. Partei Hitler eine Freude machen wollten, so wäre ein Bild wie ich anbei die Skizze mache sehr gut geeignet. Hitler war ein großer Verehrer Rich. Wagners sowie Gottfried Sempers. Diese beiden waren 1848 in Dresden an der Revolution beteiligt und Contunort [?] verurteilt worden. Nun waren nach dem Brand des Ringtheaters in Wien ganz besomers strenge Bauvorschriften. Architekt Semper hatte den Plan gelöst. Nach seinen Plänen wurde in Dresden das Hoftheater errichtet. Er selbst konnte den Bau nicht leiten, da er verurteilt war und erst nachher begnadigt wurde. Doch nach Vollendung brannte das Theater ab. Ich habe nun die Vorlage des brennenden Hoftheaters. In Wien ist das Burgtheater, die Hofmuseum nach seinen Plänen. Richard Wagner denke ich mir einige Partien seiner Opern und als Mittelbild Wagner, Liszt mit ihrem Gönner König Ludwig. Unten könnte in einem Feld eine Geschenkwidmung seiner Freunde oder der Gauleitung sein. Das Bild müßte schon etwas größer sein, auf starkem Solinglas. 6–8 mm starkes Glas. Bildgröße cirka 75 zu 50 cm und müßte eine außergewöhnlich schöne Arbeit sein. Bei der großen Vorliebe Hitlers für [hier folgt die Zeichnung von Hanisch; der Verf.] Architektur und Wagner Opern (Er hat sich oft schon in der Nacht um einen Stehplatz angestellt bei der Oper) würde ihm eine große Freude bereitet. Die Arbeit wäre so cirka 14 Tage mindestens Arbeitsdauer und würde sich auf cirka 150–170 Schilling stellen. Das ist sehr billig berechnet. Vielleicht finden sich Freunde von ihm die diesem Geschenk nahetreten möchten.«[6]

6 Handschriftlich, Original im Bundesarchiv Koblenz, NS 26/64.

Nicht datierter Brief von Reinhold Hanisch an Hans Feiler über angebliche Bilderfälschungen Hitlers

Hanisch, der mit Hans Feiler seit 1924 bekannt war, behauptet, daß Hitler gelegentlich alte Meister kopiert und als echt verkauft habe. Beweise dafür fehlen. Hitler bestritt nach einer Aktennotiz von Martin Bormann vom 17. 2. 1944 (Original im Bundesarchiv Koblenz, NS 26/64), jemals derartige Fälschungen begangen zu haben. Dagegen warfen die Nationalsozialisten Hanisch vor, Hitler-Bilder gefälscht und vertrieben zu haben. Fälschungen wurden u. a. von Prof. Dr. Robert Eigenberger, Wien I, Schillerplatz 3, Wiener Akademie der bildenden Künste, nachgewiesen (Bundesarchiv Koblenz, NS 26/36). Bormann behauptete in der Aktennotiz vom 17. 2. 1944 ebenfalls, daß Hanisch Hitler-Bilder gefälscht und verkauft habe. Hanischs Angaben in dem hier mit allen Fehlern zitierten Brief sprechen für sich – und gegen ihn. Selbst die Angaben über einzelne Personen wie z. B. Prof. Seidenroth, den er als Mitarbeiter des Anatomischen Instituts der Wiener Universität, als »wirklichen akademischen Maler« und schließlich als »hochgestellten Staatsbeamten und Major der preußischen Armee« bezeichnet, stimmen nicht überein.
Text des Hanisch-Briefes (mit allen Fehlern):

»Werthester Herr Feiler.
Besten Dank für Ihr Gesch. [schätztes; der Verf.] Schreiben und Ihre Bemühung. Ich hatte Herrn Dir. Ontrowitsch bezüglich der Altenberg Bilder geschrieben. Sachferhalt ist folgender. Ein hiesiger Ing. der führend in Nazikreisen ist hat die Bilder nach München gesandt. Falls Herr Dir. ein fixes bündenies [wahrscheinlich »bindendes«; der Verf.] Angebot von 950 Sch. [Schilling; der Verf.] mindest Anbot [soll heißen »Angebot«; der Verf.] macht will Herr Altenberg diese Bilder nach Innsbruck an einen Spediteur zur Übernahme dirigieren. Natürlich falls dieselben nicht in der Zwischenzeit einen festen Besitzer haben. Scheint aber absolut kein fester Käufer zu sein der H.O. Ontrowitsch sonst hätte er mein Schreiben beantwortet.

Andererseits sind hier 2 Damensilhouetten und eine Musikscene in Goldglas in [»Besitz«?; der Verf.] in Döbling. Diese 3 Stück wurden von Hitler unter meiner Zwischen vermittlung für H. Siegfried Tausky gearbeitet und nun von mir bei der Suche nach Sachen entdeckt. Diese 3 Stück hat die derzeitige Besitzerin als Alt gekauft und ist noch im Glauben alte Stücke zu Besitzen. Sie Silhouetten sind unsigniert, die Musikscene (Schubertscene) ist mit dem Namen Wiesinger F. signiert. Zeugen der Arbeit daß [unleserliches Wort, wahrscheinlich »selbige«; der Verf.] Adolf Hitler angefertigt hat sind Siegfried Tausky, seine Schwester Karolina Tausky. Herr Professor Seidenroth derzeit am Anatomischen Universitäts Institut Wien der Hitler bei der Arbeit Fallweise zugesehen hat und ich. Die 3 Stück sind rückkäuflich für 300 Sch. und verlange ich 500 Sch. sofortige Provision für meine Mühe. Dieses Angebot müßte aber sofort in kürzestem Wege beantwortet werden da ich durch andre Personen bereits Käufer suche, die auch das nötige Vertrauen mir entgegen bringen. Mich in anbetracht der Zeugen nicht als Fälscher der Sachen ansehen, da ja Zeugen an sonst nicht zu haben waren. Sollte Hitler die Sachen als Eigenarbeiten leugnen wäre er durch die Zeugen reichlich wiederlegt. Insbesonders durch H. Prof. Seidenroth der wirklicher Academischer Maler. Schüler unter Stuck in München war, Hochgestellter Staatsbeamter und Major der Preuhsishen Arme ist. Hitler so gut wie ich kennt. Diese 3 Arbeiten haben tatsächlich durch uns Zeugen historischen Wert als Hitler fälschungen auch Wenn Hitler nicht mehr die derzeitige Rolle spielen wird. In einer Broschüre die in Kürzester Zeit über Hitler und seine tatsächlichen einstigen Politischen Anschauungen sowie sein Verhalten in Wien, erscheinen wird ist dieser Fälschungen mit Erwähnt und Hitler reichlich Gelegenheit geboten abzuleugnen. Die Arbeiten dürften in kürzester Zeit nach Deutschland in Verkauf gehen, da man mir zwecks Rückkauf das Geld zur Verfügung stellen wird.

Ansonst hat sich wenig in Wien geändert. Diese Woche habe ich eine Eingabe an das Bezirksgericht machen lassen, damit der Act wegen des Bildes neu, aufgerollt wird. Firma Altenberg erhielt in letzter Zeit von einer Kunden 2 Bilder mit Hitler signiert zur Einrahmung. Altenberg erklärt sie waren sofort als Fälschungen erkenntlich. In Klosterneuburg in einer Villa, Witwe nach einem Arzt sollen einige Originale Hitler in Besitz sein. War aber noch nicht dort, da es mir Spesen macht und ja derzeit persönlich uninteressiert bin.

Erwin Süßmann ist in Deutschland, Gerhard im Spital Lungenkrank.

Einen Verkehr mit Effenbergers habe ich gänzlich abgebrochen da ich mit falschen Leuten nichts zu tun haben mag.

Ich schließe nun mein Schreiben und Danke nochmals bestens Ihrer Mühe. Falls Sie in Sachen Bilder Altenberg noch etwas unternehmen wollen, stehe ich zu [unleserliches Wort; der Verf.] Dienst gerne bereit.

Mit bestem Dank und bestem
Gruß
Reinhold Hanisch.
Radirer.

Nachsch. [-schrift; der Verf.]
Im Register der hiesigen Academie ist auf Seite wo das Gesuch Adolf Hitler zwecks Aufnahme abschlägig behandelt wird, als nächster Anwerber der Maler Hofbauer verzeichnet von dem Sie seinerzeit ein Aquarell erworben haben. Erwähne dies da es Sie jedenfalls als merkwürdiger Zufall Interessieren wird. Es viel mir auf da ich Auftragshalber Hitlertaten zu sammeln bei Einsicht in dieses Buch den Namen fand. Habe auch sonst viel Material gefunden sowie Zeugen.

Mit Gruß
R. Hanisch«[7]

Nicht datierter Brief von Reinhold Hanisch an Hans Feiler, dem er seine Situation und Not schildert

Der Brief wird mit allen Fehlern zitiert:

»Lieber Herr Feiler.
Ich danke Ihnen recht herzlichst für Ihre Mühe, und wünschte daß ich Ihnen mal irgendwo gefällig sein könnte. Mit gleichem Post geht mein Offert an die Firma Kahn Karlsbad. Wie ich Ihnen schon das letzte Mal erzählte habe ich eine neue Art eines Bildes. Aber es geht gar nichts ich kann gehn wohin ich will niemand kauft etwas. Wien geht jetzt allen ernstes zu grunde. Heute stand in den Frühblättern von den

7 Handschriftlich, Original im Bundesarchiv Koblenz, NS 26/64.

Innsbrucker Kravallen auch von Linz, ich dachte natürlich sofort an Sie. Fannd dann Ihre Karte, Juni, Juli werde ich mich noch hier in Wien halten Dann muß ich mich doch endlich aus dem Staube machen. Denn ich habe diese Woche mit 3 Schilling leben müssen, das heißt ob es leben ist. Komme mir vor wie ein Graßhalm in der ausgetrockneten Sandwüste. Alle Energie erstirbt, wenn jemand zu mir spricht, bin ich unwillig zur Antwort. Wie ein gereiztes wildes Tier treibt es einen unlustig hin und her. Die Sußmann mahnt immer, heut hab ich ihr mal 10 Sch. geben können schon wieder ist aber der 1. Da 2 Geschäfte sperren jetzt zum 1. Samstag sah ich den Chef von einem großen Modesalon am Kohlmarkt. Sie führten die Einrichtung ins Exekutionsgericht, er stand dabei. Als er mich sah erzählte er mir daß er nach Paris gehe. Seine Frau bleibt noch hier. Er hofft auch noch obwol er auch seelisch total gebrochen ist. Soviel Trauer wie ich jetzt seit 14 Tagen hören muß habe ich noch nie im Leben Mitgemacht. Im Krieg wenn ich verwundete Bekannte besuchte fand ich bei allen Mut und Vertrauen in die Zukunft. Jetzt aber gähnt von allen Seiten Trostlosigkeit und dunkles nichts. Das ist einfach unmöglich, der Glaube an besserung wird immer vernichtet sooft man wohin geht, mit jemandem geschäftlich spricht. Mit einer schönen Arbeit besuchte ich Anfang der Woche den Chef der Firma Rahmenfabrick Altenberg. Sehr gut und freundlich nahm er mich auf in seinem Riesen comtor nur ein Mädel zum reinigen und packen [letztes Wort nicht eindeutig lesbar; der Verf.]. Er kennt Hitler und mich aus gleichem Arbeitstagen. Sagte mir daß er beim richten des alten Materials noch ein Aquarell von Hitler gefunden habe. Kunstwert hat es nicht da er ja kein guter Arbeiter war. Er war eine Hoffnung die ich gleich und gründlich los geworden bin. Wollte mir eine Freude machen und trug mir alte Rahmen als Geschenk an.

Ich habe aber so viel an retourware zu Hauß [folgt unleserliches Wort; der Verf.] noch mehr Krempl. Es ist ja nicht zu verwerten. Dabei weiß niemand warum dieser allgemeine Stillstand kommt. Niemand kann sich das erklären, es ist ein totales Rätsel. Mich hat Arbeit nie verdrossen aber jetzt ist die Arbeit wertlos weil Sie nicht absetzbar ist. Aber der Mensch muß leben. Wie das Enden soll, es ist ganz gleich wo man verreckt, also fort, fort von hier, es ist nichts mehr zu verlieren. Bisher meinte ich immer ich verliere etwas, das ist nun vorbei.

Von den Bekannten kann ich Ihnen nichts schreiben. Ich treff wol einen oder den andern, aber was Sie erzählen ich hör nichts mehr. Es ist ja immer gleich das Lied von der Tagessorge. Nichts hören mehr war eine Wohltat. So lassen Sie mich lieber schließen.

Nochmals besten Dank für Ihre Mühe man muß halt weiter ins dunkle Schicksal tappen wunschlos, vorsatzlos wie ein blinder.

Mit bestem Gruß
auf ein Wiedersehen Zufallsweise
Reinhold Hanisch«[8]

Schreiben des Bezirksgerichts Linz an den Leondinger Bürgermeister Mayrhofer vom 4. Mai 1911, das den Verzicht Hitlers auf seine Waisenrente bestätigt

Wortlaut des Schreibens:

»Die mj. Adolf und Paula Hitler, Kinder des verstorbenen Zollamtsoberoffizials Alois Hitler, beziehen seit 1. Jänner 1908 eine Waisenpension von zusammen 600 K. insolange, als noch eines der zusammen beteilten Waisen unversorgt unter dem Normalalter steht, welches bei Adolf mit incl. 19. April 1913, bei Paula mit 20. Jänner 1920 eintritt.

Da nun Adolf Hitler, der in Wien XX. Meldemannstrasse 27 als Kunstmaler lebt, beim k.k. Bezirksgerichte Leopoldstadt I protokollarisch die Erklärung abgab, er könne sich selbst erhalten und sei mit der Verwendung der vollen Waisenpension für seine Schwester einverstanden und überdies noch erhoben wurde, dass Adolf behufs seiner Ausbildung als Kunstmaler größere Beträge durch seine Tante Johanna Pölzl ausgefolgt erhielt, somit vor seiner Schwester ohnehin bevorzugt erscheint, so besteht von Seite des gefertigten Gerichtes als Vormundschaftsgerichtes der mj. Adolf und Paula Hitler kein Anstand, dass die Waisenpension von 600 K. nunmehr zur Gänze zur Bestreitung der Erziehungskosten der mj. Paula Hitler verwendet wird.

8 Handschriftlich, Original im Bundesarchiv Koblenz, NS 26/64.

Hievon wird Frau Angela Raubal und der Vormund Herr Josef Mayrhofer, letzterer mit dem Beisatze in Kenntnis gesetzt, dass er ermächtigt ist, die von ihm bisher zurückbehaltenen monatlichen Pensionsraten des Adolf Hitler für dessen Schwester Paula Hitler zu verwenden.

K. K. Bezirksgericht Linz,
Abt. V am 4. Mai 1911.
[Unterschrift]«[9]

Plan Hitlers zur Ausschaltung des DAP-Vorsitzenden Karl Harrer, Dezember 1919

Das älteste Dokument, das Hitlers eindeutig artikulierte Zielstrebigkeit auf seinem »Weg zur Macht« bezeugt. Mitte September 1919 war er in die DAP aufgenommen worden. Genau 3 Monate später, im Dezember 1919, entwarf er diesen Plan zur Ausschaltung des Partei-Vorsitzenden Karl Harrer. 26 Tage später (5. Januar 1920) schied Harrer aus der DAP aus.
Text des Dokuments:

Deutsche-Arbeiter-Partei
Ortsgruppe München
Organisation des Ausschusses der Ortsgruppe München u. seine Geschäftsordnung.

Die Form der Organisation des Ausschusses sowie die Art seiner Geschäftsführung wird bestimmt durch die Aufgaben die er laut Parteiprogramm zu erfüllen hat. Die Ziele der Partei sind so groß gesteckte, daß sie nur durch eine ebenso straff als zweckmäßig anpassungsfähige Organisation zu erreichen sind. Der Ausschuß als Kopf dieser Organisation und Leiter der gesamten Bewegung überhaupt kann nur dann mit Aussicht auf Erfolg arbeiten, wenn ihm eine gewisse Autorität ver-

9 Aktenzeichen: PV 49/3–24. Veröffentlichung mit freundlicher Genehmigung der Familie Mayrhofer in Leonding.

liehen ist, einerseits fußend im Bewußtsein des zustimmenden Vertrauens von seiten der großen Menge der Parteiangehörigen, andererseits des Vertrauens der Ausschußmitglieder gegenseitig untereinander. Das Erste bedingt die Wahl sämtlicher Mitglieder des Ausschusses einschließlich seiner Vorsitzenden durch (- - -) die Parteiangehörigen in öffentlicher Versammlung. Das Zweite schließt jede Form einer Bevormundung einer Über- oder Nebenregierung, sei es als Zirkel, oder Loge ein für allemal aus. Maßgebend für die Tätigkeit des Ausschusses kann nur sein das Programm der Partei. In seiner strikten Befolgung muß jedes Ausschußmitglied das Gefühl seines Wertes und seiner Notwendigkeit für die Bewegung erhalten.«[10]

Brief von Anton Drexler vom 13. Februar 1921 (abgeschickt am 9. März 1921) an Gottfried Feder

Dieser Brief, der nicht für die Öffentlichkeit bestimmt war, enhält aufschlußreiche Hinweise über die Situation der NSDAP Anfang 1921 (ein halbes Jahr später riß Hitler die Führung an sich). Über Gottfried Feder konnte Anfang 1921 noch nicht einfach diktatorisch verfügt werden (was allerdings auch nicht in Drexlers Absicht lag), die Finanzierung des Völkischen Beobachters *bereitete der NSDAP, die Drexler nicht als Partei, sondern als »Bewegung« verstand, große Sorgen. Esser wird als unbeherrschter Störenfried bezeichnet, Hitlers Genialität von Drexler, der überzeugt ist, über eine nennenswerte Anhängerschaft zu verfügen, neidlos anerkannt. Der Brief wird mit allen Fehlern zitiert.*
Wortlaut des Briefes:

»Sehr geehrter Herr Feder.

Herzlichen Dank für Ihren lieben Brief. Ich brauche Ihnen wohl nicht

10 Ehemaliges Hauptarchiv der NSDAP, Bundesarchiv Koblenz, NS 26/76. Maschinenschrift. Reproduktion. Handschriftliche Bemerkung am Kopf des Bogens: »Dezember 1919 Geschäftsordnung Entwurf Hitlers zur Ausschaltung Harrers.«

erst versichern, daß ich die Art u. Weise wie Herr Esser gegen Ihre Person gearbeitet hat nicht billigen, trotzdem er, wie er mir versicherte, die Gerüchte über Sie als Tatsache hinnahm. Das glaube ich, – nicht um Esser zu schützen, – aussprechen zu dürfen: Gegen besseres Wissen also aus reiner Böswilligkeit hat Esser nicht gehandelt. Im Übereifer ist ihm, wie schon öfter, der Gaul durchgegangen u. es freut mich, daß auch Sie Herr Feder die Sache nicht zu tragisch nehmen und auch in diesem Falle das Endziel über Ihre Person stellen. Ich habe die Überzeugung, hätten wir beide uns zur Zeit des Kampfes um den Beo. [-bachter; der Verf.] nur einigemale treffen können, es wäre vieles unleidliches vermieden worden. Vor allen Dingen wäre er uns nicht [unleserliches Wort, wahrscheinlich »so«; der Verf.] teuer gekommen, wie er uns heute steht. Ich bin mir darüber klar, daß ich eine große Verantwortung auf mich geladen habe. Verschiedentlich wurde mir versichert der Beo. [-bachter; der Verf.] rentiere sich, das Defizit sei nur gering. Heute kenne ich, die nicht gerade rosige Lage. Trotzdem kann ich Ihnen heute bestimmt versichern, daß wir an Unterstützungen keinerlei Bedingungen knüpfen lassen, lieber geht er uns als Blatt unserer Bewegung verloren. Ich sage absichtlich nicht Parteiblatt weil wir keine Partei sind u. auch nicht werden wollen. Wir wollen die Revolution der ehrlich Schaffenden gegen das innere u. äußere Ausbeutertum. Wir sind überzeugt daß keines der heutigen kapitalistischen Parlamente an den Gedanken der Brechung der Zinsknechtschaft heran treten wird. Auch Ihr Ziel Herr Feder kann nur auf revolutionärem Wege erreicht werden u. wir müssen schon deshalb zusammen halten. Hier darf ich gleich anknüpfen, daß jede revolutionäre Bewegung einen diktatorischen Kopf haben muß u. deshalb halte ich auch gerade unseren Hitler für unsere [»unsere« ist von Feder unterstrichen; der Verf.] Bewegung als den geeignetsten ohne daß ich deshalb in den Hintergrund zu schieben wäre. Ich kann mich Ihrer Auffassung nicht ganz anschließen, daß in der Art der Propaganda eine Gefahr für die Bewegung bestehe. Das stete Anwachsen der Mitgliederzahl zeigt das gerade Gegenteil. Und gerade die Energischen, die bis zur letzten Konsequenz gehen wollen schließen sich uns an. Solange sich Hitler u. ich ergänzen, solange, wie Sie glauben (u. ich wohl zu würdigen u. zu schätzen weiß) auch ich über größeren, zuverlässigen Anhang verfüge, besteht keine Gefahr. Von uns beiden steht jedem die Sache selbst viel zu hoch, als daß eine Entzweiung der Führer u. damit eine

Spaltung der Bewegung eintreten könnte. Auch sonst wüßte ich wirklich keine Gefahr für die Partei.

Es mag sein, daß ich vielleicht als zu nachgiebig u. anpassungsfähig gelte, besonders Hitler gegenüber. Das kommt aber nur daher, weil ich seine Genialität, wie seine materielle Uneigennützigkeit, die ja der Kernpunkt dieser Volksbewegung ist, über alles schätze. Sie dürfen überzeugt sein Herr Feder, daß ich in entscheidenden Fragen auch mein Wort in die Wagschaale [sic!] zu werfen weiß. Auch an ausgleichender Einwirkung hab ich es bisher nicht fehlen lassen, was auch in Zukunft geschieht. Nur würde ich eine Ausgleichseinwirkung, die sich auf meinen Anhang stützt, für das allergefährlichste für die Bewegung halten.

Die Begründung Herrn Körners für seinen Austritt aus dem K.B. versteh ich deshalb nicht weil gerade auch Körner für linksradikale Geführte u. Unterführer die größten Sympathien hegt u. diese für Diejenigen hält, die bis zur letzten Konsequenz auch einmal für unsere Sache gehen werden.

Ich hätte nun noch eine Bitte an Sie Herr Feder. Wie Sie schon in Ihrem Schreiben betonen, arbeitete der Beo. (-bachter) mit einer großen Unterbillanz, die gottlob seit er in unserem Besitz ist nicht gestiegen, wohl aber vermindert wurde. Trotzdem aber ist die Lage nicht besonders erquickend. Wir wissen nicht ob wir die Verpflichtungen unseren Gläubigern gegenüber, den früheren Gesellschaftern, ohne den Betrieb einstellen zu müssen nachkommen können u. halten nun bei Ihnen um eine weitere Stundung der Forderung an.

Sie würden uns und unserer gemeinsamen Sache damit einen großen Dienst erweisen.

Indem auch ich der Hoffnung Ausdruck gebe, daß Ihre Idee zur unseren u. unsere Ideen [Drexler hat fälschlich »Idden« geschrieben; der Verf.] zu den Ihren werden, um mit vereinter Kraft unserem armen Volk aus dem Elend heraushelfen zu können

grüßt Sie herzlichst
Ihr ergebener
A. Drexler

[handschriftliche Bemerkung: »abgeschickt am 9. 3. 21«; der Verf.]«[11]

11 Handschriftlich, Reproduktion, Bundesarchiv Koblenz, NS 26/76.

Autobiographie Hitlers vom 29. November 1921

Dieser von Hitler verfaßte Lebenslauf an einen nicht zu ermittelnden Empfänger dürfte das älteste vorhandene Dokument dieser Art sein. Aufschlußreich ist in dem Zusammenhang, daß einige der aus der Zeit kurz nach Hitlers erster »Machtergreifung« und seiner Proklamation zum »Führer« (Ende Juli 1921) stammenden Angaben zum Teil auch in »Mein Kampf« wieder zu finden sind, obwohl es sich dabei eindeutig um konstruierte »Tatsachen« handelt. So behauptet Hitler,

daß sein Vater »Postoffizial« gewesen sei (der Vater war Zollamtsoberoffizial),

daß er »4 Klassen Unterrealschule« absolviert habe (die Schulen in Linz und Steyr, die Hitler besuchte, waren Oberrealschulen),

daß er nach dem Tode seiner Mutter »ohne Vermögen« nach Wien gegangen sei, weshalb er »gezwungen [war], sofort als gewöhnlicher Arbeiter [. . .] [sein] Brot zu verdienen«,

daß er 1912 für immer nach München gegangen sei (er ging erst 1913 nach München),

daß er nach der Niederwerfung der kommunistischen Räte »Bildungsoffizier« gewesen sei (er war »Vertrauensmann«, »V-Mann«), daß er sich »der damals (1919) 7 Mitglieder zählenden Deutschen Arbeiterpartei« angeschlossen habe (er war nicht 7., sondern 55. Mitglied mit der Mitgliedsnummer 555, seit Juli 1921: Mitgliedsnummer 3 680). Falsch ist auch, daß er sich der Partei bereits im Juni 1919 angeschlossen habe. Erst im September 1919 wurde er in die DAP aufgenommen. Wortlaut des Dokuments:

»Lieber Herr Doktor!

Wie mir Herr Eckart mitteilt, haben Sie wieder einmal Interesse über meine Entwicklung zum Parteiführer gezeigt.

Ich erlaube mir deshalb, Ihnen einen kurzen Aufriss über meine Person zu geben:

Ich bin am 20. April 1889 zu Braunau a. Inn als Sohn des dortigen Postoffizials Alois Hitler geboren. Meine gesamte Schulbildung umfaßt 5 Klassen Volksschule und 4 Klassen Unterrealschule. Ziel meiner Jugend war, Baumeister zu werden und ich glaube auch nicht, daß, wenn mich die Politik nicht gefaßt hätte, ich mich einem anderen Beruf jemals zugewandt haben würde. Da ich, wie Sie wahrscheinlich wissen, bereits mit 17 Jahren väterlicher- und mütterlicherseits verwaist war, im übrigen ohne jedes Vermögen dastand, mein gesamter Barbetrag bei meiner Reise nach Wien betrug rund 80 Kronen, war ich gezwungen, sofort als gewöhnlicher Arbeiter mir mein Brot zu verdienen. Ich ging als noch nicht 18 jähriger als Hilfsarbeiter auf einen Bau und habe nun im Verlaufe von 2 Jahren so ziemlich alle Arten von Beschäftigungen des gewöhnlichen Taglöhners durchgemacht. Nebenbei studierte ich, soweit meine Mittel es zuliessen, Kunstgeschichte, Kulturgeschichte, Baugeschichte und beschäftigte mich nebenbei mit politischen Problemen. Aus einer mehr weltbürgerlich empfindenden Familie stammend, war ich unter der Schule der härtesten Wirklichkeit in kaum einem Jahr Antisemit geworden. Schon damals jedoch konnte ich mich keiner der bereits bestehenden Parteien anschliessen.

Unter unendlicher Mühe gelang es mir, mich nebenbei als Maler soweit auszubilden, daß ich durch diese Beschäftigung von meinem 20. Lebensjahr ab ein, wenn auch zunächst kärgliches, Auskommen fand. Ich wurde Architektur-Zeichner und Architektur-Maler und war praktisch mit meinem 21. Lebensjahr vollkommen selbständig. 1912 ging ich in dieser Eigenschaft dauernd nach München. Im Verlauf der 4 Jahre, von 20. bis 24 hatte ich mich mehr und mehr mit politischen Dingen beschäftigt, weniger durch Besuch von Versammlungen als vielmehr durch gründliches Studium volkswirtschaftlicher Lehren, sowie der damals zur Verfügung stehenden gesamten antisemitischen [in der Abschrift heißt es fälschlich »antiesemitischen«; wahrscheinlich handelt es sich um einen Übertragungsfehler; der Verf.] Literatur.

Seit meinem 22. Jahr warf ich mich mit besonderem Feuereifer über militärpolitische Schriften und unterliess die ganzen Jahre niemals, mich in sehr eindringlicher Weise mit der allgemeinen Weltgeschichte zu beschäftigen.

Aktiv betätigt habe ich mich in der Politik auch in diesen Jahren nicht. Ich vermied es, irgendwo als Redner aufzutreten schon aus dem Grunde, weil keine der damals bestehenden Parteien mir innerlich irgendwie sympathisch gewesen wäre.

Auch in dieser Zeit war das letzte Ziel unverrückbar, Baumeister zu werden.

Am 5. August 1914 meldete ich mich auf Grund eines genehmigten Majestätgesuches beim 1. bayr.Inf.Regiment zum Eintritt in die deutsche Armee. Nach einigen Tagen zurückgestellt wurde ich dem 2. Inf.Reg. überwiesen und trat am 16. August in die damals in Aufstellung begriffenen Formationen des Bayr.Res.Inf.Regt.s Nr. 16 ein. Das Regiment marschierte unter dem Namen: Regiment ›List‹ als erstes Bayrisches Freiwilligen-Regiment ins Feld und empfing Ende Oktober 1914 in der ›Schlacht an der Yser‹ die Feuertaufe.

Es war eines jener Freiwilligen-Regimenter, die damals im Verlaufe von wenigen Tagen oft nahezu vollständig aufgerieben wurden.

Am 2. Dez. 1914 erhielt ich das Eiserne Kreuz 2. Klasse. Ich blieb dauernd beim Regiment und wurde in der Schlacht an der Somme am 7. Okt. 1916 zum erstenmal verwundet (durch Granatsplitter am linken Oberschenkel) und kam am 10. Okt. 1916, am Jahrestage meines Ausmarsches, als Verwundeter zum ersten Male wieder in die Heimat.

Nach 2 monatlicher Behandlung im Lazarett Beelitz bei Berlin wurde ich im Dez. 1916 dem Ersatzbatl. 2. Inf.Reg.München überwiesen und meldete mich wieder freiwillig ins Feld. Am 1. März 1917 war ich wieder bei meinem Stammregiment und erhielt am 17. 9. 1917 das Militärverdienstkreuz 3. Kl. mit Schwertern, am 9. Mai 1918 das Regimentsdiplom, am 4. 8. 1918 das Eiserne Kreuz 1. Kl., am 18. 5. 1918 das Verwundetenabzeichen in schwarz und am 25. 8. 1918 Dienstauszeichnung 3. Klasse.

In der Nacht vom 13./14. Oktober 1918 erhielt ich eine sehr schwere Gelbkreuzvergiftung, im Verlaufe deren ich zunächst vollständig erblindete. Ich wurde von Werwick in Flandern abtransportiert und dem Vereinslazarett Pasewalk bei Stettin überwiesen. Da meine Erblindung in verhältnismäßig kurzer Zeit wieder wich, und das Augenlicht allmählich wieder zurückkehrte, außerdem ja am 9. Nov. die Revolution ausgebrochen war, ersuchte ich um möglichst schnelle Überführung nach München und war seit Dez. 18 wieder beim Ers.Batl. 2 Inf.Reg. Während der Räteperiode auf der Konskriptionsliste stehend, wurde ich nach Niederschlagung der roten Herrschaft in die Untersuch.Kommiss. des 2. Inf.Reg. kommandiert u. von dort als Bildungsoffizier dem Schützenregiment 41 überwiesen. Ich hielt in diesem Regiment sowie in anderen Formationen nun zahlreiche Aufklärungsvorträge über den Wahnsinn der roten Blutdiktatur und konnte mit Freude erleben, daß aus den infolge der allgemeinen Reichswehrverminderung aus dieser ausscheidenden Heeresangehörige der 1. Truppe meiner späteren Anhänger entstand.

Im Juni 1919 schloß ich mich der damals 7 Mitglieder zählenden Deutschen Arbeiterpartei an, in der ich nun endlich auf politischem Gebiete die Bewegung gefunden zu haben glaubte, die meinem Ideal entsprach. – Heute ist die Zahl ihrer Anhänger in München allein auf über 4½ Tausend gewachsen, und ich darf mit Stolz wohl einen grossen Teil an dieser Arbeit mir zuschreiben.

Gestatten Sie mir, daß ich nun schliesse und verbleibe ich

mit vorzüglicher Hochachtung

Ihr (gez.) A. Hitler.«[12]

12 Abschrift (Maschinenschrift vom 26. August 1941. Links unten befindet sich ein Stempel des Hauptarchivs der NSDAP und unter »F.d.R. der Abschrift«: der (nicht zweifelsfrei zu entziffernde) Name Richter. Ehemaliges Hauptarchiv der NSDAP, Bundesarchiv Koblenz, NS 26/17 a.

7. Bibliographie

Die wichtigsten Dokumente, Dokumentationen und unveröffentlichten Quellen werden am Schluß der Bibliographie genannt. Zeitschriften (von einigen Ausnahmen abgesehen), Flugschriften, Flugblätter, Mitteilungsblätter, Rundschreiben und Zeitungen werden jeweils in den Fußnoten genannt, ebenso weitere Bücher und Schriften, die nur einmal herangezogen wurden.

Adler, H.G.: Die Juden in Deutschland. München 1961.

Anschütz: Die Verfassung des Deutschen Reiches. 3. und 4. Aufl. Berlin 1926.

Arendt, Hannah: Elemente und Ursprünge totaler Herrschaft. New York 1955 und Frankfurt 1962.

Aretin, Erwin v.: Krone und Ketten. München 1955.

Bayer, Ernst: Die SA-Geschichte. Arbeit, Zweck und Organisation der SA. Berlin 1938.

Beckmann, Ewald: Der Dolchstoßprozeß. München 1925.

Bennecke, H.: Hitler und die SA. München und Wien 1962.

Bennewitz, Gert: Die geistige Wehrerziehung der deutschen Jugend. Berlin 1940.

Benoist-Méchin, Jacques: L'histoire de l'armée allemande. 2 Bde. Paris 1936/38

Berber, Fritz: Die völkerrechtspolitische Lage Deutschlands. Berlin 1936.

Berndorff, H.R.: General zwischen Ost und West. Hamburg 1951.

Besser, Joachim: Die Vorgeschichte des Nationalsozialismus im neuen Licht. In: Die Pforte 2 (1950) S. 763–784.

Beyer, Hans: Von der Novemberrevolution zur Räterepublik in München. (Ost-) Berlin 1957.

Beyerle, Konrad: Föderalistische Reichspolitik. München 1924.

Binder, Gerhart: Lebendige Zeitgeschichte 1890–1945. München 1961.

Blücher, Wipert v.: Deutschlands Weg nach Rapallo. Wiesbaden 1951.

Bonn, M.J.: So macht man Geschichte. München 1953.

Borkenau, Franz: The Communist International. London 1938.

Bothmer, Karl Graf v.: Bayern den Bayern. Dießen vor München 1920.

Bott, Maximilian: Das bayerische Generalstaatskommissariat und Bayerns Konflikt mit dem Reich. Diss. Gießen 1927.

Bouhler, Philipp: Der großdeutsche Freiheitskampf (Hitler-Reden). 2 Bde. München 1940 (I. Band), 1941 (II. Band).

– Kampf um Deutschland. München 1938.
Brandmayer, B.: Mit Hitler Meldegänger 1914–1918. Überlingen 1940.
Braun, Otto: Von Weimar bis Hitler. New York 1940 und Hamburg 1949.
Brauweiler, Heinz: Generäle in der deutschen Republik. Groener, Schleicher, Seeckt. Berlin 1932.
Bronder, Dietrich: Bevor Hitler kam. Hannover 1964.
Broszat, Martin: Die völkische Ideologie und der Nationalsozialismus. In: Deutsche Rundschau 1 (1958).
– Der Nationalsozialismus, Weltanschauung, Programm und Wirklichkeit. Stuttgart 1960.
Buchheim, Hans: Ernst Niekischs Ideologie des Widerstands. In: Vierteljahrshefte für Zeitgeschichte 5 (1957) S. 334–361.
Buchner, Eberhard: Revolutionsdokumente. I. Band. Berlin 1921.
Buchrucker: Im Schatten Seeckts. Berlin 1928.
Bullock, Alan: Hitler. Eine Studie über Tyrannei. Düsseldorf 1953, 56.–70. Tausend 1962 (1964 unverändert als Taschenbuch in der Fischer Bücherei, Bd. 583/4). In dieser Neuauflage sind die Veröffentlichungen Jetzingers und Kubizeks zwar berücksichtigt, doch weicht sie in den Kapiteln über Hitlers Wiener Zeit, über die auch Jetzinger und Kubizek nichts wesentlich Neues zu berichten hatten, von der Erstauflage in den Ergebnissen nicht ab.
– Hitler. A Study in Tyranny. London 1965. Diese englische Neuausgabe wird dort zitiert, wo sie 1. inhaltlich von den deutschen Ausgaben abweicht und 2., wo Bullock zwar neue Forschungsergebnisse anderer Autoren auswertet, jedoch auch da von den Feststellungen nicht abweicht, die er bereits 1952 (1. engl. Ausgabe) traf. Zitiert als: Bullock: Hitler. A Study in Tyranny.
Ciller, Alois: Deutscher Sozialismus in den Sudetenländern und in der Ostmark. Hamburg 1944.
– Vorläufer des Nationalsozialismus. Geschichte und Entwicklung der nationalen Arbeiterbewegung im deutschen Grenzland. Wien 1932.
Claß, Heinrich: Zum deutschen Kriegsziel. München 1917.
– Wenn ich der Kaiser wär. Leipzig 1912.
Daim, Wilfried: Der Mann, der Hitler die Ideen gab. München 1958.
Damaschke, Adolf: Ein Kampf um Sozialismus und Nation. Dresden 1935.
De Man, Hendrik: Sozialismus und National-Faschismus. Potsdam 1931.
Deuerlein, Ernst: Hitlers Eintritt in die Politik. In: Vierteljahrshefte für Zeitgeschichte 7 (1959) H. 2.
– Der Hitler-Putsch. Bayerische Dokumente zum 8./9. November 1923. Stuttgart 1962 (= Quellen und Darstellungen zur Zeitgeschichte. Bd. 9).
Dormanns, Alfred: »Die Bevölkerung hatte Verluste«. Hamburg 1947.
Drexler, Anton: Mein politisches Erwachen. München 1919.
Eckart, Dietrich: Der Bolschewismus von Moses bis Lenin. Zwiegespräche zwischen Adolf Hitler und mir. München 1925.
Escherich-Hefte, München, H. 1 ff.
Eyck, Erich: Geschichte der Weimarer Republik. Bd. 1. Erlenbach, Zürich und Stuttgart 1954.

Fabricius, Hans: Dr. Wilhelm Frick. Berlin 1938.
Fechenbach, Felix: Der Revolutionär Kurt Eisner. Berlin 1929.
Feder, Gottfried: Der deutsche Staat auf nationaler und sozialer Grundlage. München 1923.
– Das Manifest zur Brechung der Zinsknechtschaft. München 1926.
– Der Staatsbankerott die Rettung. Dießen vor München 1924.
Feil, Jenny: Bayerischer Separatismus zur Eisner-Zeit. Diss. München 1939.
Fischer, Ruth: Stalin und der deutsche Kommunismus. 2. Aufl. Frankfurt/M. 1948.
Fishman, Jack, und *Hutton, Bernhard J.*: Das Privatleben des Josef Stalin. Wien und Hamburg 1964.
Flechtheim, Ossip: Die KPD in der Weimarer Republik. Offenbach/M. 1948.
Foch, Maréchal: Mémoires pour servir à l'histoire de la guerre de 1914–1918. 2 Bde. Paris 1931.
François-Poncet, André: Von Versailles bis Potsdam. Mainz und Berlin 1949.
Frank, Hans: Im Angesicht des Galgens. München-Gräfelfing 1953.
Franz-Willing, Georg: Die Hitlerbewegung. Der Ursprung 1919–1922. Hamburg und Berlin 1962.
Freud, Arthur: Zur Gemeinde und Organisation. Zur Haltung der Juden in Österreich. In: Publikationen des Leo-Baeck-Instituts, Bulletin für die Mitglieder der Gesellschaft der Freunde des Leo-Baeck-Instituts. Tel-Aviv, Juli 1960.
Freud, Sigmund: Massenpsychologie und Ich-Analyse. Leipzig, Wien und Zürich 1921.
Friedensburg, Ferdinand: Die Weimarer Republik. Berlin 1946.
Galéra, Kurt Siegmar, Baron v.: Geschichte unserer Zeit. 4 Bde. Leipzig 1932.
Gellert, Wilhelm: Der Zusammenbruch der Demokratie. Berlin 1922.
Gengler, Ludwig Franz: Die deutschen Monarchisten 1919–1925. Kulmbach 1932 (zugleich Diss. Erlangen).
Gessler, Otto: Reichswehrpolitik in der Weimarer Zeit. Stuttgart 1958.
Geyer, Kurt: Drei Verderber Deutschlands. Berlin 1924.
Gisevius, Hans-Bernd: Adolf Hitler. Versuch einer Deutung. München 1963.
Görlitz, Walter und *Quint, Herbert*: Adolf Hitler. Eine Biographie. Stuttgart 1952.
Goote, Thor: Aus der Geschichte der Bewegung. In: Deutsche Arbeitsfront. November 1934.
Gordon, H. J.: Die Reichswehr und die Weimarer Republik 1919–1926. Frankfurt/M. 1959.
Grebing, Helga: Der Nationalsozialismus. Ursprung und Wesen. München 1959.
Greiner, Josef: Das Ende des Hitler-Mythos. Zürich, Leipzig und Wien 1947.
Groener, Wilhelm: Lebenserinnerungen. Hrsg. Freiherr Hiller v. Gaertringen. Göttingen 1957.
Grün, Wilhelm: Dietrich Eckart als Publizist. Erster Teil: Einführung. Mit einer Ahnentafel bis 1285 und einer Dietrich-Eckart-Bibliographie von 1868 bis 1938. München 1941.
Gumbel, Emil Julius: Vier Jahre politischer Mord. Berlin 1923.
– Verräter verfallen der Feme. Opfer/Mörder/Richter 1919–1929. Berlin 1929.

Gutachten des Instituts für Zeitgeschichte (Vorrede: Paul Kluke). München: Selbstverlag des Instituts für Zeitgeschichte 1958 (= Veröff. des Instituts f. Zeitgeschichte).

Hallgarten, George W.F.: Hitler, Reichswehr und Industrie. Zur Geschichte der Jahre 1918–1933. Frankfurt/M. 1962.

Hammann, Otto: Der neue Kurs. Berlin 1918.

Hammer, Hermann: Die deutschen Ausgaben von Hitlers »Mein Kampf«. In: Vierteljahrshefte für Zeitgeschichte 4 (1956) S. 161–178.

Hanfstaengl, Ernst: Hitler. The Missing Years. London 1957.

Harand, Irene: »Sein Kampf«. Antwort an Hitler. Wien 1935.

Hart, F.Th.: Alfred Rosenberg. Der Mann und sein Werk. 5. Aufl. München und Berlin 1942.

Hartung, Fritz: Zur Geschichte der Weimarer Republik. In: Historische Zeitschrift 181 (1956).

Hasse, Ernst: Deutsche Weltpolitik. München 1897.

Hasselbach, Ulrich v.: Die Entstehung der nationalsozialistischen deutschen Arbeiterpartei 1919–1923. Diss. Leipzig 1931.

Heiber, Helmut: Adolf Hitler. Eine Biographie. Berlin 1960.

Heiden, Konrad: Adolf Hitler. 2 Bde. Zürich 1936.

– Geschichte des Nationalsozialismus. Hamburg 1932.

Herold, Emil: Ein Jahr bayerische Revolution im Bilde. München 1919, 3. unveränderte Aufl. 1937.

Herre, Paul: Die Südtiroler Frage. München 1927.

Herzfeld, Hans: Die deutsche Kriegspolitik im Ersten Weltkrieg. In: Vierteljahrshefte für Zeitgeschichte 3 (1961) S. 224 ff.

Hess, Ilse: Gefangener des Friedens. Leoni am Starnberger See 1962.

Heuß, Theodor: Hitlers Weg. Stuttgart, Berlin und Leipzig 1932.

Hilpert, Friedrich: Die Grundlagen der bayerischen Zentrumspolitik 1918–1921. München und Berlin 1941 (Diss.).

Hitler, Adolf: Mein Kampf. 469.–473. Aufl. München 1939. Benutzt wurden die »Mein Kampf«-Ausgaben von 1925 (I. Bd.), 1927 (II. Bd.), 1930 und 1939 (2 Bde. in einem Band, ungekürzte Volksausgaben). Sie wurden verglichen mit den Ausgaben von 1928, 1933 und 1943. Zitiert wird stets die Ausgabe von 1939. Wo die Ausgabe Abweichungen von den Ausgaben von 1925 (I. Bd.) und 1927 (II. Bd.) aufweist, wird im Text oder in den Fußnoten darauf hingewiesen.

– Die Südtiroler Frage und das deutsche Bündnisproblem. München 1926.

– Adolf Hitler in Franken. Reden aus der Kampfzeit. Gesammelt und hrsg. von Heinz Preiss im Auftrage von Julius Streicher. O. J., o. O. (Vorwort: Ostern 1939).

– Hitlers zweites Buch. Ein Dokument aus dem Jahre 1928. Hrsg. vom Institut für Zeitgeschichte, eingeleitet und kommentiert von Gerhard L. Weinberg. Stuttgart 1961.

Hoegner, Wilhelm: Die verratene Republik. München 1958.

– Der schwierige Außenseiter. München 1959.

Hoffmann, Heinrich: Hitler was my Friend. London 1955.
Hofmann, Hanns Hubert: Der Hitler-Putsch. Krisenjahre deutscher Geschichte, 1920–1924. München 1961.
Hofmiller, Josef: Revolutionstagebuch 1918/19. Aus den Tagen der Münchener Revolution. Leipzig 1938.
Humbert, Manuel: Hitlers »Mein Kampf«. Dichtung und Wahrheit. Paris 1936.
Hundhammer, Alois: Geschichte des bayerischen Bauernbundes. Diss. München 1924.
Ilges, F. Walther: Hochverrat von Zentrum und Bayerischer Volkspartei 1919–1933. Berlin 1933.
Jetzinger, Franz: Hitlers Jugend. Phantasien, Lügen – und die Wahrheit. Wien 1956.
Jochmann, Werner: Nationalsozialismus und Revolution. Ursprung und Geschichte der NSDAP in Hamburg 1922–1933. Frankfurt 1963.
Jung, Rudolf: Der nationale Sozialismus – Seine Grundlagen, sein Werdegang und seine Ziele. München 1922.
Kanzler, Rudolf: Bayerns Kampf gegen den Bolschewismus. Geschichte der bayerischen Einwohnerwehren. München 1931.
Kessel, Eberhard: Zur Geschichte und Deutung des Nationalsozialismus. Literaturbericht und Stellungnahme. In: Archiv für Kulturgeschichte. 45. Bd. Köln und Graz 1963, S. 357–394.
Klemmt, Alfred: Volk und Staat. Berlin 1936.
Koellreuter, Otto: Grundfragen unserer Volks- und Staatsgestaltung. Berlin 1936.
Koerber, Viktor v.: Hitler, sein Leben und seine Reden. München 1923.
Krebs, Albert: Tendenzen und Gestalten der NSDAP. Erinnerungen an die Frühzeit der Partei. Mit einem Vorwort von Hans Buchheim. Stuttgart 1959 (= Veröffentlichungen des Instituts für Zeitgeschichte in München. Quellen und Darstellungen zur Zeitgeschichte. Bd. 6).
Krokow, Martin: Vom Novemberstaat zum Großdeutschen Reich. Breslau 1942.
Kruck, Alfred: Geschichte des Alldeutschen Verbandes. Wiesbaden 1954.
Krumm, Paul: Der Sozialismus der Hitlerbewegung im Lichte der Spenglerschen Geschichtsforschung oder die tiefste Ursache für den Aufstieg des Nationalsozialismus in Deutschland. Geldern (Selbstverlag) 1932.
Kubizek, August: Adolf Hitler – Mein Jugendfreund. Graz und Göttingen 1953.
Lades, Hans: Deutsche Politik von Ebert bis Brüning. In: Schriftenreihe der Hochschule für Politische Bildung, München. H. 33.
Lang, Serge und Schenck, Ernst v.: Porträt eines Menschheitsverbrechers. St. Gallen 1947.
Le Bon, Gustave: Psychologie der Massen. Übers. Rudolf Eisler. 2. Aufl. 1912 (neuere Ausgabe: Stuttgart 1951).
Lehmann-Russbüldt: Der Kampf der Liga für Menschenrechte, vorm. Bund Neues Vaterland für den Weltfrieden 1924. Berlin 1927.
Leiser, Erwin: Mein Kampf. Eine Dokumentation. Frankfurt/M. und Hamburg 1961.

Leverkuehn, Paul: Posten auf ewiger Wache. Aus dem abenteuerreichen Leben des Max von Scheubner-Richter. Essen 1938.
Littnanski, Eugen: Hochverrat in Revolutionszeiten. Bamberg und Greifswald 1926.
Löwith, Karl: Von Hegel zu Nietzsche. 2. Aufl. Stuttgart 1950.
Ludendorff, Erich: Der totale Krieg. München 1936.
Luedecke, Kurt: I knew Hitler. London 1938.
McDougall, William: The Group Mind. A Sketch of the Principles of collective Psychology. Cambridge 1920.
Mann, Viktor: Wir waren fünf. Konstanz 1949.
Maser, Werner: Adolf Hitler. Legende–Mythos–Wirklichkeit. München und Eßlingen 1971.
Max, Prinz von Baden: Erinnerungen und Dokumente. Stuttgart, Berlin und Leipzig 1927.
Meinecke, Friedrich: Die deutsche Katastrophe. Wiesbaden 1947.
Mend, H.: Adolf Hitler im Felde 1914–1918. Dießen vor München 1931.
Meyer, Adolf: Mit Adolf Hitler im Bayerischen Reserve-Infanterie-Regiment 16 List. Neustadt/Aisch 1934.
Miltenberg, Weigand v.: Adolf Hitler – Wilhelm III. Berlin 1930/31.
Möhl, Wolfgang: Bayern in Deutschland. Diss. Erlangen 1928.
Moeller van den Bruck: Das dritte Reich. Hamburg 1931.
Mohler, Armin: Die konservative Revolution in Deutschland 1918–1932. Stuttgart 1950.
Müller, Karl Alexander v.: Deutsche Geschichte und Deutscher Charakter. Berlin und Leipzig 1927.
Müller-Meiningen, Ernst: Aus Bayerns schwersten Tagen. Berlin und Leipzig 1923.
Naumann, Friedrich: Demokratie und Kaisertum. 4. Aufl. Berlin 1905.
Niekisch, Ernst: Das Reich der niederen Dämonen. Hamburg 1953.
– Bayern. In: Die Weltbühne. 5. 4. 1923 – 7. 6. 1923.
– Gewagtes Leben. Begegnungen und Begebnisse. Köln und Berlin 1958.
– Hitler – ein deutsches Verhängnis. Berlin 1932.
– Unveröffentlichte Aufzeichnungen. Zitiert als: Niekisch, Manuskript.
Nolte, Ernst: Eine frühe Quelle zu Hitlers Antisemitismus. In: Historische Zeitschrift. Bd. 192 (1961) S. 584–606.
– Der Faschismus in seiner Epoche. Die Action Française. Der italienische Faschismus. Der Nationalsozialismus. München 1963.
Norden, Albert: Hinter den Kulissen des ersten westdeutschen Separatstaates. In: Neue Welt (Ost-Berlin). 7 (1952) H. 4.
Noske, Gustav: Erlebtes aus Aufstieg und Niedergang einer Demokratie. Offenbach/M. 1947.
Oertzen, F. W. v.: Die deutschen Freikorps 1918–1923. München 1936.
Olden, Rudolf: Hitler the Pawn. London 1936.
Orr, Thomas: Das war Hitler. Artikelserie in der Illustrierten »Revue«, 1952.

Paulus, Günter: Reichswehr und Freikorps. In: Geschichte in der Schule (Ost-Berlin). 3 (1950) H. 1.

Pese, Walter Werner: Hitler und Italien 1920–1926. In: Vierteljahrshefte für Zeitgeschichte 3 (1955) S. 113–126.

Phelps, Reginald: Aus den Groenerdokumenten. In: Deutsche Rundschau 76 (1950).

– Dokumente aus der »Kampfzeit« der NSDAP – 1923. In: Deutsche Rundschau 84 (1958) S. 459 ff. und 1034 ff.

Picker, Henry: Hitlers Tischgespräche im Führerhauptquartier 1941–1942. Frankfurt und Bonn 1951, 3. Aufl. Stuttgart 1965.

Pitrof, Ritter v.: Gegen Spartakus in München und im Allgäu. Erinnerungsblätter des Freikorps Schwaben. München 1937.

Plümer, Friedrich: Die Wahrheit über Hitler und seinen Kreis. München 1925.

Pranckh, Hans, Freiherr v.: Der Prozeß gegen den Grafen Anton Arco-Valley. München 1920.

Rabenau, Friedrich v.: Seeckt. Aus seinem Leben 1918–1936. Leipzig 1940.

Rabitsch, H.: Aus Adolf Hitlers Jugendzeit. München 1938.

Radek, Karl: Rosa Luxemburg, Karl Liebknecht, Leo Jogiches. Hamburg 1921.

Rauschning, Hermann: Gespräche mit Hitler. Zürich, Wien und New York 1940.

– Die Revolution des Nihilismus. Zürich 1938.

Recktenwald, Johann: Woran hat Adolf Hitler gelitten? – München und Basel 1963.

Redlich, J.: Das österreichische Staats- und Reichsproblem. Geschichtliche Darstellung der inneren Politik der Habsburger Monarchie von 1848 bis zum Untergang des Reiches. 2 Bde. Leipzig 1920/26.

Reich, Albert: Dietrich Eckart. München 1934.

Riehl, Walter: Die deutsche nationalsozialistische Partei in Österreich und der Tschechoslowakei. In: Deutschlands Erneuerung. H. 3, 1920.

Ritter, Gerhard: Europa und die deutsche Frage. München 1948.

Röhls, H.D.: Hitler – die Zerstörung einer Persönlichkeit. Grundlagen der Feststellungen zum Krankheitsbild. Neckargemünd 1965.

Roepke, Fritz: Von Gambetta bis Clemenceau. Stuttgart und Berlin 1922.

Röhm, Ernst: Die Geschichte eines Hochverräters. München 1933.

Rosen, Edgar R.: Mussolini und Deutschland 1922–1923. In: Vierteljahrshefte für Zeitgeschichte 5 (1957) S. 17–41.

Rosenberg, Alfred: Der Mythus des 20. Jahrhunderts. München 1930.

– Wesen, Grundsätze und Ziele der Nationalsozialistischen Deutschen Arbeiterpartei. München, Januar 1923.

– Letzte Aufzeichnungen. Ideale und Idole der nationalsozialistischen Revolution. Göttingen 1955.

Roßbach, Gerhard: Mein Weg durch die Zeit. Weilburg/Lahn 1950.

Rothenbücher, Karl: Der Fall Kahr. Tübingen 1924 (= Recht und Staat in Geschichte und Gegenwart. Eine Sammlung von Vorträgen und Schriften aus dem Gebiet der gesamten Staatswissenschaften. H. 29).

Rupprecht, Kronprinz von Bayern: Mein Kriegstagebuch. 2 Bde. München 1929.
Sagitz, Walter: Bibliographie des Nationalsozialismus. Cottbus 1933.
Sailer, J. B.: Des Bayernkönigs Revolutionstage. München 1919.
Salomon, Ernst v.: Der Fragebogen. Hamburg 1951.
Salomon, F.: Die deutschen Parteiprogramme. Berlin 1932.
Schäfer, Wolfgang: NSDAP. Entwicklung und Struktur der Staatspartei des Dritten Reiches. Hannover und Frankfurt 1956.
Scheidemann, Philipp: Memoiren eines Sozialdemokraten. 2 Bde. Dresden 1928.
Schilling, Alexander: Dr. Walter Riehl und die Geschichte des Nationalsozialismus. Leipzig 1933.
Schlottner, Erich Heinz: Stresemann, der Kapp-Putsch und die Ereignisse in Mitteldeutschland und in Bayern im Herbst 1923. Diss. Frankfurt/M. 1948.
Schmalix, Adolf: Gerechtigkeit für Kapitän Ehrhardt. Leipzig 1923.
Schmitt, Franz August: Die neue Zeit in Bayern. München 1919.
Schricker, Rudolf: Rotmord über München. Berlin o.J.
Schubert, Günter: Anfänge nationalsozialistischer Außenpolitik. Köln 1963.
Schüddekopf, Otto-Ernst: Linke Leute von rechts – Die nationalrevolutionären Minderheiten und der Kommunismus in der Weimarer Republik. Stuttgart 1960.
Schürer, Heinz: Die politische Arbeiterbewegung Deutschlands in der Nachkriegszeit 1918–1923. Diss. Leipzig 1933.
Schwarz, Georg: Völker höret die Zentrale: KPD bankerott. Berlin 1933.
Schwarz, Hermann: Zur philosophischen Grundlegung des Nationalsozialismus. Berlin 1936.
Schwend, Karl: Bayern zwischen Monarchie und Diktatur. Beiträge zur Bayerischen Frage in der Zeit von 1918 bis 1933. München 1954.
Schweyer, Franz: Rudolf Kanzler, Bayerns Kampf gegen den Bolschewismus (Rezension). In: Zeitschrift für bayerische Landesgeschichte. München, Jg. 1932.
Sebottendorff, Rudolf v.: Bevor Hitler kam. München 1934.
Sendtner, Kurt: Rupprecht von Wittelsbach, Kronprinz von Bayern. München 1954.
Seraphim, Hans-Günther: Das politische Tagebuch Alfred Rosenbergs aus den Jahren 1934/35 und 1939/40. Göttingen, Berlin und Frankfurt 1956. (Besprochen von Max Braubach in: Historisches Jahrbuch, München und Freiburg 1958, S. 539.)
Shirer, William L.: Aufstieg und Fall des Dritten Reiches. Bd. 1. München und Zürich 1963.
Sontheimer, Kurt: Antidemokratisches Denken in der Weimarer Republik. In: Vierteljahrshefte für Zeitgeschichte 5 (1957) S. 42–62.
– Antidemokratisches Denken in der Weimarer Republik. Die politischen Ideen des deutschen Nationalismus zwischen 1918 und 1933. München 1962.
Speckner, Herbert: Die Ordnungszelle Bayern. Studien zur Politik des bayeri-

schen Bürgertums, insbesondere der Bayerischen Volkspartei, von der Revolution bis zum Ende des Kabinetts Dr. von Kahr. Diss. Erlangen 1955.
Spengler, Oswald: Politische Schriften. München 1924.
Stadtler, Eduard: Weltrevolution = Krieg. Düsseldorf 1937.
Stampfer, Friedrich: Die ersten 14 Jahre der Deutschen Republik. Offenbach/Main 1947.
Stein, Alexander: Adolf Hitler, Schüler der »Weisen von Zion«. Karlsbad 1936.
Strasser, Otto: Hitler und Ich. Buenos Aires o.J.
Toller, Ernst: Deutsche Revolution. Berlin 1933.
– Eine Jugend in Deutschland. Amsterdam 1933.
Tormin, Walter: Zwischen Rätediktatur und sozialer Demokratie. Düsseldorf 1954.
Unger, Erich: Das Schrifttum zum Aufbau des neuen Reiches. Berlin 1934.
Valentin, Veit: Geschichte der Deutschen. Berlin und Stuttgart 1947.
Vogelsang, Thilo: Reichswehr, Staat und NSDAP. Stuttgart 1962.
Volkmann, E.O.: Revolution über Deutschland. Oldenburg 1930.
Volz, Hans: Die Geschichte der NSDAP. Leipzig und Berlin o.J.
– Daten der Geschichte der NSDAP. Berlin und Leipzig 1943.
Wedel, Hasso v.: Das großdeutsche Heer. Berlin 1939.
Werner, Lothar: Der Alldeutsche Verband. Historische Studien. Berlin 1935.
Wheeler-Bennett, John W.: Die Nemesis der Macht. Die deutsche Armee in der Politik 1918–1945. Düsseldorf 1954.
Wiedemann, Fritz: Der Mann, der Feldherr werden wollte. Erlebnisse und Erfahrungen des Vorgesetzten Hitlers im I. Weltkrieg und seines späteren persönlichen Adjutanten. Velbert 1964.
Wieser, Friedrich: Das Gesetz der Macht. Wien 1926.
Willi, M.: Hakenkreuz und Rutenbündel. Berlin 1924.
Wulz, Gustav: Die Familie Kahr. Abdruck aus dem Archiv für Rassen- und Gesellschaftsbiologie, Bd. 18, H. 3.
Zimmermann, Werner Gabriel: Bayern und das Reich 1918–1923. München 1953.
Zink, Adolf v.: Gustav Ritter von Kahr, Dr. med. h. c. Festschrift zur Feier des fünfzigjährigen Bestehens des Bayerischen Verwaltungsgerichtshofs. München, Berlin und Leipzig 1929.
Zittel, Bernhard: Rätemodell München 1918/19. In: Stimmen der Zeit 165 (1919).

Akten und Dokumentationen

Akten des Reichswehr-Gruppenkommandos 4 im Hauptstaatsarchiv München, Abt. II (ehem. Bayer. Kriegsarchiv).
Der Hitler-Prozeß, Auszüge aus den Verhandlungsberichten. München 1924.
Der Hitlerputsch. Bayerische Dokumente zum 8./9. November 1923 (siehe Deuerlein).
Dokumente der Deutschen Politik und Geschichte. 3 Bde. Berlin und München o.J.

Hitler und Kahr. Aus dem Untersuchungsausschuß des bayerischen Landtags. Landesausschuß der SPD in Bayern. München 1928.

NSDAP Hauptarchiv Guide to the Hoover Institution Microfilm Collection. Compiled by Grete Heinz and Agnes F. Peterson (Hoover Inst. Bibliographical Series XVII.). Stanford University.

Reichsarbeitsblatt. 18. Jg. (1920).

Verhandlungen der Verfassunggebenden Deutschen Nationalversammlung.

Verhandlungsniederschriften der Nationalversammlung: »Die Deutsche Nationalversammlung«, Berlin.

Verhandlungsniederschriften des Reichstages: »Verhandlungen des Reichstages«, Berlin.

Verhandlungen des provisorischen Nationalrates des Volksstaates Bayern im Jahre 1918/1919.

Verhandlungen des Bayerischen Landtages, München.

Verhandlungsniederschriften – Der Prozeß gegen die Hauptkriegsverbrecher vor dem internationalen Militärgerichtshof. Nürnberg 1947.

Vier Jahre Westfront. Geschichte des Regiments List. R.I.R. 16. München 1932.

Unveröffentliche Quellen

Dokumente des Hauptarchivs der NSDAP, verschiedener Dienststellen des Reiches und der NSDAP, des Auswärtigen Amtes, der SS, der Wehrmacht, der Wirtschaft, der Polizei und Gerichte. Die vom Verfasser vor Mai 1961 im US Berlin Document Center ausgewerteten Unterlagen werden als »Berlin Document Center« (und laufende Nummer) zitiert, die nach 1961 eingesehenen Dokumente unter Hinweis auf ihren derzeitigen Aufbewahrungsort (Bundesarchiv Koblenz, 1 429 Bde., oder HStA. München und BHStA. München, 494 Bde.), die weiteren Dokumente werden nach den Katalognummern in »NSDAP Hauptarchiv Guide to the Hoover Institution Microfilm Collection« zitiert. Die folgenden Hinweise bieten nur einen Überblick. In den Fußnoten werden alle Dokumente und ihre Herkunft genannt.

Akten des Stadtarchivs München.

Jahrbuch der Landeshauptstadt München, Manuskript des Historischen Vereins von Oberbayern, Stadtarchiv München.

Politische Tagebuchnotizen nach Diktat von Anton Drexler vom 2. Juni 1920 bis 16. April 1921.

Abschrift des Urteils des 1. Senates des Volksgerichtshofes in der Strafsache gegen Ernst Niekisch u.a. vom 10. Januar 1939.

Die aus der Zeit bis November 1923 noch vorhandenen Mitgliedslisten der DAP und NSDAP von 1919 bis 9. November 1923.

Mündliche und schriftliche Mitteilungen engster Mitarbeiter Hitlers von 1918 bis 1924.

Auskünfte von Schul- und Kriegskameraden Hitlers.

Erklärungen und Briefe von Hitlers Lehrern und Fachurteile über Hitlers künstlerische Arbeiten.
Unterlagen der Schulen, die Hitler besuchte.
Angaben führender Mitglieder der NSDAP und anderer politischer Parteien und Organisationen aus der Zeit von 1919 bis 1924.
Briefe, Notizen, Aufzeichnungen und Erklärungen besonders von Hitler.
Tagebücher und Erinnerungen u.a. von Politikern, Schriftstellern und maßgeblichen Militärs, die von 1918 bis 1924 (für und gegen Hitler) engagiert waren.
Amtliche Auskünfte von Stadtverwaltungen über thematisch bezogene Ereignisse von 1918 bis 1924 und Ratsprotokolle aus der gleichen Zeit.
Kirchenamtliche Auskünfte zur Familiengeschichte Hitlers.
Mündliche und schriftliche Mitteilungen wissenschaftlicher Mitarbeiter des ehemaligen Hauptarchivs der NSDAP.
Aufzeichnungen von Stadt- und Pressearchiven.
Feststellungen und Protokolle der Geheimen Staatspolizei.

8. Erläuterungen zu den Abbildungen

Tafel 1 (oben) bei Seite 64
Zwei Häuser der Hitler-Familie in Spital bei Weitra. Dort (rechts) wurde Adolfs Mutter (Klara Pölzl) geboren. Alois Hitler, Adolfs Vater, verlebte seine Kindheit im Nachbarhaus (links) als Aloys Schicklgruber. Adolf lebte von Herbst 1905 bis 1906 in diesen Häusern und heilte seine Lungenkrankheit aus, die ihn 1905 gezwungen hatte, die Schule zu verlassen. (Foto: Dr. Maser)

Tafel 1 (unten) bei Seite 64
Das Elternhaus Adolf Hitlers in Hafeld bei Lambach an der Traun (nicht mehr im Zustand von 1895). Der links nur teilweise sichtbare Trakt gehörte ebenfalls zum Hitler-Grundstück, das rund 38 000 Quadratmeter Land umfaßte. Adolf Hitlers Vater, der Zollamtsoberoffizial Alois Hitler, bis 1876 Aloys Schicklgruber, der bereits 1888 einen Bauernhof in Wörnharts bei Spital gekauft hatte, erwarb das Anwesen kurz vor seiner Pensionierung im Jahre 1895. Nach dem Verkauf dieses Anwesens im Frühjahr 1897 (die NSDAP erwarb es 1938, Martin Bormann wurde Treuhänder) erwarb Alois Hitler im November 1898 ein Haus in Leonding bei Linz, wo Adolf Hitler seit 1898 zur Schule ging. Die Mutter Adolf Hitlers verkaufte es im Juni 1905 (2½ Jahre nach dem Tode des Vaters) und zog nach Linz.
Anteile des Ertrages aus dem Verkauf des Leondinger Hauses, des Grundstücks (1 900 Quadratmeter) und der relativ hohen Pension, die Adolf Hitlers Mutter auch nach dem Tode des Vaters erhielt, aus elterlichen Ersparnissen, eine Waisenrente von monatlich 25 Kronen und erhebliche Zuwendungen von Johanna Pölzl und eine Erbschaft von Walburga Hitler, erlaubten dem jungen Hitler ein sorgenfreies Leben. Außerdem verkaufte er die von ihm gemalten und gezeichneten Bilder.
(Foto: Ehemaliges Hauptarchiv der NSDAP, Bundesarchiv Koblenz, NS 26/65)

Tafel 5 bei Seite 176
Der handschriftliche Text lautet:

Meine Begegnung mit Hitler!

Es war im Herbst 1909 als ich nach langer Irrfahrt auf den
Landstraßen Deutschlands und Österreichs als müder Handwerksbursch das
Asyl für Obdachlose in Meidling aufsuchte. Zur linken auf der Drahtpritsche

war ein magerer junger Mensch mit ganz wundgelaufenen Füßen. Da ich noch Brod von den Bauern hatte teilte ich mit ihm. Ich sprach damals stark den Berliner Dialekt, er schwärmte für Deutschland. Seine Heimath Braunau am Inn hatte ich durchwandert, so konnte ich leicht seinen Erzählungen folgen. Dort hatte sein Vater als Zollbeamter Dienst gemacht, in Linz hatte er eine Realschule besucht. Die folgenden Wochen brachten uns mehr noch zusammen. Beim Besuch des Asyls erhielt jeder eine Karte die zu einer wöchentlichen Nächtigung nebst Bad und Suppe und Brod berechtigte. Doch war ein schwunghafter Handel mit diesen Karten im Gang so daß man durch Kauf nach ablauf der einen zum weiteren Verbleib eine andre erwarb. Ich suchte durch Gelegenheitsverdienst mein Stück Brod. Hitler mein Nachbar gieng meist in die Gumpendorfestr. wo bei einem Spital Suppe verteilt wurde. Der erste Schnee sah uns als Schneeschaufler. Über mein fortgesetztes Ermahnen entschloß sich Hitler seiner Schwester zu schreiben. Er hatte keinen Winterrock und sah erbärmlich blaugefroren oft aus. Seine Schwester sandte ihm 50 Kronen ein schönes Stück Geld damals. Im Dorotheum lizitierte er einen Winterrock und wohnte von nun an es war zu Weihnacht 1909 im Männerheim Wien XX. Bezirk Meldemanngasse. Da er mir erzählte daß er Akademie besucht habe sagte ich ihm er solle Postkarten malen. Ich gieng diese verkaufen. Er malte Ansichten von Wien die ich bei Bilderhändlern und Tapezierern verkaufte. Ich konnte mitunter eine ganz gute Bestellung erreichen. So daß wir schlecht und recht leben konnten. Doch in besseren Geschäften des Kunsthandels wurden die Arbeiten immer abgewiesen. Ich redete Hitler zu sich mehr Mühe zu geben. Zum Zweck des weiteren Fortschritts besuchten wir die Museen. Architektur begeisterte Hitler besonders. Und wenn er von Gottfried Semper sprach konnte man ihm stundenlang zuhören. Auch in Musik Richard Wagner brachte ihn in helle Flammen. So zogen die Wochen dahin. Im Männerheim gab es auch Kochgelegenheit. Doch unser Menü bestand zumeist in Polenta. Einmal wollte mir Hitler eine Oberösterreichische Milchsuppe kochen lehren, aber es wurde eine saure Milchsuppe. So wie wir waren im Männerheim mehrere Leute die Kunstgewerblich tätig waren. Da war ein Notenschreiber, Adressenschreiber, andere malten Preiß und Reklametäfelchen. Ein andrer schnitzte mit dem Messer in Postkarten Monogramme etc.

Tafel 6 bei Seite 177
Es war eine große Familie die die gleiche Not zusamen hielt die Politik wurde stark besprochen. Dr. Lueger war im Sterben, die Arbeiterzeitung brachte starke angriffe gegen seine Nachfolger. Hitler hatte in einem Kino einen Film der Tunnel benannt gesehen, der ihn ganz berauschte. Ein Redner reißt die Massen mit sich, wird der gefeierte Volkstribun. Schwungvolle

Reden gabs nun im Männerheim. Die Arbeit wurde vernachlässigt. Eine neue Partei muß aufstehen, es gieng heiß oft her. feindliche Blicke flogen, recht ungemütlich mitunter. Um diese Zeit erhielt ich einige Aufsträge in Radierung die ich selbst versuchte da Hitler die Arbeit gänzlich vernachlässigte. Und da es mir gut gelungen war und ich ständige Aufträge erhielt, verließ ich das Männerheim, da dieses Zusammenleben in dem Massenquartier ein fleißiges Arbeiten nur stört. Das letztemal sah ich Hitler 1913 er gieng ein Aquarell das er gemalt hatte verkaufen. Erst nach dem Krieg durch Zeitungsberichte kam mir sein Name wieder zur Kenntniß. So hat er denn sein Ziel erreicht. Über seine damalige Politische Einstellung, ist vieles der Heutigen gleich. Er war ein großer Verehrer von Schönerer. Auch Karl Hermann Wolf war sein Mann. Doch ist das Politische Niveau heut ja ein ganz anderes. So viele Erscheinungen des Heutigen Lebens waren damals unbekannt. Wer kannte damals den Begriff Komunist. Derartiges hätte nur im Irrenhaus existieren können. Der Zusammenbruch des Staates war auch ein Zusammenbruch der Moralischen Begriffe. Nur so entstand der nährboden für unsre heutige Zeit.

Reinhold Hanisch.
Radierer
Wien. (Bundesarchiv Koblenz, NS 26/64)

Tafel 7 (oben) bei Seite 192
Meldezettel für die Zeit vom 26. Juni 1910 bis zum 24. Mai 1913. In dieser Zeit wohnte Hitler durchgehend im Männerheim in der Wiener Meldemannstr. 27. Die 1973 (von Robert Payn) erneut kolportierte alte »Geschichte«, daß Hitler vor seiner Übersiedlung nach München (Mai 1913), seinen Halbbruder Alois in Liverpool besucht habe, ist eine Erfindung. Vgl. dazu auch Tafel 3 und Tafel 4. Bis zum 26. Juni 1910 wohnte Adolf Hitler in Wien: von Februar 1908 bis September 1908 in der Stumpergasse 29, von September 1908 bis November 1908 in der Felbertstraße 22, von November 1908 bis August 1909 in der Sechshauserstraße 58, vom 16. September bis Ende November 1909 in der Simon-Denk-Gasse. Im Dezember hielt er sich kurzfristig im Obdachlosenasyl in Meidling auf. Im Dezember 1909 zog er in das Männerheim in der Meldemannstraße 27. (Bundesarchiv Koblenz, NS 26/65)

Tafel 8 (oben) bei Seite 193
Der handschriftliche Hitler-Text der letzten Seite lautet:
. . . sage ich Ihnen sowie Ihrer geehrten Frau Gemahlin meinen herzlichen Dank. Ich denke so oft an München, und jeder von uns hat nur den einen Wunsch, daß es bald zur endgiltigen Abrechnung mit der Bande kommen möge, zum Daraufgehen, koste es was es

wolle, und daß die, die von uns das Glück besitzen
werden, die Heimat wiederzusehen, sie reiner und von der
Fremdländerei gereinigter finden werden, daß durch
die Opfer und Leiden die nun täglich so viele Hunderttausende
von uns bringen daß durch den Strom von Blut der
hier Tag für Tag fließt gegen eine internationale
Welt von Feinden, nicht nur Deutschlands Feinde
im Äußeren zerschmettert werden, sondern daß auch
unser innerer Internationalismuß zerbricht. Das
wäre mehr wert, als aller Ländergewinn. Mit Österreich
wird die Sach kommen, wie ich es immer sagte.
Indem ich nun nochmals meinen herzl. Dank ausspreche
verbleibe ich mit ehrerbitigen Handkuß an Ihre geehrte
Frau Mutter und Gemahlin
Ihr sehr ergebener dankbarer
Adolf Hitler (Bundesarchiv Koblenz, NS 26/4)

In »Mein Kampf bezeichnete Hitler im Zusammenhang mit seinem Verhältnis zum Krieg das Jahr 1915 als entscheidende Zäsur. Seine Feldpost bestätigt, daß es sich tatsächlich so verhielt. So fehlt in seinen Briefen und Karten seit 1915 die Begeisterung für den Krieg, die er bis dahin immer wieder in farbenreichen Bildern offenbarte. So verzichtete er selbst in seiner Korrespondenz mit seinem Kriegskameraden Ernst Schmidt, den er in »Mein Kampf« erwähnt, seit 1915 darauf, den Krieg zu erwähnen.
Ihm schrieb er z.B. am 6. Oktober 1917

Tafel 8 (unten) bei Seite 193
Lieber Schmidt
Bin erst Dienstag hier angekommen
Familie Arendt ist sehr lieb,
hätte es mir nicht besser wünschen
können. Die Stadt ist groß-
artig. So richtig eine Weltstadt.
Der Verkehr ist auch jetzt noch
gewaltig. Bin fast den
ganzen Tag fort. Habe jetzt
endlich Gelegenheit die Museen
etwas besser zu studieren.
Kurz: es fehlt mir nichts.
Es grüßt Die Dein
A. Hitler (Bundesarchiv Koblenz, NS 26/17A)

Tafel 10 bei Seite 289
Eine rechte Seite aus dem Parteitagebuch der NSDAP mit Eintragungen über den 8. und 9. Juni 1920. (Bundesarchiv Koblenz, NS 26/222).

Register

Personenregister

Ortsregister

Bitte beachten Sie
die folgenden Seiten:

Joachim C. Fest

Hitler

Band 1
Ullstein Buch 3273

Band 2
Ullstein Buch 3274

Band 1 und 2 in Kassette
Ullstein Buch 3275

Zeitgeschichte

Fests international anerkannte und inzwischen in dreizehn Sprachen erschienene Hitlerbiographie liegt nun in zwei Taschenbuchbänden mit ungekürztem Abbildungsteil vor. Mit seiner Darstellung des Lebens Adolf Hitlers von den trüben Anfängen im Wien der Jahrhundertwende bis zum Ende im brennenden Berlin beantwortet Fest die drei seither immer wieder umstrittenen Fragen: Woher bezog Hitler seine überwältigende Dynamik, worin war der erstaunliche Erfolg dieses Mannes begründet und was war seine Wirkung im Triumph wie im Untergang?

»Die rein biographische Charakterstudie ist die beste, die wir von Hitler haben und vielleicht je haben werden.«

Sebastian Haffner

Albert Speer
Erinnerungen

Ullstein Buch 33003

Spandauer Tagebücher

Ullstein Buch 33009

Zeitgeschichte

»Sagte man, diese Erinnerungen seien die lesenswertesten unter allen, die wir Überlebenden des Dritten Reiches verdanken, so sagte man nicht genug. Man wird sie unter die Spitzen der politischen Memoiren-Literatur rechnen.« *Golo Mann*

»Anders als bei anderen Memoiren ehemaliger Größen des Dritten Reiches, denen es nur um Selbstrechtfertigung geht, verspürt man hier ein ehrliches Ringen um Erkenntnis der eigenen Schwäche und des eigenen Versagens.«

Neue Zürcher Zeitung

Walter
Laqueur

Weimar – Die Kultur der Republik

Mit zahlreichen
Abbildungen

Ullstein Buch 3383

Zeitgeschichte

Die Gründung der Weimarer Republik gab den Weg frei für die Entstehung der ersten modernen Kultur Europas. Ein außerordentlicher Reichtum von geistigen Strömungen und künstlerischen Richtungen brach sich Bahn. Laqueur gelang hier der schwierige Versuch, die Geschichte der Weimarer Kultur mit der Geschichte der Republik zu verbinden.

Hugh Redwald
Trevor-Roper

Hitlers letzte Tage

Ullstein Buch 33012

Zeitgeschichte

Vor unserem geistigen Auge entsteht die gespenstische Szenerie in den Bunkern und Kellern unter der Reichskanzlei, die im April 1945 die oberste Führung des Großdeutschen Reiches beherbergten. Trevor-Roper hat keine Mühe gescheut, auch die scheinbar nebensächlichen Aussagen zu verwerten und sie auf ihre Echtheit zu überprüfen. Seine minutiösen Untersuchungen vermögen den letzten Zweifel, so er noch bestanden haben sollte, am Zustand Hitlers und seines Gefolges zu zerstören.